· 추 · 천 · 사 ·

우리 목회자에게 부여된 설교의 특권은 어떤 것과도 비교할 수 없는 영광이며 또한 어깨를 누르는 부담이기도 합니다. 어떤 이들은 진리보다도 설교를 멋지게 하려고 하기도 하고 본인의 성숙의 무게보다 더한 말들을 하려고도 합니다.

이런 때에 찰스 스윈돌 목사님의 신약 인사이트 시리즈가 나오게 된 것은 모든 목회자들을 위한 축복이라고 생각합니다. 그는 50년 가까이 사역을 하면서 단 한 번의 소란스러운 소문도 내지 않고 모든 교인에게 존경을 받은 목회자입니다. 탁월한 삶의 안목으로 진리를 발견하고, 가장 풍성한 언어로 본문의 강해를 전하는 목회자입니다. 그런가 하면 그는 가장 말씀을 잘 교육하는 달라스 신학교를 맡아 후학들을 교육하여 미국에서 가장 영향력 있는 신학교로 발전시켜나갔습니다.

이 책은 그의 50년 말씀 강해 사역의 결산입니다. 어렵고 난해한 설명이 아니라 진리에 대한 분명한 이해와 전 생애를 통해 입증한 진리의 말씀을 그만이 할 수 있는 언어의 연금술사적 표현으로 이 강해를 완성했습니다. 이 시리즈는 가볍고 빈약한 말씀으로 얼룩진 한국 교회의 강단에 풍성한 말씀의 은혜를 가져다줄 것입니다. 성경 본문을 다시 보게 만들고, 진리의 깊은 뜻에 목회자 자신이 먼저 은혜를 받게 하며, 전해야 할 메시지를 분명하게 정리해주는 가이드가 될 것입니다. 한국 강단에 말씀이 흥왕되기를 간절히 바라며 젊은 목회자뿐만 아니라, 말씀 앞에 오늘도 씨름하며 간절히 사모하는 모든 설교자에게 진심으로 이 책을 권합니다.

**홍정길 목사_남서울은혜교회 원로 목사**

찰스 스윈돌은 우리 시대 하나님의 선물입니다. 그는 가장 신실한 강해 설교의 모본을 보이신 분입니다. 그는 학자는 아니지만 언제나 본문에 성실한 설교자입니다.

그는 주석/ 석의의 기본을 중시히면서 본문을 강해히는 분입니다. 그리면서 탁월한 적용으로 우리를 삶의 미당으로 인내합니다. 이번에 도시출판 디모데가 『찰스 스윈돌의 신약 인사이트』 시리즈를 펴낸 것에 대해 한국 교회와 더불어 축하하며 기뻐하고 싶습니다.

그만큼 한국 교회 강단이 풍성해질 것을 기대하기 때문입니다. 설교자들은 옷을 팔아서라도 이 시리즈를 비치하고, 모든 성경 연구자는 새로운 재산 목록으로 이 시리즈를 추가하십시오. 이 시리즈가 오늘의 허약한 강단을 부요하게 하고, 위기에 처한 한국 교회를 살리는 보약이 될 것을 예감합니다. 진지하게 말씀을 묵상하는 모든 이에게 이 책은 우리 시대의 동의보감이 될 것입니다. 찰스 스윈돌이 이미 끼친 영향력보다 더 오래, 그리고 더 깊게 이 시리즈는 말씀을 연구하는 모든 사람의 길잡이가 될 것입니다.

함께 귀한 보화를 나누는 기쁨으로 이 책을 추천합니다.

**이동원 목사_지구촌교회 원로 목사**

찰스 스윈돌 목사님은 저 개인의 판단으로는 현재 생존하고 있는 설교자 가운데 최고의 설교자라고 늘 생각해왔습니다. 제가 미국에 거주했던 오랜 시간 동안 기회가 있을 때마다 스윈돌 목사님의 설교를 들으면서 하나님의 말씀이 얼마나 귀하고 위대한 진리인지를 강하게 느끼곤 했습니다. 특히 설교를 전달하는 그분의 능력은 누구와도 비교가 되지 않습니다. 사실 이러한 판단은 저만의 느낌이 아니고 그분의 설교를 들어본 전 세계 수많은 기독교인들이 같은 판단을 하고 있다고 생각합니다. 스윈돌 목사님의 설교는 거의 강해식 설교인데 성경 말씀의 현실적 가치를 남김없이 드러내줍니다. 설교자들이 본받아야 할 모델임에 틀림없습니다. 달라스 신학대학원 총장을 은퇴한 스윈돌 목사님은 달라스에 교회를 개척하신 후 오늘까지도 설교를 하고 계십니다. 그 설교 시리즈를 〈인사이트 포 리빙〉(Insight for Living)이라 부릅니다. 이번에 디모데에서 출판한 『찰스 스윈돌의 신약 인사이트』 시리즈는 그분의 설교를 주석 형태로 정리하여 출판한 것으로서, 비록 활자화된 책이 그분의 현장 설교를 그대로 반영할 수는 없겠지만, 그래도 그분의 탁월한 말씀 선포를 최대한 반영한 것이라 할 수 있습니다. 한국의 모든 목회자와 신학생과 한국 교회에 이 시리즈가 소중한 자료로 사용되어지고, 독자들에게 큰 은혜를 끼치게 될 것을 기대해마지 않습니다.

**김상복 목사_세계복음주의연맹(WEA) 회장, 할렐루야교회 원로 목사**

포스트모던 시대에 살고 있는 현대 크리스천들과 목회자들과 선교사들에게 있어서 가장 큰 취약점은 날이 갈수록 성경 말씀이 그들로부터 멀게 느껴진다는 사실이다. 찰스 스윈돌 목사님의 설교와 성경 강해는 이런 추세를 돌이키고도 남음이 있음을 지난 47여 년 동안 그의 설교를 듣고 하나님의 말씀이 주는 감동을 다시 찾은 미국 교회 회중들에 의해 충분히 입증된 바 있다. 이『찰스 스윈돌의 신약 인사이트』시리즈도 현대 한국 크리스천들과 목회자들과 선교사들로 하여금 말씀에 대한 이해와 적용을 할 수 있도록 도움으로써 다시 한 번 성경의 원저자가 의도했던 감동을 주기에 충분할 것이다.

성경 말씀이 처음 선포되었을 때 이를 들은 회중에게 일어났던 임팩트가 재현되기 위해서는 최소한 다음 두 가지 여건이 재조성되지 않으면 안 된다. 첫째, 하나님이 원래 의도하셨던 대로 그 의미(meaning)가 정확하게 전달되어야 한다. 둘째, 듣는 이들의 마음속에 말씀이 들어가서 하나님이 그 말씀을 통해 의도하셨던 일이 선명하게 드러나야 한다. 이럴 때 비로소 우리는 전해진 말씀이 자신들과 연관성(relevance)이 있다는 사실을 피부로 느끼게 될 것이다. 이를 다시 한국 상황에 맞게 정리하면 성경에 대한 이해와 아울러 이 말씀을 듣는 회중, 즉 한국 사람들의 마음에 대한 이해가 깊지 않으면 안 된다는 말이다. 이에 한 가지 중요한 요소를 더 보탠다면 이 둘 사이에 다리를 놓는 것, 즉 커뮤니케이션이 잘 되어야 한다는 것이다.

이 시리즈는 이 세 가지 모두를 탁월하게 이해한 이 시대의 가장 저명한 강해자 가운데 한 사람이 그의 전 생애를 건 결실이기도 하다. 이를 사용하는 한국 크리스천들과 목회자들과 선교사들에게도 다시 한 번 하나님의 말씀이 가슴속 깊이 파고들어가 원저자이신 성령이 의도하신 대로의 메시지에 따라 삶이 변화되며, 급기야 그 가치관과 세계관이 성경적이 되어 더 이상 얄팍한 크리스천이라는 비난을 받지 않게 되기를 간절히 기원하며 이 시리즈를 모든 사람에게 추천한다.

**이태웅 목사_한국글로벌리더십연구원 원장**

찰스 스윈돌 목사님은 우리 시대 최고의 목회자요 설교자로서 이미 수많은 저서를 통해 우리에게 잘 알려진 존경받는 저술가이기도 하다. 『찰스 스윈돌의 신약 인사이트』 시리즈는 목회자에게 유익을 주는 또 하나의 저서이다. 이 책은 목회자들의 설교나 성경 공부 준비에 아주 요긴한 좋은 지식을 제공하고 있어 대단히 유익하다.

**김경원 목사_서현교회**

"나는 성경 말씀을 고찰하고 선포하는 일에 중독되었다고 서슴없이 말할 수 있습니다." 이것은 찰스 스윈돌 목사님이 서문에서 고백한 내용이다. 그는 설교자로서 하나님의 말씀을 정확하고, 명료하고, 현실적이고, 통찰력 있게 전달하고자 애썼으며 이 일에 자신의 전 생애를 헌신했다. 이 책은 지난 50여 년 동안 설교하고 가르치면서 하나님의 진리를 이해하고 설명하고 적용한 귀한 책이다.

**김병삼 목사_만나교회**

찰스 스윈돌 목사님은 본문 주해와 적용에 탁월한 강해 설교자이다. 그에게는 원어로 말씀을 분석하는 지력과 말씀을 삶에 실제적으로 적용하는 통찰력이 있다. 그에게는 하나님의 말씀인 로고스(Logos), 그 말씀을 자신 있게 전하는 설교자의 에토스(Ethos), 그리고 열정과 헌신으로 가득한 설교자의 파토스(Pathos)가 있기에 이 시리즈가 말씀을 사랑하는 평신도와 목회자에게 큰 유익이 되리라 확신한다.

**노창수 목사_워싱턴 중앙장로교회**

찰스 스윈돌은 모든 사역자에게 존경을 받는 분입니다. 그분의 분명한 성경 강해와 실천적인 적용의 원리는 모든 곳, 모든 사람에게 깊은 영향력을 끼치고 있습니다. 이번에 디모데에서 출간된 『찰스 스윈돌의 신약 인사이트』 시리즈는 설교를 준비하는 신학생으로부터 담임목사에 이르기까지 매 주일 말씀을 선포하는 사역자들의 목마름을 해갈시켜줄 좋은 도움서입니다. 모든 분들의 일독을 적극 추천합니다.

**박은조 목사_샘물교회**

지난 반세기를 말씀을 전하는 일에 헌신해온 찰스 스윈돌 목사님은 과연 이 시대 가장 탁월한 설교자답게 모든 설교자를 위하여 대단히 귀한 선물을 준비했다. 설교자 치고 자료의 중요성을 모르는 사람이 어디 있을까? 이번에 그가 펴낸 이 새로운 시리즈는 어렵고 난해한 주석들과 너무도 평범한 설교집들 사이에서 방황하던 설교자들에게 마침표를 찍어줄 것이다.

**박정근 목사_부산영안침례교회**

내가 처음 강해 설교를 배운 후 연습을 위해 참고한 것이 찰스 스윈돌의 성경 공부였다. 그가 말씀을 묵상한 내용은 깊이도 있지만 적용의 포인트가 아주 신선했다. 무엇보다도 의사소통에 천재적인 능력을 보여주었다. 그는 자신이 강조하는 것처럼 성경 신학자는 아니다. 그럼에도 불구하고, 아니 그렇기 때문에 그의 성경 해석은 모든 사람에게 쉽게 전달이 된다. 이 시리즈는 성경을 공부하는 사람들에게 부담을 주지 않으면서도 실제적으로 많은 도움을 줄 것이다.

**방선기 목사_직장사역연구소 소장**

신약의 성경들과 관련된 주석들을 많이 읽어보았지만 찰스 스윈돌 목사님의 시리즈만큼 인사이트풀한 책은 없었습니다. 방대한 자료를 제시하며 깊이 있게, 여러 가지 관점으로 볼 수 있도록 인도하는『찰스 스윈돌의 신약 인사이트』시리즈는 신기할 정도로 한결같이 친절하고 생생한 언어를 사용해 성경의 원저자들을 만난 것 같은 기분을 느끼게 합니다. 가르치는 사람이라면 꼭 읽고 공부하시기를 권합니다. 다만, 이 책을 펼치시기 전에 조심해야 할 일이 있습니다. 이 책을 읽는 사람이라면 누구나 이 시리즈의 전도사가 될 것이기 때문입니다.

**서정인 목사_한국컴패션 대표**

명료하면서도 풍성한 표현, 정확하면서도 깊은 이해, 어렵지 않으면서도 부족함이 없는 성경 해석서가 있기를 바라왔는데 주님은 그런 축복을 찰스 스윈돌 목사님을 통해 우리에게 주셨습니다. 훌륭한 목회자로, 탁월한 설교자로서 그의 47년 목회 사역의 귀중한 자료들을 망라한 이 책을 말씀에 대한 갈증을 느끼는 모든 목회자, 특별히 설교를 준비하는 모든 설교자에게 진심으로 권합니다.

**이찬수 목사_분당우리교회**

오늘날 교계의 가장 빼어난 지도자 가운데 한 분으로 나는 주저 없이 찰스 스윈돌 목사님을 꼽는다. 그는 탁월한 지도력을 갖춘 목회자이고, 건강한 신학적 안목을 지닌 성경 강해자이며, 선명한 복음을 선포하는 설교자이다. 그러나 내가 그를 존경하는 진짜 이유는 말과 행실이 일치하는 그의 성숙한 신앙 인격 때문이다. 평생 스캔들 한 번 없이 수많은 사람들에게 거룩한 영향력을 미친 그의 47년 사역의 결정체가 책자로 출간되었다니 말할 수 없이 기쁘고 감사하다. 전통적 주석과 달리 성경을 통합적으로 꿰어내는 통찰력이 그의 라디오 사역인 〈인사이트 포 리빙〉(Insight for Living)을 연상시킨다. 이 보석 같은 책자를 모든 성도와 신학도와 설교자에게 자신 있게 추천한다.

**정민영 선교사_WBT 부총재**

찰스 스윈돌 목사님은 우리에게 잘 알려져 있는 목사님이다. 그가 가진 성경 공부와 강해 설교에 대한 탁월한 은사는 우리로 하여금 성경을 전체적으로 그리고 세밀하게 바라볼 수 있도록 도와준다. 그리고 그가 저술한 여러 책들은 누구나 성경을 바로 이해할 수 있도록 도와줄 뿐만 아니라 말씀을 삶에 적용하고 실천하는 데 대단히 훌륭한 가이드가 된다. 이번에 디모데에서 출판한 『찰스 스윈돌의 신약 인사이트』 시리즈는 목회자들의 설교 사역에 대단히 큰 도움을 줄 것이라고 확신한다.

**정주채 목사_향상교회**

드디어 기다리던 작품이 나오게 되어 기쁘다. 찰스 스윈돌, 그는 실천적 성경 해석가요 본문을 살아나게 하는 설교자이다. 그는 '그때 거기서' 주어졌던 말씀을 '지금 여기에서도' 적용되도록 실용적 인사이트를 준다. 특히 그는 어느 본문에서도 예수 그리스도가 나타나도록 설교의 절정을 이루는 원리와 비법을 자연스럽게 제시해준다. 그래서 말씀을 듣는 사람들을 부활의 능력으로 소생시켜준다. 이것이 그가 만들어내는 인사이트 주석의 핵심이다.

**조봉희 목사_지구촌교회(서울)**

본문에 대한 세밀한 통찰력과 시대를 읽어내는 예리한 지성이 청중을 사로잡는 수사학과 버무려진 책이다. 본문을 통하여 하나님의 음성을 읽어내는 영성과 그 음성을 청중의 삶에 적용하기 위한 찰스 스윈들의 열정과 사랑이 집대성되었다. 이 책에는 천상의 소리를 지상의 소리로 만드는 비법이 고스란히 담겨 있다.

**최명덕 목사_건국대학교 교수**

『찰스 스윈돌의 신약 인사이트』 시리즈를 통해 찰스 스윈돌 목사님을 우리 개인의 서재로 초대하고, 그분과 함께 목회 동역자로 일할 수 있는 길이 가능해졌다. 성경에 대한 그분의 애정과 깊은 영성은 모든 목회자에게 엄선된 자료, 탁월한 분석과 요약, 놀라운 통찰력, 감동과 도전을 준다. 우리는 더 이상 성경 본문 속에서 방황할 필요가 없다. 왜냐하면 이제 성경의 핵심으로 바로 뛰어들어갈 수 있기 때문이다.

**홍인종 목사_장로회신학대학원 교수**

찰스 스윈돌의 신약 인사이트

# 마가복음

Swindoll's Living Insights NT Commentary #2: Mark



※본문의 성경은 한글개역개정을 사용하였습니다. 별도의 경우 따로 표기해두었습니다.

찰스 스윈돌
신약 인사이트 시리즈

김희수 옮김

# SWINDOLL'S
NEW TESTAMENT
# INSIGHTS

MARK

# 마가복음

디모데
Timothy Publishing House

# 차례

## ■ 지도·도표·사진과 보충설명 목록

# 머리말

60년이 넘도록 나는 성경을 애독해왔습니다. 성경을 향한 그 사랑에 내가 해병대 복무 중에 받은 복음 사역으로의 부르심이 더해져 나는 달라스 신학교에 입학하게 되었습니다. 그 4년 동안 나는 하나님의 말씀을 사랑하는 훌륭한 하나님의 사람들 밑에서 수학하는 특권을 누렸습니다. 그분들은 무오한 하나님의 말씀을 추앙하고, 신중하게 가르치며, 열정적으로 설교하고, 행동으로 실천하는 모범을 보여주었습니다. 나는 내 것이라고 선포된 위대한 유업에 대해 하나님께 감사하지 않고 보낸 주가 한 주도 없었습니다! 하나님의 진리를 이해하고 설명하고 적용하는 일에 이토록 헌신하도록 나를 키워준 그 훌륭한 신학자들과 멘토들에게 나는 영원한 빚을 지고 있습니다.

45년 이상을 나는 이 일에 정진해왔습니다. 그리고 얼마나 이 일을 사랑하는지 모릅니다! 고백하건대 나는 성경 말씀을 고찰하고 선포하는 일에 중독되었다고 서슴없이 말할 수 있습니다. 그렇기 때문에 이 시리즈–특히 하나님이 기록하신 말씀 속에 담겨진 진리를 설명하고 이해를 돕는–는 내 삶에서 매우 중요한 의미를 가집니다. 오랜 세월 힘을 다해 성경을 성실하게 연구하면서 발견한 소중한 서적들을 모아 널찍한 서재를 만들었습니다. 생의 마지막 날까지 내 인생의 가장 중요한 목표는 하나님의 말씀을 정확하고, 명료하며, 현실적이고, 통찰력 있게 전달하는 것입니다. 찾아볼 수 있는 많은 정보가 담겨진 신뢰할 만한 서적들이 없었다면 나의 작업은 몇 십 년 전에 '고갈'되어버렸을 것입니다.

내가 가장 많이 그리고 즐겨 사용한 책들은 성경의 본문을 더 잘 이해하는 데 유용한 책들입니다. 대부분의 주석가들이 그렇듯이 나는 끊임없이 나의 재능을 연마하고 더 날카롭게 해줄 문헌들을 찾고 있습니다. 다시 말해서, 복잡한 것을 단순하고 이해하기 쉽게 만들어주고, 내가 살고 있는 21세기 세상의 관점에서 신성한 진리와의 관련성을 볼 수 있게 해주는 통찰력 있는 해설과 눈으로 보는 듯한 생생한 서술을 제공하며, 그 진리들을 내가 쉽게 잊지 못하도록 마음속 깊이 새겨주는 자료들을 찾는다는 뜻입니다. 그런 책을 발견하면 나는 그것을 손에서 놓지 않고 탐독한 후에 나중에 다시 찾아보기 위해 내 서재에 보관합니다. 그리고 정말로, 나는 자주 그 책들을 찾아봅니다. 신선한 통찰이 부족하거나 적합한 이야기나 예화가 필요할 때, 또는 본문 해석이 잘 풀리지 않아 빠져나올 방법을 찾을 수 없을 때 찾아볼 수 있는 자료들이 있다는 게 얼마나 다행인지 모릅니다. 열정적인 주석가들에게 서재는 반드시 있어야 합니다. 나의 멘토 중 한 분이 이런 말을 한 적이 있습니다. "도대체 다른 어디에서 자네 손바닥에 만 명의 교수를 올려놓을 수 있겠나?"

최근에 나는 내가 방금 설명한 것과 같은 충분한 자료들이 턱없이 부족하다는 사실을 알게 되었습니다. 그리고 문제를 한탄하기보다는 내가 그 해답의 일부가 되자는 생각을 품게 되었습니다. 그러나 그 해답은 큰 임무를 떠맡는 것이 될 터였습니다. 신약의 모든 책과 편지들을 망라하는 저술 작업은 너무나 벅차고 두렵게 느껴졌습니다. 그러나 내가 지난 50년이 넘도록 신약 성경의 대부분을 가르치고 설교했다는 사실을 깨달았을 때 안도감이 밀려왔습니다. 내 자료 파일들은 이 시대의 필요에 부응하는 새로운 의미가 보태어져 세상에 나가 주님의 신선한 말씀을 갈망하는 사람들의 삶에 적용되기를 기다리며 숨어 있던 메시지들에 대한 주석들로 가득했습니다. 이거면 됐다! 나는 그 모든 파일을 바탕으로 신약 주석을 집필하기로 계획을 세웠습니다.

직접 편집을 해준 마크 게이더(Mark Gaither)와 마이크 스비겔(Mike Svigel)의 지칠 줄 모르는 노고에 감사의 마음을 전합니다. 그들은 신약 성경 27권의 각 장과 구절들을 모두 섭렵하는 작업을 멋지게 해냈습니다. 그들은 원고를 성경 본문에 충실하고 흥미롭고 독창적이면서도 읽기 편한 문체로 다듬고 자연스럽게 내 목소리가 드러나게 해주었습니다. 그 과정을 지켜보는 것은 또 다른 즐거움이었습니다.

내가 50년이 넘도록 섬겨온 미국 여러 지역의 교인들에게도 깊은 감사를 드립니다. 매년 하나님의 메시지를 지키고 전달하는 소명을 수행하면서 그분들의 사랑, 지원, 인내 그리고 수많은 격려의 말을 들을 수 있었던 것은 행운이었습니다. 나는 목자로서 그 양 떼들을 이루 말할 수 없이 사랑했습니다. 또한 내가 지금 기쁨으로 섬기고 있는 텍사스 주 프리스코에 있는 스톤브라이어 교회(Stonebriar Community Church)의 양 떼들은 더더욱 그렇습니다.

마지막으로, 공부와 설교와 글쓰기에 중독된 나를 이해해준 아내 신시아(Cynthia)에게 감사합니다. 아내는 내가 이 일을 하는 것을 한 번도 반대한 적이 없습니다. 언제나 내가 최선을 다하도록 격려해주었습니다. 그녀의 애정 어린 지원과 더불어 35년이 넘도록 인사이트 포 리빙(Insight for Living)을 훌륭히 이끌어온 그녀의 헌신에 힘입어 "때를 얻든지 못 얻든지" 나의 소명에 충실할 수 있었습니다. 평생을 함께 사역하면서 형성된 동역자로서의 관계는 그렇다 치더라도, 나에 대한 그녀의 헌신이 없었다면 이 시리즈는 결코 시작되지 못했을 것입니다.

이 책에 당신의 손길이 닿을 수 있어서 그리고 궁극적으로 당신의 서가에 놓일 수 있게 되어서 정말 기쁩니다. 나의 끊임없는 기도와 바람은 이 책들이 당신이 성경을 공부하고 적용하는 데 유용하게 쓰이는 것입니다. 내가 오랜 세월에 걸쳐 깨달았듯이 당신 또한 하나님의 말씀은 시대를 초월하는 진리라는 사실을 깨닫는 데 이 책이 도움이 되기를 기도합니다.

"풀은 마르고 꽃은 시드나
우리 하나님의 말씀은 영원히 서리라"(사 40:8).

찰스 스윈돌(Charles Swindoll)
텍사스 주 프리스코

# 스트롱 번호 체계

찰스 스윈돌의 신약 인사이트 주석은 스트롱의 단어 연구 번호 체계를 사용하여 초보자와 경험자를 막론하고 성경 학도들이 성구사전, 사전, 신학사전 등 유익한 원어 자료를 더 신속하고 간편하게 찾아볼 수 있도록 했다. *Strong's Exhaustive Concordance of the Bible*을 통해 보편화된 스트롱 번호 체계는 대다수 성경 헬라어 및 히브리어 참고문헌에 쓰이고 있다. 고대 히브리어, 아람어, 헬라어 철자에 익숙하지 않은 이들도 해당 번호만 찾아보면 각 단어에 대한 정보를 바로 얻을 수 있다. 애매한 활용과 어형 변화의 사전적 형태를 신속히 찾아볼 수 있어 성경 원어를 아는 이들에게도 도움이 된다.(로고스 역간 『개역개정 · 개역한글 비교 성구사전 스트롱 원어코드』를 참고하라–역주.)

본문에 헬라어 단어를 언급할 때마다 괄호 안에 스트롱 번호를 병기했다. 예컨대 '사랑'을 뜻하는 헬라어 단어 *agapē*(26)의 경우 스트롱 번호 체계와 연계된 모든 헬라어 자료에 같은 번호 26이 쓰인다.

간혹 본문에 히브리어 단어가 언급될 때도 있는데 스트롱 히브리어 번호는 헬라어 번호와는 완전히 별개로 앞에 H가 붙는다. 예컨대 '속죄소'를 뜻하는 히브리어 단어 *kapporet*(H3727)는 '속량하다, 선물로 호의를 얻다'는 뜻의 *kopher*(H3722)에서 파생되었다.

# 마가복음 인사이트

사역은 희생 없이 아무것도 이룰 수 없다.
고난을 당하면서도 믿음을 지키는
제자도야말로 마가복음의 주제이자
마가가 복음서를 쓰기로 결심한 이유였을 것이다.

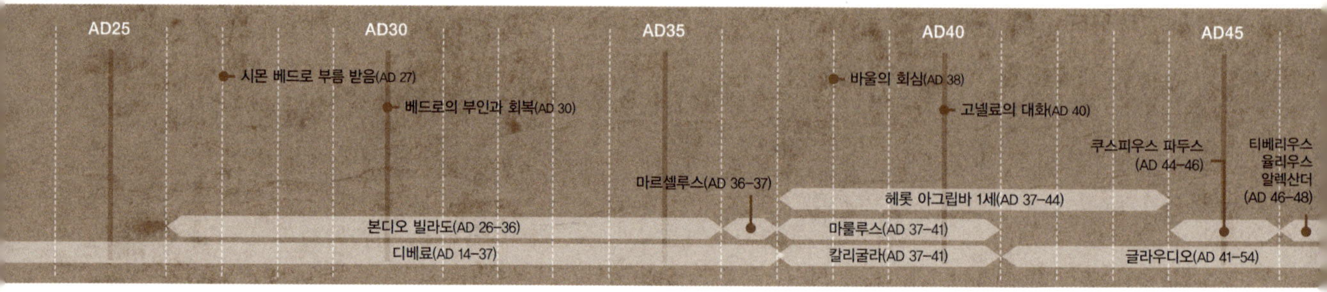


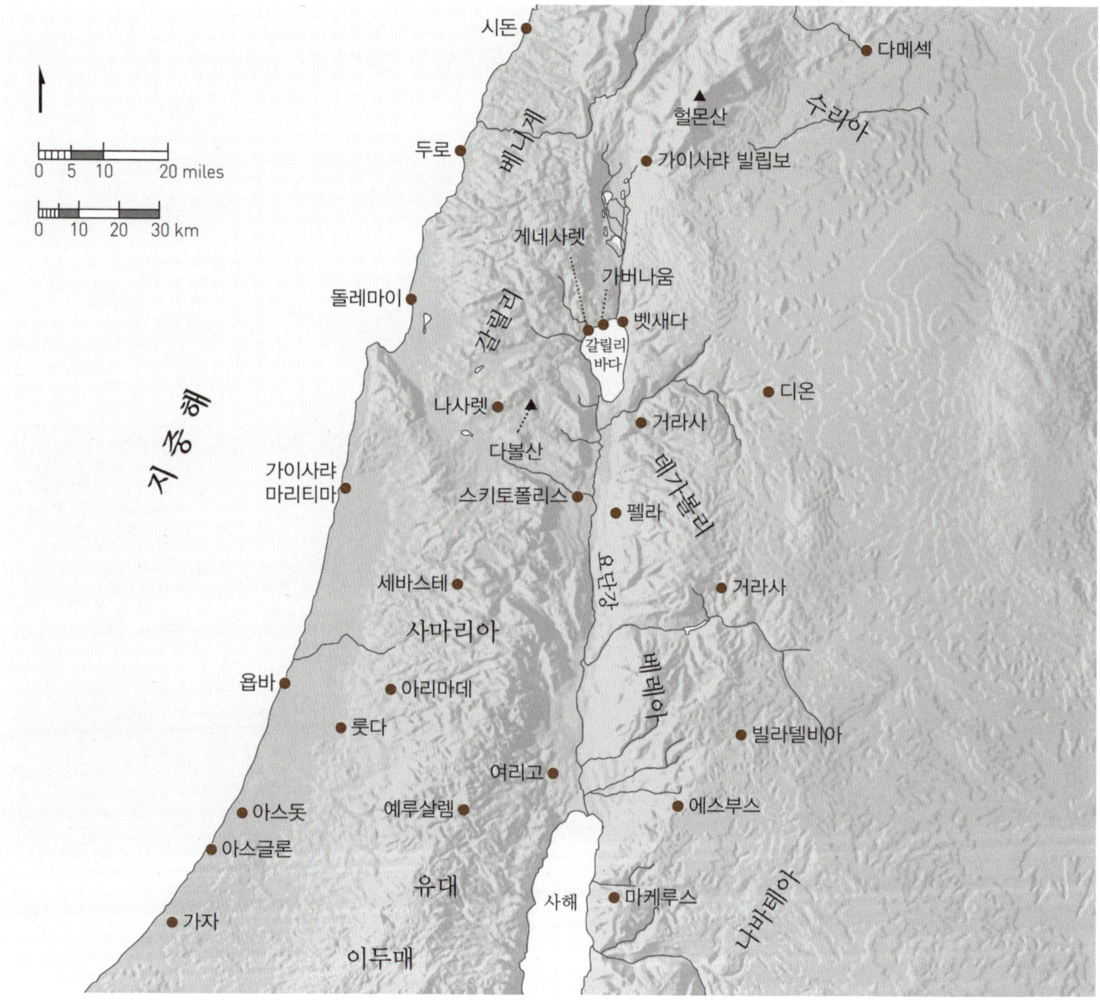


**예수님의 생애와 사역 지도.** 마가는 예수님의 발자취를 지리적으로 따라가며 이야기를 들려준다. 예수님은 요단강에서 세례를 받으신 후(1:1–15), 갈릴리에서 가르치시고 병을 고치신다(1:16–9:50). 그다음 예수님은 유대로 가셔서 더 많은 가르침과 치유를 베푸시고 죽음과 부활로 이 땅의 삶을 마치신다(10:1–16:8).

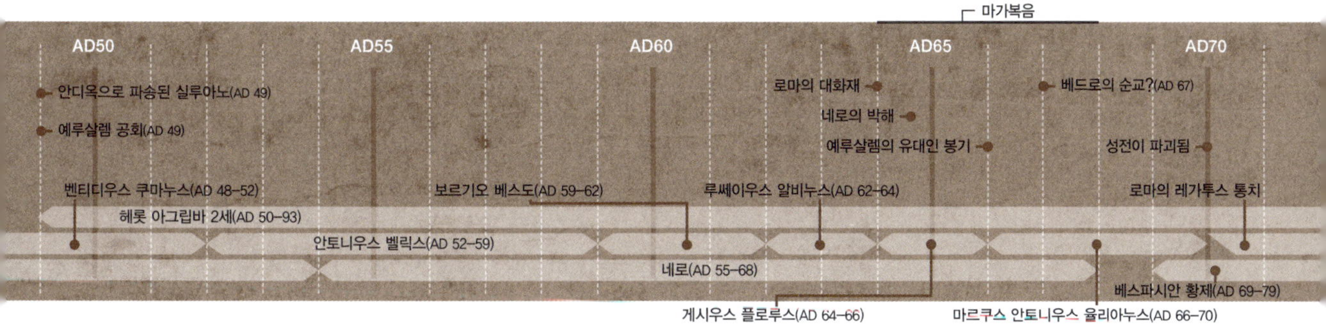

# 마가복음

## 서론

요한 마가는 예수님의 전기를 기록할 첫 번째 사람으로 적합해 보이지 않았다. 성실한 마태, 학구적인 누가, 사색적인 요한, 그 외에도 예수님을 따른 숱한 훌륭한 사람들과 달리, 마가는 사역 초기에 미성숙한 젊은이로 알려졌다. 경솔하고, 신뢰할 수 없으며, 복음에 헌신하기를 주저했던 그는 우리와 아주 비슷했다.

초대 교회 시절 마가는 어머니 마리아와 함께 예루살렘에 살았던 것으로 추정되며, 그의 집에서 최초의 신자들이 모여 예배와 기도를 드렸다(행 12:12). 그 시기에 마가는 이제 막 예수님을 추종하게 된 무리의 핵심 인물들뿐만 아니라 시몬 베드로를 포함한 열두 사도도 알게 되었다. AD 46년경, 지난 10년간 성장해온 예루살렘 교회의 숭책을 맡을 기회가 마가에게 주어졌다. 지난 몇 년 동안 무섭게 불어나고 있는 수리아의 이방인 신도들을 이끌어온 마가의 사촌 바나바(골 4:10)와 바울이라는 전도유망한 선생이 안디옥 교회가 보낸 구호금을 예루살렘으로 가져왔고, 두 사람은 젊은 마가에게 그들의 사역에 동참할 것을 권유했다(행 12:25). 기독교의 진앙이 예루살렘에서 안디옥으로 이동하고 있었다. 마가는 하나님의 섭리에 따라 안디옥으로 갔다.

마가는 바나바와 바울과 함께 몇 년을 섬긴 후 그들의 첫 번째 선교 여행에 합류해달라

한눈에 보는 마가복음

| 단락 | 제자들, 부름받다 | 제자들, 선택받다 |
| --- | --- | --- |
| 주제 | 예수님을 따르라는 부르심<br>예수님의 사역이 시작됨 | 평화의 특사이신 예수님<br>회개하고 천국에 대비하라! |
| 핵심 용어 | 따르다<br>용서<br>일어나다<br>즉시<br>설교하다 | 듣다<br>제자<br>비유<br>격려<br>이해하다 |
| 본문 | 1:1–3:35 | 4:1–8:38 |

| 제자들, 양성되다 | 제자들, 도전받다 |
| --- | --- |
| 예수님이 제자들에게 지혜를 부으심<br><br>예수님이 제자들에게 사역을 준비하게 하심 | 하나님 나라가 사탄을 이김<br><br>제자들이 도전받음 |
| 천국<br>복음<br>놀라다<br>절기<br>두려워하다 | 순복하다<br>도망가다<br>메시아 |
| 9:1–13:37 | 14:1–16:20 |

는 요청을 받았다(행 13:5). 마가는 분명 청년다운 열정으로 이 새로운 모험을 받아들였을 것이다. 그런데 원정에 나선 지 얼마 되지 않아 마가는 사명을 내팽개치고 집으로 돌아갔다(행 13:13). 신약성경은 이유를 밝히고 있지 않지만, 그가 사역과 여행의 고단함을 이겨내지 못한 것으로 짐작된다. 바울과 바나바는 마가 없이 여행을 계속했고, 그 과정에서 상상을 초월하는 고난과 엄청난 핍박을 이겨내면서 목적을 달성했다. 마가는 아마 여러 수행원 중 하나였을 것이다. 신약성경은 아주 초기부터 디도가 바울의 오른팔이었음을 강하게 시사한다. 그런데 선교 여행 중 책임을 저버린 유일한 사람이 바로 마가였다. 나머지 동료들이 개척 선교의 어려움을 감수하면서 여행을 계속하는 동안 마가는 고향의 안전과 안락 속으로 피했다.

1년 정도 지난 후 안디옥 교회의 지도자들이 두 번째 선교 여행을 계획했다. 바나바는 요한 마가를 팀에 넣자고 제안했지만, 바울은 한사코 반대했다(행 15:37–38). 두 번째 기회를 주는 일에 명수였던 바나바는 마가가 신뢰할 수 있고 책임감 있는 복음 사역자가 될 수 있다는 희망을 버리지 않았다. 하지만 사명감에 불타고 철저히 훈련된 바울은 낙오자로 판명된 사람을 도저히 선발할 수 없었다. 더구나 그들이 하고자 하는 일은 박해받는 그리스도인들을 격려하고 강건하게 세워주는 것이었다. 두 사람은 타협을 보지 못했다. 바울은 실라를 동행자로 삼아 다른 쪽으로 갔고, 바나바는 마가를 데리고 구브로로 항해했다(행 15:39–40).

돌이켜보면 두 사람 다 옳았던 것 같다. 바울의 사명은 너무 중대해 연약한 지체를 받아들일 수 없었다. 하지만 바나바는 어떤 제자들은 더 성숙해야 하며, 그러려면 시간과 경험, 용서의 은혜, 개인적인 수고와 정성이 필요하다는 것을 알았다.

마가는 여러 해가 지난 후 바울이 로마에서 첫 수감 생활을 할 때 바울의 수발을 들었고(골 4:10), 또한 소아시아에서 디모데와 함께 일했으니 안디옥 교회는 바나바가 마가에 대해 개인적으로 정성을 들인 득을 보게 된 셈이다. 몇몇 교회사가는 마가가 베드로의 통역자이자 개인 비서로 장기간 섬겼다고 기록했다[유세비우스, 『교회사』(*History of The Church*), 1:172–173, 참고. 벧전 5:13]. 그 후 바울은 감옥에서 처형을 기다리며 힘든 시간을 보내던 말년에 디모데에게 "네가 올 때에 마가를 데리고 오라 그가 나의 일에 유익하니라"(딤후 4:11)고 지시했다.

우리는 바나바가 마가를 구브로로 데려간 후 갈팡질팡하던 이 젊은 제자를 어떻게 기독교 운동의 대들보로 변화시켰는지 구체적인 내용은 모른다. 그러나 두 가지는 확실하다. 첫째, 바나바의 개인적인 수고가 주효했다. 둘째, 마가는 결국 그리스도를 따르는 자들은 섬기는 자가 되어야 한다는 것, 그리고 제자도는 희생을 요구한다는 것을 깨달았다. 희생이 따르지 않는 사역은 아무것도 이룰 수 없다. 그렇기에 고난 가운데서도 믿음을 지키는 제자도야말로 마가복음의 주된 주제이자 마가가 복음서를 쓰기로 결심한 이유였을 것이다.

## 핍박받는 제자들

마가가 성령의 이끄심으로 복음서를 쓴 것은 맞지만, 본문의 내용과 역사의 기록을 보면 그 외에도 마가가 글을 쓰기로 하고, 무엇에 초점을 맞출 것인지 결정하는 데 영향을 미친 몇 가지 요소가 있음을 알 수 있다. 초기 기독교 지도자들의 글을 보면 마가는 시몬 베드로가 사망한 무렵 로마에서 복음서를 썼다.[1] 복음서에도 그들의 증언을 뒷받침해주는 내용이 나온다. 다수의 학자는 마가가 '라틴어법'과 라틴어에서 차용한 용어[예를 들어, 5:9, 15에 나오는 '군대'(*legion*)]를 자주 사용하고 있는 것에 주목한다.[2] 그뿐 아니라 유대인의 관습을 설명하고(예를 들어, 7:2-4, 12:18, 14:12, 15:42) 아람어 용어와 이름을 번역했는데(3:17, 5:41, 7:11, 34, 10:46, 14:36, 15:22, 34), 이는 일반적으로 동양 문화와 유대 환경에 익숙하지 않은 서구의 독자를 대상으로 썼다는 것을 시사한다. 하지만 가장 중요한 점은 마가가 다른 복음서들보다 더 핍박과 제자도에 따르는 희생, 순교의 가능성과 같은 문제에 주목했다는 사실이다(예를 들어, 8:34-38, 10:28-30, 13:9-13). 이 증거들을 종합해보면 마가가 예수님의 사역을 연대기로 기록한 목적은 바울과 시몬 베드로를 포함해 수많은 그리스도인의 목숨을 앗아간 네로의 핍박(AD 64-68)이 극렬하던 시기에 신자들에게 힘을 불어넣고 도전하기 위해서였음을 짐작할 수 있다.

네로의 박해는 대화재가 로마 대부분을 집어삼켜 많은 사람이 집을 잃고 빈민으로 전락할 처지가 된 직후에 시작되었다. 그 무렵 네로 황제의 기행은 극에 달해 인기가 땅에 떨어져 있었다. 네로가 도시를 자기 마음에 맞게 재건하려고 불을 질렀다는 소문이 돌기 시작했다. 다음은 역사가 타키투스의 기록이다.

> 모든 인간적인 노력, 황제의 후한 하사품, 신들의 위로에도 불구하고 대화재가 황제의 명령으로 일어났다는 흉흉한 믿음이 사라지지 않았다. 그 소문을 잠재우기 위해 네로는 대중에게 그리스도인이라고 불리는, 그들의 혐오스러운 행태로 미움받던 계층에게 죄를 뒤집어씌워 이루 말할 수 없는 고문을 가했다…죄를 인정한 사람들이 먼저 잡혀 왔고, 그다음에는 그들의 자백에 근거해 수많은 사람이 방화죄보다는 인간을 증오한다는 죄목으로 유죄 판결을 받았다. 그들은 온갖 방법으로 조롱당하면서 죽었다. 짐승의 가죽을 뒤집어쓰고 개들에게 물어뜯기거나, 십자가에 못 박히거나, 날이 저물면 불을 밝히기 위해 화형을 당했다.[3]

교회 전통에 따르면 시몬 베드로는 이 박해 초기에 순교했다. 이 참사로 로마 교회–더 나아가 전 세계의 교회–가 몰살당할 위험에 처하자 마가는 신자들이 그리스도에 대한 믿음을 지키고 끝까지 그분을 따르도록 격려해야겠다고 생각했을 것이다.

마가가 쓴 예수님의 지상 생애 연대기에는 이렇게 특별한 목적이 있었기 때문에 어떤 부분은 일반적인 전기의 관례를 따르지 않는다. 적어도 오늘날 전기의 기준과는 다르다. 마가는 연대순으로 서술할 필요를 느끼지 못했고, 대신 주제나 화제에 따라 일화를 묶었다. 3세기에 유세비우스는 2세기 초 교부인 파피아스(Papias)의 글을 인용해 마가의 문학적 접근을 설명했다.

> 이것 또한 그 장로(아마 사도 요한을 일컫는 듯하다)가 말한 것이다. 베드로의 통역자가 된 마가는 실제 순서대로는 아니라도 그가 기억하는 한 그리스도가 말씀하시고 행하신 것은 무엇이든 정확하게 기록했다. 마가는 주님의 말씀을 직접 듣지도 않았고 주님을 추종하지도 않았지만, 말했듯이, 훗날 베드로를 수행했다. 베드로는 청중의 필요에 맞추어 가르쳤지만, 주님의 강론에 자신의 설명을 덧붙이려고 하지 않았다. 마가가 어떤 것들은 이렇게 기억에 의지해 기록하면서도 실수를 범하지 않을 수 있었던 것이 이 때문이다. 마가는 이 한 가지, 즉 들은 것을 하나도 빠트리지 않고 정확히

기술하는 것에 각별한 주의를 기울였다.[4]

마가의 글은 결국 사건의 정확한 순서를 기록한 전기가 아니라 각각의 일화가 특정한 메시지를 전달할 수 있게 배열된, 예수님의 제자 양성 기록이다. 마가복음의 주제는 두말할 필요 없이 예수님이다. 구세주가 아닌 다른 인물이 주인공인 이야기는 딱 두 개뿐인데, 그것은 세례 요한의 헌신과 신실성을 조명한다(1:1-8, 6:14-29). 그런데 주제는 예수님이면서 초점은 제자도, 곧 제자도가 요구하는 것, 그에 따른 대가, 영향, 보상에 맞추어 있다. 마가는 예수님을 이야기의 중심으로 두면서도 이기심, 옹졸함, 근시안, 우유부단, 두려움, 신의 없음 등 온갖 도전을 받으며 고군분투하는 제자들에게 초점을 맞춘다. 물론 마가가 글을 쓰던 때에 교회는 이미 그들을 복음의 영웅으로 알고 있었다. 특히 시몬 베드로는 마가가 복음서를 완성하기 직전에 순교했을 것이다. 따라서 희생과 섬김의 궁극적인 모범이신 예수님이 어떻게 제자들을 부르시고 그분의 사명을 수행하게 하시려고 그들을 준비시키셨는지에 대한 이야기는 박해받는 신자들의 사기를 진작시키고 믿음을 지키도록 도왔을 것이다.

## 오늘날을 위한 복음

마가가 쓴 글의 형식은 모험 영화를 닮았다. 다시 말해 빠른 전개와 액션으로 가득 차 있다. 마가복음은 강력하고, 영감을 주며, 도전 의식을 고취하고, 정신이 번쩍 들게 만드는 감동적인 드라마를 보여준다. 이것이야말로 극심한 위험에 처해 있는 신자들의 결단을 돕는 데 필요한 것이다. 다른 복음서는 대개 예수님의 이야기에 내포된 주제와 숨은 의미를 설명하지만, 마가는 무엇이 중요한지를 보여주는 생생한 이야기를 들려준다. 한 작가가 말했듯이 "마가는 붓으로 글을 쓴다…마가복음에는 많은 주제가 암시되어 있어서 독자가 그 의미를 이해하도록 복음의 드라마 속으로 들어가게 한다."[5] 대다수 그리스도인이 문맹이었고, 성경의 사본이 귀했던 1세기에 신자들은 성경 낭독을 들으러 모였다. 마가는 이 점을 최대한 활용했고, 분명 로마 연극을 많이 보았을 것이기에 이 놀라운 문학 작품에 최고의

스토리텔링 요소를 더할 수 있었다.

마가는 핍박받던 1세기 독자들에게 글을 썼지만, 성령은 이 메시지를 모든 세대를 위해 준비하셨다. 마가가 글을 쓴 지 2천 년이 지나는 동안 모든 세대는 신실한 제자도에 제기되는 다양한 도전을 마주했고, 마가복음은 그 목적을 성취했다. 오늘날 우리가 처한 상황과 도전은 다르지만, 영감으로 충만한 이 문헌은 우리 시대의 문학에 절대 뒤지지 않는다. 실제로 마가가 예수님의 이야기를 기록한 형식과 표현은 그 어느 때보다도 지금 더 시의적절하다. 마가복음은 실용적이고 급변하는 세상을 살고 있는 우리 세대가 실감할 수 있는 방식으로 메시지를 전달한다. 마가복음은 예수님의 삶과 사명, 사역을 오늘날의 독자가 가장 좋아하는 내러티브 스타일로 묘사한, 비교적 간략하고 요점만 추려낸 요약 보고서다. 당신이 박진감 있고 흥미진진한 책을 좋아한다면 마가가 들려주는 지상에서 펼쳐진 주님의 이야기를 좋아할 것이다. 마가는 활동적인 구세주를 보여주기 위해 한 액션 장면에서 다른 액션 장면으로 독자를 데려간다.

앞서 언급했듯이 이 내러티브의 중심 인물은 예수님이다. 천국을 세상에 가져오시고, 아담과 하와가 최초로 죄를 범한 후 세상에 대한 권세를 주장하고 있는 악의 통치에서 인류를 구속한 분은 예수님이다. 전능하신 하나님이 악을 궤멸하시고, 죄를 용서하시며, 사탄을 물리치시고, 피조물을 구속하시려고 예수님의 인격 속에서 "하나님이 우리와 함께 계시다"(마 1:23, 참고. 사 7:14)는 말씀을 구현하셨다. 그리고 예수님은 매우 어려운 이 과정에 제자들을 참여시키셨다. 마가는 특히 예수님을 따르는 사람들이 그의 복음서에서 자신들의 모습을 보게 할 생각이었다. 우리는 주님이 제자들을 준비시키신 후 그들이 아직 마주칠 준비가 안 되어 있다고 생각하는 도전들을 향해 나아가도록 밀어붙이시는 모습을 시종일관 보게 된다.

제자들은 무슨 일이 벌어지고 있는지 제대로 이해하지 못했고, 자주 자기들이 내린 결정을 불안해했지만, 예수님을 따르는 데 필요한 것은 위대한 지성이나 영웅적인 용기가 아니라 다만 하나님의 아들이 시키시는 것을 기꺼이 하려는 마음만 있으면 된다는 것을 깨닫기 시작했다. 제자가 된다는 것은 신실한 순종의 문제임을 그들은 깨달았다.

## 주

1. 특히 반 마르키온 3복음서 서문(Anti-Marcionite Prologue), 이레니우스(Against Heresies 3.1.1) 및 알렉산드리아의 클레멘트(유세비우스, *History of the Church* 6.14.6-7에서 보고됨).
2. 예를 들면 Martin Hengel, *Studies in the Gospel of Mark*을 보라. John Bowden 번역(Eugene, OR: Wipf & Stock, 2003), 29.
3. Cornelius Tacitus, *The Annals of Tacitus* 15.44, Alfred John Church와 William Jackson Brodribb 번역(London: MacMillan, 1921), 304-305.
4. Eusebius, *History of the Church*, Arthur Cushman McGiffert 번역, *A Select Library of the Nicene and Post-Nicene Fathers of the Christian Church*, ed. Philip Schaff and Henry Wace (New York: Christian Literature Company, 1890), 1:172-173.
5. James R. Edwards, *The Gospel according to Mark*, The Pillar New Testament Commentary (Grand Rapids: Eerdmans, 2002), 13.

# 제자들,
# 부름받다

마가복음 1:1–3:35

예수님의 지상 사역은 오랫동안 기다려온 메시아가 요단강에서 홀로 세례를 받으시고(1:9-11), 친히 시험과 유혹을 받으시는 것(1:12-13)으로 시작되는데, 마가복음도 같은 지점에서 출발한다. 예수님은 이렇게 드러내지 않으시고 지극히 개인적으로 사명을 위임받고 공적 사역을 시작하셨지만, 절대 혼자서 사탄의 지배에서 세상을 구속하려 하지 않으셨다. 그분은 부족함 없는 전지전능한 하나님이시므로 이 기적적인 위업을 홀로 성취하실 수 있었다. 그러나 예수님은 그러지 않기로 작정하셨다. 삼위일체의 세 위격만 아시는 이유로, 하나님은 인류를 구원하고 세상을 변화시키는 계획에 사람들을 참여시키신다. 예수님은 제자들을 찾고 부르신다. 예수님은 당신과 나 같은 평범한 사람들을 불러 그분의 인격과 일을 배우는 연수생으로 삼으시고, 속사람을 고쳐 새롭게 하는 필생의 과정을 통과해 구속 계획을 위한 성실한 대리인으로 만드신다.

그러나 이 계획이 제대로 수행되려면 하나님의 백성이 하나님의 목적에 헌신해야 한다. 이렇게 중대한 사명에는 한눈팔지 않고 오롯이 헌신할 각오가 되어 있는 사람들이 필요하다. 이것저것 따지지 않고 거침없이 투신하는 전폭적인 헌신이 필요하다. 제자훈련 과정에서 우리는 우리를 고용해서 가르치는 훌륭한 주인의 종과 같은 존재가 된다. 그러나 대부분 사람은 즉각 '올인'할 준비가 되어 있지 않다. 물론 주님은 이것을 알고 계신다. 그래서 주님은 처음에 그냥 따라오라고 하신다. 제자들은 이 부르심을 따르기만 하면 된다. 우리가 "네 주님, 제가 여기 있습니다"고 말하면 하나님이 앞장서서 이끄실 것이다.

제자도는 확장될 수 있다. 예수님이 앞장서서 하나님의 나라—그 메시지와 권능—를 드러내시면서 그분의 제자들은 불편한 상황에 부닥치게 되었다. 그들의 주님이 사람들에게 늘 인기 있는 태도만 취하신 것은 아니었기 때문이다. 이 부분을 검토해보면 예수님과 그분의 추종자들은 죄인들과 지나치게 친하게 지내고(2:15-17), 안식일에 관한 규칙을 위반해(2:23-28) 비난받았던 것을 알 수 있다. 심지어 예수님이 사탄의 사자가 아닌가 하는 의구심도 있다(3:20-30)! 제자들은 이런 역경에도 불구하고 주님께 헌신하는 법을 배우고, 하나님 왕국에 대한 참된 가르침을 받을 것이다. 그러므로 상황이 갈수록 힘들어져도 그분 편에서 흔들림 없이 사역할 수 있도록 준비될 것이다.

예수님의 사역 초기는 그분이 열두 제자를 선정하셔서 사도로 삼으시는 것으로 마무리된다(3:14-19). 사도는 하나님 나라의 권능과 메시지를 가지고 파송될 자들이다.

## 핵심 용어

ἀκολουθέω [*akoloutheō*, 아콜루데오] *(190)* '따라가다', '따르다', '동반하다'

문자 그대로 이 동사는 '같은 길을 가다'는 뜻이다. 이 뜻을 은유적으로 확장하면 다른 사람의 사고, 신념, 행동, 생활 방식을 모방한다는 의미가 있다. 예를 들어, 어떤 소년이 자기 아버지의 직업을 따를 때 "그는 자기 아버지의 발자취를 따른다"고 말할 수 있다. 구약성경은 하나님을 따른다고 할 때 이와 유사한 히브리어 용어를 쓰지 않지만, 신약성경은 즐겨 쓴다. 이는 아마도 인간이신 그리스도의 본을 따르기가 더 쉽고, 예수님이 제자들과 이 땅에서 관계를 맺으셨기 때문일 것이다.

ἄφεσις [*aphesis*, 아페시스] *(859)* '석방', '취소', '사면', '용서'

신약성경에서 이 명사는 거의 예외 없이 인간의 죄에 대한 하나님의 용서를 나타낸다. 이 말은 무언가를 자유롭게 하거나 어떤 의무를 탕감해준다는 뜻이다. 죄의 경우, 하나님이 죄에 대한 형벌을 사하신다. 마가복음에서 이 주제는 1장 4절에 나오는 예수님의 선구자인 세례 요한의 사역에서 소개되었다.

ἐγείρω [*egeirō*, 에게이로] *(1453)* '일어나다', '깨우다', '일어서다'

이 동사는 들어 올리거나 위쪽으로 움직인다는 뜻이다. 마가복음에서는 주로 두 가지 용법으로 쓰인다. 1장 1절–5장 43절에서 사용된 주요 의미는 그냥 '일어나다'이다. 예수님은 사람들을 치유하신 후 땅에서 일어나도록 도우시거나 또는 건강이 완전히 회복된 후 일어나라고 명하신다. 6장 1절–16장 8절에서는 대부분 은유적으로 쓰여 부활이나 부흥을 나타낸다.

εὐθύς [*euthys*, 유두스] *(2117)* '곧장', '즉시', '적절한'

이 헬라어 단어는 내러티브의 맥락에서 중요한 역할을 하며, 복음서 저자들은 이 용어를 각기 다르게 사용한다. 마가는 사건들을 함께 묶기 위해 이 부사를 접속사 *kai*['그리고'(2532)]와 함께 사용하는데, 그렇다고 그 일화들이 반드시 시간 순서라는 의미는 아니다. 마가는 가르치는 자가 논거를 확고히 하기 위해 중요한 항목을 나열하는 것과 같은 방식으로 이 부사를 사용한다. 마가가 사용한 *kai euthys*를 이런 식으로 바꾸어 표현할 수 있다. "그러자 곧…때가 있었다."

κηρύσσω [*kēryssō*, 케루소] *(2784)* '설교하다', '선포하다', '전령이 되다'

이 단어는 일반적으로 칙령이나 축제 혹은 단식이나 군사 행동을 선포하는 것처럼 공식적으로 공표하는 것을 뜻한다. 이 용법은 70인역(히브리어 구약성경을 헬라어로 번역한 것, 출 32:5, 36:6, 대하 20:3) 성경에 많이 나오며, 그보다는 적지만 심판의 선포(예를 들어, 욘 3:2)와 지혜의 부름(잠 1:21, 8:1, 9:3)에서 쓰인다. 그래서 우리는 신약성경에서 사명을 위임받은 사자가 메시아 왕국의 복음을 선포하는 것을 자주 본다. 그런데 그 외에도, 특히 마가복음에서, 엄밀히 말하면 공식 경로와는 무관한 '선포하다'는 용어를 본다. 이 경우 선포는 '내적인 힘과 선포의 필요성'에 이끌린다. "심지어 제자들이 사명의 위임을 받기 전에도 병이 치유된 사람들은 다른 사람들에게 알리는 것을 금지했는데도 말을 퍼트렸다…(막 1:4). 그들은 예수님을 만나고, 하나님의 자비를 체험한 일과 예수님을 통해 깨닫게 된 새 시대의 시작(7:37, 사 35:5)을 다른 사람들에게 말하지 않고는 배길 수 없었다"[1]

## 당신은 복된 소식을 들을 준비가 되어 있는가?(마가복음 1:1-13)

1하나님의 아들 예수 그리스도의 복음의 시작이라
2선지자 이사야의 글에 보라 내가 내 사자를 네 앞에 보내노니 그가 네 길을 준비하리라
3광야에 외치는 자의 소리가 있어 이르되 너희는 주의 길을 준비하라 그의 오실 길을 곧게 하라
기록된 것과 같이

4세례 요한이 광야에 이르러 죄 사함을 받게 하는 회개의 세례를 전파하니 5온 유대 지방과 예루살렘
사람이 다 나아가 자기 죄를 자복하고 요단 강에서 그에게 세례를 받더라 6요한은 낙타털 옷을 입고
허리에 가죽 띠를 띠고 메뚜기와 석청을 먹더라 7그가 전파하여 이르되 나보다 능력 많으신 이가 내
뒤에 오시나니 나는 굽혀 그의 신발끈을 풀기도 감당하지 못하겠노라 8나는 너희에게 물로 세례를 베
풀었거니와 그는 너희에게 성령으로 세례를 베푸시리라
9그 때에 예수께서 갈릴리 나사렛으로부터 와서 요단 강에서 요한에게 세례를 받으시고 10곧 물
에서 올라오실새 하늘이 갈라짐과 성령이 비둘기 같이 자기에게 내려오심을 보시더니 11하늘로부터
소리가 나기를 너는 내 사랑하는 아들이라 내가 너를 기뻐하노라 하시니라
12성령이 곧 예수를 광야로 몰아내신지라 13광야에서 사십 일을 계시면서 사탄에게 시험을 받으시
며 들짐승과 함께 계시니 천사들이 수종들더라

"반드시 첫 단락에서 독자의 멱살을 틀어잡고, 둘째 단락에서 목을 조르며, 마지막 단락까지 벽으로 밀어붙여라."[2] 1950년대 활동했던 작가이자 극작가며 텔레비전 프로그램 제작자였던 폴 오닐(Paul O'Neil)의 조언이다. 70년이 훌쩍 지났지만, 그의 조언은 어느 때보다도 이 시대에 더 유효하다. 오늘날 독자들은 텔레비전에 나오는 2-3분짜리 짤막한 논평이나 300마디 내외의 인터넷 기사에서 정보를 얻는다. 오늘날 작가들은 그런 현실을 낭연하게 받아들이거나 그런 매체에 독자를 빼앗길 각오를 해야 한다.

요한 마가는 2천 년 전에 글을 쓰면서 단숨에 독자의 멱살을 잡는 게 얼마나 중요한지

알고 있었다. 오늘날 우리는 수많은 잡다한 흥밋거리로 애를 먹지만 로마의 그리스도인들을 흔든 것은 단 하나의 불길한 전망, 곧 고문을 받다 참혹하고 고통스럽게 죽을 가능성이었다. 로마 관리들은 신자를 수백 명씩 잡아들여서 그리스도를 모욕하거나 고통스러운 고문을 당하거나 양자택일하라고 윽박질렀다.

AD 100년경 트라야누스 황제 때 일어난 박해에 관한 글에서 플리니(Pliny the Younger)라는 로마 총독은 이 재판이 어떻게 진행되었는지 설명한다.

> 그리스도인이라고 내 앞에 끌려온 사람들을 심판한 방법은 이렇다. 나는 그들에게 그리스도인인지 물었다. 그들이 시인하면 나는 같은 질문을 두 번 반복했고, 그들을 처벌하겠다고 위협했다. 그들이 계속 시인하면 즉시 처벌할 것을 명했다. 나는 그들이 가진 신념의 본질이 무엇이건 간에, 반항적이고 융통성 없는 완고함은 바로잡아 마땅하다고 확신하기 때문이다…(피소된 사람 중 일부는) 나를 따라서 신들에게 기도드리고 당신의 동상(그럴 목적으로 나는 다른 신들의 동상과 함께 이것을 가져오라고 명했다) 앞에 포도주와 향으로 종교의식을 행했다. 그리고 심지어 그리스도의 이름을 저주하기도 했다.[3]

요한 마가는 자신의 내러티브가 긴박하게 전개되고 있음을 인식하고 있었기 때문에 배경 설명을 최소한으로 줄여 시간을 허비하지 않고 독자를 예수님과 제자들의 이야기로 바로 안내한다. 이 부분을 47개가 넘는 이름(그중 많은 이름은 발음하기도 힘든)이 포함된 계보로 시작하는 마태복음과 비교해보라. 누가의 기록은 상당히 긴 네 개의 문장 후 본론이 시작된다. 요한의 독자들은 18절에 달하는 철학적 서문과 씨름한 후에야 세례 요한의 사역에 대한 설명을 만난다. 반면, 마가는 바로 본론으로 돌입해 새총에서 조약돌이 튕겨나가듯 우리를 내러티브로 떠민다.

마가는 예수님이 오신 것이 여러 세기 전 이사야의 예언 그리고 예수님과 동시대 인물인 세례 요한의 예언이 성취된 것임을 재빨리 입증한다(1:2–3, 7–8). 예수님은 성령이 함께하시고, 하나님이 사랑하시는 아들이지만(1:11), 마가가 이 복음서를 쓰던 당시 독자들이 그랬듯 그리고 오늘날 우리가 그렇듯, 유혹받고 시험당하실 것이다. 예수님이 어떻게 끝까지 신실하셨는지, 어떻게 천사들의 수종을 받으셨는지를 읽을 때 시련의 소용돌이 속에 있는 신자들은 힘을 얻을 수 있다.

## —1:1—

비종교적인 영역에서 '복음'이라는 단어의 동사 형태인 *euangelizō*(2097)는 전투가 진전된 상황, 왕족의 탄생, 임박한 왕의 도착과 같은 소식-일반적으로 좋은 소식-을 전달하는 공식 전령의 의무를 설명했다. 초대 교회는 이 용어를 차용해 해방과 승리의 개념을 강조하고, 특히 예수 그리스도 안에 있는 영원한 구원에 적용했다.

마가는 자신의 내러티브를 예수 그리스도와 복음 이야기의 "시작"이라고 표현하지만, 악에서 인류를 구속하시려는 하나님의 계획은 시간, 공간, 우주 또는 악 자체를 포함하여 다른 어떤 것이 출현하기 전부터 있었다(참고. 계 13:8). 예수 그리스도를 믿음으로 은혜로 구원받는 복음은 하나님이 세상을 창조하시고, 생명으로 채우시며, 당신의 피조물을 보시면서 좋다고 말씀하실 때부터 이미 삼위일체의 마음속에 있었다.

잠시 멈추고 생각해보라. 하나님은 에덴동산에서 아담이 반항했을 때 충격받지 않으셨다. 창조주는 죄와 악이 득세하는 것에 놀라지 않으셨다. 주님은 사탄의 파괴에 대응하기 위해 당신의 계획을 조정하실 필요가 없었다. 주님은 다 보셨다. 사탄의 선동. 아담의 반항. 가인의 살인. 나의 죄. 당신의 죄. 하나님은 천지창조의 첫 순간 이전에 모든 것을 보셨고, 역사 속에 구속 계획을 짜 넣으셨다.

복음은 창세전부터 존재했지만, 하나님은 예수님의 지상 사역을 통해 그 계획을 성취하기 시작하셨다. 마가는 복음의 출현과 메시아의 공생애가 공식적으로 시작된 것을 연결한다. 이것은 단순한 공표가 아니다. 이 복음은 히브리어로 '메시아'에 해당하는 헬라어인 '그리스도'라는 칭호를 가지신 예수님에 관한 것이다. 더욱이 이 그리스도는 자신의 신성을 명시적으로 주장하는 '하나님의 아들'이시다. 복음은 풀 수 있는 신비가 아니다. 복음은 이해할 수 있는 철학, 받아들일 수 있는 관점, 적용할 수 있는 일단의 삶의 원칙이 아니다. 복음은 인격이다. 그분은 대망해온 메시아, 인간의 육신을 입으신 하나님이다. 그분의 이름이 예수님이다.

## —1:2-3—

마가가 이 내러티브를 쓴 의도는 예수님이 누구신지를 입증하거나 그분을 구세주, 왕, 메시아로 받아들이라고 설득하려는 게 아니었다. 마가는 주로 죄에서의 구원이라는 선물을 이미 받아들인, 자기 자신을 그리스도를 따르는 자들이라고 밝힌 이방인 독자를 대상으로 이 글을 썼다. 그러면서도 마가는 예수님의 역사를 하나님과 이스라엘이 맺은 언약 관계와 연결했다. 예수님은 새로운 종교를 시작하신 게 아니었다. 예수님은 아무런 사전 맥락 없이 세상 무대에 느닷없이 나타나시지 않았다. 그분의 삶과 사역은 하나님과 인류의 오랜 상호작용의 내력에서 비롯되었다.

마가의 원 독자는 이방인과 로마인이었기 때문에 그가 구약의 예언으로 관심을 끄는 것은 적절하지 않아 보일 수 있다. 그러나 이 로마의 이방인들은 자신을 하나님의 아들이라고 주장했고, 그분을 처음부터 따르던 자들이 메시아라고 확증한 유대인 랍비, 예수님의 추종자들이었다. 예수님은 지상 사역을 통해 고대의 예언을 성취하셨고, 죽었다가 육신으로 부활하심으로써 이 두 가지 주장을 모두 입증하셨다.

마가는 이사야 40장 3절의 계시를 끌어오면서 말라기 3장 1절을 의역한 말로 서두를 시작한다.

이방인 그리스도인들도 구약성경을 잘 알았을 것이다. 그것은 그들이 모임에서 예수 그리스도의 복음이 이스라엘을 향한 하나님의 신실하심이라는 토양에서 자라났다는 것을 배웠을 것이기 때문이다. 예수님은 모든 민족을 구원하러 오셨지만, 그분은 이스라엘의 왕이시고, 장차 예루살렘에 그분의 보좌가 세워질 것이다. 그분은 아브라함과 그 후손에게 주어진 약속의 땅을 포함해 이스라엘이 받은 모든 약속을 성취하실 것이다.

하나님은 선구자가 메시아의 길을 예비할 것을 이사야—물론 다른 선지자들도 포함해—를 통해 약속하셨다. "주의 길을 준비하라"와 "그의 오실 길을 곧게 하라"(1:3)는 권고는 지금은 익숙하지 않은 관습을 말하는데, 1세기에 살았던 사람이라면 누구나 그 의미를 금방 이해했을 것이다. 고대에는 어떤 도시에 왕이 오기로 결정되면 건설 요원들이 먼저 와서 둔덕을 평평하게 고르고, 도랑을 채우며, 잔해를 치우고 장애물을 제거해 도심에 곧게 뻗은 대로를 만들었다. 이렇게 하는 데는 도시 관료들에게 "너희와 너희 도시는 왕을 맞을 준비를 하라"고 알려주려는 의도도 있었다.

## —1:4-6—

세례 요한은 이 고대의 언약을 성취했다. 그는 우리가 '구약의 선지자'를 생각할 때 떠올리는 이미지에 딱 들어맞았다. 그는 이스라엘 종교 고위층과 정반대의 자리에 서기로 한 열정이 넘치는 수수께끼 같은 사람이었다. 사두개인, 바리새인, 제사장, 서기관 그리고 헤롯의 지지자들은 돈 주고 살 수 있는 최상품의 고기를 먹고 최고급 와인을 마셨다. 그리고 그들은 로마와 용의주도하게 거래하여 많은 돈을 벌었다. 그러나 요한은, 말하자면, 하나님이 주시는 것을 먹었다. 그는 인간의 제도나 경제에 의지하지 않았기 때문에 정치적, 사회적 압력에서 자유로웠다. 그는 사람을 두려워하지 않고 하나님만 경외하는 자유로운 생활방식을 택했다.

종교 고위층은 화려한 옷과 보석으로 차려입었지만, 요한은 낙타 가죽을 거친 가죽 벨트로 동여매 대충 만든 옷으로 몸을 감쌌다. 이런 이미지는 이스라엘의 가장 용감하고 존경받는 선지자 중 한 사람인 엘리야의 복장을 생각나게 한다(왕하 1:8, 참고. 슥 13:4). 그도 왕들과 문명의 영향이 미치지 않는 곳에서 자급자족하며 살았다.

요한은 예루살렘에 있는 다른 부유한 종교인들과는 달리 동포들에게 "회개의 세례"(막 1:4)를 외쳤다. 성전에서 선포되는 메시지는 혈통으로 난 유대인들은 아브라함의 유전자를 받았기 때문에 율법을 충실히 지키기만 하면 천국의 자리를 보장받는다고 안심시켰다. 유대인들은 율법을 공부하고, 시험에 합격하며, (남성의 경우) 할례의 규례를 따라야 이 보장을 받을 수 있었다. 개종자들은 '약속의 자녀'로 새로운 신분을 취득하기 위해 세례를 받았다.

요한의 설교는 순수 혈통이라고 자부하던 유대인들의 심기를 건드렸다. 그는 죄가 그들을 하나님과 분리했다고 선포했다. 그는 유대인들에게 이방인들처럼 주님께 나아가 죄를 회개하고 개종자의 세례를 받아 하나님과의 관계를 다시 시작하라고 강권했다.

그러나 오해하지 마라. 할례가 유대인을 구원할 수 없듯이 세례가 죄인들을 구원할 수 없다. 할례와 마찬가지로 세례는 하나님을 향한 내적 헌신의 외적 상징이어야 한다(참고. 롬 2:25-29). 구약에서도 하나님은 "마음의 할례"로 표현된 순종이 없으면 육체의 할례는 아무 소용이 없다고 보셨다(참고. 레 26:41, 신 10:16, 30:6, 렘 4:4, 9:25–26, 겔 44:7, 9). 요한의 사역이 그렇듯 그가 베푼 세례도 사람들에게 그리스도의 오심을 준비시키는 것이 주된 목적이었다.

## —1:7–8—

훗날 예수님은 제자들을 가르치시면서 세례 요한에 대해 이렇게 말씀하셨다. "여자가 낳은 자 중에 요한보다 큰 자가 없도다"(눅 7:28). 구약 시대부터 지금까지 요한처럼 그렇게 오랜 시간을, 그렇게 열렬히, 그렇게 많은 것을 포기하면서 하나님을 섬긴 사람은 없었다. 요한은 연로한 데다 불임인 부모가 그를 잉태하기 전부터 그에게 부여된 역할을 위해 구별되었다. 날 때부터 그는 나실인의 서원을 지켰다(민 6:1–21). 성인이 되어서는 세상의 그 무엇도 자신의 남다른 헌신을 방해하지 못하도록 문명의 안락함을 거부했다.

선한 행위와 자기 부인이 인간의 영혼을 구원할 수 있다면 요한은 분명 천국의 자리를 확보했을 것이다. 그러나 그는 그리스도의 오심을 환히 비추기 위해 그가 주장해도 될 만한 어떤 미덕도 메시지의 주제로 삼지 않는다. 그가 자신의 영적 상태에 대해 내린 정직한 평가를 보라. "나보다 능력 많으신 이가 내 뒤에 오시나니 나는 굽혀 그의 신발끈을 풀기도 감당하지 못하겠노라"(막 1:7).

이것은 거짓 겸손이 아니다. 진심이다. 단순히 관대한 표현이 아니다. 진정한 겸손이다. 요한은 자신의 행위가 구원에 손톱만큼도 기여하지 못한다는 것을 알았다. "능력 많으신"이라고 말할 때 요한이 생각한 것은 육체적 힘이 아니라 영적 능력과 도덕적 힘이었다. 비교하자면, 그때까지 존재했던 사람 중 가장 위대한 하나님의 종인 이 사람이 당시 알려진 가장 낮은 형태로도 그분을 섬길 자격이 부족하다고 자신의 도덕적 능력을 평가한 것이다. 당시에는 노예 중에서도 가장 천한 노예가 신발을 벗기고 발을 씻겼다(마가가 이 일화에 은밀히 감추어놓은 메시지에도 주목하라. 곧 그리스도를 섬기는 것은 특권이라는 것이다).

요한은 자신의 상대적인 도덕적 가치를 오실 메시아와 비교한 후 그들이 하는 사역에도 차이가 있음을 분명히 보여주었다. 요한은 아마도 물이 허리까지 잠겼을 요단강에 서서 회개하는 수백 명의 유대인을 강물에 담그면서 이렇게 말했다. "나는 너희와 하나님과의 관계가 새롭게 회복되었다는 상징으로 너희를 물에 담그지만, 그리스도는 너희를 하나님의 영에 잠기게 하실 것이다." 우리는 청중이 요한의 약속에 들어 있는 함의를 이해했다고 합리적으로 확신할 수 있다. 그들이 요한을 믿지 않았을 수도 있다. 그러나 그들은 요한이 메시아가 통치하는 세상을 묘사한 구약의 예언을 암시하고 있다는 것을 알았다(사 44:3, 겔 36:26-27, 욜 2:28-29).

Barry Beitzel

**예수님이 세례받으신 요단강을 강둑에서 바라본 풍경**

## —1:9—

마가는 그리스도가 오실 것이라는 세례자의 약속에서 나사렛 예수께로 돌연 시선을 돌린다. "그 때에"란 요한이 요단강을 따라 이동하면서 설교하고 회개한 유대인들에게 세례를 베풀던 시기를 말한다. 요한이 예언한 뒤 얼마 지나지 않아 예수님이 세례를 받으러 오셨다.

물론 하나님의 아들은 회개할 필요가 없으셨다. 세례를 받는 다른 사람들과 달리 그분은 고백할 죄가 없으셨을 것이다(참고. 1:5, 마 3:6). 그렇다면 당연히 이런 질문이 나온다. 예수님은 왜 요한에게 세례를 받으셨을까? 마태복음은 주님의 동기를 어느 정도 밝혀주는, 요한과 예수님의 대화를 기록한다.

> 요한이 말려 이르되 내가 당신에게서 세례를 받아야 할 터인데 당신이 내게로 오시나이까 예수께서 대답하여 이르시되 이제 허락하라 우리가 이와 같이 하여 모든 의를 이루는 것이 합당하니라 하시니 이에 요한이 허락하는지라(마 3:14-15).

개종자들의 세례와 마찬가지로 요한의 세례도 하나님께 대한 내적 헌신, 그분의 뜻에 대한 순종, 이스라엘 민족과 같은 신분을 획득했음을 외적으로 상징하는 것이었다. 세례는 선구자 요한이 그에게 주어진 사명, 곧 공식적으로 메시아를 소개한 후 물러나는 일을 완수하기에 적합한 방법이었다. 이 일이 벌어진 곳이 광야라는 사실은 위에서 언급한 이사야 40장 3절의 예언을 성취함과 동시에 인간의 기관인 성전과 얽히지 않고, 예수님이 하나님 아버지에게서 직접 권위를 받으셨음을 보여주었다(막 1:10-11).

어쩌면 예수님이 의도하신 더 중요한 것은 그분이 친히 세례를 받으심으로써 물에 담그는 상징에 새로운 의미를 부여하시려는 것이었을지도 모른다. 분명히 그날 세례의 의미가 바뀌었다. 예수님은 그 간단한 의식을 기점으로 당신의 궁극적 운명-죄에 대한 속죄의 제물로 드려질-을 향한 여정을 공식적으로 시작하셨다. 이렇게 예수님은 세례를 새로운 종류의 삶으로 들어가는 상징적인 통로로 만드셨고, 그 통로를 지나가는 최초의 인물이 되셨다. 예수님은 국가와 모든 인류를 대신해 새 언약을 받으셨다(참고. 겔 36:25-28. 또한 다음을 보라. 44:3, 59:21, 렘 31:31-33, 겔 37:14, 39:29, 욜 2:28-29). 그리스도의 세례에 참여하면 우리는 그 언약에 들어가며, 약속된 모든 축복에 참여하게 된다.

## —1:10-11—

마가가 즐겨(41번 이상) 사용하는 부사 *euthys*(2117), "곧"이 여기서 처음 등장한다. 이 말은 때에 따라 문자 그대로 기록된 행위가 바로 다음 순간에 일어났다는 뜻으로 해석해야 한다. 그러나 어떤 때는 관련된 두 개의 이야기를 연결하거나 내러티브에 극적 요소 또는 뜻밖의 일을 삽입하기 위해 "곧"이라는 단어를 사용하기도 했다. 마가는 예수님의 사역이 종종 깜짝 놀랄 일들이 끼어드는 흥미진진한 경험이었음을 독자들에게 보여주려는 의도에서 이 단어를 즐겨 사용한 듯하다.

이런 경우, 문맥은 비교적 명확하다. 예수님이 물에서 나오시는 순간 성령이 물리적 형상으로 하늘에서 내려오셨다. 마가는 그 형상을 "비둘기 같"다고 묘사하면서 "하늘로부터 소리가 나기를" 예수님을 "내 사랑하는 아들"이라고 하셨다고 기록한다. 이 두 구절과 이와 유사한 구절들(마 3:16-17, 눅 3:22)에는 삼위일체의 세 위격이 모두 등장한다. 세 위격, 곧 하늘에서 말씀하시는 성부, 비둘기같이 내려오시는 성령, 그 성령을 보고 성부의 목소리를 들으시는 성자 모두 하나님이시다. 그 세 위격은 여전히 온전한 하나님이시면서 서로 교류하신다는 점에서 구별된다. 다시 말해, 하나님이 성자로서 물에서 나왔다가 성부로서 예수님을 확증하는 말을 하려고 예수님의 몸에서 나와 하늘로 급히 올라갔다가, 다시 성령으로 날아와 또다시 성자가 되시는 것이 아니다. 반대로 이 구절에서 하나님은 셋이면서 동시에 하나로 나타나신다. 우리는 이런 교류를 얼핏 볼 뿐이지만 삼위일체는 언제나 이런 식으로 존재하셨다. 웨인 그루뎀(Wayne Grudem)은 이 '삼원성'(tri-unity)을 이렇게 잘 설명했다.

> 하나님은 세 위격으로 영원히 존재하신다.
> 성부, 성자, 성령
> 각 위격은 온전한 하나님이시고
> 하나님은 한 분이시다.[4]

## —1:12-13—

10절처럼 여기에 나오는 "곧"도 맥락상 문자 그대로 이해하면 된다. 예수님께 내려오신 성령은 곧바로 성자를 광야로 "몰아내"셨다(1:12). "몰아내"셨다는 말은 *ekballō*(1544)라는 헬라어의 번역인데, 이 단어는 '쫓겨나다', '밖으로 나가다', '쫓아내다', '보내다' 등으로 다양하게 표현된다. 그러나 이 말을 예수님이 자유 의지가 없는 것처럼 해석하면 안 된다. 사실 성자와 성령은 하나이시므로 "몰아내"셨다는 표현은 적절하다. 하나님의 영이 아들을 광야로 가도록 지시하셨고, 아들은 순종하셨다.

이것이 왜 중요한가? 예수님이 온전한 인간이심을 기억하라. 그런데도 그분은 우리의 구세주시다. 그리고 그분은 하나님과 올바른 관계 속에 있는 인류의 모범이시기도 하다.

우리는 하나님이 아니지만, 우리 안에는 그분의 영이 거하신다. 그렇기에 우리는 예수님이 그러셨듯이 성령이 명하시는 대로 행하기 위해 성령의 강권하심을 따를 수 있다.

마가는 예수님이 사탄과 들짐승들의 공격에 에워싸였던 광야의 경험을 간략하게 묘사했다. 분명, 마가의 이 묘사는 네로의 핍박 아래서 그리스도를 부인하고 싶은 유혹과 참혹한 죽음의 위협에 시달리고 있던 로마의 그리스도인들이 경험한 바를 의도적으로 투영한다. 로마 역사가 타키투스는 AD 100년경 쓴 글에서 이 무시무시한 시절을 이렇게 묘사했다.

> 그들의 죽음에 온갖 조롱이 더해졌다. 그들은 짐승 가죽을 뒤집어쓰고 개들에게 갈기갈기 찢겨 죽거나, 십자가에 못 박히거나, 날이 저물면 불을 밝히는 용도로 불에 타 죽었다.
> 네로는 이 구경거리를 위해 자신의 정원을 내주었고, 원형 경기장에서 이 광경을 연출했다. 이런 참극이 자행되는 동안 그는 전차를 모는 전사의 옷차림을 한 사람들과 어울리거나 전차 위 높은 곳에 서 있었다.[5]

마가복음을 시작하는 첫 구절의 가장 중요한 목적은 예수 그리스도의 신성한 권위를 다시 확인하는 것이다. 잔혹한 로마 박해자들의 권세에 맞설 각오를 하는 제자들은 이 점을 기억해야 했다. 로마를 두려워하지 마라. 우리의 권위는 하나님이 주신 것이다. 하나님은 로마에 책임을 물으실 것이고, 유혹을 끝까지 견디는 자들을 돌보실 것이다(참고. 1:13).

## 적용: 마가복음 1:1–13

### 광야에 대비하라

이 말씀을 읽는 많은 사람은 영적 광야에 들어간다는 게 무슨 의미인지 안다. 당신도 그들 중 하나일 수 있다. 고민스러운 도덕적 딜레마로 사탄의 공격을 받은 적이 없다면 마음을 단단히 먹어라. 틀림없이 이 세상을 떠나기 전에 이런 공격을 받을 것이다. 당신이 위기를 극복하는 데 도움이 될 두 가지를 알려주겠다. 단순해 보일지 모르지만, 영적 시험을 당할 때 도움이 된다. 내 말을 믿어라. 이것을 카드에 적어서 늘 가까이 두고 유혹을 이겨내라.

**첫째, 사탄은 여전히 적이다.** 악이 초래하는 고통이 커지면 항복하고 싶은 유혹에 압도당할 수 있다. 하나님이 적이 아니라는 사실도 잊기 쉽다. 우리는 죄로 인해 타락한 세상, 악을 행하는 자들이 번성하고, 옳은 일을 행하는 선한 사람들이 처벌받는 일이 예사인 세상에서 살고 있다. 이런 일이 오래 지속하면 끝까지 신실하게 살겠다는 결심이 헛수고며 도리어 역효과를 낳는다는 생각마저 들기 시작한다. 우리가 이기는 편에서 싸우도록 선택되었다는 사실을 잊기 쉽다!

하나님의 말씀은 "너희는 하나님께 복종할지어다 마귀를 대적하라 그리하면 너희를 피하리라"(약 4:7)고 가르친다. 어려울 때 사탄에게 저항하지 않으면 사탄은 도망가지 않고, 오히려 당신의 삶을 장악할 방법을 모색할 것이다. 해결되지 않은 분노는 사탄에게 당신을 이용할 기회를 제공한다. 비정상적인 정욕은 정신을 비뚤어지게 만들어 선과 악을 분별하는 능력을 앗아간다. 건강하지 않거나 부적질한 관계는 당신을 낙심시키고, 당신이 사랑하는 사람들의 마음을 아프게 해도 된다고 믿게 만든다. 권리만 주장하거나 불평만 키우면 하나님을 신뢰하는 능력이 약해진다.

사탄은 삶을 더 좋게 만들기 위해서가 아니라 도적질하고, 죽이며, 파괴하기 위해 들어올 통로를 찾고 있다. 절대 잊지 마라. 사탄은 적이다.

**둘째, 예수님의 이야기는 여전히 복된 소식이다.** 영적 광야에서 인생이 암울해 보일 때 우리는 복음이 여전히 좋은 소식이라는 사실을 기억해야 한다. 우리의 창조주는 우리를 홀로 버려두지 않으셨다. 오히려 전능하신 하나님은 예수 그리스도의 인격으로 육신을 입으셨을 때 "우리와 함께 계"셨다(마 1:23, 참고. 사 7:14). 그분은 인류를 구속하시고, 악을 멸망시키시며, 죄를 용서하시고, 사탄을 물리치시며, 피조물을 되찾으시고, 하나님의 통치를 회복하시기 위해 이 땅에 오셨다. 이사야, 말라기, 세례 요한, 마가처럼 구세주와 그분의 복음에 끝까지 충성했던 초기 신자들이 있었기에 이 좋은 소식이 우리에게 왔다.

악이 득세한 듯 보이고 정말 하나님이 승리하실지 의구심이 들기 시작하면 복음서를 읽으라. 예수 그리스도라는 기쁜 소식에 흠뻑 빠져 새 힘을 얻어라. 예수 그리스도가 온전히 인내하신 것을 보라. 그분의 인내는 당신도 그럴 수 있다는 보증이자 부르심이다. 하나님은 우리에게 같은 인내의 영을 주셨다. 설령 우리가 이 소명에 실패한다 해도, 예수님의 완전한 은혜는 우리를 적에게서 구하실 수 있을 만큼 풍성하다.

## 예수님을 따르기로 결단하다(마가복음 1:14–20)

14요한이 잡힌 후 예수께서 갈릴리에 오셔서 하나님의 복음을 전파하여 15이르시되 때가 찼고 하나님
의 나라가 가까이 왔으니 회개하고 복음을 믿으라 하시더라

16갈릴리 해변으로 지나가시다가 시몬과 그 형제 안드레가 바다에 그물 던지는 것을 보시니 그들
은 어부라 17예수께서 이르시되 나를 따라오라 내가 너희로 사람을 낚는 어부가 되게 하리라 하시니
18곧 그물을 버려 두고 따르니라 19조금 더 가시다가 세베대의 아들 야고보와 그 형제 요한을 보시니
그들도 배에 있어 그물을 깁는데 20곧 부르시니 그 아버지 세베대를 품꾼들과 함께 배에 버려 두고
예수를 따라가니라

---

도스토옙스키의 소설 『카라마조프가의 형제들』(*The Brothers Karamazov*)에서 둘째 아들 이반은 악이 횡행하는 세상을 보며 자비롭고 인격적인 하나님이라는 개념과 씨름한다. 불만에 찬 이 지성인이 수련 수사인 동생 알료샤에게 늘어놓는 긴 푸념에는 인간 본성에 대한 예리한 통찰이 들어 있다.

> 인생의 진의는 사는 것에만 있지 않고 무엇을 위해 사는가에도 있어. 삶의 목표에 대한 확고한 신념이 없다면, 일용할 양식이 풍부해도 인간은 삶을 지속하려 하지 않을 거야. 이 세상에 남아 있기보다는 차라리 자기 자신을 파괴할 거야.[6]

이 말은 우리 시대에 벌어지고 있는 가장 큰 투쟁이 무엇인지를 분명히 드러낸다. 해가 갈수록, 자기가 누구며 어떤 목적을 가지고 이 지구별에 머물러야 하는지를 알고 있는 사람을 찾기가 힘들어진다. 결과적으로 점점 더 많은 사람이 목적 없음, 절망감, 외로움, 우울증과 씨름하고 있는 것을 본다. 나는 소명 없이 사는 삶을 상상할 수 없기에 그런 사람들을 생각하면 마음이 아프다. 1957년 말 하나님은 내가 계획했던 삶에서 나를 끌어내 매우 구체적이고 분명한 목적을 주셨다. 바로 하나님의 백성을 위한 목자로서 복음을 선포하는 것이었다. 그 후 이 소명은 내 삶의 나침반이 되었다. 내가 다른 모든 개인적인 계획을 제쳐놓고 하나님의 부르심에 주의를 기울이지 않았다면 결국 어디에 있게 되었을지, 어떤 사람이 되었을지 생각하면 현기증이 난다.

더 젊은 세대가 수십 년 앞선 사람들보다 더 자주 목적 없는 삶과 절망으로 고민하는 것처럼 보이지만, 사실 이 문제는 아주 오래되었다. 마가는 내러티브 후반부에서 광야에서 주님을 찾고 있는 갈릴리 군중을 보고 주님이 느끼신 감정을 묘사한다. "예수께서 나오사 큰 무리를 보시고 그 목자 없는 양 같음으로 인하여 불쌍히 여기사…"(6:34). 실제로 1세기는 이스라엘의 장구한 역사 속에서 일찍이 겪어보지 못한 최악의 시기였다. 부패한 정치꾼 제사장들이 성전을 로마의 전초 기지로 변질시켰고, 바리새인들은 "스스로 구원을 이루라"

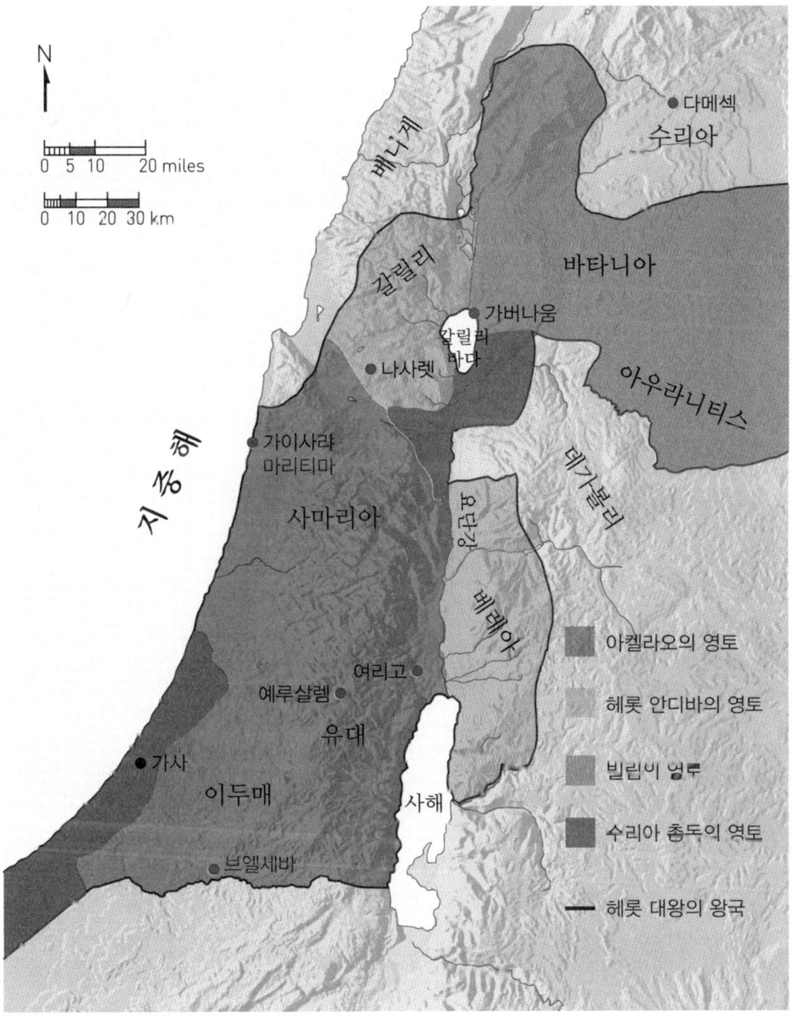


헤롯 대왕이 통치했던 지역은 BC 4년에 그가 세상을 떠나자 그의 아들들에게 분할되었다.

는 종교를 만들어 시시콜콜 트집을 잡았다. 권력자들은 제 밥그릇 챙기기에 급급했고, 부자들은 권력을 공고히 했다. 그 사이, 하나님의 언약 백성 대부분은 눈멀고 굶주린 채 영적 어둠 속을 헤맸다.

그때 "예수께서 갈릴리에 오"셨다(1:14). 그냥 좋은 소식을 선포하려고 오신 게 아니라 그들이 그때까지 들어보지 못한 더 위대한 무언가로 그들을 부르러 오셨다.

## —1:14-15—

"요한이 잡"혔을 때(1:14)는 이미 많은 일이 일어난 후였다. 우리는 요한복음을 통해 이 무렵 예수님이 예루살렘 인근에서 세례 요한과 안드레, 시몬 베드로와 빌립 그리고 나다나엘을 만나셨다는 것을 안다(요 1:37-51). 예수님은 또 갈릴리로 돌아오시기 전에 잠시 유대 지역에서 사역하셨다. 마가가 기록한 이 이야기가 벌어진 시점이 바로 이 무렵이다.

예수님이 하신 말씀을 살펴보기 전에 그분이 어디에서 사역하셨는지 주목하라. 갈릴리로 알려진 이 지역은 예루살렘에서 북쪽으로 꼬박 사흘 길 거리에 있었다. 정치적으로 갈릴리는 중요한 곳이 아니었다. 문화적으로도 낙후된 곳이었다. 유대의 세련된 사람들은 마치 미국 맨해튼의 백만장자들이 애팔래치아 산맥에 사는 시골뜨기들을 얕잡아보듯이 갈릴리 사람들을 무시했다. 갈릴리 사람들은 독특한 사투리를 썼고, 대부분의 농부가 그렇듯 땅 가까이에 살았으며, 유대인의 축제에 참석할 때 외에는 멀리 다니지 않았다.

헤롯 대왕이 세상을 떠난 후 아들 안디바가 갈릴리와 베레아를 물려받았다. 안디바는 몇몇 인상적인 도시를 건설하고 로마와 전략적인 관계를 구축하는 데 어느 정도 성공했지만, 야심에 찬 정치가도 유능한 통치자도 아니었다. 그는 성대한 잔치를 벌여 지도자로서 부족한 점을 보완했다. 그가 벌인 잔치는 규모나 기간이나 천박함에 있어서 타의 추종을 불허했다.

안디바가 유대인의 왕으로 갈릴리를 이끌 기회를 흘려보내는 동안 사람들은 투사를 갈망했다. 그들은 백성의 땀과 눈물에 기대지 않고 하나님의 말씀에서 자양분을 얻는 메시아를 간절히 기다리며 살았다(마 4:4). 그들은 그리스도가 주실 "이스라엘의 위로를 기다리"고(눅 2:25) 있었다. 그리스도는 대장 목자로서 하나님의 언약 백성을 위해 일할 자였다. 그런데 그들은 헤롯 안디바 밑에서 고통을 겪고 있었다.

이 절망스러운 분위기 속에서 예수님이 복음을 전하러 오셨다. 이 말에 해당하는 헬라어 *euangelion*(2098)은 전쟁터에서 달려온 전령이 전하는 좋은 기별, 왕의 상속자가 탄생했다는 공식 선포, 또는 비슷한 부류의 기쁜 소식을 뜻한다. *kēryssō*(2784)는 '설교하다'는 뜻을 가진 헬라어로 전령이 정식으로 발표하는 것처럼 공표한다는 뜻이다. 그 당시 왕은 전속 특사를 보내 구두로 칙령을 발표했는데, 이들은 시장이나 광장에 서서 메시지를 '*kēryssō*' 했다. 그 선포에는 권위가 있었다. 선포는 언제나 당당했고 대중의 관심을 끌었다.

마가는 그리스도인에게 친숙한 메시아의 가르침을 두 개의 메시지로 요약한다. 첫 번째는 "하나님의 나라가 가까이 왔다"(막 1:15)고 선포한다. 마가의 요약은 문학적 아이러니라는 장치를 사용한다. 문학적 아이러니란 글을 읽는 독자가 이야기 속의 인물들에게는 알려지지 않은 정보를 가지고 있는 형식이다. 예수님이 "하나님의 나라가 가까이 왔다"고 말씀하셨을 때 마가의 독자는 그 말에 담긴 이중적 의미를 이해했다. 하나님 나라는 성령이 신자들에게 충만히 임하실 때 신학적 의미에서 시작될 것이다. 그런 다음 그 신자들이 초대 교회를 형성할 것이다. 그러나 예수님은 또 당신을 하나님의 나라로 일컬으셨다. 왕이신 그분이 백성 앞에 서 있다는 의미에서 왕국은 가까이 와 있었다! 예수님이 선포하신 두 번째 메시지는 이중 명령 형태를 취했다. "회개하라 그리고 믿으라." 신학적으로 "회개하라"와 "믿으라"는 하나의 행위를 표현한다. 그것은 당신을 죄에서 구원하러 오신 메시아를 믿기 위해 죄로 가득 찬 과거의 삶의 방식에서 돌아서기로 결단하는 것이다.

### '안일한 믿음주의'와 주재권 구원(마가복음 1:15)

예수님은 갈릴리에 오셔서 "회개하고 복음을 믿으라"(1:15)고 설교하셨다. "복음"은 이렇게 단순했다. "때가 찼고 하나님의 나라가 가까이 왔"다. 사람들이 회개하고 믿기로 결단하면 구원의 선물을 받았다.

회개란 죄로 가득 찬 삶의 방식과 죄를 쉽게 용인하는 마음을 구세주에 대한 믿음으로 방향을 바꾸는 것이다. 어떻게 그렇게 하는가? 믿음으로 가능하다. 회개와 믿음을 한 짝으로 생각하라. 두 개를 분리하지 마라. 나쁜 일을 했다고 또는 나쁜 사람이라고 가책을 느끼는 것만으로는 부족하다. 회개해야 주 예수님을 진심으로 믿는 것이다. 이기심과 죄의 지배를 받는 생활 방식에서 벗어나 돌이키기로 결단해야 진정으로 회개한 것이다. 다시 말해, 진정한 의미의 회개란 진심으로 그리스도께 돌아서기로 결단하는 것이다.

마가가 "믿는다"는 말 외에 구원에 다른 아무것도 더하지 않았다는 점에 유의하라. 믿는다. 여기에 아무것도 더하지 마라. 하나님의 선물은 거저 주시는 것이다. 사람들이 아직 구세주를 믿지 못하는데 예수님을 그들 삶의 주인으로 삼으라고 다그치지 마라. 일각에서는 이것을 '주재권 구원'(Lordship salvation)이라고 부른다. 하나님이 사람들을 구원하시려면 먼저 사람들이 온전히 헌신하고, 전심으로 그리스도를 따르겠다는 진실한 의지가 있어야 한다고 가르치는 사람들이 많다. 만약 어떤 사람이 진정한 삶의 변화를 보여주지 않으면 그는 정말 믿는 것이 아니고, 올바로 회개한 것도 아니며, 단지 믿고 있다고 주장하는 것이라고 그들은 말한다.

여기에는 두 가지 문제점이 있다. 첫째, 이런 사고방식은 사람의 마음속에서 벌어지는 일을 평범한 인간이 알 수 있는 것보다 더 많이 안다고 예단한다. 우리는 겉으로 드러나는 행위를 관찰할 수 있을 뿐이다. 주님은 경고하신다. "그의 용모와 키를 보지 말라 내가 이미 그를 버렸노라 내가 보는 것은 사람과 같지 아니하니 사람은 외모를 보거니와 나 여호와는 중심을 보느니라"(삼상 16:7, 참고. 눅 16:15). 나는 주재권 구원이라는 리트머스 시험은 통과했지만, 실제로는 믿음을 통해 은혜로 받는 구원을 모르는 사람들을 많이 안다. 반대로, 나는 '일보 전진, 반보 후퇴'하는 영적 행보를 하는 많은 진실한 신자도 알고 있다. 오랜 시간이 지나면 진정한 성장이 분명히 나타나지만, 일상에서 변화를 감지하기는 쉽지 않다.

둘째, 특정한 방식으로 특정한 일이나 행위를 해야 한다고 말하는 것은 구원에 조건을 추가하는 것이다. 나는 예수님이 나의 주님이시고, 왕이신 그분께 순복하는 것이 우리의 의무임을 믿는가? 전심으로 믿는다! 그러나 나는 죄인이 예수님을 자신의 주인으로 삼을 수 있다고 믿지 않는다. 죄인들은 구세주로서의 예수님을 신뢰할 수 있을 뿐이다. "예수님은 나를 위해 돌아가셨습니다. 내가 어떻게 예수님을 알 수 있을까요? 나는 그분을 믿어야 합니다. 즉 나는 하나님이신 당신 앞에서 내가 죄인임을 인정합니다. 나는 그리스도가 오직 은혜로 믿음을 통해 내 죄를 용서하실 수 있음을 압니다. 그리고 나는 그분을, 그분만을 믿습니다."

복음은 자기 힘으로는 얻을 수 없는 의를 거저 주는 선물로 받으라고 받을 자격 없는 사람들을 부르는 메시지다. 주재권 구원의 문제는 그리스도를 믿기로 결단한 순간에, 또한 나중에 영적으로 성숙해갈 때 얼마만큼의 선이 구원받을 만한 것인지 아무도 알 수 없다는 것이다.

나는 간혹 비판자들이 '안일한 믿음주의'라고 일컫는 신학을 가르친다고 비난을 받는다. 그런 비난을 받으면 나는 이런 질문이 떠오른다. 그러면 도대체 '힘든 믿음주의'는 무엇인가? 하나님이 내게 주시고자 하는 선물을 받기 위해 애를 써야 한다면 내가 그분에게서 받는 것은 선물이 아니다.

나는 구원받기 위해 믿어야 한다고 분명히 가르친다. 나는 또 주님이 "회개하고 믿으라"는 메시지를 주신다고 가르친다. 이것이 좋은 소식이다. 사람들은 주 예수님을 믿을 때 단순한 기도로 믿음을 표현한다. 예를 들면 이런 기도다. "주님, 저는 길을 잃었습니다. 저는 예수님이 저를 구원하실 수 있음을 믿습니다. 저는 주님이 저를 죄에서 구원하신다는 것을 믿습니다. 이 귀한 선물에 감사드립니다."

나는 많은 사람이 그리스도를 믿는 것을 보았기 때문에 이런 기도가 절대 쉽게 나오는 것이 아님을 확신할 수 있다. 진정한 믿음은 "지금 내 삶을 책임지고 계신 분은 하나님이시지 내가 아니다!"고 말한다. 그렇기는 해도 구원은 정말 간단하고 확실하다. 사도 요한은 1세기 교회들에 보낸 편지에 "아들이 있는 자에게는 생명이 있고 하나님의 아들이 없는 자에게는 생명이 없느니라"(요일 5:12)고 썼다. 하나님은 그분께 가는 길을 복잡하거나 불분명하게 만들지 않으셨다.

## —1:16-18—

갈릴리 '바다'는 길이 약 21킬로미터, 폭 13킬로미터, 수심 25-50미터의 사실상 민물 호수다. 이 호수는 산으로 둘러싸인 깊은 틈의 바닥에 위치한 지중해보다 약 200미터 아래에 자리하고 있다. 비교적 작은 수역과 그 안에 서식하는 물고기로 이스라엘 북부에 거하는 수천 명의 사람이 담수와 생선을 지속적으로 공급받았다. 마가는 예수님이 갈릴리 해변 어딘가에 계셨다고 말한다. 정확한 위치는 언급하지 않지만, 야고보, 요한, 시몬 베드로, 안드레의 본거지인 가버나움에서 멀 수는 없었다. 어부들은 통상 집과 가까운 곳에서 그물을 청소하고 수선했다.

예수님은 바로 어부 시몬 베드로와 그의 형제를 알아보셨다. 상당한 규모의 고기잡이를 했을 것으로 짐작되는 그 형제는 바다로 그물을 던지고 있었다. 한 성경 연구가는 이렇게 묘사한다.

> 어업은 갈릴리 바다에서 번창했던 산업으로, 북서쪽 해안에 적어도 16곳에 이르는 번화한 항구와 여러 도시가 있었다. 그 도시 중에는 벳새다('어부의 집'), 막달라('물고기 탑'), 타리케아에('절인 생선') 등 수산물 유통과 관련된 지명을 가진 곳도 있었다. 어선들이 너무 많아 요세푸스는 AD 68년에 전쟁이 발발했을 때 갈릴리에서 선박을 230척이나 징발할 수 있었다(*전쟁* 2.635). 잡힌 수산물은 현지 시장에서만 소비된 게 아니었다. 그리스 로마 세계의 주식이 고기가 아닌 생선이었음을 기억해야 한다. 갈릴리 바다에서 잡힌 물고기는 멀리 애굽의 알렉산드리아와 수리아의 안디옥까지 수출되었고 귀한 대접을 받았다. 더 큰 지중해 시장에서 갈릴리 어부들이 어깨를 겨루었던 것으로 보아 그들은 기술이 좋았고, 빈틈없었으며, 재간이 많았음을 알 수 있다. 그들은 아마 무역과 문화계의 국제 언어였던 헬라어도 구사했을 것이다. 예수님이 부르신 어부들은 궁핍한 일용직 노동자가 아니었다. 시장 경쟁에서 살아남으려면 치밀하고 성공한 사업가가 되어야 했다.[7]

마가는 누가복음 5장 4-11절에 나오는 물고기를 많이 잡은 이야기는 건너뛰고, 자신의 글에서 전하려는 가장 중요한 목표에 집중한다. 마가는 곧바로 부르심이라는 주제로 진입한다. "나를 따라오라"(막 1:17). 요한복음 1장 35-42절에 따르면 이때 시몬 베드로와 다른 몇 사람은 예수님을 소개받은 후였고, 예수님이 그들이 기다리던 메시아라는 주장을 알고 있었다. 많은 사람이 이미 비공식적으로 예수님을 따르고 있었다. 이제 예수님은 그들에게 더 깊은 헌신을 요구하셨다. 그리스도의 정식 제자가 되기 위해 다른 중요한 것, 곧 가족과 직업과 재정적 안정을 제쳐두고 '올인'하라고 도전하셨다. 그것이 "나를 따라오라"는 초대의 본질이다.

우리는 예수님이 하시지 않은 말씀을 하셨다고 하고 싶은 충동을 억누르고 이 구절을 있는 그대로 조심해서 해석해야 한다. 예를 들어, 예수님이 하시지 않은 것을 생각해보라. 예수님은 설교자들을 훈련하시려고 학교를 시작할 생각이 없으셨다. 예수님은 신학교 설립을 공표하지 않으셨다. 그분은 공식적인 랍비 교육 과정에 참여하라고 그들을 초청하지 않으셨다. 다른 복음서들은 그분이 그들을 무엇에 참여하라고 부르시고 있는지 자세히 설명하지 않았다는 것을 확인해준다. 마치 한 장의 그림을 보여주는 듯한 "내가 너희로 사람을 낚는 어부가 되게 하리라"는 말씀은 당시에는 잘 이해되지 않았을 것이다. 그 말씀의 의미는 3년여에 걸친 가르침, 최종 위임(마 28:19-20, 행 1:8), 사역의 권한을 이양하기 위한 성령 세례(행 2장) 후에야 확실히 드러날 것이다. 제자들은 그저 프로그램에 참여하거나, 조직에 가입하거나, 어떤 활동을 지원하라고 부름받은 것이 아니라는 사실에 유의하라. 그들은 한 사람을 따르라는 부르심을 받았다.

프로그램이나 조직, 활동이 하나님의 아들인 주 예수 그리스도를 더 열렬히, 더 충실하게 따르는 제자가 되는 데 도움이 된다면 그것은 좋은 것이다. 그것이 진정한 제자훈련이다.

"나를 따라오라"는 부르심은 최초의 제자들에게는 엄청난 위험을 의미했다. 그리스도를 따르려는 사람은 친숙한 모든 것을 버리고 하나님이 가족을 부양해주실 것을 믿어야 했다. 더구나 그들이 "사람을 낚는 어부"가 될 것이라는 약속은 즉시 성취되지 않았다. 그들은 오랜 훈련 과정과 개인적인 변화를 거친 후에야 이 호칭에 걸맞은 자격을 갖추게 되었다.

이를 더 명확히 하기 위해 주님의 제안에 담긴 요지를 분석해보기로 하자. "나를 따르라. 내가 너를 -으로 만들겠다." 우리의 책임은 믿고 따르는 것이다. 그분이 다른 모든 것을 돌보실 것이다. 말하자면 이것은 신뢰의 교환이었다. 주님은 사실상 이렇게 말씀하신 것이다. "너희가 나를 따를 것을 내가 믿을 수 있다면, 너희는 내가 너희를 준비시킬 것을 믿어도 된다."

시몬 베드로와 안드레는 즉각 응답했다. 바로 그 자리에서 두 사람은 고기잡이 일을 다른 사람들에게 넘겨주기로 했다. 곧 보게 되겠지만, 마가가 서술한 바에 따르면 두 사람은 배와 그물을 다른 유능한 가족에게 넘기고 도와줄 사람을 고용한 후 배들이 정박해 있는 해안선을 따라 걸어가시는 예수님을 뒤따랐다.

Berthold Werner/Wikimedia

**1986년 갈릴리 바다 북서쪽 해변에서 발견된 1세기 때 선박.** 예수님과 제자들은 이렇게 생긴 배를 타고 갈릴리 바다를 건넜을 것이다.

## —1:19-20—

예수님은 좀 더 걸어가시다가 그물을 수리하고 있는 야고보와 요한, 그들의 아버지 세베대에게 다가가셨다. 예수님은 시몬 베드로와 안드레를 부르신 것과 똑같이 그들을 부르셨다. 그들 역시 돈벌이로 고기를 잡는 현재의 삶에서 돌아섰다. 시몬 베드로와 안드레가 그랬듯이 그들도 배와 장비를 아버지와 고용된 조력자에게 맡기고 그 순간부터 예수님을 따랐다.

# 묵상의 서재

## 망설임 끝의 대답 "네"(마가복음 1:17-18)

59세라는 적지 않은 나이가 될 때까지 나는 근 25년 동안 같은 사역을 하면서 그물을 던지고, 배를 타며, 고기를 잡고 있었다. 어떤 사람들은 59세 이전에 은퇴하지만 나는 이토록 좋은 일을 손에서 놓고 싶지 않았다. 내 사역은 보람 있고 흥미진진했다. 만사가 형통했다. 그때 주님이 나타나셨다. 그것은 갈릴리 바다 기슭에서 들려오는 소리가 아니었다. 댈러스에서 캘리포니아로 느닷없이 걸려온 전화였다. 수화기 너머에는 내가 잘 아는 두 사람이 있었다. 당시 댈러스 신학교 학장이었던 돈 캠벨(Don Campbell) 박사와 신학교 이사장인 잭 터핀(Jack Turpin)이었다. 두 사람이 함께 전화한 거였다. 처음에는 이런 생각이 들었다. '이런, 그들이 내가 모르는 비밀을 알고 있나 보다!'

우리는 의례적인 인사를 나눈 후 바로 본론으로 들어갔다. "우리는 자네가 댈러스 신학대학원의 차기 학장으로 부임하는 것을 생각해봐 주었으면 하네."

내 반응(물론, 강한 믿음과 함께)은 신경질적인 웃음이었다. 나는 정말로 그들이 장난을 치고 있다고 생각했다. 캘리포니아에서 나와 함께 사역하는 사람들은 장난꾸러기로 악명이 높았다. 나는 이렇게 말하고 싶었다. "장난치지 말게! 무슨 꿍꿍이지?" 하지만 꾹 참고 이렇게 말했다. "진심은 아니겠지?"

"진심이네. 아주 진지하다고."

"이보게들, 자네들이 고려해볼 만한 자격을 갖춘 대여섯 사람의 이름을 알려주지. 나한테 시간 낭비하지 말고 그들에게 가보게나. 이봐, 나는…배도 많고, 어장도 넓고…그리고 내가 있는 곳은 고기도 아주 잘 잡혀. 여기서 만사가 형통하고 있다구! 도대체 내가 왜 그런 생각을…?"

"글쎄, 자네가 생각해보았으면 하네."

"아니, 나는 생각해볼 필요도 없네. 내가 알지."

"적어도 기도는 해봐 주게나."

그 말에 나는 멈칫했다. 세상에 어떤 설교자가 "아니, 기도 안 하겠네"라고 말하겠는가? 그래서 나는 기도해보겠다고 했다.

저녁 식사 자리에서도 나는 여전히 속으로 웃고 있었다. 그때까지 나는 제대로 기도하지 않았다. 나는 아내에게 말했다. "오늘 무슨 일이 있었는지 당신은 상상도 못 할 거요. 댈러스 신학교 돈 캠벨하고 잭 터핀이 전화를 했어요. 돈이 사임해서 일 년 후에 은퇴한대요. 새 학장이 와야 하는데, 나한테 물어볼 생각을 했다네…하고 많은 사람 중에서 말이오!" 나는 웃었다.

아내는 웃지 않았다. 그 시점에서 나는 쉽게 빠져나올 수 없다는 것을 눈치챘다. 나는 여러 해 동안 성령의 음성이 아내의 음성과 매우 흡사하다는 것을 배웠다(농담이니 항의 편지는 쓰지 마시길). 아내가 대답했다. "그건 당신이 가볍게 생각할 제안이 아닌 것 같아요. 당신이 생각해봐야 할 것 같아요."

"글쎄…우리 가족은 다 여기 살고 있어. 여기가 우리 집이고, 대출도 거의 다 갚았잖소. 우리 애들과 친구들도 여기 있고, 사역도 계속 성장하고 있어요."

"나도 알아요. 그래도 당신이 숙고해볼 문제라고 생각해요."

언쟁이 시작되기 전 우리는 하룻밤 동안 생각해보기로 타협을 보았다. 다음 날 아침 아내가 건넨 첫마디는 "나는 진심으로 당신이 그 제안을 고려해봐야 한다고 생각해요"였다.

"여보! 나는 그들에게 거절하고 싶어서 안달이 날 지경이야."

"당신, 진지하게 기도해봤어요?"

나는 기도가 꺼려지는 게 아니었다. 단지 기도할 필요를 못 느꼈다. 나는 하나님이 뭐라고 답하실지 이미 알고 있다고 확신했다. 하지만 책잡히지 않으려고 나는 그 상황에 대해 하나님께 말하기 시작했다. 그리고 기도하면서 줄곧 그 일을 할 수 있는 자격이 있고 유능한 대여섯 명의 학자를 생각하고 있었다. 나는 주님께 나를 인도해달라고, 신학교 학장이 될 자격을 갖춘 사람을 생각나게 해달라고 기도했다. 나에게 없는 학위를 가진 지도자를 알려달라고 기도했다.

나 스스로 자격 미달이라고 생각했기 때문이기도 했지만 나는 내가 지금 있는 곳에서 성공할 것을 확신했다. 목사라면 우리 교회 같은 교회와 교역자들을 꿈꿀 것이다. 그들은 내가 지금 소유한 것들을 갖기 바라며 온갖 경력을 쌓는다. 그런데 나는 그것을 두고 떠날 생각을 해야 하는 것이다. 내 삶은 편안했다. 가족 모두가 지척에 있었다. 교회는 부흥하고 있었다.

돈과 잭이 다시 전화했을 때 나는 말했다. "대여섯 사람의 이름이 생각났는데…." 그들은 이름을 들으려고 하지 않았다. 시시콜콜 지루한 이야기를 다 하지는 않겠다. 나는 결국 이것이 하나님의 부르심이라는 것을 인정해야 했다. 캘리포니아에서 댈러스로 사역을 이동하는 것은 우리가 알고 있던 모든 논리의 규칙을 깨는 것이었다. 그러나 주님의 뜻은 인간의 이성이라는 제약을 받지 않는다. 나는 결국, 서서히, 마지못해 그 직책을 받아들였다.

학장실로 짐을 들여놓은 후 연단에 올랐을 때 나는 훌륭한 학자들에게 둘러싸여 있었다. 그런데 놀랍게도 그들 중 아무도 나를 조소하며 연단에서 끌어내리지 않았다. 나는 곧 그들에게 필요한 학장은 또 한 명의 학자가 아님을 깨달았다. 그들은 지혜롭게도 학교 역사의 그 시점에서 댈러스 신학교에 가장 필요한 것은 목자라는 점을 알고 있었다. 나는 도착한 지 몇 달이 지난 후에야 그 사실을 깨달았다.

그곳에서 학생들과 지내면서, 지도자를 육성하는 것뿐 아니라 교회 사역에도 계속 참여하는 것이 현명한 일이라는 생각이 슬슬 들기 시작했다. 기존 교회에서는 문제를 일으킬 소지가 있으니 급속하게 성장하고 있지만 교회가 거의 없는 댈러스 북쪽 지역에서 교회를 개척하는 것이 낫겠다고 생각했다. 그러면서 우리는 인사이트 포 리빙(Insight for Living) 본부를 플래이노로 이전했다. 플래이노에서 우리는 신학교가 제공하는 자료들을 활용할 수 있었다. 2년 안에 내가 두고 떠나온 모든 것이 다 돌아왔다. 아니 그 이상이었다. 지금 우리는 여전히 텍사스에 있다. 때때로 캘리포니아의 친구들이 그립지만(그리고 온화한 날씨는 더 그립지만), 그 이동이 하나님의 부르심이었다는 데는 추호의 의심도 없다. 나는 그 점을 수없이 강조했다!

『소명』(*The Call*, IVP 역간)이라는 책에서 오스 기니스(Os Guinness)는 내 경험을 완벽하게 묘사한다.

> “저는 아닙니다”라는 고집을 버리자 나는 소명을 발견했고, 내가 어떤 존재인지를 알 수 있었다…하나님의 부르심은, 내 길을 찾으려고 노력하면서 우리가 사는 이 범상치 않은 시대의 도전을 극복하려고 애쓰다 보면, 내 앞을 비추는 밝은 횃불이 되고 내 안에서 타오르는 불꽃이 된다.[8]

마가는 자신의 빠른 전개 스타일에 따라 네 사람의 삶에서 가장 중요한 이 순간도 단순한 말로 요약했다. 예수님이 부르셨다. 그들은 따랐다. 설령 그들이 의심했거나 고민했더라도 우리는 보지 못한다. 설령 그들이 질문했거나 예수님께 자세한 내용을 물었더라도 마가는 아무런 언질도 주지 않는다. 설령 그들이 내심 주저했을지라도 불안감에 발목을 잡히지 않았다. 그들은 예수님의 부르심에 집중했다.

그러나 분명히 밝혀야 할 게 있다. 이것은 맹목적인 믿음에서 나온 행동이 아니었다. 그들은 갈릴리 해변을 거니는 아무 사람이나 따라간 것이 아니다. 예수님의 말씀, 행동, 인격에는 저항하기 힘든 무언가가 있었다. 그분의 가르침을 듣고 그분의 행위에서 그분의 권능을 보면서 그들은 그분이 오랫동안 기다려온 메시아일 수 있다는 여러 징표를 보았다. 물론 제자들은 앞으로 몇 년 동안 실제로 메시아이신 그분께 수반되는 그런 징표들과 씨름하며 보낼 것이다. 그리고 그들은 성육한 신인(神人)이신 예수님의 더 깊은 실체에 대해 계속 고민하게 될 것이다. 그런데도 그들은 자기들에게 익숙한 모든 것을 버리고 서슴없이 예수님을 따라갈 정도로 예수님을 알았고, 믿었다.

## 적용: 마가복음 1:14-20

### 즉각적인 순종

마가는 역사를 가르치거나 흥미를 돋우려고 장황한 이야기를 꾸며내지 않는다. 이것은 우리 모두를 위한 영적 지침이다. 주 예수님의 제자는 제각기 소명, 즉 목적을 가지고 있다. 우리는 이것을 위해 무의미해 보이는 우리의 '그물'을 버리고 하나님이 주신 목표와 열정을 추구해야 한다. 첫 발짝을 내디딜 수 있을 만큼 예수님을 신뢰하려면 예수님이 첫 제자들을 부르시는 과정에서 볼 수 있는 두 가지 언외의 사실을 알아야 한다.

첫째, 예수님은 약속하신 것보다 더 많은 것을 아셨다. 그분은 시몬 베드로, 안드레, 야고보, 요한에게 사람을 낚는 어부가 될 거라고 하신 것 외에 다른 말씀은 하지 않으셨다. 그러나 그분은 훨씬 더 많은 것을 아셨다. 예수님을 따른다는 게 무슨 의미인지 그분은 아셨다. 이후 3년 반 동안 밟은 훈련 과정은 차치하고라도 그들은 궁핍에 시달리고, 고통을 감내하며, 박해를 받고, 기진맥진할 것이다. 환희와 축하의 시간도 즐기겠지만, 어찌해야 할지 모를 정도로 지극히 암울한 상황과 세력에 맞닥뜨리기도 할 것이다. 공격당하고, 오해받으며, 왜곡되고, 학대받을 것이다. 그들 대부분은 그리스도를 위해 일한 결과로 죽임을 당할 것이다.

예수님은 이 모든 것을 아셨다. 예수님은 자세한 내용을 설명하는 대신 그들이 옳은 결정을 내리는 데 필요한 것만 말씀하시고 감당할 수 있는 것 이상은 말씀하지 않으셨다. 예수님은 간단히 이렇게 말씀하셨다. "내가 너희로 사람을 낚는 어부가 되게 하리라."

둘째, 예수님은 밝히신 것보다 더 많은 것을 제자들에게서 보셨다. 예를 들어 시몬 베드로는 자신을 거칠고 투박한 어부로 보았지만, 예수님은 시몬 베드로가 장차 될 모습을 보셨다. 존 필립스(John Phillips)의 글이다.

> 모두가 시몬 베드로를 보았다. 아니면 최소한 그가 하는 말을 들었다! 시몬은 늘 무리의 중심에 있었다. 행동이 있는 곳에는 늘 그가 있었다. 운동 경기를 하면 시몬은 제일 먼저 치고 나가야 했다. 연극에서 결혼식 장면을 연기하면 시몬은 신랑이 되어야 했고, 장례식 장면을 연기하면 랍비가 되어야 했다. 아니 시신 역할을 더 좋아했다! 특히 그 연극에 부활 장면이 포함되어 있다면!
>
> "(예수님)은 시몬을 보셨다." 그러나 예수님은 그 이상을 보셨다. 그분은 '베드로'를 보셨다. 미켈란젤로가 대리석 덩어리 속에서 다윗을 보았듯이 예수님은 투박한 어부에게서 사도를 보셨다. 그분은 시몬이 그물을 던지는 것을 보시면서 동시에 장차 있을 오순절에 베드로가 설교 한 번으로 3천 명의 영혼을 구원하는 것을 보셨다. 그분은 베드로를 보셨다. 그리고 이방인들이 교회에 들어오는 것을 보셨다. 그분은 베드로를 보셨다. 그리고 그분은 한 남자가 자신이 처형될 언덕으로 십자가를 지고 가는 것을, 십자가에서 죽음을 맞이하는 순간까지도 충성하는 모습을 보셨다. 그분은 베드로를 보셨다. 그리고 한 이름이 철필로 영광스럽게 새겨지는 것을 보셨다.[9]

예수님이 당신을 부르실 때 절대 의심하지 마라. 그분은 당신의 현재 모습과 당신이 장차 될 모습을 보신다. 하나님이 처음 우리를 그분의 소명과 사역으로 초대하셨던 때 우리를 알던 사람들은 지금 우리의 모습을 상상도 하지 못했을 것이다. 이는 주님이 우리를 그분의 어부가 되도록 가르치고 변화시키시기 때문에 가능한 일이다.

당신이 깊이 생각해보았으면 하는 세 가지 질문이 있다. 나는 그 질문들이 당신의 골수를 쪼개고 당신의 영혼을 구석구석 탐색하기 바란다. **첫 번째 질문: 주님은 오늘 어디서 당신을 찾으실 수 있는가?** 나는 당신을 어디서 찾을 수 있는지 안다. 주소를 찾고 시간과 날짜를 지명하면 된다. 그러나 나는 주님이 당신을 보시는 것처럼 당신을 볼 수 없다. 주님이 당신을 찾으시는 방법으로 당신을 찾을 수 없다. 주님은 당신의 겉과 속을 다 보신다. 주님은 당신의 과거와 미래를 알고 계신다. 당신은 당신의 잠재력을 대부분 보지 못하겠지만 주님은 아신다.

다음으로 당신의 집으로 가보자. 당신의 가족에게 가보자. 주님은 당신 집의 닫힌 문 뒤 어디에서 당신을 찾아내시는가? 만사가 조화롭고 만족스러운가? 아니면 그곳에서 당신이 하지 않은 행위(또는 명백히 고의적인 악한 행위)로 인해 제자리를 벗어나고, 결여되며, 혹은 손상되었을 것들을 보시는가? 그분은 당신의 집 어디에서 당신을 찾으실 수 있는가?

일터에서는 어떤가? 당신은 생계를 위한 그 일에서 진정 보람을 느끼는가? 당신은 부지런하고 충실하며 신뢰할 수 있는 사람인가? 당신은 지금 전반적으로 삶의 어떤 단계에 있는가? 변하고 있는가, 아니면 정체되어 있는가? 열려 있는가, 아니면 닫혀 있는가? 예수님은 사람들이 있는 자리에서 그들을 만나셨다. 예수님은 그들이 어느 지점에 있는지 정확히 보셨다. 그리고 그분이 데려갈 수 있는 곳으로 그들을 데려가셨다. 정직히 답해보라. 주님은 오늘 어느 지점에서 당신을 찾으실 수 있는가?

**두 번째 질문: 주님이 당신에게 주신 소명은 무엇인가?**

나는 꼭 지리적인 이동을 말하는 게 아니다. 물론 그것도 포함될 수 있다. 나는 당신이 지금 추구하고 있는 일이 아닌 다른 일을 해야 한다고 말하는 게 아니다. 그럴 수도 있고 아닐 수도 있다. 내 질문은 이것이다. "당신은 존재 이유를 가지고 있는가?" 당신이 집중하고 있는 목적의식이 있는가? 아니면 매일 아침부터 저녁까지 그냥 살아가고 있는가? 당신은 집중된 목적의식이 있는가?

당신은 예수님이 이 네 사람에게 주신 새 목적을 눈여겨보았는가? "내가 너희로 사람을 낚는 어부가 되게 하리라"는 주님의 부르심에 관심을 갖게 되자 그들은 고기 잡는 일에 관심을 잃어버렸다. 그들은 익숙한 가업을 버렸다. 더는 그것이 존재 이유가 아니었다. 그들은 그들의 삶 속에서 주님의 부르심을 느꼈다. 당신의 삶을 향한 주님의 부르심은 무엇인가? 직업을 초월해서 주님이 당신에게 주신 목적은 무엇인가?

**세 번째 질문: 주님의 부르심에 당신이 '네'라고 응답하는 데 얼마나 오래 걸리는가?**

혹 당신은 확신하는 데 시간이 오래 걸리는 유형의 사람일 수도 있다. 당신은 모든 질문에 답을 얻을 때까지 기다리고 있다. 당신은 모든 선택을 하나하나 저울질하고 있다. 시간 낭비하지 마라! 모든 질문에 답을 얻을 때까지 기다린다면 당신은 절대 네라고 대답하지 못할 것이다. 당신이 완벽주의자라면 주님은 일하는 데 애를 먹으셨을 것이다. 미래의 모든 세세한 부분까지 완벽하게 만들려 하는 당신의 욕구를 극복하는 데 시간이 오래 걸릴 것이기 때문이다. 위험에 대해서도 마찬가지다. 당신이 모든 위험 요소가 제거되어야 주님의 부르심에 네라고 대답할 수 있다면, 언제까지나 아니오라는 대답에 매여 옴짝달싹하지 못할 것이다.

주님이 따르라고 부르실 때 그분이 말씀하신 대로 당신을 인도하실 것을 온전히 믿으라. 그러면 주저함 없이 바로 네라고 대답할 수 있을 것이다.

## 놀라운 권위(마가복음 1:21–28)

21그들이 가버나움에 들어가니라 예수께서 곧 안식일에 회당에 들어가 가르치시매 22뭇 사람이 그의
교훈에 놀라니 이는 그가 가르치시는 것이 권위 있는 자와 같고 서기관들과 같지 아니함일러라 23마
침 그들의 회당에 더러운 귀신 들린 사람이 있어 소리 질러 이르되 24나사렛 예수여 우리가 당신과
무슨 상관이 있나이까 우리를 멸하러 왔나이까 나는 당신이 누구인 줄 아노니 하나님의 거룩한 자니
이다 25예수께서 꾸짖어 이르시되 잠잠하고 그 사람에게서 나오라 하시니 26더러운 귀신이 그 사람
에게 경련을 일으키고 큰 소리를 지르며 나오는지라 27다 놀라 서로 물어 이르되 이는 어찜이냐 권위
있는 새 교훈이로다 더러운 귀신들에게 명한즉 순종하는도다 하더라 28예수의 소문이 곧 온 갈릴리
사방에 퍼지더라

예수 그리스도의 면전에 서 있는 것은 분명 굉장한 경험이었을 것이다. 그분이 활동하시는 것을 지켜보고 있다고 상상해보라. 그분이 온갖 도움이 필요한 가지각색의 사람들을 돌보시는 모습은 평생 잊기 어려울 것이다. 진정성과 권위가 완벽히 조화된 설교를 듣는 순간 숨이 멎는 듯했을 것이다. 청중은 벼락을 맞은 느낌이었을 것이다. 나는 복음서를 살펴서

사람들의 반응을 찾아보았다.

- “그들이 그 가르치심에 놀라니”(눅 4:32, 참고. 마 7:28).
- “그들이 놀라”(마 13:54, 22:33, 참고. 막 6:2).
- “한 마디도 능히 대답하는 자가 없고 그 날부터 감히 그에게 묻는 자도 없더라”(마 22:46, 참고. 막 12:34, 눅 14:6, 20:40).
- “그 사람이 말하는 것처럼 말한 사람은 이 때까지 없었나이다”(요 7:46).

그분의 말씀은 신뢰할 만했고, 추론은 반박의 여지가 없었다. 신학은 흠잡을 데가 없었고, 설명은 완벽했으며, 통찰력은 예리했다. 무엇보다 그분의 권위는 너무나 압도적이었다. 말 그대로 그분은 굉장했다! 조지 켐벨 모건(George Campbell Morgan)은 20세기 초 런던 심장부에 있는 웨스트민스터 사원의 목사였다. 그는 뛰어난 성경 해석가이자 20세기 영국 복음주의의 영향력 있는 지도자였던 마틴 로이드 존스(Martyn Lloyd-Jones)를 포함해 몇몇 유능한 사람을 훈련했다. 켐벨은 모든 설교에는 세 가지 핵심 요소가 있어야 한다고 가르쳤다. 진리, 명확성, 열정. 진리는 메시지에 타당성을 부여한다. 명확성은 청중이 성경의 심오한 진리를 이해할 수 있게 해준다. 열정은 청중이 들은 것을 기억하고 적용하도록 충분히 설득한다.

예수님처럼 명확하고 열정적으로 진리를 전파한 사람은 세상에 또 없었다. 게다가 예수님은 행동으로 가르침에 권위를 더하셨다. 그 권위는 초자연적 영역까지 망라했다. 그것을 지켜본 사람들은 크게 놀랐다. 예수님의 말씀을 들으려고 큰 무리가 멀리서 찾아왔다. 심지어 어떤 사람들은 그분을 따르기 위해 자기 직업을 버리기도 했고, 그런 결정을 서슴없이 했다. 마가는 독자들의 마음속에 이 점을 확실히 각인시켜 예수님이 어떻게 그렇게 단시간에 갈릴리 지역에 큰 영향을 미치셨는지 알기를 바랐다. 그래서 마가는 이 주목할 만한 일화를 예수님이 몇 달 동안 행하신 사역의 일례로 넣기로 했다.

David Shankbone

**복음서에 언급된 1세기의 회당이 있던 자리에 있는 3세기 가버나움 회당의 잔해**

## —1:21-22—

이즈음 주님은 갈릴리 지역에서 가버나움이라는 제법 규모 있는 마을을 본거지로 사용하셨다. 몇 사람을 제자로 부르신 후 얼마 되지 않아 마을에 사는 대부분 유대인이 그러듯 안식일에 가버나움 회당으로 들어가셨다.

유대인에게 회당은 세 가지 주요한 역할을 담당했다. 첫째, 안식일에 교육하는 장소였다. 둘째, 유대인의 문화와 문학의 중심이었다. 회당에서 어린아이들과 개종자들이 율법에 대해 배우고 히브리어 성경의 첫 다섯 권인 모세 오경(토라)을 읽는 법을 배웠다. 셋째, 현대의 법원처럼 시민들이 회합하는 장소였다. 사건을 조사하고 심리하며, 분쟁을 해결하고, 계약서를 기록하며, 결혼이 성사되고, 법률 상담이 제공되었다. 회당은 전 세계에 퍼져 있는 유대인 공동체 안에서 중심축 역할을 했기 때문에 예루살렘 성전보다도 더 유대인들의 마음과 생각에 직접적인 영향을 미쳤다. 그래서 유대인들에게 전하는 메시지가 있는 설교

자나 선생들은 으레 회당에서부터 시작했다.[10]

이때 예수님은 이미 갈릴리 전역에 걸쳐 사역을 펼치셔서 엄청난 추종자를 만드셨고, 명성이 자자한 선생이 되셨다. 그러니 회당장이 예수님께 회당에서 두루마리를 읽고 그 구절을 해설해달라고 요청한 것은 으레 있는 일이었다. 마가는 '넋이 빠지다'는 표현과 비슷한 헬라어를 사용해 예수님의 말씀을 들은 청중의 반응을 묘사한다. *ekplēssō*(1605)는 '삽작스러운 충격으로 감각이 없어지다'는 뜻이다.[11] 마가는 예수님의 가르침에는 당시 일종의 변호사였던 서기관들과는 확연히 다른 권위가 있었다고 설명한다. 어떤 변호사가 당신이 있는지도 몰랐던 소송들에 대해 알지도 못하는 법관들의 의견을 근거로 계약법의 세세한 사항을 설명한다고 생각해보라.

서기관들은 허구한 날 저명한 랍비들의 발언과 그들이 주고받은 말을 인용하면서 장황하고 지루한 그 말들의 의미를 비교하고 설명했다. 예수님은 성경말씀만 가지고 청중에게 호소하셨다. 예수님은 수백 년 전 랍비들의 권위에 기대지 않고 그분 자신의 권위로 말씀하셨다. 얼마나 큰 차이인가!

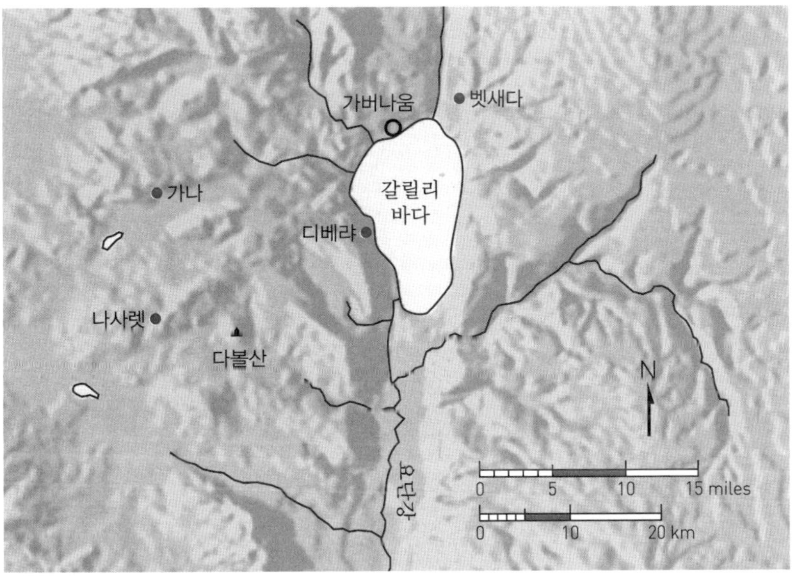


**갈릴리.** 예수님은 갈릴리 바다 인근 지역인 갈릴리에서 성장하셨고, 그곳에서 사역을 시작하셨다. 예수님 가족은 나사렛에 살았다. 예수님은 요단강에서 세례를 받으셨고, 첫 제자들을 갈릴리 바닷가에서 부르셨다. 그 후 가버나움으로 가셔서 마가복음에 기록된 첫 번째 기적을 행하셨다.

## —1:23–26—

“마침”(1:23)은 마가가 잘 사용하는 용어인 *euthys*(2117), “곧”을 번역한 것이다. 예배 중에, 어쩌면 예수님이 설교하시던 중 한 귀신들린 사람이 하나님의 아들과 마주쳤다. 흥미롭게도 회당 안에 있던 많은 사람은 예수님이 진정 누구신지를 이해하는 데 어려움을 겪었지만, 악마는 그렇지 않았다(참고. 약 2:19). 예수님 측근에 있던 제자들은 그분을 메시아로 받아들였지만, 악마는 한 걸음 더 나아가 예수님을 “하나님의 거룩한 자”(막 1:24)로 불렀다. 이것은 공식 명칭은 아니었지만 악마의 정체성과 극명히 대조되는 주님의 정체성을 강조하는 역할을 한다. 거룩한 것들이 성별되는 반면, 곧 하나님을 섬기기 위해 특별한 용도로 분리되는데 반해, 악마는 부정하고, 용납될 수 없으며, 하나님의 목적을 반대하는 일에 투신했다. 문자 그대로 하나님의 체현이 악의 체현과 마주치셨다.

“우리가 당신과 무슨 상관이 있나이까?”라는 수사적 질문은 70인역과 신약성경의 다른 곳에서 볼 수 있는 헬라어로 표현된 번역이다.[12] 말하자면 ‘남의 일에 참견하지 말라’는 말을 악마가 이런 식으로 표현한 것이다. 두 번째 질문도 수사적이다. “우리를 멸하러 왔나이까?” 이 말에는 빈정거림과 경멸이 담겨 있는데, 아마도 사람들을 예수님에게서 돌이키려는 술책이었을 것이다.

주님은 두 개의 명령으로, 둘 다 명령형 동사를 사용해 대답하셨다(1:25). 첫 번째 명령은 문자적으로 ‘입을 틀어막다’는 뜻의 헬라어 동사에서 나온 말로 “잠잠하라”였고, 두 번째는 “나오라”였다. 예수님은 신적 권위를 행사하셨고, 부정한 영은 복종 외에는 선택의 여지가 없었다. 악마는 떠나기 전 인간 숙주에게 격렬한 발작을 일으키며 발악했다. 예수님을 가리켜 멸망시키러 왔다고 비난했던 악마가 예수님이 해방시키신 남자를 멸망시키려 했다.

## —1:27–28—

이것과 유사한 누가의 기록(눅 4:31–37)은 악과 대결하시는 예수님의 권능을 강조한다. 마가는 주님의 설교와 영계(靈界)에 대한 권세를 모두 주님의 권위를 부각하는 데 사용한다. 예수님이 악마에게 명령하시는 것을 본 사람들은 다시 “놀”랐다[*thaumazō*(2296), 막 1:27]. 여기에 쓰인 헬라어는 마가복음 1장 22절과 달리 예수님이 예사롭지 않은 권위를 행사하시는 것을 본 사람들이 크게 놀라는 모습을 나타낸다.

오늘날 우리가 흔히 쓰는 말로 하자면 그분이 하신 첫 번째 설교는 '그들의 넋을 나가게 했다.' 그리고 악마를 물리치신 그분의 권위는 '그들이 하나님을 두려워하게 만들었다.'

## 적용: 마가복음 1:21-28
### 권위에 대한 질문

예배가 끝나면 사람들은 종종 설교자인 내게 질문을 던진다. 마가복음의 이 구절들을 어떻게 적용할지 생각하면서 내가 그동안 가장 많이 받은 세 가지 질문에 대답해보겠다.

### 가르침에 권위를 더하는 것은 무엇인가?

우선, 근본은 하나님의 말씀이다. 하나님의 음성에 가장 가까이 다가가게 해주는 매개체는 기록된 하나님의 말씀, 성경 66권이다. 하나님께 목소리를 들려달라고 요청할 필요가 없다. 그러니 그러지 마라. 창문에 신성한 글씨가 나타나기를 기대하며 늦게까지 깨어 있지 마라. 해몽이 엄청난 꿈을 기대하지 마라. 하나님의 메시지를 전하는 구름 모양을 찾으려고 시간을 낭비하지 마라. 그런 건 아무 의미가 없다! 성경을 공부하고 이해하는 데 전념하라. 당신에게 필요한 모든 신성한 계시는 성경에 쓰여 있다.

설교자나 교사가 하나님의 영으로 권능을 받을 때 가르침은 권위를 얻는다. 그렇다고 해서 선풍적인 인기를 끈다든가 하는 의미가 아니다. 설교자나 교사는 가르침은 물론이고 삶의 모든 영역에서 의식적으로 그리고 의지적으로 하나님께 순복할 때 성령의 능력을 힘입는다.

설교나 가르침은 그리스도의 권위를 증거할 때 권위가 더해진다. 훌륭한 통찰력은 유용하다. 하나님의 진리를 분명하고 정확하게 해설하는 것은 필수다. 그러나 예수 그리스도가 성경의 중심 주제며, 모든 설교, 가르침, 기도의 중심도 그분이심을 잊어서는 안 된다. 권위 있는 설교와 가르침은 하나님에 대한 더 큰 지식을 제공함과 동시에 사람들을 하나님의 뜻에 더 가까이 가게 하며, 그분의 아들 예수 그리스도와 친밀한 관계를 갖게 한다.

그리스도인에게 악마를 다스릴 권세가 있는가?

아니다. 우리에게는 없다. 우리에게서 나오는 권세는 없다. 우리가 하나님의 뜻을 성취하고, 그분의 지시에 복종하며, 그 과정에서 그분께 영광을 돌리고 있다면, 우리에게는 악의 세력에 대항할 수 있는 하나님의 권세가 있다. 그리스도가 궁극적인 권세를 소유하셨으므로 우리는 그분의 이름으로 행동하고 말해야 한다. 원수를 물러나게 하는 것은 그분의 이름이다. 악의 세력을 물리치는 것은 그분이 흘리신 피의 능력이다. 그리스도를 모르는 사람들은 사탄과 그의 악마들 앞에서 약하고 무력할 수밖에 없다.

하나님의 권위에 복종하는 것이 왜 그렇게 중요한가?

하나님은 그분의 능력을 그분의 목적에 어긋나게 사용하는 것을 허용하지 않으신다. 우리는 그리스도께 복종해야 하며, 그분의 뜻대로 신성한 권위를 행사하기 위해 최선을 다해야 한다. 순종이 없으면 우리는 계속 악한 세력에게 겁을 먹고 꼼짝 못하는 상태로 지낼 수밖에 없다. 그러나 하나님의 권위를 등에 업고 일하면 우리 안에 그분의 능력을 소유하게 된다. 그것이 우리를 소망 가운데 살게 해준다.

## 예수님이 이 땅에서 보내신 어떤 하루(마가복음 1:29-39)

29회당에서 나와 곧 야고보와 요한과 함께 시몬과 안드레의 집에 들어가시니 30시몬의 장모가 열병으
로 누워 있는지라 사람들이 곧 그 여자에 대하여 예수께 여짜온대 31나아가사 그 손을 잡아 일으키시
니 열병이 떠나고 여자가 그들에게 수종드니라

32저물어 해 질 때에 모든 병자와 귀신 들린 자를 예수께 데려오니 33온 동네가 그 문 앞에 모였
더라 34예수께서 각종 병이 든 많은 사람을 고치시며 많은 귀신을 내쫓으시되 귀신이 자기를 알므로
그 말하는 것을 허락하지 아니하시니라

35새벽 아직도 밝기 전에 예수께서 일어나 나가 한적한 곳으로 가사 거기서 기도하시더니 36시몬
과 및 그와 함께 있는 자들이 예수의 뒤를 따라가 37만나서 이르되 모든 사람이 주를 찾나이다 38이르
시되 우리가 다른 가까운 마을들로 가자 거기서도 전도하리니 내가 이를 위하여 왔노라 하시고 39이
에 온 갈릴리에 다니시며 그들의 여러 회당에서 전도하시고 또 귀신들을 내쫓으시더라

다른 사람의 일기를 읽는 것은 흥미롭고 마음을 사로잡는 무언가가 있다. 그들이 우리보다

먼저 세상을 떠났고, 내밀한 생각의 연대기를 유산으로 남겨놓았다면 특히 더하다. 그들이 친필로 쓴 묵상을 읽을 수 있다면 더욱 매혹적이다.

잘 쓰인 전기를 읽을 때 우리는 그런 경험을 한다. 특히 도리스 컨스 굿윈(Doris Kearns Goodwin)이 쓴 두 편의 전기가 생각난다. 『권력의 조건』(*Team of Rivals*, 21세기북스 역간)과 『평범하지 않은 시간』(*No Ordinary Time*)을 보면 작가는 개인 일기와 편지에서 상당한 분량의 역사적 자료를 끌어오고, 종종 전기의 주인공이 쓴 말을 내러티브에 짜 넣는다. 이 방법은 놀라울 정도로 효과적이어서 우리가 절대 알 수 없었을 사람들-오래전에 죽은 사람들-과 연결되어 있는 느낌을 받는다. 우리는 에이브러햄 링컨이 두부 손상으로 운명할 때 마치 그 일이 어제 우리 집 2층 침실에서 일어난 것처럼 울음을 터뜨리고, 독일군의 폭탄이 밤하늘에서 떨어질 때 대영제국이 당하는 고난에 대한 루스벨트 대통령의 깊은 고뇌를 느낄 수 있다. 다른 나라가 연달아 쓰러졌지만 그 섬나라는 확고한 입장을 취했다. 우리는 루스벨트 대통령이 미국이 또 다른 세계대전에 말려드는 것을 피할 수 있는 가능한 모든 방법을 생각할 때 그와 함께 망설이며 고심한다.

예수님은 일기를 남기지 않으셨다. 적어도 친필로는 아니다. 그러나 예수님은 성령을 통해 네 명의 신실한 사람의 손을 빌어 그분의 인생에서 중요한 사건들을 기록하게 하셨다. 마가복음에서 우리는 예수님의 공적 사역이 절대 따분하지 않았음을 본다. 오히려 그분은 눈코 뜰 새 없이 바쁘셨다. 예수님이 이 일 저 일을 두서없이 서두르시거나 사소한 일로 쩔쩔매시는 것 같은 느낌은 없지만, 그런데도 사역이 끊임없이 이어지고 있었기에 부담을 느끼실 수 있다. 나 역시 사역이 부흥하는 것을 경험했기 때문에 마가의 복음서를 읽으면 마치 구세주의 일기 선집을 읽는 것 같다.

앞에서 우리는 예수님이 가버나움 회당에서 권위 있는 설교로 회중의 뜨거운 관심을 받으신 것을 보았다. 귀신들린 사람이 큰소리로 비웃으며 집회를 방해하는 것을 목격했고, 예수님이 신적 권위로 악마를 침묵시키시며 그의 지배를 받고 있던 사람을 자유롭게 해주시는 것을 보았다. 회중이 예수님께 경탄하면서도 조금은 무서워하는 것을 관찰했다.

예수님이 인격화한 악과 대면하신 직후 사역의 요구가 봇물처럼 쏟아졌다. 우리가 검토하고 있는 짧은 구절(1:29-39)에서 마가는 헬라어 연결 접속사 *kai*["그리고"(2532)]를 22번 이상 사용한다. 마치 놀이공원에서 하루를 보낸 아이가 흥분해서 숨을 몰아쉬며 이야기를 들려주듯이 마가는 몇 가지 관련된 일화를 함께 엮어 소개한다.

> "회당에서 나와 곧…"(1:29, 개역개정에는 "그리고"가 생략됨).
> "사람들이 곧…예수께 여짜온대"(1:30, 개역개정에는 "그리고"가 생략됨).
> "나아가사 그 손을 잡아…"(1:31, 개역개정에는 "그리고"가 생략됨).
> "온 동네가…모였더라"(1:33, 개역개정에는 "그리고"가 생략됨).
> "예수께서…많은 사람을 고치시며"(1:34, 개역개정에는 "그리고"가 생략됨).
> "새벽 아직도 밝기 전에…"(1:35, 개역개정에는 "그리고"가 생략됨).
> "이르시되…"(1:38, 개역개정에는 ""그리고"가 생략됨).
> "이에…그들의 여러 회당에서"(1:39, 개역개정에는 "그리고"가 "이에"로 번역됨).

이 열한 구절을 읽는 것만으로도 나는 지친다! 다행히 우리는 그리스도의 생애에서 이 부분을 슬로 모션으로 되짚어볼 수 있고, 사역이 점점 늘어나면서 시간이 모자랄 때 구세주가 우선순위를 어떻게 관리하셨는지 찬찬히 들여다볼 수 있다.

## —1:29-31—

예수님은 귀신들린 사람을 만나신 직후 베드로와 안드레, 야고보와 요한을 데리고 회당을 떠나셨다. 그날은 토요일로 유대인들에게는 성스러운 안식일이었다. 안식일에는 요리는 물론 짐을 나르거나 어떤 일도 할 수 없었다. 그래서 안식일 전날 미리 음식을 마련해 놓았다.

한번 상상해보라. 예수님과 제자들은 아마 배가 고팠을 것이다.(주일 사역을 다 마치고 내가 하는 첫마디는 늘 "배고파 죽겠어!"다.) 일행은 베드로의 집에 도착해 그 집의 누구도 음식을 먹고 있지 않은 것을 보았다. 수심에 잠긴 가족이 "열병으로 누워"(1:30) 있는 베드로의 장모 주위를 서성이고 있었다. 훌륭한 의사인 누가는 우리말로 열이 '펄펄 끓는다'와 같은 헬라어 표현을 썼다(참고. 눅 4:38). 이로 보건대 베드로의 장모는 경미한 감기로 고생하고 있는 게 아니었다. 그녀의 고열은 생명이 위태로운 질병의 징후였다. 가족은 분명 예수님이 어떻게든 도와주실 거라는 희망을 품고 "곧" 예수님께 그녀의 상태를 알렸을 것이다.

물론 예수님은 연민의 마음을 드러내 보이셨다. 누가는 예수님이 열병을 꾸짖었다고 말하지만, 마가는 주님과 그 여인의 행위를 강조하느라 이런 세세한 내용은 생략한다. "나아가사 그 손을 잡아 일으키시니 열병이 떠나고 여자가 그들에게 수종드니라"(막 1:31.) 마가복음은 시종일관 예수님과 그분이 고치신 병자들 사이에서 육체적 접촉에 유독 관심을 보인다(1:41, 3:10, 5:27, 41, 6:5, 56, 7:32-34, 8:23-25).

여기서 우리는 진정한 기적은 즉각적이고, 부인할 수 없으며, 완벽하다는 것을 분명히 알 필요가 있다. 마가는 뒤에서 두 단계로 이루어진 치유 과정도 기록했는데(8:22-26), 그 치유도 일시에, 병자가 떠나기 전에 완료되었다. 질병을 다스리시는 하나님의 권능을 극적으로 보여주는 진정한 치유의 기적은 오래 기다릴 필요가 없다. 소위 믿음으로 병이 치유된다고 주장하는 치유자들은 치유가 점진적으로 일어나거나, 나중에 언젠가 일어날 거라는 주장으로 자기들의 실패를 덮으려고 한다.

성경에 나오는 참된 치유의 기적은 그것을 지켜보는 다른 사람들을 위해 치유를 행하는 하나님의 대리자가 진짜임을 증명하고, 선지자가 전하는 메시지가 정말로 하나님에게서 왔음을 알게 하는 것이 목적이었다. 따라서 참된 치유의 기적에는 설명이 끼어들 여지가 없다. 치유의 기적은 애매하거나 불완전하지 않다! 날 때부터 시각장애인이었던 사람들이 완벽한 시력을 얻는다(요 9장). 장애를 가지고 태어난 사람들은 완벽하게 제 기능을 다하는 다리로 뛴다(행 3:1-10). 청각장애인들은 말소리와 음악 소리를 듣고 또박또박 말한다(막 7:32-35). 예수님과 사도들은 병자들에게 병증이 남아 있거나, 시각장애인들에게 안경이 필요하거나, 장애가 있는 사람들이 여전히 절뚝거리게 하지 않았다.

예수님이 치유하시자 베드로의 장모는 즉시 건강을 온전히 회복했다. 실제로 마태와 마가, 누가는 베드로의 장모가 활동에 전혀 구애받지 않고 식사 시중을 들었다고 언급한다(1:31, 참고. 마 8:14-15, 눅 4:38-39)!

## —1:32-34—

마가는 "저물어 해 질 때에"(1:32) 사람들이 병자들을 예수님께 데려오기 시작했다고 말한다. 이방인들은 자정을 새 날의 시작으로 보았던 반면, 유대인들은 일몰을 기준으로 날을 인식했다. 따라서 안식일은 해가 지면 끝이 났고, 그 전에는 여행하거나 짐을 운반하는 것이 금지되었다. 그래서 이날 어둠이 내리자, 병자들이 치유되고 귀신들린 자들이 악의 지배에서 해방되는 것을 보고 싶어하는 사람들이 무리를 지어 왔다.

마가는 갈릴리에서 예수님의 명성이 급속히 확산되는 것을 보여주기 위해 이 이야기를 능숙한 솜씨로 서술한다. 그날 예수님은 귀신들린 남자를 자유롭게 해주시고 병든 여인을 고치셨다. 날이 저물기가 무섭게 아프고 귀신들린 친구들을 예수님께 데려와 도움을 청하는 사람들이 길게 줄을 섰다. "온 동네가 그 문 앞에 모였더라"(1:33)는 마가의 과장된 표현은 베드로와 안드레의 집이 아수라장이 된 모습을 생생하게 전달한다.

예수님은 사람들을 돌려보내실 수도 있었지만 시간이 허락하는 한 많은 사람을 도우셨다. 예수님이 행하신 기적은 그분의 메시지가 참되다는 것을 증명했다. 치유가 일어날 때마다 더 많은 사람이 복음을 들었다. 귀신들린 사람이 자유롭게 될 때마다 군중은 이 놀라운 선생을 찾아 나섰다. 예수님은 병든 자들을 연민하셔서 밤늦도록 그들과 함께하셨다.

앞에서 그랬듯이 마가는 예수님이 마귀의 입을 막으신 것에 주목한다. 이번에는 그들이 입을 열기도 전이었다. "귀신이 자기를 알"았지만(1:34), 사탄의 졸개들이 하나님의 아들을 따르는 복음 전도자가 될 일이 없었기 때문이다. 그런 상황에서 나온 메시지는 그것이 제아무리 사실이라고 해도 혼란스러울 수밖에 없을 것이다.

일부 주석가는 예수님이 마귀의 입을 막으신 것과 병고침을 받은 자들에게 그분이 한 일을 말하지 말라고 하신 것을 관련짓는다. 나는 이것을 1장 43-44절의 해설에서 논할 것이다. 나는 예수님이 행하신 기적보다 전하신 메시지가 더 부각되게 하려고 그러셨다고 생각한다.

## —1:35-39—

설교와 치유, 구마 사역 등으로 눈코 뜰 새 없이 바쁜 하루를 보내신 예수님은 분명 몇 시간밖에 주무시지 않았을 것이다. 예수님이 마지막 환자를 보신 게 동트기 직전이었다. 하나님은 지치지 않으시지만 인간은 지칠 수 있다. 하나님은 주무실 필요가 없지만 인간은 쉬어야 한다. 온전한 인간이셨던 예수님은 전날부터 지치셨다. 마가는 예수님이 "일어나"셨다고 기록하는데, 침상에서 일어나셨다는 뜻으로 짐작된다. 분명 피로가 다 풀리지 않으셨을 텐데도 지혜롭게 집을 살짝 빠져나와 외딴 기도처를 찾으실 만큼 그분은 훈련되어 있었다. 마가의 표현으로는 새벽 4시에서 6시 사이로 보인다.

한편 집에서는 베드로와 다른 사람들이 일어나 예수님이 계시지 않은 것을 알게 되었다. 또 다른 큰 무리가 나사렛에서 온 기적을 행하는 랍비의 강론을 들으려고 대문 앞에서 북새통을 이루고 있었다. 그래서 제자들은 예수님을 찾아 나섰고, 그분이 즐겨 가시던 몇 군데 중 한 곳에서 그분을 찾았다. 그들은 마치 사람들이 주님을 찾을 수도 있다는 것을 그분이 미처 생각하지 못하셨다는 듯이 "모든 사람이 주를 찾나이다"(1:37)고 말했다.

그들은 아마도 예수님이 "흠, 그러면 이 갑작스러운 인기를 이용하러 서둘러 돌아가자!"라고 하시기를 기대했을 것이다. 그러나 예수님은 흥분해서 지켜보고 있는 그들의 기대를 저버리고 자신의 사명에 다시 집중하셨다. 인간의 절박한 육체적 필요가 중요하지 않은 것은 아니었지만, 그것은 그분의 계획에 영향을 미치지 못했다. 그분이 기적을 행하신 것이 그분의 메시지에 담긴 진정성을 확증하고 다른 사람들의 메시지와 구별하기 위해서였지 개인적으로 인정받으려는 의도는 추호도 없었다. 예수님은 고침을 받으러 군중이 계속 몰려오고 있는 베드로의 집으로 돌아가지 않으시고 아직 복음을 듣지 못한 사람들을 찾아 갈릴리의 다른 지역으로 가셨다.

마가는 다음 몇 달 동안 벌어진 예수님의 사역을 간략하게 요약하는데, 그것은 지난 이틀 동안의 패턴을 반복했다. 예수님은 회당에서 설교하시고, 그 지역을 두루 다니시며 귀신을 쫓아내셨다(1:39). 그 외에도, 마태와 누가에 따르면 예수님은 온갖 병을 고쳐주셨다(마 8:16-17, 눅 4:44). 마가는 치유에 관해서는 여기서 언급하지 않는데, 그것은 다음에 나오는 일화에 예수님이 나병에 걸린 남자를 고쳐주신 이야기가 포함되기 때문일 것이다.

마가는 이 본문에 '예수님이 이 땅에서 보내신 어떤 하루'라는 제목을 붙여도 무방했을 것이다. 그는 예수님의 명성이 어떻게 그렇게 빨리 퍼졌는지, 갈릴리 전역에서 그분을 보려고 사람들이 왜 모여들었는지 설명하기 위해 이런 세세한 내용을 알려준다. 어떤 면에서 예수님의 치유와 구마 사역은 복음을 널리 전하는 데 도움이 되었다. 그러나 앞으로 보게 되겠지만, 예수님의 치유 능력은 그분이 받으신 가장 중요한 사명에 방해가 될 수도 있었다. 예수님은 명성이 높아지실수록 더 섬세하게 균형을 잡으셔야 했다.

## 적용: 마가복음 1:29-39

### 성공에도 불구하고 잘되는 방법

주님의 일기에서 이 페이지를 뜯어내 분석해보자. 이 모든 일이 우리에게 말하려는 바는 무엇인가? 최소한 네 가지가 있다.

첫째, 긍휼한 마음은 상처받은 자들을 돌보게 한다. 언젠가 덴버 신학교의 한 졸업생이 전 총장 버논 그라운드(Vernon Grounds) 박사가 긍휼한 마음을 경험한 이야기를 내게 들려주었다. 버논 박사는 지적인 면모로뿐만 아니라 인정 많은 사람으로도 유명했다. 신학교에 들어온 지 몇 개월 지나지 않았던 때에 그 학생은 감정적으로 침체되어 인생에서 가장 암울한 시기를 보내고 있었다. 비틀거리며 예배당에 들어가 겨우 자리에 앉은 그의 눈에 들어온 것은 환한 미소를 지으며 손뼉 치고 노래하며 예배드리고 있던 사람들이었다.

그는 말했다. "저는 기뻐서 손뼉 치고 싶은 마음이 없었습니다. 그저 울고 싶었죠." 그는 예배당을 빠져나와 바로 옆에 있는 낡은 건물 주방으로 들어갔다. 그는 뜨거운 물 한 잔을 부어서 차를 만들다가 갑자기 눈물이 터지는 바람에 부엌 찬장에 등을 대고 바닥에 미끄러지듯 앉아 흐느껴 울었다. 그의 마음은 나락으로 떨어졌다.

"마침내" 그는 말했다. "저는 팔꿈치로 겨우 몸을 밀어 올릴 수 있었고, 두 손으로 머리를 감쌌죠. 그 순간 누군가 저를 팔로 감쌌어요. 또 다른 사람이 거기에 한동안 앉아 있었던 거죠. 그가 제게 이렇게 속삭였어요. '당신을 아프게 하는 게 뭔지 모르지만 제가 당신을 소중히 여긴다는 것을 알아주셨으면 합니다. 그리고 저는 당신이 일어날 때까지 여기 있을 겁니다.'"

그가 눈을 떴을 때 버논 그라운드 박사가 거기에 있었다.

둘째, 겸손은 자비심을 유지할 수 있는 힘을 준다. 긍휼을 베풀 때 우리는 겸허해진다. 우리가 쇼의 주인공이 되면 안 된다. 주인공은 한 명이며, 그 주인공은 구세주시다. 겸손은 우리가 어려운 처지에 있는 사람들을 더 자비롭게 대할 수 있도록 우리를 이끌고, 그럴 수 있는 힘을 준다.

셋째, 고독과 기도는 야망을 억제할 수 있는 힘을 준다. 나를 믿으라. 군중은 당신의 야심을 제지하지 않을 것이다. 그들은 자만심의 불꽃에 부채질을 할 것이다. 그들은 당신이 얼마나 위대한지 말해줄 것이다. 그러나 그들의 칭찬은 오래가지 않고 변덕스럽다. 팬과 군중의 환호가 사라지면 그때 당신은 무엇이 잘못된 것인지 의아할 것이다. 고독이 없으면 당신은 길을 잃을 것이다. 고독과 기도로 우리의 야망을 억제하는 것이 얼마나 유익한지 모른다.

넷째, 훈련은 잃어버린 자들에게 계속 다가갈 수 있게 해준다. 예수님은 이렇게 말씀하셨다. "다른 가까운 마을들로 가자"(1:38). 주의하지 않으면 우리는 자칫 우리만의 작은 세상을 만들고, 두 정거장 떨어진 곳에 예수 그리스도의 이름이나 은혜의 복음을 한 번도 들어본 적 없는 사람들이 있다는 사실을 망각할 수 있다. 부디 하나님이 그리스도인은 세상에서 고립되어 살아서는 안 된다는 것을 일깨워주시길…부디 우리가 하나님께 받은 것을 세상에 풀어놓으라고 거듭거듭 상기시켜주시길. 이번 주에 적어도 한 사람에게 예수님의 이야기와 그분을 믿음으로 은혜로 받는 구원의 좋은 소식을 나눌 것을 도전한다. 그냥 한 사람에게 나누어보라.

## 나병 환자를 정결케 하시다(마가복음 1:40-45)

40한 나병환자가 예수께 와서 꿇어 엎드려 간구하여 이르되 원하시면 저를 깨끗하게 하실 수 있나이
다 41예수께서 불쌍히 여기사 손을 내밀어 그에게 대시며 이르시되 내가 원하노니 깨끗함을 받으라
하시니 42곧 나병이 그 사람에게서 떠나가고 깨끗하여진지라 43곧 보내시며 엄히 경고하사 44이르시
되 삼가 아무에게 아무 말도 하지 말고 가서 네 몸을 제사장에게 보이고 네가 깨끗하게 되었으니 모
세가 명한 것을 드려 그들에게 입증하라 하셨더라 45그러나 그 사람이 나가서 이 일을 많이 전파하여
널리 퍼지게 하니 그러므로 예수께서 다시는 드러나게 동네에 들어가지 못하시고 오직 바깥 한적한
곳에 계셨으나 사방에서 사람들이 그에게로 나아오더라

1세기 유대인들은 이 말 한 마디면 방에 있는 모든 사람을 순식간에 내보낼 수 있었다. 바로 '부정하다'는 말이다.

모세의 율법은 나병에 걸린 사람이 스스로 "부정하다! 부정하다!"고 외치게 해서 다른 사람들이 감염되는 것을 방지했다. 그들은 전염병을 차단하기 위해 건강한 사람들과 분리

되어 외곽에서 홀로 살아야 했고, 끊임없는 애도의 표시로 머리를 풀고 옷을 찢어야 했다(레 13:45-46).

구약에서 "나병"으로 번역된 이 단어는 *tsaraath*(H6883)다. 이 용어는 광범위한 만성 또는 악성 피부질환을 뜻한다(레 13-14장). 여기서 마가가 사용한 헬라어 번역은 *lepros*(3015)로 '비늘이 있는' 또는 '딱지가 앉은'이라는 뜻이며, 이 또한 다양한 피부감염 질환을 가리킨다. 일각에서는 신약성경에 나오는 나환자가 오늘날 우리가 말하는 '한센병'인지 아닌지에 대한 논란이 있다. 확신할 수는 없지만, 나는 성경의 묘사와 현대 의학에서 진단하는 한센병 증상이 개연성을 인정할 만큼 유사하다고 생각한다.

현대 한센병의 원인인 한센간균은 몸에 파괴적이고 무서운 영향을 미친다. 폴 브랜드(Paul Brand) 박사는 생애 대부분을 이 병을 연구하고 나환자들을 돌보는 데 헌신했고, 『고통: 아무도 원하지 않는 선물』(*Pain: The Gift Nobody Wants*)이라는 제목의 반자서전적인 책을 썼다. 그 책에서 그는 인도 남부 고원지대에서 의료 선교사로 헌신했던 자신의 아버지를 지켜본 후 처음에 품었던 의학에 대한 반감을 토로한다.

> 시간이 지나면서 의학에 대한 어린 시절의 기억은 고통스러운 몇 장면으로 집약되었다. 그리고 그 장면들이 혐오스러운 것이었음을 알게 되었다. 한번은 부모님이 기니아 벌레로 고통받고 있는 여자를 치료하는 역겨운 장면을 보았다. 용같이 생긴 벌레의 꼬리가 여자의 눈 귀퉁이에서 밖으로 삐죽 나와 있었다. 그리고 아버지가 가장 힘들어하셨던 환자를 기억한다. 곰에게 공격을 받고 살아남은 남자였는데, 그의 두피가 한쪽 귀에서 다른 쪽 귀까지 찢겨 있었다. 한 장면이 더 있다. 이것이 아마 제일 잊기 힘든 장면일 것이다.
>
> 어느 날 오후 세 명의 이상한 남자가 병원으로 들이닥쳤는데, 아버지는 우리가 그들이 치료받는 장면을 보지 못하게 하셨다. 아버지는 우리를 집에 가두셨는데, 나는 몰래 빠져 나와 덤불 사이로 엿보았다. 그들의 손은 뻣뻣했고 염증으로 뒤덮여 있었다. 손가락은 없었다. 발에는 붕대가 감겨 있었는데 아버지가 붕대를 풀었을 때 뭉툭한 발에는 발가락이 하나도 없었다.
>
> 나는 아버지를 지켜보며 혼란스러웠다. 아버지도 겁나실 수 있을까? 아버지는 그들

> 과 농담을 나누지 않으셨다. 그리고 전에 한 번도 보지 못한 행동을 하셨다. 아버지는 상처를 붕대로 싸매기 전에 장갑을 끼셨다. 남자들은 과일 바구니를 선물로 가져왔지만 그들이 떠난 후 어머니는 아버지의 장갑과 바구니를 불태웠다. 그런 낭비는 처음 보는 일이었다. 우리는 그 자리에서 놀지 말라는 명령을 받았다. 그 사람들은 나환자라고 했다.[13]

성경 어디에서도 나병은 '치유되거나' '낫는' 것으로 표현되지 않는다. 나환자는 항상 '깨끗해졌다'고 표현된다. 그렇다면 고대 문화에서 나병이 죄로 인해 하나님이 주시는 고난으로 여겨진 것은 놀랄 일이 아니다. 죄는 나을 수 없고, 정결하게 될 수 있을 뿐이기 때문이다. 나환자는 자신의 죄로 인해 하나님의 저주를 받았기 때문에 그 무시무시한 병에 시달리는 것이 마땅하다는 것이 대부분 사람의 생각이었다. 그러니 주님이 갈릴리 어디에선가 나병환자와 마주치셨을 때 1세기를 살던 미가의 독자들이 느꼈을 극노의 긴장감을 상상할 수 있다.

## —1:40—

가버나움에서 병을 고치고 귀신을 쫓아내며 긴 하루를 보내신 예수님께 수많은 무리가 계속 찾아왔다. 이런 상황은 이스라엘 전역에 "때가 찼고 하나님의 나라가 가까이 왔으니 회개하고 복음을 믿으라"(1:15)는 복된 소식을 선포하는 예수님의 사명에 방해가 되었다. 치유와 설교 사이에서 적절한 균형을 유지하지 않으면 그분의 궁극적 목적은 희석될 것이다. "회개하고 믿으라"는 메시지는 고통과 고난에서 장기적이고 영구적인 자유를 제공하지만, 사람들은 대개 즉각적인 결과를 원한다. 그 위안이 일시적인 것이라도 그렇다. 군중이 원하는 것과 별개로 예수님은 악의 무수한 가지를 쳐내기보다 뿌리에 도끼를 대셨다.

예수님은 갈릴리 전역을 다니시며 사역하시려고 제자들을 친숙한 환경인 가버나움에서 이끌고 나오셨다. 한 시골 마을에서 나환자가 예수님께 다가왔다. 이 조우에는 두 가지 놀라운 점이 있었다. 첫째, 남자는 율법의 명령대로 "부정하다! 부정하다!"고 소리치지 않았다. 둘째, 그는 예수님께 자기를 깨끗하게 해줄 수 있는지 묻지 않았다. 그는 사실을 진술했다. "원하시면 저를 깨끗하게 하실 수 있나이다."

이 이례적인 접근법은 나환자의 생각을 보여준다. 그는 자신의 상태를 알고 있다. 그는 부정하다. 의사인 누가는 "그 사람은 온 몸에 나병이 번졌더라"(눅 5:12, 나의 번역)고 묘사한다. 병이 이미 부패의 단계로 진행되어 아마 그의 신체를 변형시켰을 것이다. 그는 깨끗해지기를 바라는 갈망을 축소하지도 부인하지도 않았다. 그는 또한 놀라운 겸손을 보였다. 그는 하나님을 비난하지도 않았고 권리 의식을 갖지도 않았다. "원하시면"이라는 말은 예수님의 주권적 권위를 온전히 인정한다는 뜻이다. 치유의 은총은 하나님이 주시는 것이지 우리가 요구하는 것이 아니다.

## —1:41-42—

"불쌍히 여기사"(1:41)는 말은 '배짱', '내심'이라는 단어에서 파생된 생생한 표현의 헬라어 동사 *splanchnizomai*(4697)에서 나왔다. 이것은 인간의 육신 깊은 곳에서 올라오는 일종의 공감 같은 것이다. 예수님은 나환자의 고통에 깊은 연민을 느끼셨다. 그래서 그분은 아무도, 특히 성직자는 절대 하지 않는 행동을 하셨다. 그분은 손을 뻗어 그를 만지셨다…그가 깨끗해지기 전에. 온 몸은 여전히 뒤틀려 있고, 피범벅인 누더기를 걸치고 있는 그를. 남자는 머리 끝부터 발끝까지 부정했다. 그러나 예수님은 그를 만지셨다. 쫓아버리기는커녕 손을 내미셨다.

주님이 하신 단순한 대답은 감동적이다. "내가 원하노니 깨끗함을 받으라." 어떤 강의도, 신실성에 대한 시험도, 군중을 끌기 위해 곁들여지는 쇼(그리고 헌금 모금도!)도, 구경꾼들에게 깊은 인상을 남기기 위해 꾸미는 태도도 없었다. 단순한 치유로 그의 삶이 영원히 바뀌었다. 곧[*euthys*(2117)], 나병이 사라졌다(1:42). 남자는 의식적 의미에서 '깨끗해'졌고, 의학적 의미에서 건강이 완전히 회복되었다.

## —1:43-44—

너무 많은 학자가 복음서에서 이곳과 또 다른 곳에 기록된 주님의 가르침을 과하게 해석한다(예를 들어, 1:24-25, 34, 3:12, 5:43, 7:36, 8:29-30, 9:9). 일각에서는 마가(그리고 정도는 덜하지만 다른 복음서 저자들)가 유대인 지도자들이 예수님을 메시아로 알아보지 못한 것은 예수님이 이 일을 비밀에 부치셨기 때문이라는 설명을 한 거라고 주장한다. 소위 말하는 '메시아의 비밀'이 그들로 하여금 엄연한 진리를 보지 못하게 막아서 예언대로 그분을 거부하리라는 주장이다(참고. 12:10-11, 시 118:22-23).

이 이론은 몇 가지 이유에서 그다지 설득력이 없다. 첫째, 예수님은 성전에서 구약의 예언을 다수 언급하셨고, 심지어 신성을 주장하시면서 당신이 메시아라고 공표하셨다. 종교 지도자들이 그분을 배척한 것은 그분을 믿지 못해서가 아니라 메시아는 어떤 모습이어야 한다는 그들의 선입견에 들어맞지 않았기 때문이다. 그들은 군인 같은 유대인 정치가가 세계 제국의 수장이 되기 원했다.

둘째, 예수님은 예언을 성취하기 위해 사건을 조작하실 필요가 없었다. 위의 주장은 만약 모든 사람이 모든 사실을 알았다면 즉각 "회개하고 믿었을 것"이라는 생각을 전제로 한다. 그러면 그들이 복음을 진리로 받아들이기를 예수님이 원하지 않으셨다는 말이 된다. 그러나 슬픈 사실은 사람들이 선 대신 악을 또는 빛 대신 어둠(요 3:19)을 선택하도록 예수님이 조장하실 필요가 없었다는 것이다. 인류는 이미 악의 노예가 되어 있다. 우리는 죄에 대한 뿌리 깊은 사랑을 가지고 태어난다. 예수님은 바로 그것을 변화시키려고 오셨다.

셋째, '메시아의 비밀' 가설은 이 구절과 이와 유사한 다른 구절들의 맥락을 무시한다. 예수님은 치유를 바라는 흥분한 사람들이 지상에 오신 그분의 진정한 목적을 위협했기 때문에 가버나움을 떠나셨다. 그분은 제자들을 부르신 후 십자가에서 이루신 대속의 죽음을 통해 죄의 노예였던 그들을 영원히 해방하려고 오셨다. 그분은 악을 손보기 위해서가 아니라 멸망시키려고 오셨다.

예수님은 그분이 병을 고치신 것이 소문이 나지 않도록 함구령을 내리셨다. 주님은 전도 사역이 선정적인 소문으로 방해받는 것을 원하지 않으셨다. 그러나 예수님은 그가 사회에 다시 합류할 수 있도록 구약 율법에 따라 제사장에게 가서 몸을 보여주고, 요구된 제물을 바치며, 깨끗하다는 선포를 받으라고 지시하셨다(레 14:1-32).

## —1:45—

예수님이 그 나환자를 깨끗케 해주신 것은 순전히 긍휼한 마음에서 하신 것이지 사명을 성취하기 위한 것은 아니었다. 그런데 옛말에 "곱다고 안아준 아기 바지에 똥 싼다"는 말이 있다. 또 어떤 냉소주의자는 이렇게 말했다. "말을 퍼트리고 싶으면 말끝에 '이건 비밀이야' 라고 덧붙이라."

남자는 예수님이 "엄히 경고하"신(1:43) 대로 하지 않았다. 그는 모든 사람에게 알렸고, 결과는 불을 보듯 뻔했다. 그가 불순종하여 예수님은 더는 그 도시에서 사역하실 수 없었다. 그분은 많은 군중을 수용할 수 있고, 효과적으로 설교할 수 있는 외곽에 계속 머무르셔야 했다. 물론 이것이 하나님의 계획을 방해하지 않았다. 단지 쓸데없이 복잡한 문제를 초래했을 뿐이다.

제임스 에드워즈(James Edwards)는 흥미로운 통찰을 제공한다. "마가가 이 이야기를 시작했을 때 예수님은 동네 안에, 나환자는 동네 밖에 있었다. 그러나 이야기 말미에는 예수님이 '바깥 한적한 곳'에 계셨고, 나환자와 예수님의 자리가 바뀌었다."[14] 한 마리 새가 성전에서 도살된 새의 피를 묻히고 자유롭게 나르는 모습이 다시 떠오른다. 명시적으로 드러나 있지는 않지만 대속의 주제가 이 짧은 구절에 강조되어 있다.

## 적용: 마가복음 1:40-45

### 부정한 마음

우리보다 불행한 사람들과 교류하다 보면 우리에게도 스스로 감당하기에는 벅찬 어려운 문제가 있다는 사실을 자칫 잊기 쉽다. 이 가련한 추방자의 이야기를 되새기면서 그 나환자에게 도움이 필요했던 것만큼 우리에게도 절실하게 구원이 필요하다는 사실을 잊지 말아야 한다.

그리스도를 제외하고 우리는 모두 하나님 앞에서 부정하다. 우리는 우리 자신을 용인하기 위해 선한 행동으로 자신을 포장하려고 애쓰지만, 그것은 나환자의 피로 얼룩진 넝마만큼이나 역겨울 뿐이다(사 64:6). 애디슨 리치(Addison Leitch)가 말한 것처럼 "타락이 파란색이라면 우리는 머리끝부터 발끝까지 새파랄 것이다." 우리는 하나님과 그분의 백성 앞에 나아갈 때 "부정하다!"고 소리쳐야 할 것이다. 그러나 이루 말할 수 없는 사랑과 자비와 은혜로 그분은 우리를 내치지 않으신다. 예수님이 손을 뻗어 나환자를 만지셨던 것처럼 하나님의 긍휼이 우리의 죄를 치유하려고 내려오신다.

당신이 고통을 당하고 있다면, 그것을 치유하실 분은 살아계신 하나님밖에 없다. 쇠가 당신 삶에 있던 모든 좋은 것을 삼켜버렸다면, 살아계신 하나님과의 관계 속에서 그것을 회복할 수 있다. 죽음의 슬픔과 비극이 두렵다면, 부활의 소망은 살아계신 하나님만 주실 수 있다. 인생에 수치스러운 오점을 갖게 되었다면 오로지 하나님만 당신을 깨끗이 씻기시고 도우실 수 있다. 우리도 그 나환자만큼 구제받기를 절실히 원한다.

이 절망적인 나환자의 어려운 처지를 반추하면서, 나는 예수님에 대한 우리의 반응이 그가 처음으로 보인 반응과 같아야 한다는 것을 깨닫는다. 그는 아무것도 요구하지 않았다. 자신의 병을 변명하거나 그 영향을 축소하지 않았다. 권리를 주장하거나, "주님, 왜 저입니까?"라는 태도로 나아오지 않았다. 그리고 그는 나병을 깨끗하게 하실 수 있는 예수님의 능력을 의심하지 않았다. 그는 그저 머리를 조아리고 왕이신 그분의 주권을 인정하면서 "원하시면 저를 깨끗하게 하실 수 있나이다"(막 1:40)고 말했다.

십자가를 통해 그리스도께 나아오는 사람은 누구나 이런 자세로 올 수 있다. "저는 죄인입니다. 저의 깊은 내면은 죄로 병들어 있습니다. 성경에서 말한 대로, 저는 '허물과 죄로 죽었습니다.'[15] 그래서 주님, 저는 병들고 타락한 죄인 모습 그대로 당신께 갑니다. 제게는 당신의 환심을 살 수 있는 게 아무것도 없습니다. 당신의 자비에 저를 맡깁니다. 저를 용서해주시고, 정결케 해주시며, 받아주소서. 주님이 제게 필요한 정결함을 주실 것을 믿습니다."

## 중풍병자가 집으로 걸어간 날(마가복음 2:1-12)

1수 일 후에 예수께서 다시 가버나움에 들어가시니 집에 계시다는 소문이 들린지라 2많은 사람이 모
어서 문 앞까지도 들어설 자리가 없게 되었는데 예수께서 그들에게 도를 말씀하시더니 3사람들이 한
중풍병자를 네 사람에게 메워 가지고 예수께로 올새 4무리들 때문에 예수께 데려갈 수 없으므로 그
계신 곳의 지붕을 뜯어 구멍을 내고 중풍병자가 누운 상을 달아 내리니 5예수께서 그들의 믿음을 보

시고 중풍병자에게 이르시되 작은 자야 네 죄 사함을 받았느니라 하시니 6어떤 서기관들이 거기 앉아
서 마음에 생각하기를 7이 사람이 어찌 이렇게 말하는가 신성 모독이로다 오직 하나님 한 분 외에는
누가 능히 죄를 사하겠느냐 8그들이 속으로 이렇게 생각하는 줄을 예수께서 곧 중심에 아시고 이르시
되 어찌하여 이것을 마음에 생각하느냐 9중풍병자에게 네 죄 사함을 받았느니라 하는 말과 일어나 네
상을 가지고 걸어가라 하는 말 중에서 어느 것이 쉽겠느냐 10그러나 인자가 땅에서 죄를 사하는 권세
가 있는 줄을 너희로 알게 하려 하노라 하시고 중풍병자에게 말씀하시되 11내가 네게 이르노니 일어
나 네 상을 가지고 집으로 가라 하시니 12그가 일어나 곧 상을 가지고 모든 사람 앞에서 나가거늘 그
들이 다 놀라 하나님께 영광을 돌리며 이르되 우리가 이런 일을 도무지 보지 못하였다 하더라

---

기적적인 치유를 바라는 것과 치유의 기적을 경험하는 것은 완전히 별개의 이야기다. 치유에 대한 희망은 인간적이고 지극히 자연스러운 일이다. 즉각적인 치유를 경험하는 것은 하나님께 속한 일이다. 그것은 온전히 초자연적인 일이다. 지금 이 글을 읽는 사람 중 마음속 깊이 자신의 삶이나 친구 또는 사랑하는 사람이 치유되기를 바라지 않는 사람은 아무도 없을 것이다. 우리는 기적을 바라지만, 사실 기적적인 치유는 극히 드물다. 내 친구의 말에 논점이 잘 드러난다. "만약 기적이 그렇게 흔하다면, 우리는 그것을 '평범한 일'이라고 부르겠지."

불행하게도 우리는 '기적'이라는 말을 너무 쉽게 입에 올려서 진정한 의미를 곧잘 망각하곤 한다. 크리스마스 시즌에 쇼핑몰에서 주차 공간을 발견했을 때 우리는 그것을 '기적'이라고 말한다. 몇 달에 걸쳐 직장을 찾다가 겨우 원하는 일을 하게 되면 우리는 이 '기적'을 주신 하나님께 감사드린다. 뜻밖의 축복이나 가능할 것 같지 않았던 축복은 멋진 일이고, 받은 좋은 것들에 대해 하나님께 감사하는 것은 옳다. 하지만 그런 것들을 기적이라고 부르면 안 된다. 기적을 구분 짓는 고유의 범주가 있다.

하나님이 사람들의 삶에 초자연적으로 개입하시지 않는다는 말이 아니다. 사실, 하나님은 언제나 직접 관여하고 계신다. 그러나 '초자연적인 것'과 '기적적인 것'에는 큰 차이가 있다. 기적은 하나님의 계획에서 특별한 목적을 성취한다. 진정한 기적은 무언가를 암시하기 때문에 사도 요한은 반복적으로 이 기적적인 행위를 "표적"(예를 들면, 요 2:11)이라고 부른다. 기적은 자연적, 물리적 법칙을 깨뜨리는 신성한 힘을 극적으로 보여주는 것으로, 기적이 없었다면 의심스러울 수 있는 어떤 대상이나 어떤 사람을 입증하기 위한 것이다. 우리가 살펴볼 구절은 그러한 기적의 완벽한 모범을 보여준다.

## —2:1–2—

마가는 세 가지 구체적이고 상세한 정보로 배경을 밝히면서 이 장면을 시작한다. 첫째, 예수님과 제자들은 갈릴리 바다 북쪽 해안에 있는 꽤 큰 마을인 가버나움으로 돌아갔다. 가버나움은 오늘날에도 방문이 가능한 유적지로 회당의 잔해도 남아 있다. 둘째, 예수님은 개인 소유의 주거지에 계셨는데, 물론 소유자는 예수님이 아니라 비교적 큰 주택을 소유할 여력이 있는 어느 부자였다. 셋째, 그 집은 사람들로 가득했다. 마가의 표현을 우리 식으로 옮기면, "그 집은 사람들로 입추의 여지가 없었다."

누가의 서술에서 우리는 그 집이 "갈릴리의 각 마을과 유대와 예루살렘에서 온 바리새인과 율법교사들"(눅 5:17)을 수용할 수 있을 만큼 상당히 컸음을 알 수 있다. 이 무렵 예수님은 사역하시면서 종교 당국자들에게 조사를 받으실 정도로 대중의 관심을 끄셨다. 이스라엘 전역의 신학자들이 병을 고치고, 귀신을 쫓아내며, 나병을 깨끗케 한 이 랍비에 대해 알아보려고 가버나움에 왔다. 그들은 평가에 근거해서 예수님의 사역을 면밀히 조사하거나 이단으로 매도할 참이었다.

마가는 예수님이 그들에게 "도"[*logos*(3056)]를 말씀하셨다고 말한다(막 2:2). 이 표현은 그리스도의 가르침을 통칭하는 전문 용어가 되었다가 최종적으로 1세기 말에 교회에서 표준 기독교 교리를 지칭하는 용어가 되었을 것이다(참고. 4:14-20, 4:33, 8:32). 다시 말해, 예수님은 청중의 관심을 교리로 돌려 메시아, 율법, 은혜, 구원, 하나님 나라에 대한 청중의 잘못된 시각을 바로잡아주셨을 것이다. 예수님이 인간이 만든 교리에 대해 그렇게 이의를 제기하신 탓에 현재의 교리를 유지하지 않으면 직업이 위태로워지는 자들과의 분쟁을 피할 수 없게 되셨다.

## —2:3–4—

이때쯤 예수님의 이름은 갈릴리에 이미 널리 퍼져 있었다. 예수님은 귀신을 쫓아내시고 병자를 치유하시면서 어려움에 처한 자들을 돕고 계셨다. 그분은 가르치는 사역과 사람들에게 복음을 전하는 일에 매진하셨다. 그렇지만 그분은 단 한 번도 당신 자신을 치유자로 선전하지 않으셨다. 그분은 자신에게 치유의 능력이 있기 때문에 사람들이 따르는 것을 원하지 않으셨다. 그분이 병을 고치신 것은 자신이 진짜 하나님에게서 오셨음을 사람들이 깨닫게 하기 위해서였다. 예수님이 자신의 참 정체성을 확증하시려고 많은 사람을 치유하신 것이다. 그리고 사람들이 준비되면, 사실 자신이 인간의 육신을 입은 하나님이시기 때문에 하나님에게서 왔다고 설명하실 참이었다.

예수님의 의도가 그랬기 때문에 그분이 스스로 선전하지 않으셨는데도 사람들은 치유받으려고 계속 그분을 찾았다. 그래서 예수님은 기적을 바라는 사람들을 좌절시키지 않고 오히려 그들의 노력을 기회 삼아 자신의 사명을 성취해가셨다. 예수님이 그 집에서 가르치실 때 네 사람이 군중을 제치고 중풍병에 걸린 그들의 친구가 예수님을 가까이에서 볼 수 있도록 기발한 계획을 세웠다. 그들은 지붕 위로 올라가 구멍을 뚫었다. 켄트 휴즈(Kent Hughes)는 당시 지붕의 상태를 이렇게 기술했다.

> 수리아 지방의 전형적인 지붕은 목재를 약 60–90센티미터 간격으로 나란히 놓은 다음, 그 위에 막대기를 십자형으로 촘촘히 놓아 기본적인 지붕을 만들고, 그 위에 갈대, 나뭇가지, 엉겅퀴를 얹었다. 그 위에 약 30센티미터 두께로 흙을 덮고 방수를 위해 꾹꾹 눌러 다졌다. 지붕 전체의 두께는 약 60센티미터였다. 봄이 되면 이 소박한 지붕에서 풀이 무성하게 자랐다.[16]

그 장면을 상상해보라. 랍비가 한참 강론하고 있는데 파편과 흙이 그분의 튜닉으로 떨어지기 시작한다. 잠시 후 좀 더 큰 진흙 덩어리들이 햇살이 퍼지듯 점점 커지고 있는 천장의 구멍으로 쏟아져 내린다. 이제 예수님은 강의를 포기하시고, 모두가 목을 길게 빼고 웅성댄다. 마침내 중풍병자가 누워 있는 들것이, 아마도 인근 선착장에서 가져왔을 네 개의 밧줄에 매달려 내려온다. 그는 예수님의 웃음에 멋쩍은 미소로 답했을 것이다.

## —2:5–7—

중풍병자는 어느 랍비가 가버나움에서 병자를 고치고 있다는 소문을 들은 후 그분이 "일어나 네 침상을 들고 걸으라"고 말씀하시는 소리를 듣는 꿈을 꾸었다. 그러나 예수님은 그분 앞에 누워 있는 사람에게서 다른 사람은 보지 못했을 것을 보셨다. 우리 눈에는 기적의 치유가 필요한 한 중풍병자만 보였을 테지만, 예수님은 용서가 필요한, 죄에 시달리고 지친 한 남자를 보셨다. 그리고 그것이 바로 인간의 시야와 세상을 향한 하나님 계획의 기본적인 차이점이다. 우리는 현재의 육신에 큰 가치를 둔다. 그러나 육신은 언젠가는 기능을 멈추고 흙으로 돌아갈 것이다. 그러나 우리의 영적인 부분, 곧 영혼 또는 영은 육신이 사라진 후에도 계속 존재할 것이며, 언젠가 하나님과 분리된 영원한 고통 또는 하나님과 함께하는 영원한 영광 속에서 부활할 것이다(요 5:28-29). 영원이라는 관점에 비추어볼 때 죽을 수밖에 없는 육신의 치유는 죄로 물든 영혼의 치유와 비교할 수 없다.

우리는 중풍병자와 친구들이 기적적으로 치유되기를 갈망하는 모습을 보지만, 예수님은 훨씬 더 많은 것을 보셨다. 그분은 그들의 믿음을 보셨다(2:5). 많은 사람이 예수님에게서 그저 육체적 고통을 피할 방법만 찾았지만, 그들은 그렇지 않았다. 그들은 친구가 낫기를 원했지만, 분명히 예수님의 설교도 들었을 것이다. 마가가 그들이 "믿음"을 가지고 있다고 말한 것에 비추어 그들이 회개하고 믿었던 것이 분명하다(1:15). 그래서 "일어나 네 침상을 들고 걸어라"고 하시지 않고 그분은 모든 사람이 들을 수 있게 말씀하셨다. "얘야, 네 죄가 없어졌느니라"(2:5, 나의 번역).

놀라운 말이다. 그러나 교사와 신학자들의 귀에는 터무니없는 소리로 들렸다. 그들은 이내 예수님의 선포에 숨겨져 있는 함의를 이해했다. "이 사람이 어찌 이렇게 말하는가 신성 모독이로다 오직 하나님 한 분 외에는 누가 능히 죄를 사하겠느냐"(2:7).

C. S. 루이스(C. S. Lewis)는 모두가 그 말을 문제 삼을 만했던 이유를 설명한다.

> 말하는 사람이 하나님이 아니라면 (죄를 용서하는 것)은 우스꽝스러울 정도로 터무니없는 말이다. 우리는 누구나 자신에게 가해진 범죄를 용서하는 과정을 이해할 수 있다. 당신이 내 발을 밟고 나는 용서한다. 당신이 내 돈을 훔치고 나는 용서한다. 하지만 강도를 당하지도 않고 밟히지도 않은 사람이, 다른 사람의 발을 밟고 다른 사람의 돈을 훔친 당신을 용서한다고 선포한다면 그를 어떻게 생각해야 할까? 아무리 좋게 말해도 황당하고 어리석은 행동이라고밖에 할 수 없다. 주님은 사람들에게 그들의 죄

가 용서받았다고 말씀하셨고, 그들의 죄로 상처 입은 다른 사람들의 의견을 물으려고 기다리지도 않으셨다. 그분은 마치 당신이 주요 관련자인 것처럼, 모든 범죄로 마음을 다친 주인공인 것처럼 거침없이 행동하셨다. 이것은 그분이 정말로 하나님이셔야만, 모든 죄로 인해 그분의 율법이 훼손되고 그분의 사랑이 상처를 입으셨어야만 사리에 맞다. 이 말을 하나님이 아닌 일개 강사가 했다면, 역사 이래 그처럼 어리석고 교만한 사람은 없을 것이다.[17]

## —2:8-9—

비평가들과 회의론자들은 예수님이 그 판에서 몇 수 앞서 계신다는 것을 전혀 눈치채지 못했다. 예수님은 그들의 반응을 예상하셨고, 그들이 보내는 무언의 항의를 초자연적으로 감지하셨다. 예수님은 처음으로 대중에게 그분에 관한 무언가를 밝히기 위해 이 순간을 사용하실 참이었다. 그분은 이미 세례 요한을 통해 메시아임이 확증되셨고(1:7-11), 제자들은 그것을 믿고 그분을 따랐다. 이제 예수님은 자신이 하나님 아버지와 동격임을 주장하실 것이다. 하나님 아버지는 일찍이 예수님을 "내 사랑하는 아들"(1:11)이라고 부르셨지만, 예수님은 아직 당신의 신성을 공개적으로 단언하지 않으셨다.

예수님은 요지를 분명히 하시려고 이스라엘에서 벌어지는 모든 종교 문제의 권위자들인 서기관들과 바리새인들에게 난해한 질문을 던져 논단할 기회를 포착하셨다(2:9). 잠시 시간을 내서 이 질문을 생각해보라. 그러나 너무 빨리 대답하지 마라!

> "중풍병자에게 네 죄 사함을 받았느니라 하는 말과 일어나 네 상을 가지고 걸어가라 하는 말 중에서 어느 것이 쉽겠느냐?"

다시 한 번 주의를 주겠다. 너무 빨리 대답하지 마라. 이 질문은 양날의 검이다.

이런 예를 들어보겠다. 내가 당신에게 1천억 원짜리 수표를 써주는 것과 "지금 내 주머니에 있는 1억 원을 당신에게 주겠다"고 말하는 것 중 어느 것이 더 쉬울까? 내가 수표를 지불할 자금이 있다고 믿는지, 믿지 않는지에 따라 당신의 대답은 달라질 것이다. 수표가 진짜라면 전자가 더 힘들 것이다. 나는 1억이 아닌 1천억 원을 잃는 것이다. 만약 내가 은행에 돈이 없다면, 주머니에 있는 1억 원을 포기하는 것이 더 어렵고 부도 수표를 쓰는 것이 더 쉬울 것이다.

나로서는 주머니에 1억 원이 있는지 여부를 입증하는 게 더 쉽다. 내가 은행에 1억 원을 가지고 있다는 것을 믿으려면 믿음이 필요하다! 그러므로 예수님의 질문에 대한 대답은 그분의 신성을 믿는지 믿지 않는지를 드러낸다.

## —2:10-12—

예수님은 청중에게 결정할 시간을 길게 주지 않으셨다. 예수님은 이미 대다수 사람의 생각을 알고 계셨다. 그들은 예수님이 죄를 용서하겠다는 약속을 지키지 못할 것이라 생각했다. 그래서 예수님은 중풍병자에게 "일어나 네 상을 가지고 집으로 가라"(2:11)고 말씀하셨다. 마가는 이 사람의 반응을 의미심장하게 묘사했다. 그는 "일어나 곧 상을 가지고 모든 사람 앞에서 나"갔다(2:12). 행동 하나하나가 주님의 명령을 그대로 따르고 있다. "모든 사람 앞에서"라는 추가 설명은 그리스도를 따르는 사람들의 순종이 그들을 지켜보고 있는 사람들에게 미치는 긍정적인 효과를 강조한다.

예수님이 중풍병자를 치료하실 수 있다는 사실로 인해 서기관들과 바리새인들(눅 5:21)은 예수님께 죄 사함의 능력이 있음을 부인하기 어렵게 되었다. 두 가지 다 인간이 가질 수 없는, 그보다 훨씬 더 큰 권능이 있어야 가능했다. 내가 든 예로 생각해본다면, 예수님은 그 사람에게 1억 원짜리 수표를 주시고 나서 주머니에 있는 1천억 원을 주신 것이다. 주머니에 그만큼의 돈을 가지고 나니는 사람이라면 은행에 1천억 원도 가지고 있을 가능성이 크다.

마가는 종교 전문가 대다수가 자신이 하나님이라는 예수님의 주장을 믿는 쪽으로 크게 기울었으며, 추종자가 되었을 수도 있음을 강하게 시사한다.

## 적용: 마가복음 2:1-12

### 위대한 의사에게 배우는 교훈

예수님이 죄, 질병, 회의론자들을 물리치신 이 놀라운 장면에서 두고두고 도움이 될 세 가지 깨달음을 얻을 수 있다. 하나는 우리가 중풍병자에게서 배우는 것이고, 두 번째는 회의론자들에게서 나오며, 세 번째는 구세주께 배운다.

첫째, 중풍병자에게 초점을 맞추었을 때 나는 이 점을 깨달았다. 우리 삶에서 가장 큰 필요는 육체적인 것이 아니라 영적인 것, 눈에 보이지 않는 것이다. 지금 당면하고 있는 고통이 인생에서 가장 큰 도움이 필요한 문제라고 생각할지 모르겠으나 그렇지 않다. 당신이 가장 필요로 하는 것은 어두운 마음 상태에서 기인한다. 이것은 모든 사람에게 해당한다. 예수님이 중풍병자가 처한 절망적인 육신의 상태를 해결하시기에 앞서 그의 마음을 더 중요하게 생각하신 것도 이 때문이다. 우리는 육적 필요를 영적 필요보다 우위에 놓고 우선순위를 뒤집고는 하는데, 하나님은 우리가 그분이 보시는 대로 사물을 볼 수 있도록 생각의 방향을 전환할 것을 계속 요구하신다.

우리는 서기관들을 보면서 두 번째 깨달음을 얻는다. 비판적인 생각의 첫 징후는 숨겨져 있어서 말로 표현되지 않는다. 이 악의는 마음속 눈에 띄지 않는 깊은 곳에서 자라난다. 암을 치료하듯이 적극적으로 찾아내어 뿌리 뽑지 않으면 비판적인 생각은 치명적이 된다. 잠언은 "모든 지킬 만한 것 중에 더욱 네 마음을 지키라 생명의 근원이 이에서 남이니라"(잠 4:23)고 강권한다.

당신의 마음을 지키라. 동기를 살펴보고 당신의 속사람을 주의 깊게 관찰하라. 다른 사람에게 긍정적이고 건설적인 영향을 끼칠 수 있도록 당신의 태도를 살피라. 생각에 보초를 세우라. 건강하지 않은 생각이 파괴적이고 부정적인 방향으로 마음을 끌고 가지 않게 하라. 드러나지 않고 입 밖으로 나오지 않은, 내면의 숨겨진 생각들이 우리가 삶을 경험하고 다른 이들에게 영향을 미치는 방식을 지배한다.

원한이 깊은 사람을 만나보면 그만큼 사연도 많다. 그런 사람은 하루아침에 원한을 가지게 된 게 아니다. 쓴 뿌리는 오래전에 뿌리를 내렸다. 그것이 곪고, 썩고, 커진 것이다.

당신 안에서 신랄하고, 부정적이며, 비판적이고, 불손한 냉소주의를 보면 그것을 다른 것으로 덮어 숨기지 마라. 생각 안에서 그것이 자라고 있는 것을 느끼면 그냥 두지 마라. 그런 류의 생각은 어떤 선한 것도 만들어낼 수 없다. 하나님께 마음 깊은 곳에서부터 진심으로 네라고 말할 때, 다른 사람들과 좋은 관계를 유지할 때 우리는 성장한다.

예수님께 초점을 맞추어 얻은 세 번째 깨달음은 진정한 기적은 따로 증명할 필요가 없다는 것이다. 진정한 기적은 그냥 말한다고, 그저 바란다고 일어나지 못한다. 진정한 기적은 실제적이고 즉각적이다. 사람이 하는 어떤 약속도 기적을 보장하지 못한다. 어떤 사람이 "당신은 치유되었습니다"라고 말한다고 해서 치유가 보장되는 것은 아니다. 소위 말하는 믿음 치유자들의 말에 현혹되지 마라. 기적적인 치유가 진짜라면 설명이 필요 없다.

## 예수님이 어떤 이들과 어울리셨는지 보라(마가복음 2:13-17)

13예수께서 다시 바닷가에 나가시매 큰 무리가 나왔거늘 예수께서 그들을 가르치시니라
14또 지나가시다가 알패오의 아들 레위가 세관에 앉아 있는 것을 보시고 그에게 이르시되 나를
따르라 하시니 일어나 따르니라
15그의 집에 앉아 잡수실 때에 많은 세리와 죄인들이 예수와 그의 제자들과 함께 앉았으니 이는
그러한 사람들이 많이 있어서 예수를 따름이러라 16바리새인의 서기관들이 예수께서 죄인 및 세리들
과 함께 잡수시는 것을 보고 그의 제자들에게 이르되 어찌하여 세리 및 죄인들과 함께 먹는가 17예수
께서 들으시고 그들에게 이르시되 건강한 자에게는 의사가 쓸 데 없고 병든 자에게라야 쓸 데 있느니
라 나는 의인을 부르러 온 것이 아니요 죄인을 부르러 왔노라 하시니라

분명히 알아야 한다. 율법주의는 적이다. 율법주의는, 선의였지만 그릇된 방향으로 인도한 친구가 아니다. 오히려 기쁨의 삶, 믿음의 행보, 그리스도 안에서 누려야 할 자유를 침해하는 적이다. 율법주의는 우리의 자유를 훔치고 마음에서 우러나오는 기쁨을 강탈하는 도둑이다. 율법주의는 자기 방어를 할 줄 모르는 사람들을 협박하는 깡패다. 율법주의는 엄한 표정으로 죄책감을 심어주는 자칭 판사다. 이들은 율법주의가 요구하는 비(非) 성경적 규칙과 인간이 만든 터무니없는 규율을 준수하지 않는 사람들을 모두 정죄하고 수치심을 준다.

율법주의는 삶을 즐기는 사람들을 용납하지 않는다. 1963년 당시 댈러스 신학교의 신약부 학장이었던 S. 루이스 존슨(S. Lewis Johnson) 박사는 학교에서 발행하는 신학 저널인 〈비블리오테카 사크라〉(*Bibliotheca Sacra*)에 "율법주의의 마비"라는 제목으로 기사를 썼다.

> 오늘날 정통 기독교 교회가 당면하고 있는 가장 심각한 문제 중 하나가 율법주의다. 바울 시대에 교회가 당면했던 가장 심각한 문제 중 하나도 율법주의였다. 늘 똑같다. 율법주의는 기독교 신자들에게서 주님이 주시는 기쁨을 앗아간다. 주님이 주시는 기쁨이 있으면 신자들은 그분의 능력을 힘입어 생명력 있는 예배를 드릴 수 있고, 활기차게 섬길 수 있다. 기쁨이 사라지면 속박당하고, 침울하며, 침체되고, 맥 빠진 신앙 고백밖에 남지 않는다. 진리는 버림받고, 영광스러운 주님의 이름은 흥을 깨는 우울한 사람과 동어의가 된다. 율법 아래에 있는 그리스도인은 실체에 대한 우울한 패러디다.[18]

율법주의란 무엇인가? 그것은 권위주의적 태도다. 끝없는 '하라'와 '하지 마라'의 목록을 강요하면서 다른 사람을 통제하려는 욕망이다. 율법주의자들은 그 목록으로 용인 가능한 외적 행동을 규정하려고 한다. 이것은 마치 다른 사람의 삶에 들어가 골목대장 놀이를 하는 것과 같다. 율법주의자들은 형식적인 일련의 규율을 준수하는지 여부를 리트머스 시험지처럼 사용해서 개인의 행위가 용납될 수 있는 것인지 판단한다…율법주의는 율법의 정신이나 의도는 배제하고 율법의 자구(字句)만 강조한다. 율법주의는 주요한 문제를 부차적인 것으로 만들고, 부차적인 문제를 주요한 문제로 만든다. 율법주의는 맹목적인 순종을 만들어내기 위해 교묘하게 조종한다. 율법주의가 부각하는 외적인 면모는 그지없이 영적으로 보이지만, 그 밑바탕에는 자만심과 자기 충족이 도사리고 있다.

도대체 이런 게 번창하는 이유가 뭘까? 율법주의는 어떻게 그렇게 많은 사람의 삶 속에 뿌리를 내렸을까? 율법주의는 왜 사라지지 않을까? 몇 가지 이유가 있다.

첫째, 권위자들이 가하는 두려움과 위협 때문이다. 사람들은 사는 방식에 대한 규율과 규칙을 정하는 그 깡패를 두려워하기 때문에 규정에 따른다. 해야 할 것과 하지 말아야 할 것. 입을 것과 입지 말아야 할 것. 마셔야 할 것과 마시지 말아야 할 것. 먹어야 할 것과 먹지 말아야 할 것. 저녁에 갈 수 있는 식당과 피해야 할 식당. 특정한 상황에서 어떻게 대처하고, 대중의 시선을 의식해 어떻게 행동해야 하는가. 규율을 만드는 사람들에 대한 두려움이 율법주의에 난공불락의 권력을 부여한다.

둘째, 동료 집단에게 인정받고 싶은 욕구 때문이다. 이 욕구는 그리스도를 영광스럽게 하겠다는 결심보다 크다. 이것은 불안에서 비롯된다. 율법주의자들은 불안정하고, 무지하며, 의지가 박약한 신자들을 먹잇감으로 삼는다.

셋째, 성경에 대한 무지 때문이다. 돌려 말하면 우리는 하나님 말씀을 이해할수록, 즉 말씀 자체만이 아니라 말씀의 정신을 이해할수록 율법주의자들에게 솜처럼 고개를 숙이지 않게 된다. 성경의 원칙을 모르면 영적인 삶을 인도받기 위해 율법주의자들을 더 의지하게 된다.

넷째, 교활한 조종자들에게 맞서 자유를 위해 싸우기를 망설이기 때문이다. 예수님은 오래된 전통주의자들과 율법주의자들이 그분의 삶을 휘두르게 두지 않으셨다. 이제 전통 자체는 아무 문제가 없다는 사실을 기억하라. 바울은 디모데에게 믿음의 전통을 받아들이라고 권고한다(딤후 1:5). 그러나 전통주의에는 대단히 잘못된 것이 있다. 예일대학교의 야로슬라브 펠리칸(Jaroslav Pelikan)이 말한 것처럼 "전통은 죽은 자의 살아 있는 신앙이다. 전통주의는 살아 있는 자의 죽은 신앙이다."[19]

예수님은 이 깡패들에게 어떻게 대항하셨을까? 그분은 그들과 정면으로 맞섰고 뒤로 물러나지 않으셨다. 그분은 은혜가 중심이 되는 메시지를 전하면서 본을 보이셨다. 그분은 눈살을 찌푸리면서 비난하는 자들에게 조종당하기를 거부하셨다. 그분은 한 치도 물러서지 않으셨고, 그분을 에워싸고 있는 작은 무리의 제자들도 그렇게 하도록 훈련하셨다. 다른 이들은 두려워했지만, 그분은 두려워하지 않으셨다.

예수님은 종교 전문가들을 가르치신 후(2:1-12) 그들의 신학을 시험대에 올리셨다. 하나님이 이스라엘을 세우시고, 그 언약 백성에게 율법을 주신 목적은 잃어버린 자들을 아브라함과 이삭과 야곱의 하나님과 맺은 구원의 관계로 데려오기 위해 그들을 "산 위의 빛"(참고, 시 43:3, 사 42:6-7, 49:6, 60:3), 진리의 횃불로 세우시기 위해서였다. 그런데 예수님이 죄인들과 어울리실 때 이스라엘 최고의 유대인 지도자들은 어떤 태도를 보였을까? 미가는 그의 내러티브에서 이 질문에 답한다.

## —2:13—

중풍병자의 죄를 용서하시고 그의 몸을 치유하신 예수님은 갈릴리 여러 곳에서 찾아온 사람들을 가르치시면서 가버나움에 머무셨다. 마가복음 2장 13절은 며칠 혹은 몇 주가 지난 시점인지 분명치 않은 기간을 요약한다.

가버나움은 갈릴리 사람들 기준에서 볼 때 큰 도시였으므로 바리새인들을 포함한 종교 당국자들이 그만큼 많았다. 바리새인들은 정치적으로 민족주의자였고, 외교 정책은 배타적이었다. 그들은 이방인들을 멸시했고, 이스라엘 사람들을 위해 이스라엘을 지키기 원했다. 귀족층인 사두개인들과는 달리, 중산 계급인 바리새인들은 골수 유대인으로서 유대인 대중에 대한 지배력을 유지했다. 만약 어떤 사람이 모세 율법을 준수하는 것으로 유대인이 된다면, 그들은 무슨 수를 써서라도 그 도덕 왕국의 왕으로 남을 것이다. 그들은 그들의 자연적 성향에 가장 잘 맞는 하나님의 율법만 부분적으로 강조하면서 도덕적 우월성–또는 적어도 그런 인상–을 유지했다.

윌리엄 바클레이(William Barclay)는 이렇게 말한다. "유대인에게 종교는 끝없는 규율이었다. 사람들은 모든 행동을 지시하는 한없는 규칙의 숲속에서 살았다. 그들은 "너희는 하지 말라"고 말하는 음성에 끊임없이 귀를 기울여야 한다.[20] 그래서 이스라엘의 평범한, 하나님을 사랑하는 유대인들은 사실상 삶의 모든 면을 지배하는 규칙의 노예가 되어 인간이 규정한 신앙심 아래서 열심히 노력했다. 이 규율들은 하나님이 전해주신 율법에서 나온 것이지만, 다른 사람을 지배하려는 욕망에 찬 일단의 무리가 요구 사항을 왜곡하고 확장했다.

예수님이 오셨을 때 가버나움 인근 사람들은 수십 년 동안 회당에서 율법주의자들의 가르침을 받았다. 나는 예수님이 제자들을 가르치실 때 스스로 생각하는 능력을 개발하는 데 많은 시간을 할애하셨을 것 같다. 율법주의자들을 따르면 생각할 필요도, 시간도 없다. 그냥 규칙을 배우고 맹목적으로 복종해야 한다.

## —2:14—

가버나움과 그 인근에서 예수님은 분명히 레위를 자주 보셨을 것이다. 그 세리는 예수님이 해변에서 하신 강론을 들었을 가능성이 크다. 레위는 회당에서 환영받지 못했다. 상류 사회의 유대인들은 세리를 경멸했는데, 그럴 만한 이유가 있었다. 레위는 세금계산서를 부풀려 과도한 부를 축적하면서 민족을 배반하고, 유업을 거부했으며, 성전을 멸시하고, 하나님을 부인했다. 세리들은 그들 자신을 외국인에게 팔았기 때문에 레위는 창녀와 동격이었다. 그러니 예수님이 레위를 불러 그분의 최측근 제자로 삼으셨을 때 사람들의 반감이 얼마나 컸을지 상상해보라!

## —2:15-16—

마가는 레위의 집으로 재빨리 장면을 전환한다. 거기서 예수님은 레위가 사회적으로 속한 계층 사람들-동료 세리들과 사회에서 부도덕하다고 여겨지는 사람들-과 함께 식사를 하기로 하셨다. 가버나움의 성직자들은 분명히 초조한 마음에 눈을 치켜뜨고 있었을 것이다. 그것은 마가가 지적하듯이 "그러한 사람들이 많이 있어서 예수를 따"랐기 때문이다(2:15).

나는 세리의 회개를 본 하나님의 백성이 기뻐하는 모습을 기대했다. 어찌 되었든 레위는 자기 잘못을 깨닫고 죄에서 돌이켰다. 그런데 하나님의 백성은 오히려 예수님이 레위와 다른 많은 세리와 어울린다고 투덜댔다. 레위가 자신의 옛 생활방식을 버리게 만든 주님의 메시지를 들어보라고 다른 세리들에게 권하고 있는데도 그들의 태도는 바뀌지 않았다. 바리새인들은 예수님이 함께하기로 선택한 사람들을 두고 예수님을 비난-예수님께 직접 하지는 않았지만 예수님의 제자들에게-했다.

## —2:17—

예수님은 바리새인들이 제자들에게 던지는 질문을 들으시고 그들에게 직접 대답하셨다. 예수님은 날카로운 역설로 말씀하셨다. "건강한 자에게는 의사가 쓸 데 없고 병든 자에게라야 쓸 데 있느니라." 의인이 죄인들을 피하면 그들은 어떻게 영적 치료를 받을 수 있겠는가? 바리새인들이 말하는 "의"의 진정성에 대해 예수님이 회의적이셨던 것을 감안하면(마 5:20) 독선적인 종교 지도자들은 이 상황을 이중 공격으로 받아들일 수 있었다. 그들은 자신들의 죄악상을 인정하지 않고, 그 의사에게 치유를 요청하지 않아 위기에 처했다. 뿐만 아니라 그들은 스스로 의롭다고 주장하면서 치유가 절실히 필요한 사람들을 돕지 않음으로써 그들이 얼마나 자기중심주의에 빠져 있는지를 드러냈다. 다시 한 번, 예수님의 행동은 율법주의자들의 위선을 드러냈다.

## 적용: 마가복음 2:13–17
### 율법주의를 대하는 자세

제멋대로 설치고 다니는 율법주의자들을 어떻게 대해야 할까? 그들을 어떻게 해야 할까? 네 가지 지침을 제시하겠다. 이것은 하나님이 영감으로 주신 율법이 아니므로 잘 분별해서 적절할 때 사용하라.

**1번: 율법주의자를 식별하는 방법을 배우라.** 당신이 상대하고 있는 사람이 율법주의자인지 모르면 그 사람이 가진 복음과 영적 성장에 관한 왜곡된 견해가 당신의 생각 속으로 비집고 들어와 당신의 신학을 비틀 수 있다. 부모의 현명한 조언을 말하는 게 아니다. 당신이 믿고 의지할 수 있는 경건한 멘토의 교정을 말하는 게 아니다. 당신의 일에 자기 일인 양 끼어들어 영향력을 행사하고, 당신의 냉장고에 무엇을 넣고 빼야 하는지, 당신의 사생활을 어떻게 꾸려가야 하는지, 어떤 친구를 사귀어야 하는지, 무엇을 보고, 읽고, 들으면 안 되는지 말하기 시작하는 사람들을 일컫는 것이다. 그것이 비성경적이거나, 그 행동이 분명한 죄거나, 불법이거나 파괴적인 것이 아니라면, 그런 문제들은 어느 누구도 간섭할 수 없는, 당신이 그리스도께 순종하는 삶을 살면서 주관해야 할 일이다.

**2번: 율법주의자들의 조언을 무시하라.** 그들의 조언이 당신의 결정에 영향을 미치지 못하게 하고, 그들이 주장하는 엇나간 규율이나 금지 사항을 놓고 쓸데없이 논쟁하지 마라. 율법주의자들은 우월감을 먹고 살기 때문에 당신이 그들의 주술에 걸려 삶을 그들 기준에 맞추면 좋아한다. 그리고 그들은 자기들에게 동의하지 않는 당신이 얼마나 잘못되었는지를 보여주면서 우월감을 즐긴다. 갈라디아서 2장에서 바울은 갈라디아에 나타난 율법주의자들을 묘사한다. "그들에게 우리가 한시도 복종하지 아니하였으니"(갈 2:5). 나는 유진 피터슨(Eugene Peterson)의 의역이 좋다. "우리는 그들을 거들떠보지도 않았습니다"[『메시지 성경』(*The Message*, 복 있는 사람 역간)].

**3번: 적극적으로 율법주의에 대항하라.** 간혹 율법주의자를 무시할 수 없거나, 그가 당신의 일에 관여하기를 좀처럼 그만두려 하지 않을 때가 있다. 그럴 때 당신은 확고한 입장을 취해야 한다. 논쟁을 피하라. 억지를 부리는 사람들과는 이치를 따질 수 없다. 당신의 결정이나 행동을 방어하거나 정당화하려는 충동을 억제하고 율법주의자에게 분명히 말하라. 걱정해주어 고맙지만 당신과 하나님 사이의 문제라고.

나 역시 사역을 하면서 더는 모든 교인의 변덕에 휘둘리는 동네북이 되지 않겠다고 결심한 획기적인 날이 있었다. 그건 내 임무가 아니다. 내 임무는 하나님께 응답하고 하나님께 영광을 돌리는 삶을 사는 것이다. 내가 모두를 만족시키지는 못할 것이다. 하나님이 내 행동에 만족하지 않으신다면 신실하신 성령이 내 양심을 거리끼게 하실 것이다.

**4번: 율법주의자들을 아랑곳하지 말고 당신의 자유를 누려라.** 당신은 그리스도 안에서 엄청난 자유를 소유하고 있다. 누군가가 있는 그대로의 당신 모습이나 당신이 되어가고 있는 모습, 또는 당신의 언행을 좋아하지 않을 수도 있다는 사실 때문에 이 자유를 꺼리지 마라. 나는 유머 감각을 유지하는 게 도움이 된다는 것을 알게 되었다. 나는 하늘색을 놓고 아이들과 말씨름하지 않으며, 율법주의자들의 비난을 개의치 않는다. 두 경우 모두 그저 웃으면서 그들을 내버려둔다.

## 싸울 가치가 있는 투쟁(마가복음 2:18-28)

[18]요한의 제자들과 바리새인들이 금식하고 있는지라 사람들이 예수께 와서 말하되 요한의 제자들과
바리새인의 제자들은 금식하는데 어찌하여 당신의 제자들은 금식하지 아니하나이까 [19]예수께서 그들
에게 이르시되 혼인 집 손님들이 신랑과 함께 있을 때에 금식할 수 있느냐 신랑과 함께 있을 동안에
는 금식할 수 없느니라 [20]그러나 신랑을 빼앗길 날이 이르리니 그 날에는 금식할 것이니라

[21]생베 조각을 낡은 옷에 붙이는 자가 없나니 만일 그렇게 하면 기운 새 것이 낡은 그것을 당기어
해어짐이 더하게 되느니라 [22]새 포도주를 낡은 가죽 부대에 넣는 자가 없나니 만일 그렇게 하면 새
포도주가 부대를 터뜨려 포도주와 부대를 버리게 되리라 오직 새 포도주는 새 부대에 넣느니라 하시
니라

[23]안식일에 예수께서 밀밭 사이로 지나가실새 그의 제자들이 길을 열며 이삭을 자르니 [24]바리새
인들이 예수께 말하되 보시오 저들이 어찌하여 안식일에 하지 못할 일을 하나이까 [25]예수께서 이르시
되 다윗이 자기와 및 함께 한 자들이 먹을 것이 없어 시장할 때에 한 일을 읽지 못하였느냐 [26]그가 아
비아달 대제사장 때에 하나님의 전에 들어가서 제사장 외에는 먹어서는 안 되는 진설병을 먹고 함께
한 자들에게도 주지 아니하였느냐 [27]또 이르시되 안식일이 사람을 위하여 있는 것이요 사람이 안식일

을 위하여 있는 것이 아니니 28이러므로 인자는 안식일에도 주인이니라

---

나는 이 대목을 모든 회귀 중인 바리새인들에게 바치고 싶다. 오늘날 우리 안에도 바리새인들이 있다는 것을 알지 모르겠지만, 그들은 아주 많이 살아 있고 잘 살고 있다. 현대의 바리새인이란 어떤 사람들일까? 적합한 동의어는 '율법주의자'일 것이다. 앞에서 우리가 내린 정의를 검토해보면, 율법주의자들은 영적 성숙을 위해 마음속 생각과 행동에 더 신경을 써야 할 때 오히려 다른 사람들의 외적 행동을 보면서 그들의 영적 건강을 측정하는 사람들이다. 결과적으로 율법주의자들은 다른 사람들보다 영적으로 더 강해 보이지만, 실제로는 영적으로 가장 무기력한 자들이다. 전능자와의 관계에서 기쁨을 찾기보다 그들은 은혜를 죽이는 자, 기쁨을 훔치는 자, 자유를 파괴하는 자가 된다. 그들은 은혜를 이해한다고 생각하지만 그들이 다른 사람들에게 요구하는 것을 보면 예수님이 가르치신 은혜에 대한 일반 개념조차 모르고 있음을 알 수 있다. 유진 피터슨은『유진 피터슨의 자유』(*Traveling Light*, IVP 역간)라는 자신의 책에서 율법주의자들을 다음과 같이 묘사한다.

> 우리가 자유로워지기를 원하지 않는 사람들이 있다. 그들은 우리가 하나님 앞에서 자유로워지고, 그분의 은혜로 지금 모습 그대로 받아들여지는 것을 원하지 않는다. 그들은 우리가 세상에서 우리의 믿음을 독창적이고 창조적으로 자유롭게 표현하기를 원하지 않는다. 그들은 우리를 통제하기 원한다. 그들은 자기들의 목적을 위해 우리를 이용하고 싶어 한다.[21]

나는 예수님과 신약성경의 저자들과 함께 은혜 안에서 자유를 얻는 운동의 일익을 담당했다. 당신이 그리스도 안에서 자유롭다는 내 선포는 어떤 위험이 따르더라도 계속될 것이다. 당신의 자유는 싸울 가치가 있다. 내가 목숨을 걸고 지킬 대의, 궁극적인 희생을 치를 만큼 가치 있는 진리는 흔하지 않다. 그러나 나는 이것을 지키는 데 목숨을 걸 것이다. 우리는 그리스도 안에서 자유롭다.

물론 오늘날 우리가 이렇게 말할 수 있는 이유는 그리스도를 알기 때문이다. 우리는 복음의 시대, 십자가로 말미암은 은혜의 시대에 살고 있다. 그러나 1세기의 바리새인들은 하

나님의 율법을 율법주의자들이 만든 속박의 멍에로 변질시켰고, 사람들은 그들의 요구에 짓눌려 살았다. 종교인들은 구약성경을 다른 사람들을 통제하는 수단으로 사용했다. 대략 한 세기 정도 엄격한 통제의 시기가 지난 후 예수님은 "은혜와 진리가 충만한"(요 1:14) 현장에 도착하셨다. 충돌은 불가피했다.

## —2:18—

구약은 속죄일인 욤 키푸르에 하루만 금식할 것을 요구했다(레 16:29-17:16). 유대인들은 오늘날 우리가 종종 하는 것처럼 여러 가지 이유로 자발적인 금식을 했다. 금식은 육신이 모든 것을 관장하는 주체가 아니라는 사실을 상기시키는 좋은 영적 훈련이다. 육신의 성전을 다스리는 분은 성령이다. 금식은 기도에 정신을 집중하게 하고, 하나님의 인도하심에 영적으로 순응하는 데 도움이 된다. 금식은 병이 없고 몸이 정상적으로 기능한다면 몸에도 좋다. 그러나 단순히 음식을 먹지 않는 것만으로 하나님을 감동시키지 못한다. 금식의 목적은 공을 쌓거나 당신의 청원이 얼마나 진지한 것인지를 증명하는 것이 아니다. 금식은 우리 마음을 하나님 마음에 맞추어 우리 뜻을 그분 뜻에 복종하게 하는 수단이다.

바리새인들은 월요일과 목요일에 정기적으로 금식했고(예를 들어, 눅 18:12), 이런 식으로 자기들의 경건을 드러내면서 큰 자부심을 느꼈다(예를 들어, 마 6:16-18). 예수님이 세리들과 또 다른 부류의 무리와 식사하시자(막 2:15-17), 그분을 비난하는 자들은 그분이 그릇된 사람들과 함께 먹는다고 불평했다. 이제 그들은 예수님과 제자들이 그릇된 날에 먹었다고 투덜댔다. 바리새인들은 그들의 전통을 성경의 진리와 동격으로 높였다. 실제로 그들은 세례 요한의 제자들과 예수님의 제자들 사이에 싸움을 붙여 사역의 동지인 그들을 틀어지게 하려고 시도했다.

율법주의자들은 오늘날에도 똑같이 한다. 그들은 모든 사람이 모든 것을 같은 방식으로 해야 한다고 믿는 경향이 있다. 인간이 만든 이런 식의 획일성에 대한 주장은 그리스도인들이 영과 진리로 예배할 자유를 파괴한다(요 4:23). 정기적인 금식을 포함해 금식이 잘못되었다는 말이 아니다. 세례 요한의 제자들이 전통으로 내려오는 금식을 행했다는 사실이 이 점을 증명한다. 문제는 율법의 준수에 있는 것이 아니라 금식하지 않을 자유를 가진 자들의 자유를 억압하려는 데 있었다.

## —2:19-20—

예수님은 바리새인의 율법주의에 대해 오늘날에는 잘 와 닿지 않는 시각적인 서술로 대답하셨다. 논점을 확증하기 위해 예수님은 유대인의 결혼식과 관련된 일단의 귀중한 전통을 이용하셨다. 현대 서구의 결혼식과 달리 고대 근동의 신랑신부는 예식을 올린 날 바로 신혼여행을 떠나지 않았다. 이스라엘의 유대인들은 신랑 집에 모여 일주일 동안 축하하며 잔치를 벌였다! 신혼부부는 왕 같은 대우를 받았고 화환을 쓰기도 했다.[22] "신랑의 친구들"(2:19, 현대인의 성경)이라는 말은 문자적으로 '신방의 청년들'이라는 뜻이다. 신랑의 가장 친한 친구들은 잔치가 벌어지는 동안 신방을 전담해 지키거나 모두가 즐거운 시간을 보낼 수 있도록 신랑의 부모를 도왔다.

예수님이 하신 질문의 헬라어 구조를 보면 부정적인 답을 예상해서 문장을 "있느냐?"는 의문문으로 끝맺으셨음을 알 수 있다. 바리새인들도 혼인 잔치의 기쁨을 소중히 여겼기 때문에 대체로 모든 종교 의식, 특히 애도를 상징했던 금식을 완화했다.

예수님 시대의 사람들은 예수님이 드신 비유의 의미를 깊이 생각하지 않았을 것이다.

### 바리새인(마가복음 2:18)

'바리새인'이라는 용어의 의미는 '분리된 자'일 것이다. 많은 사람이 이 유대교 종파의 기원을 바벨론 포로 시절 점령자들의 음식을 거절하고(단 1:8-19), 그들의 왕을 신으로 경배하기를 거절했던 다니엘과 세 친구의 때로 본다(단 3:1-30). 약속의 땅에서 추방당하고 성전과도 단절된 그들은 아브라함의 먼 자손으로서의 정체성을 유지하는 수단으로 율법에 집착했다. 그러나 600년이 넘는 세월이 흐른 후, 민족주의에 대한 충성심과 율법에 대한 헌신은 그것 자체로 생명력을 지니게 되었다.

바리새인들은 동료 유대인들의 존경을 받는 일종의 긴밀한 형제단인 정치적, 종교적 당파가 되었다. 그들은 성경을 꼼꼼히 해석했고, 일상생활에 율법의 일반 원칙을 적용하기 위해 부단히 노력했다. 예를 들어 율법은 모든 이스라엘 백성에게 육신을 편히 쉬게 하고 영혼을 재충전하기 위해 일곱째 날을 구별하라고 명시했다(출 20:10-11). 모든 사람이 율법을 적용하는 법을 알고 반드시 "쉴 수 있도록" 바리새인 랍비들은 긴 금지 목록을 추가했다. 훗날 구전된 바리새인들의 이 전통이 미쉬나(Mishnah)라는 문서에 보존되었다. 미쉬나는 안식일을 지키는 방법에만 24장을 할애한다. 종교적인 것을 두고 견주어 바리새인을 이길 자가 없었다. 아무도 이길 수 없었다!

그냥 기뻐해야 할 때는 엄격한 종교적 규율을 완화할 필요가 있다는 말씀이라고 생각했을 것이다. 바리새인들도 혼인 잔치에서는 즐거운 시간을 보냈다. 그러나 그리스도인들에게는 혼인 잔치의 비유가 보다 깊은 의미를 지닌다. 훗날 바울은 예수님과 교회의 관계를 신부를 맞이하는 신랑의 관계로 묘사했다(고후 11:2-3, 엡 5:22-33). 예수님은 이 비유에 더 깊은 의미를 담으셨던 것 같지만, 오랜 시간이 지날 때까지 아무도 이해하지 못하리라는 것을 알고 계셨다.

주님은 이 땅에서 지내신 시간을 상대적으로 짧은 혼인 잔치의 시간에 빗대어 말씀하신 것이다. 그리고 혼인잔치가 끝나면 평범한 삶이, 그 의무와 책임과 함께 다시 시작된다.

## —2:21-22—

예수님은 바리새인들에게 대답하신 후 사실상 "지금은 새로운 시대의 새벽이다"고 말씀하기 위해 일상생활에서 간략한 비유 두 가지를 끌어오셨다. 요한의 제자들과 바리새인들이 율법, 하나님과 우리의 관계, 선행의 가치에 대해 이해하고 있는 것 중 많은 것이 곧 없어지고 완전히 다른 패러다임으로 대체될 것이다.

첫 번째 비유는 아직 빨아서 말린 적이 없는 새 천 조각을 낡은 옷에 덧대는 이야기다(2:21). 나중에 천이 덧대어진 옷을 빨면 새 천 조각이 줄어들어 오래된 옷감이 찢어지게 마련이다. 두 번째 비유도 비슷하다(2:22). "새 포도주"는 금방 짠 포도즙이다. 발효 과정에서 포도즙은 이산화탄소를 방출한다. 찢어지기 쉽고 오래된 가죽 부대는 팽창을 감당할 만큼 신축성이 없기 때문에 터질 수 있었다. 예수님 시대에 포도주 양조업자들은 으레 발효가 안된 포도주를 담기 위해 오래된 가죽 부대를 비축했다.

두 비유 모두 요지는 같다 바리새주의는 하나님이 구원하시는 방법과 양립할 수 없다. 예수님의 두 가지 예시에 들어 있는 더 깊은 함의를 해석하는 두 가지 방법이 있다.

1. 복음의 새로움을 구시 유대교에 배어두려는 시도는 부질없다.
2. 너희가 구약성경에 나오는 구원의 방법을 '고치려' 할수록 오히려 문제가 더 커진다.

받아들이기 어려울 수도 있지만 나는 예수님이 두 가지를 다 의도셨다고 생각한다. 처음 비유를 들으면 사람들은 다음과 같이 해석하게 된다.

낡은 옷/낡은 가죽 부대=바리새인의 종교
새 천 조각/새 포도주=복음
적용: "너희가 신봉하는 경직되고 냉정한 종교는 내가 가져온 은혜의 복음을 받아들일 수 없다. 너희는 그것을 완전히 버려야 한다."

전적으로 옳다. 그런데 주님의 말씀을 깊이 생각해보라. 바리새인들도 분명 그랬을 것이다. 그러면 두 번째 메시지가 떠오르기 시작한다.

낡은 옷/ 낡은 가죽 부대=구약성경에 나오는 하나님과의 관계
새 천 조각/새 포도주=바리새인의 종교
적용: "너희가 새로 만든 율법주의 종교는 그것이 고치려고 하는 것을 더 망가뜨린다."

하나님이 이스라엘에 율법을 주신 원래 목적은 나라에 질서를 세우고 하나님의 언약 백성으로 구별하시기 위해서였다. 그렇지만 하나님이 의도하신 더 큰 그림은 율법을 그들이(그리고 우리가) 구원받아야 할 필요를 입증하는 진단 도구로 사용하는 것이었다. 바울은 이것을 갈라디아서 3장 19절에서 설명하는데, 유진 피터슨이 이해하기 쉽게 의역했다. "율법의 의의는(후손이신) 그리스도께서 오셔서 약속을 물려받으시고, 그 약속을 우리에게 나눠 주실 때까지 죄인들을 구원의 길에 붙잡아 두는 데 있습니다"(『메시지 성경』). 율법으로는 불충분했다. 말하자면 천 조각이 필요했다. 율법은 구원할 수 없기 때문이다. 율법은 구원받아야 하는 우리의 절박함을 지적해줄 뿐이다. 예루살렘의 종교 당국자들, 곧 바리새인들과 사두개인들은 모두 단순히 더 열심히 노력함으로써 문제를 해결하려 했고, 그 과정에서 그들은 하나님이 의도하시지 않았던 종교 체계를 만들어냈다. 하나님은 순종을 구원의 수단으로 삼으시려고 이스라엘에 율법을 주신 게 아니었다. 잔인한 신만이 사람들에게 그들이 성취할 수 없는 것을 요구하는 법이다.

은혜와 믿음이 1세기에 새로운 개념이 아니었다는 사실에 주목하는 게 중요하다. 예수님이 새 언약의 기쁜 소식을 선포하러 오시기 오래전 구약성경은 사람과 하나님이 만날 수 있는 곳을 제정했다. 처음에는 성막이었고 나중에는 성전이었다. 이 특별한 장소에서 하나님은 당신의 백성을 불러 죄를 회개하고 자비를 구하게 하셨다. 그리고 그들은 하나님을 믿음으로 은혜로 용서받았다. 율법을 따르고 제물을 바치는 것은 구원의 수단이 아닌 믿음과 신실성에 대한 옛 언약의 표현이었다. 사실, 옛 언약의 율법을 지키는 것에 대한 보상은 천국의 영원한 생명이 아니라 특별히 약속의 땅에 대한 축복과 관계가 있다(신 28:1-14). 우리는 겉으로 드러나는 믿음의 표현과 언제나 하나님이 구원하시는 수단이었던 믿음의 내적 역사를 혼동해서는 안 된다(히 10장). 죄에서 구원받고 천국을 약속받는 것은 행위(선을 이루거나 악을 피하는 능력)로 인한 것이 아니라 하나님을 믿음으로써 받는 은혜의 선물이었다.

그러나 예수님 때에는 이스라엘의 종교 선생들이 하나님과의 관계를 지키려면 야곱의 자손으로 태어나거나 복잡한 의식을 통해 개종하고 모세의 율법을 계속 지켜야 한다고 가르쳤다. 모든 율법주의는 우리가 특정한 행위, 곧 특정한 의식을 행하는 것, 특정한 율법을 지키는 것, 금지된 행동을 피하는 것, 설정된 선의 기준을 충족하여 하나님의 총애를 얻거나 유지할 수 있다는 잘못된 생각에서 나온다. 율법주의가 하나님을 기쁘시게 한다면 바리새인들은 하나님을 기쁘시게 했을 것이다. 그러나 인간의 육신을 입으신 예수님은 전능하신 분 앞에서 그들의 위상을 분명히 밝히셨다. "너희의 방식은 낡은 천 조각과 같고 새 포도주를 낡은 부대에 쏟는 것과 같다."

하나님은 자비로우시며 동시에 의로우시다. 그분은 죄를 용서하시지만 죄는 형벌을 치러야 한다. 우리가 아니라면 다른 누군가라도 책임을 져야 한다. 예수님은 율법으로 생긴 그 문제-죄의 문제-에 대한 바리새인들의 '해답'은 결함이 있다고 말씀하시며 그들과 대립하셨다. 우리가 선을 행하려 하면 할수록 우리의 죄는 점점 더 분명해진다(롬 7장을 보라). 우리의 죄에서 주의를 돌리기 위해 우리는 위선으로 그것을 숨기거나 다른 이들을 정죄하는 쪽으로 관심을 돌려야 한다. 예수님은 율법으로 드러난 죄 문제에 최고로 좋은 해결책을 가지고 오셨다. "내가 너희를 대신해 너희의 죗값을 치르겠다. 믿음을 통해 은혜로 이 선물을 받으라…늘 그렇듯이."

## —2:23-24—

마가의 전형적인 스타일대로 장면은 갑자기 다른 날과 시간으로 이동하지만, '율법주의'라는 동일한 주제가 이어진다.

율법주의자들은 도덕적 실패에서 관심을 돌리기 위해 그들이 천성적으로 잘하는 것을 과시한다. 바리새인들에게 안식일 준수는 그들이 애용하는 명분이 되었다. 사실상 그들은 안식이라는 하나님의 선물을 종교적인 숭배의 대상으로 변질시켰다. 그들이 강조한 율법은 십계명 중 네 번째 조항이다.

> 일곱째 날은 네 하나님 여호와의 안식일인즉 너나 네 아들이나 네 딸이나 네 남종이나 네 여종이나 네 가축이나 네 문안에 머무는 객이라도 아무 일도 하지 말라 이는 엿새 동안에 나 여호와가 하늘과 땅과 바다와 그 가운데 모든 것을 만들고 일곱째 날에 쉬었음이라 그러므로 나 여호와가 안식일을 복되게 하여 그 날을 거룩하게 하였느니라(출 20:10-11).

그리고 그들은 으레 민수기 15장의 사건을 거론했다.

> 이스라엘 자손이 광야에 거류할 때에 안식일에 어떤 사람이 나무하는 것을 발견한지라 그 나무하는 자를 발견한 자들이 그를 모세와 아론과 온 회중 앞으로 끌어왔으나 어떻게 처치할는지 지시하심을 받지 못한 고로 가두었더니 여호와께서 모세에게 이르시되 그 사람을 반드시 죽일지니 온 회중이 진영 밖에서 돌로 그를 칠지니라 온 회중이 곧 그를 진영 밖으로 끌어내고 돌로 그를 쳐죽여서 여호와께서 모세에게 명령하신 대로 하니라(민 15:32-36).

원래 하나님은 세상이 창조된 것을 기념하고 그분의 돌보심을 기리기 위해 일곱째 날을 매주 휴일로 구별해놓으셨다. 하나님은 6일 동안 지구를 만드시고 인류에게 필요한 모든 것으로 채우셨다. 하나님은 일곱째 날에 멈추셨다. '안식일'(*Sabbath*)은 히브리어 동사

'그치다'[*shabat*(H7673)]에서 파생했다. 하나님은 멈추셨다. 그러나 피곤하시거나 휴식이 필요해서가 아니라 창조가 완성되었기 때문에 멈추셨다.

안식일은 또한 하나님이 아브라함, 더 나아가 이스라엘 민족과 맺은 언약을 기념했다. 하나님이 언약 백성에게 약속의 땅을 주셨을 때 금요일 해질 녘은 축제를 벌이고 노래하는 시간이 되었다. 그때 온 가족은 하나님의 보살핌과 보호를 기뻐하며 일손을 멈추고 함께 정을 나누었다. 그런데 기원전 586년 바빌론 군대가 성전을 파괴하고 유대인을 잡아간 후 유대인들이 안식일을 대하는 의미가 달라졌다. 유대인들은 독특한 히브리 문화의 상당 부분을 빼앗긴 상태에서 그들의 정체성을 유지하고 하나로 뭉치기 위해 모세의 율법에 매달렸다. 이 유배 기간 동안, 바리새파가 율법주의를 이스라엘의 왕으로 만든 종교 체계를 내세우면서 유명해졌다. 그러면서 유대인의 신앙에서 은혜가 사라지기 시작했다.

예수님 시대의 바리새인들은 안식일을 하나님의 의도와 전혀 다르게 탈바꿈시켰다. "쉬라"는 단순한 명령에 바리새인들이 시시콜콜한 금지 조항을 나열한 긴 목록을 추가하는 바람에 역설적으로 휴식의 날이 가혹한 종교적 부담으로 바뀌었다. 그들은 안식일에 해서는 안 되는 '일'을 39가지 범주로 나누었다. 물건 나르기, 태우기, 끄기, 일 마무리하기, 글쓰기, 지우기, 요리하기, 씻기, 바느질하기, 찢기, 매듭짓기, 풀기, 만들기, 땅 갈기, 심기, 거두기, 수확하기, 타작, 탈곡, 선별, 체치기, 갈기, 반죽하기, 빗질, 길쌈, 염색, 사슬뜨기, 밧줄로 끌기, 베 짜기, 풀기, 쌓기, 헐기, 덫 놓기, 양털 깎기, 도살, 가죽 벗기기, 무두질, 인두질, 표시하기.[23]

이 특별한 안식일에 예수님의 제자들이 밭을 지나가면서 이삭을 모았다(참고. 신 23:24-25). 바리새인의 관습에서는 그런 행동을 일로 여겼다. "줄기에서 밀을 뜯어 밀 알갱이를 두 손바닥으로 문질러 껍질을 날려 보내는 것은 키질이다!"[24]

## —2:25-28—

바리새인들의 도전에 대한 주님의 반응에는 놀라울 정도로 의미심장하고, 복잡하며, 다중적인 의미가 담겨 있다. 예수님은 그들에게 친숙한 구약성경 이야기(삼상 21:1-6)에서 그분과 다윗 왕, 그분의 제자들과 다윗의 자손 사이에 있는 직접적인 상관관계를 끌어내셨다.

이 구절은 다윗의 굶주린 부하들을 먹이기 위해 제사장들만 먹을 수 있는 신성한 떡에 대한 율법을 파기한 제사장과 다윗의 만남을 보여준다(참고. 레 24:5-9). 그때, 다윗은 이미 선지자 사무엘에게 기름 부음을 받은 왕이었다. 더구나 성령은 사울 왕을 떠났고, "다윗이 여호와의 영에게 크게 감동되"어 있었다(삼상 16:12-14). 그래서 누가 진짜 왕인가에 대한 국가적 논쟁이 끊임없이 제기되었다. 하나님은 다윗에게 기름을 부으셨지만, 사울은 왕관을 포기하지 않았다.

1세기에 유대인의 참된 왕이 이스라엘에 왔지만, 권력을 가진 사람들은 그분께 복종하기를 거부했다.

예수님의 대답도 바리새인들이 고수하는 흠 있는 신학과 충돌했다. 예수님은 안식일을 실물 교재로 사용하시면서 성경을 근거로 그들의 신학이 저지르고 있는 세 가지 중대한 오류를 밝히셨다.

**첫째, 바리새인들은 인간의 관습을 하나님의 율법보다 우선순위에 두었다.** 주님께 더 열심히 순종하기 위해 했던 노력은 실제로는 반대의 결과를 낳았다. 하나님은 안식일을 그분에 대해 깊이 생각하고 그분의 돌보심과 보호하심 안에서 안식하는 날로 정하셨다. 그러나 바리새인들은 안식일 대부분을 자기들에 대해 생각하고 다른 사람들이 어떻게 안식일을 어기는지를 생각하면서 보냈다. 그렇게 엄격히 순종했건만, 그들은 순종하는 데 실패했다!

**둘째, 하나님이 백성에게 율법을 주신 것은 짐을 지우려는 게 아니라 축복하시기 위해서였다.** 하나님의 율법은 모두 인간의 삶의 질을 높이거나 죄를 지은 후 하나님과의 관계를 회복하게 한다. 하나님은 뜬금없는 요구를 하지 않으시며 이랬다저랬다 하지도 않으신다. 주님은 인간의 몸에 휴식이 필요하기 때문에 일주일에 하루를 쉬는 날로 주셨다. 바리새인들은 이 선물을 짐으로 만들었다. 일에서 쉬는 날을 망칠 수 있는 건 율법주의자들뿐이다.

**셋째, 율법은 하나님이 주신 것이므로 율법이 절대 하나님보다 클 수 없다.** 구약성경은 "**여호와가** 안식일을 복되게 하여 그 날을 거룩하게 하였느니라"(출 20:11, 강조 추가)고 선언한다. 바리새인들은 율법의 대부분을 인용할 수 있었으므로 "인자는 안식일에도 주인이니라"는 예수님의 대담한 주장에 담긴 의미를 간파했다. 이 간단한 진술로 예수님은 하나님에게서 안식일을 훔친 바리새인들의 권위에 도전하셨다. 말씀의 진의는 이랬다. "안식일은 너희가 규제할 수 있는 것이 아니다. 안식일은 내 백성에게 주는 내 선물이다. 그러므로 나는 너희에게서 이것을 되찾아오려는 것이다."

마가는 바리새인들의 반응을 기록하지 않는다. 율법주의자들이 예수님의 논리를 반박하지 못하자 대화는 끝났다. 그러나 갈등이 끝난 것은 아니었다. 오히려 반대였다. 율법주의자들은 사자가 날고기를 원하듯 통제를 갈구한다. 원하는 것을 박탈당할 때 그들은 제일 위험하다.

## 적용: 마가복음 2:18-28

### 은혜받은 백성이 싸워야 하는 세 가지 전쟁

나는 예수님이 당대 종교계의 유력자들과 충돌하시는 모습에서 싸울 만한 가치가 있는 세 가지 영석 선생을 본다.

#### 전투 1: 평생 지속되는 기쁨을 위한 싸움

흥을 깨는 완고한 자들을 주의하라. H. L. 멘켄(H. L. Mencken)은 조롱하는 투로 청교도를 가리켜 "누군가, 어느 곳에선가 행복할지도 모른다는 두려움에 사로잡혀" 사는 사람으로 정의했다. 이것은 대다수 청교도에게는 유감스러운 풍자지만, 그들 가운데 있는 율법주의자들에게는 정확히 맞는 말이었다. 그래서 나는 그 말의 일부를 따와서 이렇게 말하겠다. "율법주의자는 어디에서건 자유를 갈망하는 사람을 찾아 그에게 수치심을 주어 다시 자신의 통제 아래 들어오게 할 기회를 호시탐탐 엿보며 사는 사람이다."

율법주의자들은 당신의 기쁨을 훔칠 것이다. 그들은 당신이 시종일관 엄한 표정을 짓고 진지해야 하는 이유를 찾아낼 것이다. 그들은 눈에 불을 켜고 다른 사람들을 정죄할 기회를 찾으면서 자기 비난이라는 어두운 터널 속에서 평생을 보낸다. 그런데도 그들의 힘은 제한되어 있다. 그들은 당신이 허용해야만 당신의 기쁨을 훔칠 수 있다.

#### 전투 2: 언제나 젊은 유연성을 유지하기 위한 싸움

어떤 이유에서인지 나이를 먹은 사람들은 점점 나약해진다. 육체적으로뿐만 아니라 정신적으로, 영적으로 그렇다. 그들은 익숙한 것에 끌리고, 불편하게 만드는 것은 피하며, 판에 박힌 일상을 잘 관리하고, 세심하게 유지하고 있는 안락을 방해하는 모든 것을 경계한다. 이런 태도는 자기가 좋아하는 것은 모조리 영적인 임무로 탈바꿈시키는 악의적이고 자기 중심적 관점이며, 풍성한 삶을 경험하고 싶어 하는 사람들의 진을 뺀다.

나이를 먹을수록 될 수 있는 한 판에 박힌 생활을 피하라. 여행을 떠나라. 나이에 맞추어 행동하지 마라. 당신 세대의 사람들이 기대할 수 없는 일을 하라. 자녀들이 "도대체 누구세요?" 우리 부모님이 아닌 것 같은데요?"라고 놀랄 만한 일을 하라.

다른 사람들의 의견을 고려할 수 있는 열린 마음을 유지하라. 늘 배우는 사람이 되라. 나는 교수들이 학생들과 오랫동안 관계를 이어가는 것을 보면 흐뭇하다. 학생들이 교수들 곁에 있으면서 열심히 질문하고, 그 질문에 응대하다 보면 교수들은 활력을 유지하게 된다. 젊은 사람들과 늘 접촉하라. 젊은이들을 정죄하지 말고 그들이 맞닥뜨리는 도전이 무엇인지 알아보라. 유연성을 위해 싸움을 멈추지 마라.

### 전투 3: 진정한 필요를 충족하기 위한 싸움

종류에 관계없이 모든 필요에 대한 해결책은 은혜에서 시작된다. 하나님의 돌보심을 구하는 기도를 하라. 그러나 필요를 그냥 방치하지 마라. 능력껏 당신 눈에 보이는 필요를 채워 당신 자신이 기도의 응답이 되라(약 2:15-17). 필요를 채울 수 있는 자원을 가지고 있을 법한 다른 사람을 생각해보거나, 부담을 즐거이 나누어 질 사람들을 찾으라. 은혜는 느낌이 아니다. 은혜는 행동하는 사랑이며, 눈에 보이는 결과를 만들어낸다.

믿거나 말거나, 율법주의자들은 도움이 필요한 사람들을 도우려는 당신의 노력에 종종 반대할 것이다. 그들과 논쟁하면서 시간을 낭비하지 마라. 계속 기도하며 해야 할 일을 하라. 은혜를 행동으로 옮기고 진정한 필요를 채우라.

## 의혹의 눈초리 속에서 베푸신 자비(마가복음 3:1-6)

---

1예수께서 다시 회당에 들어가시니 한쪽 손 마른 사람이 거기 있는지라 2사람들이 예수를 고발하려
하여 안식일에 그 사람을 고치시는가 주시하고 있거늘 3예수께서 손 마른 사람에게 이르시되 한 가운
데에 일어서라 하시고 4그들에게 이르시되 안식일에 선을 행하는 것과 악을 행하는 것, 생명을 구하
는 것과 죽이는 것, 어느 것이 옳으냐 하시니 그들이 잠잠하거늘 5그들의 마음이 완악함을 탄식하사

노하심으로 그들을 둘러 보시고 그 사람에게 이르시되 네 손을 내밀라 하시니 내밀매 그 손이 회복되었더라 6바리새인들이 나가서 곧 헤롯당과 함께 어떻게 하여 예수를 죽일까 의논하니라

---

의심의 구름 아래서 사는 것은 기껏해야 불안한 실존이다. 때로는 불신의 현미경 아래서 사는 것은 우리를 견디기 힘든 고통으로 인도한다. 의심하는 사람들은 당신의 언행을 면밀히 조사하고-어떤 때는 왜곡하고-질문을 던진다. 선한 행동조차도 악한 동기에 대한 의혹으로 얼룩진다. 최선을 다해 열심히 노력해보라. 결국 당신이 이길 수 없음을 깨닫게 될 것이다. 당신은 의심하는 사람들의 생각을 바꿀 수 없을 것이다. 그 시점에서 의심의 구름은 대개 재난을 일으킬 만큼 큰 폭풍우로 쏟아져 심각한 결과를 낳기도 한다. 그때 의심은 노골적인 적대감에 길을 내준다. 마르틴 루터(Martin Luther)의 삶이 이것을 잘 보여준다.

루터는 1517년 독일 비텐베르크에서 10년째 신학을 가르치고 있었다. 그때 그는 자신이 속한 교회의 교리와 관행이 상식에도 어긋나고 액면 그대로의 성경 말씀과도 큰 괴리가 있다는 사실을 발견했다. 로마 가톨릭 교회의 교리가 성경과 모순되는 점이 많기도 했지만, 루터를 참을 수 없게 만든 것은 면죄부 판매였다. 그는 더는 침묵할 수 없었다.

그의 글쓰기, 가르침, 설교는 가톨릭 교회의 교리와 충돌했다. 그의 강의를 들은 학생들과 동료 신학 교수들은 그가 옳다고 확신했고, 그의 설교를 들은 교인들이 타당성을 인정했다. 점점 더 많은 사람이 루터의 주장으로 기울자 로마 교회는 그를 주시하기 시작했다. 교황은 루터를 포도밭을 파괴하는 멧돼지에 비유하면서, 바티칸이 권위를 부여한 공식 문서인 '교황의 칙서'를 보냈다. 그 문서는 루터가 그의 가르침을 철회하고 글을 불태워야 한다고 명시했다. 루터는 그 명령을 비난했고, 그를 따르는 사람들은 더 늘어났다. 1520년 12월 10일 루터의 서서 대신 로마에서 온 유죄 판결문이 소각되었다.

루터의 도전이 교황의 권력에 위협이 되자 최후 결전이 불가피해졌다. 1521년 독일 보름스에서 열린 공식 청문회에서 결전이 시작되었다. 루터는 청문회에 출석해 공개적으로 자신의 주장을 철회하거나 아니면 교회의 징벌을 받으라는 명령을 받았다. 그는 의심에 찬 신성 로마 제국 황제인 카를 5세와 군주와 통치자들 그리고 여러 행정 장관 앞에 서서 자신의 주장을 철회하지 않겠다고 선언했다. 유명한 그의 연설 중 마지막 단락이다.

> 성경이 제시하는 증거나 분명한 이유로 확신을 얻지 않는 한(나는 교황이나 종교회의만 단독으로 신뢰할 수 없다. 그들이 자주 잘못을 저지르고 자가당착에 빠지는 것은 누구나 잘 알고 있기 때문이다) 나는 내가 인용한 성경에 매여 있고, 내 양심은 하나님 말씀에 사로잡혀 있다. 나는 아무것도 철회할 수 없으며 철회하지 않을 것이다. 양심을 거스르는 것은 안전하지도, 옳지도 않기 때문이다. 하나님이 나를 도우시기를! 아멘.[25]

청문회가 끝나고 그는 집으로 돌아갔다. 그러나 그의 안전을 염려한 유력한 친구들이 그를 납치해 바르트부르크에 있는 성에 숨겼다. 거기서 그는 모든 사람이 하나님의 말씀을 읽을 수 있도록 신약성경을 라틴어에서 독일어로 번역하기 시작했다. 권력 유지와 통제가 최대 관심사였던 로마 교회는 루터에게 권력에 대한 야욕이 있을 것이라 의심했다. 루터가 번역-말하자면, 일반 사람들에게 권력을 주는 것-을 시작하자 교회의 의심은 적대감으로 변했다. 하지만 하나님의 섭리로 루터의 친구인 선제후 프리드리히가 그의 군사력으로 루터를 죽음에서 지켰다.

다시 상상 속 타임머신의 되감기 키를 누르면 독일 보름스의 공개 청문회가 아니라 갈릴리의 작은 회당에 있는 당신을 발견하게 될 것이다. 수많은 의혹의 눈초리 속에서 사역하고 있는 사람은 마르틴 루터가 아니라 나사렛 예수라는 설교와 치유를 행하는 랍비다. 예수님은 유대인들에게 거룩한 날인 일곱째 날에, 편협하고 독선적이며 악의로 가득 찬 바리새인들 앞에 서서 가르치고 계시다. 그들은 예수님의 허물을 찾겠다는 일념으로 그 자리에 와 있었다. 그들은 예수님이 개인적인 이득을 위해 그들의 영향력을 훔치고 있다고 의심했고, 그들의 적개심은 당장에라도 노골적인 적의로 치달을 듯했다. 이전에 예수님은 그들이 정한 안식일 관습을 어기셨다. 이번 안식일에 그분은 무엇을 하실까?

## —3:1-2—

편집자들이 2장 28절과 3장 1절 사이를 장으로 나누기는 했지만, 이 이야기는 일단의 바리새인이 안식일을 지키지 않은 것을 놓고 주님의 제자들을 비난했던 앞의 일화와 밀접하게 연결되어 있다. 앞에서 언급했듯이 구약의 모든 율법 중 네 번째 계명에 바리새인들은 모든 관심을 집중했고, 그것을 경건을 측정하는 시약으로 탈바꿈시켰다. 이것은 예수님께 하나님과 피조물의 관계에서 그들이 이해하고 있는 율법의 역할에 대해 도전할 수 있는 절호의 기회였다. 아브라함의 하나님은 순종에만 관심을 갖고 끊임없이 응징하겠다고 위협하는 옹졸한 폭군이셨는가? 아니면 하나님은 당신의 백성을 사랑하셨고 도울 길을 찾으셨는가?

인간이 만든 안식일 관습은 의학적 치료를 일로 간주해 엄격하게 금지했다. 부상이나 병이 악화되는 것을 방지하는 조치만 취할 수 있었고, 그 이상의 어떤 행위도 금지했다. 예를 들면,

> 그들은 어린아이의 (수족을) 곧게 펴거나 부러진 사지를 고정하지 않았다. 손이나 발이 탈구된 사람은 그 위에 냉수를 부어서는 안 되었고, 평소대로 씻어야 했다. 다친 사람이 나으면 다행이고, 낫지 않아도 할 수 없었다.[26]

예수님이 회당에 들어오셨을 때 심각한 상태로 보이는 한 사람이 회중 가운데 앉아 있었다. 손이 마른 사람이었다. 헬라어 *xērainō*(3583)는 '쪼그라든', '마른', '뻣뻣한' 등으로 다양하게 번역되는데 모두 원인은 밝히지 않는다. 그런 부상은 사고, 질병, 선천적 이상 등으로 야기되었을 수 있다. 어쨌든 그 사람의 손은 쓸모없게 되었고, 당시 유대교 신학은 그가 죄를 지었기 때문이라고 믿었다(참고. 요 9:1-2).

예수님이 들어오시는 것을 바리새인들이 지켜보고 있었다. *paratēreō*(3906)라는 헬라어는 탑 위의 파수꾼이 파수를 보거나 의심 많은 손님이 상인이 돈을 세는 것을 미심쩍은 마음으로 지켜보는 모습을 표현한다. 불완전 시제는 긴장감을 강화한다. 마치 철이 자석에 끌리듯 예수님이 그에게 끌리실 것을 알고 바리새인들이 일부러 그 사람을 회당에 두었을 수도 있다. 그리고 예수님의 행동을 기다리며 공개적으로 그분을 비판할 기회를 노렸다(막 3:2).

바리새인들은 그 사람의 삶에 대해서는 아무 관심도 없었다. 그는 그들이 예수님을 "고발하고" 대항하는 데 필요한 장치일 뿐이었다. 여기서 마가는 그 장면에 담긴 절묘한 역설을 부각한다. 바리새인들은 안식일에 악을 도모했고, 예수님은 선을 행하려 하셨다. 바리새인들이 획책한 악은 선을 행하신 예수님을 정죄하는 것이었다.

## —3:3-4—

예수님은 손 마른 사람과 의심의 눈초리로 지켜보고 있는 구경꾼들을 보시고 그들을 가르칠 수 있는 기회를 포착하셨다. 예수님은 그 사람을 앞으로 불러내, 아마도 그분 옆에 세우시고, 바리새인들을 마주보시면서 예리한 질문을 던지셨다. 그들의 대답은 그들의 신학, 특히 하나님의 성품에 대한 생각을 드러낼 것이다.

예수님이 질문하신 형식은 선과 악, 생명을 구하는 것과 죽이는 것 사이에 중간 입장을 남겨 놓지 않았다. 이것은 의도적인 질문이다. 하나님이 보시기에, 선을 행하지 않는 것은 악을 돕고 부추기는 것과 다름없다. 안식일에 선을 행하는 것은 허용될 수 있는 것이 아니라 의무였다. 앞서 예수님은 하나님이 율법을 주신 것은 인류에게 짐을 지우기 위해서가 아니라 우리의 유익–은혜의 선물–을 위해서라는 전제를 확고히 하셨다(2:27). 이참에 예수님은 원칙을 더 확장하셨다. 모름지기 인간의 필요는 도덕적 의무를 수반한다.

예수님은 적어도 세 가지 중에서 선택하실 수 있을 것으로 보인다. 첫째, 예수님은 해가 질 때까지 치유를 늦추실 수 있었을 것이다. 그러면 사람들의 심기를 건드리지 않을 수 있었다. 선을 행할 수 있는 기회와 마주쳤을 때 우리는 율법주의자들이 좋아해주기를 바라는 마음에 그들의 비위를 맞추려는 유혹에 빠질 수 있다. 어쨌든 예수님은 언제든지 그 사람을 도우실 수 있었다. 그는 이 상태로 오래 지내왔기 때문에 하루를 더 그렇게 보낸다고 해도 문제될 게 없었다.

둘째, 예수님은 그 사람에게 이렇게 속삭이실 수 있었다. "아무도 없을 때 해변에서 만나자. 그러면 내가 비밀리에 고쳐주겠다. 이것은 너와 나 사이의 일이고, 너는 어쨌든 치유될 것이며, 회당이 혼란스러워질 일도 없을 것이다." 다시 말해 예수님은 타협하실 수 있었다. 많은 사람이 바리새인들이 정한 어리석은 규율을 몰래 깨려고 했다.

그러나 예수님은 세 번째를 택하셨다. 예수님은 그때 그 자리에서 당신을 비난하는 사람들에게 입장을 확실히 하기로 하셨다. 그분에게 그 일은 마른 손보다 더 많은 의미를 내포했다. 선생으로서 예수님은 이스라엘의 종교 지도자들이 고수하던 잘못된 신학을 바로잡을 책임이 있었다. 예수님은 하나님을 계시하시기 위해, 인간의 몸을 입은 하나님을 온전히 나타내려고 오셨다. 우리의 창조주는 규칙을 위한 규칙을 좋아하지 않으신다. 그분은 우리를 사랑하시는 표현으로 율법을 주셨다.

예수님은 이 입장을 견지하시면서 하나님의 성품을 입증하시고, 율법을 제자리로 돌리셨다.

예수님의 질문이 두 부분으로 이루어져 있다는 점에도 주목하라(3:4). 첫 번째는 주님의 즉각적인 계획, 즉 선을 행하는 것을 강조한다. 두 번째는 그분을 죽이려는 바리새인들의 교활한 음모를 예고한다(3:6). 행위는 진실한 믿음을 드러내며, 그것에 대한 반응은 참된 종교와 거짓된 종교를 분별하는 리트머스 시험지다(약 1:27). 더 나아가, 약하고 방어 능력이 없는 사회 구성원에 대한 태도는 모든 신학과 도덕을 가늠하는 기본적인 시금석이다.

## —3:5–6—

마가는 주님의 반응을 복합적으로 묘사한다(3:5). 주님은 겉으로 분노를 표현하셨다. *orgē* (3709)라는 헬라어는 강렬한 감정이 격렬하고 충동적으로 표현되는 것을 나타낸다. 이 감정은 하나님과 관련될 때 거의 예외 없이 죄에 대한 분노다. 장애인에 대한 예수님의 연민이 한사코 그를 돕기를 거부하는 자들을 향해 방어적인 분노로 표출되었다.

그러나 예수님은 속으로 "탄식"하셨다. 이 말은 헬라어로 *syllypeō*(4818)인데, '함께 슬퍼하다' 또는 '동정심을 느끼다'는 의미가 있다.[27] 이 용어는 신약성경에서 딱 이곳에서만 쓰였다. 주님은 그들의 "마음의 완악함"으로 인해 슬퍼하셨다. 1세기에 '완고한 마음'을 가졌다고 말하면 그가 불친절하거나 잔인하다는 게 아니라 그의 논리와 감정이 발전할 여지가 없다는 뜻이다. 따라서 바리새인들은 '고집불통'이었다고 말할 수 있다. 그들은 영적 시각장애인이었다. 예수님은 눈먼 걸인이 벽을 것을 찾아 여기저기 더듬거리는 모습을 보고 우리가 연민을 느끼듯이 바리새인들을 보고 슬퍼하셨다. 예수님은 율법주의자들을 불쌍히 여겨 그들이 영원히 감당해야 할 고통에 대해 깊이 고뇌하시고 한탄하셨다.

예수님은 바리새인들을 등지고 장애인 쪽으로 돌이서시고는 그의 손을 온전히 회복시키셨다.

당신 이웃에 사는 어떤 사람이 기적적이고 즉각적이며 완전한 치유를 받았다면 당신은 어떻게 반응할지 상상해보라. 선천적으로 시각이나 청각에 장애가 있던 사람이 완전히 회복되었다. 하반신이 마비된 환자가 갑자기 휠체어에서 벌떡 일어나 걷고 달리기 시작했다. 내가 아는 모든 사람이 기뻐할 것이다! 그러나 바리새인들은 아니다. 냉담하고 완고한 그들은 치유받은 자를 축하하고 기적을 칭송하느라 예수님에 대한 증오를 허비할 수 없었다.

물론 바리새인들은 증오에 눈이 먼 나머지 자기들의 반대가 얼마나 황당한 일인지 깨닫지 못했다. 엄밀히 말해, 예수님은 몸을 쓰지 않으셨다. 뼈를 고정하거나 약을 바르지 않으시고 그냥 구두로 명령하셨다. 그리고 오로지 하나님만 하실 수 있는 일을 성취하셨다. 아무리 율법주의자들이 예수님의 행위에 반대해도 하나님은 치유하심으로 당신이 누구 편인지 확실히 보여주셨다. 종교 당국자들이 논쟁을 벌인다면 그것은 하나님을 상대로 벌이는 것이었다.

마가는 바리새인들이 헤롯당과 동조해 예수님을 살해할 모의를 시작했다고 말한다(3:6). 헤롯당이 누구인지는 알려진 바가 없다. 이 용어는 고대 문헌에서 유일하게 신약성경에만 쓰였다. "헤롯당"은 바리새인, 사두개인, 에세네파, 열심당 같은 정당이 아니었다. 헬라어 용어가 주요 인물의 지지자를 나타내는 표준 라틴어 어형을 취한 것으로 보아 헤롯당은 아마도 헤롯 왕조를 지지하면서 헤롯 대왕의 아들 중 한 사람이 황제로 추대되기를 바라던 사람들인 것 같다. 실제로 아그립바 1세는 황제가 될 뻔했지만, 교만을 떨다 요절했다(행 12:23). 그리고 이 당시 갈릴리의 통치자는 분봉왕 헤롯 안디바였다(막 1:14–15 해설 참조).

그런데도 바리새인들과 헤롯당은 이상한 짝이 되었다. 바리새인들은 이방인들과 접촉하기를 피하면서 문화적으로 '정결하게' 남아 있고 싶어 했다. 그러나 헤롯 가문은 유대인 유전자를 거의, 또는 전혀 가지고 있지 않았고, 이방인처럼 행동했으며, 제국주의 정치에 투신했고, 스스로 로마인으로 생각했다. 그래서 바리새인들이 헤롯의 지지자들과 동맹을 맺으려 했다는 사실은 그들이 예수님을 얼마나 싫어했는지를 보여준다.

예상대로 예수님이 진리를 타협하기를 거부하시자 바리새인들의 의심은 노골적인 적의로 바뀌었다. 예수님이 종교 고위층의 권세에 맞서 단호한 입장을 취하시자 그들의 진면목이 드러났고, 그들의 살인 모의는 예언을 성취하고 사명을 완수하기 위해 예정된 방향으로 예수님을 이끌었다.

# 묵상의 서재

## 일어서야 할 때(마가복음 3:3-4)

예전에 섬겼던 교회에서 한 장로가 어린아이를 성추행한 사실이 드러났다. 그때가 내 인생이 나락으로 떨어졌던 시기 가운데 하나였다. 그 위기를 어떻게 타개해야 할지 막막했다. 거센 먹구름이 몰려오듯 소송의 위협–만일 문제가 폭로된다면–이 교회에 드리워졌다.

솔직히 말하겠다. 가장 간단한 방안은 모든 것을 은밀히 처리하고, 공개적으로 알리지 않으며, 그 사람에게 교회를 떠나라고 요청하는 거였다. 하지만 그러면 그는 우리 양 떼를 떠나 다른 무리의 양을 잡아먹을 것이다. 훗날 한 친구가 내게 이렇게 말했다. "성추행범은 휠체어에 앉아 있어도 추행할 거야."

나는 장로님들과 회의를 길게 했다. 내가 상황을 설명했고 그들은 우울한 침묵 속에 앉아 있었다. 그들은 아이 때문에 슬퍼했고, 그들이 한때 신뢰했던 남자에게 분노했다. 변호사인 한 장로가 말했다. "스윈돌 목사님, 목사님은 이 일이 소송에 휘말릴 수 있는 모든 요소를 가지고 있다는 걸 아셔야 합니다." 나는 우리 모두가 생각하고 있던 것을 말한 그를 책망하지 않았다. 우리가 내리는 결정에 내포된 의미를 제대로 이해하고 있는지 확인하는 게 그의 임무였다.

나는 장로님들에게 물었다. "이 사건으로 우리가 옳은 일을 하지 못한다면 안 되겠죠?" 그들은 여전히 충격에서 헤어나지 못한 채 눈을 깜박이며 허공을 응시하고 있었다. 그러나 고맙게도, 모두가 단호히 말했다. "그럼요, 그럴 수 없지요."

우리는 성추행범을 폭로했고, 그의 범죄를 공개적으로 처리했다. 신문과 텔레비전 기자들이 이와 관련한 다른 추문이 터지면 보도하려고 대기했다. 우리는 자기 자녀들이 피해를 입었을지도 모른다고 염려하는 사람들에게 상담을 지원했고, 피해자를 돌보기 위해 준비했다. 행정당국은 공의를 위해 행동할 준비가 되어 있었다. 우리는 문제를 공개적으로 다루면서도 피해자와 아픔을 함께하기 위해 최선을 다했다. 교회의 징계 절차를 밟고, 경찰과 협조해 성폭행범을 폭로했다.

이 시련을 겪는 내내 거의 아무것도 뉴스 매체에서 보도되지 않았다. 한 신문기자는 나중에 내게 이렇게 말했다. "보도할 게 뭐가 있나요? 목사님은 옳은 일을 하셨습니다."

그 힘겨웠던 시기를 되돌아보니 나와 함께 섬겼던 사람들에게 고마운 마음이 든다. 우리는 옳은 일을 했다. 나는 그 주일 설교의 제목을 "의지할 곳 없는 자들의 옹호자"로 정했다. 교회가 하지 않으면 누가 아무도 옹호해줄 이 없는 사람들을 도와줄 것인가?

그때는 일어설 때였고, 우리는 일어섰다.

## 적용: 마가복음 3:1-6

### 세 번의 만남, 세 번의 응답

율법주의자는 하나님과의 관계를 규율을 지키고, 규칙에 순종하며, 의식을 준수하는 것으로 축소한다. 동기는 사랑이나 헌신이 아니라 자기 의존이다. 그것은 하나님이 사람들과 맺기 원하시는 의존적인 관계의 정반대다. 예수님은 규율과 의식을 준수하는 것보다 하나님이 우리에게 부어주시는 분에 넘치는 호의에 대한 자연스러운 마음의 반응을 더 중요하게 생각하신다. 하나님의 은혜를 신뢰하고 의지하는 삶을 살다 보면 그분을 사랑하는 마음에서 저절로 순종이 우러나온다.

이러한 하나님의 은혜에 대한 자발적 반응은 거기서 끝나지 않는다. 그 영향력은 가시적이고 광범위하다. 사도 요한은 아시아의 교회들에 보낸 편지에서 하나님이 창조하신 사람들을 사랑하지 않고 하나님을 사랑할 수 없다고 분명히 밝혔다(요일 4:20). 그러므로 하나님의 은혜에 대한 우리의 반응은 고통받는 주변 사람들에 대한 반응에 녹아 나온다. 마가의 내러티브에 나오는 이 특별한 이야기를 통해 우리는 우리가 율법주의자들과 고통받는 자들 모두와 어떤 식으로 영향을 주고받는지 생각해볼 수 있다.

**첫째, 예수님은 장애인을 무시하거나 회피하지 않으셨다는 사실에 유의하라.** 사실, 예수님은 그를 똑바로 보셨고, 말을 거셨으며, 부르시고, 소통하셨다. 이상하게도 이렇게 하는 사람은 거의 없다. 장애인들을 존엄성을 가진 존재로 대하고 자비를 베풀라. 그들에게 다른 사람에게 하는 것과 똑같이 존중하고 관심을 주라.

물론 장애인과 만나는 것이 불편할 수 있을 것이다. 우리는 무슨 말을 해야 할지 몰라 시선을 피하거나, 똑바로 쳐다보지 않거나, 못 본 체하면서 그들과 함께 있는 다른 사람들과 이야기하곤 한다. 한 교회에서 나는 휠체어를 타고 있는 남성이 아내와 함께 성전에 들어가는 것을 보았다. 안내원은 그를 한 번도 보지 않았다. 대신 여성에게 물었다. "남편분이 주보를 원하시나요?"

여성은 인내심을 가지고 친절하게 대답했다. "직접 물어보시지요?"

"네" 남성은 미소지으며 말했다. "주보를 주시면 좋겠네요."

나는 안내원에게 나쁜 의도가 있었다고 생각하지 않는다. 그는 단지 우리 대다수가 하는 행동을 했을 뿐이다. 이런 습성을 고치라. 장애인을 당신과 동등한 존재로 인정하고 관계를 맺으라.

**둘째, 교회와 지역 사회에서 자비를 베푸는 사람들의 역할을 생각해보라.** 우리 딸과 사위-사실 온 가족-는 소중한 손자 조나단을 밤낮으로 돌본다. 조나단은 자폐증을 앓고 있고, 그 외에도 이런저런 정신적, 신체적 어려움을 겪고 있다. 우리는 손자를 한결같이 성실히 보살피는 딸 부부에게 종종 감탄과 감사를 표한다. 조나단에 대한 그들의 사랑은 절대 다함이 없다.

자비를 베푸는 자들을 영웅으로 칭송하라. 감사를 표하라. 그들을 격려하고 지원할 방법을 찾으라. 때때로 그들의 부담을 덜어주라.

우리 교회는 하루 저녁을 정해 특별한 도움이 필요한 아이들을 돌보아준다. 그리고 부모들에게 마음 놓고 외출해 저녁 시간을 즐길 기회를 준다. 우리 교회에는 이런 특별한 도움이 필요한 아이들을 돌볼 수 있는 훈련된 자원봉사자들이 있다. 이 프로그램은 보호자들-대개는 부모들-이 잠시 의무에서 벗어나 저녁 시간을 함께 즐기며 결혼생활을 공고히 다지는 데 기여한다.

**셋째, 냉담한 사람들에게 관심을 가지라.** 우리는 그들이 마음을 열어 하나님이 그들의 어두워진 마음을 변화시키시도록 허용하고, 그들의 눈이 떠지게 해달라고 기도해야 한다. 그들이 얼마나 눈이 멀어 있었는지를 깨닫게 해달라고 기도해야 한다. 더 나아가 그들이 죄에서 돌이키지 않으면, 의로운 분을 내서라도 그들의 강퍅함에 단호히 맞서야 한다.

그리고 잊지 마라. 우리는 그들의 강퍅함을 슬퍼해야 한다. 율법주의자들은 하나님의 영원한 진노를 받을 위험에 처해 있다. 예수님이 성도들을 모으기 위해 다시 오시면 그분의 종이라고 주장하는 십난을 둘로 나누실 것이다. 목자가 그러듯이, 그분은 양과 염소를 나누실 것이다. 예수님은 이 심판에 대해 설명하셨다.

> 또 왼편에 있는 자들에게 이르시되 저주를 받은 자들아 나를 떠나 마귀와 그 사자들을 위하여 예비된 영원한 불에 들어가라 내가 주릴 때에 너희가 먹을 것을 주지 아니하였고 목마를 때에 마시게 하지 아니하였고 나그네 되었을 때에 영접하지 아니하였고 헐벗었을 때에 옷 입히지 아니하였고 병들었을 때와 옥에 갇혔을 때에 돌보지 아

> 니하였느니라 하시니 그들도 대답하여 이르되 주여 우리가 어느 때에 주께서 주리신 것이나 목마르신 것이나 나그네 되신 것이나 헐벗으신 것이나 병드신 것이나 옥에 갇히신 것을 보고 공양하지 아니하더이까 이에 임금이 대답하여 이르시되 내가 진실로 너희에게 이르노니 이 지극히 작은 자 하나에게 하지 아니한 것이 곧 내게 하지 아니한 것이니라 하시리니 그들은 영벌에, 의인들은 영생에 들어가리라 하시니라(마 25:41-46).

예수님은 의로운 분노로 장애인을 옹호하시면서도 바리새인들의 미래를 애도하셨다. 아무리 화가 나도 율법주의자들과 현대의 바리새인들의 구원을 위해 기도하고 긍휼한 마음을 가져야 한다.

## 효율적인 사역에 닥친 위기(마가복음 3:7-19)

---

7예수께서 제자들과 함께 바다로 물러가시니 갈릴리에서 큰 무리가 따르며 8유대와 예루살렘과 이
두매와 요단 강 건너편과 또 두로와 시돈 근처에서 많은 무리가 그가 하신 큰 일을 듣고 나아오는지
라 9예수께서 무리가 에워싸 미는 것을 피하기 위하여 작은 배를 대기하도록 제자들에게 명하셨으니
10이는 많은 사람을 고치셨으므로 병으로 고생하는 자들이 예수를 만지고자 하여 몰려왔음이더라
11더러운 귀신들도 어느 때든지 예수를 보면 그 앞에 엎드려 부르짖어 이르되 당신은 하나님의 아들
이니이다 하니 12예수께서 자기를 나타내지 말라고 많이 경고하시니라
13또 산에 오르사 자기가 원하는 자들을 부르시니 나아온지라 14이에 열둘을 세우셨으니 이는 자
기와 함께 있게 하시고 또 보내사 전도도 하며 15귀신을 내쫓는 권능도 가지게 하려 하심이러라 16이
열둘을 세우셨으니 시몬에게는 베드로란 이름을 더하셨고 17또 세베대의 아들 야고보와 야고보의 형
제 요한이니 이 둘에게는 보아너게 곧 우레의 아들이란 이름을 더하셨으며 18또 안드레와 빌립과 바
돌로매와 마태와 도마와 알패오의 아들 야고보와 및 다대오와 가나나인 시몬이며 19또 가룟 유다니
이는 예수를 판 자더라

---

어떤 사람들은 예수님을 온유하고 온화한 분으로만 보지만, 사실 더 많은 경우 그분은 용감하고 대담하셨으며, 담대하고 비타협적인 태도를 보이셨다. 바로 그런 특성 때문에 많은 사람이 그분에게 끌렸고, 또 다른 사람들은 그분을 경멸했다. 그분을 추종한 사람은 수천

명에 달했는데, 이런 현상은 대개 지도자가 권력층의 분노를 촉발할 위험을 감수하고 진리를 말할 수 있을 정도로 담대할 때 나타난다.

나는 사람들이 나이가 들수록 더 담대해진다는 것을 알게 되었다. 그들은 나이가 들어가면서 진실을 말해 잃을 게 없다는 사실을 점점 깨우친다. 연륜과 함께 지식과 지혜가 깊어지면서-전부는 아니지만 대부분 사람의 경우-노인들은 대개 진리를 말해서 생기는 불이익보다 진리를 말하지 않은 응보가 더 크다는 사실을 깨닫는다. 긍정적인 면은, 총명한 사람들은 담대하게 진리를 말하는 사람들과 가까이 하고 싶어한다는 점이다. 우리는 그들의 용기를 높이 산다. 우리는 필요할 때 자진해서 일어서고, 다른 사람들이 소심해서 말하지 못하는 것을 말할 수 있는 그들을 존경한다.

하지만 안타깝게도, 인기를 어떻게 감당해야 할지 모르는 사람들이 대다수다. 그래서 추종자들의 기분을 상하게 하거나 지지자들을 잃을 것이 두려워 점점 더 진리를 말하지 않게 된다. 그들은 또 오스왈드 샌더스(J. Oswald Sanders)가 말한 "리더십을 위태롭게 하는 것들"의 제물이 되기도 한다. 그는 『영적 지도력』(*Spiritual Leadership*, 요단출판사 역간)이라는 자신의 책에서 자존심, 자기중심주의, 시기심, 인기, 무능력, 불가결성, 의기양양, 우울증, 심지어 자격 상실의 가능성과 같은 위험 인자들을 나열한다.[28]

헬무트 틸리케(Helmut Thielicke)는 19세기의 위대한 설교자 찰스 스펄전(Charles Spurgeon)이 이룬 업적을 돌아보면서 다음과 같이 주장했다.

> 성공은 사람을 다른 사람들의 압력에 노출시켜 그가 이룬 것을 지키기 위해 '세속적인' 방법과 관행을 이용하라고 부추기면서 끊임없이 더 커지려는 교만한 욕심에 굴복하게 만든다. 지금까지 일을 이루신 분은 하나님이고, 하나님은 내 도움 없이도 그분의 일을 계속 성취하실 수 있으며, 아무 때나 '내 코를 납작하게 만드시고' 다른 방법으로 일을 이루실 수 있다. 이 사실을 명심하지 않으면 성공은 나를 부추겨 교만에 빠트릴 수 있고, 정말 그렇게 할 것이다.[29]

지금까지 예수님이 하신 사역을 잠깐 살펴보면 예수님 뒤에서 모종의 움직임이 형성되고 급속하게 확장되는 것이 보인다(1:18, 20, 28, 33, 37, 45, 2:2, 13). 갈릴리와 그 너머에서 온 사람들이 병을 치유하는 랍비를 직접 보고, 그분의 권위 있는 설교를 들으려고 몰려들었다. 많은 사람이 각자의 필요와 기대를 가지고 왔다. 예수님은 군중 대다수가 변덕스럽다는 것을 아셨다. 그들은 예수님이 그들의 배를 채워주거나 고통을 덜어주기 원했다. 군중의 압력은 점점 커졌지만, 예수님은 평범한 지도자가 아니셨다.

## —3:7-8—

"물러가시니"[3:7, *anachōreō*(402)]라는 헬라어에는 '전투에서 물러나다'는 뜻도 있다(일리아드 그리고 70인역의 경우 여호수아 8장 15절에서 이 뜻으로 쓰였다). 마가의 내러티브에서 이 장면은 예수님이 바리새인들과 대결해 그분을 죽이려는 음모가 시작되었던 이전 장면 바로 다음에 나온다. 마가가 '곧'이라는 단어를 사용하지 않은 것으로 보아 예수님이 일정 기간 직접적인 충돌을 피하셨음을 알 수 있다. 대립을 두려워하시지는 않았지만 직접적인 갈등이 그때 그분의 사명에 역효과를 낳을 수 있다고 판단하셨을 것이다. 이것은 누가복음 6장 12-13절에 설명된 물러남과 같은 것으로 보인다.

예수님은 "바다"로 물러나셨다. 물론 갈릴리 바다를 말한다. 군중보다 앞서 간 예수님과 제자들은 거기서 잠시 평온을 누렸다. 이 분주한 사람들에게 이런 호젓함은 아주 드문 경험이었을 것이다. 나는 종종 그들이 이 상황에서 무슨 말을 했다면 어떤 내용이었을지 궁금하다. 이 호젓함은 고작해야 몇 시간 정도 유지될 수 있었다. 더 홀로 있고 싶으셨던 예수님은 갈릴리 바다 북동쪽 해안에 있는 구릉 지대로 가셨다.

예수님의 명성은 이미 이스라엘 전역에 퍼져 있었다. 마가는 군중이 예수님을 보기 위해 어떤 지역에서 왔는지 지명을 나열한다. 그 지역을 다 합치면 이스라엘 전성기 때 솔로몬이 다스린 영토가 된다. 어떤 이들은, 건강한 사람에게 닷새가 걸리는 거리인 160킬로미터 떨어진 곳에서 왔다. 그러니 병약한 이들이 예수님을 보려고 올 때 얼마나 오래 걸렸겠는가?

## —3:9-10—

예수님은 현실적인 우려 때문에 측근 제자들에게 배를 띄우게 하셨다. 예수님은 긍휼한 마음이 가득하여 병든 자를 고치시고, 나병환자를 깨끗하게 하시며, 귀신을 쫓으셨지만, 예수님이 오신 것은 그보다 더 큰 목적인 복음을 선포하시기 위해서였다. 예수님은 치유 사역이 설교 사역을 침해하고 방해하자 곧바로 조정하셨다. 주위를 에워싼 사람들로 옴짝달싹할 수 없게 되자 예수님은 배를 타고 조금 나가서 해번을 천연의 원형극장으로 사용하셨다.

많은 지도자가 관심을 끌고 싶어하고 추종자가 많을수록 좋다고 생각하지만, 예수님은 인기와 효율성 사이에서 신중하게 균형을 유지하셨다. 인기가 많아지면 메시지-"때가 찼고 하나님의 나라가 가까이 왔으니 회개하고 복음을 믿으라"(1:15)-를 전파할 기회가 더 많아지기 때문에 사역에 도움이 되었다. 그러나 인기가 효과적인 사역을 방해하는 시점이 온다. 호사가들과 아첨꾼들이 그 유명한 인물에게 가까이 가려고 서로 밀치며 싸우고, 그 와중에 복음을 가장 절실히 들어야 할 사람들은 주변으로 밀려나 그들이 무엇을 놓치고 있는지도 모른 채 엉뚱한 곳을 배회한다.

## —3:11-12—

인류는 예수님의 신적 정체성을 놓고 고민하면서 늘어나는 증거들-기적을 행하는 능력, 권위 있는 가르침, 악마를 제압하는 권능-을 서서히 받아들이려고 애썼던 반면, 사탄의 졸개들은 그분이 누구신지 정확히 알고 있었다. 예수님이 바라신 것은 그분을 따르는 사람들이 그분을 하나님의 아들로 영접하는 것이었지 귀신들의 증언이 아니었다. 또한 예수님은 신중하게 계획된 메시지를 가지고 계획표에 따라 하나씩 차례차례 진리를 드러내셨다. 그래서 예수님은 귀신들이 그분을 하나님의 아들로 부르는 것을 허용하지 않고 입을 막으셨다(1:23-26, 1:32-34, 1:43-44 해실 참조).

## —3:13-19—

이 단락에서 장면이 전환되는데, 아마도 3장 12절과 3장 13절 사이의 시간으로 되돌아간 듯하다. 사역의 압력이 가중되자 예수님은 더 많은 사람을 대상으로 사역할 수 있는 방안을 강구하셨다. 첫째, 예수님은 "산에 오르"셨다(3:13). 다른 상황에서 나오는 '산'이나 '언덕'

과 달리 이곳에 나오는 용어는 단수다. 어떤 산을 가리키는지는 명확하지 않다. 따라서 위치가 중요한 사항이 아님을 알 수 있다.

마가는 세 가지 중요한 세부 사항을 강조한다. 첫째, 예수님은 당신이 원하는 사람들을 소집하셨다. 주권자이신 예수님은 완전한 판단에 근거해 결정하시며, 아무에게도 당신의 논리를 설명하실 필요가 없다. 둘째, 예수님이 부르신 자들은 그분께 응답하고 나아왔다. 그들의 입장에서 볼 때 그들 자신의 선택이었다고 해서 그것이 그리스도의 주권적 선택을 약하게 하지는 못한다. 셋째, 예수님은 부르신 자들을 세우셨다.

3장 14절에서 마가가 사용한 헬라어 용법은 셈어적 관용구를 따르는데, 문자적으로 "그분은 열두 명을 만드셨다"는 말이다. 이런 의미로 한 사람이 '만들어지면' 그는 지정된 역할이나 임무를 수행할 수 있는 권한을 받는다. 로버트 콜먼(Robert Coleman)은 『주님의 전도 계획』(*The Master Plan of Evangelism*, 생명의 말씀사 역간)이라는 저서에서 이것을 잘 설명한다.

> 예수님의 관심은 군중에게 다가가는 프로그램이 아니라 군중을 이끌 사람들에게 있었다. 놀랄지 모르겠지만, 예수님은 복음 전도 운동을 조직하거나 공개적으로 설교하시기 전에 사람들을 모으기 시작하셨다. 그들은 이 세상을 쟁취해 하나님께 드리는 일에 그분의 도구로 쓰일 예정이었다.
> 예수님이 계획하신 원래 목적은 그분이 아버지께로 돌아가신 후에도 복음의 증인으로서 그분의 일을 계속할 수 있는 사람들을 모집하는 것이었다.[30]

예수님은 120명을 부르실 수 있었다. 12,000명을 부르실 수도 있었다. 숫자에 감동을 받는 사람들은 이렇게 생각할 수 있다. 예수님은 왜 5천 명이나 그보다 더 많은 사람을 부르지 않으셨을까? 그분은 달랑 열두 명을 선택하셨다. 그 일은 열두 명으로도 시작할 수 있다는 것을 아셨기 때문이다. 게다가 열두 명 이상의 사람에게 힘을 쏟다 보면, 그분의 강도 높은 계획을 고려해볼 때 인간적 한계를 넘어 그분 자신을 혹사하게 될 것이다. 예수님은 전능함이나 편재성 같은 신적 속성을 임의로 사용하는 것이 제한된 채로 오늘날 우리도 갑갑하게 여기는 하루 24시간이라는 제약을 받으셨다.

예수님은 평범한 보통 사람들을 고르셨다. 그럴듯한 자격을 갖춘 사람은 아무도 없었다. 그들은 갈릴리 사람이었고, 다수가 어부였으며, 대부분 가버나움 외곽에서 왔다. 그들은 회당에서 받은 교육 덕분에 글을 깨쳤고 구약성경에 능통했지만, 학자로 불릴 만한 사람은 없었다. 그러나 예수님께 훈련받고 성령으로 충만해지면 이 평범한 제자들은 비범한 사도들이 될 것이다.

예수님은 그들을 부르시고 세우셨으며, 권능을 주시고 파송하셨다. 그때까지 예수님이 하신 행동은 그들의 설교와 구마 사역의 귀감이 되었다. 예수님이 제자들에게 권위를 주신 것은 그분 사역에서 중요한 이정표가 된다. 그것은 세상을 구원하시고 왕으로 다스리시기 위한 계획이 그분의 지상 사역으로 완성되지 않을 것이라는 첫 예시가 되었다. 아무튼, 제자들은 예수님의 사명을 성취하는 계획에서 중요한 변수가 될 것이다.

**열두 사도**

| 마태복음 10:2-4 | 마가복음 3:16-19 | 누가복음 6:14-16 | 사도행전 1:13 |
|---|---|---|---|
| 시몬(베드로) | 시몬(베드로) | 시몬(베드로) | 시몬(베드로) |
| 안드레 | 야고보(세베대의 아들) | 안드레 | 요한 |
| 야고보(세베대의 아들) | 요한 | 야고보(세베대의 아들) | 야고보(세베대의 아들) |
| 요한 | 안드레 | 요한 | 안드레 |
| 빌립 | 빌립 | 빌립 | 빌립 |
| 바돌로매 | 바돌로매 | 바돌로매 | 도마 |
| 도미 | 미디 | 마태 | 바돌로매 |
| 마태 | 도마 | 도마 | 마태 |
| 야고보(알패오의 아들) | 야고보(알패오의 아들) | 야고보(알패오의 아들) | 야고보(알패오의 아들) |
| 다대오 | 다대오 | 시몬(열신당) | 시몬(열심당) |
| 시몬(열심당) | 시몬(열심당) | 유다(아고보의 아늘) | 유디(야고보의 아들) |
| 가룟 유다 | 가룟 유다 | 가룟 유다 | |

## 적용: 마가복음 3:7-19

### 중압감을 이겨내는 법

1세기에서 21세기로 넘어가 보자. 이제 삶이 우리를 짓누르는 곳으로 가보자. 간혹 우리가 주어야 하는 것보다 더 많은 것을 기대하고 요구하는 사람들이 있는 곳 그리고 짓눌리는 느낌이 드는 순간으로 가보자. 주님은 이런 상황에 대해 뭐라고 말씀하시는가?

첫째, 삶이 우리를 압도할 때 우리는 가장 자주 그만두고 싶은 유혹을 받는다. 아버지는 내게 이렇게 말씀하시곤 했다. "얘야, 모름지기 포기는 아무리 늦게 해도 너무 이른 법이다. 그러니 그 말은 네 사전에서 빼거라." 그렇지만 삶이 우리를 짓누를 때 우리는 떠나고 싶은 유혹을 받는다. 그때가 잠잠히 홀로 있어야 할 때다.

부지런히 일하고 매일 최선을 다한다면 휴가를 내거나 떠나는 것을 미안해할 필요가 없다. 당신의 가족과 친구들은 당신에게 쉼이 필요하다는 것을 알고 있다. 사실 당신이 잠깐 쉬는 것을 모두 환영할 것이다.

충분한 휴식을 취하지 않으면 당신을 둘러싸고 있는 삶이 무너지는 것 같은 기분이 들 수도 있다. 당신은 무기력의 나락으로 떨어지기 일보 직전일지도 모르며, 그런 상태는 바람직하지 않다. 하나님은 몸이 쉬어야 제 기능을 발휘하도록 우리를 만드셨고, 언약 백성에게 일주일에 하루를 쉬는 날로 주셨다. 하나님은 그들에게 정기적으로 일을 제쳐놓으라고 명령하셨다. 안식일 이외에도 하나님은 달력에 휴일과 축일을 지정하셨다. 하나님은 당신에게 다시 활력을 되찾을 시간이 필요하다는 것을 아신다.

둘째, 사람들이 더 많은 것을 기대하면 화가 날 수 있다. 마감 시간을 맞추고, 요구를 들어주며, 목표를 달성하고, 합리적인 기대를 충족시키면서 그것을 당연한 일로 생각하기 쉽다. 그런데 요구가 끝이 없다.

내가 전에 사역했던 교회는 매 주일 아침에 세 번, 저녁에 두 번 총 다섯 번 예배를 드렸다. 그러다 보니 진이 빠졌다. 어느 주일날 한 부부가 우리 교회를 방문했다. 그들은 목회자에게 직접 교회 안내를 받고 싶어 했다. 불행히도 그들이 참석한 예배가 두 번째 저녁 예배였다. 그들이 나를 만난 시간은 내가 마침내 한계에 도달할 무렵인 9시 45분이었다. 그들이 말했다. "교회를 둘러보고 싶어서 기다렸어요."

내가 말했다. "그러세요? 누가 안내를 할 건가요?"

"목사님이요! 목사님이 설교하셨잖아요. 우리는 이 기회를 학수고대했어요."

나는 친절하게 답했다. "저기요, 죄송합니다. 지금은 할 수가 없어요."

"할 수 없다구요? 이 교회 목사님이시잖아요!"

"사실 저는 주일 밤 9시 30분에는 교회 안내를 하지 않아요."

그들은 발끈해서 떠났고 분노에 찬 편지를 보냈다. 젊었을 때라면 나는 그들의 분노를 개인적으로 받아들였을 것이고, 그들이 나를 어떻게 생각하는지, 그들이 친구들에게 뭐라고 말했을지 걱정했을 것이다. 하지만 사역하는 동안 단련을 받으며 나는 내 한계를 알게 되었고, 내가 하나님을 위해 일한다는 사실을 기억하는 방법을 터득했다.

예수님이 요구하시는 것 이상을 사람들이 기대할 때 "그 이상은 아닙니다"라고 말할 필요가 있다. 너무 단순하게 들릴 수도 있지만, 그렇게 말하는 것이 실제로 효과가 있다. 정말이다. 공손하게 "더는 아닙니다"라고 말하면 대부분 사람은 당신의 개인적인 상황을 받아들인다. 그것을 받아들이지 않는 사람은 당신이 아무리 노력해도 만족하지 않을 것이다.

셋째, 압도당하는 느낌을 받으면 자칫 자기연민에 빠지기 쉽다. 자기연민은 아무 도움이 되지 않는다. 사실 자기연민은 삶을 실제보다 더 나빠 보이게 만든다. 더 좋은 대응책이 있다. 삶에 휘둘린다고 느껴질 때는 무조건적인 믿음을 적용해야 한다.

어느 주일날 아침 예배 후 한 어머니가 집에서 일어난 일 때문에 몹시 심란해하며 나를 찾아왔다. 다루기 힘든 아이와의 사이에서 벌어진 일을 들어보니 그분이 안쓰러워졌다. 그 어머니는 상황을 설명하고 나서 다시 처음으로 돌아가 똑같은 말을 반복했다. 그리고 시시콜콜한 이야기를 여러 번 되풀이했다. 늘다 못해 나는 이렇게 말했다. "대답을 드릴 수가 없네요. 아무도 정답은 모릅니다. 어머니는 다 자란 아이를 고치고 싶어 하시지만 그건 불가능합니다. 감정적으로 계속 진을 빼면서 상황을 바꿔보려고 할 수 있지만, 그렇게 속을 끓여서 변하는 것은 없습니다. 하나님을 신뢰해야 합니다. 무조건 그분을 신뢰하세요."

쉽지는 않다. 그러나 유일한 방법이다. 사실 상황이 불가능할수록 하나님이 그분의 때에, 그분의 방법으로 옳은 일을 행하실 것을 무조건 믿어야 한다. 속상한 일이 벌어질 때마다 기도로 그 일을 주님께 가져가 주님 앞에 내려놓으라.

나는 이 생각을 브레넌 매닝(Brennan Manning)의 책 『신뢰』(*Ruthless Trust*, 복 있는 사람 역간)

에서 얻었다. 리차드 포스터(Richard Foster)는 머리말에 이렇게 썼다.

> 아이들이 어렸을 때 나는 가끔 토요일 아침에 일찍 일어나 팬케이크를 만들었다. 달걀을 깨고, 우유를 붓고, 반죽을 하면서 수다를 떠는 모든 과정이 즐거웠다. 아이들은 팬케이크를 좋아했다. 내가 만든 것도 좋아해서 게걸스럽게 먹어치웠다. 나는 종종 아이들이 양껏 먹는 모습을 보면서 놀라곤 했다. 단 한 번도 아이들이 "아빠를 믿을 수 없어. 어쩌면 내일은 팬케이크가 없을지도 몰라. 그러니 만약을 대비해서 조금 숨겨놔야지"라며 팬케이크를 식탁 밑에 숨기거나 주머니에 넣는 것을 보지 못했다. 아이들은 한 번도 달걀값에 대해 묻거나 내일 쓸 우유를 살 돈이 있는지 묻지 않았다. 아이들 생각에 팬케이크는 절대 떨어질 일이 없었다. 아이들은 그렇게 믿으며 살았다.[31]

당신은 스스로 감당할 수 없는 일들에 대해 당신의 하나님을 신뢰할 수 있다. 그럴 수 없다면, 그분은 하나님이 아닐 것이다. 당신은 그분을 신뢰할 수 있다. 그분은 그 일을 해결하실 수 있다.

## 오해받다(마가복음 3:20-35)

20집에 들어가시니 무리가 다시 모이므로 식사할 겨를도 없는지라 21예수의 친족들이 듣고 그를 붙들
러 나오니 이는 그가 미쳤다 함일러라 22예루살렘에서 내려온 서기관들은 그가 바알세불이 지폈다 하
며 또 귀신의 왕을 힘입어 귀신을 쫓아낸다 하니 23예수께서 그들을 불러다가 비유로 말씀하시되 사
탄이 어찌 사탄을 쫓아낼 수 있느냐 24또 만일 나라가 스스로 분쟁하면 그 나라가 설 수 없고 25만일
집이 스스로 분쟁하면 그 집이 설 수 없고 26만일 사탄이 자기를 거슬러 일어나 분쟁하면 설 수 없고
망하느니라 27사람이 먼저 강한 자를 결박하지 않고는 그 강한 자의 집에 들어가 세간을 강탈하지 못
하리니 결박한 후에야 그 집을 강탈하리라

28내가 진실로 너희에게 이르노니 사람의 모든 죄와 모든 모독하는 일은 사하심을 얻되 29누구든
지 성령을 모독하는 자는 영원히 사하심을 얻지 못하고 영원한 죄가 되느니라 하시니 30이는 그들이
말하기를 더러운 귀신이 들렸다 함이러라

31그 때에 예수의 어머니와 동생들이 와서 밖에 서서 사람을 보내어 예수를 부르니 32무리가 예수

를 둘러 앉았다가 여짜오되 보소서 당신의 어머니와 동생들과 누이들이 밖에서 찾나이다 33대답하시
되 누가 내 어머니이며 동생들이냐 하시고 34둘러 앉은 자들을 보시며 이르시되 내 어머니와 내 동생
들을 보라 35누구든지 하나님의 뜻대로 행하는 자가 내 형제요 자매요 어머니이니라

---

인생에서 부딪히는 여러 문제 중 오해받는 것보다 더 심란하고 괴로운 일은 없다. 자기를 변호하려고 할수록 상황은 더 악화된다. 콘크리트처럼 단단해진 생각은 무슨 말을 하건 무슨 행동을 하건 시각을 바꾸지 않는다. 그렇게 슬프고 절망스러운 상황이 가족 안에서 벌어지면 훨씬 더 견디기 힘들다.

이 말이 맞는다고 생각되면, 이 말이 당신 마음속 깊은 곳의 상처를 건드린다면 마가복음의 이 본문이 가슴 깊이 와 닿을 것이다. 예수님도 같은 고통을 겪으셨다. 예수님이 직계 가족을 대하면서 보여주신 모본은 당신이 가족에게 이해받지 못하는 문제를 해결할 때 도움이 될 것이다.

예수님은 가족과 친구들에게 오해받으셨고, 예루살렘에서 온 고학력의 서기관들에게 악마의 능력을 받았다는 혐의를 받으셨다. 그들은 예수님을 악마의 얼굴을 하고 하나님의 백성을 미혹하는 존재로 만들었다. 제자들은 자기들의 주님이 그렇게 거짓 혐의를 받으시는 것을 보고 착잡했을 것이다. 설상가상으로 그들 역시 악의 도구로 규정되었다. 이에 대응하시는 예수님의 명쾌한 반응은 제자로서의 정체성과 사명을 확고히 갖는 것이 얼마나 중요한지를 잘 보여준다.

## —3:20–21—

마가는 이 대목을 자주 사용하는 문학적 구조로 설명하는데, 그것은 '스토리 샌드위치'(*story sandwich*)라고도 불리는 장치다. 마가는 종종 하나의 이야기를 다른 이야기로 둘러싼다(5:25–27, 6:7–32, 11:12–14 해설 참조). 그 구조는 이렇다.

A. 예수님과 친족들, 1부(3:20–21)

  B. 예수님과 서기관들(3:22–30)

### Á. 예수님과 친족들, 2부(3:31-35)

얼핏 보면 두 이야기는 관계가 없어 보인다. 이 구성은 독자에게 각 사건이 다른 사건에 대해 무엇을 알려주는지 생각해보게 만든다. 우리는 이렇게 물어야 한다. "이 이야기들에 공통으로 들어 있는 것이 무엇인가?"

마가는 예수님의 인기가 갈릴리와 그 너머까지 얼마나 확장되었는지를 보여주는 예시로 이 대목을 연다. 이스라엘 전역의 유대인들이 예수님에 대해 들었고, 많은 사람이 그분 말씀을 듣기 위해 먼 거리를 나섰다. 마가는 예수님과 새로 형성된 측근인 열두 제자가 군중이 소란을 피우는 통에 식사조차 마음대로 할 수 없었다고 기록한다(3:20).

"집"은 아마도 주님이 택하신 도시, 곧 갈릴리에 있는 그분의 본거지인 가버나움에 있었을 것이다(참고. 2:1-2). "다시"로 표현된 헬라어는 정상 상태 또는 이전 활동으로 복귀하는 것을 나타낸다. 이 무렵 예수님께 몰려드는 인파는 일상이었다. 게다가 주님의 명성이 가족을 불안하게 만들기 시작했다.

"친족"(3:21)이라는 말은 가족이나 일족을 가리킨다. 예수님의 경우 어머니 마리아, 형제 야고보, 요셉, 시몬, 유다(마 13:55, 막 6:3) 그리고 이름 없는 자매들과 아마도 사촌들이었을 것이다. 예수님의 명성이 작은 외딴 변경 도시인 나사렛에까지 이르자 그들은 예수님이 미쳤다고 생각했다(참고. 요 10:20).

그들이 보인 태도는 의아스럽다. 누가가 마리아가 젊은 시절 경험한 사건을 기술한 것을 보면 마리아는 자기 아기가 메시아가 될 것이고, 자기에게 일어난 초자연적 임신이 그분이 하나님의 아들이라는 징표임을 알았다는 것을 눈치챌 수 있다. 마리아의 기억이 남편이 죽은 후 퇴색한 것일까? 아니면 그녀의 증언이 가족에게 아무런 영향을 미치지 못한 것일까? 그들은 다른 메시아를 기대한 것일까? 아니면 예수님이 그분의 신성한 사명에서 이탈한 것 같다고 걱정한 것일까?

우리가 잘 아는 사람들에게서 훌륭한 점을 보지 못하면서 우리가 잘 모르거나 전혀 모르는 사람에게 큰 감명을 받는다는 것은 이상하다. 아마 예수님의 가족은, 예수님의 고향인 나사렛 대부분 주민처럼, 그분을 '맏형'으로 알고 있었기에 새삼 그분을 하나님과 구세주로 받아들이기가 힘들었을 것이다. 마가가 자세히 기술하지 않아서 우리는 짐작만 할 뿐이다. 우리가 아는 것은 가족이 예수님을 '붙들러' 가버나움에 왔다는 것이다. 이 단어는 한 사전에서 정의된 것처럼 '어떤 대상을 통제하다', '붙잡다', '제어하다'는 뜻이다.[32] 이것은 더는 자기 자신을 돌보지 못하고, 진실을 보지 못할 정도로 스스로 기만하는 사람에게 가족이 취하는 행동이다. 예수님의 가족은 그분이 미쳤다고 생각했다!

공정하게 말하면, 예수님이 일으킨 바람은 개인 숭배의 특징을 모두 내포하고 있었다. 그분은 사회에서 버림받은 사람들과 소외된 사람들을 모으셨다. 예수님은 종교적, 문화적 전통에 도전하셨고, 스스로 궁극적인 권위자로 부르셨다. 그분은 예루살렘 대신 가버나움에 본거지를 두셨고, 사람들은 그분을 따르려고 생계를 내팽개쳤으며, 자신의 모든 소유를 파는 사람들까지 있었다. 멀리서 보면 예수님은 조증 장애를 겪고 계셨다. 불행하게도, 예수님의 가족은 그분의 의중을 알 만큼 그분과 가깝지도 않았고, 그분이 미치지 않았음을 알 만한 분별력도 없었다.

## —3:22—

마가의 렌즈는 느닷없이 예수님의 가족에게서 이스라엘의 종교 수도인 예루살렘에서 파견한 서기관들로 초점을 이동한다. 서기관들은 율법 전문가들이었고, 1세기 이스라엘에서 오늘날의 변호사와 성경학자 중간쯤 되는 역할을 했다. 그들은 유대인의 관습과 종교에 관한 전문가로서 큰 영향력을 행사했다. 예루살렘에서 가버나움으로 온 이들은 말하자면, 돌연히 나타나 어마어마한 추종자를 거느린 주일학교 교사를 대면하기 위해 도시에서 190킬로미터나 떨어진 시골 교회를 찾아온, 신학교 교수들과 같았다.

예수님의 사역에서 초자연적 능력이 중심 역할을 했음을 부인하는 사람은 아무도 없었다. 그래서 종교 당국자들은 예수님이 "바알세불"의 능력을 이용해 육신의 고통을 치유하고 귀신을 쫓아낸다고 비난했다. 서기관들은, 아마도 예수님의 사역을 직접 보기도 전에, 이런 비난을 입에 담고 가버나움에 도착했을 것이다. 그들은 배후에 있는 공인된 종교의 권위로 치장하고 와서 예수님이 귀신들렸다고 비난했다. 그들은 예수님 안에 가증스러운 악마가 존재하며, 그분 자체가 더러운 영이라고 주장했다. 그런데 흥미롭게도 그들은 이 말을 예수님께 직접 하지 않고 여론의 법정에서 주장했다.

바알세불은 블레셋의 신이었다. 그 이름은 바알(*Baal*, '주인' 또는 '주님')과 세불(*Zebul*, '높은 곳의' 또는 '집의')을 합성한 것이다. 구약성경을 비롯한 일부 초기 유대 문헌에서 이 이름은 바알+세붑(*Baal+zebub*)으로 변형되었다. 바알세붑은 '파리 대왕'이라는 뜻으로 일종의 조롱이었다. 블레셋의 신은 주로 에그론이라는 도시에서 숭배되었다. 구약성경에 나오는 이스라엘 왕 아하시야는 병이 나자 에그론에 사자들을 보내 "에그론의 신 바알세붑에게 이 병이 낫겠나"(왕하 1:2)라고 물었다. 그들을 돌려보낸 것은 엘리야였다. 아하시야 왕은 이스라엘의 하나님을 인정하지 않았기 때문에 믿음으로 치유받을 수 있었음에도 낫지 못하고 병사했다(왕하 1:16–17).

이 구절에서 서기관들은 이 가짜 신을 환유라는 수사학적 장치로 사용했다. 환유란 어떤 사물을 그것의 속성과 밀접한 관계가 있는 다른 낱말을 빌려 개념이나 사물을 표현하는 수사법이다. 예를 들어, 어떤 사람이 "버킹엄궁은 오늘 성명서를 발표했다"고 말할 때 실제로는 여왕이 그 보도 자료를 승인했음을 의미한다. 이 본문에서 서기관들은 사탄이라는 뜻으로 "바알세불"을 사용했다.

서기관들은 예수님이 바알세불을 힘입어 병을 고친다고 말하면서 예수님이 믿음 없는 왕 아하시야와 똑같은 잘못을 범했다고 비난했다. 이 말은 예수님도 그 왕과 같은 운명에 처할 것임을 암시했다. 하지만 그들은 수많은 사람이 이론의 여지없이 기적적이고 온전한 치유를 즉각 받은 사실을 설명하지 못했다. 더군다나 귀신들린 자들이 사탄의 속박에서 벗어났다. 바리새인들은 "그는 귀신의 왕(의 대리인)을 힘입어 귀신을 쫓아낸다"고 말하면서 부지불식간에 자신들의 주장이 어불성설임을 여실히 드러냈다.

## —3:23–27—

예수님은 "만일"로 시작되는 세 개의 연속적인 진술과 두 개의 예화로 바리새인들의 비난이 얼마나 비논리적인지를 부각하셨다. 예수님은 반박할 수 없는 논리로 사탄의 대리인의 힘을 빌어 귀신을 쫓아낼 수 없다는 것을 증명하셨다.

예수님이 사용하신 두 개의 그림처럼 생생한 예시는 "나라"(3:24)와 "집"(3:25)이라는 일종의 공동체를 떠오르게 한다. "집"은 사람, 재산, 명성, 가족의 유산을 나타낸다. 예를 들어, "야곱의 집"은 야곱, 그의 직계 가족, 재산, 공동체 안에서 그 가족의 지위 그리고 그의 모든 자손을 나타낸다. 집이 망했다고 말하면 회복이 불가능할 정도로 몰락했거나 멸족된 것이다. 만일 가족이 서로 살해한다면 그 집은 흥할 수 없다. 망하게 마련이다.

19세기에 미국은 내전으로 분열했다. 남부의 형제들이 북부의 형제들과 싸웠다. 에이브러햄 링컨의 리더십이 없었다면 미국은 '미합중국'으로 존재하지 않았을 것이다. 왕국 또는 나라가 안에서 서로 분쟁하면 설 수 없다. 사탄은 분명 사악하지만 바보가 아니다. 악마가 자기 자신을 쫓아낸다는 것은 어불성설이다. 사탄의 궁극적인 이미지는 "강한 자"(3:27)다.

> 사탄의 집은 죄, 질병, 악마, 소유, 죽음의 영역이다. 그의 소유물은 이 중 하나 이상의 노예가 된 사람이다. 그리고 귀신은 사악한 활동을 수행하는 사탄의 하수인이다. 그의 영역에 들어가 그의 소유물을 채가려면(*diarpasai*, '약탈') 강한 자를 먼저 결박하고 더 강한 힘을 보여주지 않는 한 불가능하다.[33]

예수님은 당신이 이 강한 자를 묶을 능력이 있다고 주장하시면서 이제 사탄의 집을 약탈할 것임을 시사하셨다.

## —3:28-30—

3장 27절과 28절이 다른 구절로 나뉜 것은 의미가 있다. 서기관들은 입을 다물었다. 대답할 말이 없었다. 예수님은 바리새인들의 비난을 누구나 동조할 수 있을 만큼 타당한 논리로 논박하셨다. 그런데도 그들은 요지부동이었다. 그들은 예수님의 허물만 찾으려고 했다. 그래서 예수님은 비이성적인 사람들을 논리적으로 설득하기를 포기하셨다. 대신 그분은 엄숙히 경고하셨는데, 그들의 경우 그것이 엄중한 선고였음이 드러났다. 이것은 종종 '용서받지 못할 죄'로 불리며, 신자들이 크게 두려워하는 근거가 되었다.

예수님은 "사람의 모든 죄와 모든 모독하는 일은 사하심을 얻되"(3:28)라는 안심하게 하는 말씀으로 시작하셨다. 그리스도를 신뢰한다고 하면서도 쉴 새 없이 죄를 짓고 있는 우리로서는 안심이 된다. 이것은 특히 극심한 고난에 직면해 하나님께 분노했던 사람들을 안심케 하시는 말씀이다. 사도 요한은 "만일 우리가 죄가 없다고 말하면 스스로 속이고 또 진리가 우리 속에 있지 아니할 것이요 만일 우리가 우리 죄를 자백하면 그는 미쁘시고 의로우사 우리 죄를 사하시며 우리를 모든 불의에서 깨끗하게 하실 것이요"(요일 1:8–9)라는 글로 핍박받는 그리스도인들의 두려움을 덜어주었다.

"모든"은 모든 것을 의미한다. 다시 말해 용서받지 못할 죄는 없다. 그렇다면 마가복음 3장 29절에 나오는 대조 접속사 "그러나"(개역개정에는 없음–역주)를 어떻게 이해해야 할까? 어떻게 "모든"과 이 예외 사항이 양립할 수 있는가? 예수님은 "성령을 모독하는" 것을 "영원한 죄"로 분류하셨다. 이것은 죄를 지은 사람이 무덤 너머까지 가져갈 죄다.

"성령을 모독하는 죄"는 '반항적 불경'으로 표현될 수 있다. 사람을 중상하거나 명예를 훼손할 때 그를 모독한다고 말한다. 여기에는 하나님을 향한 무례한 말, 중상, 악담, 저주, 욕설이 포함된다. 서기관들의 경우, 성령의 행위를 사탄의 역사로 돌린 것이 성령을 모독한 죄에 해당한다. 그들은 많은 말을 하지는 않았지만 하나님의 영을 더러운 영이라고 했다.

이런 신성 모독을 죄로 인식하면 용서받을 수 있다(3:28). 죄를 지은 사람이 용서로 이끄는 길을 가지 않고 계속 반항하고, 하나님께 복종하지 않으며 굽히려 하지 않을 때 용서받지 못하는 죄가 된다. 그러므로 "용서받을 수 없는 죄"의 형벌을 받는 사람은 스스로 유죄 판결을 내린 것이다. 이 죄는 일회성 행동이 아니라 만성적으로 반항하는 태도를 계속 보이는 것이다. 예수님이 그들의 주장을 확실하게 반박하신 후에도 "더러운 귀신이 들렸다"(3:30)고 한 것으로 보아 서기관들은 이런 식으로 스스로 유죄 판결을 내렸다. 불완전 시제는 계속되는 행동을 나타낸다. 그들은 가당찮게도 신성 모독을 그치지 않았다.

## —3:31–32—

예수님이 공중에 매달리실 것이라는 불길한 경고와 함께 마가는 내러티브의 렌즈를 다시 주님의 어머니와 형제들에게로 돌린다. 그들은 예수님이 실성했다고 넘겨짚고 예수님을 "붙들러"(3:21) 가버나움에 왔다. 그들은 반항적인 서기관들만큼은 아니었지만, 성령을 모독하는 죄를 짓기 직전까지 갔다. 그들은 예수님이 사역하고 계시는 집에 도착했지만, 예수님과 직접 대화할 수 없었다. 마가복음 3장 20절은 무리를 뚫고 들어갈 수 없었던 상황을 시사한다.

## —3:33-35—

예수님은 한 번도 가족 제도를 부인하지 않으셨다. 그분이 가족 관계를 하찮게 여기셨다는 뜻으로 이 말씀을 해석해서는 안 된다. 고대 근동에서는 가족간의 유대를 신성불가침한 신뢰로 여겼기 때문에 청중은 이 수사적 질문(3:33)에 강조의 의도가 있음을 이해했다. 복음을 믿고 하나님 나라의 시민이 되겠다는 결단은 정도의 문제가 아니다. 하나님 나라에 속하거나 세상에 대한 악의 통치에 충성하거나 둘 중 하나다. 중간 지대는 없다. 그리스도를 따르려면 필요한 경우 가족조차도 버릴 의지가 있어야 한다. 오늘날 중동 문화권에 속한 사람들은 예수님을 구세주와 왕으로 받아들이면 가족과 공동체에서 추방되고 폭력을 당할 것을 알면서도 이런 어려운 결정을 한다.

예수님은 당신을 둘러싸고 있는 사람들을 바라보셨다. 그중 많은 사람이 그들의 메시아를 따르기 위해, 그분의 왕국 시민이 되기 위해 모든 것을 버렸다. 예수님은 그들을 진정한 가족으로 여기셨다. 그들은 신인(神人)이신 예수님을 믿음으로써 하나님의 가족으로 태어난 새로운 출생을 공유했다. 마침내 사도행전에서 성령이 오시면 그들은 함께 의에 굶주린 마음을 받게 될 것이고, 하나님의 생각을 공유하게 될 것이다.

그런데 예수님이 참 가족으로 여기는 사람들을 식별할 수 있는 매우 구체적인 자격 요건을 주셨다는 사실에 주목하라. 그것은 "누구든지 하나님의 뜻대로 **행하는** 자"(3:35, 강조 추가)다. 신뢰는 그리스도와 가족 같은 유대감으로 연결해주고, 믿음은 그분을 따르는 사람들을 형제사매로 단결시킨다. 그분의 진정한 가족은 선천적인 특성을 공유하는데 그것이 순종이다. 순종은 눈에 보인다. 활동적이다. 의지적이다. 확연히 드러난다. 우리가 자신을 하나님의 가족이라고 주장할 수도 있지만, 하나님의 뜻을 행하면 그렇게 말하지 않아도 알 수 있다.

## 적용: 마가복음 3:20–35
### 오해 극복하기

믿지 않는 가족과 친구들 속에서 예수 그리스도의 제자로 살려고 분투하는 사람들은 예수님이 어떤 오해를 받으셨는지 안다. 우리는 두 방향–한편으로는 자연적 가족을 존중하지만, 다른 한편으로는 초자연적 가족을 존중하는–으로 당겨질 때 발생하는 극한 긴장감이 어떤 것인지 안다. 우리는 한 가족으로 태어났고, 또한 다른 가족으로 다시 태어났다. 우리는 하나님의 가족으로서 새로운 출생을 공유하기에 그들과 영적 우선순위를 공유한다. 그런데 그 영적 우선순위가 항상 자연적 가족과 친구들에게 받아들여지는 것은 아니다. 우리는 때때로 피를 나눈 형제자매보다 의에 굶주리고 목마른 자들과 더 가깝다는 것을 깨닫는다. 우리는 우리의 육친보다 눈으로 본 적 없는 하늘 아버지께 더 큰 충성심을 가지고 있다. 이로 인해 시각, 우선순위, 지향점이 가족과 상충되는 결과로 이어질 수 있다.

믿지 않는(혹은 덜 헌신된) 가족과 친구들의 오해를 극복하는 것은 민감한 문제다. 우리는 자연적 가족에게 등을 돌려 세상적인 관계를 끊고 복음 전도의 문을 닫기를 원하지 않지만, 부모를 공경하고 친구와 가족을 기쁘게 하느라 우리 구주이신 주님께 불순종할 수도 없다. 이 둘 사이에서 우리는 결정을 내려야 할 때가 자주 있다. 관계에 영향을 미칠 수 있는 결정을 내려야 할 때도 있다. 또한 초자연적 지혜가 필요한 결정을 내려야 할 때도 있다.

이런 문제를 어떻게 처리해야 할까? 가족과 친구들이 우리를 오해할 때 그것을 극복할 수 있는 간단한 세 가지 지침을 알려주고 싶다.

**첫째, 직시하라.** 그리스도를 모르는 가족이나 친구들이 하나님에 대한 당신의 헌신을 다 이해할 수는 없다는 사실을 인식하라. 사실 그들은 많은 경우 계속 당신을 염려하고 이해하려고 애쓸 것이다. 당신에 대한 진실하지만 오도된 사랑으로 그들은 당신이 가입한 '사이비 종교 집단'에서 당신을 끌어내려 하거나, 당신의 '극단주의'를 완화시키려고 애쓰면서 자신들의 주장을 내세울 것이다. 그리스도 안에서 새로운 탄생을 경험하지 못한 사람들은 당신이 지금 경험하고 있는 영적 관계를 어느 정도밖에 이해하지 못한다는 것을 알아야 한다. 그 사실을 직시하라.

**둘째, 받아들이라.** 싸우지 마라. 당신의 관점, 우선순위, 지향점을 그들에게 강요하지 마

라. 당신의 신념을 억지로 믿게 하거나 받아들이게 할 수 없다. 그것은 성령의 역사다. 당신은 신자다. 그들은 아니다. 주님이 그들 마음을 돌이키실 때까지 당신이 평생 소유한 기쁨과 열정과 동기를 그들은 이해하지 못할 것이라는 사실을 받아들이라. 그들은 당신이 새로 사귄 그리스도인 친구와 영적 가족을 이해하지 못할 것이다. 그들은 어쩌면 당신이 새로이 함께하는 무리에 대해 질투심을 느낄 수도 있다. 당신과 당신의 믿음을 대하는 그들의 태도는 당신이 통제할 수 없다. 당신은 그것을 바꿀 수 없다. 이 사실을 받아들이라.

**셋째, 적응하라.** 믿음의 삶을 살고, 믿음 없는 자들을 위해 기도하라. 기회가 왔을 때 그들에게 그리스도를 나눌 준비를 하라. 하지만 그들을 밀어낼 일은 하지 마라. 영적 권면의 내용으로 가득한 이메일, 복음이 담긴 문자 메시지, 교회 행사에 오라는 집요한 초대, 베개 밑에 숨겨져 있거나 욕실 거울에 테이프로 붙여놓은 복음 소책자 같은 것들을 끊임없이 퍼부어 그들과 굳이 멀어지지 마라. 그들에게 식사 기도를 강요하지 마라. 당신은 이제 자연적 가족과 하나님의 초자연적 가족 모두에게 진정한 헌신을 하며 살아야 한다는 새로운 현실을 받아들이라. 그것에 적응하라.

나는 오해를 극복하는 것이 쉽다고 말할 생각이 없다. 그것은 평생에 걸쳐 내면의 줄다리기로 협상하는 과정이다. 그러나 그것은 세상에서 살아가는 과정의 일부지 세상에 속한 삶이 아니다(요 17:14-19). 우리는 이 현실을 직시하고 받아들이며 적응하기 위해 하나님의 능력이 필요하다. 그리고 세상 가족에게 굴욕감을 주지 않으면서 하늘 가족을 존중하기 위해 그분의 지혜가 필요하다. 내가 어떤 태도를 취해야 믿지 않는 친구들을 소외시키지 않으면서 우리의 참된 구주이신 예수 그리스도께 헌신할 수 있는지 알려면 그분의 도움이 필요하다.

## 주

1. L. Coenen, "Proclamation, Preach, Kerygma", in *New International Dictionary of New Testament Theology*, ed. Colin Brown(Grand Rapids: Zondervan, 1986), 3:56.
2. Paul O'Neil, Mike Wallace and Beth Knobel에서 인용, *Heat & Light*(New York: Three Rivers Press, 2010), 101.
3. Pliny the Younger, "Letter 97", *The Selected Letters of Pliny: Pliny the Younger*, William Melmoth, rev. F. C. T. Bosanquet 번역(Lawrence, KS: Digireads Publishing, 2010), 136.
4. Wayne Grudem, *Systematic Theology: An Introduction to Biblical Doctrine*(Leicester, England: Inter-Varsity Press, 2000), 226.
5. Tacitus, *Annal* 15.44, 304-305.
6. Fyodor Dostoyevsky, *The Brothers Karamazov*(New York: Barnes & Noble Books, 1995), 235.
7. Edwards, *Mark*, 49.
8. Os Guiness, *The Call: Finding and Fulfilling the Central Purpose of Your Life*(Nashville: W Publishing Group, 1998), 6-7.
9. John Phillips, *Exploring the Gospel of Mark: An Expository Commentary*(Grand Rapids: Kregel Publications, 2004), 31.
10. William Barclay, *The Gospel of Mark*, rev. ed.(Philadelphia: Westminster John Knox Press, 1975), 30-31.
11. Henry George Liddell, Robert Scott, Henry Stuart Jones, and Roderick McKenzie, *A Greek-English Lexicon*(Oxford: Clarendon Press, 1996), 517.
12. 여호수아 22:24, 사사기 11:12, 사무엘하 16:10, 19:22, 열왕기상 17:18, 열왕기하 3:13, 마태복음 27:19, 마가복음 5:7, 누가복음 8:28, 요한복음 2:4을 보라
13. Paul Brand and Philip Yancey, *Pain: The Gift Nobody Wants*(Grand Rapids: HarperCollins, 1993), 26.(『고통이라는 선물』 두란노).
14. Edwards, *Mark*, 72.
15. 에베소서 2:1을 보라.
16. R. Kent Hughes, *Mark: Jesus, Servant and Savior*, Preaching the Word(Wheaton, IL: Crossway, 1989), 1:62.
17. C. S. Lewis, *Mere Christianity*, rev. ed.(New York: MacMillan, 1965), 40.(『순전한 기독교』 홍성사).
18. S. Lewis Johnson, "The Paralysis of Legalism", *Bibliotheca Sacra* 120, no. 478(April-June 1963): 109.
19. Jaroslav Pelikan, *The Vindication of Tradition*(New Haven, CT: Yale University Press, 1984), 65.
20. William Barclay, *The Gospel of Matthew*(Philadelphia: Westminster John Knox Press, 1958), 2:18.(『마태복음 상, 하』 기독교문사).
21. Eugene Peterson, *Traveling Light: Modern Meditations on St. Paul's Letter of Freedom*(Colorado Springs: Helmers & Howard Publishers, 1988), 67.(『자유』 IVP).
22. Mishnah Sotah 9:14, *The Mishnah: A New Translation*, Jacob Neusner 번역(New Haven, CT: Yale University Press, 1988), 464-465.

23. J. C. McCann Jr., "Sabbath", in *The International Standard Bible Encyclopedia*, rev. ed., ed. Geoffrey W. Bromiley(Grand Rapids: Eerdmans, 1988), 4:251.

24. John F. Walvoord, Roy B. Zuck, and Dallas Theological Seminary, *The Bible Knowledge Commentary: An Exposition of the Scriptures*(Wheaton, IL: Victor Books, 1983), 2:45.

25. Martin Luther, Martin Brecht에 인용됨, *Oxford Encyclopedia of the Reformation*, Wolfgang Katenz 번역, Hans J. Hillerbrand 편집(New York: Oxford University Press, 1996), 1:460.

26. Mishnah *Shabbat* 22:6.

27. Gerhard Kittel and Gerhard Friedrich, 편집, *Theological Dictionary of the New Testament: Abridged in One Volume*, Geoffrey W. Bromiley 번역, 편집(Grand Rapids: Eerdmans, 1985), 542.

28. J. Oswald Sanders, *Spiritual Leadership*(Chicago: Moody, 2007), 155-164.(『영적 지도력』 요단 출판사).

29. Helmut Thielecke, *Encounter with Spurgeon*, trans. John W. Doberstein(Philadelphia: Fortress Press, 1963), 14.

30. Robert Coleman, *The Master Plan of Evangelism*(Grand Rapids: Revell, 2010), 21-22.

31. Richard J. Foster, foreword to *Ruthless Trust: The Ragamuffin's Path to God*, by Brennan Manning(New York: HarperCollins, 2002), ix.

32. Walter Bauer et al., *A Greek-English Lexicon of the New Testament and Other Early Christian Literature*, 3rd ed.(Chicago: University of Chicago Press, 2000), 564.

33. Walvoord, Zuck, and Dallas, *Bible Knowledge Commentary*, Mark 3:23–27.

# 제자들, 선택받다

마가복음 4:1-8:38

한 지역을 다스리는 왕이 다른 지역을 지배할 수 있는 방법은 두 가지다. 정치 또는 정복. 정치를 통한 방법은 현 상태에 만족하지 못하고 변화를 수용하려는 권력이나 영향력을 가진 사람들을 찾는 것이다. 약삭빠른 정치가는 기존 체제를 전복하고 무혈 혁명으로 권력을 취하기 위해 그들의 공감과 인기를 얻으려고 할 것이다. 예수 그리스도는 그런 부류의 왕이 아니시다.

주님은 종종 세상에서 무혈 혁명을 일으키려 했던, 평화를 지향하는 정치가로 오해받으신다. 이는 사람들이 두 가지 측면에서 현 상황을 제대로 이해하지 못하기 때문이다. 첫째, 세상을 지배하는 것은 인간이 아니다. 우리가 사는 세상을 지배하는 것은 사람들이 권력을 쥐고 있는 민주주의가 아니다. “공중의 권세 잡은 자”(엡 2:2)인 사탄이 세상을 독재하고 있다. 타락한 인류는 그들 각자가 절대적인 자율성을 갖고 있어 자신들이 바라는 대로 생각하고 행동하고 있다는 망상에 사로잡혀 있다. 그러나 사실 그들은 하나님의 적에게 멋모르고 희생당하고 있다. 하나님의 적은 “곧 지금 불순종의 아들들 가운데서 역사하는 영”(엡 2:2)이다.

첫 번째 오해는 두 번째 오해로 이어진다. 예수님은 기존 체제를 전복하기 위해 우리의 공감을 얻고 충분히 인기를 키워 왕이 되려고 오셨다는 것이 첫 번째 오해다. 그러나 이 세상을 좌지우지하는 것은 인간이 아니다. 우리는 세상에 포로로 잡혀 있다. 다시 말하겠다. 예수님은 무혈 혁명을 일으키려고 오시지 않았다. 예수님은 사탄의 지배에서 무력으로 우리를 해방하러 오셨다. 예수님은 정치가가 아니시다. 한 번도 정치가셨던 적이 없다. 그분은 정복자시다. 복음서에서 예수님에 관해 읽어보면 하나님이 지구 정복을 위해 세우신 계획의 첫 단계를 볼 수 있다. 하나님의 아들이 인류에게 사탄의 지배를 거부하고 예수님을 구주이자 왕으로 받아들일 수 있는 기회를 주시려고 평화의 사자로 먼저 오셨다. 요한계시록은 두 번째 단계를 계시한다. 이 단계에서는 예수님이 실제로 정복하기 위해 평화의 사자로서가 아니라 전사이신 왕으로 다시 오셔서 사탄과 그의 어둠의 통치에 충성한 모든 자를 물리치고 궤멸하신다.

이 관점에서 예수 그리스도의 초림을 보면 예수님이 인기를 거부하신 이유가 분명해진다. 예수님은 당신의 사역이 정치 운동으로 오인되기를 원하지 않으셨다. 그분이 외치신 메시지는 “나와 함께 세상을 바꾸자”가 아니었다. 대신 “때가 찼고 하나님의 나라가 가까이 왔으니 회개하고 복음을 믿으라"(막 1:15)고 하셨다. 그분의 메시지는 경고였다. 회개하라 그리고 내 왕국이 도래할 때 옳은 편에 서 있으라.

예수님은 마가복음의 첫 단락(1:1–3:35)에서 사람들을 불러 제자로 삼으시고 전략적으로 기적적인 능력을 사용하셔서 복음의 메시지를 증폭시키셨다. 그런 다음 많은 사람 가운데서 열두 명을 택해 최측근 제자로 삼으셨다. 예수님은 그들이 그분의 사역을 발전시키고, 그분의 신성한 지구 정복 1단계를 수행할 수 있도록 훈련하실 것이다. 이 단락(4:1–8:38)에서 예수님은 호사가들과 혁명을 기다리고 있는 자들과 진정한 추종자들을 분리해 무리를 신중하게 선별하기 시작하신다. 그에 따라 예수님의 가르치시는 방식이 달라져 "들을 귀가 있는"(4:9, 23, 7:16, 8:18) 신실한 제자들은 더 가까이 오게 되고, 그 외의 사람들은 멀어지게 된다. 남은 사람들이 수행해야 할 일은 인기를 얻거나 사회에서 찬사를 받는 것과 거리가 멀다. 그들은 오히려 그들의 스승이 전복시키고 있는 세상 권력에게 타도해야 할 대상이 될 것이다.

## 핵심 용어

ἀκούω [*akouō*, 아코우오]*(191)* '듣다', '주의를 기울이다', '주목하다'

마가복음은 주로 이방인 독자를 위해 쓰였지만, 하나님 말씀을 듣는 것을 중시하는 유대인의 시각이 내러티브를 지배한다. 이스라엘의 상징적 신앙 선언인 쉐마(Shema)는 "이스라엘아 들으라 우리 하나님 여호와는 오직 유일한 여호와이시니"(신 6:4)라는 구절로 시작한다. 마가복음 전체를 통틀어 예수님은 회개하고 복음을 믿으라는 그분의 선포를 듣고, 귀 기울이며, 마음에 두라고 촉구하신다. 그러나 들을 마음이 있는 자들만 들을 것이다.

μαθητής [*mathētēs*, 마테테스]*(3101)* '제자', '학생'

*mathētēs*는 어떤 것을 경험하고, 배우며, 지도받는 것에 익숙해지는 과정을 밟는다. 초기 문서에서 이 말은 보통 다른 사람의 도움을 받는다는 의미로 쓰였는데, 점점 발전하면서 지침이나 스승 없이 학습자가 된다는 것은 상상할 수 없다는 의미가 되었다. 이 용어는 랍비, 세례 요한, 바리새인, 모세의 제자들을 지칭하는 데 사용되었다(예를 들어, 막 2:18, 요 9:28). 우리는 열두 사도를 종종 '열두 제자'로 일컫지만, 이 말은 대개 예수님을 추종하는 모든 사람을 가리킨다(막 2:15).

παραβολή [*parabolē*, 파라볼레](*3850*) '비유', '그림', '실례를 들어 비교함'

이 단어는 '나란히 맞대 보다' 또는 '옆에 서다'는 기본적인 뜻을 가지고 있는데, 두 개의 개념이나 이야기 또는 사상 등을 비교하려면 나란히 놓아야 한다는 뜻이다. 가르침에서 비유란 영적, 도덕적 진리를 설명하기 위한 이야기다. 비유는 대부분 청취자에게 익숙한 일상의 이미지와 시나리오로 더 큰 그림을 보여주기 위해 사용하는 것이나, 따라서 부수적인 사항은 이야기를 생생하게 만들기 위한 것이지 알레고리처럼 세세하게 숨겨진 진리를 전달하는 것이 아니다.

παρακαλέω [*parakaleō*, 파라칼레오](*3870*) '촉구하다', '애원하다', '격려하다', '위로하다'

신약성경 저자 중에서 마가가 이 용어를 가장 단순하게 사용하며, 신학적 의미도 최소한으로 더했다. 요한과 누가, 바울에게 이 용어는 조언과 용기, 위로와 희망 그리고 긍정적인 시각을 주기 위해 누군가의 옆에 선다는 개념을 전달하는 전문적인 의미를 가진다. 마가에게 이 단어는 단순히 '애원하다' 또는 '구걸하다'는 의미다. 특히 이 단락 전반에서 사람들은 한 명씩 연이어 예수님께 권위를 행사해 호의를 베풀어달라고 애원했다.

συνίημι [*syniēmi*, 시니에미](*4920*) '이해하다', '납득하다'

이 동사는 문자적으로 '합치다'를 의미하고, 비슷한 용어인 *symballō*(4820)는 '함께 던지다' 또는 '합치다'는 뜻이다. 두 단어 모두 퍼즐 조각을 맞추는 과정을 연상시킨다. *syniēmi*는 퍼즐을 맞출 수 있는 답이 발견되었음을 가리킨다. 그 결과 정확히 인식하고 이해하며 납득하게 된다. 마가복음에서 주님의 말씀을 듣던 청중은 그 의미를 번번이 이해하지 못했다.

## 영혼의 밭(마가복음 4:1-20)

1예수께서 다시 바닷가에서 가르치시니 큰 무리가 모여들거늘 예수께서 바다에 떠 있는 배에 올라 앉
으시고 온 무리는 바닷가 육지에 있더라 2이에 예수께서 여러 가지를 비유로 가르치시니 그 가르치시
는 중에 그들에게 이르시되 3들으라 씨를 뿌리는 자가 뿌리러 나가서 4뿌릴새 더러는 길 가에 떨어지
매 새들이 와서 먹어 버렸고 5더러는 흙이 얇은 돌밭에 떨어지매 흙이 깊지 아니하므로 곧 싹이 나오
나 6해가 돋은 후에 타서 뿌리가 없으므로 말랐고 7더러는 가시떨기에 떨어지매 가시가 자라 기운을
막으므로 결실하지 못하였고 8더러는 좋은 땅에 떨어지매 자라 무성하여 결실하였으니 삼십 배나 육
십 배나 백 배가 되었느니라 하시고 9또 이르시되 들을 귀 있는 자는 들으라 하시니라

10예수께서 홀로 계실 때에 함께 한 사람들이 열두 제자와 더불어 그 비유들에 대하여 물으니 11이
르시되 하나님 나라의 비밀을 너희에게는 주었으나 외인에게는 모든 것을 비유로 하나니 12이는 그들
로 보기는 보아도 알지 못하며 듣기는 들어도 깨닫지 못하게 하여 돌이켜 죄 사함을 얻지 못하게 하
려 함이라 하시고

13또 이르시되 너희가 이 비유를 알지 못할진대 어떻게 모든 비유를 알겠느냐 14뿌리는 자는 말씀
을 뿌리는 것이라 15말씀이 길 가에 뿌려졌다는 것은 이들을 가리킴이니 곧 말씀을 들었을 때에 사탄
이 즉시 와서 그들에게 뿌려진 말씀을 빼앗는 것이요 16또 이와 같이 돌밭에 뿌려졌다는 것은 이들을
가리킴이니 곧 말씀을 들을 때에 즉시 기쁨으로 받으나 17그 속에 뿌리가 없어 잠깐 견디다가 말씀으
로 인하여 환난이나 박해가 일어나는 때에는 곧 넘어지는 자요 18또 어떤 이는 가시떨기에 뿌려진 자
니 이들은 말씀을 듣기는 하되 19세상의 염려와 재물의 유혹과 기타 욕심이 들어와 말씀을 막아 결실
하지 못하게 되는 자요 20좋은 땅에 뿌려졌다는 것은 곧 말씀을 듣고 받아 삼십 배나 육십 배나 백 배
의 결실을 하는 자니라

---

설교자로서 나는 만연해 있는 영적 장애를 극복할 방법을 끊임없이 찾아야 한다. 하나님 말씀을 듣기 위해 온 많은 사람이 "잘 듣지 못한다." 그들에게는 건강한 청력과 완벽하게 기능하는 귀가 있다. 그들은 내가 강단에서 말하는 소리를 감지할 수 있다. 그러나 그들은 듣지 않는다. 그들이 이 장애를 극복하는 데 도움이 되도록 나는 몇 시간씩 공을 들여 메시지 하나하나를 연마해 그것을 세 가지 면에서 면도날처럼 예리하게 만든다. 모든 메시지는 정확해야 하고, 명료해야 하며, 실제적이어야 한다. 그래도 안 듣는 사람들은 늘 있다.

젊은 설교자였던 나는 듣지 않는 이들 때문에 자신감이 떨어졌다. 실패한 이유가 궁금했다. 논리에 문제가 있었나? 예화 사용이 적절치 않았나? 전달의 문제인가? 전부 자문자답해볼 만한 질문들이었고, 그 결과 나는 더 나은 설교자가 되었다. 하지만 강단에 1만 시간 이상을 서고, 헤아릴 수 없이 많은 설교 준비를 해온 오늘날까지도 나는 모든 사람을 듣게 만들 수 없다. 나는 결국 최대한 정확하고, 명쾌하며, 실제적인 설교를 해야 한다는 사실을 받아들였지만, 사람들이 듣게 만들지는 못한다. 예수님이 설교하셨을 때도 똑같은 영적 장애에 부딪히셨음을 알고 나는 두 배로 위안을 얻었다. 주님은 이 현상에 골몰하시기보다는 사역의 효율성을 높이는 데 집중하셨다.

씨 뿌리는 자와 네 가지 밭에 관한 이 비유에서 예수님은 복음에 대해 다양한 반응을 보이는 인간 영혼의 네 가지 상태를 묘사하신다. 예수님은 사람들이 듣게 만들지는 않으셨지만, 겸손한 마음으로 그분을 의지하면서 우리의 영적 장애를 극복하라는—정말로 들으라는—도전으로(4:9) 강론을 마치셨다.

## —4:1—

예수님이 무리를 가르치시고 비유를 들려주신 곳은 갈릴리 바다 북쪽 해안에 있는 아름다운 작은 만이었다. 만을 둘러싼 주변 지형은 봄이면 야생화와 풀이 자라는 곳까지 완만한 경사를 이루면서 자연스레 원형 극장이 만들어졌다. 고고학자들과 음향 기술자들이 실험해보니 해안에 띄운 배에서 연설한 소리가 수천 명의 청중에게 또렷이 들렸다.[1] 앞에서 예수님은 군중이 너무 가까이 몰려들어 설교할 수 없으셨을 때 이 방법을 사용하신 적이 있다(3:9).

고대 근동에서 가르치는 사람의 전통적인 자세는 앉는 것이었다. 예수님은 추종자들, 즉 호기심에 합류한 사람들, 치유가 필요한 사람들, 혁명을 일으킬 사람을 찾고 있는 과격한 사람들, 경제적 변화를 바라는 정치적 이단아들 그리고 예수님을 대적하는 이들을 가르치실 때 이런 격식에서 벗어난 자세를 취하셨다. 서기관, 헤롯당, 대제사장, 사두개인들은 정치적, 종교적으로 공격할 구실을 찾아 앙갚음을 하려고 예수님의 가르침에 귀를 곤두세웠다.

이 특별한 강론을 기점으로 복음서의 내러티브는 분명한 변화를 보인다. 예수님은 전에도 비유를 사용하셨지만 전략을 바꾸셨다. 이에 따라 예수님은 새로운 접근법으로 비유를 사용하는 이유를 설명하셨다.

## —4:2-4—

비유는 익숙한 이미지나 경험을 사용해 진리를 설명하기 위해 고안된 간결하게 응축된 이야기다.

예수님은 "들으라!"(4:3)는 명령으로 청중의 관심을 끄셨다. 비유는 읽히기 위한 것이 아니라 들려주기 위한 것이다. 주의를 기울여 들으면 비유는 조각들을 한데 모아서 마음속에 선명한 진리의 그림을 완성할 수 있게 해준다. "들으라"는 주님의 명령은 *akouō*(191)라는 헬라어 동사에서 나온 것인데, 마가의 내러티브에서 이 단락 이전까지는 딱 네 번 나오며, 이후 40번 나온다. 분명히 '듣는 것'이 핵심 개념이다.

이 비유는 작물의 씨를 뿌리는 농부에 관한 것이다. 당시에는 농부들이 오늘날 우리가 보는 것처럼 줄을 맞추어 밀이나 곡물을 심지 않았다. 농부들은 땅을 파고 나무 쟁기로 흙을 고른 다음 손으로 씨를 흩뿌렸는데, 반대로 씨를 뿌린 후 쟁기질을 해서 흙에 묻을 때도 많았다. 농부는 허리에 씨앗 자루를 묶고 손으로 꺼내서 뿌렸다. 밭의 한쪽 경계에는 덤불과 가시나무로 덮인 생울타리가 있고, 다른 쪽은 마을로 향하는 길과 맞닿아 있었을 것이다. 농부가 아무리 조심해도 씨앗 중 일부는 자랄 수 없는 곳에 떨어졌다.

예수님은 네 가지 환경을 예로 들어 씨앗의 운명을 묘사하셨다. 첫 번째 경우, 씨앗은 농부의 쟁기가 땅을 고르지 못한 길가에 떨어져 새들에게 노출되었다(4:4). 이 경우 새들이 씨앗이 발아하기 전에 채갔기 때문에 가능성이 없었다. 이것은 단단한 땅이 미치는 영향을 보여준다.

## 비유(마가복음 4:2)

선생이 교훈을 주기 위해 사용할 수 있는 도구 가운데 비유만큼 심오한 영적 진리를 잘 전달하는 것은 없다. 그리고 비유만큼 혼란을 일으킬 여지가 큰 것도 없다. 예수님이 제자들과 비방하는 자들이 혼재되어 있는 청중을 가르치실 때 이야기의 기술을 즐겨 사용하신 이유도 이 때문이다. 실제로 비유는 기록된 예수님의 말씀 중 3분의 1 이상을 차지한다.[2]

'비유'라는 용어는 헬라어 *parabolē*(3850)와 어원이 같다. 이것은 두 사물을 비교한 후 유사한 것으로 이해해야 한다는 의미에서 '옆에 놓다'는 말과 관련이 있다. 따라서 이 용어는 '비교'라는 의미가 있다. 비유로 사용한 사람이나 사물이 직설적이고 문자 그대로 짝을 이루는 상대가 있는 알레고리와 달리 비유는 의도적으로 덜 정확하며, 하나의 큰 아이디어에 초점을 맞춘다. 그러므로 우리는 비유를 해석할 때 두 가지 경향을 피해야 한다. 첫째, 숨겨진 진리 안에서 중요한 것을 놓치지 않도록 주의해야 한다. 둘째, 모든 세부 사항을 과잉 분석하려는 유혹을 물리쳐야 한다.

비유는 단순히 익숙한 것이 생소한 것을 밝혀주는 방식으로 내러티브를 통해 가르치는 기술이다. 화자는 일상의 환경을 사용해 친숙하지 않은 것, 심지어 초자연적일 수도 있는 것들을 전달한다. 비유는 단순하고 명백해 보이지만, 그것이 전달하는 진리는 그렇지 않다(12:1-12 해설 참조). 듣는 사람은 두 가지 요소를 가지고 해석할 수 있다.

첫째, 이해하려는 의지. 가르침을 받지 않으려는 태도는 비유를 쉽게 터무니없는 것으로 왜곡할 수 있음을 안다. 그래서 그것을 이용해 비유를 말한 선생이 어리석다는 것을 입증하려고 한다. 결국 예수님을 거부하는 자들은 그분이 드신 비유에서 그분을 거부할 정당한 이유를 차고도 넘치게 찾아냈다.

둘째, 영적 분별력. 예수님이 말씀하신 비유는 자연의 영역 너머에 존재하는 진리를 드러낸다. 그분의 교훈은 과학적 연구로 접근할 수 없다. 그 진리는 초자연적 세계를 이해하기 위해 자연 세계를 초월할 수 있는 사람이 드러내야 한다. 그러므로 듣는 자가 예수님의 비유를 이해하려면 성령의 도우심을 받아야 한다. 다행히 주님은 기꺼이 배우려는 의지가 있다면 누구라도 가르치겠다고 약속하셨다.

예수님이 자신에 대한 호감과 반감을 가진 청중을 가르치실 때 비유를 사용하신 이유는 이 독특한 형식의 이야기가 두 가지 중요한 목표를 만족시켰기 때문이다. 비유는 진지한 제자를 준비시키면서 동시에 적대적인 회의론자를 쫓아냈다. "들을 귀 있는 자는 들으라"(4:9, 참고. 4:23, 눅 8:8, 14:35).

## —4:5-7—

예수님은 두 번째 밭의 종류를 "돌밭"(4:5)으로 묘사하셨다. 돌밭은 얇은 표토 아래로 돌판이 있었다. 건축을 하기에는 최고의 땅이지만, 작물을 심기에는 형편없는 땅이었다. 뿌리가 수분을 빨아들이고 식물을 고정시킬 만큼 땅이 깊지 않았다. 씨앗은 처음에는 싹을 틔우지만, 곧 뜨거운 햇살을 견디지 못하고 시들어 날아가 버렸다.

예수님은 가시떨기로 뒤덮인 세 번째 밭을 묘사하셨다(4:7). 이 토종 식물은 보통 곡식을 심기 전에 제거되었지만, 밭의 경계선을 이루는 울타리나 생울타리를 따라서 나 있는 것들은 남겨두었다. 농부가 밭 가장자리 근처에 씨를 뿌릴 때 일부는 이 잡초들 사이에 떨어져 햇볕과 토양을 빼앗겼다. 줄기가 살아남더라도 번식할 만큼 충분한 양분을 얻지 못할 것이다.

## —4:8-9—

농업은 투자다. 씨를 뿌리는 자는 땅에 떨어지는 씨앗 하나하나에서 더 많은 수확을 얻기를 바란다. 비옥한 땅에 떨어진 씨는 농부가 투자한 것을 증식시킨다. "삼십 배나 육십 배나 백 배"(4:8)의 결실을 거두면 그것은 풍성한 수확이었다. 강수량이 많은 갈릴리의 비옥한 계곡에서 이런 수확을 기대할 수 있었다. 건조하고 고도가 높은 남쪽 유대 지역보다 수확률이 열 배 정도 높았다.

"들으라!"는 명령으로 시작하신 예수님은 "들을 귀 있는 자는 들으라"(4:9)는 수수께끼 같은 선포로 이야기를 마무리하셨다. 이 성명은 구약성경의 예언에 나오는 두 구절을 암시했다.

> 어리석고 지각이 없으며 눈이 있어도 보지 못하며 귀가 있어도 듣지 못하는 백성이여 이를 들을지어다(렘 5:21).

> 인자야 네가 반역하는 족속 중에 거주하는도다 그들은 볼 눈이 있어도 보지 아니하고 들을 귀가 있어도 듣지 아니하나니 그들은 반역하는 족속임이라(겔 12:2).

두 경우 모두 하나님이 이스라엘 백성에게 그들이 곧 바벨론으로 잡혀가게 될 것을 선지자를 통해 경고하시고 있다. 수백 년 동안 그들은 우상숭배에서 돌이키고, 죄를 회개하며, 율법으로 돌아오라고 간절히 외치는 숱한 선지자들을 무시했다. "귀가 있어도 듣지 못하는" 사람은 귀를 기울여 그런 메시지에 주의를 기울이려는 마음이 없다. 이것은 완고하게 반항하는 모습이다. 속담에 있듯이 "듣지 않으려는 사람보다 더한 귀머거리는 없다."

사실 예수님은 이렇게 경고하신 것이다. "반항하지 않는 자들이 이 가르침을 받게 하라."

## —4:10-12—

마가는 인식(지적 능력)이 아닌 결단력(의지)이 쟁점인 것을 강조하기 위해 예수님과 그분의 참된 제자들 사이에 오간 대화를 들려준다. 그들은 '씨 뿌리는 자와 땅'의 비유뿐만 아니라 그분이 하신 많은 비유를 이해하지 못했다. 예수님은 그들이 던진 질문에 기꺼이 답하셨다. 어쨌든 그분이 비유로 말씀하신 의도는 진심으로 배우고자 하는 사람들을 혼란에 빠트리려는 것이 아니었기 때문이다.

하지만 예수님이 비유로 말씀하시는 이유를 알면 마음이 편하지만은 않다. 우리 주변에는 이런저런 '구도자 친화적인' 일을 하고 싶어 하는 사람들 천지다. 나는 대부분 그들을 지지한다. 나는 구도자들이 그리스도를 찾는 것을 어렵게 만들 생각이 추호도 없다. 나는 모든 사람, 특히 교회 문화를 불편해할 수 있는 사람들을 위해 우리 교회가 열려 있고, 따뜻하게 환영하며, 그들의 마음을 끄는, 매력적인 장소였으면 좋겠다. 그렇지만 '구도자 친화적'인 태도가 가끔 지나칠 때가 있다. 그리스도, 복음, 교회에 적대적인 사람들을 포용하려고 노력하다가 그리스도인으로서의 정체성을 잃는 사람들이 있다. 이에 대해 예수님은 많은 말씀을 하지 않으셨지만, 이렇게 말씀하셨다. "나는 일부러 진리를 친절히 드러내지 않는다." 예수님은 적을 따돌리고 혼란스럽게 만들면서 동시에 구도자들의 흥미를 돋우고 끌어들이는 수단으로 비유를 사용하셨다.

이해하고자 하는 사람들은 질문할 것이다. 진리를 거부하는 성향을 가진 사람들은 고의로 계속 오해할 것이다. 예수님은 이사야 6장 9-10절을 넌지시 빗대어 그분의 적들(대부분 군중 가운데 가장 많이 배운 자)을 묘사하셨다. 이사야가 전한 이 말씀은 하나님의 말씀을 잘못 해석해 그분이 주시는 축복을 놓치는 반역자들을 떠오르게 한다.

## —4:13-15—

비유에 대한 예수님의 설명은 그분이 하신 모든 비유를 이해하는 데 필요한 해석의 실마리를 제공한다. 우리는 이야기를 구성하는 특정한 요소와 그것이 상징하는 영적 진리 사이의 상관관계를 찾지만, 그렇다고 예수님이 세세한 사항에 모두 의미를 부여하신 것은 아니다. 예를 들면, 예수님은 씨 뿌리는 자가 누구인지 밝히지 않으셨다. 그것이 이야기에 중요한 역할을 하지 않기 때문이다. 하지만 그분은 밭이 사람들을 상징한다고 밝히셨다. 청중이 자신에게 초점을 맞추어 어떤 밭이 될 것인지 결정하기를 원하셨기 때문이다.

그분은 길가 땅은 하나님의 말씀을 받아들이지 않는 사람들을 나타낸다고 설명하셨다. 말씀이 전혀 파고들 틈이 없고, 싹이 트기 전에 사탄이 진리를 가로챈다. 이들은 분명 듣지 않는 반항적인 청중이다.

## —4:16-17—

돌밭인 사람들은 하나님 말씀을 기쁘게 받지만, 고난이 닥치면 환멸을 느낀다. "넘어지는"(4:17)으로 번역된 헬라어는 *skandalizō*(4624)다. 이 말은 일반적으로 넘어지거나 떨어지는 것을 의미한다. 돌밭에 떨어진 씨로 묘사된 진지하지 않은 추종자들은 고단한 인생살이에 걸려 넘어진다. 그들은 아마 처음에는 그들의 문제가 해결되고 인생이 순조로울 것이라는 생각에 그리스도를 받아들였을 것이나. 그러나 진정한 제자도의 어려움을 알게 되면 그런 사람들은 말씀을 버리고 빠른 해결책을 붙잡는다. 예수님이 그들을 어떻게 묘사하셨는지 잘 보라. "그 속에 뿌리가 없어"(4:17).

## —4:18-19—

가시밭인 사람들은 돌밭으로 대표되는 안락함을 추구하는 얄팍한 구도자들과 다르다. 하나님 말씀이 그들 안에 뿌리를 내리고 자라기 시작하지만, 부를 갈구하는 그들의 사랑을 이길 수가 없다. 근심이 그들의 집중력을 훔쳐가고, 점점 더 많은 것을 얻으려는 욕구는 그들을 말씀에서 멀어지게 한다. 그리고 말씀은 곧 물질주의와 뒤엉켜 사라진다. 예수님이 말씀이 그들 안에서 죽었다고 하지 않으셨음에 유의하라. 단지 열매를 맺지 못할 뿐이다.

어쩌면 이 비유에 지나치게 많은 의미를 부여하는 것일지도 모르지만, 이 비유는 하나님 말씀을 받아들이고 스스로 그리스도를 따르는 자들이라고 부르면서 정작 아무것도 희생하지 않는 미국의 많은 그리스도인을 완벽하게 묘사한다. 그들은 어수선한 마음의 창고에 돈과 재산 그리고 부에 수반되는 모든 염려와 함께 성경과 주일 설교를 더할 뿐, 몇 년이 지나도 영적으로 한 발짝도 더 나아가지 않는다.

예수님이 생각하신 "염려"(4:19)는 우리가 매우 귀중히 여기는 것을 잃는 것에 대한 걱정이다. 그것이 물질적인 부의 위험성이다. 우리는 자칫 잘못하여 가진 것을 잃어서는 안 된다는 생각을 한다. 우리가 돈이나 재산을 잃을 것을 두려워하기 시작하면 우리의 재산이 우리를 소유하게 된다. 그러나 그렇지 않을 수도 있다. 엄청나게 부유하면서도 자신의 소유물이 '염려'가 되지 않는 그리스도인들도 많다. 그들은 하나님께 드리는 데 있어서 중산층 동료들보다 더 후하다. 그리고 그들은 설령 하나님이 그들의 모든 소유를 없애신다 해도 불행해하지 않을 것이다.

## —4:20—

예수님은 좋은 땅에 해당하는 사람들에 대한 설명으로 비유를 마치셨다. 그들은 말씀을 들을 뿐 아니라 그것을 받아들인다. '받아들이다'로 번역된 헬라어 단어 *paradechomai*(3858)는 '어떤 대상을 옳은 것으로 인정하다' 또는 '쾌히 받아들이다'는 뜻이다. 이 사람들은 진리를 받아들이고, 비록 그것을 완전히 이해하지 못해도 마음속에 환영의 자리를 마련한다. 좋은 땅은 예수님의 열두 제자를 가리킨다. 그들은 주님이 말씀하신 비유를 이해하지 못했는데도 진리를 받아들였다. 그들은 먼저 말씀을 환영했고, 그다음 이해하려고 노력했다.

마가는 이 일화로 그의 내러티브에서 이 대목이 펼쳐질 수 있는 무대를 마련한다(4:1–8:38). 예수님은 첫 번째 단락(1:1–3:35)에서 모든 사람에게 그분을 따르라고 하셨다. 그러나 모인 사람 모두가 올바른 이유로 예수님께 온 것은 아니었다. 많은 사람은 자기들을 잘 먹게 해주고, 부유하게 해주며, 행복하게 해주고, 만사가 형통하게 해줄 누군가를 원했다. 또 다른 사람들은 예수님이 로마인들을 몰아내고 이스라엘을 다윗과 솔로몬이 다스리던 영광의 시대로 돌려놓을 열정적인 혁명가시기를 바랐다. 종교 고위층은 그들이 권력을 유지하는 데 위협이 되는 경쟁자로 생각되는 예수님을 제거할 방법을 찾으려고 그분을 따라다녔다. 그러나 예수님은 속지 않으실 것이다. 그분은 인기를 얻으려고 오시지 않았다. 그분은 아주 구체적인 계획을 수행하기 위해 오셨다. 그리고 그분은 앞으로 수 개월 안에 그것을 밝히실 것이다.

## 적용: 마가복음 4:1-20
### 어떤 밭이 되기 원하는가?

그림을 보듯이 생생한 주님의 비유에서 당신은 어느 지점에 있는가? 이 비유의 목적은 사람들이 들은 다음, 자신이 어떤 땅을 대표하는지 진단하고, 어떤 땅이 될지 결정하는 데 도움을 주기 위해서였다. 1세기에 선포된 이 적용은 오늘날에도 유효하다. 당신은 어떤 땅이 되고 싶은가?

당신은 인내하며 열매 맺는 신자인가? 그렇다고 해도 그것은 당신이 완전하다는 뜻이 아니라 진리를 붙잡고 그것을 견실히 적용하려 한다는 뜻이다. 당신은 마음이 열려 있고, 정직하며, 성경말씀에 화답하고, 성령께 순종하며, 은혜에 감사하고, 의를 갈망한다. 당신은 성숙하고 있다. 이것이 이상적인 밭이다. 여기에 씨를 뿌려라!

당신은 분주하고 세상일에 정신이 팔려 있는 신자는 아닌가? 삶의 우선순위를 살펴보라. 성경의 가르침을 저해하는 가시는 없는가? 풍요, 안락, 권세, 지위, 특권에 대한 욕망이 그리스도와의 관계보다 우위에 있지는 않은가? 일시적인 행복을 찾는 데 골몰하느라 영적인 것에서 관심이 멀어지고 있지는 않은가? 삶에 만족하지 못해 마음에 평화가 없는가? 하나님은 당신의 기도를 들을 준비가 되어 있으시다. 하나님은 당신을 더 좋은 땅으로 이식할 준비가 되어 있으시다. 당신이 그렇게 하시도록 문을 열어드린다면 말이다.

당신은 피상적인 구도자의 얕은 땅에 있는가? 그러면 뿌리가 없어 견고히 서지 못한다.

당신은 감정적인 호소에 마음이 움직였거나, 군중을 따라갔거나, 친구를 기쁘게 해줄 무언가를 했다. 아니면 지금 사귀고 있는 친구를 좋아한다. 하지만 그런 동기였다면 당신의 마음은 쉽게 변할 것이다. 당신은 듣기는 하지만 행동은 하지 않는다. 당신은 진정한 신자가 아니다. 당신은 마지막 종류의 땅보다 조금 나을 뿐이다.

당신은 영적인 것에는 눈곱만큼도 관심 없는 냉담하고 완고한 사람인가? 그렇다면 당신의 교만하고, 아집에 사로잡힌 태도를 후회할 날이 올 것이다. 그러나 불행히도 그때는 너무 늦을 것이다.

## 가르침에 따르는 시험(마가복음 4:21-41)

21또 그들에게 이르시되 사람이 등불을 가져오는 것은 말 아래에나 평상 아래에 두려 함이냐 등경 위
에 두려 함이 아니냐 22드러내려 하지 않고는 숨긴 것이 없고 나타내려 하지 않고는 감추인 것이 없
느니라 23들을 귀 있는 자는 들으라 24또 이르시되 너희가 무엇을 듣는가 스스로 삼가라 너희의 헤아
리는 그 헤아림으로 너희가 헤아림을 받을 것이며 더 받으리니 25있는 자는 받을 것이요 없는 자는
그 있는 것까지도 빼앗기리라

26또 이르시되 하나님의 나라는 사람이 씨를 땅에 뿌림과 같으니 27그가 밤낮 자고 깨고 하는 중
에 씨가 나서 자라되 어떻게 그리 되는지를 알지 못하느니라 28땅이 스스로 열매를 맺되 처음에는 싹
이요 다음에는 이삭이요 그 다음에는 이삭에 충실한 곡식이라 29열매가 익으면 곧 낫을 대나니 이는
추수 때가 이르렀음이라

30또 이르시되 우리가 하나님의 나라를 어떻게 비교하며 또 무슨 비유로 나타낼까 31겨자씨 한 알
과 같으니 땅에 심길 때에는 땅 위의 모든 씨보다 작은 것이로되 32심긴 후에는 자라서 모든 풀보다
커지며 큰 가지를 내나니 공중의 새들이 그 그늘에 깃들일 만큼 되느니라

33예수께서 이러한 많은 비유로 그들이 알아 들을 수 있는 대로 말씀을 가르치시되 34비유가 아니
면 말씀하지 아니하시고 다만 혼자 계실 때에 그 제자들에게 모든 것을 해석하시더라

35그 날 저물 때에 제자들에게 이르시되 우리가 저편으로 건너가자 하시니 36그들이 무리를 떠
나 예수를 배에 계신 그대로 모시고 가매 다른 배들도 함께 하더니 37큰 광풍이 일어나며 물결이 배
에 부딪쳐 들어와 배에 가득하게 되었더라 38예수께서는 고물에서 베개를 베고 주무시더니 제자들이
깨우며 이르되 선생님이여 우리가 죽게 된 것을 돌보지 아니하시나이까 하니 39예수께서 깨어 바람을
꾸짖으시며 바다더러 이르시되 잠잠하라 고요하라 하시니 바람이 그치고 아주 잔잔하여지더라 40이
에 제자들에게 이르시되 어찌하여 이렇게 무서워하느냐 너희가 어찌 믿음이 없느냐 하시니 41그들이

## 심히 두려워하여 서로 말하되 그가 누구이기에 바람과 바다도 순종하는가 하였더라

우리는 모두 '인생'이라는 과목을 배우는 학습 곡선상에 있다. 사람마다 진도의 차이는 있지만 모두 배우는 과정에 있다. 이 과정은 고통스러울 수 있다. 이 과정에서 우리는 자신만의 직관, 힘, 의지, 방식에 의존하기보다는 하늘 아버지의 공급과 보호를 신뢰하는 법을 배운다. 믿음을 키운다는 것이 이 뜻이다. 동시에 우리가 제압하지 않으면 우리를 겁주거나 불순종한 행동을 유발하는 것들과 싸워 이겨야 한다. 궁극적으로 우리가 찾고자 하는 것은 그 무엇도 우리를 이길 수 없고, 어떤 두려움도 하나님을 신뢰하는 마음을 흔들 수 없다는 확신이다. 이렇게 되려면 무엇보다 가르침이 중요하며 반드시 시험을 치러야 한다.

이것은 사람들이 좋아하는 설교가 아니다. 우리는 하나님이 모든 사람이 행복하기를 바라신다고 잘못 가르치는, 이른바 '기분 좋은 신학'(feel-good theology)의 시대에 살고 있다. 이 가르침에 따르면 우리 삶의 목표는 안락과 쾌락을 추구하는 것이다. 그러나 우리는 하나님 아버지의 뜻에 순종하는 삶을 살도록 부름받았다. 이 부르심 속에서 우리는, 딱히 위안이나 행복은 아니라도, 깊은 기쁨을 경험할 것이다. 우리는 성경에서 분명한 가르침을 받아야 하며, 그 과정에서 혹독한 시험을 견뎌야 한다.

그러나 인생의 시험은 하나님의 유익을 위한 것이 아니다. 그분은 이미 우리의 본성, 강점, 더 발전해야 할 영역을 알고 계신다. 모름지기 시험은 우리를 위한 것이다. 우리가 성숙하려면 엄격한 시험이 수반되는 철저한 가르침이 반드시 필요하다. 시험에서 A 플러스를 받으면 자신감이 상승한다. 때로는 영적 성장의 필요가 실패를 통해 드러나기도 한다. 그리고 주님은 항상 신실하게 우리를 영적으로 양육하신다.

우리에게 진리인 것은 당연히 원래 열두 제자에게도 진리였다. 예수님은 이들을 부르시고, 자신이 부활하시고 승천하신 후 그분의 사역을 계속할 수 있도록 훈련하기 시작하셨다. 그들은 인생이 그들에게 던질 모든 것에 대비되어 있어야 했다. 그렇기 때문에 훈련 과정에 각각의 시험이 포함되었다. 마가복음의 이 대목에서 열두 사도는 주님의 가장 인상적인 강론을 받아들인 후 그들이 가장 두려워하는 몇 가지 일과 마주하게 된다.

## —4:21-23—

"또 그들에게 이르시되"(4:21)라는 구절에는 반복적이거나 관행적인 행위를 나타내는 불완전 시제의 동사가 나온다. "그들"이라는 대명사는 수천 명에 달하는 예수님의 추종자를 가리킨다(6: 30-44, 8:1-10). 주님이 두루 다니시며 설교와 강론 사역을 하실 때 장차 사도가 될 측근 제자들은 같은 가르침을 반복해서 들었다. 교육 전문가들은 반복은 학습에서 필요불가결한 도구이므로 열두 사도가 예수님의 메시지를 고스란히 흡수하려면 자주 들어야 했다고 단언한다.

예수님이 하신 일련의 비유 중 첫 번째는 하나님의 진리의 빛-복음의 메시지-을 세상에 전하는 제자들의 책임에 관한 것이다. 성경과 여러 고대 문헌에서 진리는 보통 빛으로 묘사되었다. 하나님의 특별한 현현도 마찬가지로 빛으로 표현되는데, 하나님의 임재는 쉐키나로 불리는 초자연적인 빛의 형태로 나타났다(출 3:1-3, 13:21-22, 19:18, 24:17). 사도 요한은 예수 그리스도를 어두운 세상에 오신 빛으로 묘사했다(요 1:1-9). 요한은 하나님이 몸소 세상에 오셨음을 이런 표현으로 선포했다. 요한은 새 하늘과 새 땅을 묘사하면서 하나님을 섬기는 사람들은 "등불과 햇빛이 쓸 데 없으니 이는 주 하나님이 그들에게 비치심이라"(계 22:5)고 밝힌다. 그러므로 예수 그리스도, 새 왕국과 복음의 메시지는 모두 빛의 이미지로 상징된다. 이 비유에서 마가의 헬라어가 어색한 이유는 그가 굳이 예수님을 빛으로 표현하려고 애썼기 때문이다.

예수님은 하나님을 드러내시기 위해, 인간의 육체를 가진 하나님의 형상이 되기 위해 오셨다(고후 4:4, 골 1:15). 예수님은 하나님의 진리를 계시하셨을 뿐 아니라, 인간이 되어 세상에 오셔서 진리를 구현하셨다. 육신을 가지신 예수님을 보는 것은 진리를 보는 것이었다.

예수님은 씨 뿌리는 자와 땅의 비유에서 참 제자를 판별하시고, 등불 비유에서 제자들에게 주어진 가장 중요한 책임을 설명하셨다. 예수님은 제자들만 복음을 간직하게 하려고 그들을 부르신 것이 아니었다. 예수님은 그분을 따르는 자들이 하나님의 아들을 높여서 만민이 하나님의 진리에서 유익을 얻기 바라신다. 예수님이 하신 말씀은 이런 뜻이다. "모든 사람이 볼 수 있게 세상 앞에서 나를 높이 들어라."

## —4:24-25—

예수님의 이 말씀은 비유라기보다는 적용이다. 어떤 사람들은 이 말씀을 돈이나 물질적인 부의 주제로 잘못 적용했는데, 이는 문맥을 완전히 무시한 탓이다. 예수님은 방금 "들을 귀 있는 자는 들으라"(4:23)고 명령하셨다. 이 말씀은 진리에 대한 개인의 마음가짐 그리고 배움과 관련이 있다.

예수님은 추종자들에게 의도를 품고 배우고 지식을 얻는 출처를 잘 분별하라고 경고하신다. 마가복음 4장 24절은 문자 그대로 이런 뜻이다. "너희가 듣는 것을 조심하라"(나의 번역). *blepō*(991)라는 헬라어에는 '관찰하다' 또는 '세심하게 주의를 기울이다'는 뜻도 있다. 이 절에서는 과학자가 실험할 때 관찰하거나 보초가 경비를 설 때 감시하는 것과 같은 뜻으로 쓰였다. 예수님이 추종자들에게 분별해서 의도를 품고 지식을 탐구하라고 요구하신 이유가 여기에 있다. 의도를 품고 배우는 지식은 기하급수적으로 성장한다. 고의적인 무지도 마찬가지다.

기하급수적 성장이란 새로운 지식이 그냥 추가되는 것이 아니라 증식한다는 뜻이다. 진리의 창조자에게서 진리를 구하는 자들은 지혜가 자랄 것이고, 많은 경우 매우 빠르게 자랄 것이다. 반면 거짓 선생들—사람들이 듣고 싶어 하는 것을 말하는—의 말에 귀를 기울이는 사람들은 계속 어리석은 채로 남아 있고, 솔직히 말하면 점점 더 어리석어진다.

## —4:26-32—

예수님은 씨 뿌리는 자와 땅의 비유에서 참 제자를 분별하시고, 등불의 비유에서 그들의 책임을 설명하신 후 하나님 나라가 어떻게 지상에 임할 것인지 설명하셨다. 예수님이 도래할 하나님 나라에 관해 묘사하실 때 그 바탕에 큰 기대감이 깔려 있었다는 사실을 명심하라. 유대인들은 메시아를 기다려왔다. 그래서 그들은 예수님이 이스라엘을 히브리 민족의 르네상스로 이끌어 왕국을 부활시키고, 다윗과 솔로몬의 황금기를 회복해주시기를 기대했다. 그들은 로마를 추방하는 꿈을 꾸었고, 메시아가 그들이 한때 누렸던, 확장하고 증가했던 힘과 번영을 가져다주기를 바랐다. 그러나 그것은 옛 언약이었다. 하나님은 새 언약을 마음에 품고 계셨다. 하나님의 백성에게 단순히 한때의 권세나 물질적 부가 아닌 그 이상을 주기 위해 새 왕국은 옛 왕국을 기반으로 건설될 것이다. 그리고 그 일은 하룻밤 사이에 일어나지 않을 것이다.

예수님은 새 왕국을, 그분이 심으시고 시간이 흐르면서 하나님이 자라게 하실, 농부의 농작물에 비유하셨다. 밀밭과 마찬가지로 새 왕국은 점점 성숙해가면서 때가 되었을 때 열매를 맺는다. 그리고 마침내 농부가 추수하는 날이 온다.

예수님은 또 지극히 작은 씨앗이 유난히 큰 관목으로 자라는 겨자씨에 왕국을 비유하셨다. 앞의 비유는 점진적인 성장을 보여주는 반면, 겨자씨 비유는 깜짝 놀랄 만한 성장을 예시한다. 처음에 예수님은 한 사람의 운동으로 시작하셨다. 그분의 죽음과 부활, 승천 후에는 백여 명의 사람이 성령으로 충만한 증인이 되었고, 한 세대가 가기 전에 복음은 알려진 세상의 많은 지역으로 널리 전파되었다.

이 비유에 비추어 우리가 답해야 할 질문은 이것이다. 하나님 나라가 세상에 왔는가? 답은 그렇다. 그리고 아니다.

예수님은 당신의 왕국을 이 땅에 가져오셨고 기름부음 받은 왕이 되셨지만, 아직 왕위에 오르시지는 않았다. 문자 그대로 지상에 이루어질 가시적인 그분의 왕국은 아직 세워지지 않았다. 구약성경에 예수님의 조상 중 한 사람인 다윗 왕이 고난 끝에 등극하는 좋은 예가 나온다. 사무엘은 사울 왕을 대체할 왕으로 양치기 소년에게 기름을 부었고, 그 후 성령이 전왕(前王)을 떠나 다윗에게 임하셨다(삼상 16:13-14). 그런데도 다윗이 실제로 왕관을 쓰고 왕좌에 앉아 국가적으로 왕으로 인정받기까지는 10년이 더 걸렸다. 이렇게 기다리는 동안 다윗은 예루살렘 남쪽의 거친 광야에서 잡다한 무법자 무리를 이끌면서 더는 자기 자리가 아닌 왕좌를 포기하지 않으려는 사울의 진노를 피했다(삼상 22-30장).

다윗은 이스라엘의 합법적인 왕이었고, 일부에서는 그를 왕으로 인정했지만, 다윗의 왕국은 아직 세워지지 않은 것이다.

예수님은 당신의 왕국을 출범하려고 세상에 오셨고, 일부 사람에게 왕으로 인정받으셨다. 그분께 속한 왕국 시민들은, 비록 왕국은 먼 미래에 완성될 것이지만, 새 왕국의 문화를 받아들이라는 권유를 받는다. 요한계시록은 왕이 사탄의 지배를 궤멸하시고 영원한 통치를 공고히 확립하기 위해 권세를 가지고 다시 오실 미래를 묘사한다. 어떤 의미에서 왕국은 도래했다. 그러나 왕국은 이 땅에 아직 세워지지 않았고 인정받지 못했다. 하지만 낙담하지 마라. 미래에 언젠가는 예수님이 왕 중의 왕, 만왕의 왕으로 다스리실 것이다!

## —4:33-34—

마가는 지금까지 예수님의 지상 사역을 요약하면서 이 단락을 마무리한다. 주님은 계속 비유로 말씀하시면서 거짓 제자들과 진실된 추종자들을 키질하듯이 추려내셨다. "들을 귀 있는"(4:23) 자들은 영적 지식을 얻었고, 왕국 생활에서 지혜가 점점 자라났다. 고의적으로 묵살하거나 세상 염려에 계속 마음을 빼앗긴 자들은 끝내 바람에 불려 날아갔다. 한편 예수님은 승천하신 후 이 땅에서 진행될 사역을 위해 열두 사도를 꾸준히 준비시키셨다.

## —4:35-38—

학생이라면 누구나 아는 것처럼 교육이 끝나면 반드시 시험이 있다. 시험의 목적은 어떤 과목이나 기술 습득을 입증하고 개선이 필요한 부분을 찾아내는 것이다. 예수님이 가르침과 설교 사역을 수행하시는 동안 열두 사도는 주님의 강연을 여러 차례 반복해서 들었다. 동일한 강연을 수십 차례 반복해서 들은 터라 그들은 그것을 암송할 수 있을 정도였고, 그들이 주님의 모든 말씀을 이해하고 있다는 것을 청중에게 확신시킬 수 있었다. 하지만 그들이 진정 무언가를 깨우쳤을까? 시험을 보면 알 수 있을 것이다.

어느 날 예수님과 열두 사도, 익명의 다른 추종자들이 배에 올라 갈릴리 바다를 건너기 시작했다. 마가가 묘사한 것을 보면 그들은 남동부에 위치한 '비유의 만'(Bay of Parables)에서 거라사로 알려진 남쪽 해안 인근 지역으로 항해했다. 가다라는 거라사 지역의 중추 도시였다.

갈릴리 바다는 해수면에서 200미터 아래, 아라비아 사막과 지중해 사이 갈라진 틈의 기저에 위치한다. 바람이 느닷없이 산맥을 넘어 협곡을 따라 휘몰아치면 갑자기 격렬한 난기류가 발생하기 때문에 현대의 동력선 선장들은 일기 예보를 꼼꼼히 확인한다. 그러니 1세기에 건조된 허술하고 작은 범선을 탄 사람들이 느꼈을 공포가 어느 정도일지 가히 상상할 수 있다.

마가는 여러 척의 배가 갈릴리 바다를 건넜다고 말하는데, 아마도 열두 사도 외에 다른 제자들이 주님과 함께 바다를 건너고 있었던 듯하다. 예수님과 적어도 몇 명의 제자가 탄 배는 정기적으로 고기잡이에 사용되는 작은 배가 아닌 커다란 무역선이었을 것이다.

이 선박은 예수님이 화물칸이 있는 갑판 아래에서 어느 정도 개인 시간을 보내실 수 있을 만큼 컸던 것 같다. 마가는 예수님이 고물에서 베개를 배고 계셔서(4:38) 바람과 파도를 느끼지 못하셨다고 말한다. 항해 중에 파도가 선원들을 덮쳤고, 배에 물이 차기 시작했다.

이런 상황에서 제자들은 공포에 떨었고, 충분히 그럴 만했다. 그들이 과잉반응을 한 것이 아니었다. 많은 사람이 노련한 어부였고, 이 독특한 바다가 거칠다는 것을 익히 알고 있었다. 그들은 상황의 심각성을 누구보다 잘 알았다. 우리도 대부분 그들이 느낀 공포를 경험했을 것이라고 확신한다. 그러나 그들이 주님께 한 질문은 그들이 영적으로 미성숙함을 드러낸다. 그들은 바다에 대해 그리고 바다의 위험성에 대해 알고 있었다. 그러나 그들은 자기들이 따르고 있는 예수님이 어떤 분인지를 여전히 알지 못했다. 제대로 알지 못했다. 이 시험에서 그들의 이해가 얼마나 부족한지가 드러났다.

## —4:39-40—

예수님은 배의 후미에서 나와 그분의 피조물에게 신적 권위를 행사하셨다(참고. 골 1:16). "꾸짖다"(마가복음 4장 39절을 보라)는 단어는 '누군가에게 강한 반대를 표현하다', '책망하다' 또는 '비난하다'는 뜻이다.[3] 예수님은 부모가 떼쓰는 아기를 꾸짖듯이 폭풍을 잠잠케 하셨다. 반항적인 아이와 달리 바람과 파도는 이내 순종했다.

그런 다음 예수님은 마음을 꿰뚫는 듯한 두 개의 질문으로 추종자들을 부드럽게 책망하셨다. "어찌하여 이렇게 무서워하느냐?"(4:40)라는 질문은 그들이 합당하지 않은 행동을 했음을 시사한다. 정상적이고 자연스러운 의미에서 보자면 그들은 두려워할 이유가 충분했다. "너희가 어찌 믿음이 없느냐?"는 질문은 하나님이 그들과 함께하신다는 설명을 그들이 흘려들었음을 나타낸다. 그들은 아직 예수님의 정체성을 받아들이지 않았기 때문에 시험에서 낙오했다.

예수님은 앞에서 "저편으로 건너가자"(4:35)고 하셨지 "호수 바닥으로 내려가자"고 하지 않으셨다. 그들은 어떻게 저편에 도달할 수 있다고 믿었을까? 그들이 타고 있던 배 안에 하나님이 계셨다. 그들은 하나님이 함께하시면 무엇도 그들을 해칠 수 없다는 사실을 당연히 알았어야 했다. 배가 가라앉는 일은 있을 수 없다! 그들은 이 일을 통해 하나님의 권세를 보고 예수님의 현존과 권세를 새롭게 이해하게 되었다. 제자들은 주님이 기적적으로 치유하시고, 귀신들을 완전히 제압하시는 것을 보았다. 하지만 이번 일에는 그보다 더한 무언가가 있었다. 구약성경에는 병자를 고치고, 나병환자를 깨끗하게 하며, 죽은 자를 살리기까지 한 일부 선지자들의 능력이 기록되어 있다. 그러나 예수님은 하나님 한 분에게만 허용된 권능을 보여주셨다(시 89:8-9, 104:5-9, 106:8-9, 107:23-32). 그들은 이제야 비로소 그분을 메시아, 즉 선지자이자 하나님이 그들을 인도하기 위해 보내신 왕으로 알게 되었다. 그들의 두려움과 그분이 보이신 권능은 그분의 정체성에서 새로운 측면을 드러냈다. 시험은 그들이 영적으로 성장할 새로운 기회를 주었다.

### —4:41—

역설적이게도 제자들은 예수님의 권능을 본 후 바람과 파도와 싸울 때보다 더 두려워했다. 마가가 사용한 헬라어는 하나님의 현현을 보았을 때 사람들이 경험하는 경외심을 표현한다. 제자들이 던진 수사적 질문은 그들이 더 성숙해야 함을 드러낸다. 그들은 이미 많은 것을 배웠지만, 그들의 지적, 영적 여정은 이제 막 시작되었다.

## 적용: 마가복음 4:21-41

### 인생의 저편

예수님은 제자들에게 왕국에 대해 가르치신 후 그들의 믿음을 시험할 짧은 여정을 시작하셨다. 시험은 썩 내 기분 좋은 것은 아니지만, 우리가 어떤 사람인지를 드러내는 데—그리고 형성하는 데—아주 요긴하다. 시험을 인생의 '저편'으로 생각하면 도움이 된다. 예수님은 함께 배를 타고 바다를 건너 저편으로 가자고 제자들을 부르셨다(4:35).

건강의 저편은 질병이다. 당신이 예상하지 못했던, 의사가 내민 진단서다. 건강 검진을 했다가 전립선암이 진행되었음을 알게 된 프로 골퍼 이야기를 읽은 적이 있다. 그는 암 진단을 받자마자 화장실에 가서 토했다. 그는 암이라는 결과에 너무 큰 충격을 받은 나머지 욕지기가 났다.

신혼여행의 저편은 깨어진 관계다. 내가 전혀 예상하지 못한 것을 발견하는 놀라움이다.

당신이 지금 인생의 저편을 통과하고 있다면 하나님이 돌보지 않으신다는 거짓말을 심중에 담고 있을 가능성이 크다. '하나님이 관심이 있으시다면 상황을 변화시키실 텐데'라는 생각일 것이다. 사실 그분은 상황을 변화시키지 않을 정도로 큰 관심을 가지고 계신다. 오히려 그분이 상황을 통제하고 계시며, 그분이 여기까지 당신을 데려오셨음을 기억해야 한다. 그렇다. 상처가 있고, 고통스러운 기억이 있으며, 깨어짐이 있다. 나는 살면서 다른 사람들의 삶에 감명을 주는 사람들은 예외 없이 깨어진 사람들이라는 것을 배웠다. 사실, 깨어진 사람들은 대개 예수 그리스도를 닮았다.

선하신 하나님이 어떻게 당신의 백성이 고통을 감당하도록-인생의 저편을 경험하도록-허용하실 수 있는지 이해하려면 하나님을 천상의 조각가로 상상해보라. 그분은 조각가시다. 당신은 대리석 조각이다. 당신이 대리석으로 만들어졌다는 사실은 당신이 완고하다는 것을 시사한다. 그것은 당신의 이기심, 스스로 만든 규칙을 상징한다. 조각가는 조각을 새로운 형태로 만들기 위해 망치로 다듬기 시작한다. 그분은 당신의 얼굴이 예수님과 닮도록 다듬고 계시는 게 아니다. 그분은 당신의 삶이 그리스도의 삶과 닮도록 다듬고 계신다. 그러려면 수없이 많이 두드려야 한다. 고통스러운 과정일 것이다. 그분은 어느 거친 모서리를 부드럽게 다듬을지 결정하신다. 그러나 걸작이 완성되면 당신은 그분의 아들과 닮아 있을 것이다.

## 회복과 순종의 이야기(마가복음 5:1-20)

[1]예수께서 바다 건너편 거라사인의 지방에 이르러 [2]배에서 나오시매 곧 더러운 귀신 들린 사람이 무
덤 사이에서 나와 예수를 만나니라 [3]그 사람은 무덤 사이에 거처하는데 이제는 아무도 그를 쇠사슬로
도 맬 수 없게 되었으니 [4]이는 여러 번 고랑과 쇠사슬에 매였어도 쇠사슬을 끊고 고랑을 깨뜨렸음이
러라 그리하여 아무도 그를 제어할 힘이 없는지라 [5]밤낮 무덤 사이에서나 산에서나 늘 소리 지르며
돌로 자기의 몸을 해치고 있었더라 [6]그가 멀리서 예수를 보고 달려와 절하며 [7]큰 소리로 부르짖어 이

르되 지극히 높으신 하나님의 아들 예수여 나와 당신이 무슨 상관이 있나이까 원하건대 하나님 앞에
맹세하고 나를 괴롭히지 마옵소서 하니 8이는 예수께서 이미 그에게 이르시기를 더러운 귀신아 그 사
람에게서 나오라 하셨음이라 9이에 물으시되 네 이름이 무엇이냐 이르되 내 이름은 군대니 우리가 많
음이니이다 하고 10자기를 그 지방에서 내보내지 마시기를 간구하더니 11마침 거기 돼지의 큰 떼가 산
곁에서 먹고 있는지라 12이에 간구하여 이르되 우리를 돼지에게로 보내어 들어가게 하소서 하니 13허
락하신대 더러운 귀신들이 나와서 돼지에게로 들어가매 거의 이천 마리 되는 떼가 바다를 향하여 비
탈로 내리달아 바다에서 몰사하거늘

14치던 자들이 도망하여 읍내와 여러 마을에 말하니 사람들이 어떻게 되었는지를 보러 와서 15예
수께 이르러 그 귀신 들렸던 자 곧 군대 귀신 지폈던 자가 옷을 입고 정신이 온전하여 앉은 것을 보
고 두려워하더라 16이에 귀신 들렸던 자가 당한 것과 돼지의 일을 본 자들이 그들에게 알리매 17그들
이 예수께 그 지방에서 떠나시기를 간구하더라 18예수께서 배에 오르실 때에 귀신 들렸던 사람이 함
께 있기를 간구하였으나 19허락하지 아니하시고 그에게 이르시되 집으로 돌아가 주께서 네게 어떻게
큰 일을 행하사 너를 불쌍히 여기신 것을 네 가족에게 알리라 하시니 20그가 가서 예수께서 자기에게
어떻게 큰 일 행하셨는지를 데가볼리에 전파하니 모든 사람이 놀랍게 여기더라

믿거나 말거나 악에는 얼굴이 있다. 악은 단순히 하나의 개념이나, 일반적으로 '선'에 반대되는 어떤 것이 아니다. 모든 악은 단 하나의 대리인인 사탄에서 비롯된다. 전쟁, 질병, 재앙, 폭력, 정욕, 중독, 전염병, 낭비, 관계의 갈등, 이기심 등 모든 죄와 세상의 그릇된 모든 것은 하나님에 대한 사탄의 끝없는 반역, 즉 개별적으로 표현된 악이다. 세상은 사탄이 일으킨 반란의 상흔을 지니고 있다.

이 관점은 우주에 대한 우리의 과학적, 합리주의적 이해와 맞지 않는다. 모든 것을 물리학 법칙으로 설명하려고 하는 현대의 세계관에 영적 영역이 차지할 여지는 거의 남아 있지 않다. 천사, 귀신, 영혼, 심지어 하나님조차도 계몽된 사람들의 대화로는 부적절한 옛 신화의 유물로 치부된다. 그렇다면 오늘날 악의 또 다른 표현인 귀신들림을 믿는 사람이 거의 없는 것은 당연한 현상일 것이다. 그럼에도 성경은 분명하다. 사탄은 자연을 통해 파괴를 일으킬 뿐 아니라 사람도 이용한다. 드물기는 하지만 한 개인이 악마에게 내면을 직접 통제당하는 희생자가 되기도 한다.

예수님은 그런 사람을 만나셨다. 복음서에 따르면 당시에는 이스라엘 역사상 귀신의 활동이 전례 없이 왕성했다. 어느 때보다도 많은 사람이 귀신에 들렸다. 이런 현상은 예수

님이 메시지를 전하실 수 있는 좋은 기회가 되었다. 그분은 악을 파멸하러 오셨다. 그분은 나병을 깨끗하게 하셨고, 병을 고치셨으며, 악천후를 잠재우셨고, 힘없는 자에게 힘을 주셨으며, 이제 의인화된 악과 대면하실 것이다.

## —5:1—

북서쪽 해안에서 출발해 갈릴리 바다를 건너신 예수님과 제자들은 "거라사인의 지방"에 내리셨다. 이곳은 대부분 지도에 '데가볼리'로 표시되어 있다. 문자적으로 해석하면 '열 개의 도시'라는 뜻인 데가볼리는 알렉산더 대왕이 정복 후 최초로 정착한 열 개의 도시 국가를 가리킨다. 역사가 플리니(Pliny)는 1세기에 출간된 여러 저작물에 카나타, 다메섹, 디온, 가다라, 거라사, 히포스, 펠라, 빌라델비아, 라바나, 스키토폴리스 등의 도시 이름을 기록했다.[4]

**데가볼리의 여러 도시**

## —5:2–5—

예수님은 아마 오늘날 엔게브로 알려진 아름다운 항구 도시 근처에 상륙하셨을 것이다. 그곳에서 주님은 "곧"–즉, 매우 짧은 시간에–"무덤 사이에서 나온 사람"(5:2)을 만나셨다. 마태는 두 명의 귀신들린 사람을 언급하고(마 8:28), 누가(눅 8:27)와 마가는 한 사람에게 초점을 맞춘다. 이 사람이 더 심한 경우였을 수도 있고, 아니면 당시에 구전으로 더 많이 알려졌을 수도 있다.

제자들이 호수의 거친 폭풍을 두려워했다면 이제 곧 훨씬 더 무서운 것과 마주칠 참이었다. 남자는 유대인들이 부정하게 여기고 이방인들이 귀신이 출몰한다고 두려워하는, 현대의 공동묘지에 해당하는 고대의 무덤에서 죽은 자들과 함께 살았다. 마가는 아무도 그를 힘으로 제압할 수 없고, 사슬로도 묶을 수 없으며, 족쇄를 채워도 그를 잡아놓을 수 없었다면서 그가 발휘한 초자연적 힘을 실감나게 묘사한다(참고. 행 19:16). 그는 들짐승처럼 한데에 살면서 비명을 지르며 울부짖고, 이를 갈며, 자해했다.

## —5:6-7—

제자들은 종종 예수님의 참 정체성을 이해하는 데 어려움을 겪었지만, 귀신들은 그분을 바로 알아보았다. 이 사람 안에 있는 악한 존재는 자기를 "괴롭히지" 말라고 하면서 자비를 간청했다. 유다서 1장 6절은 그들이 두려워한 이유를 설명한다. "또 자기 지위를 지키지 아니하고 자기 처소를 떠난 천사들을 큰 날의 심판까지 영원한 결박으로 흑암에 가두셨으며." 요한은 "큰 날"에 처할 그들의 운명을 다음과 같이 표현했다. "또 그들을 미혹하는 마귀가 불과 유황 못에 던져지니 거기는 그 짐승과 거짓 선지자도 있어 세세토록 밤낮 괴로움을 받으리라"(계 20:10).

"나와 당신이 무슨 상관이 있나이까"(막 5:7)라는 표현은 두 개의 의제가 양립할 수 없음을 표현하는 히브리어 관용구다(참고. 수 22:24, 삿 11:12, 삼하 16:10, 19:22).

그러더니 그들은 하나님의 권능과 세상을 향한 구원 계획의 우월성을 부인하지 못하고 예수님 앞에 무릎을 꿇었다. 그 장면은 마치 한 사람이 왕 앞에서 왕의 추종자들-그분의 왕국을 이룰 구성원들-은 아직 완전히 이해하지 못하는 칭호로 왕을 부르며 무릎을 꿇는 모습을 연상시켰다. 마가는 앞서 귀신들이 예수님을 "하나님의 아들"(막 3:11)이라고 불렀던 일을 기록한다. 구약성경에서는 하나님의 우월성을 인정한 이방인들이 "지극히 높으신 자"와 "지극히 높으신 하나님"이라는 호칭을 사용했다(참고. 창 14:18-24, 민 24:16, 사 14:14, 단 3:26, 4:2). 여기서 귀신들은 감히 하나님의 이름으로 자비를 구한다!

## —5:8-9—

예수님은 권위를 행사할 시간을 허비하지 않으셨다. 조금도 주저하지 않고 주님은 귀신들에게 떠나라고 명하셨고, 그들은 다시 자비를 구했다. 예수님은 귀신들에게 이름을 물으시면서 "네(이름)"라는 단수를 사용하셨다. 예수님은 남자의 대답을 의도하셨을 수도 있는데,

남자 안에 있는 악한 존재가 희생자의 성대를 사용해 말했다. 대답은 역설적이다. "내"는 단수고, "우리"는 복수다. 귀신들은 군대(Legion)라는 이름을 사용해 로마 군대를 암시했다. 1세기에 군대는 6천 명 남짓한 군사로 구성되었다. 물론 귀신들의 숫자가 정확히 얼마인지는 중요하지 않다. 요점은 원래 그 사람의 것은 아무것도 없었다는 점이다. 남자는 우리가 최악의 악몽에서나 상상할 수 있는 산송장 같은 처참한 삶을 살고 있었다.

## —5:10–13—

마가는 단수 대명사와 복수 대명사("그"와 "그들")를 이상하게 섞어 써서 그 만남이 아주 특이한 경우였음을 역설한다. 이상한 것만도 모자라 귀신들의 요청은 우스꽝스러울 정도로 황당하다. 누가복음을 보면, 그들은 무저갱[*abyssos*(12)]으로 피하고 싶어 했다(8:31). 이 말의 문자적인 뜻은 '바닥이 없는'이다. 신약성경에서 이 단어는 불의한 자가 최후의 심판을 기다리는 장소를 가리킨다(계 9:1–2, 11, 11:7, 17:8). 반면 마가는 그들이 거라사인의 지방에 남고 싶어 했다는 점을 강조하는데, 아마도 악이 그 지역을 얼마나 장악하고 있었는지 보여주려고 한 듯하다. 귀신들은 자기들이 찾아낸, 그렇게 활동하기 좋고 환대받는 곳을 떠나고 싶어 하지 않았다.

이 장면은 그들이 예수님께 가까운 돼지 떼에게 들어가게 해달라고 간구할 때 더 기이해진다. 귀신들은 예수님이 타협안을 받아들이실 수 있을 거라고 생각했다. 남자는 해방될 것이고, 그들은 그곳에 남을 수 있었다. 물론, 예수님은 어떤 일이 벌어질지 알고 계셨다. 예수님은 고원 지대에서 먹이를 먹고 있는 돼지들에게 들어가는 것을 허락하셨다. 예수님이 엔게브에 상륙하신 것이 맞다면 돼지들은 약 3킬로미터 정도 떨어진, 해발 약 530미터의 고원 지역인 히포스 외곽에서 먹이를 먹고 있었을 것이다. 돼지들은 악한 영을 감지하자 겁에 질려 꽥꽥대고 몸부림치며 제방을 달려 내려가 갈릴리 바다에 빠져 죽었다.

그 장면은 보기에도 오싹했을 것이다. 겁을 잔뜩 먹은 돼지가 꽥꽥거리는 소리를 들어본 적이 있다면 2천 마리나 되는 돼지 떼가 공포에 떨며 비명을 지르는 것을 상상해보라. 부정한 혼이 부정한 짐승들을 자살의 광기로 내몰아 어마어마하게 많은 돼지가 물속에서 허우적대며 죽는 모습을 그려보라. 그런 다음 최후의 한 마리가 파도 속으로 사라진 후 드리운 먹먹한 침묵에 귀 기울여보라.

이 소름끼치는 아수라장은 그 자리에 있던 제자들에게 명료한 메시지를 던져주었다. 질병, 재난, 불화, 죽음, 부패에는 악의 이름이 있다. 세상에 절망의 장막을 드리운 어둠의 대리인은 다름 아닌 사탄이다. 사탄은 예수님이 광야(막 1:13), 회당(1:23), 집(1:32) 그리고 여기저기 다니면서(1:39, 3:11) 하시는 사역을 방해했다. 그 악의 창시자는 하나님을 증오한다. 그리고 그는 자기 파괴적인 반란으로 하나님이 창조하신 만물을 소멸하고 싶어 한다.

## —5:14–17—

돼지를 치던 일꾼들이 이 사건을 "읍내와 여러 마을에"(5:14) 알렸다. 소동은 반나절 정도가 아니라 며칠에 걸쳐 벌어졌을 것이다. 마가의 서술은 사람들이 소문을 조사하고, 전에 정신이 나갔던 남자가 정상적인 행동을 하는 것을 보고, 해변에 떠내려온 돼지 떼의 부패한 사체를 직접 보기 위해 그 지방 전역에서 찾아왔을 때 일어난 일을 요약한 것이다. "보고"(5:15)로 번역된 단어는 *theōreō*(2334)인데, 여기서 영어 단어 theorize(이론을 세우다)가 나왔다. 그들은 일어난 일을 이해하기 위해 정보를 취합했다.

사람들은 다시 돌아와 남자가 더러운 귀신들에게서 완전히 해방되어 정신을 차리고 옷을 입고는 갈릴리에서 온 랍비의 발 앞에 앉아 있는 모습을 보았다. 예수님은 만신창이였던 남자에게 새 삶을 주시고, 존엄성을 되찾아주셨으며, 말끔히 회복해주셨다. 그런데 다시 돌아온 이방인들의 반응을 보면 그들이 어땠는지를 알 수 있다. 그들은 감사드릴 수 있는 상황이었건만 그들이 보여준 건 무지였다. 그들은 죽은 자들 가운데서 사는 귀신들린 사람도 두려워했지만, 예수님을 더 두려워했다. 그 두려움은 경외감에 가득 차 경배하게 만드는 그런 류의 두려움이 아니었다. 그들의 창조자에게 굴복하기는커녕 어둠이 빛을 거부하듯 그분을 피했다. 그들이 주님께 떠나달라고 요구하는 모습은 귀신들이 처음에 보였던 반응을 떠오르게 한다. "간구하더라"(5:17)로 번역된 동사는 *parakaleō*(3870)인데, 이 문맥에서는 '강력히 촉구하다', '호소하다', '요구하다', '강력히 요구하다'는 의미로 쓰인다.[5]

## —5:18-20—

예수님은 굳이 떠나실 필요가 없었다. 그들이 아무리 배척해도 남아 계실 수 있었지만, 떠나시는 것이 그분의 목적에 부합했다. 예수님은 곧 일어날 일을 감지하시고 떠날 채비를 하셨다. 예수님은 다른 쪽으로 건너가시기 전에 귀신들렸던 사람에게 그가 구속받은 이야기를 증거하라는 임무를 주셨다. 그가 어떻게 악의 노예가 되었는지, 구세주가 어떻게 그를 속박에서 풀어주시고, 존엄성을 회복해주셨으며, 마음을 새롭게 해주시고, 신성한 목적을 주셨는지 증거하라고 하셨다. 예수님은 남자에게 그의 믿지 않는 가족과 이웃을 전도하도록 맡기셨다. 그가 구원받은 이야기는 다른 사람들이 그리스도 안에서 구원받도록 인도하는 수단이 될 것이다.

마가의 에필로그는 주석을 달만큼 중요하다. 남자는 예수님이 지시하신 대로 했다. 그는 구세주가 하신 일을 지시받은 대로 선포했고[*kēryssō*(2784)], 사람들은 놀라워했다(5:20). "놀랍게 여기더라"[*thaumazō*(2296)]는 말은 '깊이 감명받다', '탄복하다', '존경하다'는 뜻이다. 마가는 남자의 증언에 사람들이 호의적으로 반응했음을 강하게 암시한다.

회복, 위임, 순종의 이야기는 이 내러티브를 지배하는 핵심 메시지다. 마가복음의 중심 주제는 신실한 제자도, 즉 적대적인 청중에게 신실하게 증언하고, 예수님이 말씀하시고 행하신 것을 신실하게 선포하는 것이다. 귀신들렸다가 회복된 남자는 예수님이 사역을 시작하신 이래 진정한 제자도의 첫 번째 표상이 되었다. 그리고 그는 이방인이었다.

## 적용: 마가복음 5:1-20

### 망가지고 소생하고 회복하다

주님과 무덤에 사는 무서운 남자와의 만남은 우리의 구속 이야기를 포괄하는 세 가지 변함없는 진리를 보여준다.

**첫째, 우리는 절망적인 죄의 노예로 태어난다.** 우리는 어머니의 자궁에서 나올 때 이 세상을 지배하는 악의 노예로 태어난다. 우리는 인류의 구성원으로서 이기적이고 반항적인, 죄를 좋아하는 본성을 물려받는다. 죄로 가득 찬 이 본성이 우리 몸을 지배하고, 우리 생각을 왜곡하며, 인간 이하의 행동을 하게 만든다. 그리고 우리가 매번 불순종하는 선택을 하게 만들어 인간의 존엄성을 훼손한다.

이 글을 읽는 사람 중에는 망가진 자신의 인생이 다시 회복될 수 없을 것이라 절망하고 있는 사람도 있을 것이다. 만일 당신이 그렇다면 무덤에서 나온 남자와 당신의 상태를 비교해보라. 당신이 처한 상황이 그 남자보다 나쁠 수는 없을 것이다. 예수님이 산송장 같은 남자를 회복하실 수 있었다면 당신의 삶도 그렇게 해주실 수 있다. 당신이 망쳐놓은 결혼 생활, 당신이 파괴한 가정, 당신이 혼란에 빠뜨린 인생들, 당신이 해를 끼친 사람들 그 어떤 것도 하나님이 회복하시지 못할 만큼 절망적인 것은 없다. 아무리 망가진 삶이라도 회복될 수 있다.

**둘째, 회복된 영혼은 하나님이 쓰실 수 있다.** 예수님은 우리를 회복하신 후 무기력한 상태로 홀로 두지 않으신다. 하나님은 죄인으로서 죽은 삶을 살고 있는 우리를 살리시면서 새 생명을 주신다. 존엄성이 회복되면 하나님의 목적을 성취할 수 있는 준비가 된다. 예수님이 주신 새 생명을 받고 회복된 남자는 자신이 구속받은 이야기를 모든 사람에게 전하라는 중대한 임무를 받았다.

**셋째, 하나님이 쓰시는 사람은 누구나 놀라운 변화를 일으킬 수 있다.** 마가는 이렇게 기록했다. "모든 사람이 놀랍게 여기더라"(5:20). 마을 사람들은 예수님을 거부하고 떠나달라고 간청했지만, 그들의 이웃이 구세주의 기쁜 소식을 선포하자 그들은 호의적으로, 아마도 믿음으로 반응했을 것이다. 그들은 무엇에 놀랐던 것일까? 남자의 회복된 삶이었다.

당신의 상흔이 생명을 소생시키시고 회복시키시는 그리스도의 권능을 증거한다. 그분은 이런 부끄러운 흔적을 영광의 상징으로 바꾸신다. 상처 하나하나가 하나님을 영화롭게 하는 기회가 되고, 또한 다른 사람들에게 영향을 미쳐 당신이 받은 치유와 존엄성을 발견하게 한다. 당신은 그리스도를 위해 세상에 놀라운 영향을 미칠 수 있다

## 죽음과 병을 이기는 권세(마가복음 5:21-43)

[21]예수께서 배를 타시고 다시 맞은편으로 건너가시니 큰 무리가 그에게로 모이거늘 이에 바닷가에 계
시더니 [22]회당장 중의 하나인 야이로라 하는 이가 와서 예수를 보고 발 아래 엎드리어 [23]간곡히 구하
여 이르되 내 어린 딸이 죽게 되었사오니 오셔서 그 위에 손을 얹으사 그로 구원을 받아 살게 하소서

하거늘 24이에 그와 함께 가실새 큰 무리가 따라가며 에워싸 밀더라

25열두 해를 혈루증으로 앓아 온 한 여자가 있어 26많은 의사에게 많은 괴로움을 받았고 가진 것도 다 허비하였으되 아무 효험이 없고 도리어 더 중하여졌던 차에 27예수의 소문을 듣고 무리 가운데 끼어 뒤로 와서 그의 옷에 손을 대니 28이는 내가 그의 옷에만 손을 대어도 구원을 받으리라 생각함일러라 29이에 그의 혈루 근원이 곧 마르매 병이 나은 줄을 몸에 깨달으니라 30예수께서 그 능력이 자기에게서 나간 줄을 곧 스스로 아시고 무리 가운데서 돌이켜 말씀하시되 누가 내 옷에 손을 대었느냐 하시니 31제자들이 여짜오되 무리가 에워싸 미는 것을 보시며 누가 내게 손을 대었느냐 물으시나이까 하되 32예수께서 이 일 행한 여자를 보려고 둘러 보시니 33여자가 자기에게 이루어진 일을 알고 두려워하여 떨며 와서 그 앞에 엎드려 모든 사실을 여쭈니 34예수께서 이르시되 딸아 네 믿음이 너를 구원하였으니 평안히 가라 네 병에서 놓여 건강할지어다

35아직 예수께서 말씀하실 때에 회당장의 집에서 사람들이 와서 회당장에게 이르되 당신의 딸이 죽었나이다 어찌하여 선생을 더 괴롭게 하나이까 36예수께서 그 하는 말을 곁에서 들으시고 회당장에게 이르시되 두려워하지 말고 믿기만 하라 하시고 37베드로와 야고보와 야고보의 형제 요한 외에 아무도 따라옴을 허락하지 아니하시고 38회당장의 집에 함께 가사 떠드는 것과 사람들이 울며 심히 통곡함을 보시고 39들어가서 그들에게 이르시되 너희가 어찌하여 떠들며 우느냐 이 아이가 죽은 것이 아니라 잔다 하시니 40그들이 비웃더라 예수께서 그들을 다 내보내신 후에 아이의 부모와 또 자기와 함께 한 자들을 데리시고 아이 있는 곳에 들어가사 41그 아이의 손을 잡고 이르시되 달리다굼 하시니 번역하면 곧 내가 네게 말하노니 소녀야 일어나라 하심이라 42소녀가 곧 일어나서 걸으니 나이가 열두 살이라 사람들이 곧 크게 놀라고 놀라거늘 43예수께서 이 일을 아무도 알지 못하게 하라고 그들을 많이 경계하시고 이에 소녀에게 먹을 것을 주라 하시니라

---

죽음은 하나님의 창조 행위에 대해 사탄이 모욕하는 최악의 방법이다. 우리의 창조주는 우리를 병들게 하고, 재난에 희생되며, 죽임을 당하고, 결국 땅에서 썩어지게 하려고 그분의 형상대로 지으신 것이 아니다. 그분은 우리가 품위 있게 살고, 우리의 구주 되신 주님과 함께 다른 피조물을 대신 다스리며, 서로를 즐기고, 그분과 친밀한 기쁨을 나누라고 창조하셨다. 언제까지나. 세상은 사탄이 최초의 인간들을 죄에 빠트렸을 때 악–질병, 재난, 죽음, 쇠퇴–의 제물이 되었다(창 3장, 롬 5:12). 지금 우리는 모두 악의 어두운 그림자 아래 살면서 무덤을 향해 가고 있다.

사탄은 인류와 모든 창조물에게 치명상을 입혔음에도, 압도적인 능력을 가지신 창조주를 이기지 못했다. 하나님은 자신의 피조물이 악마의 끔찍한 통치 아래 남는 것을 용납하

지 않으실 것이다. 그분은 세상을 구속하시고, 모든 것을 다시 자신의 통치 아래 두실 것이다. 그래서 하나님은 예수 그리스도를 통해 사람이 되셨다. 그리고 그분을 통해 지상에 자신의 왕국을 세우실 것이다.

마가복음 4장은 '하나님 나라가 도래한다'는 주제를 몇 가지 진리를 드러내는 일련의 비유로 밝힌다.

- 복음은 누구에게나 열려 있지만, 모든 사람이 복음을 받아들이지는 않을 것이다(4:1–25).
- 하나님 나라는 하나님이 세우시지만, 사람들이 담당해야 할 몫이 있다(4:26–29).
- 하나님 나라의 시작은 미미하지만, 결국 온 세상을 이롭게 할 것이다(4:30–32).

마가는 자연의 힘(4:35–41)과 귀신(5:1–20)을 제압하는 예수님의 권능을 보여주면서 '하나님 나라의 도래'라는 주제를 전개한다. 또한 질병과 죽음에 대한 주님의 권세를 입증하면서 하나님 나라의 주제를 이어간다. 예수님의 관점에서 볼 때 기적을 통해 드러난 그분의 권위는 사탄과 사탄의 지배 아래서 고통받고 있던 모든 이에게 분명한 메시지를 전달했다. 그것은 하나님이 피조물을 악에서 구하시고, 지상에 그분의 왕국을 세우기 위해 오셨다는 것이다.

## —5:21–24—

아이가 병으로 위독할 때 부모는 앞뒤 볼 것 없이 무릎을 꿇는다. 상태가 나아지지 않고 더 악화되면 무력감과 절망감에 몸부림치면서 할 수 있는 일이라면 뭐라도 한다. 생면부지의 사람들에게 조언을 구하면서 편견도 내버린다. 어린 것을 낫게 할 수 있다면 지푸라기라도 잡을 심정으로 자존심과 품위도 내동댕이친다. 병이 낫기를 바라면서 필요한 모든 돈을 쓰고, 아무리 먼 곳이라도 찾아가며, 모든 소유를 다 바친다. 절망의 나락은 깊고도 깊다.

예수님은 데가볼리 지역에서 돌아오신 후 가버나움에 정박한 배에서 내리셔서 큰 무리를 상대로 사역을 시작하셨다. 그때 가버나움 인근에 살고 있던 한 부부가 딸의 병상을 지키고 있었다. 딸은 거의 숨이 넘어갈 만큼 위중한 상태였다. 딸의 상태가 점점 더 악화되면서 고뇌와 절망의 날들이 밤낮으로 이어졌다. 어린 소녀가 다시는 깨어날 수 없는 죽음의 잠 속으로 빠져드는 것을 막을 길이 없어 보였다.

소녀의 아버지는 가버나움의 큰 회당 지도자인 회당장 야이로였다. 예수님은 큰 규모의 항구 도시인 이곳에서 공동체의 일원으로 거주하며 유대인들이 모이는 회당에서 틈틈이 가르치셨다. 그 지역 지도자들과 나사렛에서 온 랍비와의 사이에 조금이라도 문제가 생기면 이스라엘 전역에서 찾아온 수천 명의 방문자가 활기를 불어넣은 지역 경제에 그늘이 드리워질 것은 뻔했다. 그런데도 종교 지도자면서 시민 지도자인 야이로는 신학이나 정치, 경제 따위에 신경 쓸 겨를이 없었다. 누가복음 8장 42절에 따르면 그의 외동딸이 죽어가고 있었고, 예수님의 자비와 치유의 능력이 없으면 살아날 소망이 없었다.

복음서는 예수님과 야이로가 어떤 관계였는지 설명하지 않는다. 분명한 것은 그가 치유하시는 주님의 능력을 목격했다는 것이다. 그는 예수님께 멀지 않은 곳에 있는 그의 집에 가서 "그 위에 손을 얹으사"(막 5:23) 낫게 해달라고 간청했다. "손을 얹으사"라는 구절에 쓰인 헬라어 접속사는 예수님의 만지심과 소녀의 치유를 논리적으로 연결하는데, 이 경우에는 필수적인 인과 관계를 나타낸다. 다시 말해, 그는 예수님 외에는 딸을 살릴 방법이 없다는 것을 알았다. 그는 예수님께 간청함으로써 자신의 믿음을 행동으로 나타냈다.

## —5:25-27—

여기서 마가는 이 이야기의 시작과 끝 사이에 다른 이야기를 끼워 넣는다(3:20-21, 6:7-32, 11:12-14 해설 참조). 예수님은 해안가에서 야이로의 집까지 멀지 않은 거리를 걸어가시면서 치유가 필요한 또 다른 사람과 마주치셨다. 예수님은 이미 많은 군중을 상대로 늘 하시던 대로 가르침과 치유 사역을 베푸셨다. 그러나 이 만남은 다를 것이다. 과감히 다가와 거침없이 도움을 호소했던 야이로와는 정반대로 한 여인이 다가와 몰래 치유받으려고 했다. 그녀가 왜 그토록 수줍어했는지 이해하려면 그녀가 속한 사회의 복잡한 문화를 제대로 이해해야 한다.

현대의 민주적인 시대에 살고 있는 우리는 모든 사람이 동등한 가치를 지닌다고 생각한다. 그러나 이것은 비교적 새로운 사고방식이다. 지난 3세기를 제외한 모든 시대는 가문의 위상을 기초로, 그다음으로는 그들의 유용성에 따라 그리고 그다음은 그들이 주류 문화에 얼마나 잘 맞는지에 따라 사람의 가치를 결정했다. 마찬가지로, 1세기 유대인들은 하나님께 저주받았다고 생각하는 사람들을 평가절하하고 소외했다. 그들은 하나님이 율법을 준수하는 사람들을 축복하시므로 질병이나 불행으로 고통당하는 사람들은 분명 모종의 죄를 지었을 거라고 판단했다(참고. 요 9:2).

마가는 "열두 해를 혈루증으로"(막 5:25) 고생하고 있던 한 여인이 예수님께 다가왔다고 밝힌다. 헬라어 구절은 말 그대로 그녀가 "12년 동안 피를 흘렸다"고 말한다. 여인이 지속적으로 생리혈을 흘리는 것 같은 증상으로 고통받았음을 조심스럽게 언급한 것이다. 현대의 독자인 우리는 즉각 그녀가 처한 육체적인 상태와 고통이 의학적으로 어떻게 그녀의 삶에 영향을 미쳤을지 생각한다. 고대 독자들, 특히 유대인들은 그녀의 건강 상태는 그녀에게 들이닥친 불행의 시작일 뿐임을 알고 있었다. 그들 역시 그녀의 질병이 사회적, 종교적으로 어떤 영향을 미치는지 이해했다.

모세 율법에 따르면 생리 중인 여성은 의식적으로 부정하게 여겨져 규율에 따라 고립되어야 했다(참고. 레 15:19-27). "의식적으로"라는 형용사를 제대로 이해하는 것이 중요한 이유는 그것이 오늘날 현대인들이 상상하는 부정적인 의미가 아니기 때문이다. 이 특별한 율법은 오늘날 우리가 누리는 지식이 없던 고대인들에게 기본적인 위생 관념을 가르쳐주었고, 오늘날과 같은 편의 시설이 없어 여성들의 월경 주기가 이루 말할 수 없이 불편했던 시절에 생리 중인 여인을 일상의 의무에서 해방해주었다. 율법은 또한 "피의 유출이…여러 날"(레 15:25) 지속되는 모든 여인에게 적용되었다.

의식적으로 부정하다는 것은 해당하는 개인이 정상적인 사회 활동에 참여할 수 없다는 뜻이었다. 이런 조건을 가진 여성은 성전이나 회당에 들어갈 수 없었으므로, 다른 사람들과 육체적으로 접촉할 수 없었고, 다른 사람들과 함께하는 식사 초대도 수락할 수 없었으며, 젊어서 그런 증상이 나타나면 결혼도 할 수 없었다. 만약 결혼했다면 율법은 성교를 금했다. 더구나 낫지 않는 질병은 그녀가 속한 공동체 사람들이 볼 때 그녀가 하나님께 저주를 받았다는 징표였다. 사회적으로 보면 나병 환자가 되는 것이 차라리 나았다.

야이로가 사회의 최상위층(유명한 회당의 회당장)의 삶을 향유할 때 여인은 바닥에 떨어진 부스러기로 연명했다. 그렇게 그녀는 밑바닥에서 궁핍한 생활을 근근이 이어갔다. 흥미롭게도 야이로의 딸이 살아 있던 기간 동안 그녀는 이 병으로 고생하고 있었다. 그 어린 소녀가 자기 아버지 집의 기쁨이었던 세월 동안 절망에 빠진 이 병든 여인은 끊임없는 굴욕과 좌절을 견뎌야 했다. 회당장의 딸은 유대인 사회에서 특권층의 혜택을 누렸다. 반면 그 무명의 여인은 소외된 채 공동체 변방에서 살았다. 야이로는 공개적으로 예수님을 직접 찾아왔지만, 병들고 눈총받는 이 여인은, 사회적 관습에 따라 랍비의 겉옷이라도 만져보고 싶어서 비굴하게 구는 사람으로 경시당했다. 이 모든 것이 그녀가 왜 "몰래" 치유받으려고 했는지를 이해하는 데 도움이 된다.

## —5:28-29—

마가는 여인이 속으로 하는 말을 드러낸다. 예수님의 옷을 만지려는 시도가 다소 미신적이기는 했지만, 그녀는 예수님이 유일한 희망이라는 것을 알았다. 어쨌거나 이런 행위도 위대한 믿음과 겸손을 입증했다. 그녀는 회당장처럼 예수님께 직접 다가가기에는 자기가 하찮게 느껴졌을 것이다. 그래서 예수님을 둘러싼 군중을 필사적으로 헤집고 들어가 그분의 옷을 만졌다. 하나님은 그녀의 믿음을 치유로 예우하셨다. 12년 동안 지속된 만성 출혈, 효험 없는 치료와 냉담한 배척이 돌연 희망찬 미래로 바뀌었다. 그녀는 몸이 즉시 편해진 것을 느꼈다.

## —5:30-34—

여인이 치유를 받자마자 예수님은 당신 몸에서 신성한 능력이 흘러나간 것을 감지하셨다. "누가 내 옷에 손을 대었느냐"(5:30)는 예수님의 질문은 절박하게 익명으로 남기 원하는 한 여인에게 다가가시는 그분의 방법이다. 그냥 지나치실 수도 있었던 상황에서 예수님은 치유의 능력을 베푸신 것에 관심이 있으셨던 게 아니라 여인과 개인적인 관계를 맺고 싶으셨다.

제자들은 믿으려 하지 않았다. 그들은 이를 테면 "주님을 둘러싼 무리 중에서 주님을 만지지 않은 사람이 누가 있겠습니까?"라고 물은 것이다. 그러나 그들은 예수님이 감지하신 초자연적인 능력의 흐름을 알지 못했다. 그러는 사이 여인은 뒤로 물러서서 자기가 거명된 것이 두려워 마음을 졸이고 있었다. 그녀는 얼굴을 땅에 대고 두려움에 떨며 자초지종을 설명했다. 그러면서 분명 심한 질책이 떨어질 것이라 예상했을 것이다. 그러나 예수님은 그녀를 "딸"(5:34)이라고 부르셨다.

관습으로는 예수님이 여인을 '부인'에 상응하는 고대어인 '여자'라고 부르셔야 마땅하지만, 그분은 가족이 사용하는 호칭, 곧 야이로가 자기 딸을 부를 때 사용했을 다정한 말투로 부르셨다. 그분은 여인의 믿음을 칭찬하셨다. 그것은 갈릴리의 종교인들에게서 찾아보기 힘든 덕목이었다. 마침내 예수님은 그녀가 "구원받았다"고 선포하셨다. "건강할지어다"로 번역된 용어는 *sōzō*(4982)인데 문자적으로는 '구원하다'는 뜻이지만, 이는 영적 또는 육체적 구원 외에도 광범위한 용도로 쓰인다. 마가는 이 구절에서 여인의 육체적 치유에 대한 특별한 관심을 뒷부분에 배치해 앞에 나오는 예수님의 선포에 내포된 영적 의미를 부각한다. 여인은 예수님에게서 육신을 치유받으면서 동시에 훨씬 더 중요한 것도 받았다. 죄의 노예에서 풀려난 것이다.

## —5:35-36—

나는 여인의 이야기에 그다지 관심을 보이지 않으며 거기 서 있는 야이로를 상상할 수 있다. 그는 예수님과 달리 여인에게 관심이 없었을 것이다. 어쩌면 그는 급한 마음에 화가 북받쳤을 것이다. 생각해보라. 자기 딸이 죽어가고 있는데 예수님은 사회적, 종교적으로 배척당한 여인과 이야기하시려고 가던 길을 멈추셨다. 여인은 그녀의 공동체, 그녀의 회당 그리고 짐작건대 그녀의 하나님에게서도 하찮은 존재로 낙인 찍힌 자였다. 만약 예수님이 정치에 뜻이 있거나 출세하려는 야망이 있으셨다면, 최소한 혈루병 걸린 여인을 잠시 제쳐두고 회당장의 집으로 급히 가셨을 것이다. 그러나 그분은 소외된 자를 위해 시간을 내셨다. 그녀는 예수님께 야이로의 어린 딸과 똑같이 소중했다.

예수님은 둘 중 누구를 도울지 선택하실 필요가 없다는 사실을 야이로는 몰랐을 것이다. 그분은 시간이나 거리, 환경에 구애받지 않으신다. 그분의 자원은 절대 마르는 일이 없기 때문에 그분이 누군가를 돕는다고 해서 다른 사람에게 돌아갈 몫이 사라지는 것이 아니다. 또한 예수님은 우리의 시간표가 아니라 그분의 시간표에 따라 그분이 계획하신 목적을 성취하실 것이다. 불행히도 우리는 이기적이고 성마르다. 우리는 모든 일이 우리가 하기 나름이라고 생각한다. 그리고 우리는 무언가가 지연되는 것을 지독히도 싫어한다.

근심에 가득 찬 아버지가 초조한 발걸음을 재촉하는데 예수님은 외면받던 여인을 두고 시간을 끄시던 그때 상상할 수 없는 일이 일어났다. 한 무리의 사람이 야이로에게 참담한 소식을 전했다. "당신의 딸이 죽었나이다"(5:35). 다음 문장을 보면 그들이 얼마나 예수님에 관해 모르고 있었는지를 알 수 있다. "어찌하여 선생을 더 괴롭게 하나이까?" 그 말의 본뜻은 이렇다. "아이는 이제 가망이 없습니다. 아무리 예수님이라도 도울 수 없습니다."

소식을 전한 사람들을 나무랄 필요는 없다. 그들은 교회사나 신약성경을 알 기회가 없었다. 주님의 정체성이 점점 드러나면서 그분의 친구들은 어떻게 이스라엘의 하나님이 계속 하나님이면서 인간일 수 있는지를 이해하려고 무진 애를 썼다. 그것은 지금까지도 우리가 완전히 이해할 수 없는 신비다. 죽음은 돌이킬 수 없다. 사람은 죽지만 않으면 병에서 회복될 수 있다. 죽음이 데려가지 않으면 심각한 부상에서도 회복된다. 하지만 죽음에서는 회복되지 않는다. 그런데 우주를 통틀어 죽음보다 더 결정적인 것이 딱 하나 있다. "일어나라"는 하나님 말씀이다.

예수님은 말을 전한 사람들을 책망하지 않으셨다. 그리고 충격을 받은 아버지에게 말씀하셨다. 나는 예수님이 남자를 뚫어져라 바라보시며 우리 모두가 하나님께 들어야 할 이야기를 우리를 안심시키는 어조로 말씀하시는 모습을 상상해본다. "두려워 말고, 믿음을 지켜라"(5:36, 나의 번역). 남자는 예수님이 딸의 건강을 회복해주실 수 있다는 그리고 회복해주시리라는 남다른 믿음을 행동으로 옮겨 예수님께 나아왔다. 예수님은 희망이 완전히 사라진 상황에서도 계속 믿음을 잃지 말라고 다독이셨다.

## —5:37–40—

예수님은 큰 무리를 야이로의 집으로 끌고 가면 마음대로 사역하기가 힘들 거라는 판단에서 군중을 뒤에 남게 하셨다. 대신 장차 예수님의 가장 가까운 동역자가 될 세 사람, 곧 베드로와 야고보와 요한(참고. 9:2, 14:33)을 데려가셨다. 예수님은 소동을 일으키거나 구경거리를 만들 생각이 없으셨다. 단지 이 일을 비롯해 다른 중요한 사건들을 직접 목격한 증인들이 필요하셨다.

고대 근동 문화에서 유족은 망자를 위해 애곡하는 사람을 고용했는데(참고. 렘 9:17, 암 5:16), 그것은 그들에게 상이 났음을 이웃에게 알리기 위해서였을 것이다.

예수님은 야이로의 집에 오셔서 애곡하는 소리를 들으시고 그 소리를 내는 사람을 돌려보내셨다. "당신이 더 일할 필요가 없다. 아무도 죽지 않은 곳에서 울고불고하지 마라"고 말씀하신 것이다. 그들은 그 말에 충격을 받았을 것이다. 예수님은 그 자리에 모여 있던 사람들에게 분명하게 말씀하셨다. "아이는 죽은 게 아니라 자고 있다."

묘한 말씀이다. 고대 사람들은 죽음에 대해 잘 알았다. 그들은 죽은 것을 착각하지 않을 정도로 죽음을 충분히 목격했다. 누가는 "그 영이 돌아와"(눅 8:55)라는 말을 덧붙였다. 이는 소녀가 죽었던 것임을 분명히 나타낸다. 그러면 예수님은 무슨 뜻으로 그렇게 말씀하셨을까?

이 간단한 진술로 예수님은 모든 사람에게 부활을 약속하셨다. 아이가 "잔다"(막 5:39)고 말씀하심으로 예수님은 육신의 죽음이 끝이 아님을 선언하셨다. 모든 사람은 죽음의 잠에서 깨어나 심판받을 것이다. 어떤 이들은 하나님의 존전에서 영원한 부활을 누릴 것이고, 또 다른 이들은 죽음보다 더 괴로운 영원한 실존인 "둘째 사망"(계 2:11, 20:6, 14, 21:8)을 겪을 것이다. 그러나 그 자리에 있던 사람 중에서 예수님 말씀에 담긴 함의를 제대로 알아들은 사람은 거의 없었다. 사람들은 예수님의 말씀을 문자적으로 받아들여 그분을 바보라고 경멸했다.

예수님은 당신의 말씀을 변호하시거나, 당신을 비난하는 사람들을 설득하려고 하지 않으셨나. 그분은 당신의 도움을 받고 싶어 하는 사람들에게 집중하셨다. 그분은 야이로, 야이로의 아내, 세 제자를 제외한 모든 사람을 방에서 내보내셨다.

## —5:41-43—

예수님은 생명이 떠난 어린 소녀의 손을 잡으셨다. 보통 그렇게 하면 그분은 의식적으로 부정해지셨을 것이다. 그리고 소녀에게 일어나라고 명령하셨다. 마가는 주님이 아람어로 하신 말씀을 음역한다. "달리다굼"(5:41)!(이것은 마가가 이 복음서를 이스라엘의 모국어에 익숙하지 않은 이방인 독자를 대상으로 썼다는 많은 예시 중 하나다.)

"곧", 즉 시간의 경과 없이 소녀의 부모는 소녀를 다시 맞아들였다(5:42). '놀라다'에 해당하는 헬라어 *existēmi*(1839)는 문자적으로 '물러나다'는 뜻이다. 비유적인 의미로는 '정신을 잃다' 또는 '정신이 나가다'는 뜻이다.[6] 우리말로는 "그들은 얼이 나갔다"는 표현이 제일 적합하지만, *existēmi*에는 훨씬 다채로운 의미가 있다.

예수님은 데가볼리에서 남자를 회복시키셨을 때(5:1-20)와는 달리 부부에게 딸의 부활에 관해 침묵하게 하셨다. 데가볼리에서 이방인들은 예수님의 신적 권능을 두려워하여 그분을 쫓아냈다. 반면 갈릴리에서는 주님이 행하신 기적 소식에 너무 많은 사람이 몰려와 효과적으로 사역하실 수 없었다. 예수님이 소녀를 소생시키신 소식을 퍼뜨리면 더 많은 군중은 끌었겠지만, 그분의 사명이 진척되지는 못했을 것이다.

예수님은 자유롭게 다니실 수 있어야 했고, 자신의 유익을 위해 그분을 따르는 제자들을 경계하셔야 했다. 그분은 긍휼한 마음으로 병자를 고치셨고, 귀신들린 사람을 깨끗케 하셨으며, 죽은 자를 다시 살리셨다. 그분은 당신이 전하는 메시지가 정말로 하나님이 보내신 것임을 입증하실 때만 공개적으로 기적을 행하셨다. 그분은 참된 제자들과 말초적 관심으로 끌린 자들을 가려내셨고, 더 엄격한 제자도를 강조하기 시작하셨다.

## 적용: 마가복음 5:21-43

### 절망이라는 선물

나는 딸을 구해야 한다는 절박하고 긴급한 상황에 처해 있던 야이로의 심정을 안다. 나 역시 그런 경험을 여러 차례 했다. 몇 년 동안 이런저런 절망적인 상황을 경험한 후 나는 어려운 진리를 받아들이게 되었다. 절망은 하나님의 선물이다.

당신이 절망에 빠져 있다면 이 말은 잔인한 농담처럼 들릴 수 있다. 확언하건대, 우리가 섬기는 하나님은 잔인한 분이 아니다. 하나님은 당신이 처해 있는 상황을 놓치지 않으셨다. 그분은 당신을 사랑하신다. 하지만 당신이 겪고 있는 어려움은 그대로다. 따라서 우리는 당신이 처한 절망적인 상황은 하나님이 종국에는 선을 이루시려는 의도임을 확신할 수 있다(롬 8:26-39).

힘든 상황이 지속되면 견디기 힘들어지고, 가장 두려운 결과를 막을 수 없는 우리가 얼마나 무력한지 깨달을 때 우리는 보통 절망에 빠진다. 그것은 실직, 고통스러운 병, 깨진 관계, 반항적인 십대, 엉망이 된 재정 상태 등 우리 힘으로 변화시킬 수 없는, 큰 실패로 치닫는 상황일 수 있다.

우리는 절망의 구렁텅이에 떨어지고 나서야 자신의 무력함을 인정하고 하나님의 주권적 능력을 신뢰할 자세를 갖게 된다. 우리 대다수는 우리 자신의 힘으로 해야 한다는 생각에 집착해 자율성을 더 강화하기 때문에 우리의 가장 깊고 진정한 필요를 채우실 기회를 주님께 드리지 못한다. 하지만 정말로 절망하게 되면 우리가 원하는 것을 얻지 못하더라도 하나님의 뜻, 하나님의 방법, 하나님의 시간표와 우리의 자율권을 교환할 준비가 된다. 그리고 그때야 비로소 우리는 하나님을 개인적으로 체험하면서 그분이 누구신지를 알게 된다.

야이로의 이야기를 통해 당신의 절망을 이해하는 데 도움이 될 세 가지 진리를 제시하고자 한다.

**첫째, 회의적 태도가 겸손과 자리를 바꾸려면 우리는 종종 절망의 지점에 도달해야 한다.** 많은 대학교수가 거들먹거리며 신앙에 대해 온갖 회의적인 발언을 거침없이 쏟아내는 이유는 그들이 살면서 절망의 나락에 떨어져본 적이 없기 때문이다. 막상 절망을 경험하고 나면 얼마나 많은 이가 콧대가 납작해져서 하나님 앞에 겸손해지는지 놀라울 정도다. 절망의 영지에 발을 디디면 자연스레 겸손이 다가온다.

C. S. 루이스(C. S. Lewis)는 그것을 이렇게 표현했다. "(고통)은 반항하는 영혼의 요새에 진리의 깃발을 꽂는다."[7] 소녀의 아버지는 더는 교만한 회당장이 아니라 죽어가는 딸 앞에서 마음이 깨어지고 낮아진 사람이 되었다. 그는 자포자기한 상태였다. 그런데 그가 자신을 낮추자, 그를 절망에 빠트린 일을 포함해 그의 모든 필요를 채우려고 기다리고 계시는 구세주를 발견했다.

**둘째, 신뢰가 우리의 고통을 퇴색케 하려면 우리는 더딤의 가치를 배워야 한다.** 기다리고 또 기다리다 보면 우리가 처한 상황을 하나님께 양도하게 된다. 그리면 으레 고통을 느껴야 할 상황에서 조용하고 차분한 신뢰가 물밀듯이 몰려온다. 자녀가 걱정된다면 그것을 기도로 씻어내는 법을 조금씩 배우게 될 것이다. 아이가 자라서 둥지를 떠날 때에도 해가 갈수록, 조금씩, 하나님이 보호하고 계심을 알게 될 것이다. 하나님은 상황을 거의 다 주관하시는 게 아니다. 그분은 상황을 하나도 빠짐없이 전부 다 알고 계신다.

나는 예수님이 야이로가 더 일찍 오지 않았다고 나무라지 않으신 게 참 좋다. 그는 자신의 의지를 다해, 올 곳으로 와야 했다.

마지막으로 믿음이 두려움을 대체하려면 비관론자들을 가까이 하지 말아야 한다. 당신의 믿음을 얄팍하고, 빈약하며, 나약한 상태로 계속 머무르게 만드는 사람들과 사귀면 하나님을 신뢰하는 법을 절대 배우지 못할 것이다. 건강하지 않은 관계를 계속 이어가면 당신이 처한 상황 너머를 절대 보지 못할 것이다. 당신은 늘 의아할 것이다. 도대체 나는 왜 믿음으로 하나님과 동행하지 못하는 걸까? 당신의 친구들이 어떤 사람인지를 보라. 하나님을 진정 신뢰하는 사람들과 교제할 때 당신의 믿음은 점점 더 커지고 강해질 것이다.

비관론자 한 사람이 하나님은 우리에게 관심이 없다거나 심지어 존재하지 않는다고 주장하며 근거를 나열하면서 다른 사람들이 하나님을 신뢰하는 마음을 야금야금 잠식해 집단 전체를 독살할 수 있다는 사실은 놀랍다. 그런 사람들은 비관하는 데서 그치지 않고 위험하다. 그들은 의심을 먹고 산다. 그들이 아는 유일한 것은 이루어질 수 없다는 사실뿐이다. 그들은 수평만 바라볼 뿐 수직에 대한 개념이 아예 없다.

그런 사람들을 멀리하라! 그리고 기억하라. 예수님은 야이로의 절망을 기쁨으로 바꾸시기 전에 그런 사람들을 모두 방에서 내보내셨다.

## 영광을 얻지 못한 선지자(마가복음 6:1–6)

1예수께서 거기를 떠나사 고향으로 가시니 제자들도 따르니라 2안식일이 되어 회당에서 가르치시니
많은 사람이 듣고 놀라 이르되 이 사람이 어디서 이런 것을 얻었느냐 이 사람이 받은 지혜와 그 손
으로 이루어지는 이런 권능이 어찌됨이냐 3이 사람이 마리아의 아들 목수가 아니냐 야고보와 요셉과
유다와 시몬의 형제가 아니냐 그 누이들이 우리와 함께 여기 있지 아니하냐 하고 예수를 배척한지라
4예수께서 그들에게 이르시되 선지자가 자기 고향과 자기 친척과 자기 집 외에서는 존경을 받지 못함
이 없느니라 하시며 5거기서는 아무 권능도 행하실 수 없어 다만 소수의 병자에게 안수하여 고치실
뿐이었고 6그들이 믿지 않음을 이상히 여기셨더라

이에 모든 촌에 두루 다니시며 가르치시더라

"나는 과거…때 당신을 알았습니다." 이런 말로 이야기가 시작되면 나는 대개 움찔한다. 그

말은 보통 내가 잊고 싶어 하는 이야기로 이어지고, 그 말을 하는 사람은 대개 악마 같은 미소를 짓거나 고개를 가로젓고 있다. 둘 다 할 때도 있다. 이거 하나는 확실하다. '옛날 그때' 우리를 아는 사람들은 현재 우리 모습 내지는 지금 우리가 어떤 사람이 되었는가에 감동받지 않는다. 그들은 우리가 어렸을 때 상처받기 쉽고, 무지하며, 어리석고, 온통 결함과 단점투성이였던 때를 기억한다. 그들은 우리가 가장 어리석었던 유년기, 무책임했던 십대 시절, 우리를 가장 부끄럽게 만들었던 깨우침의 경험들을 목격했다. 그들은 절대 우리에게 사인해달라고 하지 않는다! 그런 이유로 어린 시절에 뛰놀던 집으로 돌아가는 것은 어려울 수 있다. 심지어 부끄러운 과거가 없었던 예수님께도 그것은 쉽지 않았다. 그분은 단 한 번도 잘못된 일을 하지 않고 자라셨다. 하지만 불행히도 사람들은 자기네가 가장 잘 아는 사람들에게서 위대함을 보려 하지 않는다. 결과적으로 고향 사람들은 그들이 '옛날 그때' 알았던 사람에게 갈채를 보낼 가능성은 매우 낮다.

일련의 짤막한 이야기들을 통해 마가의 내러티브는 부인할 수 없는 예수님의 권능을 드러냈다. 이 글을 읽는 합리적인 사람이라면 누구라도 예수님이 일개 랍비나 활력에 찬 강사, 카리스마 넘치는 지도자 이상의 존재임을 깨닫기 시작할 것이다. 예수님은 병을 고치시고, 나병환자를 깨끗케 하시며, 눈먼 자에게 시력을 주시고, 귀신을 쫓아내시며, 자연을 다스리시고, 죽은 자를 살리셨다. 마가는 이 모든 것을 바탕으로 이제 예수님의 고향 사람들이 그분을 따르라는 부르심에 어떻게 반응하는지 보여준다.

## —6:1–2—

예수님은 나사렛을 고향으로 생각하셨다. 예수님의 부모는 그분이 베들레헴에서 태어나 애굽에서 2년 정도 자라신 후 이 자그마한 유대인 마을에 정착했다. 2백 명이 채 되지 않는 나사렛 주민들은 그분이 성장하시는 모습을 보았다. 하지만 예수님은 북동쪽으로 약 35킬로미터 떨어진 가버나움에서 공적인 사역을 시작하셨다. 그곳 항구에서 배를 타면 먼 곳을 더 빨리 여행할 수 있어서 갈릴리 지역으로 가기가 더 용이했다. 예수님은 그동안 그 지역의 여러 곳을 방문하셨고, 이제 나사렛에 복음을 전하실 때가 되었다.

대체로 소식은 한 도심에서 다른 도심으로 다니는 상인들의 입을 통해 갈릴리 전역으로 빠르게 전달되었다. 하지만 나사렛은 갈릴리 지역에서 유대인들의 소문이 전달되는 중심 경로에서 벗어나 있었다. 그것은 나사렛이 이스르엘 골짜기에서 350미터 위에 위치한 사발 모양으로 생긴 땅의 오목한 바닥에 들어앉아 있어서 지나가다 들리기에는 무척 불편했기 때문이다. 또 다른 이유로는, 그곳이 목욕탕이 완비된 로마 수비대의 주둔지였다는 점이다. 유대인들은, 특히 이방인들을 집안의 해충처럼 질겁하며 피하는 이스라엘에서는, 일반적으로 다른 민족들을 피했다. 따라서 나사렛 사람들은 아마도 가이사랴와 로마 사람들에게서 아랫동네 소식을 들었을 것이다. 그래도 예수님이 활동하시는 소문은 그분의 옛 소꿉동무들과 그들의 부모들에게 전해졌다.

나사렛 사람들은 예수님과 제자들을 따뜻이 맞이했고, 그들의 작은 회당에서 가르치라고 권유하기까지 했다. 누가는 "그들이 다 그를 증언하고 그 입으로 나오는 바 은혜로운 말을 놀랍게 여겨"(눅 4:22)라고 덧붙여 말한다. 마찬가지로 마가도 나사렛 사람들이 처음에는 기분 좋게 놀랐다고 기록한다. 그들은 어떻게 자기네 마을에서 자란 청년 예수가 그렇게 위대한 지혜를 얻었고, 어떻게 하고 많은 사람 중에 그가 진짜 기적을 행할 수 있었는지 의아해했다.

그러나 그들의 즐거운 놀라움은 곧 악의에 찬 분노로 바뀌었다.

## —6:3—

특히 예수님을 '예전에' 알았던 사람들은 그분이 가르치신 내용에 반대하지 않았다. 그들은 그것을 지혜롭다고 말했다. 그러나 그들이 그분이 행하신 기적에 관해 묻는 질문에는 불길한 그림자가 어려 있다. 그들은 기적이 일어났다는 것을 부인하지 않았다. 대신 그들의 수사적 질문에는 그분께 "이런 것"(6:2)을 준 이는 사탄이라는 의혹이 어려 있다. 그다음 그들은 의심하는 이유를 정했다.

예수님은 목수셨다. 헬라어로 목수는 '건축하는 사람', '건축가', '소목장이'를 일컫는다. 일부 헬라 작가는 쟁기와 멍에를 만드는 사람들을 묘사하는 데 이 용어를 사용했다. 다른 말로 하면, 예수님은 교사가 되기에 적합한 계층이 아니셨다. 육체 노동을 하는 비천한 잡부였던 그분은 다른 랍비들이 예루살렘에서 여러 해 동안 받는 엄격한 훈련과 교육을 받지

# 묵상의 서재

## 나 어릴 적에(마가복음 6:3-4)

내 어린 시절 이야기를 듣고 나면 텍사스 주 엘 캄포의 주민들이 내 사진을 벽에 걸어놓지 않는 이유를 알게 될 것이다.

내가 4학년 때 일어난 일이다. 우리는 교실에서 알파벳순으로 앉았는데, 그 때문에 나는 시험 때마다 전 과목 A라는 가장 지루한 성적표를 받는 똑똑한 학생 바로 뒤에 앉았다. 그 여학생은 허리까지 내려오는 머리를 길게 땋았는데, 그걸 무척 자랑스러워했다. 나는 그 아이가 스펠링 비(철자 맞추기 경기-역주)에서 블루리본 상을 받으려고 일어나기 직전에 땋은 머리를 책상 의자에 묶어 버렸다. 아이는 상을 받으려고 일어서서 앞으로 나가면서 중앙 통로 거의 반 정도를 의자를 끌고 갔다. 삼손이 가사의 문들을 끌고 가듯이 말이다(삿 16:1-3). 얼마나 멋진 광경인가!

몇 년 후, 나는 만사를 매우 진지하게 받아들이는 11학년 영문학 선생님-하나님의 축복이 그분께 함께하기를-에게 골칫거리가 되었다. 그분은 어째서 나와 내 패거리에게는 만사가 진지하지 않은지 이해하지 못하셨다. 초서, 브라우닝, 콜리지, 셰익스피어 같은 사람들에게 넌더리가 난 한 학생이 그 지루한 수업 시간에 자기의 브리티시 제임스 모터사이클을 교실 한가운데서 타면 멋지겠다고 생각했다. 그것도 나를 뒤에 태우고 "이야!"라고 외치면서.

그렇다. 우리는 그렇게 했다. 교실을 통과하고 복도를 따라 쿵, 쿵, 쿵 계단을 내려갔다. 내가 마지막으로 선생님을 봤을 때 선생님은 협심증약을 찾으려고 책상을 뒤지고 있었다. 계단 맨 끝에 다다랐을 때 교장 선생님이 우리를 맞이했다. 나를 뒤에 태웠던 아이는 혼자 달아났다. 교장 선생님은 가서 내 의자에 앉으라고 말씀하셨다(교장실에는 내 의자가 있었다). 그 말은 바야흐로 교장 선생님의 설교가 시작된다는 뜻이었다. 불과 한 달 전 나는 '이달의 주니어 로터리 상'을 수상했고, 멋진 트로피를 받았다. 교장 선생님은 말씀하셨다. "트로피를 반납해야겠다."

나는 말했다. "그건 이미 전당포에 넘겨서 반납할 수 없는데요." 그건 진실이었다. 나는 그 돈을 교실 통로를 고함을 지르면서 지나갈 때 우리를 응원했던 아이들에게 담배를 사주려고 다 써 버렸다.

그다음으로는 밴드와 오케스트라 선생님이 있었다. 그분들은 첼로를 기타처럼 연주하는 내 누이 루시를 참아주셔야 했는데, 거기서 그치지 않고 같은 오케스트라에서 클라리넷을 연주하는 나 때문에 고생하셨다.

우리 오케스트라는 학교 전체 조회에서 박수갈채와 함께 앙코르 요청을 받으면 멋진 피콜로

연주가 특징인 “성조기여 영원하라”를 연주하기로 했다. 우리 플루티스트는 자기의 앙증맞은 피
콜로로 연주하는 것을 퍽 자랑스러워했다. 연주회 일주일 전에 나는 피콜로 끝에 딱 맞는 낚시
용 코르크를 발견했다.

알다피시 존 필립 수자(John Philip Sousa)는 코르크가 꽂혀 있는 피콜로를 위해 그 곡을 작곡
하지 않았다. 그런 상태로는 피콜로가 제대로 소리를 낼 수 없다. 이상하게도 끽끽거리는 소리가
커지는데도 우리 지휘자는 피콜로 연주자를 보지 않았다. 그는 얼굴이 벌개져서 오른쪽에 앉아
있는 클라리넷 연주자를 보았다.

우리 어머니는 다른 학생들이 모두 수업을 받아야 하는 날에 어떻게 내가 사흘 동안 수업을
듣지 않아도 되는 특별한 날을 받았는지 도통 이해하지 못하셨다. 나는 어머니에게 내가 상을 받
은 거라고 말씀드렸다.

또 내가 고등학교 졸업반이었을 때 화학 선생님이 겪은 수난을 지나칠 수 없다. 선생님은 실
험실 뒤에 있는 남자아이들에게 우리 옆에 있는 작은 병이 황산이라는 걸 알려주는 실수를 했다.
선생님은 “그건 피부를 엄청 쓰리게 할 수 있지만 사마귀는 제거할 것”이라고 말씀하셨다. 선생님
은 앞에 앉아서 내 여자 친구와 시시덕거리는 남자애가 왜 가끔씩 비명을 지르는지 영문을 몰랐
다. 선생님은 실험실 뒤쪽에서 날아온 황산을 적신 종이를 뭉쳐 만든 총알에 대해 알 턱이 없었다.

고등학교 졸업 10주년을 맞아 나는 학교를 방문하는 실수를 저질렀는데, 다시는 절대 그런
실수를 하지 않을 작정이다. 선생님 중 한 분이 어떻게 내가 교도소에 있지 않은지 물으셨기 때
문이다.

못하셨다.

나사렛 사람들은 예수님의 태생과 관련해 더 강하게 공격했다. "마리아의 아들"이라는 구절은 의도적인 경멸이었다. 1세기 이스라엘에서는 "부친의 생사를 막론하고 부친의 이름을 사용하는 것이 유대인들의 일반적인 관행이었다. 어떤 사람이 아버지를 모를 때만 어머니의 아들이라고 불렸다."[8] 마리아와 요셉이 나사렛에 다시 정착했을 때 마리아에게 일어난 특이한 임신은 이웃들에게 많은 가십거리를 제공했을 게 뻔하다. 이 소문은 평생 예수님을 따라다녔다(참고. 요 8:41, 9:29).

예수님의 형제자매를 언급한 데서 그들이 예수님을 어떤 태도로 대했는지를 엿볼 수 있다. 앞서 그들은 예수님이 "미쳤다"(막 3:21)고 판단했고, 나사렛의 다른 사람들도 분명 같은 생각을 공유했을 것이다. 그래서 그들은 그분의 지혜로운 가르침을 듣고, 그분의 기적을 본 다음 그분의 태생을 생각한 후 "그분을 배척했다." 이에 해당하는 헬라어는 *skandalizō*(4624)로, 중간태/수동태로 표현된다. 이 말은 한 사람을 몰락시키는 것을 뜻한다. 이 동사는 기분을 상하게 한다는 개념을 넘어서서 다른 사람의 길에 의도적으로 위험요소를 설치해 부상을 입히거나 죽음까지 초래할 때 선택하는 단어다.

나사렛 사람들은 자기네 감정이 상했거나 화가 나서 "배척"한 것이 아니었다. 그들은 예수님의 정체성 문제에 걸려 넘어졌다. 그분을 하나님의 아들로 받아들이려면 자기들이 가진 편견을 버려야 했는데, 그것을 거부하는 강퍅한 마음이 그들에게 영적인 종말을 가져왔다. 마가는 *skandalizō*를 사용해 그들이 예수님을 그리스도로 받아들이지 않는 도덕적 결단을 했음을 암시한다.

## —6:4-5—

예수님은 그들이 믿지 않는 것을 보시고 속담을 말씀하셨다. "존경"(6:4)으로 번역된 단어는 맥락에 따라 '복종', '존경', '존중'을 의미할 수 있다. 선지자는 그를 가장 잘 아는 사람들에게서만 존경을 받지 못한다. '고향', '친척', '집'이라는 말이 계속해서 나오는 것을 주목하라.

예수님이 다른 선생의 말을 인용하셨을 수도 있지만, 그때 이 말을 만드셨을 가능성이 크다. 물론, 예수님은 일개 선지자 이상이셨다. 그분은 분명 종교 당국자들에게 배척당하고, 사람들에게 무시당하며, 이스라엘 왕들에게 순교당한 숱한 구약의 선지자들을 생각하며 이 말씀을 하셨을 것이다(참고. 마 5:12, 23:29–37, 눅 11:47–50, 13:34, 16:31).

이 구절을 보면서 마가의 원 독자들을 염두에 두라. 주님이 보여주신 모범이 네로에게 박해받고 있던 그들에게 어떻게 적용되었을지 상상해보라.

그다음 진술이 아주 흥미롭다. "거기서는 아무 권능도 행하실 수 없어 다만 소수의 병자에게 안수하여 고치실 뿐이었고"(막 6:5). 분명히 마가는 주님이 행하시는 기적 사역이 대체로 제한되었을 뿐 전혀 없지는 않았다고 말한다. 그런데도 본문은 나사렛과 관련한 무언가로 말미암아 하나님의 능력이 제한되었음을 시사하는 듯하다.

하나님은 전능하시므로 뜻하시는 모든 일을 행하실 수 있다. 나사렛에 편견을 버리려는 사람이 거의 없었다는 사실은 그들에게 예수님을 메시아와 구세주로 믿는 믿음이 없었음을 보여준다. 그들의 믿음 없음이 기적을 제한하는 요소였다. 결과적으로 주님이 제한을 받으신 것은 그분의 능력이 아니라 그분의 목적이었다. 지혜로운 부모가 반항하는 자녀의 행동이 바로잡힐 때까지 아이에게 선물을 줄 수 없는 것처럼 예수님은 기적을 행하실 수 없었다.

## —6:6—

예수님은 나사렛 사람들의 믿음 없음을 "이상히 여기셨"다. *thaumazō*(2296)라는 용어는 70인역(히브리어 구약성경의 헬라어 번역본)에서 하나님의 초자연적 활동에 대한 사람의 반응을 묘사하는 데 가장 많이 사용되었다. 마가는 이 말을 살짝 틀어서 불신이 너무 강해 기적도 소용 없는 것을 보신 하나님이 의아해하시는 모습을 보여주는 용도로 사용한다. 불행히도 나사렛 사람들의 생각과 그들이 그리스도를 거부하는 모습에서 이스라엘이 영적으로 침체되어 있었음을 알 수 있다.

이처럼 불신이 널리 퍼져 있었지만, 예수님은 꿋꿋이 밀고 나가셨다. 예수님은 설교와 치유 사역을 줄이지 않으셨다. 그분은 갈릴리 지역을 계속 다니시면서 들을 마음이 있는 사람이라면 누구나 가르치셨다. 그렇지만 일반 대중은 점점 더 냉소적이고 호전적으로 되어갔고, 예수님도 진실한 추종자들에게 더 집중하기 시작하셨다.

## 적용: 마가복음 6:1-6

### 냉소하는 자, 궁금해하는 자, 헌신하는 자

이 이야기에서 당신이 자신의 모습을 보았는지 모르겠지만, 나는 사역하면서 만났던 사람들의 모습을 본다. 나는 세 집단과 그들의 특징을 본다. 첫째, 제자들을 본다. 마가가 들려주는 각 이야기 속에서 일체의 논쟁 없이 귀를 기울이는 진정한 추종자들을 본다. 그들은 우물가의 목마른 영혼들처럼 예수님의 가르침을 충심으로 받아 마셨다. 많은 것을 이해하지 못했지만 그래도 그분 말씀을 하나님의 입에서 나온 진리로 받아들였다.

오늘 이 글을 읽는, 진심으로 헌신한 제자들에게 말하고 싶다. 나는 당신들을 높이 평가한다. 고맙게 생각한다. 당신들의 목사로 사역하는 것은 큰 기쁨이다. 당신들은 어디서 섬기든 사역의 바퀴를 돌아가게 만든다. 당신들은 설교자와 선생들이 난관을 극복하고, 반대를 견뎌낼 힘을 주며, 부르심에 계속 충성할 수 있는 용기를 준다. 당신들의 반응은 얼굴에 나타나고 말로 들린다. 당신들은 이렇게 말하고 있다. "일어나 전파하십시오! 우리는 그것을 고마워합니다. 우리는 듣고 있습니다. 우리는 감사합니다. 우리는 진리를 봅니다." 당신들이야말로 '헌신된 벗'이다.[9]

두 번째 집단이 있다. 전적으로 헌신되어 있지는 않지만 호기심이 있는 자들이다. 당신들은 복음을 거부하지는 않았지만 아직 생각하는 중이고, 결정을 내리지 못했다. 당신들은 정직한 의심을 품고 있다. 질문에 답을 듣기 원하며 귀는 열려 있다. 나는 당신들도 좋게 생각한다. 계속 나아가라.

그러나 나는 이렇게 경고한다. 모든 질문에 답을 얻고, 모든 호기심이 충족되며, 모든 의심이 사라질 때까지 기다리지 마라. 당신들이 다시 태어난다 해도 모든 답을 얻지는 못할 것이다. 사실 하나님은 당신들의 영적 여정에서 그분의 신비를 드러내시는 것을 기뻐하신다. 그러나 당신들이 그 여정을 먼저 시작하기로 결단해야 한다. 그러기 위해 더 확실한 증거를 원할 수도 있다. 시간이 필요할 수도 있다. 그런데도 그분은 당신들을 치유하실 수 있다.

가장 큰 집단은 냉소적이고 마음이 닫힌 사람들이다. 냉소적인 사람들은 모든 문제가 신자들에게 또는 그들이 믿는 대상에게 있다고 생각한다. 그들은 믿음에 관한 문제가 그들 자신에게 있을 수도 있다는 생각을 거의 하지 않는다. 냉소주의자는 묻기만 할 뿐 질문에 답을 하는 모험을 절대 하지 않기 때문에 이치를 따져서 설득할 수 없다. 그들이 관심을 두고 있으리라 여겨지는 문제를 적절히 해명하면 냉소주의자는 재빨리 또 다른 "이건 대답 못할 걸" 식의 질문을 제기하면서 주제를 바꾼다. 나는 당신들이 진리를 확신하도록 하지 않을 것이다. 대신 나는 당신들을 하나님께 맡긴다. 당신들은 그분 손안에 있다. 나는 그분이 당신들에게 자비를 베푸시기를 기도한다.

몇 년 전 나는 텍사스 남부를 여행하다가 델 리오 인근에서 '소리치는 방송'–설교자들이 자기들의 주장을 목소리 크기로 관철시킬 수 있다고 생각하는 부류의 방송–에서 흘러나오는 설교를 들었다. 그 설교자는 자기 말에 이의를 제기한 어떤 사람을 향해 공개적으로 비난을 퍼부어대고 있었다. 그는 "당신 같은 사람들에게 이렇게 말하고 싶군요. 나는 어젯밤에 하나님께 당신에 대해 말씀드렸답니다. 이렇게 말했지요. '저들을 한 방 먹여주세요'."

믿거나 말거나, 그것은 나쁜 신학이 아니다. 나는 완고한 회의론자를 만나면 종종 "주님, 저이의 코를 납짝하게 만들어주세요"라고 속삭인다. 주님이 그들을 잔인하게 대하시거나 복수해달라는 뜻이 아니다. "그가 당신의 진리에 저항하는 것을 무너뜨려주세요. 당신 말씀을 거부할 수 없게 해주세요"라는 뜻이다. 그 사람의 냉소주의가 깨어져야만 구원의 믿음이 자리를 잡을 수 있다. 하나님이 사람들을 힘들게 하는 것을 좋아하신다는 뜻이 아니다. 다만 그들은 대부분 영적 수술이 필요하며, 그것은 고통스러울 수 있다는 말이다. 당신이 냉소적인 사람이라면, 당신을 위해 당신이 깨어지기를 기도한다.

## 가볍게 여행하고, 바르게 생각하며, 진실을 말하라(마가복음 6:7-13)

7열두 제자를 부르사 둘씩 둘씩 보내시며 더러운 귀신을 제어하는 권능을 주시고 8명하시되 여행을
위하여 지팡이 외에는 양식이나 배낭이나 전대의 돈이나 아무 것도 가지지 말며 9신만 신고 두 벌 옷
도 입지 말라 하시고 10또 이르시되 어디서든지 누구의 집에 들어가거든 그 곳을 떠나기까지 거기 유
하라 11어느 곳에서든지 너희를 영접하지 아니하고 너희 말을 듣지도 아니하거든 거기서 나갈 때에
발 아래 먼지를 떨어버려 그들에게 증거를 삼으라 하시니 12제자들이 나가서 회개하라 전파하고 13많
은 귀신을 쫓아내며 많은 병자에게 기름을 발라 고치더라

소수의 사람이 세상을 뒤집었다. 시골 벽지인 갈릴리에서 온, 정규 교육도 받지 못한 이름 없는 사람들이 전례 없이 지구별을 바꾸어놓았다. 그들은 그들의 주님과 그분께 받은 훈련 덕분에 성공을 거두었다. 그분의 작전은 한 마디로 요약될 수 있다. "나를 따르라." 그분의 전략은 한 문장으로 농축될 수 있다. "너희가 나를 따를 것을 내가 믿을 수 있다면, 너희는 내가 너희를 인도할 것을 믿을 수 있다." 그분의 첫 번째 제자들은 믿었고, 그분은 그들을 신실하게 인도하셨으며, 세상은 이전과 달라졌다.

열두 사도를 택하신 예수님은 그들과 시간을 보내셨고, 사역의 모범을 보이셨으며, 그분이 기대하시는 바를 분명히 밝히신 후 그들을 파송하셨다. 공식 교과 과정, 실기 시험, 수강해야 할 강좌, 수업료, 필기시험 같은 것은 전혀 없었다. 그들은 그저 구약성경을 읽었고, 구약성경을 지으신 천상의 저자가 그들을 가르치셨다.

말도 안 될 정도로 단순하지 않은가? 우리 시대의 복잡한 기업적 사고방식-값비싼 비즈니스 세미나와 첨단 기업 교육 프로그램이 있는-에 비추어보면 놀랍게 보이겠지만, 예수님은 그들을 가까이 끌어당기시고, 진실하고 꾸밈없는 모습으로 그들과 계속 함께하시며, 곁에서 사역을 경험하게 하시면서 그들을 준비시키셨다. 그분은 제자들에게 지식과 기술만 제공하지 않으셨다. 그분은 그들을 변화시키셨다. 이런 변화는 교리와 율법과 의식을 통해서가 아니라 그들과 함께 걸으셨던 살아 있는 사람과의 관계 속에서, 그분의 인격과 스타일, 방법을 알아가면서 이루어졌다. 그들은 그분을 가까이서 직접 보았고, 그 결과 이 평범한 사람들이 특별한 일을 계속 성취해나갔다.

예수님은 열두 사도가 예수님의 사역에 한동안 동행한 후 그분이 행하셨던 것과 같은 기적을 행하고, 더 중요하게는 그분의 권위를 가지고 같은 가르침을 전파하라고 그들을 보내셨다. 그들은 예수님과 동행하며 배웠는데, 이제는 둘씩 짝지어 실천하면서 배울 것이다. 예수님은 그들을 파송하시면서 사역의 중요한 원리가 반영된 실제적인 지침을 주셨다.

## —6:7—

6절과 7절 사이에 미묘한 전환이 일어난다. 마가의 강조점이 예수님과 제자들에게서 제자들과 그들의 사역으로 바뀐다. 주님은 갈릴리를 두루 다니시며 설교와 가르침, 치유와 구마 사역을 하시던 중 열두 사도를 불러 이 사역을 위임하셨다. 지도자는 부하에게 임무를 위임할 때 과정을 주도한다. 지시와 권위가 주어지고, 지도자는 그에 따르는 책임감을 기대한다.

마가는 6장 7-32절에서 다시 하나의 이야기를 시작하고, 다른 이야기를 하려고 빠져 나왔다가 다시 돌아와 처음 이야기를 마무리한다(3:20-21, 5:25-27, 11:12-14 해설 참조).

A. 열두 사도가 복음을 전파할 책임을 받다(6:7-13).

B. 세례 요한이 충직하게 증언하고 순교당하다(6:14-29).

Á. 열두 사도가 활동을 보고하다(6:30-32).

나는 샌드위치를 한 번에 먹어 치우기보다 각각의 이야기가 나오는 대목을 해설하면서 처음 두 가지 구성 요소에 더 집중하기로 했다. 이번에는 주님이 열두 사도에게 위임하시는 내용을 살펴보고자 한다.

예수님은 제자들에게 어디로 가라고 말씀하지 않으셨다. 보아 하니 그분은 제자들이 좋은 소식을 선포할 곳을 스스로 결정하게 하신 듯하다. 누가복음은 그들이 "각 마을에 두루 다니며 곳곳에"(눅 9:6) 갔다고 말한다. 제자들은 사마리아를 제외하고는 어디든지 갈 수 있었고, 어디를 가든지 "이스라엘 집의 잃어버린 양"(마 10:5-6)에게 복음을 전해야 했다. 유대인들이 마태복음으로 예비 교육을 받았다는 점을 감안할 때 이것은 놀랍지 않다. 마태의 기록은 옛 언약에서 비롯된 새 언약의 연속성에 방점을 두는 반면, 마가는 박해에 직면한 신자들이 끝까지 신실한 증언을 할 수 있도록 힘을 주기 위해 복음서를 썼다. 2천 년 교회 역사에서 이 주제는 꼭 필요한 것이었다.

마가는 주님과 훈련생들 사이에 이루어진 거래에 특별히 주목한다. 주님은 그들을 두 명씩 짝지어-헬라어 표현(히브리어 또는 아람어 관용구를 반영한 듯하다)은 *dyo dyo*(1417)이며, '둘씩'이라는 뜻이다-악을 다스리시는 그분의 권위와 구체적인 지침으로 무장시켜 파송하셨다. 초기의 이런 사역 방법은 두 가지 중요한 요소인 동료애(참고. 전 4:9)와 권위를 특징으로 한다. 각 요소를 하나하나 살펴보기로 하자.

예수님이 제자들에게 동료와 함께 다니는 이점을 누리게 하신 것은 낙심이 얼마나 큰

# 묵상의 서재

## 백지장도 맞들면 낫다(마가복음 6:7)

달라스 신학교에서 훈련받던 초기에 나는 스위드 앤더슨(Swede Anderson)이라는 훌륭한 친구를 만났다. 스위드는 대학생 선교회(Campus Crusade for Christ)에서 섬기고 있었고, 여러 해 동안 사역을 잘해오고 있었다. 스위드는 사역을 시작한 초창기부터 신학교에 다니는 동안에도 캠퍼스 사역에 참여했다. 한번은 그가 나에게 말했다. "이번 주말에 노먼에 있는 오클라호마 대학의 자유 발언대에서 설교하러 가지 않을래?"

1960년대에는 누구나 이런 단상에서 원하는 주제를 골라 자기 생각을 말하는 '자유 발언'을 할 수 있었다. 나는 말했다. "멋지다! 좋은 생각이야."

그가 경고했다. "어떤 반응이 나올지 모르니 대비하고 있어야 해."

나는 내 설교에 거부 반응이 일어날 것을 대비해 마음을 다잡았다. 나는 단상에 자리를 잡고 그리스도에 대한 설교를 시작하면서 사람들이 야유할 것을 예상했다. 내가 설교하는 동안 스위드는 15-20미터 정도 떨어진 곳에 서서 주위에 모여든 사람들에게 마음을 쏟았다. 나는 죄와 우리가 받아야 할 형벌에 대한 대가로 그리스도가 그분의 생명을 선물로 주셨다는 진리를 한참 선포하고 있었다. 철썩! 내려다보니 토마토 속살이 가슴팍에서 흘러내리고 있었다.

그런 일은 교회 예배 때는 일어나지 않는다. 내가 셔츠에서 떨어지는 그 거부의 유기 잔류물을 멍하니 보고 있자니 스위드가 나를 보며 소리쳤다. "흥미진진하지?"

그 말은 상황을 객관적으로 볼 수 있게 해주었다. 그것은 돌멩이나 수류탄이 아니라 토마토였다. 그는 웃었고, 나도 웃었다. 그리고 우리는 계속 밀고 나갔다. 나중에 윈스턴 처칠의 말이 떠올랐다. "인생에서 누가 내게 총을 쏘아도 맞지 않는 것만큼 유쾌한 일은 없다."

둘씩 짝을 지어 나아가라. 그러면 '총을 쏘아도 맞지 않는 법'을 알게 된다. 혼자라면 아마 도망칠 것이다. 아니면 자기 힘으로 직접 싸우려고 할 것이다. 신실한 파트너는 이렇게 말할 것이다. "도망가지 마. 그럼 마음까지 도망가게 돼." 사역의 건실한 동반자는 생각이 바닥날 때 지혜를 줄 것이다. 또 낙담할 때 당신의 동역자는 이렇게 말할 것이다. "괜찮아, 우리는 이겨낼 수 있어."

솔로몬은 "두 사람이 한 사람보다 낫다"(전 4:9)고 썼다. 맞다. 짝을 이루어 나아가는 것은 매우 현명한 일이다. 나는 혼자 다니는 순찰대원이 오래 살아남는 것을 거의 보지 못했다.

영향을 미치는지 아셨기 때문이다. 예수님께 하늘 아버지와 나누신 지속적이고 자유로운 교제와 성령의 내주하심이 없었다면, 예수님은 홀로 사역하셨을 것이다. 그분은 가장 가까운 학생인 베드로, 야고보, 요한과 동행하는 것을 소중히 여기셨지만, 그분이 승천하시고 신자들 안에 성령이 오실 때까지 어떤 인간도 그분을 완전히 이해하지 못했다.

나는 해병대에서 훈련받던 초기에 두 사람이 들어갈 수 있는 구덩이를 파는 방법을 배웠다. 전투가 한창일 때 동료 병사들은 싸움의 의무를 똑같이 져야 한다. 적의 공격이 잠시 멈추고 무서운 적막이 찾아와 상상력이 마구 날뛸 때 서로 다독여야 살아남을 수 있다. 둘씩 짝짓는 것은 전투에서도 효과적이다!

예수님은 또 악에 대한 권위를 위임하셨다. 그 권위에는 귀신들에게 개인을 속박에서 풀어주라는 명령도 포함되어 있었다. 권위라는 단어는 헬라어로 *exousia*(1849)인데, 이는 단순히 힘만 의미하지 않는다. 누가(눅 9:1)와 달리 마가는 주님이 위임하신 권위에 초점을 맞추려고 대화에서 *dynamis*(1411)를 생략한다. *exousia*와 *dynamis*의 차이는 미세하지만 중요하다.

*exousia*는 영향력의 출처가 당사자가 아닌 다른 데 있다. 교차로에서 교통 정리를 하는 경찰관의 경우 권위의 출처는 정부 기관이다. 이 권한을 사용해 손을 들어 차의 흐름을 멈추는 경찰관 뒤에는 시 또는 주 정부가 있다. 경찰관은 자기의 권한이나 '힘'(*dynamis*)으로 2톤짜리 차량을 멈출 수 없다. 더 정확히 말하자면, 경찰관은 판사의 권위에 기대고 있다. 판사는 교통 법규 위반자에게 이렇게 말한다. "이 주의 주민들이 나에게 부여한 권한에 따라 나는 당신이 유죄며, 벌금형이나 징역형을 받을 수 있음을 선포한다." 이것이 권위다.

## —6:8-9—

예수님은 권위를 위임하시면서 열두 사도에게 구체적인 지침을 주셨다. 그들은 복음을 선포하고, 귀신을 쫓아내며, 병자를 치유하시는 주님의 사역을 똑같이 수행하는 한 정상적인 여행 준비를 포기해야 했다. 대신 '기능적 단순성'이라고 부를 수 있을 모본을 따라야 했다. 기능적 단순성을 표현하는 좌우명은 '가볍게 여행하라'일 것이다.

1세기 때 여행 모습이 오늘날과 사뭇 달랐을 것은 분명하다. 오늘날 우리는 차에 몇 가지 행장, 신용카드, GPS 정도만 챙겨서 떠날 수 있다. 또 숙박 시설과 식당이 지천인 고속도로 시스템과 수백 곳의 주유소가 있어서 계속 다닐 수 있다. 돈만 있으면 무기한으로 여행할 수 있고, 준비도 필요 없다.

1세기에는 여행자들이 필요한 모든 것을 배낭이나 손수레에 싣고 다니거나, 낯선 사람들의 환대에 의존했다. 숙박과 식사 비용을 지불하기 위해 많은 액수의 현금을 소지하는 것은 바람직하지 않았다. 일부 도로에는 여행자를 노리는 작은 무리의 강도들이 바글댔다. 다행히 고대 근동 문화는 낯선 사람을 대접하는 것을 신성한 의무로 여겼다. 그래서 주님이 주신 지침은 무모하게 행동하라는 요구가 아니었다. 어쨌든 제자들은 몇 주간을 버틸 수 있는 필수품을 수레에 싣지 않고 여행하는 내내 하나님이 준비해주시는 것에 의지해야 했다.

제자들이 준비하는 것은 기껏해야 목동들과 여행자들의 발걸음을 보조하고 자기방어 수단으로 쓰일 지팡이와 샌들이 다였다. 음식도, 돈도, 갈아입을 속옷조차 챙기지 않았다. 당시에 입던 튜닉은 맨몸 위에 입는 아무 장식 없는 의복이었고, 그 위에 장식이 있는 겉옷을 입었다. 여행자가 몸을 씻거나 용변을 처리할 물을 구하지 못할 경우 튜닉을 갈아입어야 했다. 다시 말해, 제자들은 숙박을 포함해 필요한 모든 것을 하나님의 공급에 기대야 했다. 주님은 제자들이 이것저것 준비하느라 정신이 산만해지거나 중압감에 눌리지 않고 그들이 받은 사명에 집중할 수 있기를 바라셨다.

## —6:10-11—

언뜻 보면 주님의 충고는 요기 베라(Yogi Berra)의 말을 인용하신 것처럼 보인다. "어디에 있든 떠날 때까지 거기 머무르라." 사실 예수님이 의도하신 것은 제자들이 어느 지역에서 복음을 전하는 동안 한 가정에 머물게 하시려는 것이었다. 이 집 저 집 옮겨 다니지 말고 그 지역에서 임무를 완수할 때까지 한 가정에서 접대를 받으라는 뜻이었다. 주님은 제자들이 더 좋은 대접을 받으려고 숙소를 옮기는 것을 싫어하셨다. 주님은 그 당시 많은 거짓 선생처럼 공짜로 얻어먹고 다닌다는 평판을 원하지 않으셨다. 주님은 제자들이 아무것에도 얽매이지 않고 임무에만 집중하기를 바라셨다.

예수님은 또 열두 사도에게 시간을 지혜롭게 사용하라고 격려하셨다. 그분은 '들을 귀'

가 없는 사람들을 설득하거나, 예수님을 메시아로 받아들이고 그분께 의탁하기를 완강히 거부하는 자들에게 호소할 필요가 없다고 하셨다(4:8-9 해설 참조). 예수님은 복음을 받아들일 준비가 되어 있는 사람들에게만 담대히 효율적으로 진리를 전파하라고 말씀하셨다. 만약 제자들이 하나님 말씀에 저항하는 사람들을 만나면 하나님 앞에서 그가 받을 최후 심판의 증인으로서 "발밑의 먼지를 털어야"(나의 문자적 번역) 했다. 경건한 유대인들은 이방인이나 사마리아인의 영토를 떠날 때 아브라함과 맺은 하나님의 언약 밖에 있는 사람들과 자신들이 상관없다는 것을 나타내기 위해 이렇게 했다. 이런 맥락에서 볼 때 열두 사도는 복음을 거부하는 유대인들에게 일종의 상징으로 이렇게 말한 것이다. "예수님을 당신의 메시아로 받아들이기를 거부했으니 당신은 하나님의 백성이 아니며, 이교도보다 조금도 나을 게 없다."

## —6:12-13—

마가는 이 부분을 일부러 간결하게 썼다. 예수님은 명령하셨고, 열두 사도는 그대로 따랐다. 예수님은 파송하셨고, 열두 사도는 갔다. 예수님은 증거하라고 하셨고, 열두 사도는 이스라엘과 주변 지역으로 흩어져 동료 유대인들을 찾을 수 있는 곳이면 어디든 갔다. 그리고 여러 달 동안 예수님의 사역을 본받아 똑같이 회개하라고 외쳤다(6:12, 참고. 1:15). 말하자면, 그들은 예수 그리스도의 기쁜 소식을 선포하면서 죄에서 구원해줄 메시아를 믿기 위해 죄로 물든 삶의 방식을 버리라고 각 사람을 불렀다.

회개란 그저 죄를 안타까워하는 감정이 아니다. 회개란 잘못된 방향에서 바른 방향으로 돌이키겠다는, 삶을 바꾸는 의지적이고 근본적인 결단이다. 당신은 그리스도께 나아올 때 의식적으로 옛 생활 방식을 버린다. 틀린 방향에서 돌이켜 옳은 방향으로 선다. 그리스도만 믿고 더는 자기 자신을 믿지 않겠다고 결단한다.

소설 『쿼바디스』(*Quo Vadis*)에 나오는 한 구절이 회개가 무엇인지 생생하게 표현한다. 네로가 유대인을 박해하던 로마를 배경으로 한 이 이야기에서 비니시우스라는 인물이 복음의 메시지를 듣고 생각에 잠긴다. "그는 만약 자기가 그 가르침을 따르기 원한다면 모든 생각과 습관과 성격 그리고 그 순간까지 그를 이루고 있는 모든 본성을 더미로 쌓아놓고 불에 태워 재로 만든 다음, 완전히 다른 삶과 전혀 새로운 영혼으로 자기를 채워야 할 것이라는 생각이 들었다."[10]

열두 사도는 복음을 전파하면서 위임받은 권한을 사용해 귀신을 쫓아내고 병자를 치유했다. 마가는 제자들이 병자에게 "기름을 발"랐다(6:13)고 하면서 기름을 사용한 것을 언급한다. 헬라어에는 '기름을 바르다'는 뜻을 가진 말이 두 개 있다. *aleiphō*(218)와 *chriō*(5548)다. *chriō*는 하나님이 어떤 사람에게 베푸신 특별한 축복을 나타내기 위해 사용하는 의식적인 기름부음을 일컫는 데 가장 많이 쓰인다. 마가가 이 구절에서 사용한 *aleiphō*는 완전히 다른 뜻이다. 이 단어는 의료용으로 기름을 바르거나 마사지를 하는 등 치료를 목적으로 기름을 바르는 것을 가리킨다. 여러 가지 통증을 완화하기 위해 올리브 오일에 각종 허브와 추출물을 첨가했다.

예수님의 사역을 통틀어 볼 때 네 복음서 모두 기적적인 치유를 염두에 두고 있는 게 분명하다. 누가가 예수님이 제자들을 파송하신 것을 묘사한 내용을 보면 제자들 역시 초자연적인 방법으로 병자를 치유했음을 짐작할 수 있다. 그러므로 마가가 약용 기름을 언급했다고 해서 그들이 복음을 전하고 다니면서 약으로만 고쳤다는 뜻은 아니다. 그들이 귀신을 쫓았다는 사실이 그 주장을 반박한다. 그들은 아마 자연 요법과 초자연적 치유를 함께 적용했을 것이다.

마가는 열두 사도의 공적과 예수님의 활동을 비교한다. 그들은 주님을 그대로 따라서 사역했고, 두 명씩 짝지어 다니며 그분의 사역을 여섯 배로 키웠다. 마가는 그들이 거둔 성공도 강조한다. 그들이 순종함으로 이스라엘에서 많은 것이 이루어졌다. 그들이 큰 영향을 미치자 헤롯 안디바는 세례 요한을 죽임으로써 종식되었다고 생각한 운동을 다시 두려워하게 되었다(6:14-16).

## 적용: 마가복음 6:7-13
### 사역의 성공

열두 사도가 보여준 사역의 모본을 통해 우리가 배울 점을 살펴보자.

**첫째, 단순하게 살고 아무것도 염려하지 마라.** 무슨 일을 하든 효율적으로 사역하고, 신실한 증인이 되고 싶다면 단순해지라. 복잡하지 않고, 혼란스럽지 않게 삶을 유지하라. 소유물이 너무 많은 것은 아닌지, 딱 필요한 만큼만 소유하고 있는지 판단해야 한다. 아무도 당신에게 목록을 줄 수 없기 때문에 스스로 결정해야 한다. 주님과 진실한 관계를 키우고, 성령의 속삭임에 민감하게 귀 기울이면서 당신을 세상 쪽으로 끌어당기는 재물, 지위, 돈, 그 밖의 다른 장애물을 초월하는 삶을 살기로 결단하라. '아니요'라고 말하는 법을 배우라. 지금 가진 것으로 충분하다고 생각하는 훈련을 하라. 이렇게 말하는 연습을 하라. "나는 내가 가진 것으로 만족해. 이걸로 충분해."

**둘째, 있어야 할 곳에 있고 떠나야 할 때 떠나라.** 당신이 있는 곳의 상황이 힘들어졌다고 해서 꼭 거기서 손을 털고 옮겨야 하는 것은 아니다. 예수 그리스도와 복음의 신실한 증인이 되려면 어려움을 참고 견뎌야 할 때도 있다. 목소리를 높이는 소수 집단이 전체를 대변하지 못하게 하라. 꿋꿋이 버티라. 계속 거기에 머무는 것이 더는 옳지도 않고 최선도 아니라고 생각되면 그때는 품위 있게 위엄을 잃지 말고 떠나라. 떠나되 뒤돌아보지 마라. 결과가 어떻든 당신은 충실히 섬겼으니 계속 나아가야 한다.

**셋째, 진실을 말하라.** 사역에서 잘된 것이 있다면, 우리의 잦은 실수에도 불구하고, 하나님이 하신 일이라는 사실을 인정하라. 그럼에도 하나님은 그분의 부르심에 "네, 주님, 저를 보내소서"라고 응답한 자들과 승리를 나누신다.

아내와 나는 일단의 사람들을 이끌고 유럽의 종교개혁지를 탐방했다. 우리는 마르틴 루터의 세계 속으로 들어가 그 위대한 개혁가가 한 말을 새로 접하게 되었다. 종교개혁의 시작에 대한 질문을 받은 그는 이렇게 답했다. "나는 그저 하나님 말씀을 가르치고, 설교하며, 글을 쓴 것밖에 없다. 그런 다음 내가 잠을 자거나 친구 필립이나 암스도르프와 비텐베르크 맥주를 마시는 동안 그 말씀이 교황권을 크게 약화시키셨다. 일찍이 어떤 왕자나 황제도 교황권을 그렇게 훼손한 적이 없었다. 나는 아무것도 한 게 없다. 말씀이 다 하셨다."[11]

만일 사역자들이 말씀에 의지하지 않는다면, 말씀을 믿지 못하기 때문일 것이다. 그들은 흥미를 돋우는 여흥의 힘을 믿고, 우리 시대의 전략을 믿는다. 그들은 자기들이 똑똑하고 독창적이며, 사람들을 돌아오게 만들 수 있다고 믿는다. 틀렸다. 영원히 사는 것은 하나님 말씀이며, 그것 외에 다른 것은 없다. 이것이 진리다.

여러 해 동안 사역하면서 교인수의 증감에 노심초사하던 나는 주일마다 우울했다. 내 관심은 사람들이 얼마나 많이 출석했는지에 온통 쏠려 있었다. 나는 설교 문안을 계속 들여다보면서 뜻이 명확하지 않거나 정확하지 않은 문장들을 고쳐 쓰곤 했고, 때로는 그런 것들에 집착했다. 감사하게도 그 후 나는 많은 것을 배웠다. 이제 나는 사람들이 얼마나 많이 왔는지, 누가 무슨 말을 듣는지, 어떤 사람들이 반응을 보이는지 개의치 않는다. 내 책임은 말씀을 성실하고 분명하며 정확하고 감동적이며 열정적으로 선포하는 것이다. 지금은 설교를 마치면 긴장을 풀고 집에 가서 풋볼 경기를 보면서 꾸벅꾸벅 존다. 내가 열심히 씨를 뿌리면 하나님이 자라게 하실 것이다.

## 잔치 중에 벌어진 살인(마가복음 6:14-29)

14이에 예수의 이름이 드러난지라 헤롯 왕이 듣고 이르되 이는 세례 요한이 죽은 자 가운데서 살아났
도다 그러므로 이런 능력이 그 속에서 일어나느니라 하고 15어떤 이는 그가 엘리야라 하고 또 어떤 이
는 그가 선지자니 옛 선지자 중의 하나와 같다 하되 16헤롯은 듣고 이르되 내가 목 벤 요한 그가 살아
났나 하더라

17전에 헤롯이 자기가 동생 빌립의 아내 헤로디아에게 장가 든 고로 이 여자를 위하여 사람을 보
내어 요한을 잡아 옥에 가두었으니 18이는 요한이 헤롯에게 말하되 동생의 아내를 취한 것이 옳지 않
다 하였음이라 19헤로디아가 요한을 원수로 여겨 죽이고자 하였으되 하지 못한 것은 20헤롯이 요한을
의롭고 거룩한 사람으로 알고 두려워하여 보호하며 또 그의 말을 들을 때에 크게 번민을 하면서도 달
갑게 들음이러라 21마침 기회가 좋은 날이 왔으니 곧 헤롯이 자기 생일에 대신들과 천부장들과 갈릴
리의 귀인들로 더불어 잔치할새 22헤로디아의 딸이 친히 들어와 춤을 추어 헤롯과 그와 함께 앉은 자
들을 기쁘게 한지라 왕이 그 소녀에게 이르되 무엇이든지 네가 원하는 것을 내게 구하라 내가 주리라
하고 23또 맹세하기를 무엇이든지 네가 내게 구하면 내 나라의 절반까지라도 주리라 하거늘 24그가
나가서 그 어머니에게 말하되 내가 무엇을 구하리이까 그 어머니가 이르되 세례 요한의 머리를 구하
라 하니 25그가 곧 왕에게 급히 들어가 구하여 이르되 세례 요한의 머리를 소반에 얹어 곧 내게 주기
를 원하옵나이다 하니 26왕이 심히 근심하나 자기가 맹세한 것과 그 앉은 자들로 인하여 그를 거절할
수 없는지라 27왕이 곧 시위병 하나를 보내어 요한의 머리를 가져오라 명하니 그 사람이 나가 옥에
서 요한을 목 베어 28그 머리를 소반에 얹어다가 소녀에게 주니 소녀가 이것을 그 어머니에게 주니라
29요한의 제자들이 듣고 와서 시체를 가져다가 장사하니라

성경에는 우리를 울게 할 만큼 가슴 아픈 이야기들도 있고, 우리가 평생 보지 못할, 이상한 이름을 가진 먼 곳으로 우리를 훌쩍 데려가는 모험으로 가득 찬 이야기도 있다. 그리고 또

경건한 사람들이 믿음으로 악을 이기고 우리에게 계속 나아갈 힘을 주는 무용담과 용기로 가득 찬 이야기들도 있다. 또 너무나 충격적이고, 몰염치하며, 수치스러운 이야기들도 있다. 그런 이야기가 하나님의 영감으로 쓰인 책에 나온다는 사실이 믿기 힘들 정도다. 그런 이야기는 슈퍼마켓에서 팔리는 싸구려 통속 소설의 선정적인 이야기처럼 읽힌다. 정제되지 않은, 저속한 장면들은 성경에 적합하지 않아 보인다.

마가복음의 이 대목이 그렇다. 마가는 그림처럼 생생한 이야기를 들려주면서 우리를 깔끔하게 정돈된 안락하고 안정된 세계에서 통치자들이 마음대로 권력을 휘두르던 시대로 데려간다. 우리를 집에서 낚아채 떠들썩한 음악이 진동하고, 음탕한 농지거리가 오가며, 관능적인 춤과 술로 넘쳐나는 부도덕하고 너절한 장면으로 던져 넣는다.

이 본문에서 우리는 헤롯 대왕의 아들이자 갈릴리와 베레아의 분봉왕인 헤롯 안디바의 천박한 궁전 안에서 벌어지는 일을 지켜보아야 한다.

## —6:14-16—

헤롯 대왕은 이스라엘의 황제가 되는 꿈을 꾸었다. 그는 '유대인의 왕'이라는 칭호를 시샘하고 경계하느라 그 칭호의 정당한 주인공인 메시아를 죽이려고 베들레헴과 인근의 사내아이들을 학살하라는 명령을 내렸다(마 2:16). 그는 심지어 자기 아들인 알렉산더와 아리스토블루스가 왕좌에 너무 빨리 오르고 싶어한다는 의심으로 그들을 살해했다. 가이사 아구스도는 이렇게 말했다고 한다. "나는 헤롯의 아들이 되느니 차라리 그의 돼지가 되겠다!"[12]

BC 4년에 헤롯 대왕이 죽자 사악한 아들들이 그가 소유했던 부와 땅을 나누어 가졌다(45페이지 지도 참조). 갈릴리와 베레아는 헤롯 안디바가 차지했다. 그는 정치적으로 로마의 지지를 얻으려고 자기 아버지를 본따 건축 프로젝트를 이용했지만, 그것을 잘 활용할 수 있는 지능이나 훈련이 부족했다. 영토를 확장하고 싶어 했지만 여자-대부분 유부녀-를 좋아했던 탓에 뜻을 이루지 못했다. 아무래도 그는 자기에게 부족한 정치적 수완을 호화로운 광란의 잔치로 보충했던 것 같다.

갈릴리 전역으로 계속 퍼져나가던 예수님의 명성은 마침내 헤롯 궁전에까지 이르렀다. 흔히 그렇듯, 소문의 맷돌은 진실과 떠도는 말을 섞어서 안디바의 속을 뒤집고도 남을 이야기를 만들어냈다. 일각에서는 구약의 예언대로 엘리야가 이스라엘로 돌아왔다는 소문도 있었고(막 6:15, 참고. 말 3:1, 4:5-6), 예수님은 일개 선지자에 불과하다고 주장하는 사람들도 있었다(참고. 마 21:11). 그러나 죄책감에 시달리는 안디바를 항상 따라다니는 가장 큰 두려움은 세례 요한이 살아 돌아와 복수하는 것이었다.

## —6:17-18—

마가는 안디바가 두려워하는 이유를 설명하려고 이 갈릴리의 분봉왕이 이스라엘을 통틀어 가장 존경받던 사람을 죽인 경위를 회상하는 장면을 중간에 끼워 넣었다. 예루살렘에 있는 요한의 정치적, 종교적 적들도 백성과 하나님의 노여움을 살 것이 두려워 그를 건드리려고 하지 않았었다(마 14:5, 21:26).

세례 요한과 헤롯의 불화는 헤롯이 자기 제수이자 조카인 헤로디아와 벌인 불륜 관계를 성사시키기 위해 아내를 유배시키면서 시작되었다. 동생의 아내와 결혼한 그는 중요한 결혼 조약을 어긴 탓에 정치적 불안을 초래했고, 유대인의 율법도 위반했다(레 18:16, 20:21). 물론 요한은 정치나 조약에 관심이 없었다. 그는 유대인의 통치자로서 안디바가 옹호해야 할 하나님 그리고 하나님의 율법과 언약을 뻔뻔하게 묵살하는 것을 반대했다. 결국 안디바는 궁전 인근에 있는 지하 감옥에 그를 가두었다.

## —6:19-20—

헤롯이 추방한 아내는 정직인 나바테아의 아레다스 4세의 딸이었고, 그는 다메섹의 통치자였다. 헤롯이 훔친 여인은 이복 동생 빌립의 아내였다. 빌립의 영토는 헤롯이 다스리는 영토의 북부 지역과 경계가 맞닿아 있었다. 그는 로마가 불만을 품지 않게 해야 했다. 로마를 만족시키려면 갈릴리 사람들이 편안해야 했다. 그가 공공연히 유대인의 율법을 무시했던 것을 감안하면 쉬운 일은 아니었다. 그래서 헤로디아가 요한의 처형을 원했어도 안디바는 차마 그럴 수 없었다. 그는 자기가 이해할 수 없는 요한의 능력을 두려워했고, 그에게 절대적으로 필요한 백성의 지지를 잃을 것도 두려워했다.

요한은 꼬박 2년을 감옥에서 고생했다. 마가는 안디바가 요한을 살려둔 또 다른 이유를 설명한다. 그는 그 세례자를 "의롭고 거룩한 사람"(6:20)으로 존경했다. 더구나 그는 "그의 말을 기꺼이 들"(나의 번역)을 정도로 요한에게서 묘한 매력을 느꼈다. 이 구절은 "그가 요한의 말을 무척 좋아하며 들었다"로 해석할 수 있다. 이 구절은 여러 세기 동안 온갖 추측을 불러일으켰다. 나는 그가 요한에게서 일종의 고결함을 보았고, 자기는 죽었다 깨어나도 그런 기개를 가질 수 없다는 것을 알았다고 생각한다. 그는 간절히 경험하고 싶지만 어떻게 해야 하는지 도통 알 수 없는 하나님을 향한 진심 어린 헌신을 보았다. 그는 마치 부적처럼 요한을 가까이 두고 보호했다. 지하 감옥에 있는 남자는 그를 선한 것과 이어주는 단 하나뿐인 마지막 통로였다.

## —6:21-23—

헤롯의 아내는 헤롯을 꼬드겨 요한을 처형할 적기를 노리고 있었다. 마침내 안디바가 자기 생일에 갈릴리의 모든 통치자와 군 지휘관, 시민 대표를 불러 악명 높은 잔치를 벌였을 때 그녀의 기다림은 결실을 보았다. 일반적으로 시중드는 사람들이나 흥을 돋구는 자들만 제외하고 여인들은 그런 잔치에 참석할 수 없었다. 이것은 옛 사람들이 '수사슴 파티'라고 불렀던 바로 그 잔치였다. 무녀는 대개 고등 교육을 받은 세련된 고급 창녀였다. 그들의 사회적 위상은 일반 매춘부보다는 높고 첩보다는 낮았다. 그들은 춤을 춘 후 아침이 되기 전에 성관계를 갖는 것으로 접대를 마무리했다. 아마 술이 무제한 제공되고 흥이 절정에 달했을 때 헤로디아는 딸을 들여보내 창녀들 대신 춤추게 했을 것이다.

역사는 이 문제의 딸이 헤로디아가 안디바의 동생 사이에서 낳은 살로메라고 기록한다. 사실 헤로디아는 두 형제의 조카였기 때문에 그 소녀는 안디바의 친족이면서 의붓딸이기도 했다(이 지점에서 헤롯왕가의 가계도가 꼬인다). "소녀"(6:22)로 번역된 헬라어는 그녀가 혼기가 찬 십대였음을 나타낸다.

헤로디아는 자기 남편을 훤히 꿰뚫고 있었다. 딸의 매혹적인 춤에 몹시 흥분한 안디바는 소녀에게 대뜸 원하는 것을 주겠다는 경솔한 약속을 해버렸다. "내 나라의 절반까지라도"(6:23)라는 표현은 물론 과장이지만, 그녀의 소원을 들어주겠다는 맹세가 되어 그를 옭

아맸다(참고. 에 5:6, 7:2). 마가는 앞서 갈릴리의 유명인사가 모두 참석했다고 말했는데, 그것이 안디바를 곤혹스럽게 만들었다. 그가 약속을 저버리면 동료들의 존경과 찬양을 잃을 상황에 처했다.

## —6:24-25—

흥미롭게도 살로메는 자기가 어떤 공연—그녀와 같은 사회적 지위를 가진 여자가 알 필요가 없는—을 보여주어야 하는지 알았지만 목적은 몰랐다. 그래서 안디바가 약속을 하자 그녀는 방을 나가 어머니에게 가서 무엇을 요구할지 물어야 했다. 헤로디아는 그 순간을 기다렸고, 조금도 망설이지 않았다. 살로메는 요한의 머리라는 어머니의 소름끼치는 요구에도 눈 하나 까딱하지 않는 듯했다. 심지어 그녀는 "급히" 그것을 요청하면서 자기 어머니가 싫어하는 사람에 대한 조롱의 의미로 그것을 소반에 담아서 달라고(6:25) 한술 더 떴다. 그것도 모자라 그녀는 요한의 이름을 언급하면서 드라마의 극적 효과를 높였다(그녀는 헬라어로 말했을 것이다). 그녀의 말을 문자적으로 해석하면 이렇다. "지금 당장 세례 요한의 머리가 담긴 접시를 제게 주세요."

## —6:26-28—

안디바는 자신이 딜레마에 빠졌음을 퍼뜩 깨달았다. '내놓거나 입을 다물거나' 둘 중 하나를 택해야 했다. 요한을 죽이는 것이 진짜 싫어서였든, 정욕에 눈이 멀어 허를 찔려서였든, 마가는 그가 요청을 받고 "심히 근심"(6:26)했다고 표현한다. 존 필립스(John Phillips)는 이렇게 말한다.

> 헤롯은 자기가 술에 취해 한 말로 그렇게 난처한 상황에 빠지게 된 것이 후회스러웠지만, 옳은 일을 할 만큼 후회한 것은 아니었다. 그는 자신이 지은 죄를 후회하지 않고 더 나쁜 일을 저질렀다. 그는 자기가 그런 말을 한 것 그리고 자기가 잘못했다고 고백하기 전에는 상황에서 빠져나올 길이 없다는 게 유감이었을 뿐이다. 하지만 그

> 에게 쏟아지는 손님들의 호기심 어린 시선과 그의 머릿속을 맴도는 헤로디아의 냉혹한 시선 그리고 살로메의 조롱하는 눈빛이 그의 대답을 요구했다. 그는 모든 것을 지켜보시는 하나님의 시선은 까마득히 잊어버렸다.[13]

헤롯은 성급히 맺은 약속이 후회스러웠지만, 교만와 허영심에 얽매여 그는 "곧"(6:27) 시위병에게 참수를 명하고 소녀의 말대로 요한의 머리를 쟁반에 담아 가져오라고 지시했다. 마가는 시위병을 지칭하는 말로 그의 독자들이 익히 알고 있던 라틴어에서 유래한 차용어를 사용한다. 그 사람은 헤롯의 호위병으로서, 가이사의 비밀 경찰로 호출될 때마다 그가 시키는 부정한 일을 하는 근위병 같은 존재였을 것이다. 피가 철철 흐르는 쟁반이 오자 살로메는 그것을 어머니에게 주었다.

## —6:29—

요한의 제자들이 그가 죽었다는 소식을 듣고 와서 시신을 묻게 해달라고 요청했다. 세례자의 머리까지 함께 묻었는지 알 수 있는 단서는 없다. 어찌 되었든, 그것은 지난 세월 스승을 사랑하고 섬겼던 사람들에게는 가슴이 미어지는 일이었을 것이다.

마가가 요한과 예수님이 죽음과 장례에서 분명한 공통점이 있음을 입증하려고 한 것은 의심할 여지가 없다. 신실했던 예수님의 첫 증인은 종교 고위층의 적대감을 견뎌냈고, 하나님을 믿지 않고 도덕 관념도 없는 통치자들의 핍박과 조롱 속에 투옥되었다가 죽음에 이르렀다. 그는 결국 주님이 장차 죽으실 것처럼 죽었다. 신실한 증인들은 자기들도 예수님처럼 고통받았다는 사실에서 위안을 얻었다. 그래서 죽음이 닥쳤을 때 그들은 명예롭게 죽을 수 있었다. 훗날 바울이 기록한 것처럼 그들은 "그리스도와 그 부활의 권능과 그 고난에 참여함을 알고자 하여 그의 죽으심을 본받"을 것이다(빌 3:10).

나는 박해를 당하고 싶지 않으며 고통스러운 순교를 갈망하지도 않는다. 하지만 만약 그런 일이 닥치면 받아들일 것이다. 내가 어떻게 죽든지 내 마지막 호흡으로 나의 구세주께 영광을 돌리는 것이 나의 가장 큰 소망이다. 우리 모두가 그렇게 되기를 바란다.

## 적용: 마가복음 6:14-29
### 인물 연구

복음서와 같은 서사 문학 속 이야기들은 인물들 속에서 우리 자신의 모습을 보게 하기 때문에 그들을 통해 영적 지혜를 얻을 수 있는 독특한 기회를 제공한다. 헤로디아가 우리에게 가르쳐주는 것이 있다. 헤롯은 통찰력을 제공한다. 살로메는 우리에게 간과할 수 없는 중요한 교훈을 준다. 나는 이 복음서의 드라마에 등장하는 배우들에게서 시간을 초월한 몇 가지 교훈을 발견했다.

헤로디아는 복수의 위험에 대해 가르쳐준다. 당신이 마음속에 원한을 키우고 있다면 스스로 불행을 초래하고 있다는 것이다. 증오심이 아직 증오로 피어나지 않았고, 사탄이 아직 사악한 복수의 계획을 미끼로 덫을 놓지 않았기 때문에 당신은 모르고 있는 것이다. 그 원한을 계속 어르고 달래주라. 그러면 머잖아 당신의 정당성을 인정받을 수 있을 것 같아 보이는 기회가 올 것이다. 복수에 눈이 멀어 있던 헤로디아에게 '전략을 실행할 날'이 왔을 때(참고. 6:21) 세 영혼–그녀 자신, 남편, 딸–의 영원한 운명이 봉인되었다.

헤롯왕은 동료들이 가하는 압력에 대처하는 우리의 자세에 대해 가르침을 준다. 그는 갈릴리의 주권자로서 지역 최고의 정치적, 군사적 권력자였다. 그는 로마 황제를 제외하고는 안하무인이었지만, 개인적인 약점 탓에 아내의 꼭두각시가 되었고, 사람들의 시선에 굴복했다. 그는 요한이 죽기를 바라지 않았지만, 그의 아내는 달랐다. 그는 의붓딸의 터무니없는 요구를 물리치고 싶었지만 대중의 지지가 필요했기에 요청을 들어줄 수밖에 없었다. 헤롯은 다른 사람들에게 인정받고 싶어 하는 우리의 욕구를 살펴보고 자만심이 아니라 양심에 따라 행동하라고 경고한다.

살로메는 합리화의 기만성에 대해 가르친다. 사전에는 '합리화'의 뜻이 '무의식에 깔려 있는 진정한 동기를 검토하지 않고 개인의 행동을 합리적이고 좋은 동기로 말미암은 것으로 돌리는 것'[14]이라고 나온다. 이런 행위는 '아이히만 증후군'이라고 불리기도 한다. 아돌프 아이히만은 아돌프 히틀러가 세운 죽음의 소용소를 지휘한 사령관으로, 수백만 명의 유대인을 학살하도록 명령했다. 인간으로서 상상하기 힘든 그와 같은 살인 행위를 두고 벌어진 재판 자리에서 그는 이런 말로 자신을 변호했다. "나는 단지 명령에 따랐을 뿐이다."

살로메는 세례 요한을 몰랐고, 그와 다툰 적도 없었다. 그녀의 어머니가 의붓아버지가 벌인 잔치에 그녀를 노리갯감으로 내놓기로 했을 때 그녀는 아무 생각 없이 지시를 따랐다. 자기가 알지도 못하는 무고한 사람의 머리를 요구하라는 종용을 받았을 때도 맹목적으로 따랐다. 그녀는 뒤로 물러서거나 묻지도 않았다. 그냥 들은 대로 했다. 그녀는 명백히 잘못된 일도 어머니 말에 순종해서 한 것이면 괜찮다고 합리화했다.(부모가 자녀에게 그른 것과 옳은 것, 악한 것과 선한 것을 가르치면서 막강한 영향력을 행사한다는 사실을 절대 잊으면 안 된다. 아이들은 우리가 인식하든 인식하지 못하든 우리를 지켜보며 배우고 있다.)

마지막으로 이 이야기가 우리에게 가르쳐주는 것은 죄의 확장이다. 이것을 묘사한 멋진 글이 있다. 내 생각을 그 글에 섞어보았다.

> 죄는 거미가 거미줄을 치는 것과 비슷하다. 한 가닥의 실로 시작해 계속 실을 자아내 서로 연결하면 마침내 눈에 보일락 말락 한 얇은 구조물이 자기만의 끈적끈적한 세계를 형성한다.

살로메는 어리석은 정욕으로 짠 헤롯의 거미줄과 쓰디쓴 복수심으로 짠 헤로디아의 거미줄이라는 끈적거리는 그물에 걸렸다. 그녀는 처음에 살인 계획을 전혀 몰랐다. 그녀는 춤을 추기 시작했고, 곧이어 무분별하게 살인을 저지른 당사자가 되었다.

> 우리는 멈추어 얼마나 많은 무고한 생명이 우리가 죄로 짠 거미줄에 잡힐 수 있는지 생각해보아야 한다. 불행하게도, 우리가 만든 거미줄은 스스로 아주 잘 속이는 능력이 있어서 우리 자신도 그것을 보기 어렵다.

이 비극적인 이야기에 나오는 인물을 향해 혀를 차고 손가락질을 하며 비난하기 전에 잠시 멈추고 우리 자신을 비판적인 눈으로 돌아보아야 한다.

## 잊지 못할 광야에서의 식사(마가복음 6:30–44)

30사도들이 예수께 모여 자기들이 행한 것과 가르친 것을 낱낱이 고하니 31이르시되 너희는 따로 한
적한 곳에 가서 잠깐 쉬어라 하시니 이는 오고 가는 사람이 많아 음식 먹을 겨를도 없음이라 32이에
배를 타고 따로 한적한 곳에 갈새

33그들이 가는 것을 보고 많은 사람이 그들인 줄 안지라 모든 고을로부터 도보로 그 곳에 달려와
그들보다 먼저 갔더라 34예수께서 나오사 큰 무리를 보시고 그 목자 없는 양 같음으로 인하여 불쌍히
여기사 이에 여러 가지로 가르치시더라 35때가 저물어가매 제자들이 예수께 나아와 여짜오되 이 곳은
빈 들이요 날도 저물어가니 36무리를 보내어 두루 촌과 마을로 가서 무엇을 사 먹게 하옵소서 37대답
하여 이르시되 너희가 먹을 것을 주라 하시니 여짜오되 우리가 가서 이백 데나리온의 떡을 사다 먹이
리이까 38이르시되 너희에게 떡 몇 개나 있는지 가서 보라 하시니 알아보고 이르되 떡 다섯 개와 물
고기 두 마리가 있더이다 하거늘 39제자들에게 명하사 그 모든 사람으로 떼를 지어 푸른 잔디 위에
앉게 하시니 40떼로 백 명씩 또는 오십 명씩 앉은지라 41예수께서 떡 다섯 개와 물고기 두 마리를 가
지사 하늘을 우러러 축사하시고 떡을 떼어 제자들에게 주어 사람들에게 나누어 주게 하시고 또 물고
기 두 마리도 모든 사람에게 나누시매 42다 배불리 먹고 43남은 떡 조각과 물고기를 열두 바구니에 차
게 거두었으며 44떡을 먹은 남자는 오천 명이었더라

지난 5년, 8년, 심지어 10년 동안 지나온 우리 삶을 되돌아볼 때 우리 중 누가 그런 시간을 보내리라고 예상했을까? 거의 없을 것이다. 우리의 하나님이 놀라움으로 가득 찬 분이기도 하고, 그분이 인간으로는 어떻게 해볼 도리가 없는 상황으로 우리를 몰아넣으시기 때문이기도 하다. 우리 모두는 지난 몇 년 동안 우리가 맞닥뜨렸던 불가능한 일들을 목록으로 만들 수 있다. 어쩌면 지금 이 순간에도 당신은 불가능한 상황에 처해 있을 수도 있다. 그냥 어려운 정도가 아니라 더 심각한 상황 말이다. 당신 입장에서 보면 그런 곤경은 인간의 힘으로는 극복할 수 없다. 당신은 그것을 해결할 수 없다. 그래서 그냥 견디면서 힘든 시간을 보내고 있다. 하나님이 개입하지 않으시면 당신이 처한 불가능한 상황은 그냥 불가능한 채로 남아 있을 것이다.

마가복음의 이 단락을 살펴보기 전에 세 가지 질문을 함께 생각해보자.

첫째, 불가능이란 무엇인가? '불가능한 상황'이라는 말은 무슨 뜻인가? 상황이 극복하기 어려울 때, 우리 관점으로는 절망적이고, 지독히 싫으며, 평범한 인간의 능력으로 해결할 수 없을 때가 '불가능'한 상황이다.

둘째, 당신이 처한 불가능한 상황은 무엇인가? 어쩌면 당신이 원인을 제공했을 수도 있다. 혹은 당신이 무고한 희생자가 된 불가능한 상황일 수도 있다. 한 번의 어리석은 결정 혹은 연거푸 저지른 몇 가지 어리석은 결정이 맺은 결과일 수도 있다. 오랫동안 지속적으로 하나님이 정하신 삶의 원칙을 어긴 탓에 고통을 겪고 있을 수도 있다.

셋째, 불가능에 대해 하나님의 말씀이 우리에게 가르쳐주는 것은 무엇인가? 적어도 성경의 세 군데서 이 주제가 다루어지고 있음을 알면 흥미로울 것이다. 핵심 구절 두 개는 다음과 같다.

> 슬프도소이다 주 여호와여 주께서 큰 능력과 펴신 팔로 천지를 지으셨사오니 주에게는 할 수 없는 일이 없으시니이다(렘 32:17).

> 이르시되 무릇 사람이 할 수 없는 것을 하나님은 하실 수 있느니라(눅 18:27).

당연히 세 번째 구절은 마가복음 6장 30-44절이다(이에 상응하는 기사는 마태복음 14:13-21, 누가복음 9:10-17, 요한복음 6:1-14이다).

우리도 제자들처럼 상반된 두 가지 견해가 지배하는 세상에서 살며 결정을 내린다. 매일 일어나서 잠들 때까지 의식이 깨어 있는 모든 순간마다 당신은 두 개의 관점-인간의 관점 또는 하나님의 관점-중 하나를 취해 살아간다. 매일 삶을 관찰하고 눈에 보이는 것을 해석하면서 수평적 관점 아니면 수직적 관점에서 상황을 인식한다.

인간적, 수평적 관점이란 무엇일까? 그것은 우리의 제한된 관점과 계획이다. 그 관점의 중심에는 우리 자신, 즉 우리가 느끼는 것, 기대하는 것, 생각하는 것, 가정하는 것이 있다. 뉴스나 신문 기사, 자기계발서, 벼락부자가 되는 비결 등에서 예외 없이 나타나는 특징은 인간적이고, 자기중심적이며, 사람들의 힘을 위주로 하는 관점이다. 이런 관점은 할리우드 권력 집단의 뼛속까지 스며들어 있으며, 부와 명성을 가진 자들도 그보다 더 많은 것을 갈망하게 만든다.

하나님의 관점은 정반대다. 하나님의 관점에서 인생을 경영하는 사람은 수직적이고, 제한 없는 계획과 관점으로 세상을 본다. 이러한 하나님 중심의 관점은 하나님이 어떻게 역사하시는지, 무엇을 염두에 두고 계시는지, 우리를 위해 무엇을 계획하셨는지를 생각하며 삶을 바라본다. 내 삶을 하나님의 관점에서 운영한다면 나에게 닥친 모든 상황을 하나님의 계획을 완성하시려고 주신 기회로 해석할 것이다.

제자 교육에서 가장 중요한 사건이었던 이 본문을 자세히 들여다보면서 우리와 그들이 비슷하다는 사실을 잊지 마라. 예수님이 자신을 따르는 이들에게 이 일을 통해 가르치신 것은 남은 생애 동안 두고두고 그들이 사역을 이해하는 데 영향을 미칠 것이다.

## —6:30—

마가가 6장 7-13절에서 시작한, 예수님이 열두 사도를 둘씩 짝지어 갈릴리에서 사역하도록 파송하신 이야기는 이 구절에서 마무리된다. 예수님은 그들에게 그분이 하신 것처럼 설교하고, 병을 치유하며, 귀신을 쫓아내는 임무를 위임하시면서 그 일을 해낼 수 있도록 자신의 신성한 권위를 주셨다. 마가와 다른 복음서 저자들에 따르면 제자들의 사역은 놀라운 성공을 거두었다. 그들은 하나님을 떠나서는 할 수 없는 일을 주님의 권세를 가지고 성취했다. 실제로 그들이 거둔 성공은 양심의 가책으로 시달리고 있는 헤롯을 자극했다. 그는 세례 요한이 무덤에서 살아 돌아올 것을 두려워했다(6:16).

예수님의 신실한 첫 증인이 부당하게 투옥되고 처참하게 순교당한 이야기를 들려준 마가는 이야기를 시작했던 지점으로 돌아간다. 흥분한 제자들이 그들의 주님께 들려드릴 이야기를 가지고 가버나움으로 돌아왔다.

## —6:31-33—

예수님의 말씀을 들으려고 군중이 가버나움으로 계속 몰려오고 있었기 때문에 예수님은 제자들에게 신경 쓸 여력이 없으셨다. 갈릴리에서 사역한 후 사기가 하늘을 찌르는 제자들에게는 그 어느 때보다도 주님의 지도가 필요했다. 그래서 주님은 그들을 한적한 곳으로 데려가시려고 먼저 벳새다(눅 9:10)로 가셨다가 배를 타고 갈릴리 바다 북동부 쪽 광야로 가셨다. 주님과 제자들은 쉬면서 다시 기운을 차리고, 앞으로 할 사역을 준비하기 위해 종종 비교적 비옥한 산지에 은거했다. 하지만 사역의 요구를 피하기는 쉽지 않았다. 그들이 도착할 무렵 항상 따라다니는 무리가 큰 기대에 차 그들을 맞이했다.

## —6:34—

수평적인 인간의 관점에서 보면 그 큰 무리는 제자들에게 그만큼의 부담으로 보였을 것이다. 분명히 몇몇 제자는 "배를 타고 계속 가시죠. 다른 쪽으로 가면 우리를 못 찾을 겁니다"고 말했을 것이다. 그러나 예수님은 다른 것을 보셨다. 선한 목자이신 주님은 갈 곳 몰라 헤매는 연약한 양 떼를 보셨다. 마치 그림을 보듯 묘사된 이 말씀은 예수님이 모세의 말을 떠올리며 하신 것이다. "여호와, 모든 육체의 생명의 하나님이시여 원하건대 한 사람을 이 회중 위에 세워서 그로 그들 앞에 출입하며 그들을 인도하여 출입하게 하사 여호와의 회중이 목자 없는 양과 같이 되지 않게 하옵소서"(민 27:16-17). 제자들은 마지못해 배를 육지에 댔고, 예수님은 발길을 재촉해 그들에게 가서 "여러 가지로 가르치"기 시작하셨다.

## —6:35-36—

예수님이 군중의 영적 필요를 돌보고 계시던 중 그들의 육체적 필요가 대두되었다. 아무리 "사람이 떡으로만 사는 것이 아니"(신 8:3)라고 해도 먹을 양식은 기본적으로 필요하다. 지친 제자들은 주님께 가르침을 끝내시고 배가 고파지기 전에 사람들을 보내자고 제안했다. 그 제안은 합리적이었다. 사람들이 배를 채우는 사이 예수님은 잠시 쉬실 수 있었다. 더구나 제자들도 이제 한계에 도달해 있었다. 그들은 지금까지 여기저기 다니면서 설교하고 치유하며 귀신을 쫓아냈다. 그들도 쉬어야 했다. 가르침은 나중에 다시 할 수 있었다. 그러나 예수님은 다른 계획을 가지고 계셨다.

## —6:37—

예수님이 하신 이상한 지시에 열두 사도는 놀랐다. "너희가 먹을 것을 주라!" 여기서 동사는 명령형이고, 대명사 "너희"가 강조되어 있다. 요한복음을 보면 이렇게 나온다. "이렇게 말씀하심은 친히 어떻게 하실지를 아시고 빌립을 시험하고자 하심이라"(요 6:6). 처음부터 주님은 인간적인 관점에서만 보자면 그렇게 많은 사람을 먹이는 것이 얼마나 얼토당토않게 보일지 알고 계셨다.

열두 사도는 음식을 운반하는 것과 금전 문제를 지적했다. 200데나리온은 막일을 하는 노동자가 받는 6-8개월 치 임금이었다. 그 금액으로 겨우 충당할 음식을 살 수 있다고 해도 그들은 가장 가까운 마을에서 몇 킬로미터 떨어진 곳에 있었다. 그리고 그들 수중에는 12데나리온도 없었을 것이다. 그들은 몇 주일 혹은 몇 개월 동안 지팡이 외에 아무 돈도 식량도 없이 갈릴리 지역을 다니며 사역을 하고 막 돌아온 참이었다.

## —6:38—

예수님은 제자들을 보내 음식이 얼마나 있는지 찾아보게 하셨는데, 그들이 분명히 이미 알고 있는 사실, 즉 돈도 없고 먹을 것도 없음을 확인시키려고 그러셨을 것이다. 그들이 찾은 것은 고작 누룩을 넣어 만들었다면 어른 주먹만 한 크기였을 떡 다섯 덩이와 소금을 쳐서 말렸을 작은 물고기 두 마리가 전부였다. 산기슭에 모여 있는 5천 명 남짓한 사람들(6:44)에 비하면 턱도 없이 부족한 양이었다. 부녀자와 어린아이까지 합하면 군중의 수는 1만 2천 명에서 1만 5천 명까지 될 수 있었다. 이 사람들을 모두 어떻게 먹일 수 있을지 상상해 보라.

주목할 점은 제자들이 자신들의 인간적 한계를 받아들였지만 한 사람도 예수님께 도움을 요청할 생각을 하지 않았다는 것이다. 그들은 예수님께 받은 권세로 불가능한 일—병을 치유하고 귀신을 쫓는 일—을 마치고 막 돌아왔는데도 그분의 권한이나 능력을 요청할 생각을 하지 않았다. 안드레나 베드로나 요한이 이렇게 대답했다면 얼마나 멋졌겠는가. "하지만 주님, 당신은 떡을 만드시고 물고기를 만드신 주님입니다. 이건 당신께는 아무것도 아닌 일입니다. 당신이 못하실 일은 없으니까요."

그게 바로 하나님의 관점, 수직적 관점이다.

# 묵상의 서재

## 사역도 휴식이 필요하다(마가복음 6:31-33)

오래전 아이들이 어렸을 때 우리는 하와이로 가족 여행을 갔다. 하와이의 여러 섬 중 '가든 아일랜드'인 카우아이 섬이 가장 규모가 작고 멀리 떨어져 있어서 우리는 그 섬에 머물렀다. 카우아이의 정북에는 알래스카가 있고, 섬의 중심에서 정서쪽으로 계속 가면 대만이 나오는데, 그 사이에는 바닷물 외에 아무것도 없다. 휴가지로 딱 좋았다.

어느 아침 나는 사내아이들을 데리고 낚시를 갔다. 우리는 배를 통째로 빌려 카우아이 북쪽 해안에서 바다로 나가 즐거운 시간을 보냈다. 우리는 잡은 물고기 몇 마리를 호텔로 가져가 요리사에게 조리를 부탁하기로 했다. 해안으로 돌아오는 내내 우리는 즐거웠고, 저녁에 그 물고기를 먹으면 맛있겠다는 대화를 나누었다. 우리는 물이 얕은 곳에 배를 대고 뛰어내려 첨벙거리며 해안으로 걸어갔다. 더할 나위 없이 좋았다.

하지만 내가 눈을 들어 해변에 늘어 서서 손을 흔들고 있는 사람들을 보기 전까지만 그랬다. 바로 그때 아이들이 말했다. "아빠, 아빠를 알아본 사람들이야. 우리는 갈래." 아이들은 모두 나를 버리고 도망갔다!

해변으로 올라오자 그 무리의 인솔자가 말했다. "목사님, 반갑습니다. 저희는 성경 공부 그룹인데, 목사님이 이곳에 왔다는 소식을 들었어요. 그래서 목사님께 배우려고 이렇게 찾아왔습니다."

나는 너무 무례해 보이지 않기를 바라며 말했다. "아시다시피, 저희 가족이 휴가차 온 것이어서요." 그들은 고개를 떨구었고 나는 말했다. "준비가 전혀 안돼 있어서…."

"아, 괜찮아요. 저희에게 성경이 있으니까요." 그가 말했다. 대화를 이어가면서 그들은 내가 하는 대답을 죄다 반박했다. 그들은 기대가 컸지만, 유감스럽게도 나는 그날 그들을 실망시켰다. 다행히 그때 나는 사역의 모든 요구를 반드시 다 채워주어야 하는 것은 아님을 깨우쳤다. 시간을 내어 쉬는 것이 활발한 사역을 하는 것 못지않게 중요할 수 있다.

## —6:39-41—

나는 이따금 예수님이 제자들을 앉혀놓고 반짝이는 눈빛으로 먹을 것을 준비하라고 지시하시는 모습을 상상해본다. 제자들은 사람들을 적절한 숫자로, 아마도 열두 명 정도씩 모여 앉게 한 다음 예수님이 행동하시기를 기다렸다.

예수님은 더는 아무 말도 하지 않으시고 대신 하나님만 하실 수 있는 일을 행하셨다. 하늘 아버지께 필요를 공급해주신 것을 감사드린 후 떡과 물고기 두 마리를 여러 조각으로 나누셨다. 여기까지는 전혀 놀라울 게 없다. 그런데 그다음 예수님은 얼마 되지 않는 조각들로 필요한 양을 채우고도 남을 만큼의 음식을 공급하셨다. 그래서 제자들은 정말 처음 지시받은 대로 "먹을 것을"(6:37) 줄 수 있었다.

## —6:42-44—

1만 명이 넘는 사람에게 떡과 물고기를 나누어주기 위해 시간이 얼마나 필요했는지는 아무도 모른다. 하지만 결국 모든 사람이 배를 채웠다(십대들까지도!). 오후 내내 주님이 기적적인 방법으로 제공하신 음식을 사람들에게 나르고 빈 바구니를 채우려고 오가던 제자들 마음속에는 이 실물 교육이 깊이 각인되었을 것이다. 주님이 세상을 떠나시고 한참 후 사역에 대한 부담과 사역에서 요구되는 모든 불가능한 일이 사도들을 짓누를 때 그들은 분명 그날을 되돌아보았을 것이다. 그날 예수님은 그들에게 불가능한 일을 요구하신 후 그것을 감당할 수 있는 방법을 제공하셨다. 그로부터 몇 년 후 사도들은 도처에서 해결할 수 없는 인간의 필요와 마주쳤을 때 주님이 세우신 사역의 패러다임을 생각해야 했을 것이다. 우리가 가진 것이 아무리 적어도 그것을 사용해야 할 책임은 우리에게 있다는 것을. 그러면 주님은 우리가 드린 것을 크게 불려 필요를 채우시고, 우리는 그분의 계획을 함께 완수할 것이다.

모든 사람이 배불리 먹자 예수님은 제자들에게 또 다른 임무를 주셨다. 예수님은 제자들을 시켜 남은 음식을 모아오게 하셨다. 열두 사도는 각자 *kophinos*(2894)라고 불리는 바구니를 가지고 있었는데, 한 헬라어 사전에 따르면 이것은 "유대인이 여행할 때 사용하는 바구니로서, 그들은 부정한 것을 피하기 위해 이방 지역을 여행할 때 버드나무로 만든 이 바구니에 음식을 가지고 다녔다."[15] 다시 말해, 남은 음식이 각 사람이 긴 여정 동안 배를 채우기에 충분한 양이었다는 뜻이다. 그들은 기적에 참여했다. 불가능한 필요가 채워졌다.

오늘날에도 주님이 주시는 메시지는 동일하다. 우리는 모두 불가능한 도전을 맞닥뜨린다. 주님은 어떻게 대답하실까? 너는 덧셈을 해라. 곱셈은 내가 하겠다. 그러면 내가 너에게 완수하라고 분부한 사명은 분명히 성취될 것이다. 나를 믿어라.

## 적용: 마가복음 6:30-44

### 불가능한 상황과 절호의 기회

살다가 막다른 골목에 부딪히면 당신 앞을 가로막는 그것이 무시무시해 보일 수도 있고, 한 줌의 떡과 물고기 몇 마리로 1만 5천 명을 먹이려는 시도처럼 불가능해 보일 수도 있다. 당신은 그 요구를 충족하거나, 그 문제를 해결하거나, 그 도전을 극복할 수 있는 방법을 알지 못한다. 당신이 한때 가능하다고 생각했기 때문에 어쩌면 당신은 그 상황을 더 견딜 수 없게 되었을지도 모른다. 불가능한 일은 본질상 무한정 견딜 수 없다. 불가능한 상황은 점점 더 강도가 세지고, 승산은 급격히 불리해지며, 생각은 착각을 일으키기 시작한다. 공황 상태가 시작된다. 속이 울렁거리면서 잠을 못 자고, 식욕을 잃거나 끊임없이 먹으며, 집중력이 떨어진다…목록은 계속 이어진다.

불가능한 상황이 계속되면 우리가 가진 인간적이고 수평적인 세상의 관점이 삶 전체를 삼켜버린다. 오늘 당신의 모습이 그렇다면 지금 당신이 이 이야기를 접하게 된 것은 우연이 아니다. 당신이 제자 중 한 명이 되어 이 구절 속으로 들어가 당신이 처한 불가능한 상황을 이야기에 대입하라. 당신이 대부분 사람과 같다면 구세주보다는 제자들에게 더 동질감을 느낄 것이다. 당신 역시 제자들이 극복하려고 애썼던 세속적 관점 때문에 애를 먹고 있기 때문이다.

예수님은 열두 사도와는 완전히 다른 시각에서 군중의 배고픔을 보셨다. 제자들이 불가능한 상황을 보았을 때 예수님은 절호의 기회를 보셨다. 이 사실을 잘 기억해두었다가 상황이 견디기 힘들어질 때 바로 떠올리면 좋을 것이다. 우리는 인생을 살면서 절호의 기회와 마주치는데, 그것은 매번 불가능한 상황으로 아주 잘 위장하고 온다.

당신이 이러지도 저러지도 못하는 문제는 집안 문제일 수도 있다. 부부 관계가 막다른 골목에 다다랐을 수도 있다. 불가능해 보이는 취업 문제일 수도 있다. 재정적으로 큰 변화가 생겼을 수도 있다. 건강 문제일 수도 있고, 다른 사람과의 갈등일 수도 있다. 당신 홀로 견뎌내고 있는 불행한 사태일 수도 있다. 어떤 경우든 당신은 벼랑 끝에 있다. 인간의 힘으로는 불가능한 상황이다. 하나님이 하셔야 한다.

인간의 제한된 시각으로는 하나님이 보시는 멋진 기회를 보지 못한다. 우리가 진정 하나님을 믿는다면 이 사실을 받아들여야 한다. 하나님께는 불가능이 없다. 이것은 하나님이 하실 수 있는 멋진 기회다.

그렇다면 이 중압감에서 어떻게 벗어날 수 있을까? 우리가 가진 떡과 물고기를 그분의 손에 내려놓아야 한다. 그런 다음 그분의 명령에 따르면 된다.

## 숲을 보지 못하다(마가복음 6:45-56)

45예수께서 즉시 제자들을 재촉하사 자기가 무리를 보내는 동안에 배 타고 앞서 건너편 벳새다로 가
게 하시고 46무리를 작별하신 후에 기도하러 산으로 가시니라

47저물매 배는 바다 가운데 있고 예수께서는 홀로 뭍에 계시다가 48바람이 거스르므로 제자들이
힘겹게 노 젓는 것을 보시고 밤 사경쯤에 바다 위로 걸어서 그들에게 오사 지나가려고 하시매 49제자
들이 그가 바다 위로 걸어 오심을 보고 유령인가 하여 소리 지르니 50그들이 다 예수를 보고 놀람이
라 이에 예수께서 곧 그들에게 말씀하여 이르시되 안심하라 내니 두려워하지 말라 하시고 51배에 올
라 그들에게 가시니 바람이 그치는지라 제자들이 마음에 심히 놀라니 52이는 그들이 그 떡 떼시던 일
을 깨닫지 못하고 도리어 그 마음이 둔하여졌음이러라

53건너가 게네사렛 땅에 이르러 대고 54배에서 내리니 사람들이 곧 예수신 줄을 알고 55그 온 지
방으로 달려 돌아 다니며 예수께서 어디 계시다는 말을 듣는 대로 병든 자를 침상째로 메고 나아오니
56아무 데나 예수께서 들어가시는 지방이나 도시나 마을에서 병자를 시장에 두고 예수께 그의 옷 가
에라도 손을 대게 하시기를 간구하니 손을 대는 자는 다 성함을 얻으니라

인생에서 일어나는 단순한 일들에서도 우리는 요점을 놓칠 수 있다. 우리 집에서는 그럴 때 "큰 그림을 못 본다"고 말한다. 어떤 이들은 "나무를 보느라 숲을 보지 못한다"고 표현한다. 이것은 남이 하는 말을 듣지 못하거나 벌어지고 있는 일을 보지 못한다는 뜻이 아니

다. 모든 요소를 종합해 가장 중요한 쟁점을 총체적으로 보지 못한다는 뜻이다.

잠시 시간을 내어 마가가 조금 전에 그린 두 개의 퍼즐 조각을 각각 살펴보자. 6장 7-13절에서 예수님은 열두 사도에게 권위를 위임하셨고, 따라서 그들은 이스라엘 전역으로 흩어져 설교하고, 치유하며, 귀신을 쫓아냈다. 그들은 예수님의 사역을 처음부터 보아 온 대로 초자연적인 일을 행했다. 그다음 6장 33-44절에서 예수님은 열두 사도에게 큰 무리를 먹이라고 도전하시면서 그분의 신적 능력으로만 가능한 방법을 제공하셨다. 그들이 할 수 있는 것은 주님께 음식을 받아 굶주린 군중에게 나르는 일뿐이었다.

제자들은 이 두 경우를 통해 사역에서 자기들의 역할이 무엇인지 논리적인 결론을 내릴 수 있었다. 그들은 예수님의 권위와 능력으로 인간으로서는 불가능한 일을 해낼 수 있었다. 예수님이 공급해주시지 않으면 아무것도 할 수 없었다. 당신이 큰 그림을 볼 수만 있다면 요점은 이렇게 단순하다.

## —6:45-46—

예수님은 무리를 먹이시고, 남은 음식을 모으시며, 집회를 해산하신 후 제자들에게 먼저 배를 타고 가라고 지시하셨다. 요한복음은 군중이 주님을 억지로 끌고 가 그들의 왕으로 삼으려 했기 때문에(요 6:15) 주님이 군중과 거리를 두려 하셨다고 말한다. 예수님은 그들의 계획에 끌려가지 않으시고 갈릴리 바다 북동쪽 해안에 있는 산지로 물러나셨다. 안드레와 베드로, 빌립의 고향인 벳새다에서 그들을 만나실 요량이었다(참고. 요 1:44, 12:21).

주님은 마지막으로 그들과 잠시 쉬면서 시간을 보내려 하셨던 것 같다. 안디바의 형제 분봉왕 빌립이 자기 거주지를 만들하려고 경계를 확장하기 전까지 벳새다는 작은 마을이었다. 그래도 이 마을은 갈릴리 바다 북쪽의 요단강 기슭에 인접해 있어서 항상 사람들로 바글거리는 가버나움에서 벗어나 조용히 쉴 수 있는 곳이었다.

## —6:47-48—

그날 밤 열두 사도는 목적지를 향해 배를 저어 가고 있었다. 지중해의 수평선 너머로 해가 기울자 오늘날에도 자주 발생하는 강한 돌풍이 갈릴리 바다를 덮쳤다. 갈릴리 바다는 해수면에서 200미터 아래, 아라비아 사막과 지중해 사이의 깊은 단층 지대에 위치한다. 바람이 자주 계곡을 따라 휘몰아치는데, 그럴 때면 갈릴리 바다는 거센 풍랑이 이는 악몽의 바다로 변한다. 작은 범선에 미치는 여파는 더 말할 것도 없었다. 한 주석가가 말한 대로 "오늘날에도 상황은 비슷하다. 바람이 물을 할퀴어 흰 물거품을 이루는 통에 모터보트의 출항을 금하는 경보가 수시로 발령된다."[16]

마가는 제자들이 바람과 맞서 싸우는 것을 예수님이 보실 수 있었다고 진술한다. 낮에는 수면에서 수백 미터 위에 있는 고원에서 그들을 쉽게 볼 수 있었지만, 밤인데다 폭풍까지 바다를 어둡게 덮었기 때문에 예수님은 초자연적 능력으로 그들을 보셨을 것이다. 주님은 어두워지기 전에 그들이 간신히 노를 저어 가고 있는 모습을 처음 보셨지만, 새벽 3시에서 6시 사이인 "밤 사경쯤"(6:48) 되어서야 그들을 뒤쫓아가셨다. 그렇다면 제자들은 뱃전을 때리는 바람과 파도 속에서 거의 열두 시간 가까이 노를 저었다는 뜻이다.

열두 사도가 폭풍우 속에서 고군분투하는 동안 예수님은 물 위로 파도를 밟고 넘어서 배가 있는 곳으로 걸어오셨다. 예수님은 구약성경에서 하나님이 하셨던 것처럼 그들을 "지나가려고" 하셨다. 구약성경을 보면 하나님이 당신의 백성을 안심시키는 방법으로 백성이 그분의 임재를 엿보게 하실 때가 있었다(예를 들어, 출 33:19-22, 왕상 19:11). 구약성경에서는 오직 하나님만 파도를 밟으실 수 있었다(참고. 욥 9:8, 38:16, 시 77:19, 사 43:16).

## —6:49-50—

예수님이 제자들을 안심하게 하실 요량으로 하신 일을 그들은 무서워했다. 제자들은 예수님을 *phantasma*(5326)로 착각했는데, 이 용어는 신약성경에서 많이 쓰이지 않았다. 이 용어는 죽은 사람의 육신에서 분리된 '유령'만 뜻하지는 않는다. 히브리서 12장 18-21절에서는 불타는 연기와 천둥 같은 흑암으로 임하시는 하나님의 초자연적인 현현을 묘사하는 데 사용되었다. 건전한 유대인들은 보통 미신에 현혹되지 않았고, 영적 영역 내지는 초자연적 영역에 대한 인식이 건전했다. 이 남자들은 삶의 대부분을 갈릴리 바다에서 생계를 꾸려왔기 때문에 폭풍우를 크게 두려워하지 않았다는 점을 명심하라. 그런 그들이 정체불명의 초자연적 존재로 생각되는 무언가가 그들을 향해 다가오는 것을 보았고, 그 모습에 비명을 지르며 공포에 떨었다.

예수님은 *tharseō*(2293)라고 하시며 제자들을 안심하게 하셨다. 이 말은 '위험이나 불리한 상황 앞에서 흔들리지 않다' 또는 '단호하다'는 뜻이다.[17] 전장에서 부하들이 공격에 맞서 후퇴하지 않도록 지휘관이 독려하는 종류의 말이다. 예수님은 그때 의미심장한 말로 당신의 정체를 암시하셨다. *egō eimi*(1473+1510), 곧 "나다"고 말씀하셨다. "내니"(막 6:50)라는 표현은 이 구절에 담긴 신학적 함의를 잘 담아내지 못한다. 유대인은 *egō eimi*를 하나님이 그분 자신을 지칭할 때 사용하시는 전형적인 어구로 이해했다(참고. 출 3:14). 그런 다음에야 예수님은 제자들에게 "두려워하지 말라"고 명령하셨다.

주님 말씀을 문자 그대로 옮기면 이렇다. "용기를 내라. 나다. 두려워 말아라."

## —6:51–52—

예수님이 파도 위에서 내려와 뱃전을 넘어 갑판 위로 올라오시자 사납게 요동치던 자연은 증기처럼 사라졌다. 폭풍이 멈추고, 바람이 잦아들고, 하얗게 부서지던 파도가 잔물결 속으로 사라지자 배는 안정을 되찾았다. 마침내 호수는 매끈한 비단처럼 잔잔해졌다. 예수님은 다시 한 번 그분의 권위로 인간의 부족함을 해결해주셨고, 불가능한 상황을 호기로 삼아 그들을 가르치셨다.

열두 사도는 또다시 놀라서 제정신이 아니었다. 바로 전에 그들은 예수님이 폭풍을 잠잠케 하시고(4:39–41), 귀신을 쫓아내시며(5:8–13), 죽은 자를 살리시고(5:41–42), 적은 음식으로 큰 무리를 먹이시는 것(6:41–42)을 보았다. 그런데도 그들은 방금 본 주님의 능력을 놀라워했다. 왜 그랬을까? 마가는 간단히 설명한다. "이는 그들이 그 떡 떼시던 일을 깨닫지 못하고"(6:52).

수평적 관점이 그들을 지배했다. 그들은 핵심을 놓쳤고, 큰 그림을 보지 못했다.

제자들에게 너무 가혹해지지는 말자. 그들은 성육신의 개념을 제대로 이해하지 못했다. 그들은 하나님이 인간이 되시는 것을 기대하지 않았다. 그들은 자기들의 메시아가 인간의 몸을 입은 신일 수도 있다는 것을 한 번도 생각해본 적이 없었다. 반면 우리에게는 완성된 신약성경과 2천 년 동안 우리가 읽고 있는 것을 설명하고 명확하게 뜻을 밝혀주는 신학적 지성이 있다. 게다가 우리는 배 위에서 폭풍우에 젖어 물을 뚝뚝 떨어뜨리고 있지도 않다.

복음서 저자는 그들이 놀란 이유를 설명한다. "그 마음이 둔하여졌음이러라." 이 관용적 표현은 그들의 이성과 감정이 성장을 가로막았다는 뜻이다. 요즘 식으로 말하자면 그들은 '우둔했다'고 할 수 있다(굳이 말하자면 우리처럼!).

## —6:53—

다음 네 구절은 많은 주해서에서 빠져 있다. 이 구절들을 읽어보면 그다지 중요해 보이지 않는다. 예수님이 하신 말씀은 한 마디도 나오지 않는다. 마가복음에는 많은 이름이 나오지만, 여기에서는 한 사람의 이름도 나오지 않는다. 이 일들이 벌어진 장소조차도 확실히 알 수 없다. 아무도 게네사렛의 위치를 정확히 말하지 못한다. 큰 사건도 일어나지 않는다. 예수님과 제자들 사이에 대화도 없고, 군중에게 가르치신 심오한 교훈도 없으며, 곰곰이 곱씹어볼 비유도 없고, 증언할 기적도 없다. 사실, 이 네 구절은 중요한 의미가 없어 보인다.

이 구절에 신학적 함의는 없지만 마가는 예수님께 있는 매우 중요한 신적인 속성을 조심스럽게 조명한다. 예수님은 우리가 긍휼이라고 부르는 무의미하고, 비합리적이며, 불공평하고, 큰 희생을 요하는 성품을 지니고 계셨다.

## —6:54-55—

게네사렛이 위치는 갈릴리 바다 북서쪽 해안 근처였을 가능성이 크다. 주님과 제자들이 여기저기 다니던 중 그 지역에서 사역하시려고 해안에 배를 댔다. 여러 지역에서 예수님과 제자들을 거부하고, 또 어떤 사람들은 무시하기도 했지만, 이곳 사람들은 열렬히 환영했다. 그들은 큰 기대를 품고 아픈 사람과 장애가 있는 친구들을 모아 침상째 들고 예수님께 데려왔다. 예수님이 그들을 불쌍히 여겨 만져주시기만 해도 치유될 것을 알았기 때문이다. 마가의 표현을 보면 예수님은 언제나 그러셨듯이 여러 곳을 두루 다니시면서 사역하셨고, 사람들은 그분을 찾아다니며 사랑하는 사람들이 치유를 받게 했다.

냉담하고 믿지 않았던 예수님의 고향 사람들과 얼마나 대조적인가.

## —6:56—

1세기에는 아고라라는 공공장소를 중심으로 도시가 건설되었다. 아고라에는 보통 우물을 비롯해 공동 시설이 갖추어져 있었다. 아고라는 소식을 주고받고, 상품을 팔며, 정치를 논하고, 분쟁을 해결하며, 합의를 이루고, 연설을 하는 장소였다. 당신이 어떤 도시에 도착해 아는 얼굴을 찾고 싶으면 이곳으로 가면 된다. 아마 예수님도 새로운 도시에 오시면 다른 곳으로 가시기 전에 바로 아고라로 가셨을 것이다. 그래서 사람들은 나사렛에서 온 병을 치유하는 랍비의 말씀을 들으려고 아픈 친구들을 이 시장통으로 데려왔다.

가버나움의 병들고 소외당한 여인이 그랬듯이(5:25-34) 게네사렛의 병자들은 예수님의 겉옷에 달린 술이라도 만지게 해달라고 간청했다(참고. 민 15:37-40, 신 22:12). 그리고 그들도 그 여인처럼 즉시 모든 질병과 장애에서 벗어났다. 그 장면을 머릿속에 그려보라. 도시를 가로지르는 여러 도로와 외곽 지역 도처에 병자들이 줄지어 있다. 예수님이 그곳을 걸어가실 때 팡파르도, 안내 광고도, 대중 집회도 없다. 그들은 그저 예수님의 옷을 만질 뿐이다. 그리고 그 즉시 몸이 온전해진 사람들이 자기 발로 서서 그분을 따라간다.

## 적용: 마가복음 6:45-56
### 어떻게 해도 믿지 않는 사람들

불신자들은 종종 믿음을 갖는 것을 우스꽝스러운 일로 풍자한다. 그저 기분을 좋게 만들어준다는 이유로 이성에 반하는 것을 맹목적으로 받아들인다는 이유에서다. 흔히 믿음은 이성과, 종교는 과학과, 신앙은 사실과 대비된다. 그러나 성경은 믿음을 그렇게 묘사하지 않는다. 믿음이 "바라는 것들의 실상이요 보이지 않는 것들의 증거"(히 11:1)인 것은 맞다. 그러나 신자들은 보장된 소망과 눈에 보이지 않는 삶의 차원을 확신할 수 있다. 우리가 믿음을 둔 대상이 가장 높은 분이며 신뢰성이 입증된 분, 즉 전능하신 하나님이기 때문이다. 진실로 신뢰할 수 있다고 입증된 대상을 믿으면 아직 볼 수 없는 것을 경험하기 위해 보이는 것을 초월해 나아갈 수 있다.

주님은 사역하시는 내내 제자들에게 당신이 신뢰할 수 있는 분임을 증명하셨다. 그들은 그들의 주님이 불가능한 상황을 신성한 승리로 바꾸시는 것을 몇 번이나 보았다. 그리고 예수님이 위임하신 권위나 능력이 없으면 그들은 아무것도 할 수 없다는 것도 깨달았다. 예수님은 이 경험으로 그들이 그분을 계속 신뢰할 수 있게 도우셨다. 또한 믿음을 행동으로 옮길 수 있는 기회도 여러 번 주셨다. 하지만 안타깝게도 그들은 자주 실패했다.

우리는 사도행전을 통해 제자들이 종국에는 그리스도를 전적으로 신뢰하는 법을 배웠으며, 엄청난 영향을 미친 그리스도의 증인이 되었다는 것을 안다. 그들의 마음은 부드러워졌고, 흔들리지 않는 믿음의 표상이 되었다. 하나님이 자신이 신뢰받을 만한 분임을 거듭 입증해 보이셨는데도 많은 사람이 영원을 가르는 중요한 결정을 한사코 하지 않는 것은 슬픈 일이다. 그렇게 그들은 반항하다 죽는다.

왜일까? 적어도 두 가지 중요한 이유가 있다.

**첫째, 그들은 하나님이 스스로 밝히신 정체성을 믿으려 하지 않는다.** 노골적으로 말하면, 그들은 미련하고 둔하며, 수평적이고 인간적인 관점만 고집한다. 그들의 반항심은 너무나 완고해 시선을 위로 돌려 하나님의 존재를 알아보려고 하지 않는다. 그들은 소위 논리로 판단한다고 하지만, 자기들의 삶에 하나님이 개입하신다는 증거를 모조리 무시하고 지극히 불합리한 행동을 한다.

**둘째, 그들은 하나님이 하겠다고 말씀하신 것을 반드시 이루는 분임을 믿으려 하지 않는다.** 내가 경험한 바로는, 무신론자들은 대부분 하나님의 존재를 정말로 안 믿는 게 아니다. 그들은 하나님의 성품을 신뢰하지 않을 뿐이다. 많은 무신론자가 하나님의 존재를 부인하는 이유는 하나님의 성품에 결함이 있다고 생각하거나, 아니면 그들이 기대한 대로 하나님이 행동하시지 않아 하나님께 골이 나 있기 때문이다. 이것은 하나님께 복종하기를 거부하는 강퍅한 마음이다.

당신은 아마 무신론자가 아닐 것이다. 그렇지 않다면 성경을 주해하는 이 책을 읽고 있지 않을 테니 말이다. 그렇더라도 이 논지가 우리에게 유효한 까닭은 우리가 이따금 무신론자가 저지르는 불신의 죄를 범하기 때문이다. 하나님이 그분의 신실하심을 그렇게 많이 증명하셨는데도 불구하고 우리는 그 조각들을 맞춰 큰 그림을 보지 못한다. 그분이 살아서 역사하시며, 우리가 처한 불가능한 상황을 해결해주실 수 있다는 사실을 믿지 못한다. 일부 무신론자처럼, 우리는 우리가 당한 어려움을 의로운 방법으로 해결하시는 그분의 성품을 신뢰하지 않는다.

이것은 그리스도인에게 위험한 태도다. 히브리서는 이렇게 단언한다. "믿음이 없이는 하나님을 기쁘시게 하지 못하나니 하나님께 나아가는 자는 반드시 그가 계신 것과 또한 그가 자기를 찾는 자들에게 상 주시는 이심을 믿어야 할지니라"(히 11:6). 진실로 그리스도를 신뢰한다면 당신은 삶으로 믿음의 증거를 보여주어야 한다. 당신은 영혼의 문제에 대해서도 그분을 신뢰해야 하며, 이 세상의 염려, 즉 매일의 필요와 문제들에 대해서도 그분을 믿어야 한다.

당신이 무신론자가 아니라면 이제 그것을 증명할 때다!

## 본격적으로 맞서다(마가복음 7:1-13)

---

1바리새인들과 또 서기관 중 몇이 예루살렘에서 와서 예수께 모여들었다가 2그의 제자 중 몇 사람이
부정한 손 곧 씻지 아니한 손으로 떡 먹는 것을 보았더라 3(바리새인들과 모든 유대인들은 장로들의
전통을 지키어 손을 잘 씻지 않고서는 음식을 먹지 아니하며 4또 시장에서 돌아와서도 물을 뿌리지
않고서는 먹지 아니하며 그 외에도 여러 가지를 지키어 오는 것이 있으니 잔과 주발과 놋그릇을 씻음
이러라) 5이에 바리새인들과 서기관들이 예수께 묻되 어찌하여 당신의 제자들은 장로들의 전통을 준
행하지 아니하고 부정한 손으로 떡을 먹나이까 6이르시되

이사야가 너희 외식하는 자에 대하여 잘 예언하였도다 기록하였으되
이 백성이 입술로는 나를 공경하되 마음은 내게서 멀도다
7사람의 계명으로 교훈을 삼아 가르치니
나를 헛되이 경배하는도다 하였느니라

8너희가 하나님의 계명은 버리고 사람의 전통을 지키느니라
9또 이르시되 너희가 너희 전통을 지키려고 하나님의 계명을 잘 저버리는도다 10모세는 네 부모를
공경하라 하고 또 아버지나 어머니를 모욕하는 자는 죽임을 당하리라 하였거늘 11너희는 이르되 사람
이 아버지에게나 어머니에게나 말하기를 내가 드려 유익하게 할 것이 고르반 곧 하나님께 드림이 되었
다고 하기만 하면 그만이라 하고 12자기 아버지나 어머니에게 다시 아무 것도 하여 드리기를 허락하지
아니하여 13너희가 전한 전통으로 하나님의 말씀을 폐하며 또 이같은 일을 많이 행하느니라 하시고

---

오늘날 우리 문화는 겁쟁이와 의지 박약자들을 좋아하고, 확고한 신념을 가진 사람들을 벌한다. 슬픈 현실이다. 특정한 신념을 고수하거나 특정한 원칙들을 옹호하면 무지하고 오만하며 편견을 가진 사람으로 본다. 자기 생각을 강하게 주장하면 옹졸하고 완고하며 편협한 사람이 된다. 잘못을 저지른 사람과 맞서면 무례하고 사랑이 없다는 눈총을 받는다. 싸우거나 저항하는 게 옳을 때도 있다는 가치관으로 행동하면 툭하면 따지기 좋아하는 사람이라거나 밉상이라는 꼬리표가 붙는다.

진리가 우리를 자유롭게 한다는 것을 알면서도 어떤 사람이 양해도 구하지 않고, 그것도 공개적으로, 상대방에게 과감히 진실을 말하면 반발심이 생긴다. 그러나 권세를 가진 자들이 진리를 저버릴 때 대항하는 사람이 없다면 세상은 골목대장이 힘없는 아이들을 못살게 구는 놀이터처럼 될 것이다. 모든 국가는 폭군의 통치를 받게 될 것이다. 교회는 모두 율법주의자들에게 위협당할 것이다. 진리는 선포되어야 한다. 그렇지 않으면 불의가 횡행하고 모든 사람이 고통받을 것이다. 모든 문화와 세대는 집단의 사고를 이끄는 자들에게 공공연히 대항하고 과감하게 진리를 말할 수 있는 사람이 반드시 있어야 한다.

1세기 이스라엘에서는 예수님이 바로 그런 부류의 사람이셨다. 하지만 갈릴리에서 사역하시던 초기에는 그런 모습을 보이지 않으셨다. 초기에 예수님은 아무리 격분하셨을지라도 반대자들에게 온유하게 말씀하시고, 거짓을 논리로 반박하시면서 온건하게 접근하셨다. 예수님은 대개 충돌을 피하시고, 온 나라에 복음을 선포하시면서 복음을 듣고 싶어 하는 사람들에게 집중적으로 시간을 할애하셨다. 예수님은 자신의 계획대로 계속 진행하시면서 진리를 거부하는 자들은 제쳐놓으셨다.

예수님은 갈등을 두려워하신 게 아니었다. 부와 권력을 가진 자들은 그분을 위협할 수 없었다. 단지 이스라엘의 기세등등한 종교 고위층과 맞서는 것이 계획에 맞지 않았을 뿐이다…아직은. 예수님은 갈릴리 주변을 여러 차례 다니시고, 제자들을 보내 복된 소식을 전하게 하신 후 비로소 신학적, 종교적 오류의 근거지인 남쪽 예루살렘으로 관심을 돌리셨다. 예수님은 이때는 예루살렘에서 사역을 하지 않으셨다. 예루살렘은 좀 더 후에 가실 생각이었다(10:1). 대신 예수님은 계획에 따라 예루살렘에서 온 여러 파당과 부딪힐 때 점점 더 결연한 태도를 취하셨다.

지금까지는 예수님이 성경에 나오는 명료한 논리로 종교 당국자들을 반박하셨지만,

이제 그 시기는 끝났다. 예루살렘에서 파견된 대표들이 예수님께 싸움을 걸려고 가버나움으로 왔을 때 예수님은 본격적으로 맞설 준비를 하셨다. 아브라함과 맺은 주님의 언약을 왜곡하고 유대교를 율법주의적인 이교로 변질시킨 그들은 하나님의 진노를 받아 마땅했다.

## —7:1-2—

예루살렘의 종교 당국자들이 보낸 사람 중에는 바리새인들도 있었다. 예수님 시대에는 한때 민족주의에 존경스러울 정도로 충성했고 율법에 정진했던 그들이 점점 더 주도권을 잡아가고 있었다. 이 꼼꼼한 성경 해설자들은 구전된 전통대로 모세의 율법을 일상생활에 적용하기 위해 부단히 노력했다. 바리새인 랍비들은 율법에 구체적인 의무와 금지 사항을 나열한 긴 목록을 덧붙였다. 종교적 열심에 있어서라면 바리새인들에 필적할 자가 없었다(94페이지 보충 설명 "바리새인" 참조).

서기관들은 문서를 다루는 사람들이었다. 읽기와 쓰기, 특히 히브리어 성경을 샅샅이 점검하는 데 숙련된 자들이었다. 그들이 맡은 가장 중요한 임무는 구약성경이 부패나 오염으로 훼손되는 것을 방지하기 위해 꼼꼼히 필사하는 일이었다. 그들이 이런 식으로 끊임없이 하나님의 말씀을 접하다 보니 무척 박식했다. 사람들은 율법을 설명하고 적용할 일이 있을 때 그들을 찾았다.

마가가 이야기하는 투를 보면 바리새인들과 서기관들이 예수님을 함정에 빠뜨리는 임무를 띠고 왔다는 것을 확실히 알 수 있다. 우리가 마지막으로 바리새인들을 본 것은 갈릴리 회당에서였는데, 거기서 예수님은 안식일에 병 치료하는 것을 금한 그들의 규칙을 무시하셨다(3:1-6). 그 후 그들은 "나가서 곧 헤롯당과 함께 어떻게 하여 예수를 죽일까 의논"했다(3:6). 분명히 그들은 예수님을 물리적으로 죽이기 전에 공개적으로 망신을 주고 싶어했다. 그게 음모학의 원론이다. 대중의 사랑을 받는 포퓰리스트 지도자를 죽이면 그가 하나의 상징이 되어 그를 중심으로 반대자들이 결집할 위험이 있다. 그러므로 먼저 그의 명예에 흠집을 내야 그가 살해당해도 아무도 상관하지 않을 것이다.

경험이 많은 복싱 선수는 보통 첫 라운드에서는 상대 선수를 탐색한다. 노련한 선수는 몇 분 동안 상대방의 가격 거리, 속도, 스타일을 파악한 후 상대의 허점을 공격한다. 지방의 바리새인들은 예수님과 지혜를 겨룰 깜냥이 안 되었기 때문에 예루살렘에서 실력자들을 데려왔다. 이렇게 학식이 높은 신학 토론자들이 시간을 내 군중 사이에 섞여 예수님과 열두 사도의 습관을 관찰하고 상세히 주석을 달았다. 그런 다음, 때가 되자 비교적 사소한 사안–손 씻는 의식–을 가지고 예수님을 끌어들였다.

## —7:3–5—

마가는 이방인 독자들을 위해 이 의식 특유의 규정을 설명한 반면, 손 씻는 의식은 간단하게 묘사하고 제대로 다루지 않는다. 아마 유대인 형제자매들을 조롱하고 싶지 않아서 그랬을 것이다. 우리와 같은 독자들을 위해 알프레드 에더스하임(Alfred Edersheim)은 이 전통을 다음과 같이 요약했다.

> 정결 의식이 지나치게 잦았다. 물이 다른 용도로 사용되거나, 이물질이 물에 떨어져 변색되거나 오염되지 않도록 관리해야 했기 때문에 보통 큼지막한 단지나 항아리가 쓰였다. 돌이 특별히 언급되기는 했지만, 어떤 재료든 상관없었다. 이 항아리에서 대부분 유리로 된, 최소한 4분의 1 로그(달걀 껍질 하나 반에 해당하는 양)를 담을 수 있는 natla, antila 또는 antelaya라고 불리는 용기로 물을 뜨는 게 관례였다. 왜냐하면 딱 그 정도의 양이 관수식에 사용될 수 있었기 때문이다. 자갈, 회반죽 같은 것이 전혀 묻지 않은 두 손에 물을 붓고, 손 전체가 구석구석 씻겨질 뿐만 아니라 손을 씻은 오염된 물이 다시 손가락 쪽으로 흘러내리지 않도록 손을 쳐들어 물이 손목 쪽으로 흘러내리게 했다. 비슷한 방법으로 한쪽 손으로 다른 쪽(주먹)을 문지르면 문지른 손은 관수가 된 것으로 규정되었다. 그렇지 않으면 머리나 또는 벽에 대고 문지를 수도 있었다. 그런데 특별히 강조되는 한 가지 요소가 있었다. 첫 번째 관수식은 원래 레위기에 부정하다고 규정되지 않은 손을 씻을 때 시행하도록 되어 있는데, 이때 물이 손목까지 흘러내려야 했다. 만약 물이 손목까지 내려오지 않으면 그 손은 정결하지 않았다. 마가가 바리새인들은 "손목까지 손을 씻지 않으면" 먹지 않는다고 말한 것이

바로 이 뜻이다."[18]

이렇게 지나치게 상세하고 지루한 과정은 바리새인들을 대표하는 상징이 되었다. 그들은 이런 절차를 하나님의 율법을 사랑하는 표현으로 보았다. 바리새인들은 하나님을 기쁘게 해드리기 위해 삶의 모든 영역에서 매일 이 정결 의식과 유사한 다른 의식들을 기꺼이 감내했다. 그리고 감히 스스로 '언약의 아들'이라고 일컫는 모든 이에게, 그들이 해야 한다고 생각하는 것을 똑같이 요구했다.

## —7:6–8—

바리새인들은 상대적으로 사소하지만, 그래도 여전히 그들 문화에서는 너끈히 예수님의 명예를 실추시킬 만큼 진지한 문제로 예수님께 도전했다. 이것은 그들에게 예수님의 살해로 종료되는 계산된 전략의 개막전에 불과했다. 하지만 노련한 권투선수라면 익히 알듯이 상대가 싸움을 주도하게 두면 안 된다. 바리새인들은 별로 평판이 좋지 않은 나사렛 출신에다 교육도 받지 않은 하찮은 신출내기 랍비를 없앨 준비를 했다. 그들은 인간의 몸을 입으신 진리의 창시자와 지혜를 겨루게 될지는 꿈에도 몰랐다!

예수님은 바리새인들을 "외식하는 자"(7:6)라고 책망하셨는데, 이것은 흔히 배우 또는 무언가를 사칭하는 사람들을 일컫는 말로 쓰였다. 세속적 헬라 작가들은 이 용어를 상황에 따라 긍정적, 부정적 의미로 다 사용했다. 긍정적 의미로는 무대에서 한 캐릭터를 충실히 표현하는 사람을 나타냈다. 그런데 무대를 가짜 세계로, 배우를 사기꾼으로 보면 부정적인 의미로 사용될 수도 있다.[19]

예수님은 성경에서 이사야의 글에 나오는 비난하는 자들을 예로 들어 당대 바리새인들이 그런 자들이라고 하셨다. 예수님은 이사야 29장 13절을 인용해 "외식하는 자"라는 말의 의미를 분명히 밝히셨다. 마가가 기록한 주님의 인용구는 70인역 성경과 거의 일치한다.

번역은 단순히 의미를 해독하는 것이 아니다. 언어는 글자 한 자 한 자를 딱 맞출 수 있는 게 아니기에 축어적 번역을 포기하고 말에 담긴 생각을 충실히 전달해야 할 때도 있다. 이렇게 하면 의미가 명확히 전달된다. 이사야는 하나님의 백성이 하나님과의 관계보다 의

| 마가의 기사(헬라어) | 이사야의 글(히브리어) |
|---|---|
| "이 백성이 입술로는 나를 공경하되 마음은 내게서 멀도다 사람의 계명으로 교훈을 삼아 가르치니 나를 헛되이 경배하는도다 하였느니라 너희가 하나님의 계명은 버리고 사람의 전통을 지키느니라." | "주께서 이르시되 이 백성이 입으로는 나를 가까이 하며 입술로는 나를 공경하나 그들의 마음은 내게서 멀리 떠났나니 그들이 나를 경외함은 사람의 계명으로 가르침을 받았을 뿐이라." |
| 히브리어→70인역→영어→한국어 | 히브리어→영어→한국어 |

식을 추구하는 것을 보고 진정한 의미의 헌신이 사라졌다고 슬퍼했다. 바리새인들은 이사야가 안타까워했던 잘못을 그대로 답습했다. 하나님께 헌신한다는 의미를 잘못 이해한 그들은 하나님의 무오한 말씀은 제쳐두고 인간이 만들어낸 종교적 열심에만 힘을 쏟았다. 실제로 그들은 진리에서 너무 멀어져 성육신하신 진리가 그들 앞에 섰을 때 그분을 이단으로 정죄했다!

## —7:9-13—

예수님은 논거를 확실히 밝히려고 바리새인들의 전통 중 하나를 다섯째 계명과 비교하셨다. "네 부모를 공경하라 그리하면 네 하나님 여호와가 네게 준 땅에서 네 생명이 길리라"(출 20:12). 바리새인들에게는 이 계명을 지키는 동기가 분명 마음에 와 닿았을 것이다. 그들은 이스라엘에서 로마의 침입자들을 몰아내고 다윗이 통치하던 영광의 시절로 돌아가기를 원했다

예수님은 부모에게 불경한 자들을 죽이라고 하신 출애굽기 21장 17절(참고. 레 20:9) 말씀도 인용하셨다. 예수님을 죽이겠다는(참고. 막 3:6) 바리새인들의 최종 목표를 잊지 말자. 이런 식으로 예수님은 죽어야 할 당사자는 그분이 아니라 그들임을 보여주셔서 형세를 역전시키셨다.

그런 다음 주님은 바리새인들이 익히 아는 전통을 예로 드셨다. 바리새인들은 이것에 고르반[*korban*(2878)]이라는 전문 용어를 붙였는데, 이것은 하나님만을 위해 사용하려고 따로 준비해놓는 것을 표현하는 히브리어 단어(예를 들어, 레 1:2-3)를 음역한 것이다. 여

기에는 사람, 돈, 땅, 재물, 유산 등 무엇이든 포함될 수 있다. 바리새인들은 민수기 30장 2-4절을 명분으로 내세우며 헌신의 맹세가 십계명을 포함한 다른 일반적인 의무보다 우선한다고 우겼다. 이 전통에 따르면 자신의 모든 소유를 하나님께 바치고 온전히 헌신하면 연로한 부모님을 돌보는 등의 다른 모든 의무에서 벗어날 수 있었다. 바리새인들은 율법을 교묘하게 이용해 다수의 다른 율법을 지키지 않아도 되는 명분으로 삼을 하나의 율법을 찾아냈다.

예수님은 바리새인들이 "이같은 일을 많이" 행한다고 주장하셨다. 이 마지막 말씀은 서기관들의 입을 다물게 만들었을 뿐 아니라 그들의 생활 방식 전부를 부인하고, 소위 그들의 경건을 이단으로 판결했다.

다음 구절에서 마가는 장면을 전환하지만, 그렇다고 주님과 예루살렘의 부패한 종교 전문가들 사이에 벌어진 갈등이 끝난 것은 아니었다. 사실 이것은 싸움의 1라운드에 불과했다.

## 적용: 마가복음 7:1-13

### 멈추고, 보고, 들으라

전에는 철도 건널목에 '멈추고, 보고, 들으시오'라고 쓰인 표지판들이 있었다. 우리도 그렇게 해보자.

1세기 율법주의자들을 비판하기 전에 잠깐 멈추라.

당신도 21세기 율법주의자일 수 있다. 당신은 다른 사람들의 삶에 수치심을 안겨주는가, 아니면 그들을 자유롭게 해주는가? 당신은 자녀들과 신뢰를 쌓고 있는가, 아니면 자녀들을 당신 뜻대로 좌지우지하려고 하는가? 당신은 신앙이 미성숙한 사람들을 자유롭게 두는가, 아니면 규율의 짐을 지우는가? 당신은 다른 사람들의 삶에서 죄를 찾아내 그것으로 그들을 공격하는가?

그렇다면, 멈추라.

다른 사람들의 죄나 실패를 지적하기 전에 거울을 보라. 예수님이 왜 바리새인들을 위선자라고 부르실 수 있는 자격이 있다고 생각하는가? 그분은 완전한 삶을 사셨다. 그분은 완전함이 무엇인지 아셨다. 그분은 죄를 알지도 못하셨고, 죄를 짓지도 않으셨으며, 죄가 있지도 않으셨다. 그분은 이렇게 말씀하실 자격과 다른 이들의 죄를 지적할 자격이 있으셨다. 당신이 그렇게 하기 전에 거울을 보라. 그런데 가면을 벗고 진실을 말하려면 용기가 필요하다. 그것이 당신 자신에게일지라도 말이다.

어쩌면 당신은 비그리스도인 친구들 사이에서 가면을 쓰고 있는지도 모른다. 진리를 말해야 한다. 그들은 이미 당신을 꿰뚫어보고 있다. 그들을 이기는 한 가지 방법은 진리를 말하는 것이다. 당신의 죄를 모조리 고백하라는 게 아니다. 당신의 고민거리를 허심탄회하게 나누면서 그들이 십자가를 볼 수 있게 해야 한다.

자유함에 대해 성경이 뭐라고 말하는지 들으라.

예수님은 이 이야기 속에서 '자유로운'이라는 말을 사용하지 않으셨지만, 바리새인들의 정죄와 그들이 자체적으로 만든 규율에서 제자들을 자유롭게 해주셨다. 예수님은 제자들에 대해 "이 사람들은 괜찮다. 그들을 내버려두라. 그들은 자유롭다"고 말씀하시면서 율법주의자들에게 저항하셨다.

숙제를 하나 내주겠다. 이번 주에 그리고 당신의 남은 생애 동안 매주 한 사람씩 자유롭게 해주라.

## 정말 더러운 것(마가복음 7:14-23)

14무리를 다시 불러 이르시되 너희는 다 내 말을 듣고 깨달으라 15무엇이든지 밖에서 사람에게로 들어
가는 것은 능히 사람을 더럽게 하지 못하되 16사람 안에서 나오는 것이 사람을 더럽게 하는 것이니라
하시고

17무리를 떠나 집으로 들어가시니 제자들이 그 비유를 묻자온대 18예수께서 이르시되 너희도 이렇
게 깨달음이 없느냐 무엇이든지 밖에서 들어가는 것이 능히 사람을 더럽게 하지 못함을 알지 못하느
냐 19이는 마음으로 들어가지 아니하고 배로 들어가 뒤로 나감이라 이러므로 모든 음식물을 깨끗하다
하시니라 20또 이르시되 사람에게서 나오는 그것이 사람을 더럽게 하느니라 21속에서 곧 사람의 마음
에서 나오는 것은 악한 생각 곧 음란과 도둑질과 살인과 22간음과 탐욕과 악독과 속임과 음탕과 질투
와 비방과 교만과 우매함이니 23이 모든 악한 것이 다 속에서 나와서 사람을 더럽게 하느니라

평범한 그리스도인들이 구약에 대해 어떤 느낌을 가지고 있는지 물어보면 이내 '규율'이라는 단어가 등장할 것이다. 공정하게 말하자면, 구약성경에는 실제로 많은 규칙과 의무와 의식과 의례가 조목조목 나열되어 있다. 그런데 주님은 막상 언약 백성에게 규율이나 규칙을 강조하시지 않았다. 주님이 이스라엘에 일련의 율법을 주신 목적은 미합중국의 헌법 제정자들이 새로운 나라를 통치하기 위해 헌법을 제정한 것과 같은 이유다. 법치는 사회를 안정시키고 번성하게 한다.

구약성경, 특히 모세오경으로 알려진 첫 다섯 책은 국가를 이끄는 데 도움이 되었지만, 하나님은 율법을 의의 척도로 삼으실 의도는 없었다. 하나님은 처음부터 율법이 사람들을 의롭게 만들 수 없다는 것을 아셨다. 규율은 우리의 불의를 드러낼 수 있을 뿐이다. 오히려 하나님은 그분의 백성이 그분을 사랑해서 순종하게 되기를 바라셨다. 남자들에게 순종의 표시로 할례를 받으라고 하시면서도 그들이 "마음에 할례"를 받기를 간절히 원하셨다(참고. 신 10:16, 30:6, 렘 4:4, 롬 2:29). 그러나 역사상 어느 시점부터 이스라엘은 길을 잃고 하나님이 보시는 것은 "사람과 같지 아니하니 사람은 외모를 보거니와 나 여호와는 중심을 보"신다는(삼상 16:7) 사실을 망각했다.

하지만 히브리인들을 너무 나무라면 안 된다. 우리도 별반 나을 게 없기 때문이다. 우리 안의 모든 것은 속마음을 숨기고 외면만 꾸미려고 하기 때문에 우리가 도덕적으로 엉망일 때에도 실제보다 더 좋아 보일 수 있다. 우리는 특정한 규율과 규칙을 지킬 때 거룩해 보이지만(우리 생각에 그렇다), 마음속 깊은 곳에는 온갖 불경하고 수치스러운 생각들이 둥지를 틀고 있으며, 욕망이 날뛰고 있다. 우리는 썩은 마음을 감추고 있을 뿐이다. 우리는 은폐의 대가가 된다. 우리는 규칙과 규율을 덧발라 진실을 위장한다. 그리고 우리가 그런 것들을 지키는 모습을 보는 사람들은 우리를 경건하고 의로우며, 하나님께 따로 선별된 자로 동경한다(우리 생각에 그렇다). 그건 이런 생각이다. '내가 충분히 많은 규율을 준수하고 엄격하게 규칙을 지키면 나는 영적인 사람이 될 것이다.'

꼭 교회뿐만이 아니라 율법주의적인 환경에서는 그런 식의 생각을 진리로 가르친다. 그것이 학교일 때도 있다. 필립 얀시(Philip Yancey)는 1960년대 남부에 있는 한 신학대학을 다녔을 때 경험한 이야기를 들려준다.

> 1960년대 성 혁명도 신학교의 밀폐된 환경을 뚫고 들어오지는 못했다. 학생들이 해마다 서명해야 했던 66페이지짜리 규정집에는 "학생은 손잡기, 포옹, 키스, 기타 신체 접촉을 절대 삼가야 한다"고 쓰여 있었다. 유혹을 줄이기 위해 학생이 데이트할 수 있는 횟수는 주 2회로 제한되었다(두 번 다 상대가 같아야 했던 건 아니다). 물론 두 쌍이 함께해야 했고, 주일 저녁에는 교회만 갈 수 있었다. 여자 신입생은 데이트할 때마다 여학생 처장에게 신청해야 했다. 약혼한 사이라 해도 이 데이트 외에는 전교생이 모이는 저녁 식사 중 하루 1시간의 '교제'만 허용되었다. 전화 통화는 금지되었다. 식당에서 상대와 너무 바짝 붙어 서 있으면 학생처장에게 불려가 추궁을 받을 수도 있었다. 손을 잡았느냐? 키스를 했느냐? 왜 유혹과 장난하려 드느냐? 항상 감시하는 눈이 있었고, 정보원들이 규정 위반을 보고했다. 학교 행사로 외출했을 때 버스 기사가 내 친구에게 이렇게 지적한 적도 있었다. "나는 그리스도인으로서 자네에게 말할 의무가 있네. 백미러로 보니 자네와 저 여학생의 코가 서로 닿더군. 자네는 '남자는 여자를 가까이 하지 않는 것이 좋다'고 한 성경 구절도 모르는가?"
>
> 대머리가 벗어진 노년의 한 존경받는 교수는 자기 차 안에서도 부인을 문손잡이 가까이 앉게 했다. 그래야 자기네가 부부인지 모르는 사람이 보더라도 둘이 너무 바짝 앉았다는 오해를 사지 않는다는 것이었다. 그는 벨크갤런트 백화점에서 수영복을 판다는 이유로 그 백화점 주식을 팔았다. 수영복은 '남녀 혼성 수영'에 대한 그의 신념에 어긋났다. 강의실에서 그는 여학생들에게 이렇게 경고하곤 했다. "립스틱을 바르는 것은 세상에 대고 '키스해주세요! 키스해주세요!' 하고 말하는 것과 같네."[20]

확신하건대 플래너리 오코너(Flannery O'Connor)가 편지에 "진리를 알시니 신리가 너희를 이상하게 만들리라"고 썼을 때 미국 남부에서 고수하던 구닥다리 율법주의를 염두에 두었을 것이다.

사실 의로운 삶이 사람을 의롭게 만든다는 관점은 어느 시대, 어디에나 있었다. 또 다른 사실은 이런 식의 생각이 우리 시대와 문화에만 국한된 것이 아니라는 점이다. 율법주의는 적어도 1세기까지 거슬러 올라간다. 당시 율법주의자들은 오늘날 율법주의자들과 마찬가지로 전통적인 규범을 벗어나면 부정해진다고 진심으로 믿었다. 예수님이 서기관들과 바리새인들과 부딪히신 것도 율법주의에 도전하셨기 때문이다. 예수님은 종교 전문가들의 위선과 주객이 전도된 신학을 질책하신 후 제자들을 향해 율법, 의, 부패에 대한 진리를 설명하셨다. 그리고 우리에게 우리 자신의 의지력보다 더 큰 능력이 필요한 이유를 밝히셨다.

## —7:14-15—

예수님은 여러 부류의 군중 앞에 서 계셨다. 더러는 친밀한 추종자들이었고, 더러는 더 많이 알고 싶어하는 사람들이었으며, 또 더러는 적이었다. 예수님은 종교 전문가들이 여러 세대 동안 왜곡한 것을 바로잡기로 작정하셨다. 그분은 두 가지 질문에 답하셨다. "율법의 목적은 무엇이며, 나와 하나님과의 관계에서 전통은 어떤 역할을 하는가?" 이 주제에 대해 예수님과 유대인 당국자들은 첨예하게 나뉘었고, 또 이 질문에 대한 답이 이스라엘 모든 사람에게 영향을 미쳤기 때문에 예수님은 "너희는 다 내 말을 듣고 깨달으라"(7:14)는 권면으로 시작하셨다.

예수님이 다음에 하신 말씀은 하나님 말씀을 대놓고 무시하고, 수천 년 동안 내려오는 종교적 전통을 부인하는 것으로 보였다. 하나님은 구약성경에서 언약 백성에게 먹어도 되는 음식과 피해야 할 '부정한' 음식을 말씀하셨다. 하나님은 사람이 특정한 사물에 노출되면 의식적(儀式的)으로 부정해진다고 하셨다. 부정해진 사람은 공동체와 섞이거나 예배와 제물을 바치려고 성전에 들어가기 전에 다시 정결해져야 했다. 또 어떤 행동을 했을 때에도 의식적으로 부정해지므로 특정한 의식을 거쳐 다시 정결한 상태로 회복되어야 한다고 정하셨다.

BC 586년 무렵 바벨론에 포로로 잡혀가기 전까지 유대인들은 사체를 만져서 '부정해'졌다고 해서 그 사람이 무턱대고 죄가 많거나 부도덕해지는 것이 아님을 이해했던 것 같다. 물론 정결 의식으로 다시 '정결한' 상태를 회복해도 도덕적으로 흠 없이 깨끗하다고 생각하지도 않았다. 이 혼란은 느부갓네살 왕이 하사하는 "음식과 그가 마시는 포도주"(단 1:8)를 거부하기로 한 다니엘의 결단을 오해한 데서 시작된 듯하다.

우상에게 바쳤던 고기를 먹기-신실한 유대인들에게는 생각만 해도 혐오스러운-가 꺼려졌던 다니엘과 친구들은 채소와 물을 먹는 식단을 선택했다. 이런 개인적인 신념도 유배

된 민족에게는 지침이 되었다. 약속의 땅에서 추방되고 성전과 단절되자 그들은 하나님이 아브라함과 맺으신 언약의 상속자로서 정체성을 보존하는 수단으로 율법에 매달렸다. 그런데 600년도 더 지난 후 이 민족주의에 대한 가혹한 충성과 율법에 대한 엄격한 헌신은 맹목적 숭배의 대상이 되었다. 바리새인들은 의식적 정결과 도덕적 의를 동일시했고, 더 정결할수록 더 좋은 사람이라고 보았다!

물론 바리새인들은 예수님이 "무엇이든지 밖에서 사람에게로 들어가는 것은 능히 사람을 더럽게 하지 못"한다고(막 7:15) 분명히 밝히셨을 때 그 의미를 지나치게 문자적으로 받아들였을 수도 있다. 예수님은 배설물이 우리 육체를 의식적으로 부정하게 만든다는 게 아니라 악행을 의미하신 것이다. 사람을 의식적으로 부정하게 만드는 행위가 있고, 도덕적으로 하나님과 불화하게 만드는 행위가 있다. 시체를 만지는 것과 살인을 하는 것은 다른 문제다. 사람을 불의하게 만드는 것은 타락한 마음이 저지르는 행위지 사람이 먹고 마시고 만지는 것이 아니다.

## —7:16—

가장 오래된 필사본에는 이 구절이 빠져 있는데, 서기관이 여백이나 문장 위에 쓴 메모로 생각된다. 나중에 한 서기관이 본문에 이 말을 끼워 넣었다(453페이지 "후기 그리고 마가복음" 참조).

## —7:17—

예수님은 유대인 추종자들, 구도자들 그리고 적들로 뒤섞인 청중에게 이 강론을 하시고 나서 가버나움에 있는, 아마도 임시 숙소였을 "집"으로 돌아오셨다. 열두 사도와 소수의 다른 제자들이 주님의 가르침을 더 상세히 설명해달라고 요청했다. 예수님은 설교에서, 마가가 알려준 대로, 엄밀히 말하면 비유를 사용하지 않으셨다. 주님은 비교를 돕기 위해 사실적인 은유를 사용해 하나의 개념 옆에 다른 개념을 나란히 놓으셨다.

어떤 주석가들은 예수님이 하신 말씀의 의미가 너무 분명하기에 제자들이 바로 이해했어야 한다고 말한다. 그런 주석가들에게는 제자들이 아둔해 보인다. 그러나 이런 제안을 하는 자들은 패러다임의 영향력을 실감하지 못하는 것이다. 패러다임은 한 사람의 인식 틀을 완벽하게 결정지어서 뻔한 것도 보지 못하게 만든다. 이 경우 유대인들은 여러 세대에 걸쳐 규율을 지키고 의식을 준수하면 의로운 사람이 될 수 있다고 들었다. 그들은 날 때부터 하나님이 말씀하신 음식에 대한 규율과 하나님의 도덕법을 동등하게 여기도록 교육받았다. 그래서 1세기 유대인들은 이 두 가지를 동일시했다. 이 점을 기억하면 예수님의 추종자들이 자기 귀를 의심할 수밖에 없었던 이유를 확실히 알 수 있다. 예수님은 하나님의 도덕적 규범이 무효라고 선포하는 것처럼 보였다. 이는 메시아라면 절대 할 수 없는 일이었다. 그래서 그들은 설명을 요구했다.

## —7:18-19—

예수님이 던지신 수사적 질문(7:18)은 긍정적인 대답 쪽으로 기울어져 있다. 문자 그대로 번역하면 이런 질문이다. "그러면, 너희도 이해하지 못하느냐?" 제자들도 바리새인들과 똑같이 어리석고 위선적인 신학 전통의 산물이었다. 그래도 예수님은 그 둘 사이의 중요한 차이를 알아보셨다. 성실하고 배우지 못한 많은 유대인과 마찬가지로 제자들도 무지의 희생자들이었다. 하지만 서기관과 바리새인들은 그렇지 않았다. 그들이 전통을 고수한 이유는 그것으로 사람들을 지배할 수 있고, 그들이 의로운 사람들이라는 인상을 최대한 부각해주었기 때문이다. 그들은 이 체제를 좋아했고, 이것을 활용해 정치적, 경제적 이득을 얻는 방법을 알았다. 자만심도 그들이 전통을 고수하는 데 한몫했다.

예수님은 앞의 예시로 돌아가 이번에는 무엇을 먹었다고 해서 그 사람을 도덕적으로 죄인이라고 할 수 없다고 강조하셨다. 음식-의식적으로 부정한 음식이라도-은 목구멍으로 내려가 심장을 우회하여 위장으로 들어간 다음, 마침내 "뒤로 나"간다(7:19). 이것은 해부학의 기초다. 위장관과 심장은 연결되어 있지 않다. 마가는 그래서 예수님이 "모든 음식물을 깨끗하다"고 하셨다는 삽입구를 덧붙인다. 마가가 이 말을 덧붙인 이유는 갈릴리 독자들에게 그리스도인들은 옛 언약의 음식물 규정에 매이지 않는다는 것을 확인해주기 위해서였다(참고. 롬. 14:14, 갈 2:11-17, 골 2:20-22). 과거에 이스라엘 민족을 통제하는 삶의 원칙이었던 모세의 율법은 이제 더는 사회 전체에 적용되는 삶의 규범이 아니었다(참고. 롬 10:4).

## —7:20-23—

예수님은 앞에서 하신 말씀을 다시 언급하시며 이번에는 죄의 행위를 일일이 예를 들어 논거를 확증하셨다. 죄는 "마음"(막 7:21)에서 나온다. 마음은 사람의 지성과 감정의 중추다. 그런 다음 예수님은 사람을 도덕적으로 타락시켜 하나님이 용납하실 수 없게 만드는 몇 가지 행위를 나열하신다.

이 목록이 죄의 행위를 모두 망라하지는 않지만(다음에 나오는 표를 보라), 그래도 구약성경의 영향을 많이 받았다. 첫 일곱 개 항목은 금지된 행위를 대표하는 활동이다. 마지막 여섯 개는 죄로 이어지는 마음가짐을 설명한다. 주님이 말씀하신 악행의 목록은 두 가지 중요한 목표를 성취했다. 첫째, 주님은 의식에 대한 지침을 제치고 하나님의 도덕적 율법을 지지하셨다. 모든 음식이 의식적으로 깨끗하다는 선포가 하나님이 세우신 의의 기준을 파기하지 않았다. 둘째, 예수님은 악한 생각과 의도는 악한 행위와 똑같이 비난받아야 한다고 규탄하셨다. 바리새인들은 외적 행동에만 온통 정신이 팔려 있어서 실제로 죄로 기우는 내면의 성향과 싸울 생각은 하지 않았다.

| *dialogismos kakos* (1261+2556) | '악한 생각' | 악한 행위를 상상함/상상하거나 계획하는 것 |
|---|---|---|
| *porneia* (4202) | '음란' | 배우자 외에 다른 사람과 성적 행위를 하는 것으로, 특히 매춘과 간음이 해당된다. |
| *klopē* (2829) | '절도' | 소유자의 의지에 반하여 금품을 빼앗는 것 |
| *phonos* (5408) | '살인' | 무고한 생명을 고의로 끊는 것 |
| *moicheia* (3430) | '간음' | 결혼 서약을 위반하고 성적인 관계를 갖는 것 |
| *pleonexia* (4124) | '탐욕' | 분에 넘치는 것을 얻고자 하는 욕망 |
| *poneria* (4189) | '악독' | 도덕적 의미에서 죄를 지향하는 성향 |
| *dolos* (1388) | '속임' | 기만을 꾀하는 것 |
| *aselgeia* (766) | '음탕' | 자기 억제의 결여로 과격한 폭력, 음란한 성적 행위, 폭식 등 사회적으로 용인되지 않는 행위를 하는 것 |
| *ophthalmos poneros* (3788)+(4190) | '질투' | 도덕적으로 소유할 수 없는 것을 갖기 원하는 것 |

| | | |
|---|---|---|
| *blasphēmia* (988) | '비방' | 다른 사람을 매도하고 경멸하며 비방하는 것 |
| *hyperēphania* (5243) | '교만' | 자신을 지나치게 높게 생각하는 것 |
| *aphrosynē* (877) | '우매함' | 고의로 자신의 추론 능력을 사용하지 않는 것 |

## 적용: 마가복음 7:14-23

### 인류 공통의 병을 치유하는 방법

예수님이 인간의 마음을 더럽히는 것이 어디에서 비롯되는지 가르치신 말씀을 반추하다 보면 구약의 선지자 예레미야가 쓴 글이 생각난다. "만물보다 거짓되고 심히 부패한 것은 마음이라 누가 능히 이를 알리요마는"(렘 17:9).

우리는 영적으로 자신이나 남을 치유하지 못한다. 당신이 아무리 당신 아이를 사랑해도 아이에게 내재된 나쁜 행위를 하려는 충동을 없앨 수는 없다. 아이가 자제하는 것을 배우도록 도울 수는 있지만, 본성을 바꿀 수는 없다. 진흙탕에서 뒹구는 것이 돼지의 본성이듯, 죄에서 벗어날 수 없는 것이 우리의 본성이다. 당신은 돼지를 오물에서 끌어내 싹싹 문질러 닦고, 예쁜 분홍 리본을 목에 달아주며, 베이비파우더를 뿌리고, 귀 뒤에 향수를 뿌려주며, 비단옷을 입혀줄 수 있다. 그러나 돼지를 풀어주자마자 다시 곧바로 오물을 향해 달려갈 것이다. 왜일까? 돼지에게는 돼지의 본성이 있기 때문이다.

다행히 성경은 우리를 돼지우리 속에 버려두지 않는다. 우리가 세 가지 중요한 진리를 받아들이면 우리는 타락의 손아귀에서 벗어나 죄에서 구속될 수 있다.

첫째, 죄의 추악한 실체를 직시하는 것은 고통스럽지만 반드시 필요한 과정이다. 과거에 지은 죄를 인정하라. 더 많은 죄를 지으려고 하는 통제 불능의 욕구를 부인하지 마라. 의지력만으로 더 이상의 나쁜 짓이나 해를 끼치는 행위를 제어할 수 있으리라는 희망을 버리라. 예수 그리스도를 통해 주어진 능력을 힘입지 않는다면 죄를 피하려고 아무리 발버둥 쳐도 헛수고일 뿐이다. 당신이 타락한 본성의 추악한 실체를 받아들여야만 비로소 치유받을 준비가 된다. 그 전에는 불가능하다.

둘째, 당신이 얼마나 속속들이 타락한 존재인지 아는 것은 꼭 필요할 뿐 아니라 유용하다. 모든 사람은, 최악의 범죄자조차도 선을 행할 능력이 있다. 우리는 누구나 때때로 좋은 일을 한다. 우리는 우리가 하는 선행이 우리를 좋은 사람, 어쩌면 천국에 갈 수 있을 만큼 좋은 사람으로 만든다고 믿는다. 우리는 꽤 그럴듯한 선행 목록을 나열할 수 있다. 우리는 사뭇 고상해 보이는 문화에 젖어들 수도 있다. 좋은 음악을 듣고, 훌륭한 예술을 가까이 하며, 질 좋은 사람들과 어울릴 수 있다. 하지만 그것은 돼지에게 화장을 시키는 것과 크게 다르지 않다. 우리의 타락한 마음은 여전히 남아 있다.

셋째, 예수 그리스도는 죄라는 질병을 치유할 수 있는 유일한 방법이다. 하나님은 우리가 소유한 타락한 죄의 본성에 대한 치유책을 보내주셨다. 하나님 아버지가 당신의 아들 예수 그리스도를 보내어 죄로 말미암은 속박에서 우리를 해방하셨다. 예수님은 죽음으로 우리가 치러야 할 죄의 형벌을 치르셨다. 예수님의 부활을 통해 우리는 새로운 종류의 생명, 풍성하고 영원한 생명을 얻는다. 우리는 예수님이 승천하신 후 더러운 것을 좋아하는 본성의 손아귀에서 우리를 벗어나게 해주는 하나님의 영을 선물로 받았다. 그것이 우리의 새로운 본성이 된다. 아무리 악한 본성도 하나님이 다 구제하실 수 있다는 사실을 기억하면 힘이 난다.

어느 주일날 예배 후 한 남성이 나와 악수를 하면서 내가 진행하는 라디오 방송인 "인사이트 포 리빙"(*Insight for Loving*)을 처음 들었던 이야기를 해주었다. 몇 년 전 그는 감옥에 있었다. 쇠창살과 몇 겹의 철문, 콘크리트 벽, 철조망으로 덮인 울타리 뒤에 말이다. 그는 눈물을 참으려 애쓰며 그가 느꼈던 절망감을 설명했다. 흉악한 범죄를 여러 번 저지른 사람이 어떻게 변할 수 있을까? 그는 자신을 세상에서 가장 나쁜 인간이라고 느꼈다. 그가 저지른 최악의 죄가 공식적으로 기록되었다.

복음이 그에게 희망을 주었다. 그는 모든 사람이 천국의 심판관 앞에서는 똑같은 죄인이라는 사실을 성경에서 배웠다. 그의 전과 기록은 그가 지은 죄를 드러내고 있지만, 그는 모든 사람이 감옥보다 더한 형벌을 받아 마땅하다는 사실을 성경에서 발견했다. 그 모든 것 중에서도 그에게 가장 힘이 되었던 것은 위대한 의사가 그가 앓고 있는 죄의 병을 치료하실 수 있다는 사실이었다.

당신이 그 전과자처럼 죄가 너무 커서 구원받을 수 있을지 잘 모르겠다면 내가 분명히 말해주겠다. 모든 그리스도인은 각자의 영적 여정에서 이 진리를 받아들이는 법을 배운다.

힘을 내라. 이것을 진지하게 생각해보라. 하나님은 누구라도 구원하실 수 있을 만큼 크시다는 것을 믿으라. 당신까지도 말이다.

## 예수님은 당신의 믿음을 '크다'고 하실까?(마가복음 7:24-30)

[24]예수께서 일어나사 거기를 떠나 두로 지방으로 가서 한 집에 들어가 아무도 모르게 하시려 하나 숨
길 수 없더라 [25]이에 더러운 귀신 들린 어린 딸을 둔 한 여자가 예수의 소문을 듣고 곧 와서 그 발 아
래에 엎드리니 [26]그 여자는 헬라인이요 수로보니게 족속이라 자기 딸에게서 귀신 쫓아내 주시기를 간
구하거늘 [27]예수께서 이르시되 자녀로 먼저 배불리 먹게 할지니 자녀의 떡을 취하여 개들에게 던짐이
마땅치 아니하니라 [28]여자가 대답하여 이르되 주여 옳소이다마는 상 아래 개들도 아이들이 먹던 부스
러기를 먹나이다 [29]예수께서 이르시되 이 말을 하였으니 돌아가라 귀신이 네 딸에게서 나갔느니라 하
시매 [30]여자가 집에 돌아가 본즉 아이가 침상에 누웠고 귀신이 나갔더라

우리는 믿음과 관련한 문제에서 쉽게 속는다. 어떤 것들은 믿음의 표상처럼 보이지만, 실제로는 전혀 믿음을 보여주지 않는다. 하나님에 대한 믿음으로 통하는 것이 사실은 착각일 때도 많다. 사실 우리 문화에는 하나님을 이용하는 사람들이 득실댄다. 많은 텔레비전 사역자는 우리에게 말한다. "뭐든지 구하는 대로 얻을 것이다. 당신은 잘살게 될 것이다. 내 사역에 돈을 내라. 그러고 나서 하나님이 당신을 부자로 만들어주실 것을 믿으라. 당신이 원하는 재물을 구하기만 해라." 이것은 주제넘은 행태다. 또는 "당신은 병들었지만 하나님은 당신이 건강하기를 원하신다. 건강을 구하라"고 한다. 성경은 하나님의 치유하시는 능력을 굳게 확신하고 믿음으로 기도하라고 말한다. 하지만 하나님은 우리가 원하는 것을 반드시 해주셔야 할 의무가 없으시다.

요즘 내 목회 사역에는 얼마 안 되는 모든 소유를 '믿음의 말씀'이라는 장사치에게 보낸 후에도 부자가 되지 않은 사람들을 상담하는 일도 포함돼 있다. 그뿐 아니라 치유를 받지 못해 절망한 사람들의 질문에도 답해야 한다. 그들은 실력 있는 의사의 치료를 받았다면 좋은 결과를 얻었을 사람들이다. 이제 그들은 병들고 가난하며 혼란에 빠져 있다. 원하는 것을 말하고 요청했지만, '하나님은 행하지 않으셨다.' 얼마나 환멸감이 들겠는가!

이런 행태는 믿음이 아니며, 희망적인 생각도 아니다. 많은 사람이 별을 보며 소원을

비는 아이들처럼 기도를 드린다. 그들은 적합한 단어를 썼는지 걱정하고, 기도가 효력을 발휘할 만큼 충분히 자주 반복했기를 바란다. 자기들의 요청 사항에 약속을 덧붙이고, 간청을 선행으로 보강한다. 그들은 같은 말을 자꾸 반복한다. 그들의 기도는 진심 어린 탄원이라기보다는 주문을 외우는 것처럼 들린다. 그것은 믿음이 아니다. 미신이다. 그들은 마치 하나님이 행운의 부적인 양 하나님께 매달린다.

믿음은 주제넘게 요구하는 것도 아니고 시험해보는 것도 아니다. 믿음이란 하나님이 그분 자신에 대해 말씀하신 바대로 그분을 믿는 것이며, 그분이 하겠다고 하신 것을 행하는 진실한 분임을 신뢰하는 것이다. 믿음은 하나님이 언제나 우리의 유익과 그분의 영광을 위해 옳은 일을 행하신다고 확신하는 것이다.

우리가 마가복음에서 공부한 이 이야기는 절망적인 상황에 내던져진 한 여인에게 초점을 맞춘다. 그 여인은, 오늘날 우리 중 많은 사람처럼, 자기가 처한 곤경에 대해 무언가를 해줄 수 있는 사람이 내리는 처분만을 바랄 수밖에 없는 처지였다. 그 여인의 예는 잘 살펴서 본받을 만한 가치가 있다. 그 여인은 하나님께 자기가 구하는 것을 달라고 주제넘게 요구하지 않았고, 하나님을 행운의 부적 따위로 여기지도 않았다. 그녀는 자신의 처지를 제대로 이해하고 있었고, 예수님도 그렇다고 말씀하셨다.

## —7:24—

예수님은 가버나움에서 종교 당국자들과 대결하시고 난 후 얼마 안 되어 두로라는 이방 도시를 빙 둘러싸고 있는 베니게로 가셨다. 베니게는 1세기 넘게 로마의 속주인 수리아에 합병되어 있었다. 당시 두로는 로마의 식민지였다.

하나님이 아브라함과 그의 후손에게 약속하신 땅에는 천혜의 요새인 이 항구 도시도 포함되어 있었다. 불행히도 이스라엘 백성이 이 도시를 점령하지 못했던 탓에 두로는 그 후 계속 이웃 나라면서 때로는 동맹국이 되기도 했다(참고. 삼하 5:11, 왕상. 5:1-11, 대상 14:1, 대하 2:3-16). 훗날 두로 사람들은 이스라엘을 배반해 지탄의 대상이 되었다. 성경에 기록된 예언 가운데 가장 심한 비난 중 하나가 그들을 향한 것이었다(참고. 사 23:1-18, 렘 25:22, 27:1-11, 겔 26:1-28:19, 욜 3:4-8, 암 1:9-10). 에스겔은 두로의 오만함을 사탄이 하나님께 대

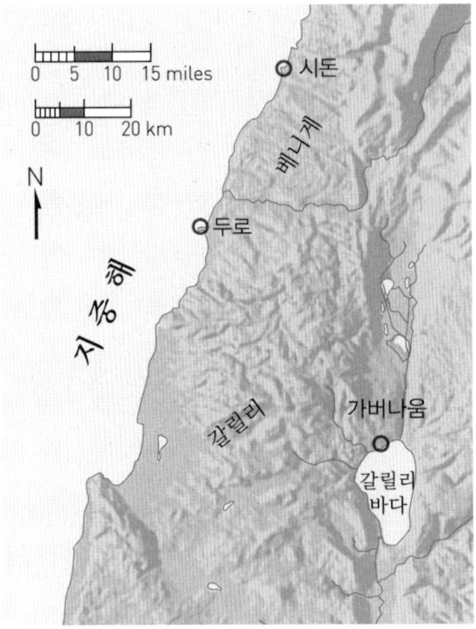


예수님은 갈릴리 지역을 떠나 **두로**와 **시돈**으로 가셨다. 거기서 이방인 여인의 딸에게서 귀신을 쫓아내시고, 귀먹은 남자를 치유하셨다.

항한 교만의 표상으로 묘사했다(겔 28:2).

예수님은 베니게에서 공적으로 사역할 생각이 없으셨다. 예수님은 제자들을 지도하시려고 그곳으로 데려가셨을 것이다. 하지만 종종 그랬듯 누군가가 예수님을 알아보았고, 소문이 급속도로 퍼졌다.

## —7:25-26—

예수님이 오셨다는 소식을 듣고 병을 치유받기 위해 예수님을 찾아온 사람 중 한 이방 여인이 있었다. 그녀는 두로인의 혈통을 지니고 있었다. 그녀의 선조들은 히브리 예언자들의 예언대로 종말을 맞았고, 그 결과 고난을 당했다. 어쨌거나 그녀는 예수님에 대해 들었고, 여느 부모와 마찬가지로 귀신들에게 끔찍한 고통을 당하고 있는 딸의 치유를 간절히 원했다.

마가에 따르면 그 여인은 "곧" 와서 예수님의 발 아래 엎드렸는데(7:25), 이는 존경과 큰 슬픔의 표시였다. 그뿐 아니라 그녀는 "간구"했는데(7:26), 원어를 보면 거듭 간구했음을 나타낸다. 마태는 그 여인이 자기 딸에게 자비를 베풀어달라고 멀리서 "소리 질러 이르되"라고 기록했고, 또 예수님이 그녀를 일부러 모른 척하셨다고 했다(마 15:22-23).

두 진술을 같이 놓고 볼 때, 여인이 처음에 예수님의 발 아래 엎드렸을 때는 듣고 싶었던 대답을 듣지 못했던 듯하다. 그래서 그녀는 가까운 거리에 있으면서 자비를 베풀어달라고 소리쳤고, 그녀가 계속 큰 소리로 외치는 바람에 열두 사도는 짜증이 났다. 그래서 그들은 그 여인을 쫓으려고 했다. 그런데 예수님은 그러지 않으셨다. 예수님은 여인의 간청을 즉시 들어주시지는 않았지만, 이 여인에 대한 계획이 있으셨다.

마가는 그녀의 성별과 혈통을 강조한다. 마태는 그 여인이 "가나안 여자"(마 15:22)라고 기록했다. 당시 유대 문화에서 여성은 당대의 다른 문화권에 비해 놀라울 정도로 좋은 대우를 받았지만, 그렇다고 히브리 남성들이 여성을 자신들과 동등하게 여긴 것은 아니었다.

그 여인이 유대인이 아니었기 때문에 1세기 유대인들에게 그녀는 거의 가치 없는 존재였다. 예수님이 계속 여인을 무시하셨어도 아무도 비난하지 않았을 것이다. 그런데도 예수님은 여인의 끈질김에 화답하셨다.

## —7:27-28—

예수님이 여인에게 처음 하신 반응을 해석할 때 예수님이 결국 그녀의 끈질김을 기꺼이 받아주셨다는 사실을 중요한 요소로 고려해야 한다. 예수님이 데가볼리 지역의 이방인들과 상당한 시간을 보내시면서 가르치고 치유하며 귀신을 쫓고, 곧 또 그렇게 하실 참이었다는 점도 염두에 두어야 한다. 예수님은 이방인들을 사랑하셨고 그들을 구원하기 원하셨다. 그들 역시 그분의 형상대로 창조된 피조물이다.

이 단락을 문자 그대로만 보면 오늘날 이방인 독자들에게는 충격이겠지만, 이 상황은 속에는 비유대인들을 향한 유대인들의 사고방식과 궤를 같이한다. 히브리인들은 걸핏하면 이방인들을 개라고 불렀고, 그때 사용하는 개라는 용어도 거리를 떠도는 더러운 잡종 개를 표현하는 단어였다. 짐작건대, 예수님은 이 여인에게 헬라어로 말씀하시면서 *kynarion*(퀴나리온, 2952)이라는 단어를 사용해 이미지를 부드럽게 만드셨다. *kynarion*은 애완견을 일컫는 말로, '작은 개'나 '강아지'라는 뜻이다. 그렇더라도 하나님의 아들이 어떤 사람을 개라고 지칭하셨다고 생각하면 마음이 편하지는 않다. 그러나 예수님이 여인의 끈덕진 요청에 반응하시는 것을 보면서 우리는 예수님이 어떤 요구를 묵살하실 때 겉으로 드러나지 않는 다른 무언가가 있음을 확신할 수 있다.

히브리인의 메시아인 예수님은 유대인들에게 먼저 오셨다. 유대인들은 하나님이 세상에 다가가기 위한 도구로 여러 세기 전에 선택된 하나님의 언약 백성이었기 때문이다. 그들은 산 위에서 비치는 하나님의 빛이 되고(참고. 시 43:3), 세상에 복음을 전하는 하나님의 도구가 되어야 했다(사 43:10, 44:8). 예수님은 이스라엘을 구속하시고, 그런 다음 다윗의 보좌에서 통치하시면서 천하 만민을 불러 그분을 구주와 왕으로 경배하게 하려고 오셨다(사 45:23). 예수님이 이 "자녀"를 등한시하고 그들이 당연히 받아야 할 것을 그들의 개에게 주는 것은 잘못된 일일 것이다(막 7:27).

여인의 대답은 통찰력도 있고 예언적이기도 하다. 여인은 주님의 은유를 확장해 "주여 옳소이다마는 상 아래 개들도 아이들이 먹던 부스러기를 먹나이다"(7:28)라고 꼬집어 말했다.

놀라운 통찰력. 놀라운 투지. 놀라운 겸손. 놀라운 믿음! 그녀는 처음에 무시당했을 때에도(마 15:23) 하나님께 치유하시는 능력이 있음을 의심하지 않았고, 하나님의 선하심과 하나님이 이 일과 관련된 모든 사람의 최선을 이루기 원하신다는 것을 의심하지 않았다. 오히려 그녀는 끈질기기 간청했다. 그녀는 퇴박을 맞고도 하나님이 무정하고 잔인하다면서 시무룩해하거나 팩하고 가버리지 않았다. 또 특권 의식도 전혀 없었고, 예수님이 자기 딸을 고쳐주셔야 한다는 기대도 표현하지 않았다. 반대로 그녀는 자비를 호소했다. 예수님은 여인에게 아무것도 빚진 것이 없으셨음에도 은혜의 외연을 넓히셨다.

## —7:29-30—

예수님은 대화를 이어가시면서 여인의 요청대로 귀신 들린 딸을 깨끗게 하고 해방해주셨다. 유대인 메시아와 이방 여인 사이에 오갔던 교감은 모든 이방인 그리스도인에게 매우 중요하다. 예수님은 히브리 민족의 왕으로 세상을 구속하기 위해 유대인들에게 먼저 오셨다. 세상 사람들은 정말로 그분 앞에 절하고 그분을 주권자로 선포할 것이지만(빌 2:9-11), 지금은 계획이 다르게 펼쳐지고 있다. 하나님은 반항하는 '언약의 자손'을 제쳐두시고, 자녀들의 식탁에서 떨어지는 부스러기를 줍듯이 이방인들이 복음을 받아들이도록 허락하실 것이다.

예수님은 여인이 통찰력을 발휘하여 겸손하고 끈질기게 그분을 신뢰했기 때문에 딸이 치유되었음을 확인해주셨다. 마태는 주님이 추가로 확인해주신 말씀을 기록한다. "여자여 네 믿음이 크도다"(마 15:28). 끈질기고 믿음이 강한 이 어머니는 집에 돌아와 딸이 나은 것을 보았다.

## 적용: 마가복음 7:24-30

### 무엇이 위대한 믿음인가?

한 여인이 딸의 구속을 호소하는 모습을 지켜보았던 고대 도시 두로에서 이제 다시 본문으로 돌아오자. 그 장면에서 우리는 제자들의 태도를 관찰했고, 예수님이 그 여인과의 만남을 실례로 들어 가르치시는 것을 들었으며, 예수님이 약속하신 것 중 하나를 이루시는 것을 보았다. 이제 본문에서 시간을 초월한 원칙을 끌어내 적용해보자.

당신에게는 바로 지금 절박한 필요가 있을 것이다. 그것은 당신이 지금까지 직면했던 어떤 것보다도 불가능에 가까운 일일 수 있다. 당신이 이 여인과 같은 상황에 있다면 어떻게 할 것인가? 그 문제를 어떻게 처리해야 할까? 어떻게 극복할 수 있을까? 아니면 어떻게 견뎌낼 수 있을까? 어떻게 대처하는가? 어떻게 위안을 찾는가?

나는 하나님이 당신 인생에 어떤 계획을 세우셨는지 알지 못한다. 당신의 특별한 미래에 관해서도 하나님의 심중을 모른다. 아무도 알 수 없다. 그리고 나는 당신이 원하는 것을 성취할 수 있는 방법을 알려줄 수 없다. 그 필요를 우리의 구세주께 기도로 가져가라고 권할 수 있을 뿐이다. 소원이 성취되기를 바라는 마음으로 하지 말고, 자격을 주장하는 태도로도 하지 마라. 그 결과가 무엇이든 간에, 당신과 당신이 사랑하는 사람들을 통해 옳은 일을 행하실 수 있는 하나님의 능력과 선하심에 대한 확신을 가지고 나아가라. 그것이 바로 진실한 믿음의 실천이다.

믿음이란 하나님이 그분 자신에 대해 말씀하시는 바를 그대로 믿고, 하나님이 하겠다고 말씀하시는 것을 행하시리라 믿으며 그분께 나아가는 것이다. 그분을 오롯이 신뢰하는 것이다. 그분을 교묘히 조종하려고 하거나 그분의 명확한 지시 없이 상황을 바꾸려고 하지 않는 것이다. 하나님이 그분의 시간표에 맞춰 성취하려고 하시는 것을 우리의 조급함으로 서두르지 않는 것이다. 믿음은 하나님을 끊임없이 의지하는 것이다. 이 구절에 나오는 여인은 예수님이 그녀에게 응답하지 않으셨다면 떠친이고 자리를 떠나지 않았을 것이다. 나는 여인에게서 위대한 믿음의 네 가지 특징을 본다.

**첫째, 그녀는 끈기가 있었다.** 여인은 담대히 말했고, 반복해서 간청했으며, 심지어 큰소리로 외치면서 강청했다(마 15:21-22). 그러나 제자들은 그녀에 대해 불평했다(음악을 좋아하는 사람들을 위해 설명하자면, 그것은 크레센도 표시가 점점 커지면서 두 배, 세 배 강도의 포르티시모에 도달할 때까지 더 큰 강도로 연주하는 것과 같다).

우리는 기도로 주님을 '괴롭힐 수 있는' 자유를 받았다. 그분은 무한히 참으신다. 당신이 결과를 보지 못하고 있고, 상황이 여전히 속수무책이라면 그분께 계속 나아가라. 멈추지 마라. 물러서지 마라. 그분은 자녀들이 그분 앞에 나아오는 것을 좋아하신다. 그분은 귀먹지 않으셨다. 그분은 모든 사람의 말을 듣고 계신다. 그분은 당신을 기다리게 할 만큼 모질지 않으시다. 그분은 당신 안에서 멋진 일을 성취하고 계신다. 그분은 당신 안에 위대한 신앙을 키우고 계신다. 포기하지 마라. 계속 끈질기게 요청하라. 하나님이 역사하시기를 차분히 기다리라.

**둘째, 그녀는 겸손했다.** 참으로 겸손한 여인이었다. 그녀가 살고 있던 사회는 그녀를 인간 이하로 생각했다. 바리새인들은 그녀를 개만도 못하게 여겼다. 그런데도 여인은 예수님께 와서 사실상 이렇게 말했다. "저는 혈통으로는 하나님의 약속에 대한 권리를 주장할 수 없습니다. 하나님의 보상을 받을 만큼 의롭지도 않습니다. 제가 가진 것이라곤 당신이 자비를 베푸시리라는 믿음과 저의 필요뿐입니다." 그녀의 겸손에는 권리 의식이라곤 눈곱만큼도 없었다.

21세기에 저주가 있다면, 그것은 젊은 세대 사이에서 점점 커지고 있는, 우주가 그들에게 성공과 안락을 빚지고 있다는 듯한 태도다. 그러나 고통스럽고 슬픈 사실은 하나님이 우리에게 빚지신 것은 영원한 형벌 외에는 없다는 것이다! 우리 모두가 받을 자격이 있는 것은 지옥밖에 없다. 우리가 정말 받을 자격이 있는 것이 무엇인지를 제대로 알고 거기서부터 우리의 기대를 조정한다면, 그 외의 모든 것은 선물이 된다.

겸손한 마음은 또한 비난하지 않고 원한을 품지 않는다. 여인은 필시 인생의 많은 날을 소외와 무시 가운데 살았을 것이다. 그런데도 그녀는 부정적인 태도로 하나님의 자비를 구하지 않는 우를 범하지 않았다.

**셋째, 그녀는 집중했다.** 여인은 한 사람을 찾았고, 그 외에는 아무도 찾지 않았다. 남편이나 다른 가족에 대한 언급이 없다는 사실은 그녀가 홀몸이었거나, 최소한 가족과 멀리 떨어져 있거나, 소원한 관계였음을 시사한다. 아마도 그녀의 집에 있는 악한 존재가 그녀와 교류한 모든 사람에게 영향을 미쳤을 것이다. 이웃은 그녀를 기피했을 것이다. 귀신들린 아이를 키운다는 것이 어떤 의미인지 생각해보면 금방 이해할 수 있을 것이다. 그녀를 도울 수 있는 사람이 아무도 없었기 때문에 그녀는 유일하고 참된 희망인 그리스도께 집중했다.

**넷째, 그녀는 확신했다.** 여인은 과거에 맛본 부정적인 경험과 제자들이 저지하는 것도 개의치 않고(마 15:23), 또한 주님이 관심을 두지 않으시는 듯 보여도 상관하지 않고, 계속 도움을 청했다. 그리고 예수님이 그녀의 딸이 귀신에게서 풀려났다고 선포하시자 집으로 갔다. 그녀는 망설이거나 확인을 요구하지 않았다. 증거를 요청하지 않았다. 한치의 의심도 없이 그녀는 자기 딸이 깨끗해진 모습을 보기 위해 집으로 떠났다.

이 여인이 보여준 믿음의 특징을 살펴보면서 스스로 물어보라. 예수님은 당신의 믿음을 크다고 평가하시겠는가?

## 도움이 필요한 사람에게 시간을 내라(마가복음 7:31–37)

31예수께서 다시 두로 지방에서 나와 시돈을 지나고 데가볼리 지방을 통과하여 갈릴리 호수에 이
르시매 32사람들이 귀 먹고 말 더듬는 자를 데리고 예수께 나아와 안수하여 주시기를 간구하거늘
33예수께서 그 사람을 따로 데리고 무리를 떠나사 손가락을 그의 양 귀에 넣고 침을 뱉어 그의 혀에
손을 대시며 34하늘을 우러러 탄식하시며 그에게 이르시되 에바다 하시니 이는 열리라는 뜻이라 35그
의 귀가 열리고 혀가 맺힌 것이 곧 풀려 말이 분명하여졌더라 36예수께서 그들에게 경고하사 아무에
게도 이르지 말라 하시되 경고하실수록 그들이 더욱 널리 전파하니 37사람들이 심히 놀라 이르되 그
가 모든 것을 잘하였도다 못 듣는 사람도 듣게 하고 말 못하는 사람도 말하게 한다 하니라

나는 말더듬으로 고통받는 사람에게 마음이 간다. 언어 장애가 있는 사람은 말할 때 겪는 어려움과 더불어 당혹스럽고 배척당하는 느낌을 받을 수 있다. 사람들 앞에서 말하는 것을 두려워할 때 증상은 극도로 심화된다. 거기에 청력 상실까지 더해지면 그 사람은 정말로 다른 사람들과 단절된다. 듣지 못하고 의사소통을 할 수 없기 때문에 이런 상황에 처하면 많은 사람에게 둘러싸여 있어도 지독한 외로움을 느낄 것이다. 내가 이것을 아는 이유는 젊었을 때 나도 귀와 혀에 문제가 있어 곤경에 빠져 보았기 때문이다.

어렸을 때 나는 말을 약간 더듬었는데 고등학교에 입학할 무렵에는 증상이 심해졌다. 설상가상으로 똑똑한 우리 형은 학업 성적이 우수했고, 누나는 학교에서 대단한 인기인이었다. 둘 다 재능이 많았고 말도 똑똑하게 잘했다. 그래서 선생님들은 나에게도 내가 도달할 수 없는 기준을 세웠다. 내 형제들은 고등학교에 족적을 남겼지만, 나는 그렇지 못했다. 적어도 그런 쪽으로는 아니다.

나는 선천적으로 한쪽 고막에 구멍이 있었다. 그래서 걸핏 하면 감염이 됐고, 그때마다

어머니는 나를 '프랑켄슈타인 박사'에게 데려가시곤 했다. 그 의사는 면봉이 달린 긴 철사를 사용해 내 고막을 뚫어 체액을 배출시켰다. 신통치 않은 청력 때문에 나는 사람들과 어울리는 것이 더 버거웠다. 끊임없이 "어?"라고 말하면서 정상인인 척하기는 힘든 일이다.

언어 장애와 청력 상실 사이에서 나는 유령처럼 학교를 떠다닐 수밖에 없는 신세였다. 그리고 실제로 그랬다. 드라마 선생님이자 토론 코치인 리처드 니엠 선생님이 내 어깨를 두드리면서 "내 수업을 하나 들어야겠다"라고 말씀할 때까지는.

"저-저-저요? 저에게 마-마-말-말씀하신 거예요?"

"그래" 선생님이 말씀하셨다. "너는 해낼 수 있어. 내게 시간을 내주면 말하는 방법을 가르쳐주마. 너는 우리 졸업반 연극에서 주인공을 할 수 있을 만큼 말을 잘하게 될 거다."

선생님은 내가 말더듬을 극복할 때까지 매일 나를 지도해주셨고, 졸업반이 되었을 때 나는 중요한 연극에서 주역을 맡았다. 3막이 끝나고 커튼이 닫혔다. 발코니 앞줄 중앙에서 제일 먼저 일어나 소리를 지르고, 휘파람을 불며, 있는 힘을 다해 박수를 보낸 사람은 니엠 선생님이었다. 그분은 내 인생에 아무도 하지 않은 투자를 한 멘토였다. 말하는 능력을 되찾자 세상의 문이 열렸다. 나는 고등학교 공동체의 일원이 되었다. 내가 고등학교 시절 경험한 이 일들은 훗날 설교하고 가르치는 삶을 사는 데 토양이 되었다. 그전에는 꿈도 꾸지 못한 일이었다.

내 개인적인 배경을 말한 이유는 데가볼리에서 주님과 한 남자와의 만남을 준비하는 데 도움을 주기 위해서다. 그는 청각 장애로 고립되었고, 언어 장애로 가족과 친구, 지역 사회와 관계가 단절되었다. 그에게도 그의 잠재력을 보고 자신의 시간을 투자할 사람이 필요했다.

## —7:31-32—

마가는 이 사건을 주님이 두로에서 이방인 여인을 만나신 직후에 배치한다. 예수님은 남동쪽으로 방향을 돌려 갈릴리 바다를 건너 데가볼리를 다시 방문하시기 전에 먼 북쪽에 있는 시돈으로 가셨다. 앞서 예수님은 데가볼리 지역에서 군대 귀신이 들린 사람을 깨끗게 하시고, 귀신들이 돼지 떼에게 들어가는 것을 허락하셨다. 그러자 돼지들이 미쳐 날뛰면서 바다에 뛰어들어 한꺼번에 물에 빠져 죽고 말았다. 그 광경에 놀란 마을 사람들은 예수님께 그곳을 떠나달라고 요구했다(5:1–20).

우리는 예수님이 정확히 어느 곳을 방문하셨는지 모른다. 데가볼리는 엄청나게 넓은 지역이다. 그곳이 5장 1–20절에 나오는 곳과 같았다면 마가가 분명히 그렇다고 말했을 것이다. 어찌 되었든 이 이야기에 등장하는 사람들이 예수님의 사역에 보인 반응은 완전히 달랐다. 그곳에 사는 한 무리가 예수님이 도착하셨다는 소식을 듣고 귀먹은 사람을 고쳐달라고 데려왔다. 제임스 모팻(James Moffatt)은 그 남자를 "말을 더듬는 귀먹은 사람"이라고 독특하게 표현한다.[21] 나는 그에게 동질감을 느낀다. 그곳은 그가 가장 있고 싶지 않은 곳이었다. 그는 관심의 대상이 되는 것이 몹시 싫었다. 그러나 이웃들이 고집을 피웠다.

갈릴리의 유대인 사회에서 멀리 떨어진 이 이방인들은 예수님의 치유하시는 능력에 대해 들었다. 그들은 예수님이 사람들에게 경험한 것을 말하라고 지시하셨던, 전에 귀신들렸던 사람에게서 예수님에 대해 들었을 것이다. 데가볼리 사람들은 예수님이 병을 고치실 때 사람에게 손을 얹는 습관이 있으신 것을 분명히 알고 있었다(7:32).

## —7:33–34—

주님이 남자를 치유하시는 과정을 성급히 검토하기 전에 예수님이 '환자를 대하시는 태도'를 관찰해보자. 남자는 분명 자신의 장애가 지목되고 모든 사람 앞에 서게 된 것을 당혹스러워했을 것이다. 예수님은 그에게 평상시 치유 사역에서 하셨던 것과 다른 행동을 하셨나. 마을 사람들 앞에서 그를 치료하지 않으시고 한쪽으로 데려가 개인적으로 사역하셨다. 예수님은 그의 사생활을 존중하셨고, 그를 정중히 대하심으로 그가 이제껏 받아본 적 없는 선물을 주셨다.

예수님은 두 사람만 있을 때 몸짓으로 치료 과정을 보여주셨다. 그래서 그는 무슨 일이 일어나고 있는지 이해할 수 있었다. 예수님은 남자의 귀에 손가락을 넣어 그의 청력을 회복해주실 것을 알려주셨다. 그런 다음 손가락에 침을 뱉어 혀에 대고 그가 말하게 될 것을 알리셨다. 예수님은 그에게 치유가 필요한 곳을 만지셨다. 그리고 예수님은 탄식하시며 하늘을 올려다보셨다. "탄식하시며"로 번역된 헬라어[*stenazō*(4727)]는 '원치 않는 상황에 직

면해 무의식적으로 자신을 표현하다' 또는 '불만을 표현하다'는 뜻을 가진 동사다.[22]

예수님은 그분의 창조물이 자초한 일을 싫어하신다. 예수님은 우리가 우리의 죄악으로 인해 겪는 불행을 슬퍼하시며, 마찬가지로 인류가 범죄하여 자초한 고통을 보고 탄식하신다. 예수님은 아마도 천국을 올려다보시며 그 순간 남자에 대한 깊은 연민과 그가 고통에서 벗어나는 것을 보고 싶은 갈망에서 우러나오는 탄식을 내뱉으셨을 것이다.

마가는 주님이 명령하신 '열려라'(*ephphatha*)는 뜻의 아람어 동사를 음역한다. 이 용어의 형태는 강조형이어서 제대로 된 번역은 "완전히 열려라!"이다.

## —7:35—

예수님이 남자의 귀와 말이 완전히 열리라고 명령하시자 그의 귀가 소리를 받아들이고, 혀가 자유롭게 움직였다. 마가는 그가 *orthōs*(3723)를 말했다고 밝힌다. 이 헬라어에서 영어의 '*orthodox*'('올바른 믿음')와 '*orthodontics*'('고른 치아')가 파생했다. 남자는 장애나 결함 없이 정확하게 말했다. '말을 하게 되다'[*laleō*(2980)]는 뜻을 가진 이 동사는 불완전 시제로 쓰였는데, 이는 내러티브에서 어떤 사람이 말하는 것을 표현할 때 흔히 쓰이는 용법이다. 이 경우 어떤 행동이 시작되어 얼마 동안 중단 없이 지속되었음을 표현하는 것으로 추정하는 게 맞다.

이 결정적 순간 남자의 삶은 완전히 바뀌었다. 그는 소통의 단절에서 벗어나 자유로워졌다. 그는 몇 년 동안 해도 다 못할 만큼 이야기가 많았을 것이다. 이 중요한 날이 이르기까지 그가 마음속에 담아두었던 모든 것이 홍수처럼 쏟아져 나왔을 것이다. 그는 할 말이 많았다!

## —7:36–37—

남자의 이웃 사람들에게 예수님이 지시하신 것은 얄궂게도 반대로 전개되었다. 예수님은 데가볼리의 귀신들린 남자에게는 "집으로 돌아가 주께서 네게 어떻게 큰 일을 행하사 너를 불쌍히 여기신 것을 네 가족에게 알리라"(5:19)고 명령하셨다. 그런데 남자와 그를 아는 사람들에게는 "아무에게도 이르지 말라"(7:36)고 하셨다. 남자는 비로소 사랑하는 사람들의 말소리를 듣고 처음으로 하고 싶은 말을 할 수 있게 되었다. 그런데 그 소식을 전하는 것이 금지되었다! 예수님의 명성이 높아지면서 사역의 동력을 저해하기 시작했기 때문에 기적적인 치유에 대한 소문을 가라앉힐 필요가 있었다.

그러나 마가는 예수님이 말을 하지 말라고 하실수록 사람들은 더 많이 말했다고 진술한다. "심히 놀라"(7:37)라는 표현은 놀라서 제정신이 아닌 상태를 표현하는 두 개의 헬라어 단어를 조합한 것이다. 사람들은 그들의 눈을 믿을 수 없었다. 그들은 요단강 건너편에서 온 기적을 행하는 이 유대인에 대해 그들이 아는 모든 것을 말했다.

예수님에 대해 그들이 보인 반응은 예수님의 고향 사람들과는 사뭇 달랐다. 앞의 유대인들은 놀라고 찬탄하기는커녕 예수님이 사탄의 힘을 빌어 사람들을 고치고 귀신을 쫓아낸다고 비난했다(3:22). 그런데 이 이교도 이방인들은 예수님이 일으키신 기적을 하나님의 선물로 받아들였고, "그가 모든 것을 잘 하였도다"라고 긍정했다. 그들의 마지막 진술은 이사야 35장 3-6절에 나오는 예언을 암시한다.

> 너희는 약한 손을 강하게 하며 떨리는 무릎을 굳게 하며
> 겁내는 자들에게 이르기를 굳세어라, 두려워하지 말라,
> 보라 너희 하나님이 오사 보복하시며 갚아 주실 것이라
> 하나님이 오사 너희를 구하시리라 하라
> 그 때에 맹인의 눈이 밝을 것이며 못 듣는 사람의 귀가 열릴 것이며
> 그 때에 저는 자는 사슴 같이 뛸 것이며 말 못하는 자의 혀는 노래하리니
> 이는 광야에서 물이 솟겠고 사막에서 시내가 흐를 것임이라.

## 적용: 마가복음 7:31-37
### 삶의 기준이 되는 말씀

도움이 필요한 사람에게 시간을 할애하는 것은 기적을 행하는 능력이나 특별한 재능이 없어도 할 수 있다. 지금 이 순간 그리고 매 순간마다 주님의 임재가 미치는 영향을 인식하고

주의를 기울이면 된다. 이런 맥락에서 나는 당신의 삶을 변화시킬 세 가지 단순한 진리를 전달하고자 한다. 나는 온 마음을 다해 이 말을 하고 있다. 이 단순한 진리는 당신의 삶에 큰 영향을 미치고 다른 이들의 삶도 변화시킬 것이다.

### 모든 사람을 정중히 대하라

관계의 동심원을 생각하면서 가족부터 시작하겠다. 자신에게 가장 가까운 가족과 친구들은 경멸하고 노골적으로 적대시하면서 전혀 모르는 사람들은 정중하게 대하는 사람들이 허다하다. 우리는 왜 우리를 사랑하는 사람들보다 모르는 사람들에게 더 예의 바르게 행동할까? 당신의 배우자를 왕을 대하듯이 정중하게 대하라. 다른 가족에게도 똑같이 하라. 그들이 당신에게 얼마나 중요한지, 그들을 얼마나 사랑하는지 말하라. 당신이 잘못했을 때 잘못했다고 말하고 용서를 구하라. 그들이 친절을 베풀면 감사를 표하라. 그리고 늘 이 중요한 말을 덧붙이라. "사랑해."

### 어디서든 자유를 북돋우라

사람들은 대부분 너무 억압당하고 있다. 당신도 그럴 수 있다. 어떤 이유에서든 당신은 자기 자신을 억눌러왔다. 과거의 상처. 가슴 아픈 기억. 실패. 도덕적 실족. 어리석거나 죄가 되는 결정들. 가슴 찢어지는 낙심. 산산이 깨어진 로맨스. 당신은 감옥에 다녀왔을 수도 있다. 정신 질환으로 어려움을 겪고 있을 수도 있다. 과거의 상처가 당신을 얽어매고, 그리스도가 의도하신 기쁜 삶을 살 수 있는 자유를 제한할 수 있다. 그 결과 당신은 과거에 일어난 힘든 일로 다른 사람들까지 억압하고 있을지도 모른다.

당신이 자유를 누릴 수 있는 가장 좋은 방법은 다른 사람들을 자유롭게 해주는 것이다. 다른 사람들을 인정하라. 다른 사람들에게 실패할 수 있는 여지와 그들이 초래한 혼란을 스스로 정리할 수 있는 존엄성을 부여하라. 다른 사람들을 당신의 기대에서 자유롭게 해주라.

신학교에 다닐 때 나는 많은 훌륭한 교수님의 수업을 들었다. 그중 한 분이 하워드 헨드릭스(Howard Hendricks) 박사님이다. 그분은 내 리포트 상단에 긍정적인 메모를 써주시곤 했다. 한번은 이렇게 적으셨다. "훌륭한 리포트일세. 장차 자네는 작가가 될 거라고 믿네." 몇 년 후 내가 첫 번째 책을 집필할 때 이 말 덕분에 원고를 완성할 수 있었다. "언젠가 너는 작가가 될 것이다"는 말 덕분에 나는 거리낌 없이 글을 쓸 수 있었다.

당신이 하는 말에는 사람들을 자유롭게 해주는 힘이 있다. 자유를 북돋워주는 데 그것을 사용하라. 은혜를 깨달아 알게 하자!

### 무엇을 하든 제대로 하라

이쯤 해서 당신은 무언가 아주 심오한 말을 기대하며 하품을 하고 있을지도 모르겠다. 너무 기본적인 말로 들릴지 모르겠지만 간과하지 마라! 당신은 어디서 일하고 있었는가? 당신은 일을 잘하겠다고 마음먹었는가? 믿거나 말거나 일을 뛰어나게 잘하면 말로만 그리스도를 전하는 것보다 더 효과적으로 영향을 미칠 수 있다. 일을 잘해서 그리스도의 구원이라는 선물을 더 효과적으로 간증하라. 바울이 1세기 신자들에게 권고했듯이 "무슨 일을 하든지 마음을 다하여 주께 하듯 하고 사람에게 하듯 하지 말라 이는 기업의 상을 주께 받을 줄 아나니 너희는 주 그리스도를 섬기느니라"(골 3:23-24).

## 4천 명을 위한 만찬(마가복음 8:1-26)

1그 무렵에 또 큰 무리가 있어 먹을 것이 없는지라 예수께서 제자들을 불러 이르시되 2내가 무리를 불
쌍히 여기노라 그들이 나와 함께 있은 지 이미 사흘이 지났으나 먹을 것이 없도다 3만일 내가 그들을
굶겨 집으로 보내면 길에서 기진하리라 그중에는 멀리서 온 사람들도 있느니라 4제자들이 대답하되
이 광야 어디서 떡을 얻어 이 사람들로 배부르게 할 수 있으리이까 5예수께서 물으시되 너희에게 떡
몇 개나 있느냐 이르되 일곱이로소이다 하거늘 6예수께서 무리를 명하여 땅에 앉게 하시고 떡 일곱
개를 가지사 축사하시고 떼어 제자들에게 주어 나누어 주게 하시니 제자들이 무리에게 나누어 주더
라 7또 작은 생선 두어 마리가 있는지라 이에 축복하시고 명하사 이것도 나누어 주게 하시니 8배불리
먹고 남은 조각 일곱 광주리를 거두었으며 9사람은 약 사천 명이었더라 예수께서 그들을 흩어 보내시
고 10곧 제자들과 함께 배에 오르사 달마누다 지방으로 가시니라

11바리새인들이 나와서 예수를 힐난하며 그를 시험하여 하늘로부터 오는 표적을 구하거늘 12예수
께서 마음속으로 깊이 탄식하시며 이르시되 어찌하여 이 세대가 표적을 구하느냐 내가 진실로 너희
에게 이르노니 이 세대에 표적을 주지 아니하리라 하시고 13그들을 떠나 다시 배에 올라 건너편으로
가시니라

14제자들이 떡 가져오기를 잊었으매 배에 떡 한 개밖에 그들에게 없더라 15예수께서 경고하여 이
르시되 삼가 바리새인들의 누룩과 헤롯의 누룩을 주의하라 하시니 16제자들이 서로 수군거리기를 이

는 우리에게 떡이 없음이로다 하거늘 17예수께서 아시고 이르시되 너희가 어찌 떡이 없음으로 수군거
리느냐 아직도 알지 못하며 깨닫지 못하느냐 너희 마음이 둔하냐 18너희가 눈이 있어도 보지 못하며
귀가 있어도 듣지 못하느냐 또 기억하지 못하느냐 19내가 떡 다섯 개를 오천 명에게 떼어 줄 때에 조
각 몇 바구니를 거두었더냐 이르되 열둘이니이다 20또 일곱 개를 사천 명에게 떼어 줄 때에 조각 몇
광주리를 거두었더냐 이르되 일곱이니이다 21이르시되 아직도 깨닫지 못하느냐 하시니라

22벳새다에 이르매 사람들이 맹인 한 사람을 데리고 예수께 나아와 손 대시기를 구하거늘 23예수
께서 맹인의 손을 붙잡으시고 마을 밖으로 데리고 나가사 눈에 침을 뱉으시며 그에게 안수하시고 무
엇이 보이느냐 물으시니 24쳐다보며 이르되 사람들이 보이나이다 나무 같은 것들이 걸어 가는 것을
보나이다 하거늘 25이에 그 눈에 다시 안수하시매 그가 주목하여 보더니 나아서 모든 것을 밝히 보는
지라 26예수께서 그 사람을 집으로 보내시며 이르시되 마을에는 들어가지 말라 하시니라

---

존 밀턴 그레고리(John Milton Gregory)는 교육에 꿈이 있었다. 그는 미국에서 대학 설립이 급증하던 시기에 살았다. 그는 일리노이 대학을 설립하고 초대 총장을 지냈다. 그는 가르치는 것 외에도 교육의 모든 과정을 좋아했다. 배우는 것을 좋아했기 때문이다. 그는 생산적이었던 삶을 마감하고 원하던 대로 그가 즐거이 헌신했던 대학 건물로 둘러싸인 중앙 안뜰에 묻혔다.

당신이 교사라면, 코치라면, 배우기를 좋아하는 사람이라면, 그의 명저 『가르치는 자의 일곱 가지 법칙』(*The Seven Laws of Teaching*)을 반드시 읽어야 한다. 고어체로 쓰이기는 했지만 각각의 법칙은 시간을 초월한 진리다. 이 교육자는 서문에 이렇게 썼다. "가르치는 기술을 구성하는 두 개의 큰 가지–훈련과 가르침–는 관념적으로는 분리가 가능해도 실제로는 분리될 수 없다. 우리는 가르침으로써만 훈련할 수 있고, 최고의 훈련을 할 때 최고로 가르칠 수 있다."[23]

가르침이란 정보를 전달해 진리를 아는 사람에게서 진리를 배워야 하는 사람에게로 전달되는 것이다. 가르침은 배우는 자의 생각을 확장한다. 훈련은 학생의 삶에 도전을 가한다. 가르침은 훈련으로 귀결되고, 훈련은 실제적이고 체험적으로 적용할 수 있는 기회를 제공한다. 학생은 머리와 손이 동시에 움직여야만 특정 분야에서 온전히 훈련될 수 있다. 당연히 적지 않은 실패의 과정을 거친 후에야 성공이 일상화된다.

그레고리의 일곱 가지 법칙 중 마지막은 복습과 적용의 필요성을 역설한다. "가르침의

완료, 시험, 확인은 복습을 통해 이루어져야 한다."[24] 옛 라틴 속담에 이런 말이 있다. "반복은 학습의 어머니다." 인간의 두뇌는 정보에 반복적으로 노출되어야 한다. 같은 생각이 반복적으로 신경 연결 통로를 자극할 때 그 개념은 오롯이 우리 것이 된다. 내가 네비게이토 선교회의 성경 암송 프로그램에 몸담고 있었을 때 내 멘토가 말했다. "척, 암기의 비결은 따로 없어. 복습, 복습, 복습, 복습밖에 없어."

내가 일기를 쓰는 이유 중 하나는 하나님이 가르쳐주신 삶의 교훈을 다시 검토할 기회를 갖기 위해서다. 내 삶에서 일어난 일들을 다시 돌아보지 않으면 나는 하나님이 어떻게 과거에 내 필요를 채워주셨는지를 망각할 것이고, 그러면 하나님이 오늘의 필요를 채워주실 것을 신뢰하지 못할 것이다. 큰 아픔과 슬픔을 통해 내가 발견한 원리는 내 의식에서 사라질 것이고, 나는 영속적인 지혜를 얻지 못할 것이다. 하나님이 가르치신 것을 우리가 얼마나 빨리 망각할 수 있는지는 놀라울 정도다.

우리가 따를 가장 위대한 모범은 주 예수님이다. 주님은 "이에 열둘을 세우셨으니 이는 자기와 함께 있게 하시고"(가르침) "또 보내사 전도도 하"게(훈련) 하셨다(3:14). 그리고 가르치고 훈련하는 기간 내내 예수님은 그들을 시험하셨다. 그분은 언젠가는 떠나실 것이고, 그들은 남아 있을 것이며, 그분이 시작하신 사명을 계속 이어가야 할 책임이 그들에게 있음을 아셨기 때문이다.

예수님은 훈련시키고 가르치며 반복하는 방법도 사용하셨다. 이 본문에 나오는 일화는 잘 알 것이다(참고. 6:34-44). 예수님은 광야에서 많은 사람을 가르치고 계셨다. 식량이 없었지만 사람들은 먹어야 했다. 그들에게 있는 것이라고는 갈릴리 지역의 기본 점심인 소량의 떡과 물고기였다. 그리고 주님은 다시 한 번 제자들의 부족한 역량을 풍성함으로 바꾸셨다. 훌륭한 야구 선수이자 현자인 요기 베라(Yogi Berra)는 이렇게 말했다. "언젠가 본 듯한 장면이 다시 반복되는 듯하다."

켄트 휴즈(Kent Hughes)가 지적하듯이, 회의론자들은 "마가가 실제로 같은 사건을 두 번 설명하고 있다는 것을 입증하려는 시도를 전에 없이 잘했다." 그는 계속해서 이렇게 말한다.

> 주된 논거는 제자들이 이미 예수님이 전에 5천 명을 먹이신 일을 목격했다면 그들이 어디 가서 4천 명을 먹일 식량을 구하겠냐고 나눈 대화(4절)가 말이 안 된다는 것이

다. 한 비평가의 말에 따르면 "그 질문을 바보처럼 반복하는 것은 심리적으로 불가능 하다!"[25]

하지만 생각해보라. 만약 이것이 같은 사건이라면, 마가는 실수로 같은 이야기를 두 번 끼워 넣었고, 완성본을 읽고도 여전히 중복되었음을 알아채지 못한 것이다. 파피루스에 펜과 잉크로 직접 썼는데도 말이다. 더구나 내가 서문에서 제시한 대로 이 기사를 베드로가 감수했다면, 목격자인 그가 같은 두루마리에 같은 사건을 두 번 기술한 내용의 세부 사항들이 상충되는데도 다시 묻지 않았다는 말이 된다! 그리고 설상가상으로 예수님은 두 가지 이야기를 하시면서 상충되는 세부 사항들도 함께 언급하셨다(8:19-20).

마가도 베드로도 우스꽝스러우리만치 무능했거나, 그게 아니면 예수님이 사역자가 배워야 할 가장 중요한 교훈 중 하나를 강조할 기회를 포착하신 거였다. 그 교훈은 이렇다: 우리는 예수님이 우리의 결핍을 풍성함으로 바꾸어주셔야 비로소 다른 사람들을 제대로 돌볼 수 있다.

## —8:1-3—

마가는 보통 8장 10절, 13절에서처럼 지리적인 변화를 언급한다. 따라서 첫 구절에 "그 무렵에"라는 말이 나오는 것으로 보아 예수님이(여전히) 데가볼리의 이방인 지역에 계신다는 것을 알 수 있다. 앞서 언급했듯이 데가볼리의 열 개 도시는 방대한 지역에 퍼져 있었기 때문에 예수님이 계셨던 곳은 거의 모든 곳이 될 수 있다. 한 장소에 많은 군중을 수용할 수 있는 도시가 거의 없었기 때문에 예수님은 광야에서 천혜의 원형 극장을 찾으셨다. 마가는 이 특별한 장소를 "광야"(8:4)로 묘사하는데, 이 단어는 전형적으로 '초목이 거의 없는, 사람이 살지 않거나 외딴 지역'을 나타낸다.[26]

예수님은 사흘 동안 무리를 가르치셨고, 마침내 식량이 동이 났다. 준비해온 식량이 바닥났는데도 그들은 예수님의 가르침을 계속 들으려고 했다. 이것은 그들의 믿음을 증거한다(참고. 신 8:3). 주님은 그들의 필요를 채워주셔서 그들이 그분을 신뢰하는 마음을 존중해 주고 싶어 하셨다.

예수님은 청중을 "불쌍히 여"긴다고 말씀하셨다(막 8:2). *splanchnizomai*(4697)라는 말은 우리가 "폐부를 찌른다"고 말할 정도로 강한 감정에서 나오는 정서적 반응을 나타낸다. 예수님이 이 신실한 청중의 필요에 '가슴이 미어질' 정도로 감정이 이입되셨다고 말할 수 있을 것이다.

예수님의 가르침은 매우 효과적이었다! 사흘 동안 줄곧 수천 명을 완전히 몰입시키는 것은 두고서라도 1시간 이상 주의를 끌 수 있는 설교자도 거의 없다. 청중은 심지어 밥을 먹으려고 자리를 뜨지도 않았다!

예수님은 우리가 왕국 문제를 제일 중요하게 생각하기를 바라시지만, 육체적 필요도 중요하다는 것을 분명히 알고 계셨다(마 6:33). 그분은 우리의 창조주시다. 그분은 우리에게 무엇이 필요한지 아신다. 예수님은 대부분 청중의 집이 멀기에 아무것도 먹이지 않고 집으로 보내는 것이 어떤 의미인지 알고 계셨다.

## —8:4—

예수님은 제자들이 한 질문에 분명히 화가 머리끝까지 뻗치셨을 것이다. 내 손자는 이것을 '뒷목 잡게 하는 순간'이라고 표현한다. 도대체 누가 예수님이 얼마 안 되는 점심을 몇 배로 늘려 1만 5천 명을 먹이신 날을 잊을 수 있었을까? 그 사건은 비슷한 상황에서 모여 있던 유대인 동포들에게 주님에게서 받은 음식 바구니를 몇 시간 동안 날랐던 열두 사도의 기억에 깊이 각인되었을 것이다.

나는 세사들을 나무랄 마음이 없다. 잠시 멈추어 내가 시험받고 배우던 시절을 돌이켜 보면 첫 번째 시행착오에서 배웠어야 할 것을 다 배웠나고 말할 수 없기 때문이다. 어떤 경우에는 하나님의 신실하심을 의심하거나, 하나님이 내 필요를 잊으신 것은 아닌지 의심하거나, 하나님이 이번에는 나에게 별로 관심이 없으신 모양이라고 생각하며 두 번째 시행착오 때 더 고민했던 적도 있었다. 나는 가끔 '이해를 잘 못한다.' 그래서 두 번, 세 번 복습해야 한다. 당신도 분명히 그럴 것이다.

다른 한편으로, 우리는 그들의 답답한 반응에 놀랄 수밖에 없다. 그들은 묻는다. "이 빈들에서, **어느 누가**, 무슨 수로, 이 모든 사람이 먹을 빵을 장만할 수 있겠습니까"(새번역, 강조 추가)? 어느 누가? 하나님의 아들도? 전에 자신을 증명할 '능력이 있던' 그 사람도? 그들은 이렇게 반응했어야 했다. "주님, 여기 일곱 개의 떡이 있습니다. 우리는 음식을 나를 바구니를 구하러 가겠습니다. 주님은 능히 이들을 먹이실 수 있습니다. 주님은 여호와 이레(YHWH-jireh), 공급하시는 하나님입니다(참고. 창 22:14). 우리는 주님이 지난번에 무리를 먹이시면서 하신 말씀을 믿습니다. 주님은 생명의 떡(요 6:35)입니다. 주님은 스스로 존재하는 분입니다. 우리는 주님을 신뢰하며 주님의 지시를 따르겠습니다. 이전에 하셨던 것처럼 오늘도 이 무리를 먹이실 수 있습니다."

## —8:5-7—

마가와 마태 모두 이 사건을 기술한다(참고. 마 15:32-38). 둘 다 예수님의 부정적인 반응을 기록하지 않았다. 예수님은 강의하지 않으셨다. 꾸짖지도 않으셨다. 그들을 사도 훈련 프로그램에서 내치지도 않으셨다. 다만 그들이 가지고 있는 떡이 몇 개인지만 정확히 확인하셨는데, 그들 앞에 놓인 사람들의 필요에 비해 그들이 가진 것이 얼마나 적은지를 드러내려 그러셨을 것이다. 그런 다음 예수님은 익숙한 지시를 하셨다. 사람들을 앉혀라. 제자들은 상황을 파악했다. 그들은 식량이 원활하게 배급되도록 사람들을 무리 지어 앉혔다.

## —8:8-9—

사람들은 이전처럼 음식을 받아 배불리 먹었다. 그리고 제자들은 다시 남은 음식을 모았다. 이번에는 일곱 바구니 가득 모았다. 이전에 그들은 여행자들이 짐을 꾸리는 데 사용하는 비교적 작은 *kophinos*(코피노, 2894)를 사용했다. 이번에는 곡물을 저장하거나 수확물을 시장에 나르는 데 사용했던 *spyris*(스피리스, 4711)라는 큼지막한 광주리를 사용했다. 여기서 일곱이라는 숫자는 특별한 의미가 없다. 중요한 것은 예수님이 부족한 자원을 사용해 차고 넘치게 공급하셨다는 사실이다.

앞의 사건에서 열두 사도가 '이해'하지 못했어도, 이날 요지를 놓쳤어도, 종국에는 예수님이 가르치려 하시는 것을 이해하게 될 것이다. 이것은 예수님을 따르는 우리가 그리고 바로 당신이 배워야 할 교훈이다. 그렇지 않으면 우리는 유성처럼 불꽃이 확 일었다가 차가운 돌이 되어 땅에 떨어질 것이다. 하나님은 우리 모두를 합쳐도 감당하기 힘든 위대한 계획에 우리를 불러 참여하게 하셨다. 인간의 필요는 엄청나게 많아서 그것이 우리를 압도하고 생각을 혼란스럽게 만든다. 그런데 주님은 우리 한 사람 한 사람을 그분 곁으로 불러, 말하자면 이렇게 말씀하셨다. "너희가 먹을 것을 주라"(6:37). 다르게 말해, 악의 세력 밑에서 억압받고 있는 세상의 필요를 채워줄 책임을 우리에게 부여한다고 말씀하신 것이다.

우리가 "주님, 제가 감당하기에는 필요가 너무 큽니다!"라고 대답한다면 그분의 명령을 이해하지 못한 것이다. 하나님은 그 일의 규모가 인간의 능력 밖인 것을 이미 아신다. 그리고 하나님은 당신이나 내가 필요하지 않으시다. 솔직히 말해 하나님은 그분의 사명을 성취하기 위해 아무도 필요하지 않으시다. 그분은 하나님이다! 그분은 전능하시고 전지하시며 부족함이 없으시다. 그럼에도 주님은 제자들을 불러 세상을 돌보는 일에 참여하게 하신다. 그분 홀로 하실 수 없어서가 아니라 그분의 승리를 우리와 나누시려는 것이다. 주님이 우리에게 책임을 위임하시는 것은 은혜의 선물이다. 이 특별한 날이 저물고 4천여 명의 사람이 부른 배를 안고 집으로 돌아갔을 때 제자들은 당당히 이렇게 말할 수 있었을 것이다. "하나님의 은혜와 능력으로 우리가 저 무리를 먹였다!" 그리고 예수님도 그렇게 되기를 원하신다.

## —8:10-11—

마가는 내러티브를 새 장면으로 전환한다. 하지만 아직 떡이라는 주제를 떠나지는 않았다. 8장 14절에서 다시 그 주제로 돌아올 것이므로 8장 10-13절이 어떻게 맞물리는지 알아내야 한다.

예수님은 4천 명을 보내시고 제자들을 이끌고 갈릴리 바다를 다시 건너 서쪽의 달마누다로 가셨다. 막달라라고도 알려진 이 지역을 마태는 마가단이라고 불렀다(마 15:39). 정확한 위치는 알려져 있지 않지만, 학자들은 이 지역이 게네사렛이라고 불리는 가버나움 남쪽 골짜기에 위치한 호수 서편이었다는 데 이견이 없다.[27]

인근에는 크거나 중요한 도시가 없었다. 마가는 바리새인들이 예수님을 얼마나 집요하

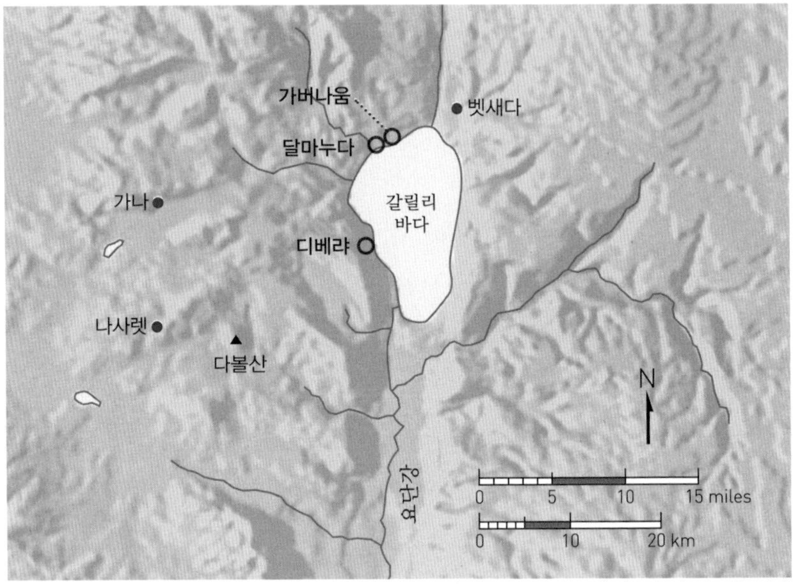


예수님은 갈릴리 호수 동편인 데가볼리 지역에 계셨다. 예수님과 제자들은 군중을 피해 바다를 건너 달마누다로 갔다.

게 괴롭혔는지를 보여주려고 그 위치를 언급했을 것이다. 예수님이 궁벽한 곳에 있는 갈릴리를 방문해 마주치신 것은 그분께 도전하기 위해 기다리고 있는, 종교 전문가들이 보낸 파견대였다.

그 바리새인들은 이번 만남에서는 주님의 신학을 공격하지 않았다. 그들은 예수님께 그분의 정체성과 정당성을 표적으로 증명하라고 요구했다.

'표적'에 해당하는 헬라어는 *sēmeion*(4592)이다. 가장 기본적인 의미는 '무언가에 대해 정확히 예시하다'이다. 도로 표지판은 여행자들에게 앞에 무엇이 있는지 정확하게 알려준다. 헬라인들은 이 말에 신의 뜻이나 초자연적인 예언의 물리적 표징이라는 특별한 의미를 부여했다. 예를 들어, 번개는 제우스의 뜻을 나타내는 것으로 여겨졌고, 천둥은 제우스가 '표적'을 통해 말하려고 한다는 전조였다. 유대인들에게 '표적'은 어떤 선지자가 정말 하나님에게서 왔다는 것을 시각적으로 확인하는 것이었다. 또한 이 단어는 하나님의 영광이 물리적으로 현현한 것을 나타내기도 했다.

## —8:12-13—

예수님은 "이 세대"(8:12)라고 부르신 그들을 향해 넌더리 나는 분노와 불쌍히 여기는 슬픔이 뒤섞인 감정을 표현하셨다. "이 세대"란 예수님의 말을 면전에서 듣고 있는 사람들과 일반적인 이스라엘 백성을 간접적으로 언급하신 것이다. 예수님은 유대인들이 가진 두 가지 장애를 애통해하셨다. 일부 사람이 진리를 보지 못하는 것(특히 그분의 제자들) 그리고 또 다른 사람들이 진리를 보려고 하지 않는 것. 그들을 두 가지 범주로 나눌 수 있다. 보지 못하는 사람들과 보려고 하지 않는 사람들이다.

바리새인들이 표적을 구했다는 사실은 8장 1-9절에서 제자들이 보여준 패턴을 그대로 따른다. 4천 명을 먹이라는 도전에 직면했을 때 열두 사도는 큰 그림을 보지 못했다. 5천 명을 먹인 일로 예습이 되어서 거의 동일한 새 도전을 받았을 때 당연히 긍정적으로 반응했어야 했다. 제자들은 보기를 원했지만 눈이 가려져 있었다. 영적으로 둔하여 보지 못했다.

그러나 바리새인들은 다른 종류의 시각 장애를 가지고 있었다. 그들은 이미 예수님이 병을 고치시고, 귀신을 쫓아내시며, 심지어 죽은 자를 일으키시는 것을 목격했다! 그들은 예수님이 초기에 행하신 기적들을 속임수나 환상이 아니라 사탄의 도움으로 행한 진짜 초자연적 행위로 매도했다(3:22). 그들은 예수님의 정체에 대해 논리적 추론을 도출하는 데 필요한 증거를 이미 다 보았다. 그런데도 그들은 여전히 진리에 눈이 멀어 있었다.

예수님이 바리새인들의 요구를 거절하신 요지는 이랬다. "내가 행한 일과 지금까지 세상에서 사역한 것을 너희가 보고도 내 삶 속에, 내 삶을 통해 하나님이 분명히 임재하신다는 것을 확신하지 못했다면, 불타는 물체가 하늘을 가로지르는 장관을 보더라도 너희는 믿지 않을 것이다. 너희는 완악한 마음을 버려야 한다." 그뿐 아니라, 예수님과 바리새인들은 모두 거짓 선지자들이 선정적인 것으로 거래한다는 것을 알고 있었다. 기적적인 표적을 더 많이 보여줄수록 그들은 예수님의 진실성을 훼손하기만 할 것이다. 예수님은 대화를 중단하시고 사역을 계속하셨다.

# 묵상의 서재

**쇠귀에 경 읽기**(마가복음 8:17–21)

한 젊은 신학생이 설교학 수업과 관련한 과제를 받았다. 그는 일단의 사람들에게 설교해야 했다. 그는 한 번도 설교한 적이 없었기 때문에 불안했다. 마침내 설교할 기회가 왔을 때, 놀랍게도 회중석에는 도시 아래쪽 빈민가에 있는 가스펠 미션(Gospel Mission)에서 온 한 무리의 사람이 있었다. 그들은 밑바닥 생활을 하며 싸구려 술로 살아가는 사람들이었다. 그들은 낮에는 추워서, 밤에는 배고프고 피난처가 필요해서 단지 따뜻한 음식을 얻어 먹으려고 가스펠 미션에 왔다. 음식을 얻으려면 자리에 앉아서 설교를 들어야 했다.

범생이 목사님(술을 한 모금도 먹어본 적 없는)이 조끼까지 갖춘 양복을 입고 술의 해악에 대해 설교하러 나왔다. 그는 자신이 직접 경험하지 못한 부분에 대해 창의력을 발휘했다. 목사님은 액체가 담긴 커다란 유리병 두 개를 가져와 가르쳤다. 한 병에는 깨끗한 물이 가득 차 있었고, 다른 병에는 증류된 '밀조한 진'이 가득 들어 있었다. 설교 중 목사님은 아주 싱싱한 지렁이를 주머니에서 꺼내 "다들 보십시요"라고 말했다. 그리고 물속에 떨어뜨렸다.

그들은 지렁이가 이리저리 헤엄치고, 옆으로 뒤집고, 다시 병 꼭대기로 조금씩 움직여 올라오는 모습을 몇 분 동안 지켜보았다. 범생이 목사님은 병 가장자리에서 그것을 떼어낸 후 말했다. "자 보세요!" 벌레는 진 속에 들어가자마자 경련을 일으키다가 분해되기 시작했고, 결국 조각조각 해체되어 바닥에 가라앉았다.

"자, 지금까지 본 것에서 무엇을 배웠습니까?"

침묵이 흘렀고, 죄책감의 탁한 기류가 흐르는 방 안에서 사람들은 서로 힐끗거렸다. 마침내 뒤에 앉아 있던 머리가 희끗희끗한 노인이 말했다. "글쎄, 젊은이, 술을 충분히 마시면 절대로 벌레가 생기지 않는다는 것을 알았네."

명확성과 정확성은 의사소통의 중요한 요소다. 하지만 그렇다고 해서 메시지가 반드시 받아들여지는 것은 아니다. 듣는 사람에게도 책임이 있다. 어떤 사람들은 그냥 무지한 상태로 남아 있기를 강력히 원하기 때문에 '알아들으려' 하지 않는다. 그런 경우에는 그냥 내버려 두는 수밖에 없다.

## —8:14-16—

예수님과 제자들은 갈릴리 바다에서 배를 타고 다른 목적지로 향했다. 8장 22절을 보면 그들의 최종 목적지가 벳새다였음을 알 수 있다. 하지만 그전에 다른 곳에서 먼저 사역했을 가능성도 있다.

어떤 상황이었든 간에 그들이 항해를 시작한 지 얼마 안 되어 예수님이 바리새인들과의 만남에 대해 설명하기 시작하셨다. 예수님은 미래의 사도들이 장차 예루살렘에서 종교 당국자들과 충돌할 것을 준비하게 하시려는 것이었다. 예수님은 누룩과 떡의 이미지를 사용해 사람을 교묘하게 부패시키는 바리새인들과 그들의 정적인 헤롯당에 대해 경고하셨다. 예수님이 이렇게 실물을 예로 들어 가르치실 때 누군가는 분명 이런 생각을 했을 것이다. 누룩. 그거 떡을 부풀게 하지. 떡 이야기를 들으니 배가 고프군. 그런데 배에는 떡이 한 조각밖에 없는데. 예수님이 중요한 영적 교훈을 가르치고 계실 때 제자들은 점심을 어떻게 해결할 것인지 의논하기 시작했다. 제자들은 특히 떡 한 덩이로는 도저히 열세 사람의 배를 채울 수 없을 거라고 걱정했다.

## —8:17-21—

이때 예수님은 또다시 '뒷목 잡을 순간'을 맞이하셨다. 예수님은 "아직도 알지 못하며 깨닫지 못하느냐"(8:17)고 물으셨다. '알다'로 번역된 헬라어는 *noeō*(3539)로 '생각으로 알아차리다', '이해하다', '깊이 생각하거나 이해하면서 관찰하다'는 뜻이다. '깨닫다'는 말은 *syniemi*(4920)인데, 문자적으로 분리된 것을 하나로 모은다는 의미다. 은유적으로는 합리적 결론을 도출하기 위해 데이터나 단서를 취합하는 과정을 나타낸다. 나는 이 말씀을 이렇게 풀어 쓰겠다. "감이 안 잡히느냐? 큰 그림을 보지 못하겠느냐? 단서를 모아보면 결론이 불을 보듯 뻔한데도 너희는 어떻게 그것을 보지 못하느냐?"

그런 다음 예수님은 그들의 경험을 돌이켜 증거 하나하나를 짚어주시면서 중요한 사실들을 강조하셨다.

| 경 험 | 사 실 |
|---|---|
| 예수님은 갈릴리 광야에서 5천 명의 필요를 채우셨다. | 예수님은 부족한 음식을 늘려 당신의 백성을 풍성히 채우셨다. |
| 예수님은 데가볼리 광야에서 4천 명의 필요를 채우셨다. | 예수님은 부족한 음식을 늘려 당신의 백성을 풍성히 채우셨다. |

비슷한 사건이 반복되면서 하나의 틀이 만들어졌다. 제자들은 현재 처한 상황을 논리적으로 생각해보아야 했다. 예수님은 그들의 필요를 돌보셨다. 그들은 떡 한 덩어리를 손에 들고 있었다. 앞서 두 번의 기적을 일으켰던 주인공이 그들과 함께 배에 타고 있었다. 그렇다면….

확실히 해야 할 것이 있다. 제자들은 바보가 아니었다. 그들은 지금도 우리를 괴롭히는 두 가지 난관을 극복하려 애쓰고 있었다. 첫째는 과거의 패러다임이 우리의 생각을 무디게 하는 것이다. 바퀴 자국이 나 있는 곳으로 굴러가는 수레바퀴처럼 우리의 사고 틀은 이전 세대가 만들어놓은 영적 지표를 따라간다. 세상 체제는 우리가 스스로 부양하지 않으면 먹고 살지 못할 거라고 생각하게 만든다. 예수님은 열두 남자를 불러 은혜라는 새로운 길을 밝히 보여주심으로 다음 세대가 새 왕국의 기본 원칙을 배울 수 있게 하셨다. "그런즉 너희는 먼저 그의 나라와 그의 의를 구하라 그리하면 이 모든 것을 너희에게 더하시리라"(마 6:33).

때때로 제자들도 내가 '온실 증후군'이라고 부르는 증상으로 고생했다. 그들은 매우 많은 시간을 기적을 행하는 인물과 가까이 있었다. 초자연적인 현상이 익숙한 일이 되었다. 예수님은 눈먼 자를 보게 하셨다. 손 마른 자를 회복시키셨다. 절망에 빠진 나병환자를 깨끗게 하셨다. 귀먹은 자의 귀를 여셨고, 소리를 내지 못하는 자의 혀를 풀어주셨다. 귀신을 쫓아내셨고, 날씨를 바꾸셨으며, 죽은 자를 일으키셨다. 열두 제자는 그분의 능력을 너무 많이 목격해서 그분이 행하시는 기적을 평범한 일로 생각하게 되었다.

우리도 제자들과 같은 위험에 처해 있다. 우리는 영적인 일들과 말씀을 가르치는 것 그리고 성경 공부와 성구 암송 등에 너무 오래, 너무 자주 노출되어 혁명적인 메시지가 시시하게 여겨질 수 있다. 우리도 제자들처럼 그리스도의 사명과 비전이 우리에게 적용된다는 사실을 자칫 망각할 수 있다.

## —8:22—

마가는 장면을 다시 갈릴리 바다 위에 떠 있는 배에서 아름다운 마을 벳새다로 전환한다. 가버나움에서 북동쪽으로 약 6킬로미터 떨어진 곳에 위치한 이 작은 수렵 마을은 분봉왕 빌립이 자신의 사저를 건축하면서 아름답게 단장했다. 예수님은 끊임없는 사역의 요구에서 벗어나 잠시 휴식을 취하시러 제자들과 가끔 이곳으로 오셨다(참고. 눅 9:10). 벳새다에 도착하신 예수님은 눈먼 사람과 마주치셨다. "그들"–아마 제자들을 가리킬 것이다–은 그 남자를 수님께 데려와 시력을 회복시켜달라고 요청했다.

마가의 내러티브에 이 기적이 배치된 것은 우연이 아니다. '보는 것'을 주제로 한 여러 짤막한 이야기들에 대한 마무리로 마가 혼자만 이 일을 기록한다. 기적이 단계적으로 이루어진 것은 이 사례가 유일하다. 불완전한 시력에 기적의 손길이 거듭 닿은 후 시력이 단계적으로 회복되었다. 이것은 또 제자들이 치유가 필요한 사람을 예수님께 데려온 드문 사례기도 하다.

## —8:23–24—

예수님은 그 눈먼 사람을 동구 밖으로 데려가셨는데, 아마도 사람들의 구경거리가 되지 않게 하시려는 의도로 보인다. 갈릴리에서는 기적적인 표적이 사역의 효율성을 방해했다. 군중은 예수님의 움직임을 제한했고, 더구나 예수님은 세상 문제의 근원인 죄에서 세상을 구원하고자 하시는데 사람들은 병을 고쳐주는 미봉책에만 마음을 빼앗겼다.

마가의 의도와는 달리 번역된 표현은 우리를 다소 역겹게 한다. 헬라어는 "눈에 침을 뱉으시며"(8:23)라고 번역된 표현보다는 좀 더 섬세한 이미지를 담고 있다. 아마 예수님은 먼저 손가락에 침을 묻히신 후 눈에 대셨을 것이다. 그 행위가 뜻하는 상징적 의미는 불분명하다. 헬라 문헌에는 치유를 위해 침을 사용하는 방법이 나오지 않는다. 아마 예수님은 당신의 행동이 뜻하는 바를 분명히 밝히시려고 우리에게 친숙한 치유의 상징을 사용하신 듯하다.

예수님은 기적이 일어나기를 명령하시거나 기적이 성취되었음을 선포하시는 대신 그에게 "무엇이 보이느냐?"고 물으셨다. 이제까지 예수님은 치유하시고 나서 효험에 대해 물으신 적이 없다. 예수님이 여기서 그렇게 하신 것은 이야기가 전개되면서 더 분명하게 드러날 요지를 예시하시기 위해서였다.

예수님의 물음에 그는 흐릿하고, 초점이 안 맞는다고 답했다. 완전한 암흑보다는 낫지만 자립해서 살기에는 아직 충분하지 않은 시력이었다.

## —8:25–26—

예수님은 남자의 시력을 온전히 회복해주시기 위해 그의 눈에 다시 손을 대셨다. 이번에는 남자가 집중해서 보자 세상이 또렷이 보이면서 시력이 정상으로 회복되었다.

예수님은 이 사람을 치유하시면서 왜 과정을 반복하셨을까? 왜 단번에 고치지 않으셨을까? 나는 제자들의 영적 실명이 오로지 반복을 통해 치유되어 제대로 보게 되었다는 점을 지적하고 싶다. 주님이 제자들에게 끊임없이 헌신하시자, 비로소 그들은 주님을 이해하기 시작했다. 이 이야기를 살펴보면 제자들은 그 눈먼 사람을 예수님께 데려올 만큼 그분을 알았다. 그들은 그분이 치유하실 수 있음을 믿었고, 그분이 긍휼한 마음으로 자비를 베푸실 것을 믿었다. 이제야 비로소 그들은 '알아차리기' 시작했다.

일곱 번째 법칙인 반복이 효력을 발휘하기 시작한 것이다.

## 적용: 마가복음 8:1–26

### 다음에 치를 영적 시험을 위한 커닝 페이퍼

나는 훈계를 반복하는 것을 좋아하지 않는다. 특히 껄끄러운 훈계는 더욱 그렇다. 당신도 그럴 거라고 확신하기에 당신 삶이 도전에 부딪힐 때 바로 사용할 수 있는 네 가지 진리를 알려주겠다. 이것을 다음 시험을 위한 '커닝 페이퍼'라고 불러도 무방하다. 나는 이것을 통해 당신이 영적 교훈을 일찍 깨우쳐 가능한 한 고생을 덜하고 시험에 합격하기를 기도한다.

**첫째, 하나님이 들으시기에 너무 큰 필요는 없다.** 한번은 어떤 여성이 주일 아침 예배 직전 나를 찾아왔다. 그녀는 흐느끼면서 자신이 버림받은 경위를 설명했다. 나는 그녀가 가여워 마음이 찢어지는 것 같았다. 이야기가 이어지면서 연민은 더 깊어졌고, 더 격하게 감정이 이입되었다. 그녀가 자신이 처한 상황에 대해 구체적으로 설명하는 것을 듣고 있자니 점점 더 기가 막혔다. 우리는 현실적으로 취할 수 있는 방법에 대해 논의했다. 하지만 이야기는 이런 격려와 도전으로 마무리되었다. "하나님께 너무 큰일은 없습니다. 그분께 모든 것을 말씀드리세요."

나는 감당하기 힘든 상황에 처했을 때 전문적이고 유능한 도움의 손길을 구할 것을 강력히 권한다. 그러면서도 나는 늘 고난 중에 있는 사람들에게 하늘 아버지께 직통 전화를 할 수 있다는 사실을 알려준다. 우리는 누구나 이 우주의 통치자를 알현할 수 있는 자리에 언제라도 바로 들어갈 수 있다. 그분은 절대 "와, 네 문제는 정말 곤란하구나. 솔직히 말하자면, 네가 혼자 알아서 해라. 그 문제는 내 능력 밖의 일이다"고 말씀하지 않으신다.

**둘째, 우리가 잊을 이유가 없다.** 과거에 이스라엘 백성은 큰 고난을 겪으면서 하나님의 신실하심을 미리 연습했다. 하나님은 아브라함을 불러 그분을 따르라고 하시면서 그에게 조건 없는 축복을 약속하셨다. 적에게 억압당하거나 기근에 시달릴 때 히브리인들은 하나님이 어떻게 그들을 애굽에서 데리고 나와 광야에서 돌보시고, 약속의 땅에 정착시키셨으며, 미래의 샬롬을 보장해주셨는지를 기억해냈다.

하나님이 돌보시고 보호하신 과거의 일을 절대 잊지 마라. 하나님은 전에 당신의 필요를 채우셨다. 하나님은 지금 당신의 필요를 채우실 수 있다.

**셋째, 하나님의 공급에는 한계가 없다.** 하나님은 언제나 우리의 필요보다 넘치게 공급하신다. 하나님은 전 우주를 소유하고 계시므로 자원이 마르는 일이 절대 없으시다. 당신이 요구한 바로 그것을 하나님이 주실 것이라는 말이 아니다. 하나님은 당신의 기도를 들으시며, 당신에게 필요한 것을 주실 것이다.

우리는 이 원칙이 기복 신학으로 변질되지 않도록 조심해야 한다. 하나님은 우리에게 부와 건강을 주셔야 할 의무가 없으시다. 뿐만 아니라, 하나님은 우리를 편안하게 해주겠다고 약속하지 않으셨다. 그것은 신학이 아니다. 터무니 없는 말이다. 예수님은 십자가에 달리시기 전날 다락방에서 제자들에게 세상이 그들을 미워하고 핍박하며 멸망시키려 할 것을 내다보셨다(요 15:18-27). 예수님은 고난을 약속하셨다! 그러면서 성경은 세상이 꾀한 악조차도 우리의 유익을 위해 사용될 것을 보증한다(롬 8:28).

우리는 우리가 원하는 것을 받지 못할 수도 있지만, 하나님은 우리에게 필요한 것을 신실하게 공급하실 것이다.

**넷째, 우리가 이해하지 못해도 하나님은 절대 우리를 포기하지 않으신다.** 예수님은 열두 제자를 사도로 훈련하시면서 화가 치미는 순간을 숱하게 경험하셨다. 소인배였다면 전교생을 퇴학시키고 더 유망한 사람들과 함께 다시 시작했을 것이다. 그러나 마가복음 8장 10절은 예수님이 "곧 제자들과 함께 배에 오르"셨다고 말한다. 예수님은 제자들의 실패를 개의치 않으셨고, 그들을 포기하지 않으셨다. 그리고 그분은 당신도 포기하지 않으실 것이다.

사도 바울은 이렇게 확증한다.

> 하나님이 미리 아신 자들을 또한 그 아들의 형상을 본받게 하기 위하여 미리 정하셨으니 이는 그로 많은 형제 중에서 맏아들이 되게 하려 하심이니라 또 미리 정하신 그들을 또한 부르시고 부르신 그들을 또한 의롭다 하시고 의롭다 하신 그들을 또한 영화롭게 하셨느니라 그런즉 이 일에 대하여 우리가 무슨 말 하리요 만일 하나님이 우리를 위하시면 누가 우리를 대적하리요(롬 8:29-31).

## 상반된 패러다임(마가복음 8:27-38)

27예수와 제자들이 빌립보 가이사랴 여러 마을로 나가실새 길에서 제자들에게 물어 이르시되 사람들
이 나를 누구라고 하느냐 28제자들이 여짜와 이르되 세례 요한이라 하고 더러는 엘리야, 더러는 선지
자 중의 하나라 하나이다 29또 물으시되 너희는 나를 누구라 하느냐 베드로가 대답하여 이르되 주는
그리스도시니이다 하매 30이에 자기의 일을 아무에게도 말하지 말라 경고하시고

31인자가 많은 고난을 받고 장로들과 대제사장들과 서기관들에게 버린 바 되어 죽임을 당하고 사
흘 만에 살아나야 할 것을 비로소 그들에게 가르치시되 32드러내 놓고 이 말씀을 하시니 베드로가 예
수를 붙들고 항변하매 33예수께서 돌이키사 제자들을 보시며 베드로를 꾸짖어 이르시되 사탄아 내 뒤
로 물러가라 네가 하나님의 일을 생각하지 아니하고 도리어 사람의 일을 생각하는도다 하시고

34무리와 제자들을 불러 이르시되 누구든지 나를 따라오려거든 자기를 부인하고 자기 십자가를

지고 나를 따를 것이니라 [35]누구든지 자기 목숨을 구원하고자 하면 잃을 것이요 누구든지 나와 복음
을 위하여 자기 목숨을 잃으면 구원하리라 [36]사람이 만일 온 천하를 얻고도 자기 목숨을 잃으면 무엇
이 유익하리요 [37]사람이 무엇을 주고 자기 목숨과 바꾸겠느냐 [38]누구든지 이 음란하고 죄 많은 세대
에서 나와 내 말을 부끄러워하면 인자도 아버지의 영광으로 거룩한 천사들과 함께 올 때에 그 사람을
부끄러워하리라

---

우리 교회의 한 교역자가 비디오카메라를 들고 쇼핑몰에서 지나가는 사람들에게 이렇게 물었다. "예수님은 누구입니까?" 나는 우리 교역자들과 함께 영상을 보면서 기분이 좋지 않았다. 사람들의 대답을 몇 가지 들어보겠다.

> 남자 1: 답하기 쉽지 않은 질문이네요.(웃음) 뭐라고 말해야 할지 모르겠네요.
>
> 여자: 음, 그는 진짜 사람이었고 십자가에서 죽었다는 걸 믿어요. 하지만 그가 하나님의 아들이라는 건 믿지 않아요.
>
> 남자 2: 다 알다시피…그는…종교와 그 모든 것을 창시한 또 한 사람에 불과해요. 따라서…내 말은…그는 그저…. 물론 그는 좋은 사람이고 종교에서 큰 비중을 차지하는 인물이죠…그러니까…종교를 찾는 사람들은, 그니까, 중요하죠. 그래서 사람마다 견해가 다르죠.
>
> 남자 3: 그는…어…(더 젊은 남자에게로 돌아선다.) 나 좀 도와줘.(젊은 남자는 어깨를 으쓱한다.) 예수 그리스도는, 어…하나님의 아들?(다시 젊은 남자를 쳐다본다.)

이 영상은 내가 담임목사로 섬기고 있는 교회에서 3킬로미터도 떨어지지 않은 곳에서 찍은 것이다. 이 짤막한 동영상이 몇 주 동안 나를 괴롭혔다.

언젠가 나는 고대 에베소 인근 양탄자 상점 앞에서 나보다 영어를 더 잘하는 한 터키 신사와 이야기를 나눈 적이 있다. 그가 물었다. "당신들은 여기에 왜 왔나요?"

나는 대답했다. "고대 도시의 유적을 보러 와서 밖에서 점심을 먹는 중이에요. 그리고 지금은 양탄자가 어떻게 만들어지는지 보고 있고요."

"아니요," 그가 말했다. "내 말은 당신들이 다 같이 여기에 오게 된 이유가 뭐냐구요?"

"아, 우리는 모두 예수님을 따르는 사람들이에요."

"누구요?" 그가 물었다.

이야기를 나누어보니 그는 예수님에 대해 아는 게 전혀 없었다. 매우 지적이고, 교육 수준이 상당히 높은 그는 '그리스도'를 예수님의 성(姓)으로 생각했다. 그는 우리가 있던 쿠사다시의 동쪽 어딘가에서 왔다. 오십 줄에 접어든 그는 복음은 말할 것도 없고, 예수님에 대해 한 번도 들어본 적이 없었다.

제대로 학위를 취득한 역사가라면 누구나 예수님이 2천 년 전에 갈릴리에 사셨고, 급진적인 견해를 가진 유명한 랍비가 되셨으며, 한동안 상당수의 추종자를 모으셨고, 예루살렘 외곽에서 십자가에 달리셨으며, 그 추종자들이 훗날 그분의 가르침을 세계의 주요 종교로 바꾸었다는 것을 말해줄 수 있다. 역사가들은 그분이 기적을 행하셨다든지 또는 죽었다가 살아나셨다든지에 대해서는 동의하지 않을 수도 있다. 그리고 그들은 종종 그분의 가르침에도 동의하지 않는다. 작은 인덱스 카드 한 장을 겨우 채울까 말까 한 분량밖에 말하지 못하는 것은 그렇다 치더라도, 실제로 쇼핑몰에서 만난 사람들에게 던진 "예수님은 누구입니까?"라는 질문에 대답할 수 있는 사람도 거의 없다.

마가의 내러티브 중간 지점까지 오면서 우리는 예수님을 아는 거의 모든 사람이 그분의 정체성에 대해 고민했다는 사실을 알게 된다. 지금까지 스승의 모든 언행을 밤낮으로 관찰한 열두 제자도 실은 전체 그림을 파악하지 못했다. 그들은 최근에야 비로소 보기 시작했다. 하지만 앞부분에 나오는 눈먼 사람처럼, 제자들의 영적 시력은 서서히 회복되었다. 그들은 전보다 성장하기는 했지만, 장차 교회로 알려진 운동의 지도자가 될 이들에게는 아직도 획기적인 전환점이 필요했다.

## —8:27—

예수님이 벳새다에서 눈먼 사람의 시력을 회복해주시고 나서(8:22-26) 어느 정도인지 알 수 없는 시간이 지나갔다. 그들은 빌립보 가이사랴 북쪽으로 가기 전, 이른바 그들의 본부인 가버나움으로 돌아왔을 것이다.

이 도시를 헤롯 대왕이 지중해 연안에 건설한 항구 도시 마리티마 가이사랴와 혼동하면 안 된다. 빌립보 가이사랴는 헤르몬산으로 이어지는 산맥 기슭에 있는 가버나움에서 북쪽으로 약 40킬로미터 떨어진 곳에 위치했다. 가이사 아구스도가 헤롯 대왕이 바친 충성에 대한 상으로 이 도시를 그에게 하사했다. 헤롯은 감사의 표시로 하얀 돌로 웅장한 성전을 건축해 가이사 아구스도를 기렸다. 헤롯 대왕이 죽자 그의 아들 분봉왕 빌립이 그 도시를 더 아름답게 꾸미고 주거지로 삼았다.

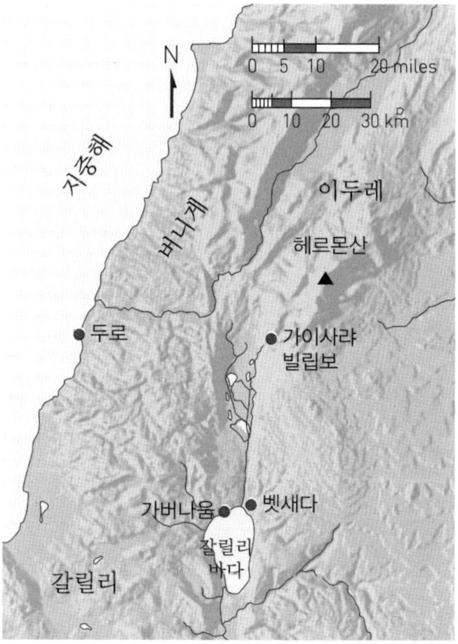

예수님과 제자들은 벳새다에서 눈먼 사람을 치유한 후 갈릴리에서 가이사랴 빌립보로 갔다.

가이사 아구스도를 기리는 성전 외에도 이 도시에는 또 다른 자랑거리인 성전이 있었다. 성전 인근에 있는 동굴에서 지하수가 솟아나 요단강으로 흘러 들어갔다. 구약 시대에는 이방인들이 이곳에 모여 바알-헤르몬이라고도 알려진 바알-갓을 예배했고(참고. 수 11:17, 삿 3:3, 대상 5:23), 훗날 헬라인들이 이곳을 판과 님프를 모시는 신전으로 만들었다.[28]

마가와 마태 모두 이 지역의 이름을 언급하는데, 그것은 이 지역이 앞으로 세워질 교회에 가장 큰 두 가지 도전인 거대한 권력과 수많은 신화의 본거지였기 때문이다. 예수님은 일행이 서 있는 골짜기에서 330여 미터 위로 희미하게 모습을 드러내고 있는 빌립보 가이사랴를 바라보며 물으셨다. "사람들이 나를 누구라고 하느냐?"

## —8:28-29—

예수님은 제자들에게 의견을 묻지 않으셨다. 제자들에게는 나중에 물으셨다. 예수님은 이스라엘 백성 사이에서 일반적으로 합의된 생각을 제자들이 곰곰이 생각해보기를 바라셨다. 많은 유대인이 예수님을 선지자라고 불렀다(참고. 신 18:15-18). 다른 사람들은 그분을 자신들의 희망 사항에 맞는 메시아로 여기고 왕으로 삼고 싶어했다(요 6:14-15). 세례 요한

이 무덤에서 살아 돌아온 것인가(눅 9:7)? 새 이스라엘의 전령으로 온 구약의 선지자인가(말 4:5-6)? 분명한 것은, 갈릴리 사람들은 여전히 복음을 받아들이지 않고 자기들의 무지와 미신에 집착했다는 사실이다.

그다음 예수님은 가장 가까운 제자들에게로 질문을 돌리셨다. "**너희는** 나를 누구라 하느냐"(막 8:29, 강조 추가)? 예수님은 "너희"라는 복수형으로 물으셨는데, 베드로가 불쑥 나서며 대답했다. 이때 베드로의 대답은 더할 나위 없이 완벽했다. 마태는 그 진술을 기술한다. "주는 그리스도시요 살아 계신 하나님의 아들이시니이다"(마 16:16). 이에 비해 마가는 베드로의 대답을 "주는 그리스도시니이다"로 요약하는데, 그것은 아마 예수님의 제자도와 고난에 대한 강론을 더 부각하기 위해서인 듯하다.

'그리스도'라는 명칭은 *christos*(5547)라는 헬라어에서 유래한 것으로, 이것을 히브리어로 번역한 *mashiach*(H4899)가 영어 단어 'messiah'(메시아)의 어원이다. 이 단어들은 모두 '기름부음 받은 자'라는 뜻이다. 고대 근동 문화에서 특별한 인정을 받는 사람은 제사장이나 선지자가 그의 머리에 소량의 올리브 기름을 바르는 의식을 행했다. 이러한 영예는 전장에서 용맹스럽게 싸웠거나 강력한 적을 물리쳤을 때 상으로 주어졌다. 히브리인들은 나중에 국가 지도자를 임명할 때 이 의식을 행했다. 이스라엘에서 '주님의 기름부음 받은 자'는 통치자인 왕을 의미했다(예를 들어, 삼상 2:10). 경건한 유대인들은 다윗의 보좌에 합당하고, 하나님을 기쁘시게 할 만큼 의로운 왕으로서의 메시아를 기대했다.

베드로는 예수님이 이스라엘의 왕 중 왕이라고 딱 잘라 말했다.

## —8:30-31—

예수님은 이 사실을 발설하지 말라고 명하셨다(1:43-44 해설 참조). 예수님은 전해야 할 메시지와 사명이 순조롭게 진행되도록 그분에 대한 대중의 인식을 신중하게 관리하셔야 했다. 요한복음 6장 15절은 한 무리의 이스라엘 사람이 기적을 행하는 예수님의 능력에 열광한 나머지 예수님을 억지로 끌고 가서 왕으로 삼으려 했다고 말한다. 이는 이스라엘의 종교 선생들이 구약성경에 약속된 메사아와는 전혀 다른 메시아를 유대인에게 주입했기 때문이다. 1세기가 넘게 로마의 점령 아래 있던 이스라엘 사람들은 추종자들을 대거 규합해 부패한 예루살렘을 점령하고, 잔악한 로마를 전복하며, 이스라엘을 전례 없는 부국강병의 시대로 이끌어갈 그리스도를 원했다. 구약의 선지자들은 메시아가 온 세상을 통치할 권세를 얻을 것이라고 예언했다(시 2:7-9, 72:11, 단 7:13-14, 슥 9:9-10).

유감스럽게도 이스라엘 백성은 메시아가 자기 백성을 위해 고난받으실 것이라는 구약의 예언을 간과했다(사 42:1-9, 49:1-13, 50:1-11, 52:13-53:12). 백성은 메시아가 군대를 모으고 정치적, 군사적 바람을 일으켜 어떻게든 예루살렘을 탈환해줄 것을 기대했지만, 예수님이 예언하신 영광에 이르는 길은 그 기대와는 완전히 달랐다. 예수님은 대중의 기대에 영합하여 권력의 자리에 오르려 하지 않으셨다. 그분의 길은 고통을 통과해 사망에 이르는 내리막길이었다.

## —8:32-33—

주님이 일으키신 운동의 비공식 고문으로 활동하던 베드로는 그분이 하신 부정적인 말씀을 듣고 미래의 이스라엘 왕에게 "항변"했다(8:32). "항변"[*epitimaō*(2008)]으로 번역된 단어는 예수님이 귀신들린 남자를 잠잠케 하고(1:25), 사나운 폭풍을 가라앉히며(4:39), 그분의 정체를 아무에게도 말하지 말라고 제자들에게 경고하실 때(8:30) 사용되었다. 이 용어는 심한 비난이나 권위 있는 명령을 나타낸다. 레이 스테드먼(Ray Stedman)은 이 구절에 대해 이

### '인자'(마가복음 8:31)

예수님은 스스로 '인자'라고 자주 일컬으셨는데, 이것은 이스라엘 경전에 깊이 뿌리를 내리고 있는 매우 의미심장한 호칭이었다. 첫째, 예수님은 당신의 인성이 연약함을 기억하시려고 이 명칭을 사용하셨다(욥 25:6, 시 8:4, 144:3, 146:3, 사 51:12, 겔. 2:1, 참고. 마 26:41, 막 14:38). 인간이신 예수님은 인간의 고통, 그중에서도 특히 십자가 고난을 당하셨다.

더 중요하게, '인자'는 다니엘이 환상에서 본 메시아적 인물에게 붙인 호칭이다. 그 인물은 고대의 왕으로서 전 세계에 대한 영원한 통치권을 부여받은 "인자 같은 이"(단 7:13)였다.

예수님 시대의 유대인들은 여러 예언에 나타난 메시아의 이중적인 이미지를 이해하는 데 어려움을 겪었다. 당시 많은 신학자는, 지금도 그렇듯, 아마 메시아는 실제로 두 사람일 거라고 제안했다. 한 사람은 '고난받는 종'으로 죽을 것이고(사 52:13-53:12), 다른 한 사람은 첫 번째 메시아를 부활시키고 만왕의 왕으로 다스린다는 것이다.

'인자'라는 호칭은 마가복음에 열네 번 나온다[막 2:10, 28, 8:31, 38, 9:9, 12, 31, 10:33, 45, 13:26, 14:21(두 번), 41, 62]. 예수님은 당신이 정말로 하나님이며 유일한 메시아이심을 밝히기 위해 스스로 '인자'로 일컬으신 것이다.

렇게 설명했다. "여기에 쓰인 언어를 보면 베드로가 우월한 보호자의 태도로 행동하고 있음을 알 수 있다."[29] 순전히 인간적인 면에서 보면 그 성급한 제자가 전적으로 옳았다. 물론 그가 실수한 것이기도 했다. 예수님은 타락한 세상의 썩어빠진 패러다임에 그분의 계획을 맞추려고 오신 것이 아니었다.

베드로가 항변을 끝내기도 전에 예수님은 학생들의 주의를 다시 천국의 의제로 돌리셨다. 예수님은 베드로를 향해 "사탄아 내 뒤로 물러가라"(8:33)고 하시면서 분명한 선례를 남기셨다. 주님은 사실상 이렇게 말씀하신 것이다. "네가 내 계획을 따르지 않는다면 너는 사탄의 계획을 받아들인 것이다. 거기에는 타협점이나 중간 지대가 없다." 예수님은 인간의 타락에 숨겨져 있는 함의를 속속들이 알고 계셨기 때문에 '인간의 관심'과 사탄의 계획이라는 상호 관계를 간파하실 수 있었다. 인간이 에덴동산에서 순종이 아닌 죄를 선택했을 때 우리는 모두 하나님이 세우신 세상 질서에 대항하는 사탄과 공모자가 되었다.

## —8:34–37—

예수님은 충격을 받고 휘청거리는 베드로를 다시 제자리로 데려오신 후 군중–제자, 추종자, 구도자, 비판자, 회의론자–을 불러 현재의 세계 질서에 대한 생각을 분명히 밝히신다. 현재의 패러다임에 따르면 성공의 원리는 다음과 같다.

- 왕이 되려는 자는 '대중에 대한 봉사'가 궁극적으로 더 큰 권력을 얻으려는 욕망을 채워주는 경우에만 다른 사람들을 섬긴다.
- 군인은 다른 사람을 전쟁터에 보냄으로써 훌륭한 군사 지도자가 된다.
- 사회 · 정치적 사다리의 꼭대기에 오르려면 다른 사람들을 가로대 삼아 밟고 올라가야 한다.
- 돈은 가장 강력한 권력이므로 돈을 많이 모아 당신의 자선을 드러내줄 곳에만 주어야 한다.
- 인생은 한 번뿐이므로 남아도는 것을 나누어주고 자신의 안락을 보장해주는 것은 아무것도 희생하지 마라.

예수님은 세상의 패러다임을 거꾸로 뒤집으셨다. 그리스도를 따르는 자들이 영광을 받으려면 거절, 조롱, 핍박, 희생, 심지어 순교에 이르는 내리막길로 그분을 따라가야 한다. 예수님은 이런 삶의 방식을 "자기 십자가를 지는 것"으로 표현하셨다(참고. 8:34). 사형 집행관은 사형수가 처형 장소로 자신의 시형 도구를 나르게 했다. 그러므로 자기 십자가를 진다는 것은 자신에 대해 죽는다는 것이다. 예수님은 당신을 따르는 이들에게 매일 이렇게 하라고 요구하신다.

"따르다"로 번역된 헬라어는 '어떤 사람 뒤에서 같은 방향으로 가다' 또는 '뒤를 따라가다'는 뜻이다.[30] 이 명령은 주님의 발자취를 따라 그분이 하신 대로 우리도 하라고 요구한다. 주님은 세상의 모든 것을 내려놓고 하나님 나라를 위해 모든 것을 주셨다. 주님은 당연히 이것을 제자의 필수 조건으로 삼으셨다. 예수님은 '부인하고, 지고, 따르는' 모범을 의무사항으로 확립하시려고 날카로운 역설을 제시하셨다.

> 누구든지 자기 목숨을 구원하고자 하면 잃을 것이요 누구든지 나와 복음을 위하여 자기 목숨을 잃으면 구원하리라(8:35).

"목숨"으로 번역된 헬라어는 *psychē*(5590)인데, '생명' 또는 '영혼'을 의미한다. 따라서 우리는 이 역설을 다음과 같이 두 가지로 풀어 쓸 수 있다.

> 자기 육신의 생명을 구하고자 하는 사람은 자신의 영적인 삶을 잃을 것이지만, 나와 복음을 위해 육신의 생명을 버리는 자는 영적인 생명을 얻을 것이다.

보다 쉽게 말하면 이렇다.

> 자기 영혼을 구하고자 하는 사람은 자신의 영혼을 잃을 것이지만, 나를 위해 자기 영혼을 버리는 자는 오히려 영혼을 보존하게 될 것이다.

전자는 이기심을 거부한다. 후자는 자기 의를 거부한다. 귀족 계급인 사두개인들과 헤롯당은 사후 세계를 믿지 않았기 때문에 개인의 행복을 희생한다는 것은 어불성설이었다. 바리새인들은 사후 세계를 믿었지만, 그들이 믿은 천국은 선행의 종교를 철저히 실천해야 얻을 수 있었다. 따라서 두 가지 해석이 다 맞는다.

예수님은 또 세상적인 부의 상대적인 가치를 천국의 영원한 풍요와 비교하셨다. 예수님은 청중에게 정신적인 비용에 대해 손익 분석을 해보고 어떤 투자가 건전한지 판단해보라고 하셨다. 결론은 명확하다. 왜 이생의 덧없는 행복에 매달려 다음 삶에서 누릴 영원한 기쁨을 잃겠는가?

## —8:38—

'부끄러워하다'는 개념이 이 구절에서 등장하는 이유는 십자가형으로 알려진 로마의 처형 방식 때문이다. 고대의 십자가형은 고통을 극대화할 뿐 아니라 수치심까지 더했다. 처형하는 과정은 채찍질로 시작해 희생자들을 수치스럽게 하도록 고안되었다. 일반적으로 로마 수비대의 모든 군인이 처형 전 절차에 참석해 채찍질당하는 사람을 조롱하고, 침을 뱉으며, 오줌을 갈기고, 모욕을 주는 굴욕적인 놀이를 즐겼다. 군인들은 사형수를 발가벗긴 다음, 그들이 저지른 죄를 자세히 적은 표지를 목에 달고, 자신들을 처형할 도구를 어깨에 지고 수비대 기지에서부터 도시 외곽의 처형 장소까지 걸어가게 했다.

또 다른 역설에서 예수님은 그분과 그분의 말을 부끄러워하면 그분이 악을 물리치러 권세를 가지고 다시 오실 때 그 전쟁에서 악한 자 편에 서게 될 것이라고 분명히 말씀하셨다. 우리는 어떤 식으로든 수치를 감내해야 한다. 우리는 지금 제자도의 수치를 감내하든지, 아니면 최후의 심판 때 하나님께 배척되는 수치를 당할 것이다.

이 강론은 제자도와 그리스도를 거부하는 것 사이의 경계선에 있는 추종자들을 위해 몇 가지 문제를 분명히 밝혔다. 예수님은 중간 지대를 남겨놓지 않으셨다. 하나님 나라에는 좋을 때만 주님을 따르는 제자들을 위한 공간은 없다. 공짜 식사와 빠른 치유를 얻기 위해서만 예수님을 따르는 자들은 시간을 낭비할 필요가 없다. 예수님이 자기들을 안락하고 번영하는 삶으로 이끌 것이라 기대하는 사람들은 곧 실망할 것이다. 하나님이 보내신 그리스도는 하나님의 백성을 고난으로 인도하실 계획이었다. 그런 버거운 메시지를 듣고 많은 군중이 떨어져 나갔다.

미온적인 제자들이 돌아서서 집으로 향하자 예수님은 추종자를 양성하는 과정을 시작하셨다. 예수님은 그분이 물리적으로 함께하시지 않을 미래의 어두운 시기를 끝까지 견뎌내게 해줄 깊고 충성스러운 대응력을 그들 안에 기우셨다. 예수님은 제자들에게 그들이 따라가야 할 험난한 길을 보여주시면서 그들이 도착할 곳을 밝히기로 결심하셨다. 예수님의 제자 양성 계획은 장차 임할 영광을 흘깃 엿보는 것으로 시작되었다.

## 적용: 마가복음 8:27-38

### 하나님의 일에 마음을 두기

베드로가 마가복음 8장 27-33절에서 예수님께 보인 두 가지 상반된 반응은 더는 극명할 수 없다. 처음에 베드로는 이 나사렛 출신 선지자에 대한 구구한 소문에도 불구하고 예수님이 그토록 기다리던 메시아임을 담대히 선언했다(8:29). 그런데 다음 순간, 예수님이 메시아가 고난받아야 한다는 하나님의 계획을 밝히시자 베드로는 그분을 질책했다(8:32). 베드로는 예수 그리스도에 대한 믿음을 고백할 때는 성숙한 면모를 보였지만, 하나님의 계획, 목적 그리고 우선순위를 중시하지 않는 모습에서는 미숙함을 드러냈다.

나는 여기에서 이 구절의 요지를 반영한 두 가지 원칙을 본다. 이 두 원칙은 예수님의 가르침에 대해 베드로가 보인 상반된 반응과 연관된다. 첫 번째는 올바른 생각에서 나온 고백과 관련이 있다. 두 번째는 우선순위를 잘못 생각한 것과 관련이 있다. 두 가지 다 오늘날 우리에게도 의미가 있다.

첫 번째 원칙은 당신이 듣는 말에 주의하라. 우리가 살고 있는 세상은 도덕에서부터 향락, 종교에서부터 정치에 이르는 모든 것에 대해 끊임없이 쏟아져 나오는 폭넓고 다양한 생각들로 몸살을 앓고 있다. 당연히 예수님이 어떤 분이셨는지, 그분의 생애가 무엇을 의미하는지, 그분의 가르침이 우리와 무슨 관련이 있는지, 어떤 종류의 신앙과 실천을 그분이 좋다고 하실지에 대한 견해도 넘쳐난다.

우리도 베드로처럼 우리의 생각을 지배하려고 다투는 숱한 가짜 신앙을 피하려면 하나의 진정한 신앙을 명확히 이해할 필요가 있다. 그러므로 당신이 누구의 말에 귀를 기울이는지 주의하라. 하나님, 예수님, 진리, 선에 대한 사람들의 견해가 성경을 바탕으로 하고 있는지 확인하라. 하나님의 말씀으로 그들의 권고를 확인하라. 사적인 관계나 개인적으로 좋아한다는 이유로 성경에 인쇄된 내용을 헛되게 만들지 마라. 만약 목사, 교수, 심지어 부모님의 주장이 하나님이 쓰신 것과 다르다면 그들의 주장을 거부하라. 베드로처럼 어떤 실수를 했을지라도 진리를 고백하라.

두 번째 원칙은 당신이 붙잡고 있는 세상 것들을 내려놓으라. 베드로는 그리스도가 된다는 것이 어떤 의미인지 명확한 그림을 가지고 있었지만, 고난받는 메시아라는 하나님의 계획은 거기에 맞지 않았다. 베드로는 이스라엘의 적들을 무찌르고 며칠 안에, 아니면 몇 주 안에 왕국을 세울 위대한 구원자를 기대했다. 그리고 그는 바로 그곳에서 자신의 왕과 함께 다스릴 것이다. 그러나 진실은 베드로가 굳게 믿고 있는 세속적인 생각에 부응하지 않았다.

베드로와 달리 우리는 세상적인 생각을 버리고, 우리가 꽉 잡고 있는 것들을 내려놓으며, 하나님의 계획과 우선순위에 부합하지 않는 소유나 지위를 포기해야 한다. 우리 모두는 저마다 걸핏하면 하나님의 것을 밀어내는 세상 것들의 목록을 가지고 있다. 우리는 그것에 시간과 돈을 투자하고, 그것에 대해 말하고 걱정하며, 그것이 들어설 공간을 마련하고, 그것에 대해 변명을 늘어놓는다. 그것은 사람, 아이디어, 태도, 행동, 물질적 소유일 수 있다. 그것이 무엇이든 내려놓으라.

당신이 그것을 내려놓고 하나님의 일에 마음을 두기로 결심한다면 A.W. 토저(A. W. Tozer)의 기도를 당신의 것으로 삼아 고백하라.

> 아버지, 저는 당신을 알고 싶습니다. 그러나 제 소심한 마음은 제가 즐기던 장난감을 포기하지 않으려고 합니다. 부디 제가 오랫동안 소중히 여기고, 제 자아의 일부가 되어버린 것들을 제 마음에서 제거해주십시오. 그리하여 경쟁자가 없는 그곳에 당신이 들어와 거해주십시오. 그러면 제 마음에 태양이 비칠 필요가 없을 것입니다. 당신이 빛이 되시는 그곳에 밤이 없는 까닭입니다.[31]

## 주

1. B. C. Crisler, "The Acoustics and Crowd Capacity of Natural Theaters in Palestine", *Biblical Archaeologist* 39, no. 4(December 1976): 128-141.
2. Robert R. Stein, *An Introduction to the Parables of Jesus*(Philadelphia: Westminster John Knox Press, 1981), 15.
3. Bauer, *Greek-English Lexicon*, 384.
4. Pliny, *Natural History*, 16:74.
5. Bauer, *Greek-English Lexicon*, 765.
6. Kittel과 Friedrich 편집, *Dictionary: Abridged*, 219.
7. C. S. Lewis, *The Problem of Pain*, rev. ed.(New York: HarperOne, 2001), 94.(『고통의 문제』 홍성사).
8. D. Edmond Hiebert, *Mark: A Portrait of the Servant*(Chicago: Moody Press, 1974), 139.
9. Elton Trueblood, *The Company of the Committed*(New York: Harper, 1961).
10. Henry Sienkiewicz, *Quo Vadis: A Tale of the Time of Nero*(Mineola, NY: Dover), 130-131.
11. Martin Luther, Ernest Gordon Rupp, *Luther's Progress to the Diet of Worms*(New York: Harper & Row, 1965), 99에 인용됨.
12. Macrobius, *The Saturnalia*, Percival Vaughan Davies 번역(New York: Columbia University Press, 1969), 171.
13. Phillips, *Exploring the Gospel of Mark*, 142.
14. *Merriam-Webster's Collegiate Dictionary*, 11th ed., s.v. "rationalize."
15. Spiros Zodhiates, *The Complete Word Study Dictionary: New Testament*(Chattanooga, TN: AMG Publishers, 2000), s.v. 2894.
16. Gerald L. Borchert, *John 1-11*, The New American Commentary(Nashville: Broadman & Holman, 1996), 258.
17. Bauer, *Greek-English Lexicon*, 444.
18. Alfred Edersheim, *The Life and Times of Jesus the Messiah*(Bellingham, WA: Logos Research Systems, 1896), 2:11.
19. Kittel과 Friedrich 편집, *Dictionary: Abridged*, 1236.
20. Philip Yancey, *What Good Is God?: In Search of a Faith That Matters*(New York: FaithWords, 2010), 119.(『은혜를 찾아 길을 떠나다』 청림출판)
21. James Moffatt, *The Bible: James Mofatt Translation*(1922, repr., San Francisco: Harper Collins, 1994).
22. Bauer, *Greek-English Lexicon*, 942.
23. John Milton Gregory, *The Seven Laws of Teaching*(Boston: The Pilgrim Press, 1886), vii.
24. 같은 책, 110.
25. Hughes, *Mark*, 1:185.
26. Bauer, *Greek-English Lexicon*, 391.
27. Edwards, *Mark*, 203, 234.

28. Flavius Josephus, *Antiquities of the Jews* 15.10.3, 17.8.1, *The Works of Josephus: Complete and Unabridged*에서 발췌, William Whiston 번역(Peabody, MA: Hendrickson, 1996).
29. Ray C. Stedman, *Expository Studies in Mark 1–8: The Servant Who Rules*(Waco, TX: Word, 1976), 221.
30. Bauer, *Greek-English Lexicon*, 36.
31. A. W. Tozer, *The Pursuit of God*, James L. Snyder 편집(Ventura, CA: Regal Books, 2013), 36-37. (『하나님을 추구함』 생명의 말씀사)

# 제자들, 양성되다

마가복음 9:1-13:37

뻔하게 들릴지 모르겠지만 그래도 말을 해야겠다. 유능한 지도자들은 목적지를 안다. 그들은 자기를 따르는 자들을 어디로 인도해야 할지, 어떻게 해야 그곳에 안전하게 갈 수 있는지 안다.

목표를 정하는 일에 시간을 투자하지 않는 기업 리더와 사역 지도자가 얼마나 많은지 알면 아마 깜짝 놀랄 것이다. 그들은 무엇이 성공인지 설명하지 않았기 때문에 진행 상황을 가늠하지 못한다. 목적을 정하지 않았기 때문에 중간 목표를 설정할 수 없다. 비전을 키우지 않았기 때문에 비전을 전달할 수 없다. 그런데도 그들은 버젓이 다른 사람들을 이끈다. 그런데 그들이 어디로 이끄는지는 아무도 모른다. 그들에게 리더십에 대해 물어보라. 그러면 그들이 누구를 인도하며 날마다 무엇을 하는지 말할 것이다. 그러나 그들에게 "당신을 따르는 사람들을 어디로 인도하고 있습니까?"라고 물어보라. 정직한 사람은 이렇게 대답할 것이다. "어디로 갈지는 모르지만 정말 좋은 시간을 보내고 있습니다."

예수님은 목적지를 정확히 아셨다. 예수님은 사명의 목표를 분명히 이해하셨다. 사탄은 인류를 반역으로 이끌고, 하나님의 세계 질서를 죄, 이기심, 탐욕, 파괴, 질병, 죽음, 부패로 점철된 타락한 질서로 대체했다. 예수님은 창조세계를 악의 지배에서 되찾아 이 땅에 하나님 나라를 출범시키기 위한 운동을 시작하러 오셨다.

예수님은 지상 사역 초기부터 제자들에게 지혜를 부어주셨다. 당연히 그들을 성경으로 교육시키고 신학을 가르치셨다. 사역을 준비하는 데 교육은 분명 중요한 요소다. 그러나 그리스도를 증거하는 것은 학교 교육 없이도 잘할 수 있다. 하지만 지혜가 없으면 아무 소용이 없다. 예수님이 열두 제자를 실생활의 어려움에 노출시키는 데 그렇게 많은 시간을 쓰신 것도 이 때문이다. 예수님은 물질적인 준비 없이 제자들을 사역에 내보내셨다. 아주 적은 양의 음식으로 큰 무리를 먹이라고 도전하셨다. 곧 예수님은 헤르몬산을 오르시며 몇몇 제자에게 '대신 일하도록 부탁하실' 것이다. 모든 수업 하나하나가 학생들을 속속들이 변화시키는 기회가 되었다. 결국 주님은 이들에게 교회를 인도하고 세상을 구원하는 계획을 수행하도록 맡기실 것이다.

예수님이 제자들에게서 떠나 계셨던 그때 예수님의 역할은 바뀌었을 것이다. 예수님은 사역을 준비하기 위해 제자들의 모난 부분을 다듬는 쇠줄이 되어 그들을 예리하게 연마하실 참이었다.

## 핵심 용어

βασιλεία [*basilei*, 바실레이아]*(932)* '왕국', '통치권', '왕의 권세'

이 용어는 합법적인 왕의 통치권을 뜻하는데, 헬라인들은 이것이 제우스에게서 나왔다고 생각했다. 구약성경에서 이스라엘은 원래 신정국가, 즉 하나님이 왕이신 나라였다. 따라서 이스라엘은 하나님의 왕국이었다. 인간이 이스라엘의 왕좌에 앉아 있을 때에도 통치자의 권력은 하나님에게서 나왔다. 복음서는 이 세상을 하나님의 정당한 왕좌를 찬탈한 악, 또는 사탄의 영지로 묘사한다. 예수님은 하나님의 통치, 즉 하나님의 왕국을 다시 세우기 위해 오셨다.

εὐαγγέλιον [*euangelion*, 유앙겔리온]*(2098)* '복음', '기쁜 소식'

이 헬라어는 전쟁터에서 온 전령의 승전보나 왕위를 계승할 자가 탄생했음을 공식적으로 선포한다는 뜻이다. 신약성경에서 이 말은 예수님의 죽음과 부활이 죄를 사하고 영원한 생명을 준다는 소식을 가리킨다. gospel이라는 영어 단어는 고대 영어의 복합어인 'good-spell'에서 나왔다. 'Spell'은 이야기라는 뜻이다. 복음(gospel)은 그리스도의 인격과 사역에 관한 '복된 이야기'(good story)다.

θαυμάζω [*thaumazō*, 타우마조]*(2296)* '놀라다', '경탄하다', '경외하다'

이 단어는 '큰 감명을 받다', 외경심을 느끼다' 또는 '어떤 것, 특별히 모종의 신성한 계시와 마주쳐 혼란스러운 상태'를 의미한다. 70인역 성경에서 이것은 예배, 경배, 찬미를 나타내며, 일반적으로 '인간의 한계를 초월하는 대상과 얼굴을 마주하는 종교적 체험'을 가리킨다.[1]

καιρός [*kairos*, 카이로스]*(2540)* '시대', '계절', '기간'

성경 외 문헌에서 이 단어는 시간이나 상황에서 결정적인 시점을 나타낸다. 신약성경에서 *kairos*는 대개 하나님 나라와 관련이 있다. '이 시대' 또는 '이 세대'는 타락 후 시작된 악의 통치를 특징으로 하며(창 3장), 그리스도의 재림과 그분의 왕국이 세워지면서 끝날 것이다. '다가올 시대'는 영원히 지속될 하나님 나라와 항상 동의어다. '계절'이라는 개념이 본문에 나오면 '이 시대' 또는 '다가올 시대'와 어떻게 은유적으로 연결되는지 살펴보라.

φοβέω [*phobeō*, 포베오]*(5399)* '두려워하다', '존중하다', '존경을 보이다'

이 단어의 의미는 고대에 '도망치다'라고 정의된 단어에서 파생되었다. *phobeō*가 묘사하는 감정은 깜짝 놀라 자기를 보호하기 위해 도망치는 행동에서 나온다. '하나님을 두려워한다'는 감정은 하나님의 놀라운 능력으로 인해 하나님 앞에서 떤다는 개념이 깔려 있다. 이 경우 두려움은 최후의 심판관으로서 죄에 대해 격노하시는 하나님에 대한 건전한 존경을 나타낸다. 마가복음의 이 단락에서 종교 당국자들은 하나님보다 사람을 두려워하는 것으로 나타나는데, 이것이 그들의 배교를 확실하게 보여준다.

## 장차 올 영광을 엿보다(마가복음 9:1-13)

[1]또 그들에게 이르시되 내가 진실로 너희에게 이르노니 여기 서 있는 사람 중에는 죽기 전에 하나님
의 나라가 권능으로 임하는 것을 볼 자들도 있느니라 하시니라

[2]엿새 후에 예수께서 베드로와 야고보와 요한을 데리시고 따로 높은 산에 올라가셨더니 그들 앞
에서 변형되사 [3]그 옷이 광채가 나며 세상에서 빨래하는 자가 그렇게 희게 할 수 없을 만큼 매우 희
어졌더라 [4]이에 엘리야가 모세와 함께 그들에게 나타나 예수와 더불어 말하거늘 [5]베드로가 예수께 고
하되 랍비여 우리가 여기 있는 것이 좋사오니 우리가 초막 셋을 짓되 하나는 주를 위하여, 하나는 모
세를 위하여, 하나는 엘리야를 위하여 하사이다 하니 [6]이는 그들이 몹시 무서워하므로 그가 무슨 말
을 할지 알지 못함이더라 [7]마침 구름이 와서 그들을 덮으며 구름 속에서 소리가 나되 이는 내 사랑하
는 아들이니 너희는 그의 말을 들으라 하는지라 [8]문득 둘러보니 아무도 보이지 아니하고 오직 예수와
자기들뿐이었더라

[9]그들이 산에서 내려올 때에 예수께서 경고하시되 인자가 죽은 자 가운데서 살아날 때까지는 본
것을 아무에게도 이르지 말라 하시니 [10]그들이 이 말씀을 마음에 두며 서로 문의하되 죽은 자 가운데
서 살아나는 것이 무엇일까 하고 [11]이에 예수께 묻자와 이르되 어찌하여 서기관들이 엘리야가 먼저
와야 하리라 하나이까 [12]이르시되 엘리야가 과연 먼저 와서 모든 것을 회복하거니와 어찌 인자에 대
하여 기록하기를 많은 고난을 받고 멸시를 당하리라 하였느냐 [13]그러나 내가 너희에게 이르노니 엘리
야가 왔으되 기록된 바와 같이 사람들이 함부로 대우하였느니라 하시니라

여느 위대한 지도자와 마찬가지로 예수님은 목표를 아셨고, 또 제자들에게 비전을 전하셨다. 예수님은 사역하시면서 시종일관 실례, 비유, 실물 교육, 개인적인 사례까지 사용해 하나님 나라를 설명하셨다. 그런데도 예수님은 말로 설명할 수 없는 것을 설명해야 하는 불가능한 도전에 봉착하셨다. 태어날 때부터 장님인 사람에게 파란색을 설명하는 것처럼, 예수님은 그분의 추종자들이 인간의 상상력을 초월하는 것을 생각하는 데 인간의 경험은 도움이 안 된다는 것을 아셨다.

다행히 하나님께 불가능한 일은 없다. 예수님은 온전한 인간이시고, 동시에 인간 이상의 존재시다. 인간에게 불가능한 것이 하나님의 아들에게는 가능하다. 예수님은 제자들이 예수님의 말씀을 제대로 이해하지 못할 것을 아시면서도 그들에게 장차 나타날 영광을 살짝 보여주어 그분의 사명에 대한 비전을 심으셨다. 앞으로 몇 년 동안 이어질 침묵의 시기에 제자들은 이렇게 엿본 영광을 되새길 것이고, 성령이 그 영광의 풍성함과 진정한 의미

를 깨우치도록 도우실 것이다.

## —9:1—

학자들은 이 구절을 '경첩 구절'이라고 부른다. 이 구절은 앞 단락과 다음 단락을 연결하면서 독자의 시선을 새로운 방향으로 돌린다. 마가복음 9장 1절은 8장 34-38절의 결론으로 볼 수 있다. 8장 34-38절에서 예수님은 군중을 불러 모아 참 제자라면 독특하고 새로운 하나님 나라의 정신을 지지하고 부패한 세상 체제를 버려야 한다고 경고하셨다. 진정한 추종자들은, 설령 세상이 그들의 결정으로 인해 그들을 벌한다 해도, 그들의 지도자이신 예수 그리스도의 고난과 이타적이고 겸손한 발자취를 따를 것이다(마가의 독자들이 어떤 상황에 처해 있었는지 잊지 마라). 예수님도 어떤 사람이 하나님 나라의 새로운 삶의 방식을 받아들이지 못하면 그는 아직 진정한 제자가 되지 않았다는 증거라고 하셨다. 예수님은 요지를 분명히 이해시키기 위해 그분의 궁극적인 재림, 세상의 완전한 정복, 최후의 심판이라는 이미지를 제시하셨다.

마가복음 9장 1절에서 예수님은 그들 가운데 있는 어떤 사람들은 "하나님의 나라가 권능으로 임하는 것을" 보기 전에는 죽지 않을 것이라고 알려주셨다. 해석가들은 수세기 동안 이 말씀의 의미를 규명하려 애썼다. 이 구절을 해석하기 어려운 이유 중 하나는 성경이 하나님 나라를 단일한 실체가 아닌 복잡한 개념으로 제시하기 때문이다. 가장 일반적으로 하나님 나라는 만물에 대한 하나님의 영원한 주권적 통치(시 145:12-13, 단 4:3) 또는 의와 능력 가운데 임하시는 하나님의 영적 임재(롬 14:17, 고전 4:20)를 나타낸다. 신약성경에서 예언한, 육신을 입은 하나님이신 메시아의 오심은 새로운 차원의 하나님 나라가 도래함을 시사했다. 메시아의 신적 능력과 영광은 그분을 본 사람들에게 대부분 감추어져 있었다(요 1:10). 예수님이 훗날 승천하시면 교회에 권능을 주려고 성령이 오실 것이며, 따라서 교회 시대에 왕국은 모습을 드러내지 않고 은밀히 임할 것이다(행 2장). 교회 시대에 그리스도는 성령을 통해 신자들의 마음속에서 통치하실 것이다(요 3:3, 18:36). 하지만 결국 하나님 나라의 모든 형태는 그리스도의 재림으로 시작되어 천년 왕국으로 확장되었다가(눅 13:29, 계 20장), 영원히 이어질(단 2:44, 계 21장) 그분의 통치를 예시하는 것이었다.

예수님이 군중 가운데 있는 어떤 이들은 그들이 죽기 전에 하나님 나라가 큰 권능으로 임하는 것을 볼 것이라고 하신 말씀의 의미를 두고 주석가들의 해석이 분분한 것은 당연하다. 그들이 예수님의 부활과 승천 그리고 천국에서 보좌에 앉으실 것을 목격하게 된다는 뜻일까(참고. 계 3:21)? 오순절에 성령이 강림하실 것을 의미하신 것일까(행 1:6-8)? 아니면 전 세계에 복음이 전파되어 영적 왕국이 세워질 것을 말씀하신 것일까(마 13:31-32)? 어쩌면 요한이 예언적 환상의 형태로 그리스도의 재림을 목격하게 될 계시록의 환상을 의미하셨을 수도 있다(계 1장).

복음서에 관한 주해서들을 살펴보면 마가복음 9장 1절에 나오는 예수님 말씀의 의미에 대해 이것 외에도 다른 설명을 찾을 수 있다. 하지만 이 질문에 대한 대답은 바로 우리 앞에 있다고 생각한다. 나는 예수님이 성경에서 곧 벌어질 일을 언급하신 것이라고 생각한다. 그곳에 서 있던 사람 중 몇 명, 정확히 말하면 세 사람은 그리스도께 속한 천국의 권세와 영광이 드러나는 것을 목격하고, 눈부시게 빛나는 하나님 나라의 권능을 얼핏 엿볼 것이다. 세상을 덮고 있던 장막이 잠시 걷히고 베드로, 야고보, 요한은 우리가 속한 물리적 세계 너머에서 예수 그리스도를 중심에 모시고, 언제라도 시간과 공간 속으로 들어올 준비가 되어 있는 천국을 보게 될 것이다.

이 사건을 '변화산 사건'이라고 한다. 마가는 하나님 나라를 엿본 이 놀라운 사건에 참여하지는 못했지만, 이 일에 대해 베드로에게 직접 들었을 것이다(참고. 벧전 5:13). 베드로는 그의 두 번째 서신에서 마가복음 9장 1절 말씀을 연상시키는 언어로 이 변화산 사건을 언급했다.

> 우리 주 예수 그리스도의 능력과 강림하심을 너희에게 알게 한 것이 교묘히 만든 이야기를 따른 것이 아니요 우리는 그의 크신 위엄을 친히 본 자라 지극히 큰 영광 중에서 이러한 소리가 그에게 나기를 이는 내 사랑하는 아들이요 내 기뻐하는 자라 하실 때에 그가 하나님 아버지께 존귀와 영광을 받으셨느니라 이 소리는 우리가 그와 함께 거룩한 산에 있을 때에 하늘로부터 난 것을 들은 것이라(벧후 1:16-18).

위 구절에서 베드로는 "거룩한 산에 있을 때" "우리 주 예수 그리스도의 능력과 강림하심"이 드러난 것을 목격했다고 밝힌다. 왕국은 그리스도가 "아버지의 영광으로 거룩한 천사들과 함께 올" 때까지 궁극적으로 실현되지 않을 것이며(막 8:38), 그분과 가장 가까운 몇몇 추종자만 죽기 전에 변화산 위에서 "그의 크신 위엄을 친히 보"았다.

## —9:2-3—

마가와 마태 모두 예수님이 예언하신 엿새 후 예수님의 영광스러운 변화 사건이 있었다고 말한다.[2] 앞에서 마가는 예수님과 제자들이 헤르몬산 남서쪽 기슭에 자리한 빌립보 가이사랴 인근 지역에 있었다고 밝혔다. 해발 고도 2,800미터의 헤르몬산은 이 산이 속해 있는 산맥에서 가장 높은 산이어서 예수님이 홀로 계시기에는 최적의 장소였을 것이다. 예수님은 2,800미터 높이의 산을 올라가시기 전에 제자 중 세 사람, 곧 베드로(이 사건을 마가에게 말해준)와 야고보, 요한을 뽑아서 데려가셨다.

마가와 마태 모두 *metamorphoō*(3339)라는 헬라어 단어로 예수님이 경험하신 일을 표현했는데(참고. 마 17:2), 여기서 영어 단어 metamorphosis(변형)가 파생했다. 예수님의 몸이 변화되었고, 옷은 누가에 따르면 빛처럼 희어졌다(참고. 눅 9:29). 누가는 그 현장에 없었지만 직접 목격한 사람에게 들었을 것이다(참고. 눅 1:2). 그 사건을 직접 목격한 베드로는 예수님의 옷에서 광채가 났다고 마가에게 설명해주었을 것이다. 여기서 사용된 헬라어는 '광채를 발하다', '빛나다', '반짝 빛나다'는 뜻을 가진 *stilbō*(4744)라는 단어다. 그리고 예수님의 옷은 흰색보다 더 희어졌다. 상상해보라! 성육신하신 예수님의 신성을 감추고 있던 세상의 장막이 잠시 걷히고 그분의 거룩한 영광의 광휘가 세 제자 앞에 드러났다.

## —9:4—

그럴 가능성은 적지만 설령 제자들이 초자연적인 무언가를 목격하고 있음을 몰랐다고 해도 엘리야와 모세의 출현이 모든 의심을 걷어냈을 것이다. 위대한 이 두 인물은 히브리 역사에서 미국의 조지 워싱턴과 에이브러햄 링컨 같은 존재였다. 모세는 창세기 12장 1-3절에서 아브라함에게 주기로 약속된 땅에 이스라엘 국가를 세우는 일의 도구로 하나님께 쓰임 받은 인물이다. 그는 하나님께 율법을 받아 이스라엘에 주었고, 가나안 정복의 조건을 지시한 '땅의 언약'을 발효했다(신 28장). 엘리야는 남북전쟁 때 활약한 에이브러햄 링컨처럼 이스라엘 민족이 스스로 패망의 길로 접어들었던 혼란과 격동의 시기에 그들을 이끌었다.

이 세 사람은 함께 나타나 마치 카페에서 대화를 나누듯 자연스럽게 말을 나누었다. 이 사건에 특정한 상징성을 부여하는 것은 지나친 해석이 될 것이다. 하지만 인류의 영광스러운 미래를 잠시 들여다봄으로써 하나님과 역사상 존재했던 그분의 모든 백성이 이렇게 스스럼없는 관계가 될 것임을 알 수 있다. 하나님의 백성은 육신을 갖지만, 그것은 썩지 않으며 빛을 발하는 초자연적인 몸일 것이다. 상상만 해도 멋지지 않은가!

## —9:5-6—

흔히 그렇듯, 베드로도 경외심에 찬 침묵이 더 나았을 순간을 말로 채우기로 했다. 그는 당돌하게 나서서 불쑥 황당한 제안을 한다. 영광스럽게 변모된 천국 사람들은 장막이 필요 없다(참고. 고전 15:35-51, 빌 3:21, 요일 3:2-3). 예수님은 이스라엘에서 가장 존경받는 두 선지자와 캠핑을 하려고 헤르몬산에 오르신 게 아니었다.

마가는 베드로와 다른 제자들이 몹시 무서워했다고 설명한다. "무서워하다"로 번역된 헬라어 *ekphobos*(1630)는 영어 단어 phobia(공포증)의 어원인 *phobos*(5401)의 드문 형태로 매우 강한 의미를 담고 있다.

## —9:7-8—

베드로가 엉겁결에 얼토당토않은 제안을 한 후 예수님과 엘리야, 모세 주위에 구름이 형성되어 어두운 그림자를 드리웠다. 그 형상은 출애굽기 19장 9절을 연상시킨다. "여호와께서 모세에게 이르시되 내가 빽빽한 구름 가운데서 네게 임함은 내가 너와 말하는 것을 백성들이 듣게 하며 또한 너를 영영히 믿게 하려 함이니라." 하나님이 이들에게 하신 말씀은 예수님이 세례받으신 장면을 떠오르게 한다(막 1:11). 하나님 아버지는 예수님을 그분의 아들로 확증하셨고, 예수님의 말씀이 곧 그분의 말씀임을 확인하셨다. 이 말은 이런 뜻이다. "그는 너희에게 할 말이 많다. 너희는 그에게 할 말이 없다. 너희는 세상에 오신 하나님의 임재 앞에 있다. 입을 다물고 귀를 기울여라!"

하늘 아버지는 예수님을 "내 사랑하는 아들"이라고 부르셨다. 제자들은 하늘 아버지가 아들에 대한 사랑을 확증하시는 말씀을 들을 필요가 있었다. 그래야 앞으로 올 예수님의 고난을 오해하지 않을 것이다. 예수님이 고난을 받으신 것은 하늘 아버지가 그분을 못마땅히 여기셔서가 아니라 세상이 그분을 미워하기 때문이었다.

이 말씀은 박해받는 로마의 그리스도인들에게 큰 위안이 되었을 것이다. 그 말이 전달하는 메시지가 다음과 같았기 때문이다. "너희가 고난을 받는 이유는 너희가 그리스도의 발자취를 따르고 있기 때문이다." 그리고 그 말을 듣는 자들은 하나님이 당신의 아들을 무척 기뻐하신다는 것을 알았다.

잠시 후 이 사건은 끝났다. 구름은 사라졌고, 존경받는 두 선지자도 자취를 감추었으며, 예수님의 모습도 정상으로 돌아왔다.

## —9:9-10—

예수님은 세 제자와 산을 내려오시며 "인자가 죽은 자 가운데서 살아날 때까지는"(9:9) 그들이 목격한 것을 아무에게도 말하지 말라고 이르셨다. 당연히, 그 말씀은 논쟁을 일으켰다. 그들은 이 말을 처음 듣는 것이 아니었다(참고. 8:31). 그런데 예수님은 마치 해가 동쪽에서 떠서 서쪽으로 진다고 하시듯 태연하게 이 말씀을 하셨다. 다른 세 명은 즉시 추측하기 시작했다. 그들은 예수님이 한 소녀를 죽음에서 살리시는 것을 보았다(5:41-42). 누가에 따르면, 그들은 예수님이 죽은 남자를 다시 살리시는 것도 보았다(눅 7:14). 아마 그들은 누가 예수님을 살릴 것인지 궁금했던 것 같다. 또는 예수님이 꼭 죽으셔야 하는지 이의를 제기했을 수도 있다. 어쩌면 그들이 애초에 그 비극을 막을 수 있지 않았을까.

## —9:11-13—

제자들이 예수님께 한 질문은 엉뚱해 보인다. 오히려 예수님의 죽음과 부활에 대해 캐묻는 게 더 자연스러울 것 같다. 그러나 그들의 질문은 아주 예리했다. 그들은 자신들이 지금까지 배운 신학과 줄곧 씨름하고 있었다. 성경을 읽고 해석하는 일에 전문가인 서기관들은 메시아가 출현하기 직전에 엘리야가 다시 나타나 유대인들의 마음을 다시 하나님께로 돌릴 거라고 가르쳤다(참고. 말 4:5). 예수님은 세례 요한이 이 예언을 성취했다고 선포하셨다(마 11:14). 지금 문자 그대로 엘리야의 재림이 막 일어났다. 그런데도 이스라엘은 여전히 회개하지 않았다. 그리고 예수님은 자신이 이스라엘 왕으로서 정치적, 군사적 권력을 획득하신다는 예언이 아니라 죽음을 예언하셨다.

예수님은 그들에게 서로 상충되어 보이는 구약성경 속 메시아의 두 이미지를 양립시켜야 하는 난제를 주셨다. 선지자들은 메시아를 정복하는 왕과 희생하는 순교자로 묘사했다(사 42:1-9, 49:1-13, 50:1-11, 52:13-53:12). 즉 이스라엘 백성을 구원하기 위해 죽을 사람이면서, 한편으로는 그들의 왕으로 영원히 다스릴 자로 묘사했다(사 9:1-7, 11장, 35장, 단 7:14, 슥 9:9-10). 이 두 가지가 어떻게 다 사실일 수 있을까?

물론 부활이 모든 것을 설명한다. 메시아는 그의 언약 백성을 위해 죽으실 것이고, 그 후 무덤에서 일어나 그들의 왕으로 영원히 다스리실 것이다.

예수님은 엘리야가 이스라엘에 와서 많은 사람의 마음을 하나님께로 돌렸다고 확증하셨다. 그런데도 이스라엘은 계속 반항했다. 예수님은 이 엘리야가 세례 요한이라고 밝히신 바 있다. 이스라엘은, 이스라엘의 당국자들로 대표되듯이, 엘리야로 상징되는 이 인물을 죽였다(마 11:14). 이 일로 이스라엘의 운명은 미해결 상태로 남았다. 그들은 아직 "아버지의 마음을 자녀에게로 돌이키게 하고 자녀들의 마음을 그들의 아버지에게로 돌이키"지 않았다(참고. 말 4:6). 이를 가능하게 할 다른 중요한 사건이 필요했다.

## 적용: 마가복음 9:1-13

### 제자훈련의 황금률

미국 속담에 이런 말이 있다. "입을 다물 기회를 절대 놓치지 마라."

당신이 이 단락에서 기대하고 있던 적용은 이게 아닐 것이다. 하지만 이 단락에 나오는 제자들의 오해와 그들이 받은 계시의 중요성에 비추어볼 때 나는 이 말이 타당하다고 생각한다. 침묵 훈련을 하면 사회에서 당혹스러운 실수를 피할 수 있다. 돌이켜보면 나는 침묵을 지켜서 후회했던 적이 거의 없다. 하지만 내가 입을 다물었더라면 좋았을 경우는 수도 없이 많다. 더 중요한 것은, 침묵 훈련은 영적인 성장을 포함해 다른 이점을 많이 가지고 있다. 그중 몇 가지를 소개하겠다.

**침묵하는 시간이 길수록 더 큰 지혜를 얻는다.** 실제로, 침묵 시간은 당신이 절대 잊지 못할 교훈을 가르쳐줄 것이다. 침묵 속에서 배운 교훈은 마음에 남는다. 하지만 그러려면 오랫동안 고독한 상태로 있어야 한다. 당신이 마지막으로 고독 속에 있은 지 오래되었을수록 그리고 분주할수록, 당신이 공부한 것과 들은 설교 그리고 암기한 성경 구절과 드린 기도에 대해 깊이 생각할 수 있는 고요한 마음 상태가 되는 데 더 많은 시간이 소요된다. 침묵을 친구 삼으면 성령께 혼란을 명쾌하게 정리할 기회를 드리게 된다. 당신이 세상을 차단하고 성령께 귀를 기울이면 성령이 심오하고 멋진 것들을 가르쳐주실 것이다.

**다른 사람들 앞에서 침묵하면 상대를 더 잘 분별하고 관찰할 수 있다.** 말을 할 때는 자기가 하는 말에 관심이 쏠려 있기 때문에 관찰하지 않는다. 그럴 때는 대개 남들이 당신에 대해 무슨 생각을 하고 있는지에 온통 정신이 팔려 있다. 당신은 조용할 때 지켜본다. 말없이 들으면서 관찰하는 것은 훌륭한 상담자의 특징이다. 그들은 통찰력을 얻기 위해 내담자의 말을 듣는다. 그리고 듣는 것만큼이나 중요한 것은 말하지 않는 것이다. 그런 다음 깊은 통찰에서 우러나온 말을 한다.

**침묵은 더 깊이 자각하도록 돕는다.** 시간을 들여 조용히 자기를 들여다볼 때 자신을 더 정확히 볼 수 있다. 침묵이 없다면 당신은 무지 속에서 살고 있는 것이다. 당신은 자기가 누구인지 모른다. 당신의 행동이 다른 이들에게 어떤 식으로 영향을 미치는지 인식하기 어렵다.

분주한 삶에 시달리던 헨리 나우웬(Henri Nouwen)은 수도원에서 6개월간 침묵하며 지내기로 결정했다. 그는 이렇게 썼다.

> 내가 이상한 역설의 덫에 걸려 있다는 것을 깨달았다. 요구가 너무 많다고 불평했으면서 이제 아무 요구가 없자 마음이 불편했다. 편지 쓰기의 부담에 대해 말했으면서 지금은 텅 빈 우편함이 나를 슬프게 한다는 것을 알게 되었다. 고단한 순회 강연에 대해 투덜거려놓고 아무 초청도 없자 실망했다. 텅 빈 책상에 대한 향수를 토로하면

> 서 그것이 사실이 될 날을 두려워하고 있는 내 모습을 보았다. 요컨대, 나는 홀로 있기를 바라면서 홀로 남겨지는 것을 두려워한다. 이 역설을 점점 더 알게 될수록 내가 얼마나 나 자신의 강박과 환상에 빠져 있었는지 잘 알게 되었다. 그리고 뒤로 물러나 이런 물음을 던져야 한다는 것도 알게 되었다. "나의 작은 세계에서 요동치는 긍정과 거부의 물결 저변에 고요히 흐르는 시내가 있는가?"[3]

하나님이 우리를 보시는 시선으로 우리 자신을 보게 되면 우리가 얼마나 이기적인지, 얼마나 무심한지, 얼마나 피상적인지, 얼마나 천박한지 알게 된다. 우리는 우리 자신을 더 깊이 인식하게 된다(그리고 주님은 그것이 우리에게 얼마나 절실히 필요한지 아신다). 우리가 자신의 실체를 보게 될수록, 하나님께 우리를 고치고 변화시키며, 그분 아들의 형상을 닮을 수 있는 기회를 더 많이 드리게 된다.

**침묵할 때 당신은 삶의 경험에서 더 큰 의미를 길어 올린다.** 딸이 가출하려고 한다. 그때가 바로 잠잠히 이유를 생각해야 할 때다. 아내가 말한다. "더는 당신을 사랑하지 않아." 그때가 홀로 생각할 때다. 직장 상사가 말한다. "자네를 내보내기로 했네." 잠잠하라. 반발하고, 자신을 정당화하며, 그 일에 대해 변명하고 싶은 유혹에 저항하면서 하나님이 당신을 가르치시게 하라.

이런 일들은 살면서 절대 겪고 싶지 않은 경험이겠지만, 이번에는 하나님이 주권적으로 이 어려움을 당신에게 허락하셨을 수도 있다. 침묵 속에서 물어야 할 질문은 이것이다. 하나님이 이것을 나의 선함과 그분의 영광을 위해 어떻게 사용하실까?

**침묵은 당신 안에 진정한 만족감이 뿌리내리게 해준다.** 긴 침묵의 시간을 보내고 나면 당신이 소유하고 있는 것과 당신이 현재 처한 상황에 대해 더 만족하는 법을 배우게 된다. 늘 다른 무언가를 사지 않아도 된다. 당신은 '더' 필요한 것이 없다. '또 다른 것'도 필요 없다. '더 큰 것'도 필요 없다. 당신은 정지 버튼을 눌러야 한다. 침묵 속에서 당신은 점점 더 많은 것을 원하는 갈망의 자리에 만족이 들어선 것을 발견한다.

**침묵은 당신을 하나님과의 친밀한 교제로 초대한다.** 침묵의 목적은 하늘로부터 성경 말씀 외에 다른 지시나 은밀한 메시지를 받는 것이 아니다. 하지만 성령은 우리가 성경에서 얻은 진리를 침묵의 도가니 속에서 진액으로 농축시켜 상황에 맞는 구체적인 통찰을 계시하신다. 그런 다음 그것들을 우리가 제일 갈팡질팡하는 문제와 가장 완강한 오해를 해결하는 데 사용하신다. 성령이 우리를 변화시켜 그분에 대한 우리 마음이 더 뜨거워질수록 우리는 그분의 성품을 드러내게 된다. 그러다 보면 우리의 결정이 그분의 뜻을 성취하게 된다.

## 부정한 영혼과 마주치다(마가복음 9:14–29)

14이에 그들이 제자들에게 와서 보니 큰 무리가 그들을 둘러싸고 서기관들이 그들과 더불어 변론하고
있더라 15온 무리가 곧 예수를 보고 매우 놀라며 달려와 문안하거늘 16예수께서 물으시되 너희가 무엇
을 그들과 변론하느냐 17무리 중의 하나가 대답하되 선생님 말 못하게 귀신 들린 내 아들을 선생님께
데려왔나이다 18귀신이 어디서든지 그를 잡으면 거꾸러져 거품을 흘리며 이를 갈며 그리고 파리해지
는지라 내가 선생님의 제자들에게 내쫓아 달라 하였으나 그들이 능히 하지 못하더이다 19대답하여 이
르시되 믿음이 없는 세대여 내가 얼마나 너희와 함께 있으며 얼마나 너희에게 참으리요 그를 내게로
데려오라 하시매 20이에 데리고 오니 귀신이 예수를 보고 곧 그 아이로 심히 경련을 일으키게 하는지
라 그가 땅에 엎드러져 구르며 거품을 흘리더라 21예수께서 그 아버지에게 물으시되 언제부터 이렇게
되었느냐 하시니 이르되 어릴 때부터니이다 22귀신이 그를 죽이려고 불과 물에 자주 던졌나이다 그러
나 무엇을 하실 수 있거든 우리를 불쌍히 여기사 도와 주옵소서 23예수께서 이르시되 할 수 있거든이
무슨 말이냐 믿는 자에게는 능히 하지 못할 일이 없느니라 하시니 24곧 그 아이의 아버지가 소리를
질러 이르되 내가 믿나이다 나의 믿음 없는 것을 도와 주소서 하더라 25예수께서 무리가 달려와 모이
는 것을 보시고 그 더러운 귀신을 꾸짖어 이르시되 말 못하고 못 듣는 귀신아 내가 네게 명하노니 그
아이에게서 나오고 다시 들어가지 말라 하시매 26귀신이 소리 지르며 아이로 심히 경련을 일으키게
하고 나가니 그 아이가 죽은 것 같이 되어 많은 사람이 말하기를 죽었다 하나 27예수께서 그 손을 잡
아 일으키시니 이에 일어서니라 28집에 들어가시매 제자들이 조용히 묻자오되 우리는 어찌하여 능히
그 귀신을 쫓아내지 못하였나이까 29이르시되 기도 외에 다른 것으로는 이런 종류가 나갈 수 없느니
라 하시니라

현실. 우리가 사는 곳이다. 그런데 현실은 때때로 짜증스럽다.

추수감사절을 나만큼 좋아하는 사람도 없을 것이다. 하지만 가족이나 사랑하는 사람들이 커다란 식탁에 둘러앉아 함께 맛있는 음식을 먹는 즐거움 뒤에는 긁어내고, 씻고, 말리고, 정리해야 할 그릇들이 산더미처럼 쌓여 있게 마련이다. 그게 현실이다.

이제 학교를 졸업한다. 얼마나 멋진 일인가! 수개월 또는 수년 동안의 수업, 독서 과제,

리포트, 심야 학습 그리고 학비의 부담을 훌훌 털고 이제 졸업장이나 학위를 받는다. 하늘로 던져진 모자, 졸업 가운, 졸업식, 축하…그리고 그다음에 당신은 직장을 찾아야 한다. 그게 현실이다.

휴가에서 돌아오면 무엇이 당신을 기다리고 있는가? 청구서 더미와 처리해야 할 이메일이 쌓여 있다. 신혼여행에서 돌아오면, 결혼생활과 평생 서로에게 적응할 일이 남는다. 아이가 태어나면 책임이 따라온다. 집을 사면 관리를 해야 한다. 현실. 현실. 현실. 우리가 사는 곳이다.

변화산 사건의 경이로움과 흥분이 지나간 뒤(9:1-13) 일행은 산에서 내려와 현실과 마주했다.

우리는 현실과 마주칠 때 결국 능력과 긍휼로 결연히 행하시는 하나님 앞에 무릎을 꿇게 된다. 더러운 영을 내쫓지 못한 제자들은 다시 기본적인 제자훈련 수업으로 돌아갈 것이다. 우리 주님이 그러셨듯 우리도 하나님 아버지를 떠나서는 아무것도 할 수 없다. 제자들은 끊임없이 기도로 하나님께 나아가야 한다.

## —9:14-15—

며칠 전 예수님과 베드로, 야고보와 요한은 군중과 다른 제자들을 떠나 해발 2,800미터 높이의 헤르몬산에 올라 천국이라고도 하는 하나님 나라를 미리 체험했다. 예수님의 변화되신 모습과 엘리야와 모세의 출현을 목격하고, 하나님의 음성을 들은 세 제자는 '변화산'에서 내려와 다시 현실을 마주했다. 세 사람은 강렬하고 생생한 체험을 통해 예수님이 천국에서 내려와 이 타락한 세상의 다툼과 혼돈 속으로 들어오신 것이 어떤 느낌인지 알게 되었다. 그들은 영광을 엿본 후 서기관들과 예수님을 따르는 사람들이 논쟁을 벌이고 있는 곳으로 걸어갔다.

서기관들이 주님의 추종자들을 괴롭히는 볼썽사나운 장면이 보인다. 귀신을 쫓으려던 제자들이 시도가 실패하자 서기관들은 예수님의 추종자들을 공격하고 비난했다(9:18). 서기관들은 틀림없이 마치 곤봉을 휘두르듯 자기들이 받은 교육을 이용해 공격했을 것이고, 우리는 아홉 명의 제자가 위축된 채 그들과 대치하고 있는 모습을 본다. 그리고 그들 사이에는 여러 귀신에게 괴롭힘을 당하고 있는 소년의 아버지가 자포자기한 상태로 서 있다. 군중이 갈라서고 주인공들이 예수님을 맞이하자 혼란은 바로 가라앉았다.

## —9:16-18—

예수님은 뒤에 남겨놓으신 아홉 명의 제자가 논쟁에 휘말려 쩔쩔매고 있었던 것을 이내 알아채셨다. 예수님의 질문은 실제로 이런 뜻이었다. "이 논쟁의 본질이 무엇인가?" "변론하다"(9:16)로 번역된 헬라어 동사는 이 구절의 문맥상 '어떤 관점에 대해 집요하게 다투다', '논쟁하다', '토론하다', '언쟁하다'는 뜻이다.[4] 그러나 제자 중 한 명이 대답하기 전에 군중 속에서 한 목소리가 대답했다. 고통받고 있는 소년의 아버지가 신학적 논쟁을 벌이고 있는 양쪽을 다 묵살하고 자기 아들의 필요에 초점을 맞추었다.

그 남자는 참담한 상황을 묘사했다. 9장 17-18절을 찬찬히 읽어보라. 그런 다음 이런 일이 당신의 아이나 손자나 가까운 사람의 자녀에게 일어났다고 상상해보라. 제자들은 거기 선 채로 당혹감과 혼란 사이에서 그들이 허깨비를 보고 있는 건 아닌지 의아했을 것이다. 그들은 소년을 불쌍히 여겼고, 그 아버지의 심정을 이해했다. 아이 안에 있는 악한 것이 아이를 사로잡아 몸을 장악하고 땅에 내동댕이치곤 했다. "거꾸러지다"로 번역된 헬라어에는 '찢다'는 뜻도 있다. 마귀는 소년을 잡아 뜯고, 입에 거품을 일으키며, 이빨을 갈게 만들었고, 그때마다 아이는 마치 심한 발작을 하듯이 경련을 일으키며 몸이 굳어지곤 했다. 마가는 소년이 당하는 고통과 아버지가 느끼는 절망의 깊이를 독자들이 실감할 수 있도록 이 짧은 구절 안에 몇 번이나 증상을 열거한다(9:18, 20, 22, 26).

앞에서 우리는 거라사인의 지역에 있는 '무덤에서 온 사람'에 대해 읽었다(5:1-20). 그는 시도 때도 없이 비명을 질렀는데, 이 소년은 말을 할 수 없는 상태였다. 소년의 아버지는 간질로 착각할 법한 증상을 설명했다. 그와 같은 증상은 중세 유럽에서 종종 간질로 오해받았다. 그러나 마가와 마태 모두 근본적인 원인을 심리적인 것이나 생리학적인 것이 아니라 마귀로 말미암은 것이라고 기록했다(참고. 마 17:15, 18-19). 이런 경우 현대 의학은 도움이 되지 못했을 것이다.

소년의 아버지는 예수님께 도움을 청하러 왔는데 그분이 가르치는 학생들밖에 없었다.

제자들은 소년을 도울 수 있어야 했다. 그들은 귀신을 쫓아내는 권세를 받았고(막 3:15), 예수님 없이도 귀신을 잘 쫓아냈었다(6:13). 그런데 이번에는 실패했다.

## —9:19—

예수님은 두 가지 수사적 질문으로 망가진 세상을 한탄하시고, 사람들의 믿음 없음을 심히 노여워하셨다. 마태와 누가는 주님이 말씀하신 구절을 "믿음이 없고 패역한 세대"(마 17:17, 눅 9:41)로 기록했다. 이러한 주님의 꾸짖음은 제자들만 특정하신 게 아니라 모든 인류를 향한 것이었다. 주님은 소년의 아버지, 제자들, 지켜보고 있는 군중 그리고 유사 이래 존재한 모든 사람을 책망하신 것이었다. 인류가 에덴동산에서 처음으로 하나님과 소원해지면서 그분이 만드신 원래의 세계 질서가 '망가졌다.' 다시 말해, 모든 피조물이 뒤틀리고 비틀어지고 부패했다. 그리고 우리는 악의 권세에 대해 무력해졌다. 하나님의 능력이 우리를 위해 개입하지 않으시면 우리는 사탄의 가장 강력한 무기인 속임수에 속수무책으로 넘어갈 수밖에 없다. 악마는 우리가 하나님의 능력을 의심하고 그분의 선하심에 의문을 품기를 고대한다.

예수님은 그분이 시작하신 하나님 나라 운동을 수행하기 위해 남겨놓을 사람들을 포함해 그분을 따르는 자들의 영적 근시안에 대해서도 노여워하시며 한탄하셨다(참고. 막 4:40, 6:50-52, 8:17-21).

이기적이고 타락한 지도자들과 달리 예수님은 불신의 무지 속에 있는 군중을 남겨놓고 골을 내며 가버리지 않으시고, 즉시 소년을 데려오라고 지시하셨다.

## —9:20-22—

분명히 그 남자의 아들은 논쟁할 때나 예수님이 사람들과 대화하실 때 그 자리에 없었다. 소년이 예수님 앞에 오자 귀신이 소년에게 "경련"(9:20)을 일으키며 반응했다. *sysparassō* (4952)라는 동사는 '격하게 동요하다' 또는 '이리저리 끌고 다니다'는 뜻이다. 귀신은 소년을 땅에 거꾸러뜨려 입에 거품을 물고 몸부림치게 만들었다. 악은 의 앞에 서 있을 수 없기 때문이다.

예수님은 침착하게 환자의 머리맡에서 진찰하는 의사가 할 법한 질문을 하셨다. 마가만 이 대목을 상세히 기술하고 있다. 누가는 그리스도의 능력과 군중이 깜짝 놀라는 모습을 강조했고, 마태는 이 사건을 믿음의 잠재력에 대한 예시로 사용하는데, 마가는 사람들을 긍휼히 여기시는 예수님을 부각한다.

아버지의 호소에 유의하라. "하실 수 있거든…우리를 불쌍히 여기사." 이 요청에는 예수님의 능력과 호의에 대해 그가 어느 정도 의심하고 있는지가 드러난다.

## —9:23-24—

예수님은 먼저 능력의 문제에 대해 답하셨다. 예수님은 인간의 몸을 입으신 하나님으로서 하기로 마음먹으신 것은 무엇이나 성취하실 수 있는 전능을 입증하셨다. 그분의 전능을 제한하는 것은 도움을 받는 사람밖에 없다. 주님은 당신에 대한 믿음 여하에 따라 행동하기로 결정하셨다(6:4-5 해설 참조). 헬라어 *pisteuō*(4100)는 '어떤 대상이 진실한지 그래서 믿을 만한지 생각하다', '신뢰하다', '확신하다'는 뜻으로 쓰이는 동사다.[5] 하나님의 능력은 의심의 여지가 없다.

소위 '믿음의 말씀'(Word of Faith) 운동을 하는 거짓 선생들이 9장 23절에 나오는 예수님의 약속을 자주 잘못 인용한다. 이 이단적 가르침은 하나님이 신자들에게 건강과 번영은 물론이고 사실상 무엇이든 '구하면 얻을 수 있는' 권세를 주셨으며, 사람들이 소망을 성취하기 위해 굳게 믿기만 하면 된다고 주장한다. 그러나 예수님은 그렇게 가르치지 않으셨다. 여기서 중요한 것은 믿음의 대상이다. 예수님은 우리에게 하나님의 능력과 선하심을 믿으라고 하신다. 우리가 무엇을 원하든지 하나님의 뜻에 순복하고, 우리에게 무엇이 필요한지 하나님이 우리보다 더 잘 아신다는 것을 믿으라고 하신다. 하나님의 능력과 선하심을 믿는다는 것은 하나님이 우리 안에서, 우리를 통해 하고자 하시는 모든 일을 행하시리라 믿는다는 뜻이다.

원하시는 일은 무엇이나 하실 수 있는 하나님의 능력을 의심하는 사람은 우리 가운데 거의 없다. 그보다 우리는 하나님이 우리에게 친절이나 자비를 베푸실 의향이 있으신지에 대해 더 많이 고민한다. 우리는 우리가 원하는 것을 얻으면 하나님이 호의를 베푸신다는 표시고, 하나님이 거절하시면 그것을 기뻐하시지 않는 거라고 제멋대로 생각하기 때문이다. 나는 개인적으로 이루어지지 않은 요청에 대해서도 하나님께 감사할 수 있을 만큼은 연륜이 쌓였다! 예리한 통찰력이라는 혜택을 얻고 나서 보니 내가 원한 것이 종종 나에게 해가 될 수 있었다는 사실이 드러났다.

소년의 아버지는 단박에 이해했다. 그의 아들이 귀신에게서 벗어나는 데 유일한 장애물은 하나님의 능력과 선하심에 대한 자신의 불신이었다. 그래서 그는 자기 아들의 상태에 대해서가 아니라 하나님에 대한 자신의 미숙한 믿음에 대해 자비를 베풀어달라고 호소했다. 그의 호소는 거의 모든 그리스도인이 동감할 수 있는 역설이다. "내가 믿나이다 나의 믿음 없는 것을 도와 주소서." 이것은 하나님이 듣기 기뻐하시며 항상 존중하시는 간구기도 하다.

## —9:25-27

예수님은 군중이 늘어나는 것을 보시고 소년을 구경거리로 만들지 않으시려고 신속히 행동하셨다. 예수님은 그분의 메시지나 사명을 방해하는 어떤 선정적인 일도 벌이기를 원하지 않으셨다. 그래서 예수님은 귀신에게 두 가지를 명령하셨다. "그 아이에게서 나오라", "다시 들어가지 말라"(9:25). 전자는 구원의 명령이고, 후자는 보호의 명령이다.

귀신이 쫓겨나자 마침내 사람을 기진맥진하게 만들었던 원흉이 사라져 소년이 몇 년 만에 처음으로 휴식을 취했다는 사실을 주목할 필요가 있다. 분명 소년은 엄청난 안도감을 느꼈을 것이다. 실제로 소년이 느낀 안도감이 너무나 평온해 군중은 그가 죽었다고 생각했다. 그러나 예수님은 목격자들을 위해 소년을 일으켜 세워 부축하지 않고 스스로 걷게 하셨다. 예수님은 모든 사람이 믿음에 대해 그리고 하나님의 성품에 대해 이 교훈에서 유익을 얻기 바라셨다.

## —9:28-29—

이 사건이 일어난 후 예수님은 학생들의 보고를 듣고 정리하는 시간을 가지셨다. 제자들은 체면이 말이 아니었다. 앞에서 예수님은 귀신을 쫓아낼 권세를 위임하셨고(3:15), 그들은 두 명씩 짝지어 갈릴리와 유대와 주변 지역을 돌아다니면서 놀라운 성공을 거두었다(6:13). 그런데 어째서 이 귀신은 그들의 명령에 반응하지 않았는지 의아했다(9:18). 그들이 어떻게 질문했는지 잘 보라. "우리는 어찌하여 능히 그 귀신을 쫓아내지 못하였나이까"(9:28)?

예수님의 대답은 서로 관련된 세 가지 이슈-하나님의 권위, 하나님의 능력과 선하심에 대한 신뢰, 기도-를 하나로 수렴한다. 아주 단순한 이미지를 사용해도 된다면 저수지, 수송관, 수도꼭지를 생각해보라. 하나님의 전능하신 능력의 저수지는 항상 존재하며 마르지 않지만, 사람에게 하나님이 주시려는 것을 받을 수단이 없다면 소용이 없을 것이다. 주님의 능력과 자비를 믿는 믿음은 천국의 저수지와 신자의 삶을 잇는 수송관이다. 기도는 수도꼭지다.

이 귀신들린 소년에게 특별한 종류의 귀신이나 특별히 완고한 귀신이 들렸던 것은 아니다. "이런 류"(9:29)란 일반적인 악령을 일컫는다. 그리고 기도는 퇴마 의식에서 마법처럼 작용하는 요소가 아니다. 예수님은 악령에게 떠나라고 명령하시기 전후나 중간에 기도하지 않으셨다. 기도에 대한 예수님의 말씀은 귀신에 대한 제자들의 권위가 이차로 파생된 것임을 상기시켰다. 한 해설자의 말을 들어보자.

> 제자들의 문제는…이전에 그들이 성공적으로 퇴마 사역을 할 수 있었던(마귀에 대한) 예수님의 유일무이한 능력에 대한 의존심을 상실한 데 있었다. 그들은 이런 일에 심드렁해져서 이제 자기들이 타고난 전문가라고 생각했다. 그래서 그들은 영적 싸움에는 자동으로 나오는 능력이 없다는 사실을 깨우쳐야 했다. 그들이 하나님 나라의 원칙에 대해 재교육을 받으려면 그런 공개적인 망신을 당할 필요가 있었다.[6]

하나님의 권위는 따로 예비되어 있었다. 신자인 제자들과 천국 사이에는 송수관이 있었다. 그러나 그들은 영원히 그리고 오롯이 그분께 의지해야 한다는 사실을 깨닫지 못했다. 예수님이 그들에게 주신 것은 저수지가 아니라 수도꼭지였다. 예수님이 그들에게 주신 권능은 그분의 권위에 의거한 것이지 독자적으로 사용할 수 있는 전능이 아니었다. 또 다른 해설자는 이렇게 썼다. "기도란 하나님께 특정한 요구를 하면서 믿음에 초점을 맞추고 믿음을 향해 나아가는 것이다. 믿음과 기도 모두 영적 능력은 자기 안에 있지 않고 하나님

한 분께 있다고 고백한다. 그리고 믿음과 기도는 구원의 약속을 신뢰하며 기다린다.[7]

## 적용: 마가복음 9:14-29

### 기도의 특권

우리는 신자로서 신성한 권위를 부여받은 피조물이지만, 신성한 능력은 소유하고 있지 않다.

하나님이 당신에게 그분의 능력을 주셨다고 말하는 사람을 조심하라. 하나님은 그렇게 하신 적이 없다. 하나님은 그분의 백성에게 더 좋은 것을 주셨다. 하나님은 우리에게 방해받지 않고 자유롭게 무한정으로 직접 접근할 수 있는 통로를 주셨다. 하나님은 우리에게 어느 정도 전능을 주어서 우리가 혼자 어긋나가 제멋대로 능력을 사용할 수 있게 하지 않으셨다. 하나님은 신성한 능력이 우리와 하나님과의 관계 속에서 유기적으로 작용하게 만드셨다.

마가복음의 이 구절은 하나님이 끊임없이 "너는 내가 무슨 일이든 능히 할 수 있다는 것을 믿느냐?"고 물으신다고 가르친다. 치유가 필요한 환자, 상환해야 할 부채, 화해해야 할 관계, 기적이 필요한 불가능한 상황에 있을 때 하나님의 능력과 선하심에 대한 신뢰가 출발점이 된다. 주님의 '무슨 일'은 우리의 계획과 궤를 달리할 수도 있기 때문에, 하나님의 본성과 성품에 대한 이러한 신뢰는 혼란과 불확실성 앞에서도 흔들리지 않아야 한다. 그래서 당신에게 네 가지 질문을 하겠다. 각 질문에 대해 고통스럽더라도 정직하게 대답하라.

**질문 1: 하나님이 능히 모든 일을 하실 수 있다고 믿는가?** 이 질문은 쉬워 보일지 모르지만 사실 그렇지 않다. 어떤 사람들은 자기가 너무 악해서 구원받을 수 없다고 생각하고, 자기들이 지은 죄가 너무 많거나 또는 너무 수치스러워서 용서받을 수 없다고 생각한다. 우리 중 많은 사람은 하나님의 능력을 믿는다고 말하면서 하나님만 해결하실 수 있는 문제를 자신들의 힘으로 해결하려고 한다. 결국 우리 행위는 불신을 반증한다. 또한 우리는 하나님께 맡긴 상황에 대해 계속 노심초사하면서 자가당착에 빠진다.

**질문 2: '무슨 일이든' 하나님께 기꺼이 맡길 의향이 있는가?** 당신은 하나님이 모든 것을 하실 수 있다고 믿을 수 있다. 그런데 당신은 하나님이 최선이라고 판단하신 것을 행하시게 할 의향이 있는가? 하나님을 하나님 되시게 하고, 그분의 뜻을 그분 방식대로 성취하시게 하며, 모든 것을 그분의 시간표대로 행하시게 할 의향이 있는가? 하나님은 그분의 전능하신 능력으로 당신의 욕망을 해롭고 파괴적이라고 보실 수 있다. 종종 우리가 선하고 명예롭게 생각하는 것이 관련된 모든 이에게 최선이 아닐 때도 있다.

**질문 3: 염려를 중단하고, 끼어들지 않으며, 노력을 그치고, 기도만 하겠는가?** 고백하건대 나는 살면서 내 계획표가 옳다고 굳게 믿으면서 하나님이 행하시도록 도와야겠다고 생각할 때가 있다. 나는 이따금 기도하면서 내게 무엇이 필요하고, 하나님이 어떤 방법으로 내 계획을 수행하셔야 하는지 상세히 설명한다. 그리고 하나님이 내가 요청한 것을 행하지 않으시거나 일이 진척되지 않으면 심란해진다. 그렇게 불안감이 스멀스멀 올라오기 시작하면 그것이 내게는 신호다. 다시 기도하고, 문제를 하나님 손에 맡기며, 그분의 주권적 자비를 신뢰하면서 걱정을 내려놓고 마음의 평안을 찾으라는 신호다.

**질문 4: 하나님이 주신 응답을 받아들이겠는가?** 실망감을 내려놓고 당신이 원하는 것 대신 하나님이 주기 원하시는 것을 달게 받겠는가? 하나님은 당신이 받고 싶어 하는 것이 아니라 당신에게 필요한 것을 주신다는 것을 믿겠는가? 여기서 관건은 복종과 양도다. 복종은 하나님의 권위에 순종하여 당신의 계획을 내려놓는 것이고, 양도는 하나님의 방법이 최선임을 인정하는 것이다.

이 네 가지 질문에 모두 '네'라고 대답할 수 있다면, 당신은 이제 인간의 통제를 완전히 넘어서는 일에 직면했을 때 무엇을 해야 하는지 알고 있는 완전히 새로운 부류의 사람들 안으로 들어온 것이다. 그럼 이제 하나님이 경이롭고 멋진 방법으로 일하시는 것을 볼 준비를 하라.

## 십자가, 왕관, 어린아이(마가복음 9:30-50)

30그 곳을 떠나 갈릴리 가운데로 지날새 예수께서 아무에게도 알리고자 아니하시니 31이는 제자들을
가르치시며 또 인자가 사람들의 손에 넘겨져 죽임을 당하고 죽은 지 삼 일만에 살아나리라는 것을 말
씀하셨기 때문이더라 32그러나 제자들은 이 말씀을 깨닫지 못하고 묻기도 두려워하더라
33가버나움에 이르러 집에 계실새 제자들에게 물으시되 너희가 길에서 서로 토론한 것이 무엇이
냐 하시되 34그들이 잠잠하니 이는 길에서 서로 누가 크냐 하고 쟁론하였음이라 35예수께서 앉으사
열두 제자를 불러서 이르시되 누구든지 첫째가 되고자 하면 뭇 사람의 끝이 되며 뭇 사람을 섬기는

자가 되어야 하리라 하시고 36어린 아이 하나를 데려다가 그들 가운데 세우시고 안으시며 제자들에게
이르시되 37누구든지 내 이름으로 이런 어린 아이 하나를 영접하면 곧 나를 영접함이요 누구든지 나
를 영접하면 나를 영접함이 아니요 나를 보내신 이를 영접함이니라

38요한이 예수께 여짜오되 선생님 우리를 따르지 않는 어떤 자가 주의 이름으로 귀신을 내쫓는
것을 우리가 보고 우리를 따르지 아니하므로 금하였나이다 39예수께서 이르시되 금하지 말라 내 이름
을 의탁하여 능한 일을 행하고 즉시로 나를 비방할 자가 없느니라 40우리를 반대하지 않는 자는 우리
를 위하는 자니라 41누구든지 너희가 그리스도에게 속한 자라 하여 물 한 그릇이라도 주면 내가 진실
로 너희에게 이르노니 그가 절대 상을 잃지 않으리라

42또 누구든지 나를 믿는 이 작은 자들 중 하나라도 실족하게 하면 차라리 연자맷돌이 그 목에 매
여 바다에 던져지는 것이 나으리라 43만일 네 손이 너를 범죄하게 하거든 찍어버리라 장애인으로 영
생에 들어가는 것이 두 손을 가지고 지옥 곧 꺼지지 않는 불에 들어가는 것보다 나으니라 44(없음)
45만일 네 발이 너를 범죄하게 하거든 찍어버리라 다리 저는 자로 영생에 들어가는 것이 두 발을 가
지고 지옥에 던져지는 것보다 나으니라 46(없음) 47만일 네 눈이 너를 범죄하게 하거든 빼버리라 한
눈으로 하나님의 나라에 들어가는 것이 두 눈을 가지고 지옥에 던져지는 것보다 나으니라 48거기에서
는 구더기도 죽지 않고 불도 꺼지지 아니하느니라

49사람마다 불로써 소금 치듯 함을 받으리라 50소금은 좋은 것이로되 만일 소금이 그 맛을 잃으
면 무엇으로 이를 짜게 하리요 너희 속에 소금을 두고 서로 화목하라 하시니라

---

하나님은 우리에게 가르치실 것이 많다. 그런데 우리는 다른 데 정신을 팔고 있거나, 현실을 부정하면서 살고 있거나, 하나님이 우리에게 보여주시는 것을 받을 마음이 없어서 귀중한 진리를 놓칠 때가 많다. 지식을 말하는 게 아니다. 학식이 있는 것과 지혜로운 것은 다르다. 나는 학식이 높은 바보들을 몇 명 알고 있다. 그런 사람들은 똑똑하지만 현명하지 않다. 반대로, 많은 경건한 사람 중에는 학교 교육을 거의 또는 전혀 받지 못했지만, 지혜가 넘치는 사람들이 많이 있다. 이 두 유형의 차이는 교과 과정이나 학위와 아무 상관이 없다. 그들의 차이는 하나님과 맺고 있는 관계에 있다. 하나님은 지혜로 충만하시며, 그분의 계획은 지혜로 가득 차 있다. 하나님은 우리가 단순한 시성을 초월해 우리 스스로 이해할 수 없는 심오하고 난해한 영역을 깨닫도록 돕고 싶어 하신다.

지금까지 예수님은 주로 실제적인 것을 가르치셨다. 곧 사역하는 방법, 위임받은 권위를 활용하는 방법, 그리스도의 계획을 실행하는 도구로서 역할을 수행하는 방법 등이다.

이제는 그들이 지도자로 설 준비를 시킬 때가 되었다. 불행히도 제자들이 본 것이라고는 헤롯당 같은 바람직하지 못한 모본뿐이었다. 제자들은 헤롯당이 잔인하고 교활하게 권력을 얻고 휘두르며 유지하는 행태를 보아왔다. 그들은 종교 당국자인 귀족 사두개인들이 유대인의 정체성과 로마 문화를 양손에 놓고 치밀하게 저울질하면서 타협 정책으로 이스라엘을 이끄는 것과 바리새인들이 동족에 대한 지배권을 유지하기 위해 과장된 종교성을 내세워 군림하는 모습을 보아왔다. 그들이 이해하고 있는 리더십의 본질은 타락하고 부패한 세상 체제에 의거했다. 그들은 세상 사람들의 눈에 무엇이 위대해 보이는지 알고 있었다.

제자들을 양성하려면 예수님은 하나님 나라에서 유효한 리더십 원론을 가르치는 교육 과정을 시작하셔야 했다. 예수님은 전에 제자들을 가르치시면서 단서를 남기셨다. 예수님은 메시아가 이스라엘의 왕이 되려면 먼저 배척당하고, 고난받으며, 죽었다가 다시 살아나야 한다고 예언하셨다. 그런데 이제 곧바로 본격적인 훈련에 돌입해야 할 때가 왔다. 리더십을 위한 지혜를 키워야 할 때가 되었다.

## —9:30-32—

예수님은 가이사랴 빌립보 인근에서 귀신들린 소년을 만나신 후 제자들을 데리고 남쪽 갈릴리 지역을 다니셨다. 사역을 하시려고 가버나움에서 다른 지역을 다니셨을 때 각 지역에 도착해서 보면 이미 소문이 돌아 예수님이 자유롭게 다니실 수 없을 정도로 군중이 몰려든 적이 한두 번이 아니었다. 예수님은 이번에는 소문보다 앞서가시려고 가버나움을 우회하신 것으로 보인다.

예수님은 도시를 옮겨 다니실 때 당신이 체포되어 처형당하고 부활하실 것이라는 예언을 반복하며 제자들의 호기심을 자극하셨다. 마가의 내러티브에서는 이 말씀을 적어도 두 번 하셨다(8:31, 9:12). 이제 예수님은 이 주제를 중심으로 열두 사도와 토론하신다. 제자들은 이 가르침에 대해 지혜롭게 응수하지 못했다.

제자들은 예수님의 예언을 이해하지도 못했고, 두려워서 묻지도 못했다. 제자들은 베드로가 보인 반응에 주님이 호되게 나무라시는 말씀을 들었다. "사탄아 내 뒤로 물러가라"는 말씀이 여전히 그들의 귓가에 맴돌고 있었다(참고. 8:33). 어쩌면 제자들은 현실을 부인하면서 듣고 싶지 않았을지도 모른다. 예수님이 처형당해 죽으시리라는 생각은 상상도 할 수 없었다. 그들은 예수님을 도와 새 왕국을 세우려고 과거의 삶을 버렸다. 데이비드 맥켄나(David McKenna)가 제시한 관점은 유용하다. "우리는 이 점에 있어서 제자들을 너그럽게 봐주어야 한다. 그들은 전에 배운 메시아에 대한 모든 개념을 바꾸고 있는 중이었다. 예수님이 부활하신 이후에 살고 있는 우리는 그들과 같은 핑계를 댈 수 없다."[8]

## —9:33-34—

마침내 예수님과 제자들은 가버나움으로 돌아왔고, 거기서 예수님은 제자들과 토론을 계속 이어가셨다. 예수님은 이미 그분이 던지신 질문에 대한 답을 알고 계셨다. 예수님은 제자들이 나누던 대화를 기회 삼아 지혜를 알려주고 싶으셨을 뿐이다. 제자들은 예수님이 새 왕국을 세우실 때 맡을 직분을 놓고 자신들의 공로를 따졌다는 사실을 시인하고 싶지 않았다. 누가 총리가 될 것인가? 누가 국무장관을 맡을 것인가? 베드로와 야고보, 요한은 예수님이 민감한 정보를 그들에게 제일 많이 알려주신 데다 다른 제자들이 보지 못한 사건도 목격했다는 이유로 자기들이 요직을 맡아야 한다고 우겼을 것이다.

그러나 하나님 나라는 세상의 패러다임과는 완전히 다른 체계로 움직인다. 지도자의 자질은 더구나 그렇다. 하나님 나라는 종과 주인의 관계가 뒤집힌 리더십을 기대한다. 뿐만 아니라, 하나님 나라에서 두려움은 이 세상과는 다른 양상을 띤다. 세상 체제에서는 국민들이 안하무인의 지도자들 아래서 극심한 공포 가운데 살고 있다. 그런 지도자들은 마치 갈릴리 바다에 몰아치는 폭풍처럼 변덕스럽고 예측할 수 없는 분노를 표출한다. 하지만 하나님 나라에서 가장 높은 자리에 있는 지도자는 모든 사람을 제일 많이 두려워하는 사람들이다.

예수님은 이 일을 기회로 장차 도래할 왕국의 시민과 정부가 어떤 모습일지 설명하셨다.

## —9:35-37—

예수님은 자리에 앉으셨다. 자세가 편하니까 가르침도 부드럽게 들렸고, 제자들도 마음이 편해졌다. 설교를 하거나 질책하는 사람들은 서려고 하지만 선생들은 앉았다. 예수님은 주

눅들게 하는 비난이 아닌 부드러운 훈계를 하실 참이었다.

예수님은 전문 교사들이 쓰는 연역적 수업 방법을 사용하셨다. 귀납적 수업은 학생들이 이미 진리로 받아들인 것에서 시작해 새로운 통찰력이나 신선한 개념을 발견하도록 이끈다. 연역적 개요는 하나의 명제에서 출발한다. 선생은 청중이 아직 받아들이지 않은 사실을 말하고, 예시나 증거, 사실이나 반박할 수 없는 논리로 이 명제를 뒷받침한다. 가르치는 선생이 이 과정을 잘하면 학생들은 그 명제를 진리로 받아들인다.

예수님은 하나의 역설로 교훈을 시작하셨다. 예수님은 그 역설이 제시하는 새로운 진리를 제자들이 받아들이기를 바라셨다. 제자들이 처음부터 그 명제를 이해하리라고 기대하지는 않으셨다. 교훈이 끝나면 받아들이게 될 것이다.

나는 주님이 처음에 하신 말씀을 이렇게 바꾸겠다. 하나님 나라는 이 세상이 주장하는 리더십에 관한 모든 개념을 뒤집는다.

주님은 제일 먼저 어린아이를 예로 드신다. 어린아이는 너무 작고, 연약하며, 무력해서 세상의 잣대로는 하찮은 존재다. 기독교는 서구 문명에 어린아이들을 하나님이 주신 선물로 소중히 여기도록 가르쳤다. 그리스도인들은 이것을 유대인 경전에서 배웠다. 거기에는 어린아이들이 하나님의 형상을 가지고 있기 때문에 고유의 가치를 지닌다고 쓰여 있다. 기독교가 영향을 미치기 전에 이교도 문화는 사람의 가치를 가족과 국가에 얼마나 유용한가에 따라 평가했다. 건강한 사내아이는 가족의 부와 권력을 키워주고 왕국을 안정시켜주기 때문에 소중했다. 여자아이와 건강하지 않은 사내아이는 관행적으로 유기되는 경우가 허다했다. 이런 아이들은 귀중한 자원을 낭비할 뿐 아니라 투자 대비 수익도 좋지 않다고 여겼다.

고대 근동 문화에서 어떤 사람을 "영접하는" 것(9:37)은 그를 가족의 일원으로 대한다는 뜻이었다. 이 개념은 나그네에게 거처와 양식을 제공할 것을 요구하는 환대의 규율에서 그 예를 볼 수 있다. 예수님은 세상에서는 사회에서 가장 낮은 순위에 속하는 어린아이에게 친절을 베푸는 것은 새 왕국에서 가장 높은 위치에 있는 사회 구성원에게 친절을 베푸는 것과 같다고 단호히 말씀하셨다.

이 세상은 정신이 불안한 방랑자를 친절하게 대하지 않는다. 반면 도움이 필요한 대통령이나 왕에게 베푼 대접이 얼마나 큰 보상으로 돌아올지 상상해보라. 오늘날 세계 질서에서는 모든 사람이 군주를 섬기며, 군주는 모든 면에서 가장 좋은 것을 받는다. 하나님 나라에서는 가장 약한 사람들이 가장 강한 사람들에게서 극진한 대접을 받는다.

## —9:38—

요한은 어떤 사람이 귀신을 내쫓았고 실제로 성공하는 것을 제자들이 보았다고 기록했다. 요한은 그 사람이 귀신을 쫓으려고 시도했다고 하지 않았다. 그는 실제로 예수님의 이름으로 귀신을 내쫓았다. 요한과 다른 제자들은 그 사람이 제자들이 규정한 조직에 속해 있지 않아서 그를 저지하려고 했다. 전투에 비유하면 정체 모를 사람들이 군복도 입지 않고, 명령 체계를 따르지도 않으며, 기존 계급 체계의 통제도 받지 않으면서 적을 쏘고 있는 것이다. 제임스 에드워드(James Edwards)는 요한의 보고에 대해 다음과 같이 썼다. "요한이 제자도를 깨우쳐가는 이 단계에서 자기와 다른 제자들이 추종받을 만하다고 생각한 것은 상당히 불손하다. 이것은 제자들이 여전히 우쭐해서 잘난 척하고 있었다는 또 다른 방증이다."[9] 예수님은 요한의 주제넘은 태도를 바로 나무라지 않으셨다. 대신 제자들의 불평을 기회로 하나님 나라에서 충성이 어떻게 작용하는지 설명하셨다.

## —9:39-41—

예수님은 시민의 자질과 충성의 개념을 새롭게 정의하셨다. 로마 시민이 되는 방법은 몇 가지가 있었다. 그것은 모두 공로나 돈으로 하는 것이었다. 군대에 복무해 새로운 지역을 식민지로 만들거나, 주목할 만한 일을 성취하면 시민권을 취득했다. 부패가 만연했던 시기에는 많은 사람이 공무원을 매수해 특권을 얻을 수 있었다. 하나님 나라는 공로에 의거해 시민권을 취득하는 개념을 배척한다.

하나님 나라의 시민이 되려면 그리스도의 이름으로 기적을 행하는 데 반드시 필요한 믿음만 있으면 된다. 왕의 일을 수행하는 사람은 누구나 시민권을 받는 유일한 기준에 합당한 믿음을 제시한다. 예수님도 실제로 이렇게 말씀하셨다. "누가 적에게 공격을 가하고 있다면, 어찌 되었든, 하게 하라! 전쟁터에서 누가 우리에게 도움이나 위안을 제공하면 그를 동지로 여겨라."

## —9:42—

Michael Svigel

**올리브를 잘게 부수는 데 사용된 고대 맷돌의 복제품**

예수님은 무시무시한 이미지로 하나님 나라의 리더십에 부여되는 엄중한 책임을 설명하셨다. 예수님은 그리스도의 이름으로 하나님의 계획을 수행하는 사람은 진정한 구원 신앙을 입증하는 합당한 증거를 제시해야 한다고 말씀하신 후 이러한 리더십에는 엄청난 책임이 수반된다고 경고하셨다. 이 책임에는 충실한 가르침에 대한 큰 상급과 사람들을 오도한 것에 대한 엄중한 처벌이 포함된다. 이 책임감 앞에서 떠는 사람이 있다면 바로 그들이 사람들을 이끌어야 한다.

예수님은 지도자들이 섬기는 사람들을 "실족하게" 만들어서는 안 된다고 경고하셨다. 이 헬라어 단어는 *skandalizō*(4624)로 '앞뒤로 튀다', '쾅 닫다', '꽉 잡다'는 뜻이다. *skandalon*(4625)은 문짝에 스프링이 달린 미끼를 놓은 덫의 이미지를 떠오르게 한다. 이 안에 들어오는 것은 모두 불행한 운명을 맞는다. 훗날 작가들은 한 사람을 파멸에 이르게 하는 수단을 은유적으로 표현할 때 이 단어를 사용했다. 예수님은 거짓 선생이나 진실하지 못한 지도자는 순수한 신자들에게 해를 가할 수 있고, 그들을 영적 파멸로 몰고 갈 수 있다고 경고하셨다.

예수님은 이런 해를 끼치는 자에 대한 형벌을 오싹할 정도로 무서운 이미지로 묘사하셨다. 연자맷돌은 곡물을 가루로 가는 데 사용하는 크고 육중한 돌이었다. 고대 문헌과 민간 전승에 따르면 바다에서 실종된 시신은 마지막 날 부활할 수 없기 때문에 영원히 나락에 있어야 할 운명이었다. 주님은 이 무시무시한 두 이미지를 한데 모아 영적 파멸을 경고하셨다.

## —9:43-48—

예수님은 각각의 왕국에서 지향하는 가치 체계도 대조하셨다. 오늘날 세계 질서 아래서는 자기 보전이 최고의 가치다. 자기 몸보다 중요한 것은 없다. 우리는 우리 몸을 따뜻하게 하고, 먹이고, 덮고, 보호하고, 꾸미고, 편안하게 하고, 건강하게 유지하는 데 모든 것을 바친다. 그리고 기회가 있을 때마다 재물이 줄 수 있는 기쁨을 몸으로 누린다. 우리 몸을 학대하거나 방치해야 한다는 말이 아니다. 우리 몸은 하나님이 주신 선물이므로 지혜롭게 관리해야 할 책임이 있다. 그렇더라도 육체적 안락은 하나님 나라에서 가장 우위에 두어야 할 가치가 아니다. 예수님은 왕과 그분의 나라가 가장 중요하게 생각하는 관심사는 의라고 단언하셨다(마 6:33, 참고. 롬 14:17).

자본주의와 민주주의가 보편화되기 전에는 왕이 절대 주권을 가지고 국가를 통치했다. 왕이 원하는 것이 나라의 법이 되었다. 왕의 가치 체계가 도덕과 법적 정의의 기준에 반영되었다. 그리스도가 왕이신 하나님 나라에서는 그리스도의 의에 순복하지 않으면 진정한 시민이 될 수 없다. 뿐만 아니라 하나님 나라와 타락한 세상 체제 사이에 중간 입장은 없다.

이 논지를 분명히 짚으시려고 예수님은 '과장법'을 사용하셨다. 과장법은 극단적인 과장을 통해 어떤 진술을 강조하고 정서적 충격을 가하는 수사적 장치다. 예수님은 경고의 심각성을 배가하시려고 동일한 예시를 세 차례나 반복해 적용하셨다. 각각의 경고에는 반복되는 특정한 틀이 있다.

> 네 ________이 너를 범죄하게 하거든 ________하라 ________로 영생에 들어가는 것이 두 ________을 가지고 지옥에 가는 것보다 나으니라.

물론 예수님이 정말로 자기 몸을 절단하라고 말씀하신 것은 아니다. 그것은 자기 몸을 해하지 말라는 하나님의 율법에 위배된다(신 14:1). 어떤 사람을 "실족하게" 만드는 것(믿음을 타협하거나 더 큰 죄를 짓게 만드는)은 그것이 무엇이든 제거되어야 한다는 뜻이다. 그리고 우리는 유혹에 넘어가지 않고 의를 지키기 위해 냉정해야 한다.

"지옥"으로 번역된 단어는 영어에서 게헨나(*Gehenna*)로 음역되기도 한다. 게헨나는 헬라어 *geenna*(1067)에서 나온 것인데, 이 헬라어 자체도 히브리어 명칭인 힌놈 골짜기(예를 들어, 수 15:8)를 음역한 것이다. 힌놈 골짜기는 구약 시대에 두 왕이 인간을 희생 제물로 바쳤던 예루살렘 남서쪽 성벽 외곽에 위치한 가파른 계곡이다(왕하 16:3, 21:6). 훗날, 요시야 왕은 인간 제사를 폐지하고 이 계곡을 쓰레기 처리장으로 바꾸어(왕하 23:10) 밤낮으로 쓰레기를 태우면서 간접적인 상징으로 삼았다. 이후 유대인들은 이 장소를 영원한 고통을 뜻하는 은유적 상징으로 여겼다.

유대인들은 또 구더기를 하나님의 벌을 받아 마땅한 내적 타락의 모습을 보여주는 것으로 생각했다. 그래서 예수님은 제자들에게 매우 익숙한 이미지를 사용해 지옥을 "구더기도 죽지 않고" "불도 꺼지지 않는" 곳으로 표현하셨다(참고. 사 66:24).

## —9:49-50—

사복음서 중 마가만 유일하게 "사람마다 불로써 소금 치듯 함을 받으리라"는 수수께끼 같은 말을 기록했다. 이 말은 히브리인들의 제물을 바치는 의식을 공부하지 않으면 이상한 은유가 혼재된 것처럼 보인다. 하나님은 히브리인들에게 제단 위에서 불사르는 속죄제로 흠 없는 동물을 바칠 것을 요구하셨다. 소금은 언약의 상징으로(민 18:19) 희생 제물에서 없어서는 안 될 요소였다(레 2:13). 예수님은 이 구약의 상징을 사용하셔서 고난과 희생이 포함된 제자도의 대가를 예시하셨다.

하나님 나라의 시민권이기도 한 제자도는 온전하고 무조건적인 헌신을 요구한다. 이 헌신이란 죄에 굴복하지 않기 위해 자기 몸을 희생할 정도까지 치러야 하는 헌신이다(롬 12:1). 다행히 이 세상에서 비교적 짧은 기간 동안 고난을 당하는 것은 "장차 우리에게 나타날 영광"(롬 8:18)과 비교할 수 없을 것이다.

## 적용: 마가복음 9:30-50

### 리더십: 위대함을 성취하는 방법

개인의 위대함이라는 주제만큼 예수님의 방식과 세상의 방식이 확연히 대비되는 것은 없다. 나는 누구나 이해할 수 있는 언어로 정직하게 쓴 한 남자의 글에 감사한다.

> 교회는 바로 이런 태도에서 시급히 구제되어야 한다. 교회에는 사역을 일종의 주권으로 규정하는 사고방식이 존재한다. 귀빈석에 앉고, 오찬에서 손님을 접대하며, 어마어마한 군중 앞에서 연설하고, 기념비를 세우며, 명예로운 직함을 모은다. 이런 태도는 섬김 받는 것을 중시한다. 이런 생각에 사로잡힌 사람들에게 기독교는 자신에게 영생을 주고, 건강을 지켜주며, 몸을 보살펴주고, 힘을 키워주며, 위신을 높여주는 수단으로 존재한다.
> 사역에 몸담고 있는 사람들은 대개 사역자들을 위한 집회에 참석해본 적이 있다. 그런 집회 중에는 전적으로 인격 도야에만 집중하는 것도 있고, (대놓고 말하지는 않지만) 서열을 잘 규정하고 끝나는 것도 있다. 그런 곳에서 '중요한 사람들'은 알아보기 쉬웠다. 그들은 '중요한' 모임들을 여기저기 다니고, 미디어의 비위를 맞추느라 눈코 뜰 새 없이 바빴다. 가마를 탄 교황은 없었지만, 유리창이 검게 코팅된 리무진과 알랑대고 아첨하는 추종자들은 있었다.[10]

예수님이 사역에 정진하고 있는 모든 사람에게 전하시는 메시지가 있다. 사역의 주인공은 너희가 아니다!

예수님은 제자들에게 많은 말로는 아니어도 이렇게 말씀하셨다. "내가 떠나면 너희가 계속해야 한다. 만약 너희가 권력을 휘두르면 메시지는 완전히 효력을 잃을 것이다. 특권과 안락을 누리는 삶은 너희에게는 해당되지 않는다. 너희는 학대를 받은 것이고, 욕을 먹을 것이다. 오해를 받을 것이고, 죽을 때까지 비난을 받을 것이다. 너희 대부분은 순교당할 것이다. 너희의 삶과 죽음은 내 메시지를 명예롭게 하고 세상을 뒤집을 것이다. 그렇지 않으면, 너희는 너희가 나고 자란 세상 속으로 섞여 들어갈 것이고, 너희 뒤에 올 이기적인 사람과 하나도 다를 게 없을 것이다."

그렇다면 예수님이 미래의 지도자들에게 주신 경고를 통해 우리가 배워야 할 것은 무엇인가? 두 가지가 있다.

**첫째, 남을 섬기는 것은 필수다.** 당신이 그리스도 안에서 성장하고 있다면 다른 사람들을 돕고 섬기고자 하는 열망이 점점 커질 것이다. 당신에게 야망이 없다는 뜻이 아니다. 다만 야망이 억제된다는 말이다. 즉, 다른 사람들을 섬기려는 열정이 당신의 교육과 직업 그리고 심지어 사역에 대한 야망을 이끌 것이다. 그러나 당신의 야망이 지향하는 바는 다른 사람들을 섬기는 것이어야 한다. 더 큰 집을 사는 것도 아니고, '자기를 과시하는 것'도 아니며, 권력자들과 어울리는 것도 아니고, 당신만의 작은 왕국을 건설하는 것도 아니다. 하나님 나라가 건설되도록 돕는 것이다.

둘째, 개인의 위대함은 부수적으로 따라오는 것이다. 많은 사람이 이 점을 힘들게 깨우친다. 당신은 아마 그렇게 배우며 크지 않았을 것이다. 그리고 당신이 귀감으로 삼은 영웅도 그 틀에 맞지 않을 것이다. 자기가 보기에 위대한 어떤 사람이 참으로 겸손하게 다른 사람들을 섬기는 모습을 보면 그것처럼 빨리 마음의 벽을 허무는 것은 없다. 예수님은 바로 이런 자질을 열두 제자에게 바라셨다. 그리고 그분을 따르는 모든 이에게 원하시는 것이기도 하다.

## 이혼에 대해 어떻게 생각하십니까?(마가복음 10:1-12)

1예수께서 거기서 떠나 유대 지경과 요단 강 건너편으로 가시니 무리가 다시 모여들거늘 예수께서 다
시 전례대로 가르치시더니

2바리새인들이 예수께 나아와 그를 시험하여 묻되 사람이 아내를 버리는 것이 옳으니이까 3대답
하여 이르시되 모세가 어떻게 너희에게 명하였느냐 4이르되 모세는 이혼 증서를 써주어 버리기를 허
락하였나이다 5예수께서 그들에게 이르시되 너희 마음이 완악함으로 말미암아 이 명령을 기록하였거
니와 6창조 때로부터 사람을 남자와 여자로 지으셨으니 7이러므로 사람이 그 부모를 떠나서 8그 둘이
한 몸이 될지니라 이러한즉 이제 둘이 아니요 한 몸이니 9그러므로 하나님이 짝지어 주신 것을 사람
이 나누지 못할지니라 하시더라

10집에서 제자들이 다시 이 일을 물으니 11이르시되 누구든지 그 아내를 버리고 다른 데에 장가 드
는 자는 본처에게 간음을 행함이요 12또 아내가 남편을 버리고 다른 데로 시집 가면 간음을 행함이니라

신학적, 도덕적 쟁점에 관해서는 누구나 나름의 생각을 가지고 있다. 거의 예외 없이 우리가 가진 생각은 다음 세 가지 방법 중 한 가지 경로, 또는 적어도 이 세 가지가 조합된 경로를 통해 형성되었다. 첫째, 배운 것을 근거로 한다. 우리는 원로들이 믿는 것을 존중하며,

대개 그들의 의견을 우리 것으로 받아들인다. 둘째, 읽은 것에서 정보와 통찰력을 얻는다. 지적 권위자들이 그 주제에 대해 글을 썼고, 우리는 그들의 경력을 존중하며, 그들의 주장은 옳아 보인다. 그래서 우리는 책과 글로 우리 견해를 형성한다. 셋째, 우리가 경험한 것을 바탕으로 한다. 특정한 상황에서 체험했던 고통이 밑거름이 되어 관련된 쟁점에 대한 생각을 형성할 수 있다. 그리고 그것은 체험에 근거를 두고 있기에 당당하게 말할 수 있다. 드물게는 신성한 성경을 진지하고, 심도 있고, 신중하게 검토한 것을 바탕으로 자신의 의견을 형성하는 사람들도 있다.

예수님 시대의 종교 권위자들은 하나님의 말씀을 흠모해 많은 시간을 바쳐 말씀을 공부했지만, 그 말씀에 실제로 순종하지는 않았다. 사실 그들이 고수하는 신학적 전통이 성경의 문자적 의미와 자주 어긋나 하나님이 명령하신 것과 반대되는 일을 행하고도 정당하다고 느끼는 지경에 이르렀다. 그들은 자기들이 존중하는 그 성경 말씀에 순종하지도 않으면서 자기들이 다른 사람들보다 도덕적으로 우월하다고 생각하는 데 탁월한 능력이 있었다. 그런데 그것만큼 예수님을 노엽게 만드는 것은 세상에 또 없었다!

예수님은 당신의 운명을 결정짓는 예루살렘으로 나아가는 마지막 여정에서 성경에 위배되는 생각을 가진 몇 사람과 마주치셨다. 마가는 이 만남을 통해 독실한 종교적인 유대인들이 얼마나 하나님의 원래 가르침에서 멀어졌는지, 그들의 시각이 얼마나 잘못되었는지를 보여준다. 제사장들과 랍비들은 이미 성경 말씀을 버리고 인간이 만든 관습을 취한 지 오래되었기 때문에 하나님의 언약 백성이 율법을 모르게 되었고, 하나님이 그들에게 무엇을 바라시는지 잘못 알게 되었다.

첫 번째 쟁점은 오래되고 신성한 제도인 결혼과 관련되어 있다.

## —10:1—

마태복음, 마가복음, 누가복음, 이 세 공관복음서는 예수님이 사역을 하시던 중 예루살렘에서 악한 세력과 싸우기로 결단하신 순간을 묘사하는데, 이 구절이 바로 그 순간을 기록하고 있다(참고. 마 19:1, 눅 9:51). 예수님은 선생으로서 가르치시던 자리에서 일어나(참고. 막 9:35-50) 가버나움을 떠나셨다(참고. 9:33). 그런데 마가는 "무리가 다시 모여들거늘 예수께서 다시 전례대로 가르치시더니"라고 진술하면서 이 중요한 순간의 드라마를 대수롭지 않게 생각한다. 그러나 마가가 사용한 "전례대로"라는 표현 때문에 별다른 일이 없었다고 생각하면 안 된다. 우리는 예리한 통찰력 덕분에 예루살렘으로 가는 이번 여행이 이전의 다른 여행들과 완전히 다를 것임을 안다. 마가가 취하고 있는 이런 서술 방식은 결정적인 순간이 올 때 거의 항상 알아차리지 못하는 우리네 삶의 실상을 그대로 투영한다.

제자들은 이상하게 생각하지 않았지만 예수님은 당신의 사명을 이해하셨고, 성전까지 이르는 이 특별한 여행에 어떤 의미가 있는지 알고 계셨다. 이전에 여러 곳에서 수없이 그랬듯 군중이 예수님 주위에 모여들었고, 예수님은 그들을 가르치셨다. 바리새인들이 난데없이 나타나 예수님께 도전한 것 역시 예사로웠다. 그러나 이번 만남에서 예수님은 각각 전설적인 율법 선생의 이름을 딴 이스라엘의 두 대표적인 랍비 학파 출신의 신학자들에게 도전하실 것이다.

바리새인이었던 샴마이(*Shammai*)는 까다롭고 엄격한 신학자로, 성경도 아주 엄격하게 해석했다. 그는 말씀을 문자 그대로의 의미로 해석하고 적용했기 때문에 그보다 더 진보적이었던 바리새인들은 그를 그다지 좋아하지 않았다. 진보적 바리새인들은 성경은 대충 해석하고, 수없이 많은 전통과 관습으로 율법의 항목을 추가했다. 진보적 바리새인들은 자신들이 추구하는 정치적, 사회적 목적에 부합하는 관습에 신성한 권위를 부여하려다가, 적어도 일부나마 신학적으로 쇄신되었던 것이다.

유대인들은 또 한 명의 바리새인인 힐렐(*Hillel*)을 쾌활하고 사람을 끄는 매력이 있는 선생으로 기억했다. 전설로 남을 만큼 다정했던 성품 덕에 그는 정치적으로 성공할 수 있었다. 힐렐 학파는 매우 창의적으로 성경을 해석했다. 그들은 자기들에게 필요한 거의 모든 말씀을 어떻게 해서든 본문에서 찾아내는 재주가 있었다. 이 학파의 학생들이 성전 문화를 지배하고, 산헤드린에서 최고 직책에 오르기까지 오래 걸리지 않았다.

예수님은 결혼과 이혼에 대한 이 대화의 말미에서 두 학파 모두 틀렸다고 선포하실 것이다. 이 사건의 의미를 제대로 이해하려면 독학한 어느 시골 변호사가 하버드 법대와 예일 법대가 1세기 넘게 헌법을 잘못 해석했다고 도전하는 것을 상상하면 된다. 반대로, 이 신출내기 변호사가 사실은 변장한 제임스 메디슨[Jamens Madison, 미국의 제4대 대통령이자 정치학자. 헌법제정회의에서 헌법 초안 기초를 맡아 '미국 헌법의 아버지'로 불린다-역주]이었다고 상상해보라. 거룩한 성경의 저자가 자신의 메시지를 왜곡한 사람들과 대결하시게 되었다.

## —10:2-4—

바리새인들은 예수님께 간단해 보이는 질문을 했다. 표면적 질문은 남자가 아내와 이혼하는 것이 율법적인지, 즉 도덕적으로 허용할 수 있는지였다. "이혼"[*apolyō*(630)]으로 번역된 단어의 문자적 의미는 '쫓아내다'다. 하지만 실제 과정은 이 뜻보다는 더 격식이 있었다. 유대와 갈릴리에서 유대인들의 결혼은 일반적으로 법적 합의로 성립되었고, 이혼하려면 원래의 계약 조건을 처리하기 위한 법적 서류가 필요했다. 어쨌거나 그 바리새인들의 진의는 이혼에 대한 예수님의 생각을 알려는 게 아니었다. 그들이 이 주제를 택한 것은 예수님이 어떤 성경 해석 방법을 사용하실지 보기 위해서였다. 그들은 신명기 24장 1-4절을 염두에 두고 예수님께 접근했다.

> 사람이 아내를 맞이하여 데려온 후에 그에게 수치되는 일이 있음을 발견하고 그를 기뻐하지 아니하면 이혼 증서를 써서 그의 손에 주고 그를 자기 집에서 내보낼 것이요 그 여자는 그의 집에서 나가서 다른 사람의 아내가 되려니와 그의 둘째 남편도 그를 미워하여 이혼 증서를 써서 그의 손에 주고 그를 자기 집에서 내보냈거나 또는 그를 아내로 맞이한 둘째 남편이 죽었다 하자 그 여자는 이미 몸을 더럽혔은즉 그를 내보낸 전남편이 그를 다시 아내로 맞이하지 말지니 이 일은 여호와 앞에 가증한 것이라 너는 네 하나님 여호와께서 네게 기업으로 주시는 땅을 범죄하게 하지 말지니라.

예수님이 이 이혼 질문에 어떻게 대답하시는지를 보면 그분이 어떤 학파를 선호하시는지가 드러날 것이다. 미쉬나에는 랍비 샴마이와 힐렐의 구전된 전통이 보존되어 있다. 그들의 사상이 어떠했는지 그 일면을 소개한다.

> 샴마이 학파는 이렇게 말한다. "'그(아내)에게 수치되는 일이 있어'라고 쓰여 있으므로, 남자는 아내의 부정을 알게 되었을 때에만 이혼할 수 있다(신 24:1)." 한편 힐렐 학

> 파는 이렇게 말한다. "'그(아내)에게 수치되는 일이 있어'라고 쓰여 있기 때문에 아내가 음식을 망쳤어도 이혼할 수 있다." R. 아키바(R. Aqiba)는 이렇게 말한다. "'그(아내)를 기뻐하지 않으면'(신 24:1)이라고 쓰여 있기 때문에 아내보다 더 예쁜 사람을 찾아도 이혼할 수 있다."[11]

힐렐 학파에 속한 바리새인들은 결혼이 기분에 따라 성립되고 와해될 수 있다고 결론지었다. 그들은 "수치되는 일"이라고 번역된 히브리어 문구에 초점을 맞추어 이런 결론에 도달했는데, 이 말의 문자적 뜻은 '벌거벗은 일'이다. 유대인들은 개인을 수치스럽게 만드는 모든 행위, 즉 '수치스러운 문제'를 표현하는 데 이 말을 사용했다. 실제로 신명기 23장 12-14절에서는 동일한 문구를 진영 안에 화장실을 두는 문제와 관련해 사용하고 있다. 그러나 삼마이는 신명기 24장의 맥락을 보면 이 어구는 간음과 같은 성적인 죄를 언급하는 것이 분명하다고 주장했다. 그런데 힐렐은 모세의 단어 선택에 호기심을 보이면서 독특한 해석을 상세히 설명했다. 한 작가는 이렇게 말한다.

> 힐렐은 물었다. 모세는 왜 "수치스러운 일"이라고 간단히 말할 수 있는데 "무엇인가 수치스러운 일"(『공동번역 성서』)이라는 표현을 썼을까? 힐렐은 불필요해 보이는 "무엇인가"라는 말이 이혼에 대한 또 다른 근거를 언급하는 게 분명하다고 추론했다. 그리고 이 다른 근거를 단순히 "무엇인가"라고 말하기 때문에 그는 이것이 모든 명분을 의미한다고 결론지었다….
> 그래서 힐렐은 신명기 24장 1절은 두 종류의 이혼을 가르치고 있다고 생각했다. 하나는 '성적 부도덕'(간음)이고, 다른 하나는 그들이 '모든 명분'이라고 이름 붙인 것이다.[12]

바리새인들의 질문에 예수님은 성경에 무어라고 쓰여 있는지 물으셨다. 그들은 신명기 24장의 "무엇인가"를 곡해한 대답을 했다.

## —10:5-9—

예수님은 지혜롭고 재치 있게 힐렐 학파의 편을 들지도 않으셨고, 더 보수적인 샴마이 학파의 편에 서지도 않으셨다. 사실 예수님은 그들의 두 가지 전제에 다 반대하셨다. 예수님은 그들의 논쟁이 전적으로 부적절하다고 생각하셨다. 신명기 24장 1-4절은 유대인들이 일반적인 관행으로 인식하고 있는 대로 이혼을 허용하지 않으며, 이혼과 재혼이 복잡한 스와핑이 되지 않도록 한계를 정해놓았기 때문이다. 이 율법에 따르면 어떤 남자가 아내와 이혼했는데, 그 아내가 다른 남자와 결혼했다가 이혼하면 나중에 다시 그 아내와 결혼할 수 없었다. 그 여자가 일단 다른 남자의 아내가 되면 "그 여자는 이미 몸을 더럽혔"기 때문에(신 24:4) 전 남편에게로 돌아갈 수 없었다.

하나님은 백성의 마음이 완악했기 때문에 일종의 양보로 이혼을 허락하셨을 뿐 그분이 매정하거나 모질어서 그러신 게 아니었다. 유대인의 문화에서 "완악한 마음"을 가졌다는 것은 영적으로 미성숙하고 지혜를 받아들이려 하지 않는다는 뜻이다. 율법이 이혼을 완전히 금하지 않았기 때문에 샴마이 학파와 힐렐 학파 모두 이것을 하나님이 이혼을 승인하셨다는 증표로 보았다. 예수님은 창세기 1장을 들어서 그들의 주장을 반박하셨다. 창세기 1장을 보면 하나님이 결혼 제도를 만드셨고, 결혼의 요건을 설정하셨다. 하나님은 한 남자와 한 여자가 자기 가족을 떠나 "한 몸"(창 2:22-24)을 이루는 것으로 결혼을 정의하셨다. 비유적으로 말하면 두 사람은 불가분의 관계가 되어야 했다.

예수님은 "그러므로 하나님이 짝지어 주신 것을 사람이 나누지 못할지니라"(막 10:9)는 명령과 함께 결혼은 하나님의 법이지 법원이나 교회나 인간 대리인이 지정한 것이 아님을 분명히 밝히셨다. 다른 사람들이 남녀가 만나 결혼하도록 주선하고, 결혼 계약의 요건을 설정하며, 결혼식까지 집전했을 수도 있으나, 하나님이 남편과 아내를 "한 몸으로 결합하셨다." 따라서 판사와 신학자들이 원하는 모든 법적 서류를 작성할 수는 있지만, 하나님이 한 남자와 여자가 결혼했다고 생각하시면 그들이 법정에서 내린 판결은 천국에서 아무 영향을 미치지 못한다.

마태는 하나님의 도덕 기준에 어긋나지 않는 유일한 이혼의 명분을 기록하는데, 그것은 말하자면 "음행한[*porneia*(4202)] 이유"다(마 5:32). 이 헬라어는 간음만이 아닌 넓은 의미의 성적인 죄를 의미했다. 본문은 "*moicheia*(3430)의 이유 외에는"이라고 말하지 않는다. *moicheia*는 성적인 죄를 간음으로 한정했다. 예수님은 간음, 동성애, 근친상간, 수간, 아동 성추행을 포함하는 부정한 성적 행위를 망라하는 용어(*porneia*)를 골라 쓰셨다. 하나님의 관점에서는, 부부 사이에 *porneia*가 부부의 유대를 해치는 경우 이혼할 수 있다.[13]

## —10:10-12—

제자들은 그들끼리만 있을 때 예수님께 좀 더 알아듣기 쉽게 설명해달라고 부탁했다. 예수님의 대답은 제자들에게도 새로운 사실이었다. 주님은 결혼의 본질을 다시 말씀해주셨다. 주님은 결혼의 본질을 남자와 여자 사이의 영원한 연합으로 규정하셨다. 이 연합은 두 사람의 선택으로 시작되어 천국에서 봉인된다. 교회나 법원 같은 세상 기관은 하나님이 이루신 것을 동의할 뿐이며, 어떤 인간 대리인도 이 연합을 해체할 권세가 없다. 하나님이 이 연합이 깨어졌다고 인정하시지 않는 한 남편이나 아내와 이혼하고 다른 사람과 결혼한 남자나 여자는 간음하는 것이다. 이것에 대해서는 법원, 판사 또는 세상 기관이 뭐라고 하든 상관이 없다.

## 적용: 마가복음 10:1-12

### 고난의 때에 딱 맞는 조언

결혼을 오도한 종교인들의 견해를 예수님이 어떻게 논박하셨는지 보았으니 그들의 잘못을 피할 수 있는 세 가지 방법을 살펴보기로 하자.

**첫째, 우리가 속한 문화 풍토에 근거한 사상을 취하지 마라.** 이리저리 바뀌는 바람 같은 대중문화 또는 대중의 의견에서 스스로 격리하라. 그러지 않으면 당신은 영영 삶의 안정을 얻지 못할 것이다. 그렇게 하지 않는 사람들은 결혼은 말할 것도 없고 다른 관계도 지속하지 못한다.

나는 한 여자와 어떻게 그렇게 오랫동안 결혼생활을 유지할 수 있었느냐는 질문을 종종 받는다. 나는 아내가 나를 떠나지 않았기 때문이라고 답한다. 물론, 그건 서로 마찬가지다. 아무도 모르는 도시로 도망가 가명으로 다시 시작하고 싶었던 때가 한두 번이 아니었다. 아내도 우리가 결혼을 유지하지 못할 거라고 생각했던 때가 여러 번 있었음을 서슴없이 인정한다. 우리가 지금까지 함께할 수 있었던 이유는 우리가 속한 문화의 의견을 무시하고, 서로에게 계속 헌신하기로 선택했기 때문이다.

**둘째, 독선적인 가치 판단과 율법주의를 피하라.** 당신의 결혼이 살아남았고 가족도 깨어지지 않고 온전하다면 감사하라. 결혼이 파탄 난 사람들을 정죄 비슷한 것이라도 일체 하지 않으면서도 당신은 감사하는 마음을 유지할 수 있다. 당신은 판단할 수 있을 만큼 파탄의 이유를 충분히 알지 못하며, 자세한 사연을 모른다. 그들이 견뎌온 것이 무엇인지 모른다. 그리고 당신은 그들이 처한 특별한 상황에 대해 하나님이 어떤 생각을 하시는지 모른다. 하나님이 심판하시게 하라. 무조건 그들을 사랑하는 일에만 집중하라.

**마지막으로, 희생된 사람들을 구속하시는 하나님의 은혜가 들어설 자리를 남겨놓으라.** 50년 동안 목사로 섬겨온 나는 당신이 들으면 잠을 이루지 못할 정도로 불행한 결혼에 대한 이야기들을 알고 있다. 결혼 관계에서 일어나는 폭력은 강도 사건보다 더 참혹할 수 있다. 정서적, 심리적 상처는 학대당한 배우자에게 오래 지속되며, 어린아이들의 경우 평생 남는다. 질병, 약물 남용, 흉악 범죄, 불륜과 같은 환경은 때때로 절대 바람직하지 않은 방향으로 삶을 변질시킨다. 이혼도 그중 하나다. 어떤 정죄의 말도 일체 중단하라. 하나님의 은혜가 임하지 않는다면 나락에 떨어질 사람들의 인생을 구할 수 있는 은혜의 자리를 남겨두라.

## 바로잡아야 할 거짓말(마가복음 10:13–31)

13사람들이 예수께서 만져 주심을 바라고 어린 아이들을 데리고 오매 제자들이 꾸짖거늘 14예수께서
보시고 노하시어 이르시되 어린 아이들이 내게 오는 것을 용납하고 금하지 말라 하나님의 나라가 이
런 자의 것이니라 15내가 진실로 너희에게 이르노니 누구든지 하나님의 나라를 어린 아이와 같이 받
들지 않는 자는 결단코 그 곳에 들어가지 못하리라 하시고 16그 어린 아이들을 안고 그들 위에 안수하
시고 축복하시니라

17예수께서 길에 나가실새 한 사람이 달려와서 꿇어 앉아 묻자오되 선한 선생님이여 내가 무엇을
하여야 영생을 얻으리이까 18예수께서 이르시되 네가 어찌하여 나를 선하다 일컫느냐 하나님 한 분
외에는 선한 이가 없느니라 19네가 계명을 아나니 살인하지 말라, 간음하지 말라, 도둑질하지 말라, 거
짓 증언 하지 말라, 속여 빼앗지 말라, 네 부모를 공경하라 하였느니라 20그가 여짜오되 선생님이여

이것은 내가 어려서부터 다 지켰나이다 21예수께서 그를 보시고 사랑하사 이르시되 네게 아직도 한
가지 부족한 것이 있으니 가서 네게 있는 것을 다 팔아 가난한 자들에게 주라 그리하면 하늘에서 보
화가 네게 있으리라 그리고 와서 나를 따르라 하시니 22그 사람은 재물이 많은 고로 이 말씀으로 인
하여 슬픈 기색을 띠고 근심하며 가니라

23예수께서 둘러 보시고 제자들에게 이르시되 재물이 있는 자는 하나님의 나라에 들어가기가 심
히 어렵도다 하시니 24제자들이 그 말씀에 놀라는지라 예수께서 다시 대답하여 이르시되 얘들아 하나
님의 나라에 들어가기가 얼마나 어려운지 25낙타가 바늘귀로 나가는 것이 부자가 하나님의 나라에 들
어가는 것보다 쉬우니라 하시니 26제자들이 매우 놀라 서로 말하되 그런즉 누가 구원을 얻을 수 있는
가 하니 27예수께서 그들을 보시며 이르시되 사람으로는 할 수 없으되 하나님으로는 그렇지 아니하니
하나님으로서는 다 하실 수 있느니라

28베드로가 여짜와 이르되 보소서 우리가 모든 것을 버리고 주를 따랐나이다 29예수께서 이르시
되 내가 진실로 너희에게 이르노니 나와 복음을 위하여 집이나 형제나 자매나 어머니나 아버지나 자
식이나 전토를 버린 자는 30현세에 있어 집과 형제와 자매와 어머니와 자식과 전토를 백 배나 받되
박해를 겸하여 받고 내세에 영생을 받지 못할 자가 없느니라 31그러나 먼저 된 자로서 나중 되고 나중
된 자로서 먼저 될 자가 많으니라

---

한 현자가 그리스도인은 대체로 세 단계로 성숙한다고 지적한 바 있다. 마음의 변화, 생각의 변화 그리고 지갑의 변화. 나는 재정 문제가 가장 어려운 변화라는데 모두 동의할 거라고 확신한다. 많은 사람이 인정하듯 돈 때문에 관계가 깨진다. 사람들은 돈과 재산에 얽매여 하나님이 다음 생을 사는 데 필요한 영원한 양식은 물론이고 이생에서 필요한 일용할 양식도 공급해주신다는 사실을 신뢰하지 못한다. 많이 갖지 못한 자들은 더 많이 갖기를 갈망하고, 많이 가진 자들은 그것을 잃을지도 모른다는 두려움 속에서 산다.

돈 자체가 악한 것은 아니다. 화폐는 금속이나 종이에 불과하다. 그런데 우리의 생각을 왜곡하는 돈의 놀라운 위력을 간과하면 안 된다. 이런 의미에서 돈은, 고대 사람들에게 우상이 그랬듯이 사람들을 현혹하는 능력이 있다. 돈은 우리의 필요를 채워주겠다고 약속하는 거짓 신이다. 돈은 우리에게 다른 사람들을 지배할 수 있는 힘을 주어 그들이 우리에게 미칠지도 모르는 해악에서 보호해주겠다고 약속한다. 돈은 우리가 한때 갖지 못했던 것들을 모두 주면서 우리를 행복하게 해주겠다고 약속한다. 그리고 다른 우상처럼 무엇보다 가장 중요한 것을 교환하는 조건으로 이것들을 주겠다고 약속한다. 돈은 놀라우리만치 포용

적이어서, 우리가 제일 먼저 탐욕의 제단에서 예배를 드리기만 하면 다른 신들을 숭배하는 것을 용인할 수 있다.

설상가상으로 자칭 그리스도인이라는 거짓 선생들이 두 가지 거짓말로 우리 생각을 호도했다.

1. 번영은 하나님이 기뻐하신다는 징표다.
2. 빈곤은 하나님이 기뻐하시지 않는다는 징표다.

우리 시대를 대표하는 이단인 이 그릇된 가르침은 한 문장으로 요약할 수 있다. “예수님을 사랑하고 부자가 돼라.” 많은 교회와 사역들이 그들에게 열광하는 사람들의 탐욕과 세상의 가지지 못한 자들이 느끼는 고통을 이용하여 번성하고 있다. 그들은 온갖 속임수로 교묘하게 조종해 사람들이 하나님과 거래할 수 있다고 믿게 만든다. 그들은 말한다. “나에게 돈을 보내서 당신의 믿음을 보여주십시오. 그러면 하나님이 몇 배의 축복을 부어주실 것입니다.”

이런 거짓 선생들은 단 몇 푼도 여유가 없는 사람들의 기부금으로 흥청망청 살면서 죄에 죄를 더하고 있다. 나는 실제로 텔레비전에서 한 전도사가 금으로 도금된 바퀴 달린 신발을 자랑하고, 청중은 그게 마치 하나님이 그를 인정하신다는 증거라도 되는 양 박수갈채를 보내는 광경을 본 적이 있다.

“예수님을 사랑하고 부자가 돼라”고 사람들을 꼬드기는 이런 이단은 두 가지 방법으로 순전한 기독교를 잠식한다. 첫째, 그리스도를 따르는 자들이 두 주인을 섬길 수 있다고 말한다. 그러나 예수님은 그럴 수 없다고 말씀하셨다(마 6:24, 눅 16:13). 둘째, 예수님을 따르려는 사람들에게 하나님의 은총을 우리의 행위로 얻어낼 수 있다고 말한다. “선한 행위로 당신의 믿음을 증명해 하늘에서 내리는 축복을 받으라.” 1세기에 예수님은 이런 거짓말을 접하시고 명확히 바로잡으셨다. 마가복음에서 이 대목은 두 가지 기본 원칙을 제시한다.

1. 천국은 자격이 있는 독선적인 자들을 위한 것이 아니라 약하고 무력한 자들을 위한 것이다.

2. 천국은 은혜의 선물이지 행위에 대한 보상이 아니다.

## —10:13—

마가는 어린아이들을 주제로 믿음과 은혜, 하나님 나라에 대해 잘못 알려진 부분을 바로잡는다. 마가는 주님의 행동을 실제로 목격했던 베드로에게서 이 이야기를 들었다. 예수님은 자주 어린아이들을 지목하시며 우리와 하나님과의 관계를 설명하셨다.

오늘날 어린이들을 보는 시각은 1세기와는 완연히 다르다. 가장 결정적인 이유는 서구 문화에 미친 기독교의 영향이다. 예를 들어 원하지 않는 아이를 유기하는 관행은 기독교가 국교가 된 후인 AD 375년이 되어서야 로마법으로 금지되었다. 1세기에 유대인들은 고대세계에서 여자와 아이들의 처우를 선도했다. 그래도 여전히 유대인 남자들은 여자를 남자와 동등한 존재로 여기지 않았다. 어린아이들을 하나님의 선물로 귀히 여기기는 했지만, 가장 소중한 사회 구성원으로 생각하지는 않았다. 오히려 어린아이들은 나라를 지키는 일이나 필요를 공급하는 일에 기여하지 못했기 때문에 권력이나 특권, 영향력에 있어서 최하위층에 속했다.

제자들이 보기에는 사회적으로 하찮은 이런 사람들이 메시아의 관심을 지나치게 받고 싶어했다. 가난하고 힘없는 사람들과 어울려서는 왕이 될 수 없다. 왕이 되려면 부유하고 권력 있는 사람들의 환심을 사야 한다. 그래서 스스로 예수님의 매니저쯤으로 생각했던 제자들은 장차 이스라엘의 왕이 될 분에게 아이들을 데려오는 부모들을 저지하기 시작했다. "어린아이"는 헬라어로 *paidion*(3813)인데, 갓난아기부터 십대 초반의 아이들을 일컫는다. 당시 관습으로 부모들은 자기 아이들을 "만져 주"시기를 원했는데, 이는 머리나 어깨에 손을 얹고 아이들의 미래에 하나님의 축복을 선포하는 행위를 의미한다. 그런데 예수님이 아이들을 축복하시는 동안 제자들은 "꾸짖었다"[*epitimaō*(2008)]. 이 용어는 예수님이 베드로를 훈계하시고(8:33) 귀신을 내쫓으실 때(1:25, 9:25) 사용하셨다. 마가는 예수님이 때때로 하셨던 엄중한 경고를 표현할 때 이 단어를 사용하곤 했다(3:12, 8:30).

## —10:14-15—

제자들의 행태를 목격하신 예수님은 의분(義憤)을 내셨다. 예수님은 어린아이들이야말로 진정한 제자도의 이상적인 본보기므로, 아이들이 그분께 오는 것을 막지 말라고 명하셨다. 이는 어린아이들이 죄가 없어서가 아니다. 그들도 다른 모든 사람처럼 뒤틀리고 타락한 본성을 지니고 있다. 그렇다고 어린아이들이 기뻐할 만해서가 아니다. 아이들을 키워본 사람이라면 누구나 아이들로 인해 진저리나는 경험을 해보았을 것이다. 예수님이 어린아이들을 칭찬하신 것은 꾸밈이 없기 때문이다. 아이들은 자기 모습 그대로 나아온다. 가식도 없고, 망설이지도 않으며, 거리낌도 없다. 그리고 아이들은 전적으로 믿는다. 아이들은 아직 의심이나 교만을 알지 못한다.

무엇보다도 어린아이들은 빈손으로 하나님께 온다. 어린아이들은 다른 사람에게 줄 수 있는 것이 아무것도 없다. 아이들은 누구를 위해서 할 수 있는 것이 없다. 무력하고, 무방비 상태며, 지저분하고, 세상 물정을 모르며, 불순종하고, 자기 몸을 깨끗하게 유지하거나 스스로 옷을 입지도 못한다. 아이들은 정말 가난하다. 아이들은 다가가서 도움을 청하는 것밖에 할 줄 아는 게 없다.

## —10:16—

예수님은 제자들에게 면박을 주신 후 한 아이를 들어올리시고, 다른 아이들을 품에 안으신 후 그들 머리에 안수하시고 축복하셨다. 예수님이 어린아이들을 환대하고 축복하신 방법은 구원의 첫 번째 위대한 원칙을 보여준다. 하나님의 은혜, 즉 지옥에서 구출되어 천국에 들어가는 하나님의 은혜는 그분의 호의를 얻을 수 없는 사람들에게 주어진 하나님의 선물이다(참고. 롬 6:23, 엡 2:8-9).

## —10:17-19—

예수님은 예루살렘을 향해 가시던 중 하나님을 기쁘시게 하고 다가올 왕국에서 영생을 얻기를 열망하는 한 남자와 마주치셨다. 그가 한 첫 말을 보면 그가 하나님과의 관계를 어떤 식으로 상상하고 있는지 알 수 있다. 그는 예수님을 "선한 선생님"이라고 불렀는데(10:17), 이것은 랍비에게 말을 걸 때 거의 쓰지 않는 호칭이었다. 그것은 그가 예수님께 아첨하려는 것일 수도 있고, 아니면 예수님을 한낱 신학 선생이나 영적 지도자 이상의 존재로 인식했기 때문일 수도 있다.

예수님은 자신의 선하심을 부인하지 않으셨다. 다만 그 남자가 피상적으로 알고 있는 선함에 대한 생각을 논박하셨다. 인간은 서로를 비교해 자신의 상대적 가치를 가늠하기 좋아한다. 그러면 우월감을 느끼기가 더 쉽다. 예수님은 가늠자를 재설정하셨다. 하나님의 완전하고 흠 없는 의가 선의 올바른 기준이다. 모든 인류는 그 기준에 턱 없이 모자란다(롬 3:23).

예수님이 초자연적인 지식의 도움을 받지 않으셨더라도 두 가지 요소 때문에 예수님은 그 남자가 가진 구원에 대한 시각을 예견하실 수 있었다. 첫째, 이스라엘에 널리 퍼져 있는 신학은 태생이 유대인인 사람들은 죄로 인해 생득권을 잃는 경우 외에는 하나님 나라를 상속받을 것이라고 가르쳤다. 다시 말해 구원을 잃을 수 있지만, 선하지 않은 경우에만 그런 것이다. 그들은 이 신학을 신명기 30장 15-20절에서 끌어왔다. 그러나 이 특별한 약속은 우리가 하나님이 이스라엘과 맺으신 '땅의 언약'으로 알고 있는 것에 대해 말한 것이다. 하나님은 가나안에 남아 적의 침략에서 자신의 보호를 받을 수 있는 조건으로 율법을 지킬 것을 요구하셨다. 하나님은 율법의 준수를 구원의 기준으로 삼으실 생각이 추호도 없으셨다. 하나님은 어떤 사람도 도덕적으로 완벽할 것을 기대하지 않으셨다. 사실, 하나님은 믿음으로 하나님의 은혜를 받을 수 있는 방법으로 이스라엘 백성에게 성전과 희생 제물을 바치는 제도를 주셨다.

예수님은 또 그 사람의 옷과 태도에서 그가 부유한 특권층 출신임을 아셨다. 1세기 유대인들은 부와 특권을 하나님이 주신 은총의 증거로 여겼다. 그 남자는 날 때부터 유대인이었고, 그가 가진 도덕적 성품에는 하나님이 승인하셨다는 날인이 찍혀 있었다. 그러므로 그가 예수님께 어떻게 하면 '영생을 얻을 수 있는지'를 묻는 것은 놀라운 일이다. 그럼에도 그의 물음은 진지해 보인다.

예수님은 이론적으로는 구원을 얻어낼 수 있다는 일반적인 생각을 지지하셨다. 그러기 위해 해야 하는 것은 도덕적으로 완벽한 기록을 유지하는 것이다. 그러면서 예수님은 이웃을 대하는 도덕적 선을 규정하는 십계명 중 다섯 계명을 언급하셨다(막 10:19, 참고. 출 20:12–16, 신 5:16–20). "속여 빼앗지 말라"(막 10:19)는 구절은 십계명에 없다. 이것은 "네 이웃의 소유를 탐내지 말라"(출 20:17)는 열 번째 계명을 예수님 나름대로 적용하신 듯하다. 부유하고 권세 있는 자들이 특히 탐욕에 빠지면 원하는 것을 얻으려고 사기를 치고는 했다.

## —10:20–22—

그 남자는 한 치의 망설임도 없이 어린 시절부터 현재까지 의로운 삶을 살았다고 확언했다. 1세기 유대인의 시각에서 보면 그는 의로운 사람이었다. 이는 마치 평생 교회를 다닌 사람이 "나는 주일 예배를 한 번도 빠진 적이 없고, 십일조를 성실히 드리며, 모든 일을 자원해 섬기고 있고, 배우자에게 충실하며, 세금을 속이지도 않고, 황금률을 따라 행동하며, 일부러 누군가에게 상처를 주지도 않는다…나는 선한 사람이다"라고 말할 수 있는 것과 같다. 우리는 흔쾌히 동의할 수 있을 것이다. 그런 사람은 참으로 훌륭하고 의로운 귀감이다. 우리는 재산을 지키고 우리 아이들을 보호하는 일을 그런 사람들을 고용해 맡기고 싶어한다. 예수님 앞에 무릎 꿇고 있는 남자는 다른 사람들에 비하면 선한 사람이었다.

"그를 보시고"(10:21)라는 구절은 동사 *emblepō*(1689)를 강조하는 형태로 번역한 것이다. 여기서는 문맥상 "그를 뚫어져라 쳐다보시며" 또는 "그의 영혼을 응시하시며"로 바꾸어 표현할 수 있다. 예수님은 오직 인간을 창조하신 분만이 볼 수 있는 방식으로 이 남자의 본질을 꿰뚫어 보셨고, 그를 사랑하셨다[*agapaō*(25)]. 마가복음에서 이 동사는 이곳과 두 개의 대계명과 관련하여 딱 두 번 나온다(12:29–33). 이것은 어쩌면 부자 청년이 계명들을 끌어다 댈 때 그의 마음이 그렇지 않다는 것을 넌지시 비치는 것일 수 있다.

주님의 가르침을 이해하려면 예수님이 그 사람의 진정한 모습을 보시고 깊이 사랑하셨다는 사실을 반드시 알아야 한다. 예수님은 그 젊은이에게 불완전한 선의 잣대를 들이대지 않으셨다. 그분은 그 젊은이의 독선에 대해서는 자비롭게 묵과하셨다. 예수님은 우리에게 그러시듯, 시간을 두고 이 문제들을 다루실 수 있을 것이다. 대신 예수님은 그 남자의 삶에서 가장 근본적인 쟁점을 드러내셨다. 그것은 재물이라는 우상이었다. 그 젊은이는 율법을 지키면 만사가 형통한다는 불경한 종교를 만들었다. "하나님을 사랑하고 부자가 돼라." 이것이 아니면 그의 경우에는 "하나님을 사랑하고 계속 부자로 살라"일 것이다. 예수님은 그에게 한 주인을 떠나 다른 주인을 따를 것을, 부패한 세상 체계의 보화를 썩지 않는 영원한 하나님 나라의 보물과 맞바꿀 것을 요구하셨다.

"나를 따르라"는 명령에 주목하라. 이 명령은 제자가 되어(참고. 1:17, 2:14), 제자도의 짐을 지고(참고. 8:34), 예수님과 함께 사유 재산을 나누는 특권을 누리라는 초청이다.

그는 예수님을 따르지 않았다. "슬픈 기색을 띠고"(10:22)로 번역된 말은 '어둡거나 우울한 모습이 되다, 우울하거나 어두워지다'는 뜻이다.[14] 이것은 '심히 낙심한 상태' 또는 '충격을 받'거나 '깜짝 놀란' 상태를 나타내기도 한다.[15] 이 장면은 가인이 바친 수준 이하의 희생 제물을 보신 하나님이 불만을 표하셨을 때 가인의 반응을 생각나게 한다. "가인이 몹시 분하여 안색이 변하니"(창 4:5). "안색이 변하니"로 번역된 히브리어 표현은 우울한 감정을 나타내며, 우울감은 종종 분노로 표출된다. 그 젊은이는 "근심하며" 떠났다. 이 단어는 예수님이 겟세마네 동산에서 심히 고뇌하시며, 감정적, 정신적으로 괴로워하실 때 사용되었다(마 26:37).

그 남자는 점점 늘어나고 있는 명실상부한 '선'의 목록에 추가할 옳은 행위를 예수님이 제안해주시기를 바랐다. 그는 자기가 받은 현세의 축복을 능가하는 하나님의 영원한 은총을 보증해줄 도덕적 이력을 늘리고 싶어했다. 그러나 예수님은 그에게 진정한 구원의 신앙을 보여주는 하나의 행위를 요구하셨다. 이 행위는 부를 의지하는 대신 하나님을 온전히 의지하는 것만 뜻하지 않았다. 그가 자신의 모든 소유를 거저 줄 수 있으려면 자신의 신학을 철저히 점검해야 했다. 모든 소유를 나누어주고 가난뱅이가 되려면 소위 말하는 그의 '선'이 아무 가치가 없음을 인정해야 했다. 그는 절대 그럴 수 없었다.

## —10:23-25—

우리에게는 주님의 말씀이 이상하게 들리지 않는다. 우리에게는 적응할 2천 년의 시간이 주어졌기 때문이다. 서구 문화의 상당 부분이 기독교를 기반으로 하고 있기 때문에 예수님의 말씀이 1세기 유대인들에게 얼마나 혁명적으로 들렸을지 우리는 실감하지 못한다. 예수님 당시 히브리인들은 구원은 으레 믿음을 통해 은혜로만 주어진다는 사실을 거의 잊었다

# 묵상의 서재

## 흥미진진한 믿음(마가복음 10:28–30)

우리 형은 아르헨티나의 부에노스아이레스에서 30여 년 동안 선교사로 하나님을 섬겼다. 그 전에는 몇 차례 단기 선교 사역을 다녀왔는데, 형이 다시 선교를 떠나기 전 부모님을 뵈려고 집에 잠깐 들렀다.

이제 우리 아버지가 어떤 분이었는지 말할 필요가 있다. 사전에서 '책임 있는'이라는 단어를 찾아보면 그게 바로 우리 아버지의 모습이다! 아버지에게 위험이란 계획을 세우지 않은 사람들에게나 해당되는 말이었다. 책임 있는 사람들은 어떤 일도 운에 맡기는 법이 없다. 아버지에게 믿음이란 세 가지 대안이 실패하고 다른 선택의 여지가 없을 때 행사할 수 있는 것이었다. 아버지는 신자였지만 믿음의 삶을 이해하지 못하셨다.

반면, 형은 믿음에서 힘을 얻었다. 형은 성인이 된 후로 평생을 믿음의 낭떠러지 끝에서 살았다. 형에게는 하나님이 특정한 도전을 헤쳐나갈 수 있게 해주지 않으시면 인생은 지루할 뿐이었다. 그게 아버지를 미치게 만들었다!

신선한 콜라드와 옥수수빵, 양파와 팥 등을 곁들인 맛있는 저녁을 먹은 후 어머니와 누이는 부엌으로 갔고, 식탁 양 끝에 아버지와 형이 남아 있었다. 나는 그 둘 사이에 앉아 있었다. 그때 이 일이 시작되었다.

"얘야, 멀리 가는데 돈은 충분히 있니?"

"아버지, 걱정 마세요. 괜찮을 거예요."

형이 대화의 주제를 바꾸기 전에 아버지가 그 문제를 다시 거론했다. "얘야, 너 수중에 돈이 얼마나 있니?"

형은 미소 지으며 말했다. "저 돈 없어요."

나는 묵묵히 앉아서 말로 하는 이 테니스 경기를 지켜보았다.

"돈이 얼마나 있는 거냐? 너 이제 남미로 갈 거 아니냐! 돈이 얼마나 있어?"

그 말이 끝나자마자 형은 주머니를 뒤져 25센트짜리 동전을 꺼내 식탁 위에 세우더니 엄지손가락으로 조심스럽게 튕겼다. 동전은 나를 지나 아버지가 앉아 있는 식탁 끝으로 천천히 굴러가 아버지 손에 떨어졌다. 아버지가 말했다. "이게 전부냐?"

형은 더 활짝 웃으며 말했다. "네 아버지…정말 흥미진진하지 않나요?"

그 순간 아버지가 기대하신 말은 그게 아니었다. 아버지는 크게 한숨을 쉬고 잠시 뜸을 들이시더니 머리를 절레절레 저으면서 말씀하셨다. "나는 도대체 너를 이해하지 못하겠다."

형도 심각해졌다. 아버지의 눈을 똑바로 쳐다보면서 형이 대답했다. "네, 아버지는 절대 이해 못 하세요."

형이 정말 어떻게 그 여행을 할 수 있었는지, 어떻게 형과 형수가 어린 자녀들을 부양했는지 나는 모른다. 그러나 그들은 절대 배를 곯지 않았다. 그리고 그들은 부에노스아이레스와 남미의 다른 지역에서 30년 넘게 사역했다. 아버지는 대공황을 겪은 세대여서 평생 가난을 두려워하며 살았고, 하나님을 신뢰하는 기쁨을 경험하지 못했다. 아버지의 경험과는 상관없이 형은 그날 하나님을 신뢰한다는 생각에 그렇게 활짝 웃었다.

(참고. 창 15:6, 롬 4:3, 20-22, 갈 3:6, 약 2:23). "재물이 있는 자는 하나님의 나라에 들어가기가 심히 어렵도다"(10:23)는 예수님 말씀은 그 시대가 고수하던 신학을 뒤집는 것이었다. 예수님 시대의 종교 전문가들은 부자들이 소유한 부는 하나님이 축복하셨다는 증거기 때문에 부자들은 하나님 나라에 거처를 보장받았다고 가르쳤다.

주님이 유대인들의 신학을 뒤집으신 것에 제자들이 놀라움을 표하자 그분은 누구든 천국에 들어가기가 참으로 어렵다는 점을 강조하셨다. 그분이 예로 드신 은유는 부자가 하나님이 모든 인류로 대상을 확장하신 은혜를 받기가 얼마나 어려운지 확인해준다.

## —10:26-27—

제자들은 주어진 전제에 대해 논리적으로 질문했다. 하나님과 비교하면 의로운 사람은 아무도 없다. 다른 사람과 비교하면 누구나 상대적으로 부유해 보일 수 있다. 따라서 아무도 하나님 나라에 들어갈 수 없다.

예수님은 오래된 진리를 기억나게 하셔서 제자들의 걱정을 덜어주셨다. 하나님께는 불가능한 일이 없다(참고. 창 18:14, 욥 42:2, 렘 32:17, 슥 8:6, 특히 눅 1:37). 물론 이것은 훗날 제자들이 숙고해야 할 또 다른 진리를 암시한다. 만일 사람들이 재물보다 그리스도를 택하는 것이 불가능하다면, 그런데 하나님께는 불가능한 일이 없다면, 그렇다면 하나님이 구원받을 자들을 선택하셔야 한다(그러나 이 주제 역시 생각해볼 거리로 남겨놓겠다).

## —10:28-31—

베드로는 부자 청년이 어깨를 축 늘어뜨리고 지평선 너머로 사라지는 모습을 지켜보았다. 그러면서 그는 예수님의 제자가 되기 위해 즉석에서 그물과 가족을 버리고 지금까지 자신이 걸어온 길을 돌이켜보았다. 그는 하나님 나라에 들어갈까? 그의 희생은 보상을 받을까? 그게 너무 주제넘었던 것은 아닌가?

예수님은 베드로를 지지하셨고, 그가 정말로 올바른 선택을 했다고 안심시키셨다. 하나님이 우리에게 희생을 요구하실 때는 결국 그보다 몇 배의 수익을 반드시 주실 거라고 설명하셨다. 그러나 이것은 기복 신앙을 가르치는 거짓 선생들이 사용하는 단순한 셈법이 아니다. 그들은 "하나님께 1달러를 드려라(내 은행 계좌를 통해). 그러면 하나님이 100달러를 돌려주실 것이다"고 말한다. 그러나 믿음은 부자가 되기 위한 수단이 아니다. 하나님 나라의 경제 체제는 그보다 훨씬 더 우월하다.

예수님은 우리가 "현세"에서뿐만 아니라 "내세"에서도 백 배의 보상을 받을 것이라고 말씀하셨다(10:30). 이것을 이해하려면, 하나님이 펀드 계좌라는 생각을 버려야 한다. 주님은 우리가 세상 자산을 희생한 것에 대해 보상하지 않으신다. 하나님은 그보다 훨씬 더 멋진 일을 하신다. 하나님은 우리가 하나님께 속한 모든 것에 접근할 수 있는 통로를 열어주셨다. 우리가 이 땅에 있는 모든 것을 내려놓을 때 하나님은 왕국의 온전한 소유권을 우리와 공유하신다. 우리는 그분의 모든 자원을 마음대로 사용할 수 있고, 우리가 왕국에 최선의 이익이 되도록 행동한다는 전제 아래 그분이 소유하신 모든 것을 우리가 사용할 수 있게 된다(참고. 요 14:13-15, 15:7-8, 14-17, 16:23-27).

예수님은 친숙한 전도(顚倒)라는 주제로 돌아가 결론을 내리셨다(참고. 막 9:35). 이때쯤에는 제자들도 그 방식에 익숙해져 있었다. 이 이야기는 왕국 정신은 우리가 소중히 여기는 것들의 순위를 완전히 재배열한다는 사실을 일깨워주었다. 하나님 나라는 세상의 체계를 뒤집는다. 제자들은 이 일을 계기로 예전에 그들이 세상을 바라보던 방식을 버리고 영적으로 예민한 새로운 시선으로 사물을 보게 되었다.

## 적용: 마가복음 10:13-31
### 삶을 바로 세우기

"내 방식을 따르든지 아니면 관두든지"라는 말을 들어본 적이 있을 것이다. 우리가 아는 사람이 이 말을 하면 좋게 받아들여지지 않는다. 우리는 이런 독재적이고 권위주의적인 태도를 밝히는 사람들을 좋아하지 않는다. 그런데 이것이 바로 주님이 그 부자 청년에게 주신 메시지의 요지였다. 그러나 예수님은 평범한 인간이 아니시다. 인간의 육신과 본성을 가지고 계시면서도 완전한 하나님이시기도 하다. 그래서 예수님은 우리의 창조주로서 조건을 제시하실 권리가 있다.

언뜻 보아도 예수님은 한 번 이상 이 말씀을 하셨다. "집 하인이 두 주인을 섬길 수 없나니 혹 이를 미워하고 저를 사랑하거나 혹 이를 중히 여기고 저를 경히 여길 것임이니라 너희는 하나님과 재물을 겸하여 섬길 수 없느니라"(눅 16:13). 그 말씀은 이런 뜻이다. "내 방식을 따르든지 아니면 떠나라. 너희는 부를 추구하거나 하나님 나라를 추구할 수 있다. 이것 아니면 저것이다. 둘 다는 안 된다. 하나를 얻기 위해 다른 하나를 희생해야 한다."

예수님의 말씀은 이기적이 되겠다거나, 그저 그분 마음대로 하시겠다는 뜻이 아니다. 예수님은 우리의 창조자시기 때문에 우리에게 무엇이 최선인지 아신다. 그분은 재물을 열심히 좇다 보면 마음의 고통, 외로움, 우울함, 공허, 허무한 삶으로 이어지며, 내세에서는 그분과 영원히 분리되는 삶으로 귀결된다는 것을 아신다.

실제적인 면에서 이 말씀은 두 가지 대안으로 수렴될 수 있다.

한편으로, 당신의 최우선순위가 부자가 되는 것이라면 무서운 결과를 각오하라. 분명히 말하겠다. 부 자체가 나쁜 것은 아니다. 영적 건강에 해로울 수는 있지만 물질적인 부가 악한 것은 아니다. 그러나 부를 추구하고 부가 최우선순위가 되면 당신의 영혼은 파괴될 수 있다. 가족도 파괴될 수 있다. 가정이 와해될 수 있다. 부를 좇으면 결국 당신 삶은 아무 의미도 찾지 못하고 누더기가 되어 당신 발 앞에 놓이게 될 것이다. 하나님 대신 다른 경쟁상대–당신이 만든 우상–를 섬기면 하나님이 당신에게 간절히 주고 싶어하시는 돌보심, 보호, 인도를 빼앗기게 된다. 그리고 당신의 창조자와 관계가 멀어져 그분과 분리된 채로 죽음을 맞이하면 영원히 그분과 분리된 상태로 있게 될 것이다.

그러나 왕국을 위해 부를 좇지 않으면 수많은 보상을 받을 준비를 하라. 과도하게 부에 집착하지 않고 하나님 나라의 일원이 되기로 결단할 때 당신은 비로소 하나님이 하나님 되시게 한다. 그렇다, 하나님은 당신을 재물로 축복하실 수도 있다. 그러나 당신은 계속 그분의 왕국과 그분의 선하심을 우선순위에 둘 것이나(마 6:33).

반면, 하나님은 당신이 예수님과 제자들처럼 검소한 삶을 살게 하실 수도 있다. 만일 그렇다면 당신은 부자들이 종종 많은 돈을 들여 맛보려고 하는 만족감을 경험하게 될 것이다. 당신이 하나님의 자리에 하나님을 모실 때 그분도 당신에게 필요한 것을 주실 수 있게 된다. 하나님은 당신보다 당신을 더 잘 아신다.

당신이 주님을 아직 만나지 못했다면 지금 그분을 만나기 바란다. 선한 일을 하거나 선한 사람이 된다고 그분을 만날 수 있는 것이 아니다. 당신 모습 그대로 그분께 나아가 믿음으로 그분의 칭의와 구속을 받아들이면 그분을 만날 수 있다.

> 너희는 그 은혜에 의하여 믿음으로 말미암아 구원을 받았으니 이것은 너희에게서 난 것이 아니요 하나님의 선물이라 행위에서 난 것이 아니니 이는 누구든지 자랑하지 못하게 함이라(엡 2:8-9).

우리는 오직 그리스도만 우리 죄를 용서하실 수 있다고 믿음으로써 하나님이 주시는 구원의 선물을 받는다. 당신은 그리스도 한 분만을 당신의 구세주로 신뢰함으로써 그분을 만나고 그분과의 관계를 시작할 수 있다. 여기 당신의 믿음을 표현할 수 있는 간단한 기도문이 있다.

> 사랑하는 하나님,
>
> 저는 저의 죄로 인해 당신과 저 사이에 간극이 생겼다는 것을 압니다. 당신의 아들 예수님을 보내셔서 저 대신 죽으심으로 그 간극에 다리를 놓아주신 것에 감사드립니다. 저는 오직 예수님만 저의 죄를 용서하실 수 있음을 믿습니다. 저는 예수님이 주시는 영생의 선물을 기꺼이 받아들입니다. 예수님이 저의 구원자이자 제 삶의 주인이 되어주시기를 간구합니다. 감사합니다. 예수님의 이름으로 기도합니다. 아멘.

## 예언, 야망, 복종(마가복음 10:32-45)

32예루살렘으로 올라가는 길에 예수께서 그들 앞에 서서 가시는데 그들이 놀라고 따르는 자들은 두려
워하더라 이에 다시 열두 제자를 데리시고 자기가 당할 일을 말씀하여 이르시되 33보라 우리가 예루
살렘에 올라가노니 인자가 대제사장들과 서기관들에게 넘겨지매 그들이 죽이기로 결의하고 이방인
들에게 넘겨 주겠고 34그들은 능욕하며 침 뱉으며 채찍질하고 죽일 것이나 그는 삼 일 만에 살아나리
라 하시니라

35세베대의 아들 야고보와 요한이 주께 나아와 여짜오되 선생님이여 무엇이든지 우리가 구하는
바를 우리에게 하여 주시기를 원하옵나이다 36이르시되 너희에게 무엇을 하여 주기를 원하느냐 37여
짜오되 주의 영광중에서 우리를 하나는 주의 우편에, 하나는 좌편에 앉게 하여 주옵소서 38예수께서

이르시되 너희는 너희가 구하는 것을 알지 못하는도다 내가 마시는 잔을 너희가 마실 수 있으며 내가
받는 세례를 너희가 받을 수 있느냐 39그들이 말하되 할 수 있나이다 예수께서 이르시되 너희는 내가
마시는 잔을 마시며 내가 받는 세례를 받으려니와 40내 좌우편에 앉는 것은 내가 줄 것이 아니라 누
구를 위하여 준비되었든지 그들이 얻을 것이니라
41열 제자가 듣고 야고보와 요한에 대하여 화를 내거늘 42예수께서 불러다가 이르시되 이방인
의 집권자들이 그들을 임의로 주관하고 그 고관들이 그들에게 권세를 부리는 줄을 너희가 알거니와
43너희 중에는 그렇지 않을지니 너희 중에 누구든지 크고자 하는 자는 너희를 섬기는 자가 되고 44너
희 중에 누구든지 으뜸이 되고자 하는 자는 모든 사람의 종이 되어야 하리라 45인자가 온 것은 섬김
을 받으려 함이 아니라 도리어 섬기려 하고 자기 목숨을 많은 사람의 대속물로 주려 함이니라

---

이번 여행은 예수님이 예루살렘으로 가시는 마지막 여행이 될 것이다. 예수님은 이 땅에 사시는 동안 여러 차례 예루살렘에 가셨다. 건강한 유대인 남자라면 모두 참석해야 하는 축제가 일 년에 세 차례 있었는데, 예수님은 적어도 열두 번째 생일 이래로 매년 참석하셨다(신 16:16, 눅 2:42). 예수님은 꼭 참석하지 않아도 되는 절기에도 많이 참석하셨고, 그 성스러운 도성 주변에서 자주 사역하셨다. 그러나 이번 여행은 다를 것이다. 이번에 예수님이 예루살렘에 걸어 들어가시면 등에 십자가를 지고 걸어 나오실 것이다. 죽음이 그곳에서 예수님을 기다리고 있었고, 그분은 그것을 알고 계셨다.

그러나 열두 제자는 여전히 예수님이 자신의 고난과 죽음에 대해 하신 말씀을 받아들이려 하지 않았다. 사실 그들의 머리 속은 온통 구름이 낀 것처럼 보인다. 이 단락에서 예수님이 자신이 굴욕적으로 처형당하실 것을 말씀하실 때에도 야고보와 요한은 예수님 옆에 있는 영광의 보좌에서 다스릴 일에 온통 관심이 쏠려 있는 것을 보면 놀랍기만 하다. 이 단락을 읽는 동안 제자도의 핵심인 진정한 섬김의 정신에 대해 성찰할 수 있도록 예수님이 우리를 인도하실 것이다.

## —10:32-34—

예수님은 랍비들의 관습에 따라 학생들을 데리고 짧은 도보 여행을 하셨다. 마가는 "그들 앞에 서서 가시는데"(10:32)라는 구절에서 이것을 강조한다. 이런 광경은 예수님을 스승으

로 모신 제자들의 실생활이었지만, 동시에 부름 받은 그리스도인의 삶이 어떠한 것인지를 보여주는 귀감이 되기도 한다. 예수님은 제자들 앞에서 고난의 길을 걸으셨다. 제자들은 예수님이 어디로 이끄시든 따라갔다. 머지않아 네로의 참혹한 고문을 당하게 될 로마 신자들에게도 좋은 예가 되었을 것이다.

과거 몇 년 동안 이 여행은 즐거웠다. 그러나 이번에는 그렇지 않았다. 예수님은 당신이 당할 고난과 죽음, 부활을 전에도 여러 번 예언하셨지만, 그런 일은 머나먼 미래에나 가능할 것처럼 느껴졌다. 그러나 이제는 그렇지 않았다. 주님은 고난을 향해 결연히 걸어가셨고, 제자들은 놀라서 그분을 지켜보았다. 시간이 흐르면서 제자들은 장차 그들에게 닥칠 일이 점점 두려워졌다.

예루살렘에서 그들을 기다리고 있는 공포가 어떤 것인지 그 상세한 내용을 아는 것과 아무것도 모르는 것 중 무엇이 더 나쁠지는 말하기 어렵다. 때로는 현실에서 가능한 것보다 상상력이 훨씬 나쁜 것을 생각할 수 있다. 그러나 이 경우는 그렇지 않았다. 예수님은 제자들이 두려움에 시달리지 않도록 그들을 준비시키는 것이 상책이라고 생각하셨다. 그래서 그들을 조용히 불러내 앞으로 일어날 모든 일을 설명하셨다.

예루살렘에서 예수님은 "넘겨"지실 것(10:33)이다. 이 동사에는 배반의 의미가 함축되어 있다. 예수님은 성전 대제사장들과 그들을 섬기는 구약 율법 전문가인 서기관들 앞으로 끌려가실 것이다. 대제사장들이 임명되는 절차는 통상 세속적인 통치자가 대제사장을 임명하는 복잡한 정치 체제 안에서 이루어졌다.[16] 그런 다음 대제사장들은 그들의 권력을 사용해 측근들을 주변에 두었다. 이런 허울뿐인 대제사장들은 직책상 성전의 통치자였지만, 일상 업무는 레위인이 계속 수행했다.

마카비 혁명 직후부터 유대인들은 대제사장에게 왕족의 색인 보라색과 금색 옷을 입히고 대제사장 직분을 가진 사람을 왕에 필적하는 지도자로 보기 시작했다(마카베오 상 14:35-49). 그때 이후 대제사장은 메시아의 자리를 보존하고 있다가 메시아가 오시면 보좌를 비워주는 것으로 이해되었다(마카베오 상 14:41). 그러나 실제로 일단 큰 권력의 맛을 보면 그것을 포기할 수 있는 사람은 매우 드물다.

예수님은 성전 당국자들이 이방인들에게 "그분을 넘겨"줄 것이라고 예언하셨는데, 이는 메시아는 말할 것도 없고 어떤 유대인에 대해서도 극악한 배신 행위였다. 그다음 이방

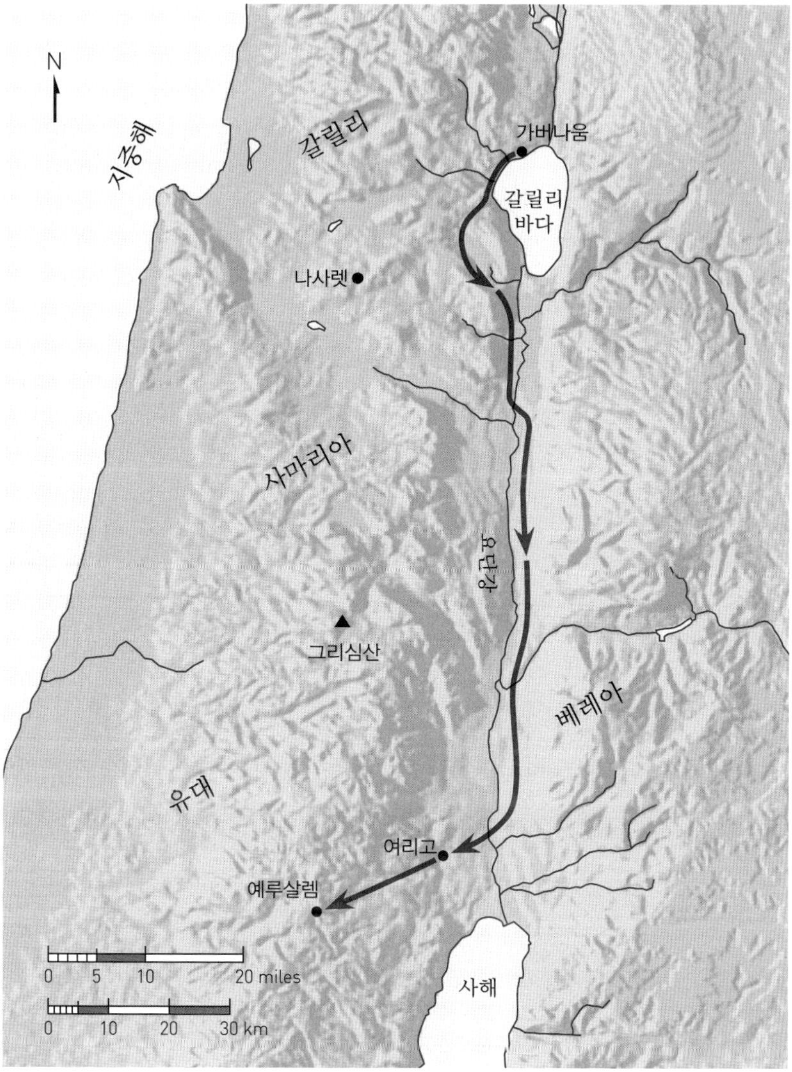


갈릴리의 유대인들은 성전에서 유월절을 축하하려고 부정한 사마리아인들을 피해 이 경로로 예루살렘에 왔다.

인들은 예수님을 욕보인 후 죽일 것이다. 그리고 그렇게 죽으신 후 삼일 째 되는 날 그분은 다시 살아나실 것이다.

주님은 '연사접용'이라는 서사 형태를 사용하셨다. 연사접용이란 말 그대로 '많은 것이 함께 묶인 것'이라는 뜻이다. 이것은 사건을 연속해서 연결하기 위해 일련의 접속어를 잇따라 길게 나열하는 방식이다. 소설가들은 이런 방식으로 사랑하는 사람의 헌신을 표현할 수 있다. “죽음을 피할 수 없는 육신에 대한 어떤 걱정도, 우울도, 두려움도, 고통도, 위협도 그가 사랑하는 이에게서 그를 떼어놓을 수 없을 것이다.” 이 형식은 감정적으로 강한 영향을 미치기 위해 무언가를 만들고 혼합하는 방식이다. 예수님은 당신의 사람들이 앞에 무엇이 놓여 있는지 깨닫고 준비가 되어 있기를 바라셨다. 끔찍한 일들이 돌연히 시작되어 빠르게 전개될 것이다.

## —10:35-37—

불행히도 주님의 경고는 열두 제자의 주의를 끌지 못했다. 사실 제자들은 참담할 정도로 둔감해 보인다. 예수님은 앞으로 닥칠 무서운 일을 설명하시느라 숨이 가빠지셨는데 야고보와 요한이 쭈뼛거리며 다가와 요청했다. 그들의 말은 사실 이런 뜻이었다. “주님께 요청할 게 있는데요. 꼭 들어주시겠다고 약속해주세요.” 그런 다음 그들은 정치만큼이나 오래된 정략을 펼쳤다. 관직 얻기. 그것은 정치적 새치기와 같은 것이다. 능력을 인정받기까지 기다리지 마라. 의사 결정자의 환심을 사서 과감하게 원하는 직책을 요청하라. 그들은 거침이 없었다.

주님의 “우편”과 “좌편”에 앉는 것(10:37)은 도래할 왕국에서 각각 두 번째와 세 번째 직급을 의미했다. 예수님은 거부와 굴욕, 고난과 고문 그리고 죽음을 준비하고 계셨는데, 그분과 가장 가까운 동료들은 예수님이 곧 이스라엘 왕으로 다스리실 때 권력을 차지하려고 다투고 있었다. 그들이 상상한 “영광”은 예수님이 보라색과 금색 옷을 입고 색종이 테이프가 흩날리는 퍼레이드를 하며 환영받는 것이었다. 제자들은 예수님이 하신 말씀을 하나도 듣지 않았다. 그래서 그들은 자기들이 당면한 미래를 짐작조차 못했다.

## —10:38-40—

마가는 이 순간에 문학적 아이러니를 꽤 효과적으로 사용한다. 독자는 예수님을 기다리고 있는 운명을 잘 알고 있다. 주님과 제자들이 권력과 지위, 리더십과 책임의 문제를 바라보는 시각은 완연히 달랐다. 부패한 세상 체제에 따라 사람들은 권력의 자리를 수단 삼아 자기들의 욕심을 채운다. 그들은 자기들의 직함을 지키려고 통치를 잘할 뿐이다. 하나님 나라에서 권력은 나누어 주는 것이며, 가장 높은 자리가 가장 지위가 낮은 종에게 주어진다. '정상'에 오르는 길은 자기 희생과 고난으로 포장되어 있다. 장차 예수님은 어떤 인간도 감당할 수 없는 고난을 받으심으로 새 왕국 질서를 세우실 절대 주권자가 되실 것이다.

예수님이 제자들에게 그분이 당하실 고난을 그들도 당할 수 있겠는지 물으시자 야고보와 요한은 "할 수 있나이다"(10:39)라고 답했다. 시간이 지나면 그들은 그렇게 될 것이다. 야고보는 복음을 위해 죽임을 당하는 최초의 제자가 될 것이다. 요한은 살아서 그의 친구들이 모두 핍박의 세례를 받은 후 순교의 쓴 잔을 마시는 것을 볼 것이다. 요한도 고문을 받고 밧모라는 불모의 섬으로 여러 해 동안 유배될 것이다. 그렇지만 두 남자는 그들이 맞이하겠다고 약속한 운명에 대해 아무것도 몰랐다.

로마의 불확실한 시대에 직면해 있는 마가의 원 독자들에게 이것이 미칠 영향을 상상해보라. 제자들은 그들을 기다리고 있는 "세례"나 "잔"에 대해 준비되어 있지 않았다. 적어도 그 순간에는. 그러나 진실의 순간이 다가오면 그들은 '할 수 있을' 것이다. 하나님이 그들을 할 수 있게 만드셨기 때문이다.

## —10:41-45—

다른 열 명의 제자는 이 대화를 듣고 "화를" 냈다(10:41). 이 헬라어는 어린아이들이 예수님께 오는 것을 제자들이 막았을 때 예수님이 하신 반응을 묘사할 때도 사용되었다. 이 화는 도덕적 과오에 대한 의로운 분노다. 그들은 화를 낼 만했다. 물론, 야고보와 요한이 먼저 예수님께 다가갔기 때문에 화가 났을 수도 있다. 그들 역시 미래의 왕국에서 '귀빈석'을 차지하기를 간절히 원했다.

그들의 발끈한 감정이 추해지기 전에 예수님은 제자들을 불러 이전에 하셨던 강론을 복습시키셨다(참고. 9:35: 10:31). 예수님은 "이방인"(10:42)이라는 용어로 세상 지도자들의 행태를 설명하셨다. 유대인 지도자들도 사실 동일한 권력 남용의 죄를 지었지만, 그것은 다만 그들이 하나님이 세우신 히브리인의 패러다임을 버렸기 때문이다. 성전 당국자들, 사두개인들, 헤롯당들은 이방인의 리더십과 권력 모델을 취했다. 이방인들은 권력을 자기들의 이익을 위해 다른 사람들을 통제하는 수단으로 사용한다.

예수님은 이렇게 말씀하셨다. "너희 중에는 그렇지 않을지니"(10:43). 권력은 섬기기 위한 것이다. 부패한 세상 체제에서는 노예들이 주인 앞에 무릎을 꿇고, 시민들은 왕에게 고개를 숙인다. 하나님 나라에서는 왕이 고개 숙여 국민을 섬기고, 우리에게도 그렇게 하라고 명하신다(요 13:5-15). 실제로 예수님은 그분의 왕국에서 가장 큰 권세를 가진 자들에게 "모든 사람의 종"이 되라고 하신다(참고. 막 10:44).

우리는 기독교화된 문화, 즉 민주적이고 자본주의적인 문화에서 살고 있기 때문에 예수님의 가르침이 1세기에 얼마나 급진적이었는지 온전히 실감하지 못한다. 자유로운 로마인들과 헬라인들은 노예의 신분을 수치스럽게 생각했다. 그들은 노예가 되느니 차라리 생을 빨리 마감하고 말 것이다. 더구나 그들은 권위라는 잣대로 개인의 위대성을 측정했다. 실제로, 그들은 가장 강력한 나라의 최고 주권자인 로마 황제를 신과 같은 존재로 생각했다. 황제는 알려진 세계의 많은 부분을 지배할 힘을 소유했기 때문이다.

예수님은 왕국의 지휘 체계와 세상의 지휘 체계를 대조하시면서 당신을 CSO(Chief Serving Officer, 최고 봉사 요원)라고 선언하셨다. 영원한 하나님의 아들이 섬김을 자신의 임무라고 설명하셨다. 마가는 *diakoneō*(1247)라는 헬라어를 골라 썼는데, 원래는 '식사 시중을 들다'는 뜻이다. 넓은 의미에서는 '중재자 역할을 하다', '중개자/대리인 역할을 하다' 또는 '자진해서 돕다'는 의미다.[17]

이 말씀이 만지기만 해서 병을 치유하고, 날씨를 즉석에서 변화시키며, 수천 명에게 먹을 것을 공급하시고, 그 앞에서 귀신들을 떨게 하실 수 있는 분의 입에서 나왔다. 한 해설자가 썼듯이, "하나님 나라의 윤리가 세상 윤리와 가장 첨예하게 충돌하는 부분은 권력과 섬김의 문제다."[18]

## 적용: 마가복음 10:32-45

### 섬김의 참 의미

지난 몇 년 사이 나는 추한 것들을 그럴듯하게 포장하거나 문제의 본질을 은폐하려고 하는 용어들에 대해 특별한 혐오감을 갖게 되었다. 좋은 예가 상원의원이나 총리가 자신들을

# 묵상의 서재

## 얼간이 박사 목사님(마가복음 10:42-45)

나는 친구의 부탁으로 소규모 텔레비전 공개 토론회에 참여했던 적이 있다. 프로그램 제작자였던 친구가 말했다. "오늘 오후에 다른 출연자 한 사람을 좀 마중해주겠나? 출연자가 너무 많아 일일이 스튜디오로 데려오기에는 시간이 빠듯하네. 그러니 자네가 참가자 중 한 사람을 데려와주면 좋겠네. 그분은 작은 성경학교 총장이야."

나는 청바지에 티셔츠, 재킷을 입고 있었다. 동료와 나는 공항 출구에서 기다렸지만 그 사람을 만나지 못했다. 나는 동료에게 말했다. "수하물 찾는 곳에 가서 만나는 게 좋겠어." 내려가는 길에 우리는 모자를 꾹 눌러쓰고, 넥타이를 졸라매고, 판자처럼 빳빳하게 풀 먹인 셔츠로 한껏 차려입은 그 사람을 만났다. 나는 팔꿈치로 동료를 쿡 찌르면서 말했다. "저 사람이 분명해."

나는 그에게로 걸어가면서 이름을 불렀다. "아무개 씨인가요?"

그는 가방을 우리에게 건네주면서 이렇게 대답했다. "네, 아무개 박사입니다."

동료와 나는 그의 가방을 들며 말했다. "저희가 상상했던 그대로시군요."

그가 말했다. "아, 그래요? 총장처럼 보이는 게 어떤 건가요?"

나는 이렇게 말하고 싶었지만 꾹 참았다. '얼간이, 얼간이 중에서도 둘째가라면 서러울 얼간이!'

그날 밤 참가자들은 모두 같은 숙소에서 묵었는데, 어떤 사람-나는 누군지 모른다-이 새벽 2시에 버드 라이트 맥주['버드'(Bud)는 영어로 풋내기라는 의미도 있다-역주]와 프레첼을 그 사람 방에 배달했다. 흐음….

혹시 당신이 세상의 이목과 대중의 갈채를 원한다면 우리 부탁을 하나 들어주었으면 한다. 부디 종교의 이름을 내걸지 말고 다른 직업을 찾으라. 당신은 그 대의를 망칠 것이다.

'공복'(public servant)이라고 부르는 것이다. 그들은 마치 공직을 억지로 떠맡았고, 마지못해 그런 정치 권력의 고삐를 쥐게 된 양 말한다. 대부분 이런 정치인들은 오랫동안 힘겹게, 때로는 무자비하게 이 권력의 사다리를 올라와 그 자리를 차지했다.

나는 또 '교회 성장'이라는 말에 문제가 있다고 생각한다. 이 경우 '성장'은 성숙이나 경건이 아니라 사람 수를 의미한다. 많은 사역자가 많은 사람을 원하는 이유는 교인 수의 증가가 자존심을 세워주기 때문이다. 한 성경 강해자가 이 점을 잘 표현했다.

> 우리 세계 '(심지어 교회)는 야고보와 요한들, 야망과 출세를 좇는 사람들, 명예와 특권을 갈망하는 사람들, 성과로 삶의 가치를 측정하며 끊임없이 성공을 꿈꾸는 사람들로 넘쳐난다.'[19] 우리는 사람들에게 다가가기 위해서가 아니라 정상에 오르기 위해, 교회의 슈퍼스타가 되기 위해 설교하는 설교자들을 주변에서 쉽게 볼 수 있다. 그런 사람들은 예수님의 제자가 되는 것을 계급과 특권을 얻는 것으로 생각한다. 그들은 예수님을 그들을 위해 일을 성취해주고 그들을 유력자로 만들어줄 존재로 생각한다….
>
> 성경에 쓰인 모든 경고에도 불구하고, 이교도의 가치가 계속 교회를 잠식하면서 행동을 지배하고 있다. 많은 사역자가 여전히 대형 교회나 기관 또는 교단의 대표 자리에 오르고 싶어하고, 전국적으로 발행되는 잡지에 유력자로 소개되기를 꿈꾼다. 이런 사람들은 목적을 이루는 과정에서 다른 사람들이나 그리스도의 사역을 힘들게 하는 것도 아랑곳하지 않으며, 어떤 희생을 치르더라도 목적을 달성하겠다는 일념으로 꿈을 이루는 경우가 비일비재하다. 그래서 교회는 비기독교인들의 세계와 별반 다르지 않아 보이는 권력 투쟁을 겪어야 했다.
>
> 그러나 교회 지도자들이 권력의 자리를 놓고 서로 경쟁하면 교회는 번영할 수 없으며, 이런 일이 반복되면 분노와 증오를 낳게 된다.[20]

나는 비명을 지르고 싶을 만큼 이런 행태를 많이 보아왔다. 실제로 목사들이 모이는 총회에 가보면 어김없이 자기들의 교회가 얼마나 커졌는지, 또는 지난달에 얼마나 많은 사람이 세례를 받았는지 따위의 이야기를 하지 못해 안달하는 자기도취에 빠진 오만한 목사들로 득실댄다. 나는 "너희 사역이 얼마나 커졌는지, 얼마나 많은 사람이 교회에 나오는지 말해보라"는 구절을 성경에서 보지 못했다.

더 큰 권력과 더 유력한 유명 인사를 찾아다니지 말고, 그리스도의 인도하심을 따라 더 많이 섬길 수 있는 기회를 찾도록 하자. 교회에서 사람들의 이목을 끄는 자리를 찾은 다음, 그것을 섬김이라고 말하라는 뜻이 아니다. 내 말은 당신을 지켜보는 사람들이 거의 없는 곳에 가서 다른 사람들이 꺼리는 궂은일을 하고, 아무에게도 당신이 한 일을 말하지 말라는 뜻이다. 우리가 정기적으로 이렇게 할 수 있고, 사람들에게 인정받을 생각을 하지 않게 되면, 그때 비로소 그 말에 담긴 진정한 의미에서 우리 자신을 종이라고 부를 수 있을 것이다.

## 왕이 나귀 위에서 무엇을 하시는가?(마가복음 10:46–11:11)

46그들이 여리고에 이르렀더니 예수께서 제자들과 허다한 무리와 함께 여리고에서 나가실 때에 디매
오의 아들인 맹인 거지 바디매오가 길 가에 앉았다가 47나사렛 예수시란 말을 듣고 소리 질러 이르되
다윗의 자손 예수여 나를 불쌍히 여기소서 하거늘 48많은 사람이 꾸짖어 잠잠하라 하되 그가 더욱 크
게 소리 질러 이르되 다윗의 자손이여 나를 불쌍히 여기소서 하는지라 49예수께서 머물러 서서 그를
부르라 하시니 그들이 그 맹인을 부르며 이르되 안심하고 일어나라 그가 너를 부르신다 하매 50맹인
이 겉옷을 내버리고 뛰어 일어나 예수께 나아오거늘 51예수께서 말씀하여 이르시되 네게 무엇을 하여
주기를 원하느냐 맹인이 이르되 선생님이여 보기를 원하나이다 52예수께서 이르시되 가라 네 믿음이
너를 구원하였느니라 하시니 그가 곧 보게 되어 예수를 길에서 따르니라

11:1그들이 예루살렘에 가까이 와서 감람 산 벳바게와 베다니에 이르렀을 때에 예수께서 제자 중 둘을
보내시며 2이르시되 너희는 맞은편 마을로 가라 그리로 들어가면 곧 아직 아무도 타 보지 않은 나귀
새끼가 매여 있는 것을 보리니 풀어 끌고 오라 3만일 누가 너희에게 왜 이렇게 하느냐 묻거든 주가
쓰시겠다 하라 그리하면 즉시 이리로 보내리라 하시니 4제자들이 가서 본즉 나귀 새끼가 문 앞 거리
에 매여 있는지라 그것을 푸니 5거기 서 있는 사람 중 어떤 이들이 이르되 나귀 새끼를 풀어 무엇 하
려느냐 하매 6제자들이 예수께서 이르신 대로 말한대 이에 허락하는지라 7나귀 새끼를 예수께로 끌고
와서 자기들의 겉옷을 그 위에 얹어 놓으매 예수께서 타시니 8많은 사람들은 자기들의 겉옷을, 또 다
른 이들은 들에서 벤 나뭇가지를 길에 펴며 9앞에서 가고 뒤에서 따르는 자들이 소리 지르되

호산나
찬송하리로다 주의 이름으로 오시는 이여
10찬송하리로다 오는 우리 조상 다윗의 나라여
가장 높은 곳에서 호산나 하더라

11예수께서 예루살렘에 이르러 성전에 들어가사 모든 것을 둘러 보시고 때가 이미 저물매 열두 제자를 데리시고 베다니에 나가시니라

---

예수님은 참 매력적인 분이다. 말 그대로 매력이 있다는 뜻이다. 예수님께는 매혹적이고, 마음을 사로잡으며, 거부할 수 없는 매력이 있다. 사람들은 최소한 예수님의 예측을 불허하는 면에 매료된다. 그분은 예상치 못한 말을 하시고, 예측할 수 없는 행동을 하셨다. 마가의 내러티브에 나오는 다음 두 이야기가 예수님의 이 두 가지 면모를 보여준다.

예수님의 삶은 사람들의 기대에 어긋났지만, 오래전 구약성경의 선지자들이 이미 여러 글에서 예언했다. 다음에 나오는 두 이야기는 예수님이 이스라엘 백성이 고대하던 메시아이심을 보여주는 초기의 예언들을 바탕으로 한다. 이 일화는 예수님이 예루살렘으로 가시는 마지막 여정의 마지막 구간에서 발생했다. 예수님은 예루살렘에서 구약성경에 나오는 많은 약속을 성취하실 것이다.

## —10:46-47—

갈릴리에서 예루살렘으로 향하는 전통적인 경로는 요단강 동쪽으로 가는 것이었다. 이 경로로 가면 유대인들이 혼혈과 영적 타협으로 더럽혀졌다고 생각하는 사마리아를 피해 갈 수 있었다(323페이지 지도 참조). 예수님은 사역하시면서 사마리아와 그 주변 지역도 자주 다니셨다. 예수님은 그들의 혈통과 상관없이 잃어버린 자들을 찾아 구원하러 오셨기 때문이다. 이번에 그분은 대상(隊商)들과 함께 전통적인 경로로 가셨다. 수백 명의 유대인이 유월절을 앞두고 그 길을 줄지어 걸어가고 있었을 것이다.

여리고는 예루살렘으로 가는 대상로(隊商路) 위에 있었고, 이 신성한 도시로 이어지는 힘든 구간이 시작되기 전 마지막 정거장이었다. 예수님은 여리고 근처에서 순례자들에게 동냥을 하기 위해 길가에 앉아 있던 한 눈먼 거지와 마주치셨다. 물론 거지가 그 사람뿐이었던 것은 아니다. 유월절 순례 기간에 그 도로에는 거지들이 진을 치고 있었을 것이다.

이 특별한 여행자 무리는 아마도 예수님이 예루살렘으로 행진해 왕권을 주장하기 위해 정치적, 종교적 운동을 시작하실 것을 기대하고 예수님께 합류했을 것이다. 그들에게 이

행렬은 메시아의 행진이었다. 그 거지가 그들이 떠드는 소리를 우연히 들었다면 예수님이 자신을 메시아라고 주장했고, 그분과 함께 있는 무리는 그분의 주장을 믿고 있다는 사실을 알 수 있었을 것이다. 그는 "나사렛 예수"라는 이름을 듣자마자 바로 "다윗의 자손"이라는 메시아의 호칭으로 그분을 불렀다(10:47, 참고. 삼하 7:8-16, 사 11:1-5, 렘 23:5-6, 겔 34:23-24).

마가복음은 이 거지가 디매오의 아들 바디매오라고 밝힌다(막 10:46). 이렇게까지 자세히 밝히는 것을 보면 마가의 독자들이 한때 시각 장애인이었던 이 남자를 예수님의 추종자로 알고 있었다고 추정할 수 있다. 그는 기독교 운동 초기에 유명한 지도자가 되었을 수도 있다. 그 남자는 메시아라는 호칭으로 예수님을 부르면서 자비를 구했다.

## —10:48-49—

10장 47절에 "소리 지르다"로 번역된 헬라어는 *krazō*(2896)다. 한 사전에는 '격하게 절규하다', '외치다', '비명을 지르다', '외마디 소리를 지르다', '이해할 수 없는 말을 크게 외치다'로 정의되어 있으며, '정신 장애가 있는 사람, 간질 환자, 또는 그들 안에 있는 악령들'에게 사

### 여리고(마가복음 10:46)

사해 바다 북쪽, 해수면보다 약 250미터 낮은 요단강 골짜기에 들어 앉아 있는 여리고는 지구상에서 가장 낮은 곳에 위치한 도시 중 하나다. 그러면 살기에 매우 열악할 것 같지만, '종려나무의 도시'라고 불리기에 조금도 부족하지 않을 만큼 중동 지역에서 방문하기에 가장 아름다운 곳 중 하나다. 실제로 1세기 유대인 역사가 요세푸스는 여리고를 "유대에서 가장 비옥한 지역. 발삼 나무를 비롯해 많은 야자수가 있다. 여리고 사람들은 야자나무의 싹을 날카로운 돌로 베어 그 상처에서 눈물처럼 떨어지는 수액을 받는다"[21]고 묘사했다. 요세푸스는 계속해서 말한다. "그 외에도 이 나라는 양봉으로 꿀을 생산한다. 또한 그 지역에서 나는 모든 과실 중 가장 귀중한 발삼이 생산되며, 그 외에도 사이프러스 나무, 아시아 자두 나무도 있다. 그러니 이렇게 희귀하고 질 좋은 나무들이 풍성한 이곳을 누가 거룩한 땅이라고 선언해도 과언이 아닐 것이다."[22]

여리고는 온화한 기후 때문에 왕족들을 위한 최적의 휴양지가 되었다. 왕족들은 그곳에 수영장, 널따란 정원, 목욕탕, 경마장, 극장 등을 갖춘 거대한 궁궐을 지었다. 또 이 도시는 고대 세계에서 가장 통행량이 많은 무역로 가운데 하나에 자리잡고 있었는데, 이 무역로는 북부 이스라엘의 주요 연안 도시들과 남쪽의 애굽까지 연결되었다.

이 비옥하고 화려한 도시는 예루살렘으로 가는 유대인들이 즐겨 찾는 휴식처가 되었다. 순례자들은 노상 강도들이 출몰하는 바위 투성이의 구불구불한 길을 올라가야 했는데, 35킬로미터가 채 안 되는 구간에 900미터를 올라가야 하는 가파른 길이었다. 순례자들은 이 길을 오르기 전에 기력을 회복할 필요가 있었다.

용된다.[23] 이것은 오랜 세월 거지로 살아온 사람이 "장님에게 한 푼만 주세요"라고 외치는 틀에 박힌 소리가 아니었다. 그는 모든 존엄성과 자제심을 내팽개치고 목청껏 외치면서 시선을 끌었다. 다른 사람들이 조용히 시키려고 했지만, 예수님은 그 사람의 절박한 외침을 들으시고 직접 불러내셨다.

그의 외침은 주효했다. 예수님은 가던 길을 멈추셨고, 할 수 없이 주변에 있던 군중도 멈춰 섰다. 그런 다음 예수님은 제자들에게 "그를 부르라"[10:49, *phōneō*(5545)]고 지시하셨다. 여기서 '부르라'는 말은 그 남자의 간절한 "외침"과 대비된다. 마가는 종종 자비를 구하는 호소를 묘사할 때 이 단어를 사용한다(3:11, 5:7, 9:24). 이 경우 자비를 외치는 소리에 '불러서 오게 하라'는 답이 돌아온다.

## —10:50-52—

바디매오는 예수님의 부르심에 즉각 응했다. 그러자 주님은 그에게 깜짝 놀랄 질문을 하셨다. 우리에게는 답이 분명해 보일 것이다. 그러나 그것은 우리가 예수님을 기적을 행하시는 하나님의 아들이며, 자비를 베푸시는 구원자로 받아들였기 때문이다. 그 질문은 믿음을 시험하는 것이었다. "네게 무엇을 하여 주기를 원하느냐"(10:51)는 질문에는 이런 답이 나올 수 있었다. "가난한 시각 장애인을 위해 몇 푼만 주십쇼, 선생님." 그가 이전에 다른 여행자들에게 구걸했던 것을 예수님께도 요청했다면 그것이 그가 가진 믿음의 요체며, 삶의 우선순위임이 드러났을 것이다. 너무나 많은 사람이 예수님께 너무 적게 요구한다. 그들은 하나님의 용서와 자비, 구원의 은혜를 요구하고 넉넉히 받을 수 있는데, 비참하게 죄의 노예로 살면서 가외로 최소한의 위로를 구한다.

나는 이 구절과 유사한 누가복음의 구절(18:39-42)을 이렇게 주해했다. "여기에는 볼 수 있는 눈을 가진 자들을 위해 숨겨진 의미가 있다! 그 남자의 육체적 실명은 그가 처한 영적 상태를 반영했다."[24] 다행히, 그는 돈 몇 푼에 만족하지 않았다. 그는 하나님만 주실 수 있는 것을 요청했다. 그는 볼 수 있게 해달라고 요구했다. "보기를"로 번역된 단어는 *anablepō*(308)인데, '시력을 되찾다' 또는 신약 성경 저자들이 즐겨 사용하던 대로 "위를 쳐다보다"(막 6:41, 7:34, 8:24, 16:4)는 뜻이다. 예수님은 그 사람의 요청을 이중적인 의미로 받아들이셨고, 그가 믿음을 소유했다는 분명한 징표로 보셨다. 그래서 주님도 이중적인 의미를 가진 말로 응대하셨다. "네 믿음이 너를 낫게 하였다"(『현대인의 성경』, 10:52). "낫게 하였다"로 번역된 헬라어는 *sōzō*(4982)로, '내가 구하다'는 뜻이다. 의미는 맥락에 따라서 결정된다. 바디매오가 시각 장애에서 구속되었다는 의미도 있고, 또 다른 의미로는 죄에서 구원받았다는 뜻도 된다.

마가는 바디매오가 기적에 응답하여 예수님을 따라갔다고 명시한다. "따르니라"의 미완료시제는 문법 전문가들이 기동 미완료(Ingressive imperfect)라고 일컫는 것으로, 행위 주체가 무언가를 시작한 다음 계속 진행한다는 뜻이다. 바디매오는 바로 그날부터 시작해 남은 생애 내내 예수님을 따랐다.

## —11:1-6—

여리고에서 예루살렘 외곽으로 이르는 험난한 길을 힘겹게 오르신 예수님은 예루살렘에 들어갈 채비를 하셨다. 예수님은 적들이 모르는 예루살렘 인근 지역에 숙소를 수배하려고 잠시 멈추셨다. 요한복음은 예수님이 베다니에 있는 친구 나사로와 그의 두 자매 마르다와 마리아가 함께 살고 있는 집에 묵으셨다고 기술한다(요 12:1-2). 베다니는 예루살렘 성벽에서 약 3킬로미터 떨어진 감람산 동쪽 경사면에 위치한 작은 마을이었다(슥 14:4).

예수님과 제자들은 여리고에서 예루살렘으로 갔다. 요한복음에 따르면 일행은 베다니에 있는 마르다와 마리아, 나사로의 집에 머물렀다.

예수님은 애굽의 속박에서 이스라엘이 해방된 것을 축하하기 위해 예루살렘에서 벌어진 유월절 축제에 최소한 스무 차례 참여하셨다. 전에도 숱하게 이 도시에 오셨지만 이번에는 달랐다. 예수님이 메시아이신 것을 주장할 때가 왔다. 오래전 예수님이 갓난아기로 세상에 들어오시기 전에 이스라엘은 장자권을 이방인들에게 팔아버려 더는 '하나님의 왕국'이 아니었다. 이날, 예수님은 이스라엘이 깨트린 약속을 성취하러 오셨다. 이스라엘은 순종하지 못했지만, 그분은 순종하는 아들이 되기 위해, 이스라엘의 왕으로 당당히 왕좌에 오르기 위해, 이스라엘의 대제사장으로 성전을 지배하기 위해, 하나님의 통치를 받는 신정국가로 이스라엘을 재건하기 위해 오셨다.

찬탈자들이 이스라엘을 인질로 잡고 몸값을 요구했다. 예수님은 언약의 나라를 구속하러 오셨다.

## —11:7—

예수님이 나귀를 타기로 결정하신 것은 감람산을 내려가 기드론 시내를 건너 예루살렘에 입성하는 이 여행을 기점으로 유대를 통치하고 있는 종교적, 정치적 당국자들과의 관계가 전환점을 맞이할 것이기 때문이었다. 예수님은 그들의 왕으로 예루살렘에 입성하실 계획이었다. 그분은 왕좌와 성전 모두에 대해 직권을 주장하실 것이다. 그러나 그분은 전사이자 왕으로 무력을 과시하면서 말을 타고 입성할 생각이 없으셨다. 그래서 군마가 아니라 평화의 상징인 나귀를 타셨다. 이 '승리의 입성'은 개선장군의 귀환을 축하하며 호화로운 행렬을 벌이는 로마의 개선식과는 사뭇 달랐다. 제국 초기에 정복의 영웅은 백마를 타고 로마 장군이 입는 전투복인 붉은색 망토를 입었다.[25] 그에 반하여 예수님은 성경의 예언을 성취하셨다.

> 시온의 딸아 크게 기뻐할지어다 예루살렘의 딸아 즐거이 부를지어다 보라 네 왕이 네게 임하시나니 그는 공의로우시며 구원을 베푸시며 겸손하여서 나귀를 타시나니 나귀의 작은 것 곧 나귀 새끼니라(슥 9:9).

## —11:8-10—

왕의 백성들—수천 명의 왕국 시민—이 갈릴리부터 예수님을 따라와 많은 유대 거주민과 합류했다. 예수님이 나귀를 타고 입성하시자 사람들은 외투와 잎이 달린 가지를 들고 길에 늘어섰다(참고. 왕하 9:12-13). 그들은 "호산나!"(막 11:9)라고 외쳤다. 호산나는 '오, 지금 우리를 구원하소서!'라는 뜻의 히브리어를 음역한 것이다. 그들은 또 시편 118편 26절을 인용했는데, 이 구절은 널리 알려진 메시아에 관한 시편이면서 유월절에 하나님께 감사하며 부르는 여섯 편의 '성전에 올라가는 노래' 중 하나다.

모든 시대를 통틀어 선지자들은 예루살렘의 통치자들에게 그 도시를 지켜주는 것은 조약이나 동맹이나 타협 혹은 이교도 통치자들에게 복종하는 것이 아니라 주님을 신뢰하는 것이라고 간곡히 호소했다(참고. 신 23:6, 스 9:12, 사 30:1–3, 31:1, 렘 43:7, 암 5:4–7). 이 유대인 권력자들이 선지자들을 무시했기 때문에 이스라엘은 로마의 행정 장관이 통치하는 로마의 속주가 되었다(426페이지 보충 설명 "본디오 빌라도" 참조). 예수님은 평화롭게 오셔서 이 말 안 듣는 지도자들에게 그들 자신을 낮추고, 죄를 회개하며, 그분의 은혜를 받고, 그분을 메시아로 받아들이며, 그분을 그들의 왕으로 받들고, 진정한 자유를 맛볼 수 있는 기회를 주셨다. 예수님이 도착하셨을 때 그들이 보인 반응이 그들의 개인적인 운명을 결정하고, 앞으로 수백 년 동안 국가의 미래를 결정할 것이다.

## —11:11—

예수님은 환호하며 따르는 군중과 함께 예루살렘에 입성하셔서 성전에 들어가셨다. 예수님이 늦은 시간에 도착하셨기 때문에 날은 어둑했고 성전 뜰은 비어 있어 들리는 소리라고는 몇 사람이 발을 끌며 걷는 소리와 멀리서 공명하는 말소리뿐이었을 것이다. 마가가 묘사한 이 장면에는 어렴풋한 비애감이 감돈다. 마가는 어떤 대화도 기록하지 않는다. 이번만은 제자들도 주님께 잠시 침묵할 시간을 내어드린 듯하다.

메시아는 사방을 둘러보셨다. 아마 하나님의 백성이 신실하게 남아 있었다면 일어났을 수도 있었을 일을 생각하셨을 것이다. 장엄한 성전은 언덕 위에서 비추는 하나님의 빛으로서 이스라엘이 추구해야 할 신성한 목적을 보여주는 분명한 표상이 될 수 있었다(참고. 시 43:3, 사 9:2, 42:6–9, 49:6, 60:1–3). 이제 성전은 파멸될 것이다. 예수님은 전지하신 신성으로 성전에 임할 비극적 종말을 분명히 보실 수 있었다. AD 70년에 티토가 이 도시를 공격하여 하나님의 위대한 집을 완전히 파괴할 것이다.[26]

마침내 주님과 제자들은 베다니로 돌아왔다. 그곳에서 주님은 제자들과 함께 다가올 시련을 대비하실 것이다.

## 적용: 마가복음 10:46-11:11

### 예루살렘으로 가는 여정에서 배운 교훈

나는 예수님이 예루살렘으로 가시는 여정의 마지막 구간을 다시 돌아보면서 생각해보면 좋을 세 가지 교훈을 발견했다. 주님이 성전에서 조용히 사색하신 일에서부터 바디매오와의 만남까지 시간을 거슬러 올라가면서 그 교훈들을 제시하고자 한다.

**첫 번째 교훈은 주님이 하나님의 집을 통렬한 심정으로 방문하셨던 장면에서 배운다.** 말하고 싶어 안달이 날 때는 침묵이 훨씬 더 적절하다.

기념비 앞에서 새겨진 글을 읽을 때, 묘지에서 비문을 읽을 때, 침묵의 소리에는 무언가가 있다. 말 때문에 망치는 순간들이 있다. 소중한 것을 잃고 슬퍼하는 사람과 함께 있을 때 말로 침묵을 깨지 마라. 그냥 그들 곁에 있으라. 아무 말 없이 그곳에 있음으로써 말하라. 그리고 하나님이 그 순간을 그분의 목적을 위해 사용하시게 하라.

나는 누군가가 한 이 말을 참 좋아한다. "나는 내가 말하지 않은 것에 대해 후회한 적이 거의 없다."

**두 번째 교훈은 주님의 승리의 입성에서 배운다.** 교만해지려고 하는 결정적 상황일수록 진정한 겸손이 오히려 더 돋보인다.

누구나 살면서 무언가에 대해 공을 인정받을 때가 있다. 이목이 집중되고 각광받으면 육신은 자칫 자만심을 만끽하려고 한다.

마리안 앤더슨(Marian Anderson)이 생각난다. 그녀는 빈민가에서 자라나 청중으로 가득 찬 카네기 홀에서 공연한 훌륭한 성악가였다. 그녀는 링컨 기념관에서도 수만 명의 관중 앞에서 노래했다. 그녀가 미국의 수도에서 이 공연을 한 후 아르투로 토스카니니(Arturo Toscanini)는 그녀를 가리켜 100년에 한 명 나올까 말까 한 가수라고 극찬했다. 그녀는 영국 여왕을 위해서도 공연했다. 그녀가 성악가로서 전성기를 구가하고 있을 때 인생에서 가장 중요한 순간이 언제였냐는 질문을 받았다. 그녀는 인생에서 가장 멋진 순간은 자기 어머니가 더는 빨래를 해서 돈을 벌지 않아도 된다는 걸 알았을 때라고 대답했다.

작은 겸손이 우리 삶에 큰 영향을 미칠 수 있다. 대중, 박수갈채, 사람들의 칭찬 너머를 볼 수 있는 곳으로 당신을 데려가 달라고 하나님께 간구하라. 예수님은 이런 것들을 쳐다보지 않으셨다. 그분은 올라타면 발이 땅에 닿을락 말락 한 자그마한 당나귀에 몸을 싣고 예루살렘에 들어가셨다. 그분은 선지자들이 예언한 그대로 승리의 순간을 겸손하게 맞이하셨다.

**세 번째 교훈은 시각 장애인 거지에게서 배운다.** 마음의 쓴뿌리로 눈이 어두워졌을 때는 비난을 감수하고 고백하는 것이 훨씬 더 유익하다.

이 이야기의 영적 차원을 조명하는 것이 허락된다면 나는 이 사람에게서 자기 내면의 어두움을 깨달은 사람의 모습을 본다. 그는 눈먼 삶에 넌더리가 나서 그런 게 아니었다. 그는 죄에서 구원을 받아야 했기 때문에 소리쳐 하나님의 자비를 구했다. 그러나 안타깝게도 자기 내면이 얼마나 어두운지 전혀 깨닫지 못한 채 살고 있는 사람들이 허다하다.

〈60분〉(*60 Minutes*)이라는 유명한 텔레비전 프로그램에서 방영되어 유명해진 장면이 생각난다. 마이크 월리스(Mike Wallace)라는 기자는 나치의 유대인 대학살을 설계한 아돌프 아이히만(Adolf Eichmann)의 이야기를 집중 조명했다. 그 보도 프로에서 월리스는 흥미로운 질문을 던졌다. "사람이 어떻게 아이히만 같은 행동을 할 수 있을까? 그는 괴물이었을까? 광인이었을까? 아니면 더 무서운 무엇이었을까? 평범한 인간이었을까?"[27]

뉘른베르크 전범 재판에서 아이히만에 대해 증언한 홀로코스트 생존자 예히엘 디누르(Yehiel Dinur)는 그를 처음 보았을 때 끔찍한 생각에 짓눌렸다고 고백했다. 수많은 사람을 죽음으로 내몬 인물은 신처럼 보이는 육군 장교가 아니었다. 아이히만은 평범한 사람이었다. 디누르는 이렇게 말했다. "나는 나 자신이 두려웠습니다. 그 순간 나도 얼마든지 아이히만처럼 할 수 있다는 것을 알았습니다. 나는 그와 전혀 다르지 않습니다."[28]

월리스는 정곡을 찌르는 한 문장으로 그 방송을 마무리 지었다. 아이히만은 우리 모두의 내면에 존재한다.

정직한 고백, 겸허한 회개, 진실한 믿음, 온전한 복종만이 우리의 희망이다. 우리 자신에 대한 무서운 진실을 미주할 때 비로소 우리 안의 어떤 괴물보다 하나님이 더 크시다는 사실을 알게 될 것이다.

## 예수님의 다른 면을 보다(마가복음 11:12–33)

12이튿날 그들이 베다니에서 나왔을 때에 예수께서 시장하신지라 13멀리서 잎사귀 있는 한 무화과나
무를 보시고 혹 그 나무에 무엇이 있을까 하여 가셨더니 가서 보신즉 잎사귀 외에 아무 것도 없더라
이는 무화과의 때가 아님이라 14예수께서 나무에게 말씀하여 이르시되 이제부터 영원토록 사람이 네
게서 열매를 따 먹지 못하리라 하시니 제자들이 이를 듣더라

15그들이 예루살렘에 들어가니라 예수께서 성전에 들어가사 성전 안에서 매매하는 자들을 내쫓으
시며 돈 바꾸는 자들의 상과 비둘기 파는 자들의 의자를 둘러 엎으시며 16아무나 물건을 가지고 성전
안으로 지나다님을 허락하지 아니하시고 17이에 가르쳐 이르시되 기록된 바 내 집은 만민이 기도하는
집이라 칭함을 받으리라고 하지 아니하였느냐 너희는 강도의 소굴을 만들었도다 하시매 18대제사장
들과 서기관들이 듣고 예수를 어떻게 죽일까 하고 꾀하니 이는 무리가 다 그의 교훈을 놀랍게 여기므
로 그를 두려워함일러라

19그리고 날이 저물매 그들이 성 밖으로 나가더라

20그들이 아침에 지나갈 때에 무화과나무가 뿌리째 마른 것을 보고 21베드로가 생각이 나서 여짜
오되 랍비여 보소서 저주하신 무화과나무가 말랐나이다 22예수께서 그들에게 대답하여 이르시되 하
나님을 믿으라 23내가 진실로 너희에게 이르노니 누구든지 이 산더러 들리어 바다에 던져지라 하며
그 말하는 것이 이루어질 줄 믿고 마음에 의심하지 아니하면 그대로 되리라 24그러므로 내가 너희에
게 말하노니 무엇이든지 기도하고 구하는 것은 받은 줄로 믿으라 그리하면 너희에게 그대로 되리라
25서서 기도할 때에 아무에게나 혐의가 있거든 용서하라 그리하여야 하늘에 계신 너희 아버지께서도
너희 허물을 사하여 주시리라 하시니라 26(없음)

27그들이 다시 예루살렘에 들어가니라 예수께서 성전에서 거니실 때에 대제사장들과 서기관들과
장로들이 나아와 28이르되 무슨 권위로 이런 일을 하느냐 누가 이런 일 할 권위를 주었느냐 29예수께
서 이르시되 나도 한 말을 너희에게 물으리니 대답하라 그리하면 나도 무슨 권위로 이런 일을 하는지
이르리라 30요한의 세례가 하늘로부터냐 사람으로부터냐 내게 대답하라 31그들이 서로 의논하여 이르
되 만일 하늘로부터라 하면 어찌하여 그를 믿지 아니하였느냐 할 것이니 32그러면 사람으로부터라 할
까 하였으나 모든 사람이 요한을 참 선지자로 여기므로 그들이 백성을 두려워하는지라 33이에 예수께
대답하여 이르되 우리가 알지 못하노라 하니 예수께서 이르시되 나도 무슨 권위로 이런 일을 하는지
너희에게 이르지 아니하리라 하시니라

사람들은 예수 그리스도에 대해 생각할 때 대개 가늘고 긴 머리에 창백한 안색, 호리호리한 몸과 아련한 눈빛, 고분고분하고 수더분한 태도를 가진 사람을 상상한다. 아니면 긴 겉옷과 샌들을 신은, 친절함의 대명사 미스터 로저스와 영화 〈슈퍼맨〉의 주인공 클라크 켄

트 그리고 산타클로스를 합쳐놓은 모습으로 생각한다. 이런 생각은 대부분 '온유한'이라는 용어의 뜻을 제대로 이해하지 못한 데서 비롯된다. 예수님은 스스로 "온유하고 겸손"(마 11:29)하다고 당신의 성정을 표현하셨다.

예수님은 온유하셨지만 약하셨다는 뜻은 아니다. 예수님은 당신의 능력이 아니라 행동과 태도에 내해 발씀하신 것이다. 비교해보자면 상을 받은 종마는 성정이 온순해 노련한 기승자에게는 순순히 등을 내어줄 것이다. 온유함이라는 자질은 통제된 힘으로 생각할 수 있다. 예수님은 언제나 공정하고 의로우셨지만, 늘 친절하고 부드러운 어조로 말씀하시지는 않았다.

C. S. 루이스의 우화『사자, 마녀 그리고 옷장』(*The Lion, the Witch and the Wardrobe*)에 나오는 한 장면은 예수님의 성품을 멋지게 그려냈다. 어린아이들이 나니아라는 마법 세계에 들어갔을 때 비버 가족이 추위를 피할 장소와 따뜻한 음식을 대접한다. 아이들이 그곳에 머무는 동안 바깥주인인 비버 씨는 아슬란이라는 왕에 대해 말한다.

> "그분은 사람인가요?" 루시가 묻자 비버 씨는 단호하게 말했다. "아슬란은 사람이 아니란다. 그분은 숲속의 왕이고, 바다 건너 나라 황제의 아들이셔. 동물의 왕이 누군지 모르는 모양이구나. 아슬란은 사자란다. 위대한 사자."
> "전 아슬란이 사람인 줄 알았어요. 그러면 무섭겠네요? 사자를 만난다는 건 좀…."
> 그러자 비버 부인이 거들었다. "그렇게 생각할 수도 있겠구나. 아슬란 앞에서 무릎이 후들거리지 않는 동물이 있다면 그는 가장 용감하거나, 아니면 아무것도 모르는 거겠지."
> "그렇다면 아슬란이 무섭다는 말이로군요?" 루시가 다시 물었다.
> 비버 씨가 말을 받았다. "무섭다? 우리 집사람이 한 말 못 들었어요? 누가 무섭다고 했나요? 물론 무섭다고 할 수도 있겠지요. 하지만 그는 착해요. 내가 말했잖아요. 그는 왕이라고."[29]

이 특성은 예수님의 성품을 이해하는 데 매우 중요하며, 또한 예수님이 처음 이 땅에 오신(학자들은 '초림'이라고 말한다) 목적과 앞으로 있을 재림과 초림 사이의 차이점을 이해할 수 있는 열쇠다. 자비롭고, 은혜가 넘치며, 용서하고, 섬기며, 희생적인 초림의 그 구세주가 어느 날 악을 물리치고, 구원을 거부한 채 사탄과 동맹을 맺은 모든 사람을 심판하기 위해 전사 왕으로서 권세를 가지고 다시 오실 것이다. 초림과 재림의 예수님은 동일한 신인(神人)이시다. 예수님은 선한 분이지만, 그분의 선하심에 저항하는 자들에게는 '무서운' 분임을 알게 될 것이다.

마가복음에 기록된 이 기사에서 우리는 예수님이 종말에 어떤 모습으로 나타나실지 엿볼 수 있다. 바야흐로 제자들은 그때까지 생각해보지 못했던 예수님의 일면을 보게 될 것이다. 아마 그들도 우리처럼 그분의 무서운 진노를 전혀 예상하지 못했을 것이다.

## —11:12-14—

마가복음에서 이 대목은 '샌드위치 구조'를 보여주는 한 예다(3:20-21, 5:25-27, 6:7-32 해설 참조). 이야기가 전개되는 과정을 잘 보라.

11:12-14 예수님이 열매 없는 무화과나무를 저주하시다.
    11:15-18 예수님이 부정한 대제사장들과 서기관들을 질책하시다.
11:19-21 제자들이 무화과나무가 시든 것을 알게 되다.

예수님은 이 무화과나무를 실례로 들어 믿음과 기도에 대해 강론하셨다.

첫 번째 장면은 예수님이 나귀를 타고 예루살렘에 들어가 메시아의 예언을 성취하신 승리의 입성 뒤에 나온다. 성전의 정치적, 종교적 권위를 대표하는 대제사장들과 서기관들은 예수님이 상징적으로 나귀를 타고 오시는 것을 보았고, 수천 명이 예수님을 메시아라고 외치는 소리를 들었다. 그래서 그들은 예수님이 예루살렘에 오신 목적을 알아챘다. 그 주 일요일-오늘날 종려나무 주일로 기념되는-에 예수님은 성전을 둘러보러 가셨다. 그러나 이날 예수님은 인정된 메시아로서 내딛는 첫 번째 공식 행보로 성전을 인수하실 생각이었다. 이것 역시 예언의 성취가 될 것이다.

> 만군의 여호와가 이르노라 보라 내가 내 사자를 보내리니 그가 내 앞에서 길을 준비할 것이요 또 너희가 구하는 바 주가 갑자기 그의 성전에 임하시리니 곧 너희가 사모하는 바 언약의 사자가 임하실 것이라 그가 임하시는 날을 누가 능히 당하며 그가 나타나는 때에 누가 능히 서리요 그는 금을 연단하는 자의 불과 표백하는 자의 잿물과 같을 것이라 그가 은을 연단하여 깨끗하게 하는 자 같이 앉아서 레위 자손을 깨끗하게 하되 금, 은 같이 그들을 연단하리니 그들이 공의로운 제물을 나 여호와께 바칠 것이라(말 3:1-3).

그래서 예수님과 제자들은 베다니를 떠나 감람산을 걸어 내려가 기드론 시내를 건넌 후 협곡을 올라가 성전 건물들이 모여 있는 곳으로 들어갔다. 그 과정에서 "잎사귀 있는"(막 11:13) 한 무화과나무를 지나갔는데, 이 구절을 보면 고대 근동 사람들은 그때가 무화과나무에 먹을 수 있는 자그마한 순이 돋는 시기임을 알았을 것이다. 이 순은 얼마 안 있어 떨어지고 그 자리에서 무화과가 자라난다. 순이 나지 않으면 그 나무는 열매를 맺지 못한다.

농부라면 누구나 과실을 맺지 않는 과일나무는 아무짝에도 쓸모가 없다는 것을 안다. 쓸데없이 귀한 땅과 자원만 소모한다면 장작으로 쓰는 것이 낫다. 그래서 예수님은 "이제부터 영원토록 사람이 네게서 열매를 따 먹지 못하리라"(11:14)고 그 나무를 심판하셨다.

베다니에서 예루살렘으로 걸어가는 데는 45분도 채 걸리지 않았고, 그들은 방금 아침 식사를 하고 떠났다는 것을 기억하라. 주님은 먹을 게 절실히 필요했기 때문에 화가 나서 나무를 저주하신 것이 아니었다. 그분은 나무를 이제 곧 제자들에게 가르칠 교훈을 위한 실물 교재로 사용하셨다.

## —11:15-17—

무화과나무 사건 직후 예수님은 성전에 들어가셨다. 예전에는 성전이 지구상에서 가장 성스러운 곳이었다. 두터운 태피스트리 베일 뒤 특별한 방 안쪽에는 이 세상의 것 같지 않은 불타는 듯한 빛이 언약궤 위에 감돌았다. 이 빛은 히브리 백성과 함께하시는 하나님 임재의 상징이었다. 아무도 감히 이곳을 훼손할 수 없었다. 그러면 정말로 그 자리에서 즉사할 수 있었다.

예수님은 성전에 들어가 대제사장들이 승인한 오랜 관행에 도전하셨다. 몇 년 전, 안나스라는 부패한 대제사장이 수리아의 로마 총독에게 퇴위당했다. 그러나 안나스는 여전히 막후에서 권력을 조종하고 있었다. 축제 기간마다 거금을 벌어들이는 계획도 그중 하나였다. 대제사장은 이스라엘에서 주조된 세켈만 받았다. 성전 경내에 있는 환전상들은 터무니없이 높은 환율로 다른 화폐를 세켈로 교환해주고 차액을 챙겼다.

예수님은 격분해서 부패한 상인들과 환전상들의 상을 엎으시며 그들과 맞서셨다. 그리고 성전 경내에서 더는 장사하지 못하게 하셨다. 이 일을 이루려면 예수님은 풍채가 당당하고 위험해 보여서 무시할 수 없는 존재가 되셔야 했다. 예수님은 명령하시면서 이사야와 예레미야의 예언을 인용하셨다.

> 내가 곧 그들을 나의 성산으로 인도하여 기도하는 내 집에서 그들을 기쁘게 할 것이며 그들의 번제와 희생을 나의 제단에서 기꺼이 받게 되리니 이는 내 집은 만민이 기도하는 집이라 일컬음이 될 것임이라 이스라엘의 쫓겨난 자를 모으시는 주 여호와가 말하노니 내가 이미 모은 백성 외에 또 모아 그에게 속하게 하리라 하셨느니라(사 56:7-8).

> 내 이름으로 일컬음을 받는 이 집이 너희 눈에는 도둑의 소굴로 보이느냐 보라 나 곧 내가 그것을 보았노라 여호와의 말씀이니라(렘 7:11).

## —11:18—

타락한 대제사장들은 이 예언들을 모두 이해했다. 그들은 예수님이 당신을 누구라고 주장하시는지 알았고, 그분의 메시지가 구약성경에서 나왔다는 것도 알아챘다. 그들은 그냥 기분이 상한 정도가 아니었다. 그들은 격분해서 예수님을 파멸하게 할 방도를 강구했다. 그들은 예수님을 흠모하는 군중에게 미치는 그분의 영향력을 두려워했다. 그들은 그분의 메시지에 담긴, 정곡을 찌르는 진리를 두려워했다. 그들은 자기들의 죄를 드러내는 그분의 능력을 두려워했다. 그래서 그들은 그분을 죽일 방도를 궁리했다. "죽이다"로 번역된 헬라어는 특별히 폭력적인 의미가 있다. 이 말은 지옥의 영원한 고통, 살인, 폭풍으로 인한 참상과 관련하여 사용되었다.

## —11:19-21—

마태와 마가, 누가에 따르면 예수님은 성전을 청소하시고 나서 바로 가지 않으셨다. 예수님은 하루 종일 사람들을 치유하고 가르치셨다(참고. 마 21:12-17, 눅 19:45-48). 그 월요일 저녁, 성전에 땅거미가 내리자 예수님과 제자들은 베다니로 돌아갔다. 그들은 무화과나무를 지나가면서 나무가 "뿌리째 마른 것"(막 11:20)을 발견했다. 여기에 사용된 헬라어 용어는 '수액이나 다른 액체 같은 것의 흐름을 멈추게 해 마르게 하는 것', '움직이지 못할 정도로 마르는 것', '마비되는 것'이라는 뜻이다.[30] 이것은 행위를 내세우며 오만하게 외국인을 배척하는 이스라엘의 만성적인 종교 생활에 딱 맞는 표현이다. 단도직입적으로 말하면, 성전은 무화과나무처럼 이미 아무 쓸모가 없게 되었다.

## —11:22-25—

제자들이 무화과나무가 마른 것에 관심을 보이자 예수님은 그것을 받아서 믿음과 기도에 관해 가르치셨다(참고. 마 21:21-22). 그 무화과나무는 하나님의 언약 백성인 이스라엘을 상징한다. 그들은 겉보기에는 살아 있고 건강해 보이지만, 열매를 맺지 못했다. 이스라엘의 영적, 정치적 지도자들이 하나님이 아닌 다른 대상을 믿은 지 오래되었기 때문에 이스라엘은 아무 쓸모가 없어졌다. 이스라엘의 지도자들은 강대국과 조약을 체결하고 적에 대해서는 정치적 음모를 획책했다. 결국 그들은 하나님을 믿지 않는 지도자들과 똑같아졌다.

며칠 안으로 이 나라는 그들의 메시아를 거부하고 불신하는 최악의 행동을 저지를 것이다. 이 일로 그들은 저주를 받아 다시는 열매를 맺지 못할 것이다.

믿음에 관한 주제는 으레 기도에 관한 토론으로 이어졌다. 예수님은 하나님께 효과적인 청원을 하는 데 필요한 세 가지 조건을 제시하셨는데, 모두 신뢰와 연관이 있다. 첫째, 당신이 요청하는 것을 이루실 수 있는 하나님의 능력이나 선하심을 의심하지 말고 기도하

라. 둘째, 하나님의 능력과 선하심이 당신이 요청하는 것을 이루셨음을 받아들이고 기도하라. 셋째, 다른 사람에게 원한이 있으면 용서하여 원한을 없앤 후 기도하라. 신약성경은 다른 사람들과 불화하면 우리 기도가 방해를 받고, 용서하면 기도에 날개를 달게 될 것이라고 단언한다(예를 들면, 마 18:15-20, 벧전 3:7).

## —11:26—

거의 모든 초기 필사본에는 이 구절이 빠져 있는데, 이는 후기 필사자들이 마태복음 6장 15절의 대응 구절로 이 구절을 삽입했을 가능성을 시사한다(453페이지 "후기 그리고 마가복음" 참조). 이 구절은 마가가 직접 쓴 원고에는 없었지만, 그래도 성경으로 인정받는 이유는 이 구절이 마태복음 원본에 있기 때문이다. 우리가 다른 사람에게 용서의 은혜를 베풀지 않는다면 그것은 우리가 하나님의 용서하시는 은혜를 진실로 받아들이지 않았음을 입증하는 것이다. 우리가 하나님의 용서를 받아들였다면 그것과 함께 우리를 변화시키시는 성령의 선물을 받기 때문에 다른 사람들을 용서하지 않을 수 없다.

이것은 원한을 품고 있는 교회 안의 모든 사람에게 경고가 된다. 당신은 당신 자신을 그리스도인이라고 생각하지만 사실은 아닐 수도 있다. 그러니 그리스도인이라면 당신에게 죄를 지은 사람들을 용서하라.

## —11:27-28—

"대제사장들과 서기관들"(11:27)은 예루살렘 성전을 지배하는 당국자들을 대표했다. 그들은 또 "예수를 어떻게 죽일까 하고 꾀하니 이는 무리가 다 그의 교훈을 놀랍게 여기므로 그를 두려워"(11:18)했던 바로 그 사람들이기도 했다. 그들은 환전상들과 상인들을 내쫓고, 성전에서 가르치시는 예수님의 권위에 이의를 제기했다. 예수님은 그들이 다녔던 학교에서 수학하지도 않으셨고, 신분도 그들보다 낮으셨다. 또 인정받는 성직자에게 허가를 받거나 로마 관리에게 임명받지도 않으셨다. 그들은 예수님이 메시아라고 주장하시는 것을 문자 그대로 이해했다. 하지만 그분을 거부하고 지지하지 않았다. 뿐만 아니라 성직자가 왕을 임명하고, 성직자가 동의하지 않으면 왕이 통치할 수 없는 세상의 패러다임을 따랐다.

그들의 항의에는 예수님을 골탕 먹이려는 저의도 있었다. 그들의 질문에 답하면 예수님이 그들에게 대답하셔야 할 의무가 있음을 사실상 인정하는 것이다. 예수님이 어떤 식으로든 정당성을 주장하시거나 그분의 입장을 해명하셨다면, 그들의 권위가 예수님보다 우위에 있음을 주장하려는 술책에 넘어가셨을 것이다.

## —11:29-32—

예수님은 함정에 빠지지 않으셨다. 오히려 형세를 역전시켜 예수님의 질문에 그들이 먼저 대답할 것을 요구하셨다. 예수님의 질문은 권위에 대한 예수님과 종교 지도자들의 관점이 근본적으로 다르다는 것을 드러낸다. 그들은 권위를 권력에서 나오는 것으로 보았다. 세속적인 관점에서 볼 때는 '힘이 곧 정의다.' 가장 강력한 군대를 가진 자가 옳다고 정한 것을 기반으로 의제를 설정하고 규율을 정한다. 대제사장들의 권위는 로마 황제에게서 나왔다. 로마 황제는 대제사장을 임명했고, 대제사장은 황제를 임명했다.

예수님에게 권위는 진리에서 나온다. 하나님은 진리시다. 하나님이 진리의 창시자시므로 사람은 하나님과 공조하는 범위 안에서만 권위를 가진다. 뿐만 아니라 하나님은 전능하시다. 하나님의 절대 권력에는 그 누구도, 황제도, 견줄 수 없다.

예수님은 성전 통치자들에게 간단히 질문하셨다. 요한의 세례가 하나님의 명령에 따른 것인가, 한낱 인간의 생각이었는가? 이 질문은 진리의 문제로 귀결된다. 만약 그들이 요한의 사역을 순수하게 하나님이 정해주신 것으로 인정하면 그들이 왜 세례 요한을 반대했는지, 왜 헤롯 안디바가 그를 처형하는 데 동의했는지를 설명해야 할 것이다. 뿐만 아니라 그들은 예수님이 메시아라고 한 세례 요한에게 동의해야 할 것이다. 세례 요한은 "보라 세상 죄를 지고 가는 하나님의 어린 양이로다"(요 1:29)고 말했다. 그는 이런 말도 했다. "나보다 능력 많으신 이가 내 뒤에 오시나니 나는 굽혀 그의 신발끈을 풀기도 감당하지 못하겠노라 나는 너희에게 물로 세례를 베풀었거니와 그는 너희에게 성령으로 세례를 베푸시리라"(막 1:7-8). 반면, 만약 종교 지도자들이 요한의 세례를 인간이 일으킨 민중 운동에 불과하다고 비난하면, 요한을 진정한 선지자로 인정한 대중의 생각에 반하는 입장에 서게 될 것이다.

단순히 의견을 말하는 것이면 간단히 대답할 수 있는 질문이었다. 그러나 종교 지도자들은 권력만 생각하고 진리는 안중에 없었기 때문에 자기네가 정치적으로 유리해질 수 있는 대답을 궁리했다. 결국 그들은 막다른 골목에 몰렸다. 그들은 예수님을 메시아로 인정하든지, 아니면 요한이 이미 확증한 예수님 쪽으로 몰릴 게 거의 확실한 대다수 평범한 유대인 대중과 멀어질 수밖에 없었다.

## —11:33—

예수님과 종교 당국자들 사이의 대립이 체스 게임이라면 외통수로 몰린 상황이었다. 대제사장들과 서기관들은 세례 요한이 진정한 하나님의 선지자였는지 모른다는 듯한 태도로 대답을 거부했다. 예수님의 질문에 그렇게 대답해서는 이 거래에서 그들이 뜻하는 목적을 성취하지 못할 것이 뻔했기 때문에 예수님도 그들의 질문에 답하지 않으셨다.

예수님은 권모술수를 부리지 않으셨다. 그분은 하나님이시다. 그분은 인간의 승인이 필요하지 않다. 그런데도 그분은 정치적 승자로 판명되셨다. 그분은 호전적이거나 무례해 보이지 않게 적의 장난질을 딱 잘라 거절하셨다. 그분은 합리적인 요구를 하셨지만, 제사장들과 서기관들은 결국 그 요구를 존중하지 않았다.

마가는 이 만남을 끝맺지만, 우리는 예수님과 하나님의 집을 불법적으로 지배하고 있는 이들과의 대립이 아직 끝나지 않았음을 알게 될 것이다. 예수님은 곧 그 싸움에서 선제공격을 하실 것이다. 그들은 권력에 기댈 것이고, 그분은 진리를 역설하실 것이다.

## 적용: 마가복음 11:12-33
### 강인함과 진리

이 구절에서 도출된 원칙들을 생각하다 보면 다음과 같은 특정한 영역으로 생각이 미친다. 예수님의 강인함, 성전의 부패, 지도자들의 저항.

## 강한 것과 오만한 것은 다르다

『메리엄-웹스터 대학사전』(*Merriam-Webster's Collegiate Dictionary*)은 '오만'을 "고압적인 태도나 주제넘은 주장 혹은 추정에 나타나는 잘난 체하는 태도"로 정의한다.[31] 예수님은 한 걸음도 물러서지 않고 담대히 당신의 주장을 펼치셨고, 말씀에 사탕발림을 하지 않으셨으며, 확신에서 나오는 힘으로 진리를 옹호하셨다. 그러면서 어느 누구도 무자비하게 대하지 않으셨다. 그분은 위압적인 태도를 본뜨지 않으셨다. 대제사장들과 서기관들은 존경받을 가치가 없었지만, 예수님은 그래도 그들을 존중하셨다.

우리가 살고 있는 이 시대가 주장하는 관용에 주의하라. 당신은 평화를 위해 자신의 신념을 타협해야 할 정도로 관용을 강요받을 수 있다. 예수님이 예루살렘에 입성하신 시기에 이스라엘의 지도자들은 외모나 행동이 히브리인보다 로마인에 더 가까웠다. 그들은 조약을 맺기 위해 역사적 신앙을 저버렸고, 성전은 영리를 추구하는 사업체가 되어버렸다. 곧 종교적인 장식물로 꾸며진 세속 기관, 윤기가 흐르는 푸른 잎을 달고 있지만 열매는 없는 무화과나무와 같았다.

하나님의 권위의 영역 안에서 일하는 것과 진정한 겸손은 양립할 수 있다. 예수님은 겸손하면서도 위엄 있게 신성한 권위를 주장하셨다. 우리는 지나치게 자만하는 것처럼 보일 것이 두려워 진리로 믿고 있는 것을 진리라고 주장하기를 주저해서는 안 된다. G. K. 체스터턴(G. K. Chesterton)은 "우리는 너무 소심해 구구단도 옳다고 하지 못하는 종족을 만들어 내고 있다"고 한탄했다.[32] 그러므로 나는 당신이 믿는 것에 대해 분연히 일어나기를 촉구한다. 물러서지 마라. 굳세게 버티라. 진리를 알면 진리를 대변하라. 양보하지 마라. 그냥 덮지 마라. 그러나 그 과정에서 오만해지지 않도록 조심하라

## 종교적 부패에 대항하는 것은 정치적 부패에 대항하는 것만큼이나 위험하다

나는 종교적 부패가 둘 중 더 위험하다고 해도 지나치지 않다고 생각한다. 알라의 이름으로 잔혹한 살인과 대량 학살을 사행하는 무슬림 극단주의자들의 지하드만 보아도 알 수 있다. 예수님은 성직자의 탈을 쓴 권력에 굶주린 타락한 반사회적 인격 장애자들에게 대항하셨다.

성경에 나와 있지 않은 예로 바티칸의 부패한 권력에 대항했던 로마 가톨릭 수도사 마르틴 루터의 종교 개혁에서 찾아볼 수 있다. 마르틴 루터는 대화의 문을 열기 위해 교회의

권력 남용으로 벌어지는 폐단을 고발했다. 그는 운동을 일으킬 생각이 전혀 없었다. 그러나 교회가 협박을 가하자 그는 결국 교황에게 편지를 썼다. "한때 가장 거룩했던 로마 교회는 가장 무법적인 도둑의 소굴, 가장 음란한 매춘굴, 죄와 죽음과 지옥의 왕국이 되고 말았습니다. 적그리스도가 온다면, 그조차도 그 사악함에 더할 것이 없다고 생각할 만큼 교회는 타락했습니다."[33] 그는 모욕할 의도가 없었다. 이것은 그의 정직한 신념이었다.

교회의 실상을 제대로 파악하기 바란다. 부패를 조심하라. 교회 안에 횡행하는 돈벌이와 영업을 경계하라. 예배의 장소가 지향해야 할 목적에 그런 것들은 절대 부합할 수 없다. 교회는 기도하는 집, 설교가 선포되는 곳, 아름다운 음악이 울려 퍼지는 곳, 깊은 명상과 의미 있는 대화가 이루어지는 장소, 다른 신자들과 교제하는 처소가 되어야 한다. 그런 장소에 부패가 들어설 자리는 없다.

### 진리를 외면해도 진리의 영향에서 벗어날 수 없다

종교 지도자들은 세례 요한에 대한 예수님의 질문에 답하지 않았지만(11:30), "우리가 알지 못하노라"(11:33)고 대답함으로 자신의 죄책감을 드러냈다. 인간의 관점에서 보면 그들은 예수님을 지배할 수 있는 권력을 소유한 유리한 위치에 있었고, 결국 그 권력을 사용해 그분을 죽였다. 그들은 단기적으로 볼 때는 분명히 진리를 이겼다. 그러나 진리에 눈감고 행복을 누렸던 그들의 운명은 AD 70년에 예루살렘이 포위되고, AD 135년에 완전히 파괴되었을 때 종말을 맞이했다. 물론 그때 이 사람들은 이미 영원한 세계에서 하나님을 마주했을 것이고, 하나님은 그들이 애써 외면하려 했던 그 진리를 다시 단호히 알려주셨을 것이다.

간절히 당부한다. 진리를 직시하라. 하나님이 당신에게 말씀하신다고 생각되면 설령 그것이 당신을 아프게 하는 것이어도 받아들이라. 당신은 언젠가는 진실을 마주하게 될 것이다. 그것만큼은 확실하다.

## 난폭하고 잔혹한 비유(마가복음 12:1-12)

1예수께서 비유로 그들에게 말씀하시되 한 사람이 포도원을 만들어 산울타리로 두르고 즙 짜는 틀을
만들고 망대를 지어서 농부들에게 세로 주고 타국에 갔더니 2때가 이르매 농부들에게 포도원 소출 얼
마를 받으려고 한 종을 보내니 3그들이 종을 잡아 심히 때리고 거저 보내었거늘 4다시 다른 종을 보

내니 그의 머리에 상처를 내고 능욕하였거늘 [5]또 다른 종을 보내니 그들이 그를 죽이고 또 그 외 많은
종들도 더러는 때리고 더러는 죽인지라 [6]이제 한 사람이 남았으니 곧 그가 사랑하는 아들이라 최후로
이를 보내며 이르되 내 아들은 존대하리라 하였더니 [7]그 농부들이 서로 말하되 이는 상속자니 자 죽이
자 그러면 그 유산이 우리 것이 되리라 하고 [8]이에 잡아 죽여 포도원 밖에 내던졌느니라 [9]포도원 주인
이 어떻게 하겠느냐 와서 그 농부들을 진멸하고 포도원을 다른 사람들에게 주리라 [10]너희가 성경에

건축자들이 버린 돌이 모퉁이의 머릿돌이 되었나니

[11]이것은 주로 말미암아 된 것이요 우리 눈에 놀랍도다 함을 읽어 보지도 못하였느냐 하시니라

[12]그들이 예수의 이 비유가 자기들을 가리켜 말씀하심인 줄 알고 잡고자 하되 무리를 두려워하
여 예수를 두고 가니라

---

대중 연설가라면 누구나 명료하게 말을 잘하고 싶어한다. 신학의 추상적인 원리를 현실의 삶에 실제적으로 적용해야 하는 설교자들에게는 특히 중요한 자질이다. 이것은 쉽지 않다. 분명한 의사 전달은 저절로 되지 않는다. 전달하려는 메시지에 대해 상상력을 발휘하기도 하고, 때로는 이야기를 사용하기도 하면서 충분히 생각해야 가능한 일이다. 무릇 명확한 소통이란 사람들의 머릿속에 정보를 한 보따리 던져 넣어서 될 일이 아니다. 개요를 정리해준다고 도움이 되는 것도 아니다. 메뉴가 식사가 아니듯 개요가 메시지는 아닌 까닭이다. 듣는 사람의 머릿속에 우리가 전하는 메시지를 보관해야 할 이유를 제시하지 못하면, 정보는 한쪽 귀로 들어와 다른 쪽 귀로 나가버린다.

예수님이 메시지를 전달하는 방식을 잘 살펴보면 어려운 진리에 쉽게 접근하고 메시지가 오래 기억되도록 이야기를 자주 사용하시는 것을 보게 된다. 이야기에는 우리를 무장해제하는 무언가가 있다. 이야기는 귀를 기울이게 만든다. 이야기는 복잡한 진리를 명료하게 전달할 수 있다. 신약성경에 가장 많이 나오는 이야기 형태는 비유다(140페이지 보충 설명 "비유" 참조).

워렌 위어스비(Warren Wiersbe)는 비유의 힘을 이렇게 설명한다.

> 비유는 듣는 사람들에게 친숙한 그림으로 시작한다. 그러나 그 그림을 주의 깊게 살펴보면 그것은 당신을 비추는 거울이 된다. 그런데 많은 사람은 자신의 모습을 보기 싫어 한다. 주님의 말씀을 들은 사람 중 일부가 그분의 비유를 듣고 화를 내고, 심지어 그

> 분을 죽이려고 한 것도 그 때문이다. 그러나 우리 자신을 도움이 필요한 죄인으로 보고 도움을 구하하면, 그때는 그 거울이 하나님과 그분의 은혜를 볼 수 있는 창이 된다.[34]

간단히 말하면, 비유는 듣는 사람의 경험을 사용해 상상 속에 그리는 삽화다. 예수님이 성전에서 계속 가르치실 때 여러 다양한 사람이 모여 그 말씀을 들었다. 그렇기 때문에 가르침은 특별히 더 명확하고 강렬한 인상을 주어야 했을 것이다. 예수님을 헌신적으로 따르는 사람들 외에도 북부 갈릴리에서 온 이 랍비를 처음 보는 사람들도 많이 모여 있었다. 그들은 허구와 민간전승으로 머릿속이 뒤죽박죽인 채로 그분 말씀을 들으러 왔다. 그분은 또 대제사장들과 서기관들로 이루어진 상당수의 적과 논쟁하셔야 했다. 그들은 가능하다면 그분의 명예를 떨어뜨리거나, 필요하다면 그분을 죽이고 싶어 했다.

이제 예수님이 메시아로서 사명을 설명하시고, 자신이 하나님의 아들이심을 선포하실 때가 왔다. 이와 더불어 회개하지 않고 메시아를 거부하는 성전 지도자들을 하나님이 영원히 참지 않으시리라는 경고도 하실 것이다. 적들이 예수님을 멈추게 하기 전에 메시지를 분명하게 전달하려고 그분은 유대인이라면 누구나 이해할 수 있는 상징과 주제를 사용해 매우 감동적인 비유를 드셨다.

## —12:1—

예수님은 대부분이 농민인 청중에게 친숙한 상징을 자주 사용하셨다. 목자와 양, 씨 뿌리는 자와 씨앗, 포도주와 가죽 부대, 주인과 종 등. 이런 비유 중에서도 히브리인의 마음에 가장 큰 반향을 일으킨 것은 포도원 주인과 포도원의 관계에 대한 비유였다. 여러 세기 동안 선지자들은 이 이미지를 사용해 하나님이 그분의 언약 국가인 이스라엘을 특별히 돌보신다는 사실을 설명했다(시 80:8-16, 사 5:1-7).

이렇게 다채로운 문화적 상징을 바탕으로 예수님은 포도원(이스라엘)과 포도원 주인(하나님) 그리고 소작농들(종교 지도자들)의 이야기를 들려주셨다. 포도원 주인은 농부들이 소출을 내지 못했다는 핑계를 댈 수 없도록 정성스럽게 포도원을 일구고, 침입자에게서 포도원을 지키기 위해 수고하며, 포도를 으깨어 즙을 모으는 틀도 만들었다.

이야기가 이 정도 전개되자 예수님의 목소리가 들리는 거리에 있는 모든 유대인의 몸이 앞으로 기울기 시작했다.

## —12:2-3—

"때가 이르매"(12:2)라는 구절은 '시점', '어떤 사건에 한정된 시간' 또는 '특별한 때'라는 뜻을 가진 헬라어 *kairos*(2540)를 번역한 것이다. 영어 성경 신미표준역(NASB)을 보면 이 구절 앞에 "수확"이라는 단어가 삽입되어 있어 "수확의 때가 이르매"로 해석할 수 있다. 이 경우 주인은 모세의 율법에 따라 3년을 꼬박 기다린 것이다.

> 너희가 그 땅에 들어가 각종 과목을 심거든 그 열매는 아직 할례 받지 못한 것으로 여기되 곧 삼 년 동안 너희는 그것을 할례 받지 못한 것으로 여겨 먹지 말 것이요 넷째 해에는 그 모든 과실이 거룩하니 여호와께 드려 찬송할 것이며 다섯째 해에는 그 열매를 먹을지니 그리하면 너희에게 그 소산이 풍성하리라 나는 너희의 하나님 여호와이니라(레 19:23-25).

주인은 적당한 때에 소출을 수령하려고 종을 보냈는데, 그것은 모두 하나님께 감사 제물로 드려질 것이었다. 이야기가 펼쳐지면서 청중은 "종"이 구약성경에 나오는 하나님의 선지자들임을 알아챌 것이다. 소작농들은 종을 때리고 쫓아 보냈다. 아마 소출을 내놓지 않으려고 그랬을 것이다.

## —12:4-5—

예수님의 이야기는 포도원 주인이 발휘하는 놀라운 인내심을 보여준다. 이야기를 듣는 사람들이었다면 대부분 마피아 방식으로 패거리를 모아 소작농들을 찾아갔을 것이다. 그런데 그 주인은 자기가 당연히 받아야 할 것을 거두기 위해 종들을 한 명씩 보냈다. 어떤 종은 두들겨 맞았고, 어떤 종은 죽임을 당했다.

이제 청중은 종들과 옛 선지자들의 닮은 점을 분명히 볼 수 있었다. 구약의 선지자들은 하나님의 경고를 가지고 이스라엘의 정치, 종교 지도자들에게 왔지만, 잔혹한 박해를 받고 무자비하게 순교당하고 말았다. 로마의 그리스도인들이 처한 상황도 별반 다르지 않았다.

## —12:6-8—

결국, 포도원 주인은 자기 아들을 보냈다. 소작농들이 주인의 아들은 존중하고 소출을 넘겨주리라는 생각에서였다. 그는 "사랑하는"(12:6) 아들이다. 주인이 이렇게 강수를 두자 이야기는 극적 효과가 더해진다. 그뿐 아니라 이 용어는 이전에 일어난 사건으로 우리의 관심을 돌린다. 헬라어 *agapētos*(27)는 마가복음에서 딱 두 번 더 나온다. 예수님이 세례받으실 때와 변화산 사건 때다.

> 곧 물에서 올라오실새 하늘이 갈라짐과 성령이 비둘기 같이 자기에게 내려오심을 보시더니 하늘로부터 소리가 나기를 너는 내 사랑하는 아들이라 내가 너를 기뻐하노라 하시니라(1:10-11).

> 마침 구름이 와서 그들을 덮으며 구름 속에서 소리가 나되 이는 내 사랑하는 아들이니 너희는 그의 말을 들으라 하는지라(9:7).

"존대하리라"[*entrepō*(1788), 12:6]로 번역된 동사는 '(수치심)에 돌아서게 하다' 또는 '특별한 지위를 인정하여 어떤 사람에게 경의를 표하다'는 뜻이다.[35] 그러나 그 소작농들은 터무니없이 오만했다. 그들은 포도원을 상속받기 위해 주인의 아들을 죽일 음모를 꾸몄다! 이것은 논리적으로나 법적으로나 불가능했다. 살인자들은 그들이 죽인 사람들의 재산을 상속받지 않는다. 살인자들은 살인에 대한 처벌—돌에 맞아 죽는 처형—만 물려받을 뿐이다. 그들은 분에 넘치는 야망에 사로잡혀 제정신으로는 저지를 수 없는 범죄를 저질렀다.

그들은 아들을 잡아 죽이고 그 시신을 포도원 밖에 유기했다.

## —12:9-11—

예수님은 청중이 점점 더 격분하는 것을 보셨다. 예수님은 드라마가 절정에 달했을 때 청중에게 주인이 어떻게 할 거라고 생각하는지 물으셨다. 아들이 있는 사람들은 하나같이 까치발을 하고 그 야비한 소작농들을 상상할 수 있는 가장 고통스러운 방법으로 죽여야 한다고 요구했을 것이다.

농부들의 운명에 대해 예수님이 선택하신 용어는 아이러니하다. "죽이다"(12:7-8)가 적합한 말일 것이다. 그리고 "벌주다"가 법적으로 정확한 용어일 것이다. 그런데 "진멸하다"는 말은 바리새인들(3:6)과 성전 당국자들(11:8)이 세운 계획을 떠오르게 한다. 이 경우 "진멸하다"는 말은 영원한 고통을 선고한다는 의미가 있다(참고. 1:24). 이에 해당하는 헬라어 *apollymi*(622)는 '상실' 또는 '영원히 길을 잃다'는 뜻이다.

그 부정한 소작농들이 죽임을 당한 후 포도원 주인은 포도원을 다른 사람들에게 줄 것이다. 다른 사람들은 교회를 암시한다. 유대인들은 하나님이 자신들이 상속받을 몫을 다른 이들에게 주실 수 있다는 생각에 몸서리를 쳤을 것이다. 그들은 하나님이 아브라함과 맺으신 언약이 무조건적이고 돌이킬 수 없는 것임을 정확히 알고 있었다. 그러나 그들은 "다른 사람들"이 하나님의 말씀과 이 세상이 구속되는 계획에서 청지기 역할을 하는 과도기가 있을 것을 생각하지 못했다. 더구나 그들은 메시아와 그분의 교회가 이스라엘이 약속받은 것을, 종국에는 모두가 받을 수 있도록 그들의 위치를 어떻게 설정할지 예상하지 못했다.

행여 청중 가운데 이 메시지에 관심을 기울이지 않는 사람들이 있을까 봐 예수님은 배척당하는 메시아, 구원하시는 하나님의 은혜 그리고 언젠가 그분이 최고 권력자에 오르실 것을 예언하고 있는 메시아 시편을 인용하셨다.

> 건축자가 버린 돌이 집 모퉁이의 머릿돌이 되었나니
> 이는 여호와께서 행하신 것이요 우리 눈에 기이한 바로다
> 이 날은 여호와께서 정하신 것이라
> 이 날에 우리가 즐거워하고 기뻐하리로다(시 118:22-24).

이 시편은 버림받으신 메시아가 설욕하실 것을 예언한다. 더 구체적으로 말하면, "버림받았다"는 말은 '시험을 통해 무가치하거나 진짜가 아니라고 판단하는 것'이라는 뜻이다. 버려진 돌이 결국 전체 구조물에서 가장 중요한 돌이 된다. 초석을 깔 때 모퉁잇돌이 다른 돌을 측정하고 위치를 잡는 기준이 된다.

### —12:12—

성전 권력자들은 주님이 말씀하신 폭력적이고 잔혹한 비유에서 자기들이 어떤 역할을 맡고 있는지 알았다. 그들은 예수님께 공개적으로 망신을 주려던 계획이 수포로 돌아가자 은밀히 그분을 '붙잡아' 비유에서 분명히 경고하고 있는데도 그분을 없애기로 했다. 비유에 나오는 몰상식한 범죄를 저지른 농부들처럼 성전 권력자들은 예수님을 죽이면 하나님이 그분을 대신해 관리하라고 주신 것을 자기들이 상속할 것이라 진심으로 믿었다. 그들이 그 아들을 붙잡아 죽여 그 시신을 성전 밖으로 던지지 못하는 이유는 백성의 지지를 잃을 것이 두려워서였다(참고. 12:8).

## 적용: 마가복음 12:1-12
### 은혜의 종말

많은 사람이 하나님의 은혜에는 한계가 있다는 것을 인식하지 못한다. 하나님은 "긍휼히 여기시며 은혜를 베푸시며 노하기를 더디하시며 인자와 진실이 풍성하"시다(시 86:15). 그러나 그분의 은혜는 무한하지 않다. 이 비유에서 예수님은 구도자들을 위해 그분이 구세주임을 밝히셨고, 후세를 위해 그분의 미래를 예언하셨으며, 또한 하나님의 인내심이 한계에 다다랐음을 성전을 장악하고 있는 저항 세력들에게 통지하셨다. 이스라엘은 수많은 선지자를 때리고 죽였다. 이제 포도원 주인의 아들이 그들 가운데 서 있었다. 이것이 하나님이 베푸시는 마지막 자비의 표현이었다.

어쩌면 당신은 이 비유에 공감하지 않을 수도 있다. 당신은 하나님의 사자를 때리지도 않을 것이고, 하나님의 아들을 죽이지도 않을 것이다. 그래서 다른 비유로 은혜의 한계를 설명해보려 한다.

예수님은 하는 일마다 잘되는, 이른바 황금손을 가진 부자 이야기를 들려주셨다(눅 12:16-21). 한 프랑스 화가는 이 이야기에서 영감을 받아 팔레트와 붓을 들고 책상 앞에 앉아 있는 부자의 모습을 그렸다. 그의 주변에는 세겔로 가득 찬 작은 돈가방들이 빙 둘러 있고, 창 밖으로는 풍작을 이룬 싱싱한 곡물로 가득하다. 옥수수는 알이 여물었고, 곡물은 커다란 황금빛 알곡을 주렁주렁 달고 있다. 부자는 만족스러운 미소를 지으며 말한다. "이 모든 게 내 거야!" 그가 헛간을 더 짓고, 더 큰 집으로 이사하며, 더 많은 땅을 사들일 계획을 세우고 있음을 짐작할 수 있다.

화가는 그림을 더 그리기로 하고 캔버스를 뒤집어 이면에 다시 그림을 그렸다. 같은 책상, 같은 남자, 같은 돈주머니, 같은 곡물. 그런데 죽음의 사자가 뼈만 앙상한 긴 손가락으로 그를 가리키고 있다. 그는 입술을 일그러뜨리며 이렇게 말한다. "어리석은 자여 오늘 밤에 네 영혼을 도로 찾으리니"(참고. 눅 12:20).

언젠가, 아마도 예상보다 더 빨리, 죽음은 당신을 이 세상에서 천국의 법정으로 옮겨놓을 것이다. 그곳에서 당신은 당신의 삶에 대해 해명해야 한다. 그때는 회개하기에 너무 늦을 것이다. 용서받을 수 있는 시간은 지나갔을 것이다. 은혜는 더는 유효하지 않을 것이다. 이생에서 영생의 선물을 거절하면 영원한 세계에서 심판이 기다린다.

예수님은 경고하셨다. "때가 찼고 하나님의 나라가 가까이 왔으니 회개하고 복음을 믿으라"(막 1:15). 지금 그분의 부르심에 귀를 기울이라. 당신이 생각했던 것보다 오늘 은혜의 종말이 더 가까이 다가왔을 수도 있다.

## 질문, 질문, 질문(마가복음 12:13-44)

[13]그들이 예수의 말씀을 책잡으려 하여 바리새인과 헤롯당 중에서 사람을 보내매 [14]와서 이르되 선생
님이여 우리가 아노니 당신은 참되시고 아무도 꺼리는 일이 없으시니 이는 사람을 외모로 보지 않고
오직 진리로써 하나님의 도를 가르치심이니이다 가이사에게 세금을 바치는 것이 옳으니이까 옳지 아
니하니이까 [15]우리가 바치리이까 말리이까 한대 예수께서 그 외식함을 아시고 이르시되 어찌하여 나를
시험하느냐 데나리온 하나를 가져다가 내게 보이라 하시니 [16]가져왔거늘 예수께서 이르시되 이 형상과
이 글이 누구의 것이냐 이르되 가이사의 것이니이다 [17]이에 예수께서 이르시되 가이사의 것은 가이사

에게, 하나님의 것은 하나님께 바치라 하시니 그들이 예수께 대하여 매우 놀랍게 여기더라

18부활이 없다 하는 사두개인들이 예수께 와서 물어 이르되 19선생님이여 모세가 우리에게 써 주
기를 어떤 사람의 형이 자식이 없이 아내를 두고 죽으면 그 동생이 그 아내를 취하여 형을 위하여 상
속자를 세울지니라 하였나이다 20칠 형제가 있었는데 맏이가 아내를 취하였다가 상속자가 없이 죽고
21둘째도 그 여자를 취하였다가 상속자가 없이 죽고 셋째도 그렇게 하여 22일곱이 다 상속자가 없었고
최후에 여자도 죽었나이다 23일곱 사람이 다 그를 아내로 취하였으니 부활 때 곧 그들이 살아날 때에
그중의 누구의 아내가 되리이까 24예수께서 이르시되 너희가 성경도 하나님의 능력도 알지 못하므로
오해함이 아니냐 25사람이 죽은 자 가운데서 살아날 때에는 장가도 아니 가고 시집도 아니 가고 하늘
에 있는 천사들과 같으니라 26죽은 자가 살아난다는 것을 말할진대 너희가 모세의 책 중 가시나무 떨
기에 관한 글에 하나님께서 모세에게 이르시되 나는 아브라함의 하나님이요 이삭의 하나님이요 야곱
의 하나님이로라 하신 말씀을 읽어보지 못하였느냐 27하나님은 죽은 자의 하나님이 아니요 산 자의
하나님이시라 너희가 크게 오해하였도다 하시니라

28서기관 중 한 사람이 그들이 변론하는 것을 듣고 예수께서 잘 대답하신 줄을 알고 나아와 묻되
모든 계명 중에 첫째가 무엇이니이까 29예수께서 대답하시되 첫째는 이것이니 이스라엘아 들으라 주
곧 우리 하나님은 유일한 주시라 30네 마음을 다하고 목숨을 다하고 뜻을 다하고 힘을 다하여 주 너
의 하나님을 사랑하라 하신 것이요 31둘째는 이것이니 네 이웃을 네 자신과 같이 사랑하라 하신 것이
라 이보다 더 큰 계명이 없느니라 32서기관이 이르되 선생님이여 옳소이다 하나님은 한 분이시요 그
외에 다른 이가 없다 하신 말씀이 참이니이다 33또 마음을 다하고 지혜를 다하고 힘을 다하여 하나님
을 사랑하는 것과 또 이웃을 자기 자신과 같이 사랑하는 것이 전체로 드리는 모든 번제물과 기타 제
물보다 나으니이다 34예수께서 그가 지혜 있게 대답함을 보시고 이르시되 네가 하나님의 나라에서 멀
지 않도다 하시니 그 후에 감히 묻는 자가 없더라

35예수께서 성전에서 가르치실새 대답하여 이르시되 어찌하여 서기관들이 그리스도를 다윗의 자
손이라 하느냐 36다윗이 성령에 감동되어 친히 말하되

주께서 내 주께 이르시되
내가 네 원수를 네 발 아래에 둘 때까지
내 우편에 앉았으라 하셨도다 하였느니라

37다윗이 그리스도를 주라 하였은즉 어찌 그의 자손이 되겠느냐 하시니 많은 사람들이 즐겁게 듣더라

38예수께서 가르치실 때에 이르시되 긴 옷을 입고 다니는 것과 시장에서 문안 받는 것과 39회당
의 높은 자리와 잔치의 윗자리를 원하는 서기관들을 삼가라 40그들은 과부의 가산을 삼키며 외식으로
길게 기도하는 자니 그 받는 판결이 더욱 중하리라 하시니라

41예수께서 헌금함을 대하여 앉으사 무리가 어떻게 헌금함에 돈 넣는가를 보실새 여러 부자는 많

이 넣는데 [42]한 가난한 과부는 와서 두 렙돈 곧 한 고드란트를 넣는지라 [43]예수께서 제자들을 불러다 가 이르시되 내가 진실로 너희에게 이르노니 이 가난한 과부는 헌금함에 넣는 모든 사람보다 많이 넣었도다 [44]그들은 다 그 풍족한 중에서 넣었거니와 이 과부는 그 가난한 중에서 자기의 모든 소유 곧 생활비 전부를 넣었느니라 하시니라

가르치고 배우는 과정에서 질문은 필수 요소다. 많은 교수가 학생들이 하는 대답보다 질문을 볼 때 그들을 더 잘 평가할 수 있다고 말한다. 선생들은 학생들이 던지는 질문을 통해 학습의 부족한 부분을 채울 수 있기 때문에 실력 있는 선생들은 으레 질문을 받는다. 그리고 현명한 선생들은 질문을 이용해 학생들이 스스로 생각할 수 있도록 유도하는 방법을 안다.

하지만 모든 교실에서 나오는 질문이 학습에 도움이 되는 것은 아니다. 내가 들었던 수업 중에는 어떤 영악한 녀석이 작심하고 무의미한 질문으로 선생님을 쩔쩔매게 하거나 비생산적인 논쟁으로 수업 시간을 낭비하려 했던 경우도 있었다. 예수님이 신성한 지혜의 근원이 아니셨다면 예수님도 이런 일을 당하셨을 것이다.

대제사장들과 서기관들은 메시아라고 주장하는 그 남자의 명성에 흠집을 내야 했다. 그렇지 않으면 권력을 잃을 판이었다. 그래서 그들은 사람들을 보내 군중 사이에 섞여 구도자인 양 행세하면서 예수님을 신학적, 정치적 함정에 빠트릴 기회를 노리게 했다. 그들이 던진 질문 대부분은 예수님과 그분의 말씀을 한 마디도 놓치지 않으려고 귀를 기울이고 있는 군중을 이간질하기 위해 치밀하게 고안되었다. 그러나 질문이 나올 때마다 예수님은 지혜로운 대답으로 신뢰를 얻으셨고, 그분이 메시아임을 더욱 확실히 입증하셨다. 이번에는 예수님이 바리새인들, 사두개인들, 서기관들에게 하나님 앞에서 그들이 각각 어떤 존재인지를 다시 생각해보게 만드는 예리한 질문을 던지기 시작하셨다.

## —12:13—

이 짤막한 구절에 따르면 최소한 다섯 개에 이르는 유대인 파벌이 이스라엘의 메시아라는 예수님의 주장을 폄훼하기 위해 공모했다. "그들"은 대제사장, 서기관 그리고 11장 27절에 언급된 장로들을 가리킨다. 이들이 예수님을 함정에 빠트리기 위해 바리새인들과 헤롯당

을 보냈다. 이 분파들이 모여 70인의 유대인 정치인으로 이루어진 통치 기구인 산헤드린을 구성했다. 이스라엘에서 산헤드린은 의회와 대법원이 결합된 형태의 기관이다. 그리고 오늘날 정치 단체와 마찬가지로 산헤드린의 권력은 첨예하게 대립하는 두 정당, 곧 상류층인 사두개인들과 대중적인 바리새인들이 공유했다.

평상시에 이들은 서로 으르렁대는 사이였지만, 지금은 그들의 권력을 위협하는 공동의 적이 있었기 때문에 예수님을 제거하기 위한 계획을 공모했다.

## —12:14-15—

"그들"은 바리새인과 헤롯당들을 가리킨다. 바리새인들은 유대 율법의 가장 높은 기준을 지키면서 모든 이방인의 영향에서 완전히 분리되어 있었기 때문에 유대인 대부분이 존경하고 감탄하는 대상이었다. 헤롯당들은 헤롯 대왕의 자손이거나 아니면 어떤 식으로든 왕족을 섬기는 자들이었다. 그들은 중세 영국의 남작, 공작 또는 백작처럼 로마 황실에서 권력을 분배받았다. 예를 들어 헤롯 아그립바 1세는 로마에서 학교에 다닐 때 글라우디오 황제의 놀이 친구였다. 헤롯당들은 이런 친분을 등에 업고 이스라엘의 자긍심을 희생한 대가로 막강한 권력을 얻었다.

이렇게 극단적으로 종교적인 바리새인들과 극단적으로 친로마파인 헤롯당들은 조심스럽게 꾸며낸 말로 예수님을 추켜세우면서 접근했다. 그들은 예수님을 진실하고 공정한 선생으로 존경하는 척하면서 그것을 지켜보는 군중이 그들의 사악한 의도를 눈치채지 못하게 했다. 또한 그분을 공명정대한 분이라고 하면서 정치적으로 고립시켜 사람들이 그분을 어떻게 받아들여야 할지 모르게 했다. 그들은 물었다. "가이사에게 세금을 바치는 것이 옳으니이까 옳지 아니하니이까"(12:14).

이 문맥에서 "옳다"는 말은 유대인의 율법에서 적합한 행위 또는 도덕적으로 허용되는 행위를 뜻한다. "세금"은 유대인들의 의무였던 인두세(人頭稅)를 말하는데, 이것은 헤롯 대왕이 사망하고 몇 년 후 시작되었다. 이 세금은 로마 제국 전체의 인구수를 기초로 했기 때문에 이스라엘에서 극심한 분열을 불러일으켰다. 이 인구 조사에 참여하는 것은 자신을 하나님의 백성이 아니라 로마의 피지배자로 선언하는 것과 다름없었기 때문이다(참고. 행

5:37). 두 당파는 이 질문이 예수님을 막다른 골목으로 몰았다고 생각했다.

세금을 내라고 하면 예수님은 로마 왕족과의 연줄을 통해 부와 권력을 얻은 헤롯당들 편에 서게 된다. 세금을 내지 말라고 하면 모든 이방인, 특히 로마인들과 철저히 분리할 것을 주장했던 바리새인들의 입장을 지지하는 모양새가 되는 것이다.

예수님은 그들처럼 제한적이고 수평적이며 세속적인 관점에서 세상을 보지 않으셨다. 그래서 예수님은 그들의 논거 자체를 반대하셨다. 두 경우 모두 세금 문제를 로마 또는 하나님 나라에 대한 충성심의 문제로 보았다. 예수님은 그들의 책략에 말려들지 않으시고 그들이 시험하고 있다고 꾸짖으셨다. 위선은 인간을 속일 수는 있어도 주 예수님은 속이지 못한다. 그분은 데나리온이라고 불리는 로마 동전을 가져오라고 하셨다.

## —12:16-17—

로마가 주조한 이 주화에는 'TI CAESAR DIVI-AVG F AVGVSTVS' 또는 'Tiberius Caesar, Augustus, 신성한 아구스도의 아들'이라는 명문과 함께 디베료 황제의 형상이 새겨져 있다.

예수님의 대답은 우리가 타락한 세상과 고고한 하나님 나라 사이에서 팽팽한 긴장 가운데 살고 있다는 서글픈 현실을 인정한다. 세상 정부는 하나님의 주권적 계획 안에서 존재한다. 하나님은 그들의 법이 하나님의 도덕적 기준을 위반하라고 요구하지 않는 한 우

마가복음 12장 13-17절에서 세금에 대한 질문을 받고 예수님이 달라고 하신 주화는 이런 모양이었을 것이다. 이 주화에는 예수님이 사역하시던 당시 로마 황제였던 디베료 가이사의 형상이 새겨져 있다.

리가 그들의 권위에 복종하기를 원하신다. 하나님은 우리에게 세상 정부와 하나님 나라 중 양자택일을 하라고 하지 않으신다. 하나님은 우리 마음을 재물과 의 가운데 무엇으로 다스릴지 선택하라고 하신다. 그리스도가 재림하실 때까지는 돈이 필요하지만 돈을 섬겨서는 안 된다. 우리는 통치 권력에 순종하지만, 그들의 법이 하나님의 법과 충돌할 때는 그들을 섬기지 않는다.

그 말을 들은 예수님의 적들은 "놀랍게"(12:17) 여기면서 이 장면에서 퇴장한다. 그들은 자신들이 세운 기발한 전략을 난감하게 만든 예수님의 능력에 놀랐다. 뿐만 아니라 그들의 저항에도 불구하고 그들의 생각의 틀을 바꾸신 그분의 능력에 더 놀랐다.

## —12:18-23—

예수님 시대의 유대인들은 내세관(욥 14:14, 시 17:15)도, 부활(욥 19:26)에 대한 개념도 모호했다. 그들은 보통 죽음 너머의 경험을 심해처럼 불가사의한 실존인 스올로 묘사했다. 바리새인들은 사후 세계에 상과 벌이 있다는 교리를 많이 발전시켰지만, 그들의 정적인 사두개인들은 육신과 함께 영혼도 소멸된다고 믿었다. 사두개인들은 하나님이 이생에서 악인을 벌하시고 의인에게 상을 주신 다음, 그들을 무덤으로 보내신다고 주장했다. 따라서 부자들은 이런 식으로 하나님의 의가 실현되는 것을 보고 싶어했다!

사두개인들이 궁리해낸 질문은 논쟁의 편의를 위해 사후 세계가 존재한다고 가정했다. 그러고 나서 그들은 터무니없지만 있을 법한 상황을 제시하면서 예수님이 하나님 나라를 영원히 존재하는 내세라고 가르치는 것이 얼마나 부조리한지 입증하려고 했다. 그들이 가정한 상황은 유대인의 역연혼(逆緣婚, 죽은 자의 형이나 아우가 그 미망인과 결혼하는 관습-역주)과 관련이 있었다. 이 관례에 따르면 한 남자가 죽고 그의 미망인이 자녀가 없으면 자격이 있는 친척-보통 죽은 남편의 형제-이 미망인과 결혼하여 아이를 낳아 고인이 된 남자의 재산 상속자로 양육해야 했다(신 25:5-6). 그들은 이 관습이 모세오경(구약의 첫 다섯 권)에 나오기 때문에 하나님이 정하신 것으로 받아들였다.

이 시나리오에서는 형제가 차례차례 죽어 가련한 미망인이 일곱 번이나 비탄에 빠지지만, 여전히 아이는 없는 상태로 남아 있다. 그렇다면 의인이 하나님 나라에서 부활했을 때

# 묵상의 서재

## 시민 불복종 운동(마가복음 12:17)

나는 보수적인 그리스도인들과 자주 어울린다. 그래서 종종 정부 정책과 관련된 사안들에 대해 나의 입장을 명확히 해야 할 때가 있다. 일부 극보수주의파들은 거의 반정부적 선동에 가까운 행동을 할 정도로 위험하다. 어떤 사람들은 특정 대통령과 공직자들을 경멸하다 못해 정부가 전복되는 것을 보고 싶어한다. 사실, 이 세상 정부는 언제나 어떤 식으로든 부패를 저지를 것이기 때문에 그들은 어떤 정부도 좋아하지 않을 것이다.

그렇다면 정부에 대한 반항이나 노골적인 저항은 어떤 경우에 타당한가? 어쨌든 그리스도인은 무정부 상태를 지지해서는 안 된다. 우리는 건물에 불을 지르거나, 정의를 직접 실현하거나, 정치적, 사회적으로 반대 진영에 있는 사람들에게 해를 가하는 일에 가담해서는 안 된다. 그러나 다음의 세 경우에는 저항하는 것이 옳다.

1. 법이 하나님의 명령을 어기라고 할 때. 사도들은 예수님의 부활에 대해 함구하라는 말을 들었을 때 정부 관료들에게 이렇게 말했다. "하나님 앞에서 너희의 말을 듣는 것이 하나님의 말씀을 듣는 것보다 옳은가 판단하라 우리는 보고 들은 것을 말하지 아니할 수 없다"(행 4:19-20). 그리고 그들은 말을 듣지 않는다고 두들겨 맞았다.
2. 권력자가 부도덕하거나 비윤리적인 행위를 저질렀을 때. 정부가 무고한 사람들에게 해를 가할 때 그것에 불참하는 것만으로는 충분하지 않다. 우리는 제도화된 권력 남용의 희생자들을 위해 적극 개입해야 한다.
3. 권력자가 기독교 신념을 타협하도록 강요할 때. 이 문제는 지극히 주관적일 수 있으나 성령이 인도하시는 양심에 위배되는 어떤 행위에도 관여하거나 용납해서는 안 된다.

예수님은 하나님의 것을 하나님께 드리라고 말씀하시면서 우리에 대한 하나님의 주권과 권위를 인정하셨다. 그러나 단지 하나님 나라가 아니라는 이유로 정부를 타도하는 것을 옹호하지 않으셨다. 주님은 인류의 분열을 막으시려고 정부에 권위를 위임하셨다.

그 여인은 누구의 아내로 살아야 하는가? 그들이 생각하기에 이 질문이 부조리하다면 부활도 부조리했다.

## —12:24-27—

예수님은 두 단계로 그들의 질문에 답하셨다. 첫째, 하나님 나라의 삶은 그 존재 방식이 우리가 알고 있는 이 땅의 것과는 다르다고 설명하셨다(12:24-25). 그런 다음 모세 오경에서 모세가 사후의 삶에 대한 교리를 확인했음을 예로 드셨다(12:26-27).

사두개인들은 사후의 삶이 우리가 지금 알고 있는 삶의 반복일 거라고 생각했다. 예수님은 모든 게 달라질 것임을 분명히 밝히셨다. 사람들은, 사람으로 이 세상을 채우시겠다는 하나님 계획의 일환으로 결혼을 하지만, 천국에서는 천사-성별도 없고, 불멸하며, 온전히 하나님께 헌신하는-와 같아질 것이다. 물론, 이렇게 천사와 비교하는 것은 사두개인들이 거부한 또 다른 교리를 확증했다.

예수님은 계속해서 모세오경에서 모세가 부활을 사실로 생각하며 쓴 글을 예로 드셨다. 예수님은 출애굽기 3장 6절을 인용하셨는데, 여기서 하나님은 모세에게 이렇게 말씀하신다. "나는 네 조상의 하나님이니 아브라함의 하나님, 이삭의 하나님, 야곱의 하나님이니

### 사두개인(마가복음 12:18-27)

사두개인들은 유대인의 독특한 파벌이었다. 유대인의 기준에서 볼 때 보수적이었던-일각에서는 편의상 그렇게 말할 것이다-그들은 구약성경의 첫 다섯 권이자 모세가 직접 쓴 유일한 성경인 모세오경에 나오는 것 외에는 어떤 가르침이나 전통도 받아들이지 않았다.[36] 그들은 모세오경을 근거로 사후의 삶이나 부활, 천사, 영혼을 믿지 않았다.

사두개인들은 18세기 이신론자들과 비슷하다. 이신론자들은 초자연적이고 운명론적인 모든 것에 대해 몹시 회의적이었다. 그들은 하나님은 형언할 수 없을 정도로 우리와는 동떨어진 존재로, 개개인이 영원한 보상이나 형벌에 대한 기대 없이 자신의 운명을 자유롭게 개척하게 두신다고 믿었다. 따라서 사두개인들은 죄에 대한 처벌은 인간의 몫이며, 그러한 벌은 무자비하고 엄격해야 한다고 생각했다.[37] 그들은 각 사람이 자유 의지를 가지고 있다고 믿었다. 그래서 우리가 살면서 겪는 일, 곧 병, 가난, 불행, 심지어 죽음의 방식까지도 각자에게 책임이 있다고 생각했다. 유대인 역사가 요세푸스는 사두개인들을, 서로는 물론이고 모든 사람과 언쟁하기를 좋아할 뿐 아니라 심지어 "철학 교사들과 자주 논쟁하는 것을 미덕"이라고 생각한다고 묘사했다.[38]

라." 하나님은 과거 시제가 아닌 현재 시제를 사용하셨는데, 이는 하나님이 지금과 영원토록 이 히브리 족장들의 하나님이실 것을 나타낸다.

주님은 사두개인들의 신학을 "오해"(막 12:27)라는 한 마디로 일축하셨다. 여기에 나오는 오해라는 말은 헬라어 *planaō*(4105)를 번역한 것이다. '행성'(*planet*)이라는 영어 단어가 이 용어와 관련이 있는데, '올바른 방향 감각 없이 나아가다', '잘못된 방향으로 가다', '오도되다', '정처 없이 방황하다'는 뜻이다.[39] 이것은 영적인 문제에 대해 이스라엘을 주도해야 할 사람들에게 가한 신랄한 비난이었다. 사두개인들은 성전에서 최고위직을 맡고 있었다.

## —12:28-31—

이 일이 벌어지고 있는 곳에서 가까이 있던 한 남자가 큰 관심을 가지고 대화에 귀를 기울였다. 그는 세심한 주의를 기울여 성경을 필사하는 일에 종사하는 서기관이었다. 그는 매일 몇 시간씩 하나님의 말씀을 읽고 쓰느라 성경 구절을 외우고 묵상하는 시간이 많았다. 그러다 보니 그와 같은 서기관들은 일반적으로 율법과 그 해석에 대한 전문가로 인식되었다. 성전의 모든 성직자 중 서기관들이 신학적으로 가장 성경에 부합해야 했다. 불행히도 그들은 사두개인들과 헤롯당들과 마찬가지로 그 신성한 경전을 자신들의 목적에 맞게 왜곡하는 죄를 범했고, 때로는 그들보다 더했다.

이 남다른 서기관은 열린 마음으로 예수님께 다가와 통찰력 있는 질문을 던졌다. 그는 구약성경의 명령 중 *prōtos*(4413), 곧 "첫째"가 무엇인지 예수님께 물었다(12:28-29). 이것은 '가장 큰 것'을 의미할 수도 있지만 가능성은 희박하다. 예수님은 쉐마를 인용하셨다. 쉐마는 대표적인 히브리 신앙 고백의 첫머리에 나오는 '들으라'는 뜻의 히브리 단어다. "이스라엘아 들으라 우리 하나님 여호와는 오직 유일한 여호와이시니 너는 마음을 다하고 뜻을 다하고 힘을 다하여 네 하나님 여호와를 사랑하라"(신 6:4-5).

그다음 예수님은 레위기 19장 18절을 인용하셨는데 그 마지막 부분은 이렇다. "네 이웃 사랑하기를 네 자신과 같이 사랑하라 나는 여호와이니라." 예수님은 이 두 명령이 서로 맞물려 돌아가는 톱니처럼 함께 이스라엘을 이끌어 하나님이 아브라함의 자손들에게 약속하신 축복을 향해 나아가게 한다고 보셨다. 예수님은 하나님의 은혜를 구성하는 수직적 요소와 수평적 요소를 보셨다. 그리고 하나님의 백성은 하나님의 은혜를 수호하는 청지기가 되어야 했다.

## —12:32-34—

복음서에서 종교 지도자가 예수님을 가리켜 "옳다"거나 "참"이라고 말한 것은 이번이 처음이자 마지막이다. 이 서기관은 예수님을 지지하면서 동류 의식을 느꼈다. 그는 곧바로 다른 성경 구절로 화답했다(참고. 신 4:35, 6:5, 레 19:18). 이 계명을 기반으로 다른 모든 계명이 나왔기 때문에 이 계명이 "첫째" 계명인 것이다. 아마 이 서기관은 어깨 너머로 제단에서 피어오르는 연기를 보며 하나님께 순종하지 않으면서 희생제물을 드리고 예배하는 것은 아무 의미가 없다고 단호히 말했을 것이다(삼상 15:22, 호 6:6, 미 6:6-8).

예수님은 그 사람의 대답에서 잠재적인 추종자의 증언을 들으셨다. 그는 아직 신자도 아니고 제자도 아니었다. 그러나 그의 동료들과 달리 이 서기관은 올바른 방향을 보고 있었다. 이대로 간다면 그는 머지않아 예수님을 메시아로 믿게 될 것이다.

예수님에게 망신을 주려는 마지막 시도가 실패한 후 예수님의 적들은 다른 전략을 짜기 위해 물러났다. 예수님은 그들이 얼마나 어리석은지 그 실체를 드러내셨다.

## —12:35-37—

예수님은 반대자들을 무안하게 만드시고 홀로 남으실 수도 있었다. 그런데 그렇게 하지 않으시고 계속 밀어붙이며 압박하셨다. 예수님은 생존하기 위해, 목숨을 부지하기 위해 이 땅에 오신 것이 아니라 악을 물리치고 그분을 믿는 자들을 구원하러 오셨다. 그분의 적들은 더는 물을 것이 없었다. 이제 예수님이 그들에게 물으실 차례였다. 예수님은 서기관들이 메시아를 다윗 왕의 자손으로 인정했음을 지적하셨다. 그런데 시편 110편 1절에는 다윗이 자기의 자손을 "내 주"라고 불렀다. 메시아가 하나님이 아니라면 이것이 어떻게 가능한가?

예수님의 질문을 구성하는 논리는 '전이 관계'라는 익숙한 패턴을 취하고 있다.

A=C

B=C

그러므로 A=B

주님의 질문은 단순한 논리로 분석된다.

다윗은 자기 자손을 메시아, "내 주"로 불렀다(A=C).

다윗은 하나님을 "내 주"로 불렀다(B=C).

그러므로 다윗은 메시아를 하나님과 동등한 존재로 보았다(A=B).

마가는 군중이 예수님의 말씀을 들으며 좋아했다고 말하면서 그들이 예수님께 배우는 것도 좋아했지만, 성전 지도자들이 예수님의 완벽한 논리에 아무 말도 못하고 꼬리를 내리는 모습을 보는 것도 좋아했음을 넌지시 비친다.

## —12:38–40—

서기관들은 오늘날의 아이비리그 출신 변호사 못지않게 존경을 받았고, 한편으로 두려움의 대상이었다. 그들이 망신을 당하고 성전 그늘 속으로 사라지자 예수님은 유대인 대중에게 그들의 교만을 경계하라고 경고하셨다. "긴 옷"(12:38)은 헬라의 스톨[*stolē*(4749)]을 가리키는데, 값비싼 맞춤 양복에 해당하는 1세기 의복이나(참고. 민 15:38–40). "문안 받는 것"은 경의를 표하는 행동을 말하는데, 서기관들은 그들의 고귀한 지위에 상응하는 이런 대우를 기대했다. "회당의 높은 자리"(막 12:39)는 존경받는 지도자들을 위해 예비된 의자였다. "잔치의 윗자리"는 일반적으로 그 지역 사회 최고위층들에게 주어졌다.

예수님은 교만은 위선자들이 쓰는 가면이라고 경고하셨다. 위선자들은 훌륭하고 고결한 척하지만, "과부의 가산을 삼"킨다(12:40). 이것은 힘없는 사람들을 이용하는 것을 표현한 과장법이다. 성경 전문가인 그들은 하나님이 힘없는 사람들을 돌보시며 그들도 그렇게 하기를 바라신다는 것을 분명히 알았을 것이다. 그들은 법률 소송을 심리하고 판결하는 일에 몸담고 있는 사람들로서 소송 당사자들의 사회적 지위와 상관없이 공평하게 적용했어야 했다. 예수님은 그들이 사람들을 기만하고 학대하는 죄를 범했다고 공개적으로 선포하셨다. 예수님은 또한 그들의 학식이 높기 때문에 진리대로 살고, 진리를 가르치고 적용할 책임이 더 크며, 그렇기 때문에 다른 사람들보다 더 엄하게 단죄받을 것이라고 경고하셨다.

## —12:41-42—

마가는 서기관들의 의와 가난한 과부의 성품을 대조한다. 사두개인들의 주장대로라면 하나님은 이생에서 의로운 자에게 상을 주시며, 사후의 삶은 존재하지 않는다. 따라서 부자들은 의롭기 때문에 부유한 것이고, 가난한 자들은 악하기 때문에 가난하다는 것이 그들의 추론이었다. 바리새인들은 사후 세계에 상벌이 있다고 믿었지만, 동시에 부는 하나님의 호의를 입은 상징이며, 불행은 죄에 대해 하나님이 심판하신 결과라고 생각했다. 이 짧은 일화는 로마 제국의 압제 아래에서 고난당하고 있는 그리스도인들과 가난한 자들에 대한 잘못된 인식을 바로잡아 주었다.

예수님은 나팔 모양의 헌금함이 마주 보이는 여인의 뜰에 앉아 계셨다. 예배자들은 자발적으로 그 함에 헌금을 넣었다(참고. 신 16:10-11). 서기관들은 거액을 성전 헌금함에 떨어뜨리면서 자신들의 관용을 과시했다. 한편, 한 가난한 과부가 헌금 두 렙돈(*lepta*)을 가지고 들어왔다. 고대 사회는 이런 사람을 이중의 천벌을 받았다고 보았다. '*lepta*'(3016)라는 단어는 원래 '껍질 벗기기'라는 뜻이다. 은화 한 닢은 백분의 일 데나리온에 해당했다. 한 데나리온이 하루 치 임금이었다면 그 과부는 하루 일당의 50분의 1을 바친 것이다.

## —12:43-44—

주님은 교훈을 주시면서 큰돈을 낸 사람을 폄하하지 않으셨다. 다만 가진 것이 거의 없는데도 돈을 아끼지 않고 바친 사람들을 귀히 여기셨다. 과부가 성전에 바친 돈은 실제로는 거의 가치가 없는 액수였다. 그렇지만 그녀는 남아도는 것을 드린 게 아니라 궁핍한 상황에서 드렸다. 그녀는 주님에 대한 참된 헌신의 귀감이 되었다. 그녀는 전폭적으로 헌신했다. 하나님의 능력과 선하심을 신뢰하지 않으면 희생할 수 없다. 이런 믿음은 감사하는 마음에서만 나올 수 있다. 하나님은 선물의 값어치를 금전적 가치가 아니라 주는 사람이 치러야 할 상대적 희생으로 측정하신다.

## 적용: 마가복음 12:13-44

### 과장된 종교성 치유하기

내 친구 버디 그린은 하모니카를 아주 잘 불고 내가 좋아하는 밴조뿐 아니라 기타도 친다. 물론 한꺼번에 하지는 못하지만(아니, 어쩌면 그 친구는 할 수 있을지도 모른다!). 그는 내가 아는 사람 중 유일하게 하모니카로 "꿀벌의 비행"을 연주할 수 있다. 어쨌든, 버디 그린은 장로교회의 장로인데, 그는 이렇게 고백한다. "내 문제는 내가 회복 중인 바리새인이라는 거야." 솔직한 사람이다.

세상 어느 교회에서나 예수님이 대항하셨던 종교 파벌을 볼 수 있다는 생각이 든다. 당신 주변에도 그들이 있을 것이다. 바리새인, 사두개인, 서기관. 거울을 들여다보면 아마도 이 셋 중 하나가 당신을 응시하고 있을 것이다. 물어보겠다. 당신은 회귀하고 있는가?

바리새인은 성실한 종교 일꾼이다. 이런 사람은 의무감으로 일하고, 선행을 베풀면서 기뻐하며, 하나님을 위해 일을 해낸다. 그들은 교회 활동으로 분주하다. 모임에 절대 빠지지 않는다. 그들은 자기들의 경건을 노골적으로 드러낸다. 그들은 지역 사회에서 기독교의 목소리를 높이고 활발하게 활동한다. 그리고 드러내놓고 의로운 삶을 산다.

그들에게 나쁜 건 하나도 없다. 사실 꽤 좋다. 교회는 적극적이고, 열심히 일하는 '대기중'인 신자들을 사용할 수 있다. 문제는 예수 그리스도를 믿는 이 진실한 신자들이 선을 행하는 자기네 삶의 방식에 지나치게 만족한다는 점이다. 이런 사람들의 영성은 너무 외형에 치중해서 복음을 전할 때도 자칫 독선적이고, 다른 사람들에 대해 비판적이고 공격적이며, 심지어 모욕적인 태도까지 보일 수 있다. 그러다 보면 막상 그들이 그렇게 열심히 사랑하고 섬기는 하나님과 개인적으로는 소원해진다.

바리새인은 더 겸손해져야 한다. 당신이 회복 중인 바리새인이라면 당신의 영적인 삶을 더 깊고 내밀한 차원으로 이끌라. 좋은 일을 익명으로 더 많이 하라는 뜻이다. 눈에 띄지 않는 곳에서 더 자주 봉사하고, 당신의 선한 일을 하나님 외에 어떤 사람에게도 알리지 마라. 다른 사람들에게 어떻게 하면 그들이 더 잘 살 수 있는지, 또는 어떻게 문제를 해결하고, 어떻게 그들의 영적인 삶을 향상시킬 수 있는지 말하고 싶은 충동을 억제하라. 더 오래 기도하고 더 적게 말하라. 복음을 전파할 때 말은 더 적게 하고 친절한 행위를 더 많이 하라.

사두개인은 느슨한 그리스도인, 즉 선량하고 도덕적이며 동료 사이에서 인기 있고 존경받는 사람이다. 그들은 지적이고 박식하며 기민하다. 말할 때와 행동할 때를 안다. 그들은 종종 교회와 마음을 끄는 자선단체에 거금을 기탁한다. 교회에 꽤 정기적으로 참석하며 위원회의 장을 맡을 정도로 인정을 받는다. 사실 많은 사람이 장로회나 집사회를 이끌고 있는 것을 볼 수 있다.

그러나 예수 그리스도와 진실한 관계를 맺고, 그것을 더 깊이 추구하는 일은 사두개인의 우선순위 목록에 없다. 그들이 장로나 집사로 섬기고 있는 것에 비추어보면 이런 모습은 아이러니하다. 그들에게 교회란 사업적인 수완을 발휘하는 사회적 명분이나 장에 불과하다. 그런 까닭에 그들의 우선순위 목록에서 첫째는 사업이고, 그다음이 가족이다. 그리고 예수님은 목록 저 아래쪽에 나온다. 사두개인에게 영성은 장신구다. 교회는 교제보다는 시민의 의무를 수행하는 곳이다. 사두개인은 다른 관심사 때문에 교회에 출석한다.

당신이 사두개인이라면 교회의 리더십에서 물러나라. 당신이 '교회 대장' 노릇을 하고 있다면 그 교회 목사는 당신이 회개하기를 기도하고 있을 것이다. 당신이 교회의 후원자로 존경받고 있다면 당신 교회 목사는 당신이 보이는 관대함에 대해 하나님께 감사하면서도 당신이 영적으로 성숙하기를 간절히 바라고 있을 것이다. 서로 책임질 수 있는, 영성이 깊고 성숙한 그리스도인을 찾아서 당신의 멘토가 되어달라고 부탁하라.

서기관은 제일 까다로우며 온갖 것에 관심이 있다. 신학적으로 빈틈없는 이 사람은 평생 성경 공부에 참여했을 것이다. 서기관들은 이론으로 아는 온갖 학자적인 지식을 가지고 있지만, 초심자가 경험으로 알고 있는 것은 모른다. 서기관은 교실 앞에 서서 가르칠 수 있지만, 영적 진리를 현실에 적용하는 것은 어려워한다. 추상적인 사고에는 뛰어나지만, 상식적인 기독교 신앙은 잘 실천하지 못한다. 선한 사마리아인의 비유를 분석할 수는 있지만, 도움이 필요한 사람들을 그냥 지나치면서 실생활과 비유를 연결하지 못한다.

당신이 서기관이라면 펜을 내려놓고 성경을 덮고(내가 이 말을 하다니!), 서재에서 나와 불우한 사람을 찾아가 소매를 걷어붙이고 일하라! 지역 병원에는 원목이 필요하다. 노숙자와 굶주린 사람들은 누군가가 오늘 하루를 견뎌내도록 도와주어야 하며, 평생 그들의 발목을 잡아온 가난에서 벗어나도록 도와주는 원조가 장기적으로 필요하다. 폭력에 희생당한 여자들과 어린아이들은 옹호사가 필요하다. 잃어버린 자들은 복음을 들어야 한다. 퇴역한 군인들에게는 영적 인도와 아울러 연민도 필요하다.

서기관들이여, 온실 속에 있는 당신의 종교는 현실주의라는 신선한 공기가 필요하다.

## 신뢰할 수 있는 선지자(마가복음 13:1–37)

1예수께서 성전에서 나가실 때에 제자 중 하나가 이르되 선생님이여 보소서 이 돌들이 어떠하며 이
건물들이 어떠하니이까 2예수께서 이르시되 네가 이 큰 건물들을 보느냐 돌 하나도 돌 위에 남지 않
고 다 무너뜨려지리라 하시니라

3예수께서 감람 산에서 성전을 마주 대하여 앉으셨을 때에 베드로와 야고보와 요한과 안드레가
조용히 묻되 4우리에게 이르소서 어느 때에 이런 일이 있겠사오며 이 모든 일이 이루어지려 할 때에
무슨 징조가 있사오리이까 5예수께서 이르시되 너희가 사람의 미혹을 받지 않도록 주의하라 6많은 사
람이 내 이름으로 와서 이르되 내가 그라 하여 많은 사람을 미혹하리라 7난리와 난리의 소문을 들을
때에 두려워하지 말라 이런 일이 있어야 하되 아직 끝은 아니니라 8민족이 민족을, 나라가 나라를 대
적하여 일어나겠고 곳곳에 지진이 있으며 기근이 있으리니 이는 재난의 시작이니라

9너희는 스스로 조심하라 사람들이 너희를 공회에 넘겨 주겠고 너희를 회당에서 매질하겠으며
나로 말미암아 너희가 권력자들과 임금들 앞에 서리니 이는 그들에게 증거가 되려 함이라 10또 복음
이 먼저 만국에 전파되어야 할 것이니라 11사람들이 너희를 끌어다가 넘겨 줄 때에 무슨 말을 할까 미
리 염려하지 말고 무엇이든지 그 때에 너희에게 주시는 그 말을 하라 말하는 이는 너희가 아니요 성
령이시니라 12형제가 형제를, 아버지가 자식을 죽는 데에 내주며 자식들이 부모를 대적하여 죽게 하
리라 13또 너희가 내 이름으로 말미암아 모든 사람에게 미움을 받을 것이나 끝까지 견디는 자는 구원
을 받으리라

14멸망의 가증한 것이 서지 못할 곳에 선 것을 보거든 (읽는 자는 깨달을진저) 그 때에 유대에 있
는 자들은 산으로 도망할지어다 15지붕 위에 있는 자는 내려가지도 말고 집에 있는 무엇을 가지러 들
어가지도 말며 16밭에 있는 자는 겉옷을 가지러 뒤로 돌이키지 말지어다 17그 날에는 아이 밴 자들과
젖먹이는 자들에게 화가 있으리로다 18이 일이 겨울에 일어나지 않도록 기도하라 19이는 그 날들이 환
난의 날이 되겠음이라 하나님께서 창조하신 시초부터 지금까지 이런 환난이 없었고 후에도 없으리
라 20만일 주께서 그 날들을 감하지 아니하셨더라면 모든 육체가 구원을 얻지 못할 것이거늘 자기가

택하신 자들을 위하여 그 날들을 감하셨느니라 21그 때에 어떤 사람이 너희에게 말하되 보라 그리스도가 여기 있다 보라 저기 있다 하여도 믿지 말라 22거짓 그리스도들과 거짓 선지자들이 일어나서 이적과 기사를 행하여 할 수만 있으면 택하신 자들을 미혹하려 하리라 23너희는 삼가라 내가 모든 일을 너희에게 미리 말하였노라

24그 때에 그 환난 후 해가 어두워지며 달이 빛을 내지 아니하며 25별들이 하늘에서 떨어지며 하늘에 있는 권능들이 흔들리리라 26그 때에 인자가 구름을 타고 큰 권능과 영광으로 오는 것을 사람들이 보리라 27또 그 때에 그가 천사들을 보내어 자기가 택하신 자들을 땅 끝으로부터 하늘 끝까지 사방에서 모으리라

28무화과나무의 비유를 배우라 그 가지가 연하여지고 잎사귀를 내면 여름이 가까운 줄 아나니 29이와 같이 너희가 이런 일이 일어나는 것을 보거든 인자가 가까이 곧 문 앞에 이른 줄 알라 30내가 진실로 너희에게 말하노니 이 세대가 지나가기 전에 이 일이 다 일어나리라 31천지는 없어지겠으나 내 말은 없어지지 아니하리라 32그러나 그 날과 그 때는 아무도 모르나니 하늘에 있는 천사들도, 아들도 모르고 아버지만 아시느니라

33주의하라 깨어 있으라 그 때가 언제인지 알지 못함이라 34가령 사람이 집을 떠나 타국으로 갈 때에 그 종들에게 권한을 주어 각각 사무를 맡기며 문지기에게 깨어 있으라 명함과 같으니 35그러므로 깨어 있으라 집 주인이 언제 올는지 혹 저물 때일는지, 밤중일는지, 닭 울 때일는지, 새벽일는지 너희가 알지 못함이라 36그가 홀연히 와서 너희가 자는 것을 보지 않도록 하라 37깨어 있으라 내가 너희에게 하는 이 말은 모든 사람에게 하는 말이니라 하시니라

---

어떤 사람들은 예언에 빠진다. 이성적인 사람들도 장차 일어날 일에 대한 것이라면 이성과 분별력을 잃을 수 있다. 부활 이후 모든 세대는 성경과 상식을 제쳐놓고 거짓 선지자들의 거짓말을 따르는 극단주의자들을 배출했다. 이런 괴짜들은 성경에 없는 지식이나 성경의 '비밀'을 풀 수 있는 고유한 코드라도 가진 양 행동하면서 집회나 책, 비디오 그리고 기부금으로 많은 돈을 긁어 모은다. 더러는 맹목적인 추종자들을 꼬드겨 안전한 수용 시설을 건설하고, 식량과 무기를 모은 다음 주님이 재림하시는 날짜를 정하기 시작한다. 결국 기대가 실현되지 않으면 이런 사교 교주들은 내 차에 부착된 네비게이션과 똑같은 말을 한다. "경로를 재탐색합니다…."

내가 지켜본 바로는 예언에 대해 두 가지 극단적인 반응이 있는 것 같다. 첫째는 무조건 믿는 것이다. 어떤 사람들은 소위 하나님의 선지자들이라면 개나 소나 다 믿으려고 한다. 그런 사람들은 무언가를 믿을 준비가 되어 있어서 안타깝다 못해 우스울 정도로 터무

니없는 가르침을 받아들인다. 한 유명한 라디오 설교자가 그리스도의 재림을 몇 차례 예언했는데, 예측이 틀리자 결국 계산한 날짜를 '조정'했다. 종국에는 『하나님이 2011년 5월 21일에 휴거가 일어날 거라는 확실한 증거를 주시다』는 제목의 소책자까지 발간했던 마지막 두 번의 예언이 실패한 후 그는 사과문을 발표하고 심판의 날을 예상한 것에 대해 하나님께 용서를 구했음을 인정했다. "경로를 재탐색합니다…."

나는 한때 널리 보급되었던 『1988년에 휴거가 일어날 88가지 이유』라는 작은 책자를 기억한다. 저자는 『마지막 외침: 1989년의 휴거 보고서』라는 책자를 뒤이어 냈고, 그다음에는 『환란 전 휴거가 1993년 로쉬-하샤나(*Rosh-Hashanah*, 유대교의 신년제-역주) 때 일어날 것으로 보이는 23가지 이유』(나는 이 책자를 보고 그의 확신이 약해졌음을 눈치챘다)를 발표했다. 수백만 부가 판매되었고, 수천 명이 교회의 휴거를 준비했다. "경로를 재탐색합니다…."

이들을 포함한 다른 종말론자 선지자들은 이 시대에 살았다는 것을 다행으로 여겨야 한다. 고대에는 선지자들이 하나님의 이름으로 틀린 말을 하면 도시 외곽으로 끌고 가 돌로 쳤다. 요즘에는 남의 말에 잘 속지 않는 사람들은 비웃으면서 그런 사람들을 정신 나간 사람들로 치부한다.

무조건 믿는 태도가 예언에 대한 극단적인 반응 중 하나라면 스펙트럼의 반대쪽에는 냉소주의가 있다. 잘 속는 사람은 무엇이든 믿지만, 냉소적인 사람은 아무것도 믿지 않는다. 냉소주의자들은 비겁하다. 그들은 거의 모든 쟁점에 대해 설득력 있는 반론을 펼칠 수 있기 때문에 지성에 대한 환상을 가지고 있다. 그들은 성경의 예언을 붙잡고 씨름하기를 거부하고 불가지론을 주장한다. 목욕물을 버리다 아이까지 버리는 격이다. 예언은 기괴한 이미지와 은유를 포함하고, 예사롭지 않은 큰 격변의 사건들을 예언하기 때문에 냉소주의자들이 조롱하는 대상이 되기 쉽다. 하지만 예언의 의미에 대해 논쟁을 계속 밀어붙이면 그들은 숨을 곳을 찾아 도망갈 것이다. 냉소주의자들은 무엇을 믿을 용기가 부족하다.

나는 현실 세계에서 성장했다. 나는 두 번의 세계 대전과 그 사이에 있었던 대공황을 겪으면서도 하나님의 선하심이나 주권을 절대 의심하지 않았던 부모님이 계신 경건한 가정에서 자랐다. 부모님은 우리 형제들에게 우리가 세상에서 담당한 작은 역할 속에서 진성성을 가지고 그리스도인의 삶을 살기 위해 노력하고, 진실한 믿음으로 기도하라고 가르치셨다. 어린 시절 받은 교육과 사역을 위한 배움 덕분에 나는 '건강한 균형'이라고 일컬을 수 있을 일에 매진하고 있다. 예수님의 진정한 제자인 우리 모두는 하나님의 말씀이 가르치는 것은 무엇에나 관심을 가지며 그것을 정확하고 신중하며 실제적으로 다루기 원한다. 우리는 어리석은 극단으로 치우치지 않도록 경계하면서 최선을 다해 그것을 명확히 설명해야 한다. 우리는 날짜를 지정하는 모든 가르침과 미래의 사건을 교조적으로 못 박아 말하는 예언을 거부해야 한다.

이 모든 것을 염두에 두고 이제 예수님의 긴 강론으로 돌아가자. 이 강론은 미래를 가리고 있는 베일을 걷어내고 장차 일어날 일을 살짝 엿보게 해준다. 미래에 대한 이 계시는 과거를 잠깐 돌이키며 시작된다.

## —13:1–2—

성전에 땅거미가 내리기 시작하자 예수님과 열두 명의 학생은 동쪽 문을 통과해 기드론 시내로 내려가 베다니에 있는 숙소로 가기 위해 감람산을 올랐다. 지난 며칠간 예수님은 이스라엘에서 가장 강력한 다섯 개의 정치 집단–바리새인, 사두개인, 서기관, 대제사장, 헤롯당–과 정면으로 맞서셨다. 평상시에 이 파벌들은 패권을 차지하기 위해 싸웠고, 이렇게 서로 물고 뜯으면서 아슬아슬한 균형을 유지했다. 그리고 로마는 이 불안한 균형을 이용해 유대에서 간신히 권력을 유지했다. 그런 그들이 이번에는 자기들의 권력을 위협하는 상대를 제거하기 위해 연합했다. 그들의 정적이 공교롭게도 그들이 오랫동안 고대했던 메시아, 하나님의 아들이라는 사실에도 아랑곳하지 않았다.

바로 전에 예수님은 이스라엘의 영적 실패를 보여주는 가슴 아픈 실례를 목격하셨다. 부유한 유대인들은 성전 헌금함에 많은 액수의 돈을 넣고 성전 지도자들의 환대를 받았다. 그들이 많은 돈을 냈다고는 하지만 그들이 가진 것에 비하면 그것은 새 발의 피였다. 반면 한 가난한 과부가 드린 헌금은 액수로 치면 푼돈에 불과했다. 예수님은 그녀가 낸 돈이 생활비 거의 전부라는 사실에 주목하셨다. 이스라엘의 특권층은 쓰고 남는 것을 드렸지만, 그 과부는 자기를 희생해서 드렸다. 예수님이 보실 때 이것은 성전과 그분의 언약 백성이 처한 영적 빈곤을 보여주었다.

제자들은 헤롯 대왕이 세운 장엄한 구조물을 되돌아보면서 그 아름다움을 언급했다.

오늘날 그 성전은 없어졌지만 초석은 남아 있는데, 그것만 보아도 인상적이다. 거대한 하얀 돌들이 저녁 햇살을 듬뿍 받고 있는 성전의 원래 모습이 얼마나 숨막히게 아름다웠을지 상상에 맡길 뿐이다. 예수님의 목소리에는 슬픈 기색이 감돌았다. 예수님은 그 건축물의 웅장함을 인정하시고 나서 그것이 완전히 파괴될 것이라고 경고하셨다.

물론 그분이 하신 말씀은 문자 그대로의 의미였다. 성전은 40년 안에 사라질 것이다. 그리고 기독교 신학의 도움을 받아 돌이켜보면 예수님이 비유적인 의미로도 말씀하셨음을 알 수 있다. 많은 사람이 연구한 바에 따르면, 이 성전은 아브라함이 믿음으로 약속의 아들 이삭을 하나님께 제물로 바쳤던 바로 그 장소에 건립되었다. 기억하겠지만, 주님은 이삭의 생명을 보존하시고 대신 제단에 바칠 숫양을 보내주셨다. 이제 곧 하나님의 어린양이 "단번에" 제물로 바쳐져 더는 동물을 희생제물로 바칠 필요가 없는 "새 언약의 중보자"(참고. 히 9:11-15)가 되실 것이다. 하나님의 어린양이 세상 죄를 위해 죽으시면 다시는 성전에서 피를 흘릴 일이 없을 것이다.

## —13:3-4—

주님의 말씀을 들은 열두 제자는 감람산 서편 어딘가에서 휴식을 취하러 멈추기 전까지 침묵했을 것이다. 하루가 저물어갈 때 제자 중 네 명이 성전의 운명을 궁금해하며 주님께 물었다. 그들은 미래에 일어날 일을 상세히 알아서 그 일이 닥쳤을 때 대비되어 있기를 바랐다. 사실 그들의 질문은 이런 뜻이었다. "그런 일들이 언제 일어나나요?" 그리고 "어떤 일을 보면 그 일이 일어날 때가 되었다는 걸 알 수 있나요?"

## —13:5-8—

이 구절부터 '감람산 강론'으로 불리는 강론이 시작된다. 여기와 다른 두 공관복음서(참고. 마 24장, 눅 21:5-36)에서 예수님은 예루살렘, 이스라엘 그리고 넓은 의미로는 세상의 미래에 대해 예언하셨다. 그중 더러는 이미 일어났고, 일부는 아직 미래의 일로 남아 있다. 또 그 중에는 예언이 이루어졌지만 완전한 성취를 기다리고 있는, 이중으로 성취되는 것들도 있다. 어떤 사건이 어떤 것인지 규명하려는 시도는 수세기 동안 논란의 대상이었고, 이 짧은 지면에서 그 수수께끼를 풀 수는 없을 것이다. 그래서 추측보다는 큰 그림을 계속 살펴보기로 하자.

예수님의 강론에서 첫 번째 부분은 얼마 동안 악이 계속 세상을 지배할 것이라고 경고한다. 나쁜 일들이 일어나지만 그것이 꼭 "이 모든 일이 이루어지려 할 때에…징조"(참고. 막 13:4)는 아닐 것이다. 세상은 타락했다. 그래서 늘 그랬던 것처럼 거짓 메시아와 잔혹한 전쟁이 세상을 어지럽힐 것이다. 전쟁과 재난, 기근은 참혹하지만 종말에 일어날 참극에 비하면 아무것도 아닐 것이다.

## —13:9-13—

예수님은 악이 초래하는 일반적인 고통을 묘사하신 후 신자들이 악한 세상의 핍박을 받을 것이며, 사도들이 제일 먼저 고통을 당할 것이라고 경고하셨다. 예수님은 신실한 제자들이 어떤 박해를 당하게 될지 자세히 말씀하셨다. 예수님은 유대인 형제자매들이 사도들을 거부하고 공식적으로 비난하는 상황을 회당에서 매맞는 것으로 표현하셨다. 보다 일반적인 의미에서 이 이미지는 동족에게 배척당하는 것을 포함한다.

그리스도인들은 정부 관리들에게 넘겨져 기소되고 지도자들의 영적 유익을 위한 "증거가"(13:9) 될 것이다. 이런 일들을 통해 복음이 "만국에 전파"(13:10) 될 것이다. *ethnos*(1484)라는 헬라어는 히브리인이 아닌 모든 사람을 의미한다. 그리스도인들은 유대인 친족과 심지어 자신의 혈족과 가족에게서도 배반당할 것이다.

당연히, 로마에 있는 마가의 독자들은 이 예언에서 자신들의 모습을 보았다.

## —13:14-23—

마가복음 13장 5-13절은 이 타락한 세상에서 벌어질 악의 통치, 알 수 없는 기간 동안 이어질 흥망성쇠를 묘사한다. 특정한 사건이 현재 상황에 끼어들어 과도기라고 일컬어질 시기가 시작됨을 알릴 것이다. 지금 세상을 지배하고 있는 악이 물러나고 하나님의 왕국이 도래할 것이다. 이 두 시대 사이의 시간을 성경 학자들은 13장 19절에 나오는 용어에 근거해 '대환난'이라고 불렀다. 예수님은 이 과도기를 알리는 사건을 "멸망의 가증한 것"이라고 하셨는데, 이 구절은 구약 시대 선지자 다니엘의 글에서 나온 것이다(13:14, 참고. 단 9:27, 11:31, 12:11).

이 구절에는 *bdelygma*(946)와 *erēmōsis*(2050)라는 두 개의 헬라어 단어가 나온다. 첫 번째 단어는 혐오스럽고 역겨우며, 개인적으로 대단히 불쾌한 것을 표현한다. 구약성경은 하나님이 특별히 몹시 싫어하시는 사악한 행위를 묘사할 때 이것과 같은 뜻의 히브리어 단어를 자주 사용한다. 크든 작든 모든 죄는 하나님의 성품에 위배되지만, 어떤 행위들은 하나님을 직접 모욕하는 것으로 간주된다.

두 번째 용어 *erēmōsis*는 '황폐', '파괴', '절멸'이라는 뜻이다. 이것은 전염병이나 침략군이 자행한 대량학살의 여파를 표현한다. 70인역 헬라어 성경은 이 단어를 사용해 비슷한 히브리어 단어를 번역했다. 하나님은 불순종에 대한 형벌을 표현하실 때 "황무하다"고 하셨다(레 26:34-35).

다니엘과 예수님 모두 그 과도기가 이미 시작되었음을 알리는 확실한 징조를 설명하는 데 이 표현을 사용했다. "멸망의 가증한 것"을 실제로 보는 자들은 틀림없이 그것을 알아볼 것이다. 이것은 안티오쿠스 4세 에피파네스가 예루살렘 성전에 들어와 뻔뻔하게 제단에 돼지를 바친 사건일 수도 있다(BC 167년경). 일각에서는 이것이 사람을 묘사하는 것이라고 말한다. 주님은 "멸망의 가증한 것"이 마치 서 있을 의지나 다리가 있는 것처럼 그것이 있어서는 안 될 곳에 서 있거나 일어서고 있는 것으로 묘사하셨다.

마지막 날 있을 이 징조 뒤에는 세상이 그때까지 보지 못한 격변, 역병, 갈등, 박해, 재앙이 있을 것이다. 그 악한 일들은 양적으로나 질적으로 선례가 없을 것이다. 늘 그렇듯이 거짓 메시아들이 일어나 잘 속고 무모한 사람들을 미혹할 것이다. 이때에는 사탄이 목적을 이루기 위해 거짓 그리스도인들에게 초자연적인 능력을 줄 것이다.

## —13:24-27—

이 환난의 과도기 후 우리가 알고 있는 대로 세상의 종말이 올 것이다. 이 종말 후 구약성경에 기록되어 있듯이 "주님의 날"(참고. 사 13:6-10, 요엘 2:1-31, 3:9-17)에 새로운 창조가 시작될 것이다. 이때 하나님은 인간 역사에 대단원의 막을 내리시고 모든 인류를 불러 모아 그분 앞에서 심판하실 것이다. 예수님은 이 "날"이 그분이 재림하시는 날이라고 밝히셨다.

거짓 메시아들이 어두운 배경으로 밀려나고 참 메시아이신 예수님이 오실 것이다. 극장의 조명이 어두워지고 막이 오르기 전에 음악이 잠시 멈추듯이, 하늘이 어두워지고-태양도, 달도, 별도 없이-인자가 새벽처럼 시간과 공간으로 침입하실 것이다. 주님은 "인자"라는 호칭을 여러 번 사용하셨는데, 성경을 아는 유대인들은 즉각 다니엘의 계시를 떠올렸을 것이다.

> 내가 또 밤 환상 중에 보니 인자 같은 이가 하늘 구름을 타고 와서 옛적부터 항상 계신 이에게 나아가 그 앞으로 인도되매 그에게 권세와 영광과 나라를 주고 모든 백성과 나라들과 다른 언어를 말하는 모든 자들이 그를 섬기게 하였으니 그의 권세는 소멸되지 아니하는 영원한 권세요 그의 나라는 멸망하지 아니할 것이니라(단 7:13-14).

메시아는 재림과 동시에 그분의 백성을 모아 그들과 함께 계실 것이다. 또한 이로 말미암아 이스라엘을 망명에서 돌아오게 하시겠다는 하나님의 약속이 궁극적으로 성취될 것이다(참고. 신 30:3-5, 슥 2:6-7). 하나님은 이스라엘에 번영과 평화, 회복과 축복을 내리셔서 이전에 하신 모든 약속을 성취하실 것이다(욜 3:18-21).

## —13:28-29—

예수님은 제자들에게 하나님의 백성이 이런 일들로 불의의 습격을 받아서는 안 된다고 경고하셨다(참고. 13:23). 예수님은 이것을 설명하시기 위해 친숙한 무화과나무의 성장 주기를 지적하셨다. 존 그래스믹(John Grassmick)이 이것을 잘 표현했다.

> 팔레스타인에서 무화과나무는 3월이 되면 먹을 수 있는 자그마한 순을 내고, 4월 초에 커다란 녹색 잎을 피운다. 이 초기의 푸른색 '과실'(순)은 지역 농민들이 흔히 먹는

음식이었다(순이 있을 것처럼 나무의 푸른 잎이 무성한데도 순이 없으면 그 해에는 과실이 열리지 않았다). 결국 이 순들은 무화과가 열리면서 떨어지고, 무화과철인 5월과 6월 말에 무화과가 무르익었다.[40]

보통 수준의 관찰력을 가진 합리적인 사람이라면 말세에 펼쳐질 일들을 알아볼 수 있어야 한다. 말세의 일들은 그때 지구상에 살고 있는 사람이라면 누구나 그것이 그들이 기다리고 있던 일임을 알만큼 상세히 설명되어 있다. 그리고 이 일들이 일어나면 사람들은 다음에 무슨 일이 닥칠지도 확실히 알 것이다.

## —13:30-31—

예수님은 "이 세대"가 이러한 말세의 사건들이 일어날 때까지 없어지지 않을 거라고 약속하셨다(13:30). 이 말씀은 상당한 혼란을 불러일으켰다. 그것은 제자들이 예수님의 재림 전에 죽었기 때문이다. 사실 우리는 2천 년의 역사가 지났는데도 이 사건들이 실현되는 것을 보지 못했다.

그러나 "이 세대"가 반드시 예수님의 동시대 사람들을 지칭하는 것은 아니다. 그것은 예수님이 예언에서 묘사하신 사건들이 벌어지는 시기에 살아 있는 세대를 가리킬 수도 있다. 그 경우 "이 세대"는 미래에 벌어질 대환난을 목격할 유대인들을 가리킨다. 그들은 그리스도가 재림하시고, 그분이 왕으로 다스리시는 것을 볼 것이다.

## —13:32-37—

예수님은 두 가지 사실을 분명히 밝히셨다. 첫째, 이 일들이 언제 일어날지 아무도 날짜와 시간을 알 수 없다. 둘째, 신자들은 깨어 있어야 한다. 아무도 주님의 날이 언제 닥칠지 예측할 수 없다. 예수님은 모든 사람에게 계속 준비된 상태로 살라고 촉구하신다. 삶을 계속 영위하고, 계획을 세우며, 의무를 다하고, 미래를 계획하면서 그리스도의 재림에 대해 또한 지상에 문자 그대로 하나님 나라가 세워지는 것에 대비하고 있어야 한다.

예수님은 우리에게 미래를 살짝 엿보게 해주셨으나, '감람산 설교'가 완전한 대본도, 상세한 각본도 아니다. 예수님은 우리에게 충분한 정보를 주셨지만, 모든 것을 알려주시지는 않았다. 예수님은 많은 질문을 답하지 않은 채로 남겨놓으셨다. 우리가 상세한 정보를 원하는 이유는 미래를 아는 것이 힘이기 때문이다. 그리고 우리는 우리 자신의 운명을 통제하고 싶어 한다. 하지만 그 대신 우리는 악이 분명히 성공했지만, 하나님이 여전히 지배하고 계신다는 것을 확신할 만큼 정보를 받았다. 우리는 하나님의 계획이 성취되고, 결국 정의가 승리하며, 신실한 자들이 명예를 회복하고, 불충한 사람들은 책임을 지게 되리라는 것 그리고 하나님께 순종하는 것이 평화로운 번영의 미래로 나아가는 최선의 방법이라는 것을 알 만큼은 미래를 본다.

## 적용: 마가복음 13:1–37

### 멀리 하라, 깨어 있으라, 경계하라

많은 설교자와 교사는 종말의 메시지를 실제로 적용하는 데 어려움을 겪는다. 여러 해 동안 나는 예언에 열광하는 사람들이 환난과 재림에 대한 자세한 설명을 계속 내놓는 것을 들었지만, "그래서 어쨌다는 건가?"라는 질문에는 거의 아무 말도 못하는 것을 보았다. 적어도 현재를 살고 있는 우리 모두에게는 그렇다.

그러나 "모든 성경은 하나님의 감동으로 된 것으로 교훈과 책망과 바르게 함과 의로 교육하기에 유익하니 이는 하나님의 사람으로 온전하게 하며 모든 선한 일을 행할 능력을 갖추게 하려 함이라"(딤후 3:16–17). 그러니 잠시 시간을 내어 예수님이 감람산에서 하신 길고 상세한 강론에 대해 "그래서 어쨌다는 건가?"라는 질문의 답을 찾아보자. 모든 성경과 마찬가지로 이 말씀은 우리를 교화하기 위해 주어졌다. 그래서 예수님의 말씀에서 세 가지 간단한 적용을 끌어냈다. 우리 각자는 이 실제적인 원칙을 마음에 새겨야 한다.

**첫째, 멀리 하라.** 특정한 예언을 하는 사람을 멀리 하라. 어리석게도 현재의 사건을 가리키면서 "이것입니다! 이것이 성경에서 예언한 일입니다. 이것이 적그리스도입니다! 이런 것이 말세에 일어날 일들입니다!"라고 공공연히 말하는 사람들이 너무 많다. 그들을 멀리 하라. 또 다른 사람들은 계산기를 꺼내 들고 그리스도의 재림까지 남은 날들을 세려고 한다. 이것만큼 예수님이 마가복음 13장에서 하신 말씀에 정면으로 위배되는 것은 없는데도, 나는 사역하는 동안 이런 일을 수십 번 보았다. 어떤 때는 내 생각에 성경을 더 잘 알아야 할 것 같은 존경받는 성경 교사들도 그랬다. 그런 사람들을 멀리 하라.

**둘째, 깨어 있으라.** 예수님은 그분이 오실 때 '자는 것'에 대해 경고하셨다(막 13:35-37). 그리고 사도 바울은 종말에 대해 이렇게 말했다. "형제들아 너희는 어둠에 있지 아니하매 그 날이 도둑 같이 너희에게 임하지 못하리니 너희는 다 빛의 아들이요 낮의 아들이라 우리가 밤이나 어둠에 속하지 아니하나니 그러므로 우리는 다른 이들과 같이 자지 말고 오직 깨어 정신을 차릴지라"(살전 5:4-6). 이 구절을 보면 잠에 빠져 죄수가 도주해도 모르는 경비병이 생각난다. 또는 보모가 잠이 들어 아기가 집 안을 난장판으로 만들어놓거나 또는 더 심각한 일이 벌어지거나, 아니면 운전대를 잡고 깜빡 졸다가 사고를 일으킨 운전자가 생각난다. 이 암흑의 시대에 우리는 영적으로 졸면 안 된다. 깨어 있어야 한다. 눈을 뜨고 성경을 펼치고, 세상이 속삭이는 위험한 거짓말을 피해야 한다.

**셋째, 경계하라.** "주의하"는(막 13:33) 사람들은 단지 의식만 하고 있지 않는다. 그들은 현 상태에 안주하지 않고 절박감을 갖는다. 그들은 무지하지 않고 잘 알고 있다. 수동적이지 않고 선도한다. 우리는 주님이 언제 다시 오실지 모르기 때문에 늘 '경계한다.' 우리는 마음과 삶을 순결하게 유지하고, 우선순위를 제대로 지키며, 말과 생각을 거룩하게 유지해야 한다. 왜냐하면 우리는 그리스도의 재림이 임박했음을 믿기 때문이다. 그것은 그리스도가 곧 오시리라는 것이 아니라 언제든지 오실 수 있다는 말이다. 그래서 우리는 경계한다.

과거에서 교훈을 얻자. 셈은 잘하면서 성경을 읽는 데는 형편없는 거짓 선지자들과 선생들에게서 교훈을 얻자. 그들이 날짜를 정하고 징조를 찾는 설교를 하면 그 자리를 떠나라. 그들에게 관심을 갖지 마라. 그들의 말을 너는 듣지 마라. 대신 예수님의 교훈을 따르라. 멀리 하고, 깨어 있으며, 경계하라.

## 주

1. Kittel 과 Friedrich, 편집, *Dictionary: Abridged*, 316.
2. 누가는 여드레로 보고하는데, 포괄적인 시간 계산법을 사용했기 때문일 것이다. 동양에서는 흔히 볼 수 있는 이 계산법은 첫째 날과 마지막 날을 포함한다. 반면에 배타적인 계산법은 중간의 전일만 계산한다. 예컨대, 복음서가 예수님이 십자가 처형 후 3일째 되는 날에 부활하셨다고 말할 때 포괄적인 계산법을 사용한다. 성 금요일이 첫째 날, 토요일이 둘째 날, 일요일이 셋째 날이다.
3. Henri Nouwen, *The Genesee Diary*(New York: Doubleday, 1989), 14.(『제네시 일기』 포이에마).
4. Bauer, *Greek-English Lexicon*, 954.
5. 같은 책, 816-818.
6. R. T. France, *The Gospel of Mark: A Commentary on the Greek Text*, The New International Greek Testament Commentary(Grand Rapids: Eerdmans, 2002), 370.
7. Edwards, *Mark*, 281.
8. David McKenna, *Mark*, The Preacher's Commentary, Lloyd J. Ogilvie 편집(Nashville: Thomas Nelson, 1982), 25:186.
9. Edwards, *Mark*, 289.
10. Hughes, *Mark*, 2:30.
11. Mishnah *Gittin* 9:10A-F.
12. David Instone-Brewer, *Divorce and Remarriage in the Church: Biblical Solutions for Pastoral Realities*(Downers Grove, IL: InterVarsity Press, 2003), 55.
13. 나중에 바울은 불의한 이혼의 희생자가 될 수 있는 상황을 다루었다. 어떤 사람이 버림을 받으면 그는 더는 구애되지 않으며, 마찬가지로 미망인도 고인이 된 배우자에게 얽매이지 않는다(고전 7:15, 39-40).
14. Bauer, *Greek-English Lexicon*, 949를 보라.
15. 같은 책.
16. Samuel Rocca, *Herod's Judea: A Mediterranean State in the Classic World*(Eugene, OR: Wipf & Stock, 2008), 282.
17. Bauer, *Greek-English Lexicon*, 229.
18. Edwards, *Mark*, 325.
19. 이 해설자는 여기서 John R. W. Stott, *The Cross of Christ*(Downers Grove, IL: InterVarsity Press, 1986), 286-287을 인용하고 있다.
20. David E. Garland, *Mark*, NIV Application Commentary(Grand Rapids: Zondervan, 1996), 415-416.
21. Flavius Josephus, *Wars of the Jews* 1.138, in *The Works of Josephus: Complete and Unabridged*, William Whiston 번역(Peabody, MA: Hendrickson, 1996).
22. 같은 책, 4.469.
23. Bauer, *Greek-English Lexicon*, 563.
24. Charles R. Swindoll, *Insights on Luke*(Grand Rapids: Zondervan, 2012), 434.(『찰스 스윈돌의 신약 인사이트-누가복음』 디모데).
25. Robert Payne, *The Roman Triumph*(London: Abalard-Schuman, 1962), 41.

26. Josephus, *Wars of the Jews* 5.465–470, 7.3을 보라.
27. Yehiel Dinur, Mike Wallace의 인터뷰, *60 Minutes*, CBS, February 6, 1983.
28. 같은 책.
29. C. S. Lewis, *The Lion, the Witch and the Wardrobe*(New York: HarperCollins, 1950), 80–81.(『사자, 마녀 그리고 옷장』 사랑플러스).
30. Bauer, *Greek-English Lexicon*, 684.
31. *Merriam-Webster's Collegiate Dictionary*, 11th ed., s.v. "arrogance."
32. Gilbert K. Chesterton, *Orthodoxy*(New York: John Lane Company, 1909), 56.
33. Martin Luther, *Martin Luther's Basic Theological Writings*, ed. Timothy F. Lull(Minneapolis: Augsburg Fortress Press, 2005), 388.
34. Warren W. Wiersbe, *The Wiersbe Bible Commentary: The Complete New Testament*(Colorado Springs: David C. Cook, 2007), 162.
35. Bauer, *Greek-English Lexicon*, 341.
36. 시편 90편은 신명기 33편에서 차용한 것이다.
37. Josephus, *Wars of the Jews* 2.164–166.
38. Josephus, *Antiquities* 18.16.
39. Bauer, *Greek-English Lexicon*, 821.
40. John D. Grassmick, "Mark", in *Bible Knowledge Commentary*, ed. Walvoord, Zuck, and Dallas, Mark 11:12–13.

# 제자들, 도전받다

마가복음 14:1-16:20

어떤 성경 말씀은 특별한 경외심을 품고 관찰하고 신중하게 분석해야 한다. 물론 성경에 나오는 기도들은 너무 깊게 파고들지 않아도 된다. 이 친밀한 마음의 표현은 분석할 대상이 아니다. 죽음에 대한 내러티브 기사는 신중하게 다루어야 한다. 그렇지 않으면 우리는 자칫 실험실의 진단 장비로 전락할 위험이 있고, 인간에 대한 따뜻한 마음을 잃을 수 있다. 마가의 내러티브에서 이 본문은 각별히 주의해야 한다. 지상에서 보내신 주님의 삶과 사역의 마지막 날들에 대해 논하다 보면, 나는 깊은 경외감에 속도가 느려지고 영혼이 차분해진다.

우리는 이 본문을 둘러싸고 있는 역사적, 문화적 세부 사항을 면밀히 관찰하고, 마가가 선택한 단어와 구절을 열심히 공부하겠지만, 주님이 인간으로서 경험하신 상황으로 들어가는 것도 놓치지 않았으면 좋겠다. 그분은 하나님이셨고, 하나님이신 동시에 사람이셨으며, 사람이시라는 사실을 잊어서는 안 된다. 고통을 느끼는 육신을 가진 인간, 감정이 격해질 수 있는 사람, 우리와 똑같이 약점과 연약함과 유혹과 감정을 가진 사람, 그분이 이루신 죄의 대속과 신인(神人)에 관한 심오한 신학을 공부하면서, 이 죽음은 그분이 부활하셨음에도 불구하고, 참혹하고 비극적인 것이었음을 잊지 말자. 여기에는 선한 사람이 죽었을 때 우리가 마땅히 느끼는 고뇌와 불의가 따른다. 사실 더 심하다.

우리는 비아 돌로로사(Via Dolorosa), 이 '고난의 길'을 예수님과 그분의 추종자들과 함께 걸으면서 관광객들이 흔히 저지르는 어리석은 실수를 범하지 말자. 이 신성한 땅 위를 조용히 걷고, 이 고통스러운 사건을 세심하게 살펴보며, 조용하고 경건한 어조로 말하자. 우리가 이렇게 하면 마가가 공들여 쓴 내러티브는 의도했던 효과를 낼 것이다. 우리는 예수님의 발자취를 따를 자세를 갖추고 제자도의 기쁨과 책임을 감당할 준비가 된, 예수님의 심정을 잘 헤아리는 추종자가 될 것이다.

예수님은 지상 사역의 이 마지막 단계에서 사단의 통치에 대하여 왕국의 승리를 선포하실 것이다. 더는 죄와 죽음이 사람들을 포로로 잡지 못할 것이며, 모든 사람이 예수님의 이름으로 생명과 자유를 누릴 것이다. 그러나 동시에, 제자들은 가장 잔인하면서 교육적인 노선에 식번할 것이나. 그들은 그들의 주님이 겟세마네에서 이루 말할 수 없는 고통에 몸부림치시는 것을 볼 것이다. 그리고 거기서 승리하신 후 그분은 배신을 당하시고 부당하게 처형되실 것이다. 제자들은 맥없이 주저앉을 정도로 두려움과 혼란에 사로잡힐 것이지만, 그들의 주님이 이 모든 일에도 불구하고 하나님 아버지를 신실하게 의지하시는 것을 볼 것이다. 그들은 떠날 것이지만, 다시 돌아올 것이다.

이 장면들은 마가의 독자들—죽음의 공포에 떨면서 친구들을 잃은 슬픔에 젖어 있는 로마의 박해받는 그리스도인들—의 심금을 울렸을 것이다. 그들은 도망치고 싶은 유혹에 대해 잘 알았다. 그들은 우리 모두가 겪는 의심과 두려움을 알았다. 그들은 하나님의 신실하심과 예수님의 승리를 생각해낼 것이다. 그들은 그렇게 암울한 때에 제자들이 절망을 딛고 일어난 것은 하나님의 은혜였으며, 그 은혜는 그들에게도 똑같이 임한다는 사실을 떠올릴 필요가 있었다.

## 핵심 용어

παραδίδωμι [*paradidōmi*, 파라디도미]*(3860)* '넘겨주다', '항복하다', '소유를 이전하다'

'주다'는 뜻을 가진 동사 *didōmi*(1325)에서 파생된 이 용어는 다른 것을 통제하기 위해 어떤 것의 소유권을 포기한다는 뜻을 담고 있다. 문맥에 따라서는 '배신하다'로 번역되기도 하지만, 헬라어 단어는 행위의 동기가 선한지 악한지 규정하지 않는다. 이 단어는 유다가 예수님을 산헤드린에 넘기고(14:10), 산헤드린이 빌라도에게(15:1), 빌라도가 병사들에게(15:15) 그리고 마지막으로 예수님이 죽음에 그분의 영혼을 넘기시는(요 19:30) 수난 서사에서 광범위하게 쓰였다.

φεύγω [*pheugō*, 퓨고]*(5343)* '도망치다', '도피하다', '피하다'

이 동사는 두려워서 어떤 것에서 허둥지둥 떠나는 모습을 묘사한다. 즉, 위험에 대한 본능적인 반응이다. 마가복음을 보면 예수님과 함께 있는 것조차도 위험해서 사람들은 죄다 예수님을 피해 달아났지만, 예수님은 사명을 위해 위험(십자가)을 향해 나아가신다. 마가에게 두려움과 도피는 배신의 징후다(5:14, 13:14, 14:50, 52, 16:8). 여기에서는 그리스도를 따르는 사람들은 사람을 두려워하고 위험을 피해 도망치기보다는 하나님을 두려워하고, 위험을 당연한 결과로 받아들여야 한다는 무언의 기대가 들어 있다.

Χριστός [*christos*, 크리스토스]*(5547)* '메시아', '기름부음 받은 자'

이 용어 자체는 *chriō*(5548)에서 파생되었는데, *chriō*는 '문지르다', '바르다', '(기름을) 바르다'는 뜻이다. 신약성경 이전 시대에는 유일하게 히브리 문헌에서만 사람을 대상으로 사용되었다. 70인역은 히브리 단어 *mashiach*[(H4899), '메시아'로 음역됨]를 번역하는데 *christos*를 사용했다. *mashiach*는 왕에게 사용되는 용어로, 머리에 감람유를 부어 이스라엘의 통치자로 지명하는 관습을 나타낸다. 이스라엘에는 많은 'christs'(즉, 왕)가 있었지만, 이스라엘은 전설적인 완전한 왕인 궁극의 '그리스도', 즉 메시아를 기다렸다.

## 사랑과 충성(마가복음 14:1–21)

1이틀이 지나면 유월절과 무교절이라 대제사장들과 서기관들이 예수를 흉계로 잡아 죽일 방도를 구
하며 2이르되 민란이 날까 하노니 명절에는 하지 말자 하더라

3예수께서 베다니 나병환자 시몬의 집에서 식사하실 때에 한 여자가 매우 값진 향유 곧 순전한
나드 한 옥합을 가지고 와서 그 옥합을 깨뜨려 예수의 머리에 부으니 4어떤 사람들이 화를 내어 서로
말하되 어찌하여 이 향유를 허비하는가 5이 향유를 삼백 데나리온 이상에 팔아 가난한 자들에게 줄
수 있었겠도다 하며 그 여자를 책망하는지라 6예수께서 이르시되 가만 두라 너희가 어찌하여 그를 괴
롭게 하느냐 그가 내게 좋은 일을 하였느니라 7가난한 자들은 항상 너희와 함께 있으니 아무 때라도
원하는 대로 도울 수 있거니와 나는 너희와 항상 함께 있지 아니하리라 8그는 힘을 다하여 내 몸에
향유를 부어 내 장례를 미리 준비하였느니라 9내가 진실로 너희에게 이르노니 온 천하에 어디서든지
복음이 전파되는 곳에는 이 여자가 행한 일도 말하여 그를 기억하리라 하시니라

10열둘 중의 하나인 가룟 유다가 예수를 넘겨 주려고 대제사장들에게 가매 11그들이 듣고 기뻐하
여 돈을 주기로 약속하니 유다가 예수를 어떻게 넘겨 줄까 하고 그 기회를 찾더라

12무교절의 첫날 곧 유월절 양 잡는 날에 제자들이 예수께 여짜오되 우리가 어디로 가서 선생님
께서 유월절 음식을 잡수시게 준비하기를 원하시나이까 하매 13예수께서 제자 중의 둘을 보내시며 이
르시되 성내로 들어가라 그리하면 물 한 동이를 가지고 가는 사람을 만나리니 그를 따라가서 14어디
든지 그가 들어가는 그 집 주인에게 이르되 선생님의 말씀이 내가 내 제자들과 함께 유월절 음식을
먹을 나의 객실이 어디 있느냐 하시더라 하라 15그리하면 자리를 펴고 준비한 큰 다락방을 보이리니
거기서 우리를 위하여 준비하라 하시니 16제자들이 나가 성내로 들어가서 예수께서 하시던 말씀대로
만나 유월절 음식을 준비하니라

17저물매 그 열둘을 데리시고 가서 18다 앉아 먹을 때에 예수께서 이르시되 내가 진실로 너희에게
이르노니 너희 중의 한 사람 곧 나와 함께 먹는 자가 나를 팔리라 하신대 19그들이 근심하며 하나씩
하나씩 나는 아니지요 하고 말하기 시작하니 20그들에게 이르시되 열둘 중의 하나 곧 나와 함께 그릇
에 손을 넣는 자니라 21인자는 자기에 대하여 기록된 대로 가거니와 인자를 파는 그 사람에게는 화가
있으리로다 그 사람은 차라리 나지 아니하였더라면 자기에게 좋을 뻔하였느니라 하시니라

---

1세기에 유대인의 집에 달력이 걸려 있었다면, 적어도 한 날짜에는 예외 없이 붉은색 동그라미가 그려져 있고, 히브리어로 이렇게 표시되어 있었을 것이다. '유월절.' 이 하루의 축제 뒤로 7일 동안 무교절이 이어졌다. 이 축제를 무교절이라고 부르는 이유는 하나님이 모든 유대인에게 집안을 깨끗이 청소해서 티끌만 한 누룩도 남아 있지 않게 하라고 지시하셨기

때문이다. 이 기간에는 전 세계 유대인들이 예루살렘으로 모여들었기 때문에 예루살렘의 인구는 평상시의 열 배까지 늘어나곤 했다.

유월절은 이스라엘이 애굽의 속박에서 벗어나 한 국가로서 공식 출범한 것을 기념하는 축제였다. 그러나 이번 해에 일부 유대인은 해방을 축하하는 것 외에 다른 목적이 있었다. 예수님의 적들—이스라엘을 통치하는 공회인 산헤드린 의원들—은 예수님을 파멸시킬 계획을 세우느라 여념이 없었다. 예수님의 명예를 실추시키려는 시도는 실패했기 때문에 정치적 정략은 포기하고 모략 쪽으로 방향을 틀었다. 예수님을 모함해 파멸시키지 못하면 예수님을 살해할 생각이었다. 이제는 그분을 체포할 적절한 기회를 찾는 일만 남아 있었다. 큰 소란을 피우지 않으려면 체포하는 시기와 내부에서 들어오는 정보가 중요할 것이다.

시시각각 다가오는 죽음을 앞에 두고 제자들을 꾸준히 준비시키신 예수님으로서는 이 모든 일이 놀랍지 않으셨다. 그분은 제자들 각자가 앞으로 있을 시련의 시기에 어려운 선택을 해야 할 때가 오리라는 것을 아셨다. 그러나 예수님은 그들을 위한 계획도 세워놓으셨다.

## —14:1-2—

마가복음의 이 대목은 유월절 이틀 전에 시작된다. 유월절은 으레 유대인의 음력으로 첫 달 14일 저녁에 시작되었다. 대제사장들과 서기관들은 사람들이 폭동을 일으키지 못하도록 예수님을 납치해 은밀히 죽이고 싶어했다. 그들은 헤롯 안디바가 또 다른 유명한 선지자를 죽일 때 하릴없이 옆에 서 있었다(막 6:21-29). 그랬기 때문에 그들은 대중의 존경을 받는 지도자가 또다시 부당하게 살해되었을 때 일어날 분노를 감당할 여유가 없었다. 그들이 예수님을 사라지게 할 수만 있다면 백성과 함께 애도하는 척할 수 있었다.

## —14:3—

예수님은 죽음을 두려워하지 않으셨지만, 죽음을 바라지도 않으셨다. 예수님은 성경이 예언한 대로 당신의 백성을 위해 죽으러 오셨지만 자살하지 않으셨다. 그분은 하나님이 정하신 길이 십자가로 향하고 있음을 아셨다. 그러나 그분은 호락호락하게 죽음을 맞지는 않을 것이다. 유월절이 다가오면서 예수님은 수천 명의 증인 앞에 나타나기도 하시고, 세간의 이목을 피하기도 하셨다. 성전에서 사역하지 않으실 때는 가까운 사람들과 베다니 인근에 머무셨다.

어느 날 저녁 한 남자가 배설한 연회—아마 나사로와 마르다, 마리아의 요청이었던 듯하다(참고. 요 12:2)—에 예수님과 제자들이 참석했다. 누가에 따르면 주인은 신학과 정치면에서 바리새인이었다(눅 7:36-39). 마태와 함께 마가는 이 사람을 "나병환자 시몬"(참고. 마 26:6-13)이라고 밝힌다. 그는 아마 이제는 병이 나았을 것이다. 그렇지 않으면 아무도 그 집에 저녁 식사를 하러 오지 않았을 것이다! 예수님이 그를 치료해주셨을 수도 있지만, 오늘날 우리가 한센병으로 알고 있는 질병과 관련한 피부 질환을 앓다가 성전에서 깨끗하게 되었다는 선언을 받았을 공산이 더 크다(참고. 레 14:1-32). 그러나 흔히 그렇듯이, 별명은 제일 좋지 않은 쪽으로 붙게 마련이다.

고대 근동의 관례대로 손님들은 식탁에 비스듬히 기대 앉았다. 고대 근동 사람들은 높은 식탁을 앞에 두고 의자에 앉지 않고 낮은 식탁을 중심으로 왼쪽 팔꿈치에 쿠션을 받치고 비스듬히 누웠다. 그들은 식탁을 마주보고 발을 음식에서 비스듬히 떨어지게 놓은 다음 식사를 했다. 식사가 한창일 때 한 여인이 손에 옥합을 들고 뒤쪽에서 예수님께 다가왔다. 여인은 옥합을 깨뜨려 순수한 나드를 그분 머리에 부었다. 누가에 따르면, 예수님의 발에도 부었다. 여인은 나드를 다 붓고 나서야 그 사치스러운 예배 행위를 마쳤다.

여인이 드린 예배는 하나님이 당신의 백성에게 바라시는 여러 특성을 내포하고 있다. 그녀의 예배는 무조건적이었다. 요한은 그녀가 깨뜨린 병이 1리터짜리며, 무게는 340그램 정도 된다고 말하는데(요 12:3), 이는 상당한 양이다! 그녀의 예배는 값이 비쌌다. 마가는 굳이 그 향유가 얼마나 비싼지 따로 설명한다. 그것은 아무것도 섞지 않은 순수한 향유였다. 이 농축된 기름을 희석하면 다른 향수 제품을 꽤 많이 만들 수 있었다. 히말라야에 자생하는 식물에서 추출한 이 기름은 수입품이었을 것이다. 그녀가 드린 예배는 아무 제약을 받지 않았다. 한때 7밀리미터에 15만 원이었던 '장 파투(Jean Patou) 1000'(유명한 프랑스 향수 브랜드—역주) 340밀리미터에 흠뻑 젖는다고 상상해보라. 향기가 방에 가득 차면서 구경꾼들의 비난이 쏟아졌다. 여인은 아랑곳하지 않았다. 그녀는 자기가 예배하는 대상인 그녀의 구세주만을 생각했다.

유대력과 절기

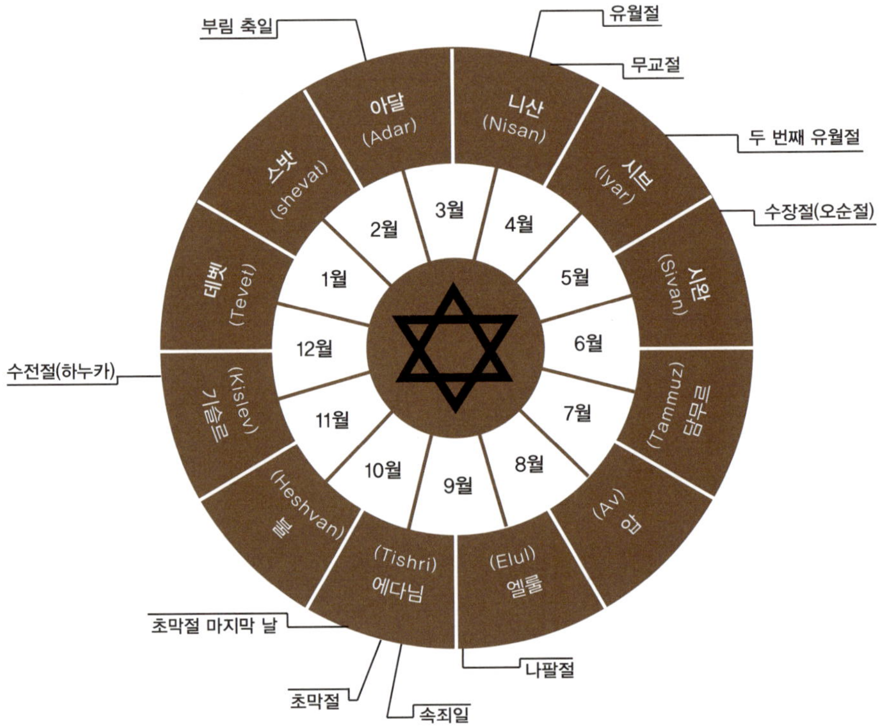


## —14:4-5—

방에 있던 사람들, 시몬과 바리새인 친구들, 제자들까지도 그 여인을 "책망"하기 시작했다(14:5). 헬라 작가들은 말이 콧바람을 불거나 우는 소리를 묘사하는 데 이 용어를 사용하기도 했다. 요한은 회계였던 가룟 유다가 나서서 나쁜 말로 공격했음을 시사한다(요 12:4-5). 못마땅한 기색을 내비치지 않던 사람들도 찡그린 얼굴과 비난의 눈초리로 그녀를 조용히 질책했다. 근 일 년 치 임금이 바닥에 흐르는 모습을 지켜보면서 그들은 낭비된 돈만 생각했다. 유다는 가난한 자들에게 관심이 있는 척했다.

## —14:6-9—

마리아가 귀중한 향유로 주님을 경배하면서 무슨 생각을 했는지 우리는 확실히 알 수 없다. 그러나 주님은 그 행위에 깊은 신학적 의미를 부여하셨다. 예수님은 그녀를 옹호하시면서 그녀의 헌신을 선한 행위로 칭찬하시고, 그 일을 다가오는 그분의 죽음에 대한 징표로 사용하셨다. 매장을 위해 시신을 염습하는 첫 번째 단계는 물로 씻고 향유를 붓는 것이었다. 필립 켈러(Phillip Keller)는 내가 미처 생각하지 못했던 관점을 제시한다. 그는 그녀가 예수님을 경배한 효과를 이렇게 설명한다.

> 향기로운 향수가 그분의 윤기 나는 머리카락과 풍성한 턱수염 위로 흘러내렸다. 기분 좋은 향기가 그분의 몸을 감쌌다. 그분의 튜닉과 부드럽게 드리워진 속옷도 진한 잔향에 흠뻑 젖었다. 앞으로 이틀 동안은 그분이 가시는 곳마다 향기가 따라다닐 것이다. 유월절 축제 장소, 겟세마네, 대제사장의 집, 헤롯궁, 빌라도의 관저, 십자가 밑에서 그분의 옷을 제비 뽑은 잔인한 사람들의 손에까지.[1]

예수님은 죽음을 위해 이미 준비된 시련 속으로 들어가실 것이다.

## —14:10-11—

요한복음은 이 일화가 벌어지고 있는 동안 유다에게 특별히 주목한다. 그날 저녁에 있었던 보좋의 일로 그는 예수님의 거짓 제자 노릇을 끝냈다. 그가 공개적으로 질책을 받았기 때문일 수도 있다. 그 여인의 '낭비'에 대해 주님이 취하신 태도가 그의 배신을 촉발했을지도 모른다. 하지만 아마도 그의 메시아가 자신의 죽음에 대해 예언하는 것을 너무 많이 들었기 때문일 것이다. 대다수 유대인과 마찬가지로 그는 로마의 권력에 대항해 이스라엘의 국운을 회복할 정치적, 군사적 왕을 갈망했다. 그러나 예수님은 승리에 대해서는 한 마디도 하지 않으셨다. 그분은 줄곧 죽음을 말씀하셨다.

유다는 예수님을 '배반'하려고 그분의 적들과 공모하기 시작했다. 여기서 사용된 용어는 문자적으로 '넘겨주다'는 뜻이다. 사람들과 있을 때는 수천 명의 목격자가 예수님을 보호했다. 종교 지도자들은 그들의 분노를 자극하는 모험을 할 생각이 없었다. 예수님을 조용히 사라지게 하려면 가급적 아무도 볼 수 없는 시간과 장소에서 은밀히 납치하는 것을 도울 내부자가 필요했다.

## —14:12-16—

마가는 그날을 "무교절의 첫날 곧 유월절 양 잡는 날"(14:12)이라고 명시한다. 그날을 묘사한 마가의 시각은 이방인들이 유대인의 축제를 바라보는 관점과 일치한다. 정확히 말하면, "유월절"은 니산월 15일 일몰 때 어린 양을 희생 제물로 바치면서 시작된다. 그러나 이방인들은 새 날이 자정에 시작된다고 계산했기 때문에 이날은 니산월 14일 목요일이었다.

외지에서 온 대부분 손님과 마찬가지로 예수님과 제자들은 성 안 어딘가에 만찬을 나눌 장소를 빌려야 했을 것이다. 예수님은 안전을 위해 제자 두 명을 보내셔서 만찬 장소와 그 주인을 비밀리에 수배하셨다. 그들은 징표-남자가 물동이를 나르는 특이한 광경-를 찾아야 했다. 보통은 여자들이 동네 우물에서 물을 길어 날랐다. 그것은 오늘날로 치면 핸드백을 들고 다니는 남자를 찾는 것과 같았을 것이다. 제자들은 집주인을 공개적으로 끌어들이지 않고 예비된 집으로 그를 따라가야 했다. 주인은 "선생님"이라는 호칭에 그들이 진짜로 예수님이 보낸 사람들이라는 것을 알아차리고 다락방으로 인도했을 것이다(14:14).

당시 주택은 단순한 구조로 2층을 증축해 손님을 접대하거나 세를 놓았다. 손님들은 아래층 사람을 방해하지 않고 외부 계단을 통해 2층 방으로 올라갈 수 있었다. 이 방은 축제를 대비해 필요한 가구가 다 구비되어 있고, 누룩 한 점 없이 말끔히 청소되어 있었을 것이다. 제자들은 니산월 10일경에 이미 확보해놓은 어린 양을 준비해야 했다(출 12:3). 그날 늦게 성전에서 죽일 어린 양 외에도 쓴 나물, 누룩을 넣지 않은 떡, 포도주가 필요했다.

14일 정오까지 각 가정의 대표가 어린 양을 성전에 데려오면 모든 일이 끝났다. 오후 3시에 레위인이 숫양의 뿔을 불 때쯤이면 성전 뜰은 예배자들로 가득 찼고, 그들 뒤로 거대한 성문이 닫혔다. 각 가정의 대표가 그때 데려온 양을 죽여 가죽을 벗기고 대야에 그 피를 받았다.

이렇게 어린 양을 대량으로 죽이는 광경은 21세기 독자들은 상상하기 힘들겠지만, 양을 죽여서 저녁을 준비하는 것은 차를 몰고 슈퍼마켓에 가서 식료품을 사는 것처럼 일상적인 일이었다. 그러나 유월절에는 대속물로 성별하기 위해 성전에서 양을 죽였다. 예배자들은 동물의 피를 제사장이 들고 있는 대접에 받았고, 제사장은 죄에 대한 대속의 상징으로 제단 밑에 그 피를 뿌렸다. 지방과 신장은 하나님과 예배자 가족 사이의 좋은 관계를 재확인하는 화목제 일부로 제단에서 불살라졌다.

희생제물을 드린 후 각 가정의 대표는 해가 지기 전에 양을 집으로 가져가 불에 구웠다. 모세에게 주신 하나님의 지시에 따라 제자들은 그 피를 그들이 거주하는 곳 대문의 문설주와 상인방(창문 위 또는 벽 위쪽 사이에 가로지르는 인방-역주)에 발랐다.

## —14:17-21—

며칠 안에 우리는 예수님과 제자들이 다시 만찬 자리에서 기대 누우신 장면을 보게 된다. 앞에서는 한 여인이 노동자의 거의 일 년 치 수입이었을 돈을 아낌없이 쓰면서 구세주를 경배하고 헌신하는 마음을 표현했었다.

이번 연회는 다를 것이다. 예수님은 열두 제자 중 한 명이 그분을 넘겨줄 것이라고 발표하실 것이다(14:18). 다른 사람들은 그 말씀이 무슨 의미인지 정확히 알았다. 신뢰받는 제자가 그의 주님을 배반할 것이다.

마태와 요한 모두 여러 해가 지난 후 글을 쓰면서 이 시점에서 유다를 지목했다(마 26:25, 요 13:26-27). 그러나 마가는 배신자를 열두 사도 가운데 조용히 남겨놓기로 했다. 마가복음 14장 10-11절에서 이미 정체가 밝혀졌지만, 이 장면에서 유다는 동료들과 함께 "나는 아니지요?"라고 묻는다(14:19, 참고. 마 26:22). 신실한 사람들 사이에 섞여 있는 배신자의 이미지는 로마의 박해받는 신자들에게 분명 큰 반향을 일으켰을 것이다. 공관복음은 모두 예수님이 스파이의 정체를 아셨지만, 그를 동료들에게 밝히지 않으셨다고 암시한다.

예수님은 나중에 베드로와 요한에게 배신자의 정체를 밝히셨다(요 13:24-26). 그러나 이번에는 배신자가 열두 제자 중 한 명이고, 동족이며, 애굽에서 속박당한 쓰라림을 상징하는 쓴나물을 함께 먹고 있는 자라는 것만 밝히셨다. 유다가 다른 무고한 동료들처럼 믿지 못하겠다는 듯이 눈을 깜박거리고 있을 때 예수님은 히브리인들이 사용하는 전형적인 표현인 "화가 있으리로다"(막 14:21)는 말로 매섭게 경고하셨다. 구약성경에서 이 감탄사는 개인의 고뇌나 다른 사람이 당하는 고통에 대한 연민에서 나오는 깊은 비탄의 소리였다. 이것은 마치 "이것이 사실이라면 당신을 무척 불쌍히 생각합니다"라고 말하는 것처럼 경고의 의미를 전달할 수도 있다. 그는 하나님의 아들이나 그분의 백성을 배신하는 것보다 차라리 태어나지 않는 게 더 나았을 것이다.

## 적용: 마가복음 14:1-21
### 은혜를 선택하라

이 두 만찬 이야기를 반추해보면 당신이 현재 하나님과 맺고 있는 관계가 어떠한지를 파악하고, 당신이 그분께 어떻게 응답할 것인지를 결정하는 데 도움이 될 세 가지 진리를 찾을 수 있다.

첫째, 그리스도는 우리 각자의 삶에 대해 미리 계획을 세우셨다. 제자들은 어디서 유월절을 보내야 할지 궁금했을 것이다. 사람들이 예루살렘으로 너무 많이 몰려왔기 때문에 방이 부족할 게 뻔했다. 그리고 그 방에는 적어도 이틀 전부터 티끌만큼의 누룩도 없어야 했다. 그날이 다가오고 있는데 그들은 준비할 수 있는 마지막 순간까지도 아무 지시를 받지 못했다. 그제야 그들은 예수님이 유월절을 축하하기 위해 사소한 것까지 꼼꼼하게 계획하셨음을 알게 되었다. 그분은 음식과 관련한 사람들 그리고 물 항아리를 가진 사람과 제자들을 기다리고 있는 집 주인을 예비하셨다. 그분은 율법에 따라서 방을 준비하시고, 필요한 것을 구비하셨다.

우리는 어려운 시기를 통과하고 나서 훗날 돌이켜보면 하나님만 하실 수 있는 방법으로 모든 일이 하나로 어우러졌음을 깨닫는다. 당시에는 그 모든 일이 아무 계획 없이 일어난 것처럼 보인다. 심지어 극심한 혼란을 겪으며 헤매기도 한다. 그러나 되돌아보면 하나의 계획이 펼쳐지는 것이 보인다.

하나님은 하나의 목표-당신과의 관계를 더욱 공고히 하는 것-를 성취하시려고 계획을 짜신다. 신앙이 성숙해가면서 당신은 하나님 아버지의 뜻을 분별하는 법을 배우게 되고,

자신의 방식으로 그 뜻을 이루기보다 그분의 뜻을 따라가는 방법을 배우게 될 것이다. 처음 영적 여정을 시작할 때는 당신이 하나님이 하시는 것보다 더 잘 안다고 생각한다. 그래서 불편하거나 불쾌한 것에 저항한다.

그런데 이 구절에서 흥미로운 점이 있다. 제자들은 하나님이 예정하신 계획에 따라 식사를 준비해야 했다. 그들이 계획에 관여했다. 우리는 예정된 계획에 따라 움직이는 로봇 같은 존재가 아니다. 하나님은 우리에게 중요한 역할을 주셨다. 그러나 그 역할의 목적은 하나님만 아시며, 결국 그것은 우리를 하나님과 더 친밀한 관계로 이끈다.

둘째, 그리스도는 끊임없이 사랑을 표현하시고, 우리 중에서 가장 악한 자들에게까지도 은혜를 확장하신다. 예수님은 우리가 유다에 대해 알게 될 것보다 훨씬 많은 것을 알고 계셨다. 우리는 그의 비열한 행위, 예수님을 적의 손에 넘겨준 배신을 알고 있다. 그러나 예수님은 유다의 마음속 깊은 곳에 있는 어두움을 보실 수 있었다. 그리고 그분이 보시는 죄의 깊이는 오직 하나님만 아실 수 있는 것이었다. 그러나 예수님은 유다가 신실한 사람들 사이에 있는 것을 허용하셨고, 최후의 만찬에 참여하게 하셨다. 그리고 마지막 순간까지 그 배신자에게 죄에서 돌이켜 회개하고 용서받을 기회를 주셨다.

우리는 유다를 괴물이라고 비난할 수 있다. 그러나 우리의 죄악상도 그와 마찬가지로 깊고 어둡다. 우리는 죄라는 반란을 일으켜 스스로 하나님의 적이 되었지만, 하나님은 은혜를 베푸셔서 우리를 죄악에서 구원하셨다. 우리는 이기심, 불순한 동기, 불성실, 헌신의 부족을 드러내는 행위를 끊임없이 일삼는데도 하나님은 우리에게 얼마나 자비로우셨는가. 그분은 우리를 포기하고 쓸어버릴 수 있는 권리를 가지고 계신다. 그런데도 그분의 사랑은 넘쳐흘러 결국 그 은혜로 우리를 구원하신다. 우리가 아무리 악행을 저질러도 그분의 사랑은 물러서지 않는다. 그분은 날마다 우리에게 은혜를 베푸신다.

예수님은 유다와 미지막 식사를 함께하시면서 사실상 이렇게 말씀하셨다. "유다야, 생각해보아라. 네가 하고 있는 일을 보아라. 지금이 네가 죄에서 돌이켜 나를 너의 메시아, 구원자로 받아들일 수 있는 순간이란다."

셋째, 누구나 그리스도가 하신 제안을 거절하고 어둠 속으로 숨을 자유가 있다. 그렇다. 우리는 누구나 그럴 자유가 있다. 유다는 그 일을 꼭 할 필요가 없었다. 그러나 그는 자신의 주님을 배신하기로 선택했다. 하나님은 미리 계획을 세우셨지만, 유다가 죄를 짓도록 내몰지 않으셨다. 유다는 악을 택했고, 하나님은 그것을 사용하셔서 그분의 뜻을 이루셨다.

오늘 당신이 서 있는 곳은 어디인가? 당신은 유다가 아니지만 유다처럼 많은 선택을 앞에 두고 있다. 당신은 악을 섬길 수도 있고, 그리스도께 순종할 수도 있다. 당신은 혼약의 순결을 지키고 있는가, 아니면 배반하고 있는가? 당신은 소명을 소중히 여기는가, 아니면 점점 소홀히 하고 있는가? 직장에서 정직하게 일하는가, 아니면 지름길을 택하고 있는가? 이런 일들에 있어서 당신은 유다인가? 하나님은 은혜를 베푸셔서 당신이 한동안 계속 그렇게 하도록 허용하실 것이다. 그러면서 당신에게 은혜를 베푸시고 회개하며 그분의 용서를 받아들이라고 부르실 것이다. 그리고 하나님이 "이제 그만 충분하다"고 말씀하실 날이 올 것이다.

오늘이 돌아설 수 있는 날이다. 이것이 '회개'다. 회개란 마음을 바꾸고, 돌아서며, 죄의 어둠에서 빠져나와 그리스도가 비추시는 진리의 빛으로 나아간다는 뜻이다. 당신이 지은 죄를 고백하고 하나님의 은혜가 당신을 회복하시게 하라.

## 특별한 식사, 참람한 유혹(마가복음 14:22–42)

22그들이 먹을 때에 예수께서 떡을 가지사 축복하시고 떼어 제자들에게 주시며 이르시되 받으라 이
것은 내 몸이니라 하시고 23또 잔을 가지사 감사 기도 하시고 그들에게 주시니 다 이를 마시매 24이르
시되 이것은 많은 사람을 위하여 흘리는 나의 피 곧 언약의 피니라 25진실로 너희에게 이르노니 내가
포도나무에서 난 것을 하나님 나라에서 새 것으로 마시는 날까지 다시 마시지 아니하리라 하시니라

26이에 그들이 찬미하고 감람 산으로 가니라

27예수께서 제자들에게 이르시되 너희가 다 나를 버리리라 이는 기록된 바 내가 목자를 치리니
양들이 흩어지리라 하였음이니라 28그러나 내가 살아난 후에 너희보다 먼저 갈릴리로 가리라 29베드
로가 여짜오되 다 버릴지라도 나는 그리하지 않겠나이다 30예수께서 이르시되 내가 진실로 네게 이
르노니 오늘 이 밤 닭이 두 번 울기 전에 네가 세 번 나를 부인하리라 31베드로가 힘있게 말하되 내가
주와 함께 죽을지언정 주를 부인하지 않겠나이다 하고 모든 제자도 이와 같이 말하니라

32그들이 겟세마네라 하는 곳에 이르매 예수께서 제자들에게 이르시되 내가 기도할 동안에 너
희는 여기 앉아 있으라 하시고 33베드로와 야고보와 요한을 데리고 가실새 심히 놀라시며 슬퍼하사
34말씀하시되 내 마음이 심히 고민하여 죽게 되었으니 너희는 여기 머물러 깨어 있으라 하시고 35조
금 나아가사 땅에 엎드리어 될 수 있는 대로 이 때가 자기에게서 지나가기를 구하여 36이르시되 아빠
아버지여 아버지께는 모든 것이 가능하오니 이 잔을 내게서 옮기시옵소서 그러나 나의 원대로 마시

옵고 아버지의 원대로 하옵소서 하시고 37돌아오사 제자들이 자는 것을 보시고 베드로에게 말씀하시
되 시몬아 자느냐 네가 한 시간도 깨어 있을 수 없더냐 38시험에 들지 않게 깨어 있어 기도하라 마음
에는 원이로되 육신이 약하도다 하시고 39다시 나아가 동일한 말씀으로 기도하시고 40다시 오사 보신
즉 그들이 자니 이는 그들의 눈이 심히 피곤함이라 그들이 예수께 무엇으로 대답할 줄을 알지 못하더
라 41세 번째 오사 그들에게 이르시되 이제는 자고 쉬라 그만 되었다 때가 왔도다 보라 인자가 죄인의
손에 팔리느니라 42일어나라 함께 가자 보라 나를 파는 자가 가까이 왔느니라

---

당신 인생에서 강했던 사람이 돌연 약해지면 어떻게 하는가? 당신은 기억할 수 있는 한 지금까지 그에게 기댈 수 있었다. 그는 흔들리는 법이 없었고, 강인했으며, 신실했고, 믿을 수 있었다. 그런데 이제 모든 것이 변했다.

어린아이들은 부모가 갑자기 병에 걸리거나 더는 자기 혼자 힘으로 살 수 없게 되었을 때 이런 어려움을 겪는다. 그들 곁에는 지원하고, 충고하며, 지도하고, 통찰력을 주는 부모가 늘 있었다. 이혼할 때도 이런 일이 발생한다. 아이들은 엄마와 아빠가 항상 함께하며, 협력해서 일하고 있다고 알고 있었다. 그런데 견고했던 가정이 깨진다. 저녁 식탁의 빈자리는 부모 중 한 사람이 없어졌다는 사실을 모두에게 일깨운다.

운동선수들은 항상 승리를 위한 전략을 짜고, 도전하며, 격려하고, 힘을 불어넣어 주면서 마음을 안정시켜주는 코치의 영향력을 안다. 시즌이 이어지고 경쟁이 점점 치열해지면 코치는 팀의 전열을 정비하고, 선수들을 단합시키며, 집중해야 할 공동의 목표를 제시한다. 그런데 알 수 없는 이유로 갑자기 코치가 떠나버리면 어떻게 되겠는가? 경기에서 코치가 없어지면 팀은 흔들린다. 코치는 야구장의 열 번째 선수, 축구장의 열두 번째 선수다. 코치는 경기를 뛰고 있는 선수들과 똑같이, 어쩌면 그보다 더 중요하다.

예수님은 제자들을 지도해야 하는 역할을 잘 알고 계셨다. 예수님은 제자들이 언젠가 지도자로서 지휘할 수 있도록 처음부터 꾸준히 준비시키셨다. 하지만 그렇게 변하는 과정이 얼마나 어려울지도 알고 계셨다. 3년 남짓 예수님은 그들의 목자, 코치, 친구, 속을 털어놓을 수 있는 상대, 선생, 인도자셨다. 예수님은 제자에게 닥친 모든 일을 해결하셨다. 폭풍이라면 잠잠케 하실 수 있었다. 질병이라면 치유하실 수 있었다. 육체 장애라면 바로잡으실 수 있었다. 귀신을 쫓으셨고, 무리를 먹이셨으며, 비판자들을 침묵하게 하셨고, 죄인들을 해방하셨다. 이제는 그분 홀로 고난의 길을 걸어가셔야 할 때가 되었다. 제자들은

그분의 물리적 부재 속에서도 계속 나아가야 한다.

예수님은 동반자들과 함께할 수 있는 마지막 저녁을 보내시면서 그 시간을 최대한으로 사용하고 싶어하셨다. 제자들은 예수님이 유월절 축하 만찬을 함께하신 후 전에 없이 흔들리시는 모습과 그분이 이제까지 줄곧 말씀하셨던 일들에 막상 직면하자 두렵고 혼란스러워하는 자신들의 모습에 충격을 받을 것이다.

## —14:22—

1세기에는 유월절 만찬 때 어떤 의식을 지켰는지 설명하는 문헌이 없기 때문에 오늘날 우리가 알고 있는 것은 예루살렘 멸망 후 수세기에 걸쳐 발전한 세데(*seder*, 유월절 밤 축제)다. 세데 전통은 예수님 시대에 일반적으로 지켰던 의식에서 유래했을 것이다. 주님은 미쉬나에 보존된 관습을 지키시기는 했지만, 일부 상징들을 고쳐 새로운 의미를 부여하셨다. 예를 들면 집안의 가장이 누룩 없는 빵 조각을 쳐들고 그것을 '고통의 떡'이라고 불렀다. 예수님은 이 떡을 쪼개시고 "이것은 내 몸이다"고 선포하셨다. 그 몸이 곧 그분의 적들에게 두들겨 맞고 멍드는 것을 제자들은 보게 될 것이다.

익히 알다시피 이것은 오늘날 성찬식을 구성하는 떡과 포도주 중 첫 번째 요소가 되었다.

## —14:23–25—

의식에서 첫 잔을 들 때는 가장이 키둬시(*Kiddush*, 문자적으로 '성화'라는 뜻)라는 축복의 기도를 암송해야 한다. 이 기도는 출애굽 때 하나님이 이스라엘에 보여주신 신실하심, 율법을 주신 것, 안식일을 허락하시고 축일을 기념하라고 하신 것을 찬양한다. 예수님은 포도주를 마시지 않고 제자들에게 넘겨주시며 "이것은 많은 사람을 위하여 흘리는 나의 피 곧 언약의 피니라"(14:24)고 말씀하셨다. 이스라엘 역사를 통틀어 하나님은 희생의 피로 언약을 맺으셨다(참고. 출 24:8, 레 17:11–14). 예레미야는 하나님이 또 다른 언약을 만드실 것이며, 그 언약의 율법은 이스라엘 백성의 마음에 새겨질 것이라고 예언했다. 이 언약은 신실한 유대인들에게 새 언약으로 알려졌다(렘 31:31–34). 제자들은 몇 시간 안에 메시아의 피가 십자가에서 넘쳐흐르는 것을 볼 것이다.

그리스도의 피를 상징하는 이 포도주는 성찬식을 구성하는 두 가지 요소 중 두 번째가 될 것이다.

예수님은 또한 사명이 완수될 때까지 더는 포도주를 마시지 않겠다고 선포하셨다. 이것은 나실인의 서약으로 알려진 유대인의 관습을 언급한 것일 수도 있다. 나실인들은 하나님께 헌신한 일을 완수할 때까지 포도나무에서 나는 모든 것을 삼가고, 머리카락을 자르지 않겠다고 서약했다.

## —14:26—

요한과 누가에 따르면 예수님은 앞으로 닥칠 힘든 시간과 혼란스러운 날들을 대비해 제자들을 준비시키면서 마지막 가르침을 주시는 데 상당한 시간을 보내셨다. 마가는 행동을 따라가며 서술한다. 예수님은 이제 식사를 마치시고 유다가 빠진 무리를 이끌고 기드론 시내를 건너 감람산 서쪽 사면에 있는 즐겨 찾으시는 장소로 가셨다. 예수님이 며칠 전 감람산 강론을 하셨던 곳이 이곳일 수도 있다.

## —14:27-28—

예수님은 제자들을 준비시키시려고 그들의 미래를 들여다보시고 그들이 모두 그분을 "버리리라"(14:27)고 말씀하셨다. 마가가 사용하고 있는 동사는 *skandalizo*(4624)다. 수동대로 쓰였을 때는 '함정에 빠지다' 또는 '최후를 맞이하다'는 뜻이다. 예수님은 스가랴의 예언을 빌어 자신의 예언을 입증하셨다.

> 만군의 여호와가 말하노라 칼아 깨어서 내 목자, 내 짝 된 자를 치라 목자를 치면 양이 흩어지려니와 작은 자들 위에는 내가 내 손을 드리우리라(슥 13:7).

그러나 예수님은 이 일로 그들과의 관계가 끝나지 않을 것이라고 안심시키셨다. 그분

## 묵상의 서재

### 연합을 위한 식탁(마가복음 14:22-25)

옛 영국 속담에 이런 말이 있다. "식탁을 차리면 논쟁도 멈춘다." 함께하는 식사에는 사람을 하나로 모으는 힘이 있다. 서로 적대하는 사이에서도 간혹 함께 빵을 뜯을 때 공통점을 발견하기도 한다. 즐거운 대화가 곁들인 맛있는 식사를 하면서 시간을 보내면 우정은 더 깊어진다. 가족이 서로 바쁜 경우 저녁 식탁을 중심으로 가정생활이 돌아간다. 저녁 식탁에서 각 사람은 연결 고리를 찾는다. 우리는 명절을 쇨 때는 물론이고, 사업을 하고, 평화를 이루며, 팀을 구성하고, 로맨스를 찾고, 업적을 축하하며, 승자를 축하해주고, 패자를 위로할 때 함께 먹는다.

주님은 사람들을 연합하게 하는, 함께하는 식사의 위력을 아신다. 그래서 주님이 이스라엘 백성에게 매년 몇 차례 '축일'을 기념하라고 하시고, 그중 세 번은 반드시 지켜야 한다고 명령하신 것은 어찌 보면 당연하다. 유월절 축제는 그 기원을 복기하면서 그것을 상징하는 특별한 음식을 함께 먹어야 하기 때문에 이스라엘이라는 국가 생활에서 여전히 가장 중요한 축일 가운데 하나다.

하나님이 이스라엘을 애굽의 속박에서 구해내셨을 당시 모세는 어린 양을 특정한 방법으로 준비해 그 양의 피를 모든 이스라엘 백성의 집 상인방과 문설주에 발라 주님의 임재에 영광을 돌리라는 지시를 받았다(출 12장). 죽음의 천사가 애굽을 두루 다니며 각 가정의 맏아들의 생명을 취할 때 희생제물이 된 어린 양의 피가 있는 가정은 모두 "지나쳤다"(참고. 출 12:23). 애굽에서 지킨 첫 번째 유월절에 주어진 지시대로 각 가정은 대문 문설주와 상인방에 피를 발랐다. 식사로는 제물로 바친 양고기와 쓴 나물과 누룩을 넣지 않은 빵 그리고 포도주를 준비했다.

일반적으로 유대인은 가족과 함께 식탁에 모였기 때문에 예수님과 열두 제자가 유월절 축제를 함께 지킨 것은 의미심장하다. 주님께 배우는 학생들은 이 특별한 식사가 얼마나 중대한 일인지 꿈에도 몰랐다. 옛 언약의 자손들인 유대인으로서, 그들은 거의 1,500년 동안 전통을 지켰다. 새 언약의 사도로서 그들은 앞으로 2천 년 동안 그리고 그 후로도 지속될 새 전통이 제정되도록 도울 것이다. 이 식사는 그리스도인들이 여전히 성찬식으로 기념하고 있다. Communion(성찬식)이라는 단어는 '공동으로 나누다'는 뜻의 라틴어 communio에서 파생했다.

을 추종하는 자들이 나약하고 두려워 그분을 버릴지라도 하나님은 계속 신실하실 것이다. 새 언약은 한번 믿음으로 맺어지면 불충함으로 깨어질 수 없다. 선택받은 자들은 끝까지 인내할 것이다. 예수님은 부활하신 후-예수님이 적어도 세 번 예언하셨던(막 8:31, 9:31, 10:34)-갈릴리에서 그들을 만나기로 약속하셨다. 예수님은 그곳에서 새 언약의 사명을 다시 정상 궤도에 올려놓으실 것이다.

## —14:29-31—

베드로는 대담하게 항의했다. "다 버릴지라도 나는 그리하지 않겠나이다"(14:29). 이 말은 그가 다른 제자들보다 예수님을 더 사랑한다는 뜻을 은연중에 풍겼다. 예수님은 그 성마른 제자가 겪을 필연적인 실패를 보셨다. 그리고 그가 장차 예수님을 거부할 사건에 대해 상세히 알려주셨다. 예수님은 훗날 이 일을 사용하셔서 그가 연약함으로 충성하지 못했다고 해서 그의 신성한 소명이 바뀌지 않았음을 거듭 확인해주실 것이다. 예수님은 그가 실패할 것을 예견하셨다. 하나님이 베드로의 나약함 때문에 그를 거부하실 생각이셨다면 3년 전에 그를 고기잡이배에 남겨두셨을 것이다.

다른 제자들도 베드로와 합세하여 자신들의 목숨을 잃는 일이 있더라도 예수님의 곁을 지킬 거라고 우겼다. 그들은 분명 검을 들고 싸우는 생각을 했을 것이다. 그 싸움이 인간인 적과 무력으로 싸우는 것이었다면 그들은 예수님과 함께 죽었을 것이다. 그러나 남은 열한 제자는 그들이 곧 맞닥뜨리게 될 일을 조금도 상상하지 못했다. 그들이 첫 번째 시험대에 오를 때까지 한 시간도 채 남지 않았다. 아름다운 동산에서 마음이 풀어진 제자들은 악이 추악한 얼굴을 맞닥뜨리고 그들이 치를 몇 가지 실패 중 첫 번째 실패를 겪을 것이다.

## —14:32-34—

누가는 겟세마네가 감람산에 있었다고(눅 22:39) 진술하는 반면, 요한은 "기드론 시내 건너편"(요 18:1)에 있는 동산으로 묘사한다. 두 복음서 모두 예수님과 제자들이 한적한 곳에서 기도하기 위해 그곳에 자주 가셨다고 말한다(눅 22:39, 요 18:2). 겟세마네라는 지명은 '올리

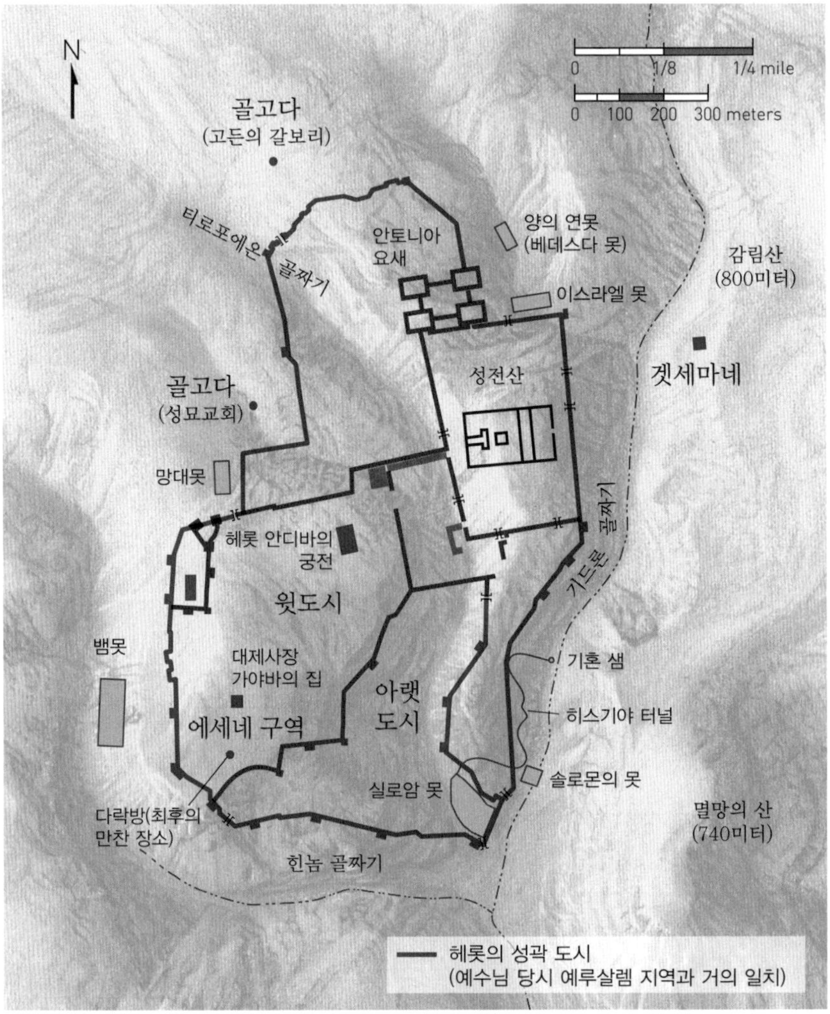


최후의 만찬 후 예수님과 제자들은 도시를 가로질러 성전산을 지나 감람산에 있는 겟세마네로 걸어가셨다.

브를 짜는 틀'이라는 뜻이다. 이는 아마도 그곳 주인이 올리브를 재배하고 그 부지에 착유기를 설치했기 때문일 것이다. 그런데 이 내러티브에서는 그 뜻이 특별히 더 의미심장해진다. 뒤틀린 올리브 나무 고목과 달빛에 희미하게 비치는 오솔길이 있는 그 동산은 밤이 되면 특히 더 불길한 분위기가 감돌았을 것이다. 그곳을 덮은 진한 어둠 속에서 예수님은 사탄의 공격을 견뎌내셨다.

Todd Bolen/Bibleplaces.com

겟세마네라는 지명은 '올리브를 자는 틀'이라는 뜻이다. 전통적으로 이 올리브 동산은 그리스도가 체포되시기 전 마지막 고뇌의 밤을 보내신 곳으로 알려져 있다. 하지만 감람산에 이런 동산이 많기 때문에 정확한 위치를 아무도 모른다. 어쨌든 겟세마네가 이 사진과 아주 비슷한 곳이었음은 분명하다.

예수님은 제자들을 다락방에 남겨두거나 먼저 베다니로 보내실 수 있었지만, 그들을 데려가 가까이 남아 있게 하셨다. 예수님은 사람의 본성을 지니셨고, 사람은 동반자가 필요하다. 하나님은 우리를 하나님과의 관계는 물론이고, 다른 사람들과 관계를 맺는 존재로 창조하셨다. 예수님은 그 길고 고통스러운 밤을 맞아, 가장 가까운 친구들을 불러 함께 기도하게 하셨다. 그분은 사방이 막힌 동산 입구에 사람들을 두시고 베드로와 요한과 야고보에게는 가까운 곳에 머물러 있으라고 부탁하셨다.

마가는 예수님이 "심히 놀라시며" "슬퍼하"셨다고 표현한다(막 14:33). 한 사전은 '심히 놀라다'[*ekthambeō*(1568)]는 헬라어 용어를 '크게 놀라거나 혼란을 야기하는 어떤 것 때문에 상대적으로 격한 감정 상태가 되는 것'이라는 뜻을 가진 동사의 강조형으로 설명한다.[2] 이 단어는 '겁에 질리다'로 번역될 수도 있다. 동산에 있는 무언가가 갑자기 격렬한 감정과 함께 예수님을 덮쳐 "심히 고민하여 죽게" 될 정도의 불안감을 느끼게 했다(14:34). 그분은 그 괴로움을 토로하시며 제자들에게 "깨어 있으라"고 부탁하셨다. 마가복음 13장 34-37절에 나오는 "깨어 있으라"는 말에는 종말적 어감이 분명히 있다. 이 말의 요지는 '반드시 올 것에 대비하라'다.

## —14:35-36—

이것은 성경에 기록된, 성자의 뜻이 성부의 뜻과 싸우는 유일한 예다. 여기서 예수님의 인성이 오롯이 드러난다. 예수님을 인간으로 보는 데 어려움을 느끼는 사람들은 이 구절을 진지하게 연구해야 한다. 우리는 예수님의 인성을 경시하면서 그분의 신성을 곧잘 강조하고는 한다. 놀랍게도 십자가의 고난을 피하려는 열망이 예수님을 압도했고, 예수님은 하나님 아버지께 "이 잔"을 피하게 해달라고 간청하신다(14:36). 그분은 세상 죄에 대한 하나님의 진노를 몸소 담당해야 하는 불공평을 회피하고 싶은 유혹에 몸부림치셨다. 도대체 왜 그분이 죄로 가득 찬 인류를 대신해 고난을 받으셔야 하는가? 하나님께는 당신의 아들을 희생하셔야 할 도덕적 의무가 없으셨다. 하나님이 인류가 반항한 결과로 고통을 당하도록 내버려두신다고 해서 그분의 거룩함이나 의가 훼손되지 않을 것이다. 예수님이 굳이 십자가에서 고통당하실 이유가 없었다. 사람들을 향한 그분의 조건 없는 사랑과 하늘 아버지께 대한 전적인 순종 외에는.

다시 말해 사탄이 예수님께 순종을 회피할 다른 길을 제시했던 것이다. 사탄은 예수님이 그분 자신의 안위를 먼저 생각하도록 마음을 홀렸다. 그래서 우리는 동산에서 두 갈래 길 앞에 서 있는 한 남자를 보고 있다. 그는 하나님께 순종할 것인지, 자아에 충성할 것인지를 결정해야 한다. 그러나 아담과 달리 예수님은 그 유혹이 얼마나 깊은지, 아버지의 능력이 얼마나 절실히 필요한지 아셨기에 하늘 아버지께 부르짖으셨다. 마가는 성자의 탄원을 골자만 추려서 한 문장으로 전달하지만, 그의 표현은 그것이 길고 고뇌에 찬 기도였음을 보여준다. 예수님은 한 시간가량 하나님께 간청하셨다(14:37). "땅에 엎드리어"(14:35)라는 구절은 불완전 시제를 취해 예수님이 조금 걸어가다가 쓰러지고, 또 조금 걸어가다가 다시 쓰러지시는 모습을 나타낸다. 예수님은 한 시간 동안 걷다가 땅에 엎드러져 괴로워하시며 그분이 감당해야 할 사명에서 벗어나게 해달라고 간청하셨다.

## —14:37-39—

예수님은 베드로와 야고보, 요한이 있는 곳으로 돌아오셔서 그들이 당신이 부탁하신 대로 기도하며 깨어 있기는커녕 잠들어 있는 것을 보셨다. 예수님은 베드로에게 "깨어 있어 기도"하며 계속 충성하라고 간곡히 부탁하셨다(14:38). 예수님은 인간의 취약성과 연약함을 몸소 체험하여 알고 계셨다. 예수님은 이기심의 노예가 된 죄에 찌든 본성을 가지지 않으셨지만, 자기 보존의 유혹을 강하게 느끼셨다. 그분은 한낱 인간들이 스스로 버틸 힘을 잃고도 하나님의 능력을 찾지 않을 때 직면하게 되는 위험을 경험으로 알고 계셨다.

예수님은 끈질기고 가차 없는 유혹의 맹습을 느끼시고 다시 감람나무 그늘 속으로 들어가 기도하셨다. 그분은 "동일한 말씀으로"(14:39) 기도하셨다. 그분은 모든 인류가 지은 집단적인 죄에 대한 하나님의 형벌을 떠맡는 고통을 피하기 위해 그분이 받은 사명을 포기하도록 허락해달라고 다시 요청하셨다. 한 시간 남짓 그분은 탈출구를 찾으셨지만, 다시금 하나님의 뜻에 복종해야 한다는 결론에 도달하셨다.

## —14:40-42—

예수님은 운명을 피하고 싶은 간절한 마음을 거듭 열거하시면서 3시간 동안 유혹을 이기기 위해 기도하셨고, 매번 아버지의 뜻에 굴복하셨다.

예수님이 힘겹게 싸우신 곳이 십자가 위가 아니라 이곳이었음을 기억하라. 십자가는 승리의 장소가 되었다. 십자가 위에서 그분은 죽음에 결정적인 치명타를 가하셨고, 죄와 무덤 그리고 마귀를 이기셨다. 그분의 싸움은 겟세마네에서 벌어졌다. 그곳에서 유혹의 목소리가 밤의 어둠 속으로 빠져나가 연기처럼 사라지라고 그분께 속삭였다. 그곳에서 악마는 하나님의 구원 계획을 무산시키려고 최후의 발악을 했다. 그러나 악이 싸움에서 졌다.

예수님은 유혹을 이기고 승리자로 우뚝 서셨다. 아담은 전 인류를 죄의 노예로 굴복시켜 끌고 갔다. 그러나 예수님은 승리하셨다. 그리고 그분이 순종하심으로 인류는 하나님께 다가가고, 죄의 속박에서 벗어나며, 타락에서 벗어날 수 있게 되었다. 예수님은 마침내 아버지께 복종할 때 오는 안도감과 해방감을 느끼셨다. 그 싸움은 예수님이 주어진 사명을 완수하겠다는 결연한 자세로 동산의 뒤틀린 나무 그림자를 벗어나셨을 때 끝났다.

예수님은 당신의 사람들에게 당신이 당하실 배신, 학대, 불의, 죽음, 매장, 부활을 직접 목격할 수 있도록 잠에서 깨어 있으라고 명령하셨다. 예수님은 싸움을 끝내고 유혹을 뒤로 하신 채 그분을 배반하고는 친구라고 주장하는 작자를 맞이하기 위해 앞으로 나아가셨다.

## 적용: 마가복음 14:22-42
### 당신의 겟세마네

마가가 성령의 인도를 따라 예수님의 생애에서 이 부분을 기록한 것은 역사적 목적 때문만은 아니었다. 예수님이 그분의 겟세마네에 들어가셨듯이 우리도 반드시 우리의 겟세마네에 들어갈 것이다. 우리 중 많은 사람에게는 한 번 이상의 겟세마네가 있을 것이다. 우리가 들어갈 겟세마네는 옳은 일을 하면 값비싼 대가를 치르고 큰 상처를 받을 것을 알기 때문에 당연히 해야 할 일을 피하고 싶은 유혹을 받을 때다. 그런 때에는 두려움과 혼란이 따르게 마련이고, 무심하고 도움이 안 될 것처럼 보이는 친구들이 으레 있기 마련이다. 내가 걸어온 행로와 영적 안내자로서 보낸 세월을 바탕으로 나는 적어도 네 가지 유형의 겟세마네 체험을 알고 있다. 우리는 하나님 한 분만을 무조건 신뢰하면서 이것들을 직시해야 한다.

**첫째, 관계에서 갈등을 겪을 수 있다.** 다른 사람들과의 관계에서 어려움을 겪는다는 뜻이다. 관계로 인한 가장 까다로운 갈등 가운데 하나가 배우자와 올바른 관계를 유지하려는 과정에서 발생할 수 있다. 결혼 생활에는 다른 사람과 너무 가깝게 살면서 개인의 삶을 조정하고, 자신과 너무 다른 사람에게 적응해야 하는 데서 오는 많은 어려움이 있다. 결혼은 동화 같은 시작을 즐긴 다음 순수한 기쁨과 가슴 찢어지는 슬픔의 순간들이 단조로운 일상을 비집고 들어오는 경우가 허다하다. 이것이 현실의 삶이다. 결혼 생활의 '더 나쁜' 부분을 받아들이느니 차라리 걸어 나가는 쪽으로 마음이 끌리는 순간들이 있다.

가족 관계도 우리를 짓누를 수 있다. 특히 가장 가까운 가족이 정상과 비정상의 경계를 넘나들 경우에는 특히 더 그렇다. 직장 사람들은 당신에게 불가능한 일을 지시하는 게 그들의 업무인 것 같다. 친구들은 가까워지면 당신 가슴에 못을 박는다. 지도자들은 실망스럽고, 추종자들은 반항하며, 동료들은 배신한다. 주변에는 까다로운 사람들이 득실대고,

우리는 그들 각자에 대해 그들을 사심 없이 사랑하거나 자아를 섬기는 죄를 짓거나 양자택일을 해야 하는 순간을 맞는다.

보통 이런 관계에서 오는 갈등은 상대적으로 사소해서 금새 해결된다. 그러나 때로는 관계가 겟세마네의 순간을 만들기도 하는데, 바로 우리가 내린 결정이 다른 많은 사람의 삶에 큰 영향을 미치는 때다. 선택은 둘 중 하나다. 순종할 것인가, 혹은 이기심을 따를 것인가.

**둘째, 직업과 관련한 갈등을 겪을 수 있다.** 이것은 일이나 소명, 직업과 관련이 있다. 당신이 종사하고 있는 직업이 소명을 전제한다면, "주님, 이 일을 통해 당신을 섬기겠습니다"라고 말한 시점이 있었을 것이다. 당신도 겟세마네의 예수님처럼 불빛이 어둑한 동산에서 그렇게 결심했을지도 모른다. 다른 직업 대신 그 길을 선택했을 때 얻는 것과 잃는 것을 두고 고심했을 수도 있다. 이렇게 헌신한 후 소명을 의심하거나 헌신을 후회하는 고비가 반드시 오게 마련이다. 그 일을 계속하는 것보나 그만두는 게 더 합리적으로 보일 것이다.

직업을 절대 바꾸면 안 된다는 말이 아니다. 사람들이 여러 가지 직업을 갖는 것은 흔한 일이다. 직업에서 진로를 바꾸는 게 반드시 나쁜 것은 아니다. 관건은 그만두는 동기다. 사람들은 갈등이 너무 격해져 계속할 수 없다는 이유로 헌신한 직업을 툭하면 그만둔다. 그런 사람들은 딱히 다른 직업으로 부르심을 느껴서가 아니라 단지 계속하기에는 희망이 없다는 생각에 떠난다.

겟세마네 동산은 계획을 변경하는 장소가 아니다. 이 동산에서 물어야 할 질문은 '순종할 것인가? 그만 둘 것인가?'다.

내 충고는 이렇다. 먼저 순종하라. 분쟁이 해결된 후 직업을 재고하라.

**셋째, 개인적 갈등을 겪을 수 있다.** 이것은 우리 내면에서 벌어지는 싸움이며, 일이나 결혼이나 우정과는 별 상관이 없다. 죽, 중독, 우울, 분노, 인종 차별, 나르시시즘, 정신적 장애 등 내면의 문제를 말한다. 이런 어려움 중에는 다른 사람들의 도움 없이 극복할 수 없는 것들이 많아 회복을 향한 첫걸음을 내딛겠다는 결단이 있어야 한다. 보통 첫걸음을 내디디려면 자존심을 버려야 한다. 당신이 어려움을 겪고 있다는 것을 다른 사람들에게 털어놓으라(그들은 이미 알고 있다). 당신이 도움이 필요하다는 사실을 받아들이라(당신은 이미 알고 있다). 그런 다음 당신이 오랫동안 미루어온 일을 하라.

이 겟세마네는 당신이 옳다고 알고 있는 것을 따르고 이기적인 교만을 버릴 것을 요구한다.

마지막으로, 영적 갈등을 겪을 수 있다. 이것은 당신 삶에서 그리스도가 실제로 맡으신 역할과 관련이 있다. 당신의 일상생활에서 그분은 어떤 부분을 차지하고 계시는가? 당신이 교회에 다니고, 찬양하는 것을 말하는 게 아니다. 나는 둘 다 좋아하지만, 내 말뜻은 일주일에 7일, 하루 24시간 중 그분이 차지하는 비중이 얼마나 되느냐 하는가다. 그분이 진정 최우선순위에 계신가? 당신 삶에 가장 중요한 영향을 미치는 분인가? 당신의 주님인가? 당신의 주인인가? 그 무엇보다, 당신은 어느 누구보다 그분을 높이기를 간절히 원하는가, 아니면 그분의 뜻에 대항해 싸우고 있는가? 당신에게는 돈, 재산, 권력, 지위 같은 것들이 얼마나 중요한가? 이 모든 것을 하나님 나라를 위해 희생하기가 얼마나 어려운가?

다른 사람들을 돕거나 복음을 전파하거나, 그렇지 않으면 하나님을 기쁘시게 할 어려운 일이나 희생적인 일을 해야겠다는 양심의 견인을 강하게 느끼는가? 그것을 의심하지 마라. 겟세마네는 안락보다는 희생을 요구한다. 겟세마네는 눈에 보이지 않고, 상상조차 할 수 없는 은혜를 얻기 위해 당신이 지금 좋아하는 것을 내려놓으라는 하나님의 초대다.

## 적의 거짓 입맞춤(마가복음 14:43-52)

43예수께서 말씀하실 때에 곧 열둘 중의 하나인 유다가 왔는데 대제사장들과 서기관들과 장로들에게
서 파송된 무리가 검과 몽치를 가지고 그와 함께 하였더라 44예수를 파는 자가 이미 그들과 군호를
짜 이르되 내가 입맞추는 자가 그이니 그를 잡아 단단히 끌어 가라 하였는지라 45이에 와서 곧 예수
께 나아와 랍비여 하고 입을 맞추니 46그들이 예수께 손을 대어 잡거늘 47곁에 서 있는 자 중의 한 사
람이 칼을 빼어 대제사장의 종을 쳐 그 귀를 떨어뜨리니라 48예수께서 무리에게 말씀하여 이르시되
너희가 강도를 잡는 것 같이 검과 몽치를 가지고 나를 잡으러 나왔느냐 49내가 날마다 너희와 함께
성전에 있으면서 가르쳤으되 너희가 나를 잡지 아니하였도다 그러나 이는 성경을 이루려 함이니라
하시더라 50제자들이 다 예수를 버리고 도망하니라

51한 청년이 벗은 몸에 베 홑이불을 두르고 예수를 따라가다가 무리에게 잡히매 52베 홑이불을 버
리고 벗은 몸으로 도망하니라

우리가 사는 세상에서 충성스러운 사람을 보기가 힘들다는 것은 슬픈 일이다. 한결 같은 신실함은 대단히 어려운 일이다. 그렇기 때문에 나는 사람을 채용할 때 충성심을 가장 중

요하게 본다. 지식이나 기술은 가르칠 수 있다. 충성스러운 성품을 가진, 잘 배울 수 있는 사람만 있으면 내가 섬기는 기관은 날개를 달고 날아오를 것이다. 그러나 신뢰할 수 없는 지원자를 충성스러운 직원으로 만들지는 못한다.

공관복음은 모두 예수님이 유다가 충성심을 팔아 그의 스승을 배반할 것을 알고 계셨음을 시사한다. 예수님은 유다가 계획하고 있는 일을 아시면서도 최후의 만찬에서 그 표리부동한 제자의 발을 씻기시고(요 13:2–5), 명예로운 그분의 옆자리를 내주시며, 친밀한 친구를 위한 행동을 하셨다(요 13:26). 얼마나 놀라운 은혜인가! 예수님은 유다를 배척하거나 제거하지 않으시고–나라면 두말할 필요 없이 당장 그렇게 했을 것이다–오히려 그를 더 가까이 끌어당기셨다.

유다는 성 안 어딘가에서 예수님과 제자들과 함께 나눈 유월절 만찬 도중 혹은 직후에 사악한 심부름을 끝마치기 위해 자리를 떴다. 유다는 분명 예수님이 늘 기도하시는 장소로 향하실 것을 알고(참고. 눅 21:37, 요 18:2) 그곳에서 예수님을 체포하도록 일을 꾸몄을 것이다. 한편 예수님은 채비를 하시면서 다른 열한 제자에게 기도하며 지키고 있으라고 채근하셨다. 마침내 유다가 담으로 둘러싸인 동산에 들어서자 주님이 그를 기다리고 계셨다.

## —14:43–44—

유다가 예수님께 다가가자 산헤드린이 조직한 소수의 부대가 동산 주위를 빙 둘러쌌다. 로마 규대가 지원하는 성전 경비병들이었는데, 모두 칼로 무장하고 싸울 준비를 하고 있었다. "몽치"(14:43)라는 헬라어는 특정한 목적을 위해 나무로 만든 물건을 묘사한다. 이것은 장대, 곤봉 그리고 이 문맥에서 가장 타당해 보이는 차꼬, 곧 "죄수의 사지를 움직이지 못하게 하는 장치"일 수 있었다.[3] 그들은 예수님을 강제로 구인할 준비를 하고 왔다.

유다는 예수님을 잡으러 온 사람들이 어둠 속에서 예수님을 식별하고 실수로 다른 사람을 체포하지 않도록 신호를 주기로 했다. 중요한 것은 유다가 예수님을 가리키며 "이 사람이 당신들이 찾는 자입니다!"라고 소리칠 수도 있었다는 점이다. 그러나 그는 은밀한 신호를 정해 주님이 체포된 후에도 자신의 정체가 드러나지 않게 했다. 그는 고대 근동의 관습대로 예수님께 입을 맞추어 무장한 제사장들과 선생 무리에게 체포할 사람을 알려주기로 계획을 짰다.

흥미롭게도, 유다는 일종의 보호 감호를 기대했던 것으로 보인다. "단단히"(14:44)로 번역된 헬라어는 문자적으로 '안전하게' 또는 '확실히'라는 뜻이다. 이것은 어떤 것을 보호한다는 개념을 담고 있다. 유다는 자신의 배신을 그렇게 완벽히 합리화해 자기가 정말로 선한 일을 하고 있다고 생각했던 것 같다. 어쩌면 주님께 최선이 되는 행동을 했다고 생각했을 수도 있다. 외도를 하는 배우자가 자기가 저지른 불륜과 유기가 어떻게든 관련된 모든 사람에게 좋은 일이라고 스스로 설득하는 경우가 드물지 않다. 그들은 종종 배신하면서 고결한 행위를 한다고 생각한다.

## —14:45-47—

유다는 오늘날 중동에서 보듯이 양쪽 뺨에 입을 맞추면서 예수님을 맞이했다. 그런 입맞춤은 제자와 스승이 교환하는 관습적인 인사였다. 이 인사는 주로 존경의 표시였지만, 유다의 입맞춤은 사악한 응답을 담고 있었다.

유다는 예수님을 적들에게 넘겨주는 수단으로 애정의 표현을 사용했는데, 이 위선적인 제자가 그 방법을 원했던 이유는 주님의 신뢰를 잃지 않고, 동료들 사이에서 자신의 높은 지위를 포기하지 않기 위해서였다. 그의 입맞춤 뒤에 무리가 소리치며 난입하는 소란이 벌어졌다. 그들은 무력으로 예수님을 붙잡아 차꼬를 채웠다. 난투를 벌이던 중 한 제자(베드로)가 검-육박전을 위한 날이 긴 단검-을 뽑아 성전에서 일하는 종의 귀를 베었다.

## —14:48-49—

예수님의 질문은 수사적이었다. 예수님은 그들의 행위에서 모순점을 지적하심으로 그들이 수치심을 느끼게 할 요량이셨다. 그들은 공공장소에서 그분을 체포할 수 있었지만, 그들의 행위에 대해 공개적으로 책임지기를 원하지 않았다. 더욱이, 그들은 예수님을 "강도"(14:48), 즉 정치적 반란 자금을 조달하기 위해 약탈하는 게릴라 강도처럼 취급했다. 예수님은 전에 성전에서 환전상들을 내쫓으시면서 성전 당국자들에게 똑같은 말을 사용하신 적

# 묵상의 서재

## 사랑의 안티테제(마가복음 14:43-46)

배신을 경험한 많은 사람의 회복을 도운 끝에 내가 확신하게 된 것이 있다. 단 한 번의 배신 행위로도 누군가에게 다시는 온전히 회복하지 못할 정도로 깊은 상처를 줄 수 있다는 것이다. 신뢰는 영원히 극복해야 할 도전이 될 수 있다. 상처는 깊다. 배신은 영혼을 상하게 한다. 사실 이것은 너무나 비열한 행위여서 성경에 이러한 통찰력 있는 잠언이 있다. "친구의 아픈 책망은 충직으로 말미암는 것이나 원수의 잦은 입맞춤은 거짓에서 난 것이니라"(잠 27:6).

성경을 공부하는 학생들은 이 구절을 대조의 잠언이라고 부른다. 이 구절은 극명하게 대조되는 두 줄의 경구로 되어 있다. 이 구절이 큰 영향을 미치는 이유는 두 문장 모두 반(反) 직관적이기 때문이다. 우리는 우리에게 상처를 준 사람들을 친구로 삼지 않으며, 적들이 우리에게 입을 맞출 정도로 가까이 다가오게 하지 않는다. 우리는 보통 우정 어린 모욕이나 악의적인 입맞춤을 머리에 떠올리지 않는다.

이 잠언에 따르면 친구가 주는 상처는 선의를 믿을 수 있다. "충직"이라는 말의 어원이 되는 히브리어 동사는 '확인하다', '지원하다', '확실하고 오래 지속하다'는 뜻에서 파생했다. 이 말은 부모가 아이를 보살피고 보호하는 것이나 보모가 갓난아기를 돌보는 행위를 표현한다. 친구가 준 상처는 잠시 아프지만, 앞으로 당할 더 심한 고통을 피할 수 있게 해준다. 당신 친구는 이런 말을 한다. "너 이에 시금치 꼈어", "너는 배고프면 사람들을 함부로 대하더라" 또는 "너는 사람들에 대해 자주 말하는데 그 사람들은 네가 그들을 비하한다고 느껴" 또는 "네 습관이 중독이 되어가고 있어." 이것은 다 충직한 친구여야 할 수 있는 말이다. 그들은 당신의 체면을 구기지 않으면서 앞으로 슬픈 일을 당하지 않도록 도우려고 둘만 있을 때 늘 이런 말을 한다. 이것은 "충직한 책망"이다.

한편, "원수의 입맞춤"에는 선한 의도가 전혀 없다. 적의 입맞춤에는 반드시 배신이 뒤따른다. "입맞춤"은 고대 근동에서 흔히 볼 수 있는 순수한 인사를 의미할 수 있지만, 친밀이나 긍정, 격려의 몸짓일 수도 있다. 다시 말해, 배신하는 사람은 나쁜 뜻이나 악의를 품고 있으면서 겉으로만 사랑하는 척한다. 이 기만적인 입맞춤은 문자적인 것이든 비유적인 것이든, 가장 천하고 비겁한 배신이다. 이것은 사랑의 완전한 안티테제다.

이 있다(11:17).

그러나 양심 없는 사람들은 수치심을 느끼지 못한다. 예수님이 하신 말씀은 그들을 죄에서 돌이키지 못할 것이다. 예수님은 이것 또한 예언의 성취이자 메시아이신 자신의 정체성을 입증하는 징표로 그 불의를 받아들이셨다(14:49, 참고. 슥 13:7).

## —14:50-52—

군인들이 예수님을 동산 입구로 끌고 갔을 때 열두 제자는 이미 밤의 어둠 속으로 사라진 뒤였다. 더러는 뒤도 돌아보지 않고 달렸다. 그중에는 유다도 있었다. 몇몇이 멀리 어둠 속에서 겁에 잔뜩 질린 채 예수님을 바라보고 있었다. 예수님이 예언하신 대로 그들은 모두 도망쳤다(14:27).

마가는 이 장면에서 한 젊은 남자에 대한 흥미로운 기록을 남긴다. 헬라어로 보면 그 젊은이는 12살에서 17살 사이의 소년이었다. 이상하게 그 젊은이는 이 내러티브와 별 관계가 없어 보이며, 어떤 목적에서 그렇게 상세히 묘사했는지도 알 수 없다. 횃불, 검, 차꼬, 흩어진 제자들, 기만적인 입맞춤, 떨어져 나간 귀 등의 아수라장 속에서 베로 만든 속옷만 입은 소년은 예수님과 파견된 부대를 따라 언덕을 내려갔다. 분명 그는 기습 부대의 일원도 아니었다. 그랬다면 옷을 입고 있었을 것이다. 그는 요즘으로 치면 사각 팬티에 해당하는 옷만 입고 있었다.

일각에서는 그 젊은이가 이 복음서를 기록한 요한 마가였다고 주장하는데, 나는 이 추측이 그럴듯하다고 생각한다. 요한 마가는 마리아라는 여인의 아들이었다. 마리아는 아마도 예수님을 후원한 여성 중 하나였을 것이다(참고. 마 27:55, 막 15:40-41, 눅 23:49, 요 19:25, 행 12:12). 그는 어쩌면 제자들과 멀지 않은 동산에서 자고 있었을 수도 있다. 이 젊은이가 요한 마가라면 1세기의 그리스도인들은, 우리에게는 수수께끼같아 보이는 이 상세한 설명으로 작가가 카메오로 출연했음을 알아챘을 것이다. 마가는 그날 밤 동산에서 자신이 어리석게도 불충했음을 인정하기 위해 이 사소한 이야기를 끼워 넣었을 것이다.

군사들이 따라오는 소년을 보고 붙잡으려 했지만, 그들이 잡은 것은 그의 속옷뿐이었다. 속옷이 찢어지면서 그 젊은이는 벌거벗은 채로 어둠 속을 달렸다. 자신이 그린 걸작 한쪽에 서명을 남기는 화가처럼, 어떤 사건들은 마가 자신이 직접 목격했다고 말하기 위해 이 작품에 서명을 남겼을 수 있다.

마가는 두 번 다시 유다에 대해 언급하지 않는다. 유다는 이 사건 이후로 '신실한' 열한 명과 함께 어둠 속으로 황망히 사라져, 이 내러티브에 다시는 등장하지 않는다. 우리는 마태복음을 통해 그가 크게 후회했으며, 그 후 목을 맸다는 것을 안다(마 27:5). 그러나 속지 마라. 후회는 회개와는 거리가 멀다. 유다는 자기를 낮추고, 죄를 솔직히 고백하며, 예수님의 용서를 구하고, 그다음 자비롭게 받아주신 주님의 품 안에서 겸손히 뉘우치며 살기를 거부한 채 자신의 죄 가운데서 죽었다. 그는 악을 섬겼고, 결국 악에게 파멸당했다.

## 적용: 마가복음 14:43-52

### 우리 모두의 내면에 있는 유다를 위한 교훈

유다는 시대를 초월해 가장 악랄한 배신자로 영원히 기억될 것이다. 그러나 우리는 어리석게도 그의 이야기와 우리는 아무 상관이 없다고 생각한다. 그 유망한 젊은 제자는 예수님의 최측근으로 온갖 이점을 누리면서도 사탄에게 사로잡힌 괴물이 되었다. 그런데 우리가 절대 그렇게 비열해질 수 없을 거라고 생각한다면 성경이 경고하는 바에 주의를 기울이지 않은 것이다. 유다의 배신 행위는 그가 마음속으로 품은 사악한 계획에서 비롯되었다. 그는 열두 사도와 함께 다녔지만, 그의 은밀한 죄는 영원히 감추어질 수 없었다. 우리 삶 속에 숨어 있는 사악한 계획도 마찬가지다. 은밀한 죄는 가차 없는 살인자며, 스스로 죄에 면역되어 있다고 생각하는 사람들이 가장 취약하다.

유다의 불행한 사례에서 생각해볼 만한, 이 시대에 필요한 네 가지 원칙이 있다.

첫째, 경건한 사람들과 함께한다고 해서 우리가 반드시 경건해지는 것은 아니다. 물론 건강한 교회에 등록하고 영적으로 성숙한 사람들과 관계를 일구는 것이 우선되어야 한다. 우리는 건강한 영향을 받아야 한다. 그러나 레스토랑의 테이블에 앉아 있다고 해서 몸에 영양이 공급되지 않듯이 성숙한 신자들과 함께한다고 해서 영혼이 성숙하는 것은 아니다. 지혜가 성숙하고 영적으로 발전하려면 예수님이 가르치신 것을 개인적으로 받아들여야 한다. 그러려면 예수님의 말씀을 통해 받은 진리에 복종해야 한다. 그러지 않으면 우리는 자기기만에 빠져 우리가 우리 자신에게 최대의 적이 된다. 진기하고 예스러운 영국의 2행 연구가 이 모든 것을 말한다.

> 예나 지금이나
> 사람의 값어치는 스스로 정하는 법
> 유다는 은 삼십에
> 예수가 아닌 자신을 팔았네.[4]

둘째, 도덕적 타락은 겉보다 속에서 은밀히 진행될 때 더 치명적이다. 암 중에서 가장 치명적인 암은 발견되지 않은 것이다. 죄도 마찬가지다. 우리가 자신의 죄성을 애써 숨기면 예수님이 구원의 선물을 통해 베푸신 구제책을 쓸 수 없다. 그분의 제자 중 한 명은 훗날 이렇게 썼다. "만일 우리가 우리 죄를 자백하면 그는 미쁘시고 의로우사 우리 죄를 사하시며 우리를 모든 불의에서 깨끗하게 하실 것이요"(요일 1:9). 죄를 고백하고 용서받지 못하면 우리는 불가피하게 죄가 끼치는 치명적인 영향을 감당해야 한다. 그리고 그것은 나중에 더 큰 해를 가하게 마련이다. 유다의 경우 은밀한 죄가 그를 사로잡았고, 결국 자살에 이르게 했다.

셋째, 사탄과 그의 악마들은 주님께 대적할 기회를 호시탐탐 노리고 있다. 성경은 악마가 사람들과 하나님의 계획을 공격하는 데 이용할 수 있는 최적의 도구가 해결되지 않은 죄를 지닌 사람이라고 가르친다(엡 4:25–27, 참고. 창 4:6–7). 처음에 이런 사람은 죄에 면역성이 있는 것처럼 보인다. 하지만 사탄은 모든 수단을 동원해 해악을 가하고 나서 그가 자신의 죄로 파괴되도록 버려둔다.

넷째, 예수님을 오해하고 그분의 사랑을 걷어찼다는 사실을 너무 늦게 깨달은 사람들의 회한만큼 큰 슬픔은 없다. 사탄이 주로 쓰는 도구는 기만이다. 사탄은 이것을 이용해 사람들이 해결되지 않은 죄와 자기의 목표를 이루기 위한 이기적인 동기를 왜곡하게 만든다. 사탄은 일단 누군가를 다 이용하고 나면 그가 내린 어리석은 선택의 결과를 보여주는 진실을 가차 없이 드러낸다. 그러면 수치심, 굴욕, 후회, 자기 정죄, 자책, 절망에 함몰될 수 있다. 반면, 예수님은 이렇게 말씀하셨다(그리고 지금도 계속 말씀하신다). "너희가 내 말에 거하면 참으로 내 제자가 되고 진리를 알지니 진리가 너희를 자유롭게 하리라"(요 8:31-32). 악마를 물리치시고 그분께 피하는 자들에게 승리를 주시는 예수 그리스도를 통한 회개와 회복의 소망은 항상 있다.[5]

## 서둘러 내려진 판결(마가복음 14:53-72)

53그들이 예수를 끌고 대제사장에게로 가니 대제사장들과 장로들과 서기관들이 다 모이더라 54베드
로가 예수를 멀찍이 따라 대제사장의 집 뜰 안까지 들어가서 아랫사람들과 함께 앉아 불을 쬐더라
55대제사장들과 온 공회가 예수를 죽이려고 그를 칠 증거를 찾되 얻지 못하니 56이는 예수를 쳐서 거
짓 증언하는 자가 많으나 그 증언이 서로 일치하지 못함이라 57어떤 사람들이 일어나 예수를 쳐서 거
짓 증언하여 이르되 58우리가 그의 말을 들으니 손으로 지은 이 성전을 내가 헐고 손으로 짓지 아니
한 다른 성전을 사흘 동안에 지으리라 하더라 하되 59그 증언도 서로 일치하지 않더라 60대제사장이
가운데 일어서서 예수에게 물어 이르되 너는 아무 대답도 없느냐 이 사람들이 너를 치는 증거가 어떠
하냐 하되 61침묵하고 아무 대답도 아니하시거늘 대제사장이 다시 물어 이르되 네가 찬송 받을 이의
아들 그리스도냐 62예수께서 이르시되 내가 그니라 인자가 권능자의 우편에 앉은 것과 하늘 구름을
타고 오는 것을 너희가 보리라 하시니 63대제사장이 자기 옷을 찢으며 이르되 우리가 어찌 더 증인을
요구하리요 64그 신성 모독 하는 말을 너희가 들었도다 너희는 어떻게 생각하느냐 하니 그들이 다 예
수를 사형에 해당한 자로 정죄하고 65어떤 사람은 그에게 침을 뱉으며 그의 얼굴을 가리고 주먹으로
치며 이르되 선지자 노릇을 하라 하고 하인들은 손바닥으로 치더라

66베드로는 아랫뜰에 있더니 대제사장의 여종 하나가 와서 67베드로가 불 쬐고 있는 것을 보고 주
목하여 이르되 너도 나사렛 예수와 함께 있었도다 하거늘 68베드로가 부인하여 이르되 나는 네가 말
하는 것이 무엇인지 알지도 못하고 깨닫지도 못하겠노라 하며 앞뜰로 나갈새 69여종이 그를 보고 곁
에 서 있는 자들에게 다시 이르되 이 사람은 그 도당이라 하되 70또 부인하더라 조금 후에 곁에 서 있
는 사람들이 다시 베드로에게 말하되 너도 갈릴리 사람이니 참으로 그 도당이니라 71그러나 베드로가
저주하며 맹세하되 나는 너희가 말하는 이 사람을 알지 못하노라 하니 72닭이 곧 두 번째 울더라 이
에 베드로가 예수께서 자기에게 하신 말씀 곧 닭이 두 번 울기 전에 네가 세 번 나를 부인하리라 하심
이 기억되어 그 일을 생각하고 울었더라

오늘날 겟세마네 동산과 골고다 사이에서 일어난 일을 제대로 이해하는 그리스도인은 많지 않다. 우리는 예수님이 동산에서 겪으신 일을 알고 있으며, 그분이 십자가에서 어떤 일을 겪으셨는지 알기 원한다. 안타깝게도, "아빠 아버지여…이 잔을 내게서 옮기시옵소서"

(14:36)라는 기도에서부터 "다 이루었다"(요 19:30)라는 마지막 선포까지 이르는 여정을 상세히 말할 수 있는 사람은 거의 없다.

대다수 사람은 예수님이 몇 차례 재판을 받으셨음에도 한 번이라고 생각한다. 많은 사람이 예수님이 빌라도 앞에 서셨던 것을 안다. 그런데 예수님이 다른 당국자들과 한 정치 단체 앞에 서신 것을 아는 사람은 거의 없다. 많은 사람이 예수님이 유죄 판결을 받으셨다고 말하지만, 사실은 그렇지 않다. 예수님은 유죄가 구형되었지만, 유죄로 판결되지는 않으셨다. 앞으로 보겠지만, 이스라엘 관리들은 무고한 사람을 정죄하기 위해 범죄를 저질렀다. 나사렛 예수에게 범죄자들이 받는 십자가형을 내린 재판은 섣부른 판결의 전형적인 예다. 그 재판들은 법 역사상 가장 어두운 날을 대표한다.

믿거나 말거나, 이 모든 어둠 속에도 밝은 면이 있다. 신학의 렌즈를 통해 상황을 바라보면 이 잘못된 재판이 의미 없는 비극은 아니다. 예수님의 적들이 획책한 악행을 하나님은 전 인류의 유익을 위해 사용하셨다. 이 재판은, 아담과 하와가 죄를 범했던 날 이래로 그리고 그 전부터 진행되어온 신성한 계획의 정점이 될 것이다. 예수님은 우리에게 반복된 죄와 실패로 점철된 과거에서 벗어나 하늘 아버지와 교제하는 미래로 나아가는 길을 열어 주셨다. 당신과 내가 충만하고 안락하며 만족스러운 삶을 살고 싶어 할 때 예수님은 죄를 갚기 위한 속죄제로 생명을 바치러 이 땅에 오셨다. 예수님은 성경을 통해 당신이 백성을 위해 고난의 삶을 살 것을 아셨다. 예수님은 자신이 로마의 십자가에서 죽음을 맞이할 것을 아시고 예루살렘으로 향하셨다.

## —14:53-54—

예수님의 첫 재판은 겟세마네에서 체포되신 직후 열렸다(418페이지 "예수님이 받으신 재판" 참조). 예수님을 체포한 일당은 그분을 곧장 안나스의 집으로 데려갔다. 안나스는 공식적으로 대제사장이 아니었지만, 이스라엘 최고 정치 기관의 막후에서 권력을 휘두르고 있었다. 예수님은 다시 안나스의 사위이자 실제 대제사장인 가야바에게로 보내졌다. 마가와 누가 모두 첫 번째와 두 번째 재판을 간단히 요약한다.

베드로는 예수님을 멀찍이 따라갔다. 요한은 재판 장소에 들어갔지만(요 18:15), 베드로는 신분을 숨기고 마당에서 종들과 군인들 틈에서 불을 쬐었다.

## —14:55–59—

마가는 그의 멘토였던 베드로에게서 많은 정보를 얻었다. 하지만 베드로는 그때 법정 밖에 있었기 때문에 세세한 부분에 대해서는 재판을 직접 목격한 요한의 기술을 참고했다.

예수님은 가야바와 산헤드린 의원들 앞에 서 계셨다. 그들은 예수님을 죽일 명분을 뭐라도 찾아내려 했지만 결국 실패했다. 따라서 재판 자체가 불법이었다. 그들의 규율대로라면 재판은 비밀리에 하거나 밤에 할 수 없었고, 성전 안에 있는 재판정 외의 장소에서 해서는 안 되었다. 더구나 지금 피고인에게는 변호인도 없었다. 그중에서도 최악은, 중죄 사건의 경우 기소되면 곧바로 무죄를 주장하는 변론 기회를 주어야 했는데,[6] 이 재판에서는 공회가 신빙성 있는 혐의를 찾으려고 증인을 소환했다.

그들이 찾아낸 것은 고작해야 예수님이 성전에서 하신 강론의 문맥을 왜곡한 반쪽짜리 진실이었다. 예수님은 여러 차례 성전에서 장사꾼들을 내쫓으셨는데, 한번은 사두개인들이 이런 질문으로 예수님께 항의했다. "네가 이런 일을 행하니 무슨 표적을 우리에게 보이겠느냐"(요 2:18). 예수님은 당신이 성전보다 우위에 있으며, 성전을 다스릴 권한이 있으시다는 것을 엄중한 예언을 빗대어 주장하셨다.

> 예수께서 대답하여 이르시되 너희가 이 성전을 헐라 내가 사흘 동안에 일으키리라 유대인들이 이르되 이 성전은 사십육 년 동안에 지었거늘 네가 삼 일 동안에 일으키겠느냐 하더라 그러나 예수는 성전된 자기 육체를 가리켜 말씀하신 것이라(요 2:19–21).

목격자들은 대뜸 예수님의 말씀을 비틀어서 그분이 성전을 모독한 죄를 범한 것처럼 보이게 만들었다. "손으로 지은"(막 14:58)이라고 번역된 히브리어 구절은 거짓 신들을 숭배하기 위해 지어진 모든 것을 의미했다. 예수님은 가르치실 때 이 말씀을 하지 않으셨지만, 증인들의 고발은 공회의 심기를 건드리기에 충분했다.

## 예수님이 받으신 재판

| 재판 | 집행 당국자 | 성경 구절 | 고발 | 적법성 | 유형 | 결과 |
|---|---|---|---|---|---|---|
| 1 | 안나스, AD 6-15년 사이의 전임 대제사장 | 요 18:12-23 | 구체적인 죄목 없음 | 불법:<br>• 재판권 없음<br>• 한밤의 재판<br>• 무혐의<br>• 증인 없음<br>• 재판 중 학대받음 | 유대 종교 | 불경죄로 가야바에게 보내짐 |
| 2 | 가야바, AD 18-36년 사이의 대제사장과 산헤드린 | 마 26:57-68<br>막 14:53-65<br>요 18:24 | 메시아, 하나님의 아들이라고 주장한 것을 신성 모독으로 간주함 | 불법:<br>• 한밤의 재판<br>• 거짓 증인들<br>• 공식 죄목 없음<br>• 재판 중 학대받음 | 유대 종교 | 신성 모독죄로 유죄가 선고된 후 아침까지 형의 선고가 보류됨 |
| 3 | 산헤드린 | 막 15:1<br>눅 22:66-71 | 앞서 산헤드린 앞에서 받은 재판의 연속으로 기소 내용은 동일함 | 불법:<br>• 죄목이 바뀜<br>• 증인 없음<br>• 변칙 투표 | 유대 종교 | 처형을 위해 로마인들에게 넘겨짐 |
| 4 | 빌라도, AD 26-36년 사이의 유대 총독 | 마 27:11-14<br>막 15:2-5<br>눅 23:1-7<br>요 18:28-38 | 로마에 대한 반역과 폭동 선동으로 기소됨 | 불법:<br>• 무죄 판결을 받았지만 감금됨<br>• 변론 없음<br>• 재판 중 학대받음 | 로마 민사 | 무죄가 선고되고 빠져나갈 길을 찾으려고 헤롯 안디바에게 떠넘겨짐 |
| 5 | 헤롯 안디바, BC 4-AD 39년 사이의 갈릴리 총독 | 눅 23:8-12 | • 구체적인 죄목 없음<br>• 헤롯에게 상세한 질문을 받음 | 불법:<br>• 재판권 없음<br>• 구체적인 죄목 없음<br>• 재판 중 학대받음 | 로마 민사 | 학대당하고, 조롱당하며, 부당한 비난을 받고 판결 없이 빌라도에게 돌려보내짐 |
| 6 | 빌라도 | 마 27:15-26<br>막 15:6-15<br>눅 23:13-25<br>요 18:39-19:16 | 앞서 빌라도 앞에서 받은 재판의 연속으로 동일한 죄목 | 불법:<br>• 무죄로 선고되었으나 사형 선고받음 | 로마 민사 | • 무죄로 선고되었으나 성난 군중을 달래기 위해 십자가 처형이 선고됨<br>• 동시에 살인, 반역, 폭동, 선동의 죄를 지은 남자가 석방됨 |

## —14:60-62—

공회가 똑같은 거짓말을 해줄 증인 두 사람을 찾아 증거를 보강했지만, 성전을 신성 모독한 것은 사형에 해당하는 죄가 아니었다. 그들은 더 큰 죄목이 필요했다. 엉터리 재판을 벌이던 대제사장은 이 대목에서 산헤드린의 규칙을 몇 가지 더 어겼다. 미쉬나 산헤드린 3:3-4에 따르면 피고는 자기에게 불리한 증언을 하도록 강요당해서는 안 되며, 재판장은 증인이나 피고를 심문할 수 없었다. 그러나 가야바는 예수님이 메시아며 하나님의 아들이라고 주장하신 것에 대해 추궁했다.

예수님은 말 그대로 하나님의 아들이셨지만, 유대인들은 이 칭호를 그들의 왕을 일컫는 데 사용했다. 예수님이 당신 자신에게 이 칭호를 사용하셨다면 그들은 예수님을 폭동 선동자로 기소할 수 있을 거라고 생각했다. 예수님은 당신이 메시아임을 강조하시고 타락한 종교 지도자들이 잘못을 깨닫게 하기 위해 시편 110편 1절과 다니엘 7장 13절을 인용해 그분의 지위를 확증하셨다. 이 재판에서 반역죄를 지은 사람이 있다면, 자기들의 왕을 심판한 산헤드린이었다.

## —14:63-65—

얼핏 보면 가야바가 예복을 입고 눈물을 흘리며 예수님이 하나님을 모독했다고 비난하는 모습은 하나님의 의를 열망하는 것처럼 보였다. 그러나 사실 그와 그의 장인은 두 가지 이유에서 예수님이 죽기를 바랐다. 1) 예수님은 대제사장이 성전을 다스려야 한다는 주장에 반대하셨다. 2) 예수님은 그들의 돈줄을 끊겠다고 위협하셨다.

두 번째 재판이 끝날 무렵 공회는 대중 앞에서 예수님의 명성을 깎아내리고 그분을 죽이는 게 로마에 득이 된다고 설득할 수 있는 죄목을 찾아냈다. 이제 그들은 대중을 위해 재판하는 척해야 했다. 산헤드린의 규칙에 따르면 다음 날 최종 판결을 내리기 전에 의원들이 두 명씩 만나 간단한 식사를 나누면서 사건을 철저히 논의해야 했다. 그런데 그들은 아무것도 하지 않았다. 예수님께 분통을 터트리면서 차례로 침을 뱉고, 주먹으로 치며, 조롱하고, 비웃으며 시간을 보냈다. 피고인에 대한 가혹 행위가 규정상 금지되어 있는데도 이런 일이 벌어졌다.

### —14:66-68—

앞서 베드로는 겟세마네에서 안나스의 집 그리고 그다음 가야바의 집까지 주님을 따라갔었다. 두 번째 재판이 끝나갈 무렵 베드로는 숯불을 쬐고 있었는데, 맞은편에 있던 한 여종이 그가 예수님의 제자라는 걸 알아보았다. 베드로는 분명 등골이 서늘해졌을 것이다. 그는 단호히 자기는 제자가 아니며 예수님을 개인적으로도 알지 못한다고 부인했다. 그는 논란이 확대되는 것을 피하기 위해 슬며시 어둠 속으로 물러나 문 쪽으로 갔다.

### —14:69-71—

여종은 속지 않았다. 그녀는 안뜰에 있는 사람들에게 베드로의 신분을 공공연히 밝히면서 자신의 주장을 굽히지 않았다. 군중이 베드로에게 묻자 그는 자신이 제자가 아니며, 예수님을 개인적으로도 모른다고 말했다.

얼마 후 구경꾼 가운데 한 사람이 다시 그 주제를 꺼냈다. "너도 갈릴리 사람이니 참으로 그 도당이니라"(14:70). 그들은 서울 사람이 경상도 사람을 구별할 수 있듯이 베드로의 억양을 분명하게 구별할 수 있었다. 베드로의 말투와 촌스러운 태도가 그의 정체를 드러냈다. 베드로는 더 강하게 부인하다 못해 "저주하"기까지 했는데(14:71), 이는 만약 그가 하는 말이 거짓이라면 천벌을 받아도 좋다는 식으로 말했음을 뜻한다. 대충 이런 내용이었을 것이다. "만약 내가 거짓말을 하고 있다면 하늘에서 불이 내려 나를 태워버려도 좋다." 그는 그것으로도 모자라 "맹세"도 했다. 말 그대로 맹세를 했다는 뜻이다. "나는 그 사람을 모른다. 내 말이 거짓이면 7년 동안 나실인으로 살겠다."

### —14:72—

이때 닭이 울었고 주님이 예언하신 말씀이 베드로의 기억 속으로 물밀듯이 밀려왔다. 예수님이 그가 새벽닭이 울기 전 그분을 세 번 부인하리라고 말씀하신 것이 불과 몇 시간 전이었다(14:30). 그가 친구에게서 "떨어져 나갔을" 뿐 아니라(참고. 14:27), 예수님을 미워하고 그분의 적을 섬기는 사람들의 인정을 받으려 했다는 깨달음과 함께 새벽이 찾아왔다. 그는 또 자기가 호언장담했던 것을 떠올렸다. "다 버릴지라도 나는 그리하지 않겠나이다"(14:29). 수치스러운 굴욕감과 밀려오는 죄책감에 베드로는 또다시 도망가며 통곡했다.

## 적용: 마가복음 14:53-72

### 과거에서 벗어나기

예수님은 베드로와 다른 제자들에게 만찬 직후 그리고 겟세마네에서 적어도 세 차례에 걸쳐 주의를 주시면서 경계하고 기도하라고 경고하셨다. 예수님은 제자들에게 마음은 원해도 육신이 약하다는 사실을 상기시키셨다(참고. 14:38). 하나님의 아들도 유혹이 덮칠 때 힘을 얻기 위해 하늘 아버지를 바라보셨다. 대비하고 있으라는 요청에도 불구하고 제자들은 도망갔고, 베드로는 저주하고 맹세하며 예수님을 부인했다.

베드로가 부인한 이 사건에서 수천 년이 흘렀고, 수천 킬로미터나 떨어진 곳에 있는 우리는 예수님을 위해 기꺼이 결연한 태도를 취할 수 있다고 우쭐댈 수 있다. 이 연약하고 충동적인 제자를 지레 업신여기지 말고 신중하게 대하자. 그가 예수님과 함께 서서 싸우겠다고 맹세한 것은 진심이었다. 공격자들이 한밤에 겟세마네로 쳐들어왔을 때 베드로는 주님을 지키기 위해 검을 들었다(14:47, 참고. 요 18:10). 그러나 주님은 그런 식으로 충성하는 것을 원하지 않으셨다. 주님은 군인이 아니라 제자들을 부르셨다. 베드로는 다만 자기 기준이 아닌 하나님 기준의 제자도를 더 배워야 했다.

오늘날도 별반 다르지 않다. 시간과 공간이 바뀌어도 인간의 본성은 달라지지 않는다. 당신은 몇 번이나 넘어졌는가? 얼마나 많은 경고를 무시하고 결국 그 결과로 고통받았는가? 얼마나 자주 다시는 그 죄-계속 양심을 괴롭히고 육신을 유혹하는-를 범하지 않겠나고 다짐했는가? 공개적으로 그리스도를 부인하지 않더라도 당신이 반복하는 죄가 그분을 부인하고 있다.

비탄에 젖어 처절하게 통곡하며 수치심에 어쩔 줄 모르는 베드로를 내버려두기가 얼마나 쉽겠는가. 그러나 예수님은 그러지 않으셨다. 며칠 후 예수님은 베드로를 곁으로 부르시고 이렇게 말씀하실 것이다. "네가 나를 사랑하느냐…내 양을 먹이라"(요 21:17). 예수님의 그 짧은 말 속에는 이런 뜻이 담겨 있었다. "베드로야, 과거의 실패를 마음에서 털어버리고 내가 너를 위해 준비한 미래에 집중해라." 주님의 용서를 받아들이고 하나님 아버지가 주시는 능력을 얻는 법을 깨우쳤을 때 그 과거의 선동가는 초대 교회의 초석을 다지는 존재가 될 수 있었다.

오늘 나는 당신이 실패한 기억을, 그 유독성을 중화하실 수 있는 유일한 분께 내어드릴 것을 정중히 권한다. 당신이 진정한 삶을 살게 하려고 죽으신 그분께 당신의 실패를 맡길 것을 도전한다. 하나님의 용서를 믿고 과거에서 돌이켜 그분이 당신을 위해 세우신 미래를 생각할 것을 촉구한다. 당신의 수치심과 죄책감, 슬픔을 딛고 일어나라. 그리고 여쭈어보라. "주님, 남은 제 생애 동안 어떻게 당신을 섬길 수 있을까요?" 그분은 듣고 용서하실 것이다. 얼마나 놀라운 은혜인가!

## 무고한 사람을 단죄하다(마가복음 15:1-15)

1새벽에 대제사장들이 즉시 장로들과 서기관들 곧 온 공회와 더불어 의논하고 예수를 결박하여 끌고
가서 빌라도에게 넘겨 주니 2빌라도가 묻되 네가 유대인의 왕이냐 예수께서 대답하여 이르시되 네 말
이 옳도다 하시매 3대제사장들이 여러 가지로 고발하는지라 4빌라도가 또 물어 이르되 아무 대답도
없느냐 그들이 얼마나 많은 것으로 너를 고발하는가 보라 하되 5예수께서 다시 아무 말씀으로도 대답
하지 아니하시니 빌라도가 놀랍게 여기더라

6명절이 되면 백성들이 요구하는 대로 죄수 한 사람을 놓아 주는 전례가 있더니 7민란을 꾸미고
그 민란중에 살인하고 체포된 자 중에 바라바라 하는 자가 있는지라 8무리가 나아가서 전례대로 하여
주기를 요구한대 9빌라도가 대답하여 이르되 너희는 내가 유대인의 왕을 너희에게 놓아 주기를 원하
느냐 하니 10이는 그가 대제사장들이 시기로 예수를 넘겨 준 줄 앎이러라 11그러나 대제사장들이 무리
를 충동하여 도리어 바라바를 놓아 달라 하게 하니 12빌라도가 또 대답하여 이르되 그러면 너희가 유
대인의 왕이라 하는 이를 내가 어떻게 하랴 13그들이 다시 소리 지르되 그를 십자가에 못 박게 하소서
14빌라도가 이르되 어찜이냐 무슨 악한 일을 하였느냐 하니 더욱 소리 지르되 십자가에 못 박게 하소
서 하는지라 15빌라도가 무리에게 만족을 주고자 하여 바라바는 놓아 주고 예수는 채찍질하고 십자가
에 못 박히게 넘겨 주니라

우리 안에는 정의를 갈구하는 무언가가 있다. 그것은 우리가 지닌 하나님 형상의 일면이다. 우리 내면에는 도덕적 균형을 지향하는 하나님의 속성이 있다. 우리는 불의, 사악함, 잔인성이 속히 심판받기를 원하며, 의가 보상받기를 갈망한다. 우리는 정의가 제대로 실현되면 기뻐하고, 무고하거나 방어 능력이 없는 사람들이 학대당하면 분노한다. 그 때문에 타락한 세상에서 사는 게 이렇게 고달프다.

이 부패한 세상 체제는 악을 포상하고 선을 벌한다. 선량하고 친절한 사람들이 종종 난폭하고 탐욕스러운 사람들에게 고통받는다. 과대망상증 환자들이 권력을 잡고 이 땅에 사는 다른 사람들의 삶을 지옥으로 만드는 경우가 비일비재하다. 아돌프 히틀러, 이오시프 스탈린, 마오쩌둥, 니콜라에 차우셰스크, 폴 포트, 이디 아민, 사담 후세인, 김정일(이들은 기껏해야 지난 세기 사람들이며, 나는 이들의 이름이 금방 떠올라 생각하려고 멈출 필요도 없었다). 종종, 선한 사람들은 요절하고 악한 사람들은 장수한다. 악하고 탐욕스러운 부자는 더 부유해지고, 경건하고 선한 가난한 사람들은 더 가난해진다. 많은 사람이 죄를 짓고도 잘 산다. 우리는 걸핏하면 정의가 뒤집어져 악한 자를 편들고 의로운 자를 해하는 세상에 살고 있다는 데 이견이 없다.

무신론자들은 흔히 이 '악의 문제'를 가지고 하나님의 실존을 반박한다. 그들은 이렇게 추론한다.

> 하나님이 전능하다면, 그분은 악을 근절할 수 있다.
> 하나님이 온전히 선하다면, 그분은 악을 근절할 것이다.
> 따라서 악이 여전히 존재하므로 온전히 선하고 전능한 하나님은 존재하지 않는다.

이 추론을 받아들이지 않는 사람들조차도 이렇게 외치고 있다. "하나님은 어디 계십니까? 왜 당신은 이 고통을 끝내지 않으십니까? 어째서 당신은 보고만 계십니까?" 우리는 성경에서 욥—의롭고, 오랜 세월 고통당했던—이 너무나 고통스러운 나머지 법정에서 창조주를 만나 그분의 변론을 듣고 싶어 하는 것을 본다(욥 9:32-35).

고통당하는 희생자들의 처절한 울부짖음과 급진적인 무신론자들의 성난 부인은 하나님을 존재하지 않거나 잔인하고, 냉담하며, 멀리 떨어져 있는 모습으로 그린다. 그러나 신약성경은 하나님이 우리의 고단한 노력에 아주 많이 관여하고 계시다는 목격자의 증거를 제시한다. 그분은 절대 멀리 떨어져 있거나 다른 데 정신을 팔고 계시지 않는다. 복음서는 하나님이 정의에 관심을 가지고 계시며, 우리의 고통에 깊이 공감하시다 못해 우리와 같은 사람이 되어 악의 문제를 그분의 문제로 만드셨다고 증언한다. 성자 하나님이 우리와 함께 고생하시기 위해 완전한 평화와 정의가 있는 천국을 떠나셨다. 그분은 우리를 너무나 사랑하셔서 자진해서 지금까지 살았던 사람들 가운데 가장 순결한 희생자가 되셨고, 지금까지 일어난 불의 중 가장 큰 불의를 당하셨다. 그분이 모든 것을 아버지 손에 맡기고 견뎌내셨기 때문에 우리도 그럴 수 있다.

한밤에 겟세마네에서 붙잡히신 예수님은 안나스와 가야바의 집으로 끌려가셨고, 그들은 예수님을 기소할 적절한 죄목을 찾기 위해 불법적인 재판을 열었다. 예수님을 죽이기 위한 법적 꼬투리를 만들기 위해 그들은 사형에 해당하는 죄목을 찾아내야 했다. 그래야 유대인 대중 사이에서 예수님의 명성을 실추시키고, 로마 총독에게 예수님의 죽음이 제국에 이익이 된다는 확신을 심어줄 수 있었다. 로마인들은 유대인이 연루된 법적 문제 대부분을 산헤드린에 일임했지만, 사형 집행권은 넘겨주지 않았다.

새벽이 다가오면서 대제사장들과 서기관들은 기소할 죄목을 찾아냈다. 신성 모독, 유대인에 대한 모욕, 로마에 대한 반역과 선동. 죄를 범한 사람들이 오히려 종교의 예복을 입고 하나님의 아들을 재판하는, 정의가 거꾸로 뒤집힌 무도한 일이 벌어졌다.

## —15:1—

'공회'는 헬라어로 *synedrion*(4892)이며, 이 용어가 '산헤드린'의 어원에 영향을 미쳤다. 이들은 유대인의 의회 겸 대법원의 주요 구성원으로 예수님이 안나스와 가야바 앞에 가셨을 때(첫 번째와 두 번째 재판) 이미 그분을 만나서 심문했다. 동이 틀 무렵 대제사장은 성전의 왕궁 회랑 동쪽 끝에 있는 반원형 홀인 '잘린 돌의 방'(Chamber of Hewn Stone)에서 공회를 소집했다. 이전 재판은 공식적인 것이 아니었다. 예수님에 대한 기소와 판결 내용을 성전 지도자들이 공식 기록으로 처리해야 했다. 그들은 앞서 그들이 내린 결론을 공식화하기 위해 "의논"했다(세 번째 재판). 무심코 보면 관리들은 신속히 재판을 진행하고 금새 예수님의 죄

Model by Alec Garrard © Leen Ritmeyer

성전의 왕궁 회랑 동쪽 끝 타작마당같이 생긴 곳에 71명의 원로가 반원형으로 둘러앉았다. 산헤드린은 국가적, 종교적 정책을 결정하고 민형사 소송을 해결하기 위해 이곳에서 공식 회합을 가졌다. 그들이 심의하고 결정한 모든 내용이 대중에게 공개되었다.

를 밝혀냈다(참고. 눅 22:66-71). 마가는 상세한 설명 없이 결론에 도달한다. 그들은 의논한 후 예수님을 결박하고 끌고 가서 로마 총독 본디오 빌라도에게 넘겼다.

## —15:2-5—

로마는 정복할 때는 잔혹하고 한 지역을 통제할 때는 무자비하기도 했지만, 반란과 세금,

## 본디오 빌라도(마가복음 15:1)

예수님이 공적으로 사역을 시작하셨을 때 디베료 황제는 그가 가장 신뢰하는 오른팔인 루시우스 세야누스에게 제국의 일상적 행정 업무를 맡기고 카프리 섬의 호화로운 별장으로 물러났다. 세야누스는 소부대에 지나지 않던 황실 경호대를 황제 친위대로 탈바꿈해 황제의 신임을 얻었는데, 일종의 비밀 경찰인 황제 친위대는 로마 정치에 영향력을 행사하는 요인이 되었다. 그뿐 아니라 그는 능란한 술책과 폭력적인 음모로 자기 정적들을 속속들이 제거했다. 그가 파멸시킨 정적 가운데 하나가 다름 아닌 황제의 아들 드루수스였는데, 그는 이 불행한 남자를 그의 부인의 조력으로 서서히 독살했다.

겉보기에는 자연사로 보인 드루수스의 죽음으로 세야누스는 로마의 실질적인 지도자로 세도를 날렸고, 자기 친구 본디오 빌라도가 제국에서 가장 요직인 유대 총독에 임명되도록 했다. 풀어야 할 난제가 많기는 했지만, 그 직책은 동시에 정치적으로 클 수 있는 무한한 잠재력이 있는 자리기도 했다. 세야누스는 유대인들의 불만이 고조되고 있는 상황에서 유대를 평화롭게 복종시킬 수 있는 강력한 통치자를 원했다.

알렉산드리아의 역사가 필로(Philo)는 빌라도를 "매우 고지식하며 완고한 데다가 무자비한 성정을 가진 사람"[7]으로 묘사했다. 과거에 빌라도의 완고함은 출세에는 도움이 되었지만, 유대에서는 그를 거의 파멸로 몰고갔다. 그가 힘으로 지배하려 했던 그곳은 기교가 필요한 곳이었다. 그는 유대인을 다스리는 데 필요한 자율과 통제의 절묘한 균형을 이해하지 못했다. 빌라도는 가이사랴 마리티마 본부에 부임한 직후부터 예루살렘에 메시지를 보내 자기가 최고 권력자임을 분명히 알렸다. 통상적으로 행정 장관의 군대는 가이사랴에서 겨울을 났지만, 빌라도는 군인들에게 예루살렘에서 겨울을 나도록 명령했다. 또 가이사의 형상을 군사들의 방패에 새겨 성 안 요지에 전시하도록 했다. 그는 예루살렘도 다른 피정복 국가들과 똑같은 대우를 받아야 한다고 결정했다. 물론 이것은 '형상을 새기는 것'을 금지한 유대인의 율법에 어긋나는 것이었다(참고. 신 4:15-18).

얼마 지나지 않아 성직자 대표단이 가이사랴로 대거 몰려가 항의했고, 그로 인해 발생한 대치 상황은 의지를 시험하는 장소가 되었다. 빌라도로서는 방패에서 형상을 없애면 굴욕적으로 허점을 보여주게 되겠지만, 그럼에도 본래 그의 유일한 임무는 평화 유지였다. 유대인 지도자들은 형상이 제거될 때까지 돌아가지 않겠다고 버텼고, 이에 대해 빌라도는 무력으로 맞섰다. 유대인 역사가 요세푸스는 총독이 그 대치 상황을 어떻게 타개했는지 설명한다.

> 유대인들의 (항의) 엿새째에 그는 군인들에게 무기를 은밀히 소지하라고 명령한 후 재빨리 그 사이에 와서 재판석에 앉았다. 그 자리는 도시의 트인 공간에 있으면서도 유대인들을 진압할 준비를 갖추고 있는 군대는 가려졌다. 유대인들이 다시 탄원하자 그는 군인들에게 그들을 에워싸라는 신호를 보냈고, 자기를 방해하는 것을 중단하고 집으로 돌아가지 않으면 그 자리에서 죽음을 면치 못할 것이라고 위협했다. 그러나 그들은 오히려 땅에 엎드려 목덜미를 드러내면서 율법의 지혜를 어기느니 기꺼이 죽음을 택하겠노라고 외쳤다. 빌라도는 율법을 절대 범할 수 없다는 그들의 확고한 결기에 깊이 감동하여 그 자리에서 황제의 형상들을 예루살렘에서 가이사랴로 다시 가져가라고 명령했다.[8]

갈등과 불만이 끊이지 않자 유대인 지도자들은 결국 빌라도의 해임을 디베료에게 탄원했다. 그때는 디베료가 자기 아들을 독살한 자가 세야누스인 것을 알게 되어 이미 그를 처형한 후였다. 로마 시민들이 세야누스의 훼손된 시신을 길거리로 끌고 다니자 빌라도는 불현듯 세상에 친구 하나 없는 자신의 처지를 깨달았다.

이 두 가지 문제를 제외하고는 대체로 융통성이 있었다. 일반적으로 각 지역 정부가 그들만의 정책을 시행하게 했고, 문화적 전통을 존중했으며, 심지어 고유의 신을 섬기는 것도 허용했다. 그들은 지방 통치자가 반란의 조짐을 가라앉히고 로마에 세금을 계속 보내기만 하면 다른 문제에는 재량권을 허용했다. 실패한 반란은 대개 전투에서 대량 학살로 이어졌고, 반란이 진압되고 나면 생존자들은 반란 지역의 진입로에서 십자가에 달렸다.

유대인 지도자들은 예수님을 처형하도록 빌라도를 설득하려면 예수님께 '그리스도' 또는 '메시아'라는 꼬리표를 달아주는 게 최선의 방법임을 알고 있었다. 몇 년마다 반란군이 등장해 메시아라고 주장하고, 꽤 많은 추종자를 모아 폭동을 일으키고는 했다. 이 가짜 메시아들은 대부분 스스로 명예를 실추하거나 현지 군대와 싸우다 전사했기 때문에 큰 위협이 되지 않았다. 그러나 산헤드린이 예수님이 받고 있는 범상치 않은 인기를 입증할 수 있나면 총독은 예수님의 영향력이 더 커지는 위험을 좌시하지 않을 것이다.

빌라도는 공회가 말한 대로 예수님이 스스로 메시아라고 주장했는지 알아내려고 심문을 계속했다. 그는 먼저 예수님이 스스로 "유대인의 왕"으로 여기는지 물었다(15:2). 빌라도가 헬라어로 한 질문은 "너"라는 말을 강조한다. 예수님이 긍정하는 대답을 하시면 선동죄로 유죄 판결을 받을 수 있었다. 예수님은 빌라도와 똑같이 "너"를 강조하시면서 아리송한 대답을 하셨다. 예수님의 대답을 이렇게 바꿔 쓸 수 있다. "네가 그렇다면 그럴 것이다."

어떤 사람들은 예수님이 왜 단순히 "그렇다. 내가 유대인의 왕이다"라고 말씀하시지 않았는지 의아해하는데, 몇 가지 이유가 있다.

- "그렇다"고 하시면 이선에 빌라도 앞에 섰던 거짓 메시아들과 동격이 되셨을 것이다. 빌라도는 예수님을 구세주로 알 수 있는 기회를 갖지 못한 채 그 사건을 처리했을 것이다.
- "그렇다"고 하시면 빌라도가 진실에 가깝게 다가오는 것을 막고, 오히려 그가 기존에 가지고 있던 생각과 편견을 부추겼을 것이다. 예수님은 명실상부한 왕이시지만, 그분은 군대의 힘으로 지배하지 않는다. 그분의 왕권은 진리가 주는 힘에 기초한다. 이 왕은 폭동으로 권력을 얻지 않으신다. 이 왕은 신하들의 발을 씻기신다.
- "그렇다"고 하시면 관심이 "**너희는** 나를 누구라 하느냐"(참고. 8:29, 강조 추가)라는

중대한 질문에서 엉뚱한 문제로 옮겨갔을 것이다. 각 개인의 구원-빌라도를 포함해-은 그 질문에 대한 대답에 달려 있다.

예수님이 빌라도에게 질문을 되돌리시자 그분을 고소한 자들은 기회가 사라지고 있음을 감지하고 죄목을 부풀리기 시작했다. 빌라도는 적극적으로 나서는 공회를 무시하고 침착한 피고에게 초점을 맞춘 것 같았다. 이때까지 예수님은 아무 말도 하지 않기로 작정하셨다. 마가가 쓴 헬라어의 이중부정[*ouketi oudeis*(3765+3762)]은 주님의 단호한 의지를 강조한다. 예수님은 말을 많이 해서 고의로 진리에 저항하는 사람의 마음을 바꿀 수 없음을 아셨다. 그분은 침묵하시며 시련을 견뎌내실 것이다(참고. 사 53:7).

## —15:6-11—

총독은 자신이 난처한 딜레마에 빠졌음을 알게 되었다. 그는 이전에 유대인 지도자들과 빚은 정치적 마찰에서 패했다. 이 일은 로마에서 벌어진 불리한 상황-그의 최대 정치적 후원자가 반역죄로 처형당했다-과 맞물려 그의 입지를 위태롭게 했다. 만일 한 번 더 탄핵이 제기된다면 상황이 매우 어려울 것이다. 그러나 그는 예수님이 무죄임을 분명히 알 수 있었다. 이 곤경에서 벗어나기 위해 그는 산헤드린을 상대로 유월절 전통을 이용하기로 했다.

빌라도의 전임자들은 우호의 제스처로 보통 유월절 축제 기간에 죄수 한 명을 사면해 주었다. 대개 비교적 사소한 범죄로 기소된 사람을 골랐다. 빌라도는 악명 높은 범죄자-이른바 시카리(Sicarii, 암살단)의 일원이었을-의 석방을 제안하여 군중이 예수의 사형을 철회하게 할 요량이었다. 그의 이름은 '아버지의 아들'이라는 뜻인 바라바로, 말하자면 '아무개' 같은, 별 의미 없는 이름이었다. 그가 이런 이름을 쓴 이유는 아마 익명으로 남아 자기 가족을 보호하기 위해서였을 것이다.

바라바는 로마가 선고한 최악의 형벌인 십자가형을 기다리고 있었다. 그것은 죄질이 가장 나쁜 범죄자들을 위해 고안한 무시무시한 죽음이었다. "민란을 꾸민 자"(15:7)로 번역된 헬라어는 우리가 테러리스트로 일컬을 수 있는 사람을 뜻한다. 빌라도는 유대인 지도자들이 설마 사악한 살인자에게 정의를 행사하는 것을 굳이 반대해 자신들의 명예를 실추하지는 않을 것이라 생각했다.

하지만 빌라도는 공회가 예수님을 얼마나 증오하는지 잘 몰랐다.

## —15:12-14—

빌라도는 계획이 역효과를 내자 자신의 정치적 입지만 악화되었음을 알게 되었다. 이제 그는 두 가지 내키지 않는 선택 중 하나를 골라야 했다. 예수님을 풀어주면 유대인들의 폭동을 각오해야 했다. 무슨 수를 써서라도 피해야 할 것이 폭동이었다. 더구나 또다시 로마에 진정서가 올라가면 그의 경력은 끝날 것이다. 반면 그가 바라바를 석방하면 그는 로마가 무척 죽이고 싶어하는 사람을 풀어주는 죄를 짓게 될 것이다.

빌라도는 매번 "유대인의 왕"(15:9, 12)이라는 호칭을 강조하면서 군중에게 두 번 호소했다. 그가 예수님을 십자가형에 처할 만큼 명분이 충분하지 않음을 넌지시 비치면서 혐의를 확증하라고 군중을 압박하자 그들은 빌라도의 목소리가 묻힐 만큼 크게 외쳤다. "그를 십자가에 못 박게 하소서"(15:13-14)!

이성을 잃은-"어찜이냐 무슨 악한 일을 하였느냐?"-군중은 피에 굶주린 듯 점점 더 광폭해졌다.

## —15:15—

민심이 위험할 정도로 격해지자 빌라도는 바라바를 석방하고 대신 예수님께 십자가형을 언도하여 군중의 비위를 맞추었다.

빌라도는 예수님을 채찍질하라고 명했다. 누가복음에 따르면 빌라도는 예수님께 태형을 가하고 풀어주면 군중이 그 정도로 만족하기를 바랐다(눅 23:16). 어떤 사람들은 이 잔인한 고문을 '반죽음'이라고 불렀다. 이 형벌은 두 가지 목적을 수행했다. 첫째, 이것은 매를 맞다가 충격으로 죽거나 회복 중에 감염으로 죽을 위험성이 매우 높은 무시무시한 형벌이었다. 둘째, 십자가형을 집행하는 사전 절차로서 채찍질은 희생자가 십자가에 달려 있는 시간을 단축했는데, 그것은 릭토르(고대 로마에서 죄인을 포박하고 처벌하던 하급 관리-역주)가

Ariely/Wikimedia

**복합 성전의 북서쪽 귀퉁이에 있는 안토니오 요새 모형.** 이 요새는 성전을 굽어보고 있어서 유대인들이 성전에 모이는 것을 로마 관료들이 감시할 수 있었다.

어떤 채찍을 고르느냐에 따라 달라졌다. 이 잔인한 고문 기술자는 얼마큼 때리면 사람이 사망 직전에 이르는지 정확히 알았다.

예수님은 성전 외곽에 있는 안토니아 요새라고 불리는 로마 수비대로 끌려가셨다. 군인 한 명이 그분을 낮은 나무 기둥에 묶고 벌거벗겼다. 아니면 거의 벌거벗겼다. 채찍이 신체를 너무 빨리 손상시켰기 때문에 희생자는 겨우 몇 대만 맞고도 기절하거나 쇼크 상태에 빠졌다. 군인들은 그 시간을 길게 끌면서 재미를 더하려고 희생자를 조롱하고 욕보였다.

예수님이 더는 견디지 못하시고 거의 죽게 되어서야 릭토르는 매질을 멈추고 십자가에 못 박을 준비를 했다.

## 적용: 마가복음 15:1–15

### 불의를 견디는 방법

내 생각에 정의를 기대할 수 없는 상황에서 학대당하는 것보다 더 견디기 힘든 것은 없는 것 같다. 상처가 응징을 부르짖고, 절망이 하늘에 도움을 청하며, 외로움이 내 말에 귀 기울여달라고 호소할 때 내면의 고통은 잔혹해진다. 불의는 종종 희생자를 격리해 하나님을 포함한 모든 사람에게서 단절된 느낌을 가한다.

어쩌면 지금 당신이 이런 상황에 처해 있을 수 있다. 당신은 무력하게 심각한 부정을 견디고 있을지도 모른다. 당신이 갈데없이 외롭고 제대로 인정받지 못한다고 느끼는 그때 주님이 당신이 겪고 있는 일을 알고 계신다고 확신해도 된다. 어쨌든 주님은 지금 당신이 그렇듯 몸소 고난을 당하셨다. 당신에게는 당신의 약함과 고통에 공감할 수 있는 대제사장이 계신다(히 4:15). 그분은 당신을 진심으로 돌보신다. 그분은 언젠가는 정의의 저울이 기울지 않도록 균형을 잡으실 것이나. 그 정의가 당신이 원하는 종류가 아닐 수도 있고, 당신이 원하는 대로 이루어지지 않을지라도 그분은 이 상황을 사용해 당신에게 선을 이루실 것이다. 그분은 당신이 그분의 좋은 선물을 받을 수 있도록 당신을 영적으로 성숙시키실 것이다.

사도 베드로는 예수님이 지금까지 일어난 가장 큰 불의를 견디시는 것을 보았다. 예수님은 누구보다도 결백하셨다. 산헤드린은 누구보다도 위선과 부패에 찌들어 있었다. 베드로는 이 일에 깊은 영향을 받아 몇 년 후 핍박받는 그리스도인들을 이런 말로 격려했다. "죄가 있어 매를 맞고 참으면 무슨 칭찬이 있으리요 그러나 선을 행함으로 고난을 받고 참으면 이는 하나님 앞에 아름다우니라"(벧전 2:20).

그렇다면 우리 힘으로 정의를 구현할 수 없을 때 어떤 자세를 가져야 할까?

**첫째, 정의에 대한 모든 기대를 내려놓으라.** 예수님도 그 당시 체제에서 정의로운 재판을 받지 못하실 것이라는 사실을 받아들이셨다. 사실 그것 때문에 예수님이 하나님 나라를 세우기 위해 오셨다! 그래서 그분은 사람들의 지지를 구하지 않으셨고, 법정에서 정의를 기대하지 않으셨다. 그분은 남내하게 진리를 말씀하셨고, 억울하고 분한 감정에 흔들리지 않으셨으며, 아버지의 뜻에 순종하시면서 모든 영혼을 심판하실 단 한 분께 당신을 의탁하셨다.

**둘째, 당신 말을 들어주기를 바라지 마라.** 당신의 입장을 알리려고 하면 할수록 더 미덥지 않아 보인다. 이 세상에서 오해를 바로잡을 수 있다는 희망을 버려라. 언제, 어디서, 어떻게 억울함을 풀지는 하나님께 맡겨라. 그러면서 사랑 안에서 변명하지 말고 진실을 말하라. 당신을 걱정해서 귀를 기울여주는 사람이 있다면 솔직하고 의연하게 말하라. 진실을 밝혀주는 모든 합리적인 단서를 찾으라. 하지만 당신의 계획을 강요하지 않도록 조심하라.

하나님을 기다리고 그분의 주권적 의지에 복종하라. 계속 나아가라!

**셋째, 그리스도 안에서 위로를 구하라.** 바울은 로마에 수감되어 있는 동안 그가 희망을 잃지 않았음을 알리기 위해 빌립보에 있는 친구들에게 편지를 썼다. 바울은 빌립보에서도 한 번 수감된 적이 있었다. 그는 자신의 부당한 투옥을 "복음 전파에 진전이 된"(빌 1:12) 것으로 보았고, 자신이 처한 상황을 "그리스도와 그 부활의 권능과 그 고난에 참여함을 알"(빌 3:10) 기회로 받아들였다.

당신이 부당한 고난을 당하고 있다면 당신은 그리스도와 경험을 공유하고 있는 것이다. 그분의 입장이 되어보면, 이 세상이 가하는 불의에서 당신을 해방하기 위해 그분이 견디셨던 일을 더 깊이 이해하게 된다. 당신이 예배하는 하나님은 당신이 당하는 고통을 이해하시고, 당신이 당하는 고난에 참여하신다는 사실에서 위안을 얻으라.

## 그리고 그들은 예수님을 십자가에 못 박았다(마가복음 15:16-41)

16군인들이 예수를 끌고 브라이도리온이라는 뜰 안으로 들어가서 온 군대를 모으고 17예수에게 자색
옷을 입히고 가시관을 엮어 씌우고 18경례하여 이르되 유대인의 왕이여 평안할지어다 하고 19갈대로
그의 머리를 치며 침을 뱉으며 꿇어 절하더라 20희롱을 다 한 후 자색 옷을 벗기고 도로 그의 옷을 입
히고 십자가에 못 박으려고 끌고 나가니라

21마침 알렉산더와 루포의 아버지인 구레네 사람 시몬이 시골로부터 와서 지나가는데 그들이 그
를 억지로 같이 가게 하여 예수의 십자가를 지우고

22예수를 끌고 골고다라 하는 곳(번역하면 해골의 곳)에 이르러 23몰약을 탄 포도주를 주었으나
예수께서 받지 아니하시니라 24십자가에 못 박고 그 옷을 나눌새 누가 어느 것을 가질까 하여 제비를
뽑더라 25때가 제삼시가 되어 십자가에 못 박으니라 26그 위에 있는 죄패에 유대인의 왕이라 썼고

27강도 둘을 예수와 함께 십자가에 못 박으니 하나는 그의 우편에, 하나는 좌편에 있더라 28(없음)
29지나가는 자들은 자기 머리를 흔들며 예수를 모욕하여 이르되 아하 성전을 헐고 사흘에 짓는다는 자
여 30네가 너를 구원하여 십자가에서 내려오라 하고 31그와 같이 대제사장들도 서기관들과 함께 희롱
하며 서로 말하되 그가 남은 구원하였으되 자기는 구원할 수 없도다 32이스라엘의 왕 그리스도가 지금
십자가에서 내려와 우리가 보고 믿게 할지어다 하며 함께 십자가에 못 박힌 자들도 예수를 욕하더라

33제육시가 되매 온 땅에 어둠이 임하여 제구시까지 계속하더니 34제구시에 예수께서 크게 소리
지르시되 엘리 엘리 라마 사박다니 하시니 이를 번역하면 나의 하나님, 나의 하나님 어찌하여 나를
버리셨나이까 하는 뜻이라 35곁에 섰던 자 중 어떤 이들이 듣고 이르되 보라 엘리야를 부른다 하고

[36]한 사람이 달려가서 해면에 신 포도주를 적시어 갈대에 꿰어 마시게 하고 이르되 가만 두라 엘리야
가 와서 그를 내려 주나 보자 하더라 [37]예수께서 큰 소리를 지르시고 숨지시니라 [38]이에 성소 휘장이
위로부터 아래까지 찢어져 둘이 되니라 [39]예수를 향하여 섰던 백부장이 그렇게 숨지심을 보고 이르되
이 사람은 진실로 하나님의 아들이었도다 하더라
[40]멀리서 바라보는 여자들도 있었는데 그중에 막달라 마리아와 또 작은 야고보와 요세의 어머니
마리아와 또 살로메가 있었으니 [41]이들은 예수께서 갈릴리에 계실 때에 따르며 섬기던 자들이요 또
이 외에 예수와 함께 예루살렘에 올라온 여자들도 많이 있었더라

---

나는 복음서에서 이 부분에 접근할 때마다 경고를 해야 한다고 생각한다. 주님이 우리를 위해 견디신 일을 자세히 살피다 보면 극도로 잔인한 장면을 생생히 설명하게 된다.

나는 이 본문으로 설교할 때 사실적으로 묘사하면서도 지나치게 자극적이지 않도록 신경을 쓴다. 설교를 듣는 회중은 다양한 연령과 개성을 가진 사람들로 구성되어 있고, 그들 중에는 폭력이나 살인에 대한 생생한 묘사를 들으면 욕지기가 나서 못 견디는 사람들이 있기 때문이다. 다행히 글로 쓰면 주님이 받으신 시련을 거리낌 없이 필요한 만큼 솔직하게 설명할 수 있다. 나도 글을 쓰다가 물러날 수 있고, 당신도 필요한 만큼 멈출 수 있다. 나는 주님의 희생을 존중하고 조심스럽게 선정주의를 피하면서 동시에 그분이 감당하셨던 폭력을 제대로 알려야 할 의무가 있다.

마가복음에서 이 대목은 그리스도의 지상 사역 이야기가 결말로 나아가는 길고 어두운 골짜기다. 구세주가 견디신 극도의 고통은 우리의 상상을 초월한다. 사실 '몹시 고통스러운'(excruciating)이라는 단어는 단연코 인간이 고안한 최악의 처형 방식 중 하나인 십자가 처형(crucifixion)의 고통에서 비롯되었다. 오늘날에도 모르는 바는 아니지만, 1세기 로마 제국의 신민들은 그 처형법에 대해 익히 알고 있었다. 십자가에서 죽을 수도 있다는 가능성을 열어둠으로써 시민이 아닌 피지배자들이 순순히 복종하게 하려는 의도였다. 예루살렘에서 십자가 처형은 군대가 성벽 외곽에 특별히 장소를 따로 마련할 정도로 흔했다. 예수님은 사역 초기에 당신이 이 골짜기에 들어가실 것이고, 결국 사람들이 골고다라고 부르는, 아람어로 '해골'이라는 뜻을 가진 이 언덕에 나타나실 것을 아셨다.

고난의 길을 되짚어보기 위해 이 골짜기를 내려갈 때 비극이 희망으로 이어진다는 사실을 명심하라. 겟세마네와 골고다의 끝에는 영광이 기다리고 있다. 이 고통은 우리가 승

리하기 위해 반드시 필요한 것이었다.

## —15:16—

마가는 산헤드린과 나사렛 예수 사이에 벌어진 소송 사건에 대해 빌라도가 내린 판결을 한 문장으로 간결하게 요약했다. "바라바는 놓아 주고 예수는 채찍질하고 십자가에 못 박히게 넘겨 주니라"(15:15). 사도 요한이 기술한 바에 따르면 예수님을 반쯤 죽여놓으면 그분의 피를 보고 싶어하는 군중의 갈증이 풀리길 바라면서 빌라도가 예수님께 채찍질형을 선고한 것으로 해석할 수 있다(요 19:1-6). 그러나 산헤드린은 로마의 적들을 잔인하게 처형하는 데 사용했던 최악의 형벌 외에는 받아들이려 하지 않았다.

이상하게 들릴지 모르지만, 사람을 십자가에 매달기 전에 채찍질하는 것은 자비를 베푸는 행위였다. 그래야 십자가에서 죽는 시간이 짧아지기 때문이다. 가학적인 사형 집행관은 희생자가 최대한 오래 살아 있게 했다. 십자가 처형이 인체에 미치는 영향을 연구한 바에 따르면, 자원하여 십자가에 묶인 피실험자들은 30분이 채 못 되어 매우 힘들어했고, 1시간 이상을 견디지 못했다. 그들은 팔뚝이 무감각해져 마치 어깨 관절이 떨어져나간 것처럼 느꼈다. 그러면 팔의 통증과 무감각을 해소하기 위해 본능적으로 다리를 위로 밀었다. 그다음에는 다리에 쥐가 나고, 힘이 빠지고, 차가워져서 등을 구부리게 되었다. 그러나 이것 역시 너무 힘들어 다시 다른 자세 중 하나를 취했다. 그들은 팔과 가슴, 등과 다리의 고통을 견디기 위해 몸을 끊임없이 움직여야 했다.[9] 역사 기록을 보면 채찍질을 당하지 않고 십자가에 달린 사람들은 끊임없이 몸부림치다 마침내 완전히 기진맥진하고, 탈수와 영양실조 상태가 되어 다음 숨을 들이쉴 수 없을 때까지 며칠 동안 이런 고통을 당하는 경우가 흔했다. 그리고 결국 숨을 들이쉴 수 없는 상태가 되어 질식사했다.

마가와 마태는 예수님이 '브라이도리온'이라는 안뜰로 끌려갔다고 기록한다(참고. 마 27:27). 브라이도리온은 안토니아 요새로 여겨지는데, 요세푸스는 이 요새가 성전 벽 북서쪽 모퉁이 외곽에 있었고, 보초가 성전 안뜰을 굽어볼 수 있을 정도로 높이 솟아 있었다고 기록한다.[10] 헤롯 대왕이 이 거대한 성전을 지었을 때 로마 관리들은 성전이 요새로 사용될 수 있다고 걱정했다. 헤롯은 이런 갈등을 해소하기 위해 인접한 요새를 개축해 그곳을 자신의 후견인인 마크 안토니에게 경의를 표하는 뜻에서 안토니아 요새라고 명명했다. 로마인들은 이 요새에 제10군단의 보병대-약 600명의 전투원과 보조 인력-를 주둔시켰다.

## —15:17-19—

채찍질에는 긴 가죽 꼬리들이 달린 플라그룸이라는 채찍이 사용되었다. 숙련된 고문 전문가인 릭토르는 다양한 채찍을 골라 쓸 수 있었다. 더 큰 상처를 입히고 싶으면 작은 금속 추나 심지어 양의 뼛조각들을 끈에 매단 채찍을 사용했다. "쇠구슬들은 깊은 타박상을 입혔고, 가죽 끈과 양의 뼈는 살갗과 피하 조직을 찢어놓았다. 채찍질이 계속되면 속의 골격근에까지 열상이 깊어져 피투성이가 된 살점들이 떨어져 나왔다."[11] 이것은 또 "갈비뼈의 골절, 폐의 심한 타박상, 흉곽에 피가 흘러드는 열상, 부분 또는 전체 기흉(폐의 붕괴)"을 초래했다.[12]

오늘날 의사들은 단 몇 번의 채찍질로도 피해자를 쇼크 상태에 빠트리거나 기절시킬 수 있다고 말한다. 릭토르는 고통을 연장하고 지루해하는 군인들에게 즐길 거리를 주기 위해 채찍질을 구경거리로 만들었다. 로마의 보병들은 빙 둘러서서 이 장면을 구경하고 잔인한 대관식으로 예수님을 조롱했다. 마가에 따르면 군인들은 예수님께 자색 옷을 입히고 왕으로 칭하면서 예수님을 구경거리로 만들었다. 군인들은 가시관까지 예수님의 머리에 눌러 씌웠다. 내가 가지고 있는 이스라엘에서 만든 복제품을 보면 5-8센티미터 길이의 바늘 같은 날카로운 가시가 수없이 박혀 있어서 다루기가 몹시 위험하다. 군인들은 갈대를 왕의 지팡이로 사용했는데, 예수님의 손에 쥐이주지 않고 그것으로 그분의 머리를 때렸다. 그들은 예수님께 침을 뱉고, 절하

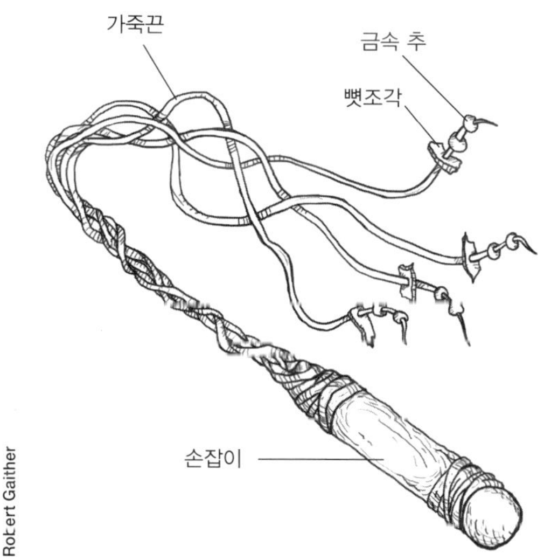


**플라그룸**, 로마의 고문 전문가들이 사용한 무지막지한 채찍(15:17-19 해설 참조)

는 시늉을 하며 조롱했다.

## —15:20-21—

예수님은 피범벅이 되어 형체를 알아보기 힘들 정도였고, 채찍으로 살이 너덜너덜해진 상태였다. 군인들은 예수님을 실컷 조롱한 후 다시 옷을 입혀 십자가에 매달기 위해 끌고 갔다.[13]

정식 절차에 따라 예수님은 무시무시한 십자가 처형 기술 전문가에게 넘겨지셨다. 그 사형 집행인은 보통 네 명의 군인으로 이루어진 분견대(쿼터니언이라고 불렸다)를 지휘했는데, 계급으로는 백부장급에 해당됐다. 군인들은 예수님의 어깨에 십자가의 가로대를 지웠다. 죄수들이 십자가 전체를 나르지는 않았을 것이다. 십자가는 무게가 110킬로그램이 넘었을 것이므로 반쯤 죽을 정도로 채찍질당한 사람은 말할 것도 없고, 건장한 남자도 그 정도 무게를 몇 킬로미터 이상 지고 가려면, 아니 끌고 가기에도 벅찼을 것이다. 예수님은 파티불룸(patibulum)이라고 알려진 가로대를 지고 가셨다.

보통은 죄수가 처형장으로 가로대를 직접 지고 가야 했지만, 쇼크로 몸을 떨면서 의식이 불분명한 예수님이 그것을 지고 멀리 가실 수는 없었다. 군인들은 군중 속에서 아무나 붙잡아 예수님 대신 가로대를 지게 했다. 공관 복음서 모두 그 남자의 이름을 시몬이라고 밝히는데, 그는 오늘날 리비아의 해안 도시 구레네에서 예루살렘으로 여행을 왔다. 복음서들이 그의 이름을 기록한 이유는 마태와 마가, 누가가 복음서를 발표했을 때 그는 이미 1세기 그리스도인들에게 널리 알려져 있었기 때문일 것이다.

## —15:22-25—

앞에서 설명한 것처럼 "골고다"는 아람어 '해골'이라는 단어를 번역한 것이다. 멀리서 보면 해골같이 생긴 바위가 튀어나와 있어 현지인들이 그렇게 불렀을 것이다. 죄수가 도착하면 스티페스(*stipes*)라고 불리는 수직 기둥 위에 파티불룸을 올려놓고 장부촉 이음 방식(목재의 옆면에 다른 목재의 장부촉을 끼워 맞추는 방식-역주)으로 고정했다. '십자가'는 거대한 T자 모양이었을 것이다. 군인들은 예수님을 이 T자 위에 눕힌 다음, 두 팔은 좌우로 벌리고 두 발은

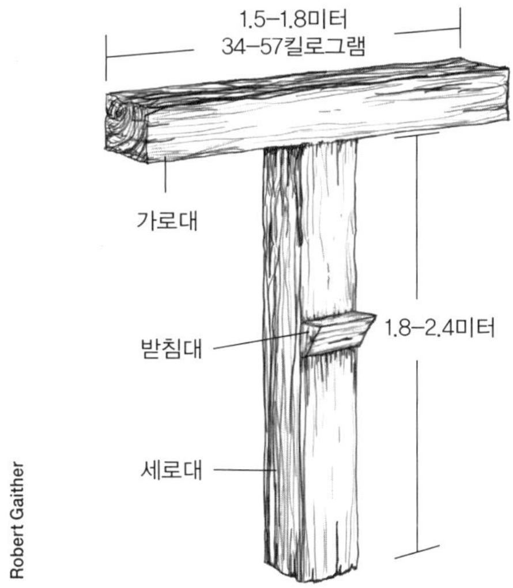


로마인들은 나무나 못 하나도 낭비하는 게 없었다. 모든 것이 다음에 다시 사용되었다. 그래서 파티불룸(가로대)을 스티페스(수직 기둥) 꼭대기에 장부촉 이음 방식으로 끼웠다. 그러면 다음 피해자에게 쓸 수 있도록 십자가를 철거하기가 더 쉬웠다. 죽음을 늦추고 피해자의 고통을 연장하기 위해 간혹 집행인이 피해자의 다리 사이에 세딜레(받침대)를 달기도 했다.

스티페스 표면에 납작하게 댔다. 대개 사망에 이르는 시간을 오래 끌기 위해 죄수를 줄로 묶었지만, 예수님의 경우 손과 발에 못을 박아 며칠씩 시간을 끌지 않고 몇 시간 안에 돌아가실 수 있었다. 빌라도가 유월절 축제를 고려해 그렇게 명령한 것이다. 예수님으로 야기된 불만이 더는 로마에 전달되면 곤란했기 때문이다.

로마 관행에 따라 예수님은 십자가에 못 박히기 위해 벌거벗겨졌는데, 그것은 처형 과정에서 굴욕감을 더했다(15:24). 예술가들은 보통 이대로 그리지 않고 보다 품위 있게 묘사한다. 그러나 군인들은 품위 따위는 아랑곳하지 않았다. 그들은 희생자에게 굴욕감을 줄 수 있는 일이라면 무엇이든 했다.

그다음에는 못을 박았다. 역사에 상상력을 약간 더하면, 군인 한 명은 예수님의 가슴을 가로질러 눕고 다른 군인은 그분의 다리를 고정했다. 다른 두 명은 그분의 팔을 옆으로 쫙 펴서 양 손바닥의 기부에 길이 13센티미터, 너비 1센티미터짜리 정사각형 못을 안쪽으로 비스듬하게 박아 손목을 관통하게 했다. 그들은 무릎을 구부리고 앉아 그분의 발을 스티페스에 납작하게 대고 두 발에 못을 하나씩 박았다(몇 년 전, 고고학자들이 한쪽 발목에 못이 박혀 있는 남자의 뼈를 발견했는데, 못의 위치로 보아 발이 스티페스의 옆면에 박혔던 것으로 추정된다[14]). 그다음 군인들은 십자가를 세워 기둥의 밑동을 구덩이 안에 넣었다. 십자가가 갑자기 수직으로 서면서 삐걱거리는 소리와 함께 쿵 하고 밑으로 내려갔다. 아침 9시쯤 군인들은 십자가를 단단히 고정하려고 기둥 사이와 구덩이 옆에 쐐기를 박았다.

## —15:26-27—

종교 지도자들은 빌라도를 윽박질러 무고한 사람을 처형하게 했다. 빌라도는 종교 지도자들에 대한 조롱의 의미로 예수님의 머리 위에 "유대인의 왕"(15:26)이라고 쓰인 티툴루스(죄패)를 달라고 명령했다. 그날 아침 사형이 예정된 사람은 주님을 포함해 세 명이었다. 예수님은 살인죄로 유죄 판결을 받은 악명 높은 강도 바라바 대신 처형되셨다. 다른 두 사람은 바라바와 공범이었을 수도 있다. 그렇다면 그들은 바라바의 자리에 다른 사람이 매달려 있는 것을 보고 놀랐을 것이다.

짐 비숍(Jim Bishop)은 과학적, 역사적 사실과 상상력을 결합해 예수님이 십자가 위에서 어떤 경험을 하셨을지 묘사했다.

> 예수님의 팔은 이제 브이(V) 자를 그리고 있었고, 견디기 힘든 두 가지 고통이 엄습하기 시작했다. 첫 번째로 손목의 통증은 한계를 넘어섰고, 근육 경련으로 팔과 어깨가 뻣뻣해졌다. 두 번째는 가슴 양옆에 있는 흉근이 순간적으로 마비되었다. 그 때문에 들이마신 숨을 내쉴 수 없게 되었다. 그 즉시 예수님은 피가 흐르는 발로 몸을 들어올리셨다. 발등으로 체중을 버티다 보면 하나밖에 박혀 있지 않은 못이 상처의 윗부분으로 깊이 파고들었다. 예수님은 천천히 조금씩 몸을 들어올려서, 드디어 일순간 머리가 죄명을 적은 표지판을 가릴 정도가 되었다. 어깨가 손과 수평이 되자 숨은 가빴으나 편안해졌다. 다른 두 사람과 마찬가지로 몇 분 동안 가쁜 숨을 쉬기 위해 그분은 발을 강타하는 고통과 싸웠다. 이윽고 발이며 정강이에 경련이 일어나 아무리 억센 사람이라도 신음 소리를 내지 않을 수 없는 하반신의 고통이 인내의 한계를 넘어섰다. 예수님은 몸을 점차 아래로 내려뜨리면서 무릎을 조금씩 앞으로 내미셨다. 그러면서 깊은 숨을 몰아쉬며 몸이 손목에 매달려 있음을 느꼈다. 이 과정은 몇 번이고 반복되었을 것이다.[15]

## —15:28—

제일 오래되고 상태가 좋은 마가복음 원고에는 이 구절이 없다. 훗날 어느 필사자가 마가복음을 베껴 적으면서 원고의 여백에 누가복음 22장 37절을 근거로 주해를 적어놓았고, 그 후 필사자들이 이 주해를 원문에서 빠진 것으로 보고 본문에 옮겨 적었을 것으로 추정된다. 그런데도 이 진술은 정확하다. 역사상 완벽하게 결백하셨던 유일한 분이 벌을 받아 마땅한 죄인들을 왼편과 오른편에 두시고 그들과 같은 취급을 받으셨다.

## —15:29-32—

예수님이 십자가에서 극심한 고통을 당하시는 동안 적들은 그분을 조롱했다. "모욕하"다(15:29)에 해당하는 헬라어는 *blasphemeō*(987)인데, '누군가를 부당하게 비방하거나 폄훼하다'는 뜻이다. 마가는 앞서 재판에서 예수님께 불리한 증언으로 사용된 반쪽짜리 진실을 특별히 강조한다(참고. 14:58). 성전 당국자들이 예수님께 "무슨 권위로 이런 일-성전에서 돈 바꾸는 자들을 내쫓으신 것-을 하느냐"며 항의했을 때 그분은 이렇게 대답하셨다. "너희가 이 성전을 헐라 내가 사흘 동안에 일으키리라"(요 2:19). 예루살렘의 종교 고위층은 성전을 맹목적 숭배의 대상으로 변질시켰다. 그들은 그 집의 주인인 하나님은 배척하고 하나님의 집을 섬겼다.

예수님을 조롱한 말들이 결국 의도한 것은 예수님께 스스로 구원하라는 도전이었다. 그들은 메시아가 백성의 죄 때문에 반드시 죽어야 한다는 사실을 깨닫지 못했다(참고. 눅 24:26). 예수님은 언제라도 그분이 포기한 전능하신 하나님의 속성을 되찾아 천국에 있는 영광의 자리로 돌아가 세상을 한 줌 재로 만드신 후 전 인류-호전적인 적들을 포함해-를 그분 앞에 세워놓고 심판하실 수 있었다. 몇 년 후, 사도 바울은 예수님의 자발적인 희생을 자기를 부정하는 희생의 모본으로 사용했다.

> 아무 일에든지 다툼이나 허영으로 하지 말고 오직 겸손한 마음으로 각각 자기보다 남을 낫게 여기고 각각 자기 일을 돌볼뿐더러 또한 각각 다른 사람들의 일을 돌보아

> 나의 기쁨을 충만하게 하라 너희 안에 이 마음을 품으라 곧 그리스도 예수의 마음이니 그는 근본 하나님의 본체시나 하나님과 동등됨을 취할 것으로 여기지 아니하시고 오히려 자기를 비워 종의 형체를 가지사 사람들과 같이 되셨고 사람의 모양으로 나타나사 자기를 낮추시고 죽기까지 복종하셨으니 곧 십자가에 죽으심이라(빌 2:3–8).

예수님은 스스로 구원하실 수 있었다. 그러나 그분은 세상을 죄에서 구원하기 위해 자신을 희생하기로 결심하셨다.

## —15:33–35—

오늘날 계산에 따르면 "제 육시"(15:33)는 정오일 것이다. 태양이 하루 중 가장 높은 곳에 도달했을 때 암흑이 온 도시를 덮었다. 구약성경의 선지자들은 초자연적 암흑의 이미지를 하나님이 심판하시는 징표로 사용했다(암 8:9–10, 미 3:5–7, 습 1:14–15). 예수님이 탄생하실 때 하나님의 영광을 드러내는 빛이 밤하늘을 압도해 자연적인 어둠을 초자연적인 빛으로 바꾸었다(눅 2:9). 예수님이 죽으실 때는 한낮의 하늘이 검게 변했다. 마치 자연이 그 창조주가 죽는 것을 차마 보지 못하겠다는 듯이. 말하자면 천국이 숨을 죽였다.

오후 3시에 예수님은 다윗의 예언적 시편인 22편에 나오는 탄식을 외치셨다. 예수님이 아람어로 "엘리 엘리…"(막 15:34)라고 외치시자 이방인들은 그분이 구약성경의 선지자를 부른다고 생각했다. "보라 엘리야를 부른다"(15:35). 그러나 예수님을 대적하는 유대인들은 잘 알고 있었다. 그들은 분명 다윗의 탄식이 섬뜩할 정도로 예언적이라는 사실을 깨달았을 것이다.

> 내 하나님이여 내 하나님이여 어찌 나를 버리셨나이까 어찌 나를 멀리 하여 돕지 아니하시오며 내 신음 소리를 듣지 아니하시나이까…나는 물 같이 쏟아졌으며 내 모든 뼈는 어그러졌으며 내 마음은 밀랍 같아서 내 속에서 녹았으며 내 힘이 말라 질그릇 조각 같고 내 혀가 입천장에 붙었나이다 주께서 또 나를 죽음의 진토 속에 두셨나이다 개들이 나를 에워쌌으며 악한 무리가 나를 둘러 내 수족을 찔렀나이다 내가 내

모든 뼈를 셀 수 있나이다 그들이 나를 주목하여 보고 내 겉옷을 나누며 속옷을 제비 뽑나이다(시 22:1, 14-18).

인류 역사가 시작된 이래 가장 획기적인 순간이었다. 바로 이 순간, 이 엄청난 순간에, 당신과 나의 죄와 우리 조상들의 죄와 우리 자손과 미래에 살게 될 사람들의 죄가 모두 예수님께 지워졌다. 이 경험이 너무나 압도적이어서 그분은 비명을 지르셨다.

## —15:36-38—

누군가가 장대 끝에 해면을 달고 그것을 "신 포도주"(15:36) 단지에 담가 적셨다. 신 포도주는 군인들과 일꾼들이 열을 식히고 기력을 회복하기 위해 마시는 음료였다.[16] 스폰지에 적신 포도주를 드신 예수님은 마지막으로 크게 외치시고 영을 떠나 보내신 후 운명하셨다.

마가는 지성소와 인간 사이를 가로막고 있던 장막이 찢어진 일을 특별히 언급한다(참고. 출 26:31-33). 이 두터운 태피스트리는 구약 시대에 하나님의 임재를 상징하는 초자연적 광휘가 머물렀던 언약궤에 사람들이 다가가지 못하도록 가로막았다. 사람이 언약궤에 적절하지 못한 방식으로 접촉하면 즉사하는 것으로 알려졌다(참고. 민 4:15, 삼상 6:19, 삼하 6:6-7). 그러나 하나님의 어린 양이 죽음으로 속죄하셨기에 인류와 하나님 사이가 더는 분리될 이유가 없었다(참고. 롬 5:1-2).

## —15:39—

마태와 마가, 누가는 십자가 처형을 담당했던 4인조 분견대의 백부장이 보인 반응에 주목한다. 이 사람이 사형 집행인이었다는 사실을 기억하라. 그는 예수님이 채찍질당하고 빌라도와 군중 앞에 마지막 모습을 보이신 후 그분을 인수한 인물이다. 그는 구세주를 벌거벗기고, 어깨에 파티불룸(가로대)을 지우고, 머리 위에 티툴루스를 달았다. 그분이 고난의 길을 가시는 동안 거칠게 밀어붙이고, 구레네 시몬에게 강제로 십자가를 지우고, 못을 박고 십자가를 세우는 일을 감독하고, 예수님을 조롱하는 것을 목격하고, 주님의 반응을 살폈다. 예수님이 숨을 거두셨을 때 그동안 십자가에서 수백 명이 죽는 것을 지켜보았던 이 남자는 이렇게 외쳤다. "이 사람은 진실로 하나님의 아들이었도다!"

이 백부장은 율법 전문가들이 보지 못한 것을 알아보았다. 더욱이 그는 예수님이 부활하시기 전에 그분에 대한 진실을 보았다.

## —15:40-41—

역사상 가장 어두웠던 날이 저물어갈 때 마가는 여인 몇 명이 십자가에서 멀찍이 서 있었다고 언급한다. 이 여인들은 잠시 후 이 이야기에서 중요한 역할을 한다. 그들은 여러 해 동안 예수님을 신실하게 따랐고, 자기들의 소유로 예수님의 물질적 필요를 채웠다. 그 여인들 가운데는 야고보와 요세의 어머니 마리아 그리고 막달라 마리아와 살로메가 있었다. 마태는 제자 야고보와 요한의 어머니도 있었다고 말한다(마 27:56). 요한은 예수님의 어머니 마리아와 이모, 글로바의 아내 마리아를 추가한다(요 19:25).

이 여인들은 병사들이 허용하는 범위 안에서 최대한 가까이 있었다. 그동안 예수님의 제자들은 한 명만 제외하고 모두 뿔뿔이 흩어져 예수님은 홀로 죽음을 맞으셨다. 평범한 노예 한 사람 값에 자신의 메시아를 팔아 넘긴 제자는 스스로 목을 맸다. 부끄럽게도 자기와 메시아와의 관계를 극구 부인했던 제자는 숨어서 대성통곡했다. 요한을 제외한 모든 제자는 허둥지둥 달아나 제각기 어둠 속 은밀한 장소에 몸을 숨겼다. 그러나 여인들은 갈릴리 사역 초창기 때부터 그래왔듯이 그들의 주님께 힘을 보탰다.

## 적용: 마가복음 15:16-41

### 희생양

대중문화에서 통용되는 '희생양'이라는 말을 당신은 아마 알 것이다. 오늘날에는 다른 사람이 저지른 악행이나 실수에 대해 부당하게 처벌받는 사람을 일컫는 데 쓰인다. 동의어로는 '호구'와 '봉'이 있다. 이런 사람은 '혼자 책임을 떠맡는' 사람이다. 보통 이런 사람은 너무 어수룩해서 비난을 피할 줄 모르고, 세상 물정을 모르는 허물 외에는 결백하다.

이 용어는 속죄일인 욤 키푸르(Yom Kippur)에 매년 지켜야 할 의식을 지시한 구약성경에서 나왔다. 그 엄숙한 날에 대제사장은 하나님이 모세와 아론에게 지시하신 의식을 행했다. 주님은 이렇게 명령하셨다.

> 또 그 두 염소를 가지고 회막 문 여호와 앞에 두고 두 염소를 위하여 제비 뽑되 한 제비는 여호와를 위하고 한 제비는 아사셀을 위하여 할지며 아론은 여호와를 위하여 제비 뽑은 염소를 속죄제로 드리고 아사셀을 위하여 제비 뽑은 염소는 산 채로 여호와 앞에 두었다가 그것으로 속죄하고 아사셀을 위하여 광야로 보낼지니라(레 16:7-10).

약 1,500년 전 이스라엘 역사가 시작된 이래 하나님의 언약 백성은 속죄일에 펼쳐지는 드라마를 지켜보았다. 염소 한 마리가 대속제물이 되었고, 또 다른 염소는 국가의 죄를 몰아내시는 하나님의 모습을 상징했다. 둘 다 장차 예수님의 십자가 처형에서 생생하게 보게 될 장면-한 생명이 많은 사람의 죗값을 대신 치르고 죄악을 짊어지고 가시는 모습-을 예시했다.

그날 그리스도의 죽음이 모든 죄인을 대속하셨는데, 특별히 한 남자는 실제적인 의미에서 자유를 얻었다. 바라바는 그가 지은 죄로 십자가에서 죽었어야 했다. 그러나 그는 풀려났다. 감옥 문이 활짝 열리고 간수가 바라바를 눈부신 햇빛과 신선한 자유의 공기 속으로 떠밀었을 때 그는 물었을까? 누가 자기 대신 채찍질을 당했는지, 누가 그의 십자가를 지고 골고다로 갔는지. 누가 자기 대신 십자가 처형을 당했는지 알고 싶었을까? 그는 예수님이 '호구'도 아니고 '봉'도 아니었음을 이해했을까? 유죄 판결을 받은 그 살인자는 예수님이 자진해서 불의한 고통을 당하셨고, 자원해서 그 대신 십자가를 지셨음을 알았을까? 우리는 알 수 없다.

하지만 그때는 그때고 지금은 지금이다. 우리는 바라바가 경험한 것을 영적으로 경험할 수 있다. 우리는 죄인이다. 모든 사람은 자신의 죗값을 하나님께 치러야 한다. 구약의 율법은 하나님이 바라시는 바를 간결하게 설명한다. 하나님의 요구는 합리적이다. 그것을 요약하면 '나를 사랑하라'와 '다른 사람들에게 친절을 베풀라'다. 나머지는 그것을 세세히 나눈 항목일 뿐이다. 우리는 날마다 이 일에 실패한다.

우리 내면에 존재하는 정의를 사랑하는 마음은 잘못된 행위는 벌을 받아야 한다고 말한다. 하나님이 세우신 단순한 기준을 거부하는 것-이것은 그분을 개인적으로 거부하는 것과 같다-에 따르는 형벌은 하나님에게서 영원히 분리되어 고통의 장소에 처하는 것이다. 그리고 정의는 그냥 지나칠 수 없는 문제다. 다행히 하나님의 사랑과 창의력은 무한하다. 그분은 우리 죄를 용서하시면서 동시에 정의도 만족시킬 수 있는 악의 문제에 대한 해결책을 찾아내셨다. "하나님이 세상을 이처럼 사랑하사 독생자를 주셨으니 이는 그를 믿는 자마다 멸망하지 않고 영생을 얻게 하려 하심이라"(요 3:16). 예수님은 죄가 없으셨는데도 사형 선고를 받은 어느 죄인 대신 죽으셨다. 그분은 다른 사람이 달려야 할 십자가에 대신 달리셨다. 그렇다. 바라바는 자유의 몸이 되었다. 그러나 그가 받은 은혜는 더 크고, 더 개인적인 진리의 예증일 뿐이었다.

그분이 달리신 십자가는 당신 자리였다. 예수님은 당신을 위해 죽으셨다.

## 감추기에는 너무나 멋진 비밀(마가복음 15:42-16:8)

---

42이 날은 준비일 곧 안식일 전날이므로 저물었을 때에 43아리마대 사람 요셉이 와서 당돌히 빌라도
에게 들어가 예수의 시체를 달라 하니 이 사람은 존경 받는 공회원이요 하나님의 나라를 기다리는 자
라 44빌라도는 예수께서 벌써 죽었을까 하고 이상히 여겨 백부장을 불러 죽은 지가 오래냐 묻고 45백
부장에게 알아 본 후에 요셉에게 시체를 내주는지라 46요셉이 세마포를 사서 예수를 내려다가 그것으
로 싸서 바위 속에 판 무덤에 넣어 두고 돌을 굴려 무덤 문에 놓으매 47막달라 마리아와 요세의 어머
니 마리아가 예수 둔 곳을 보더라

16:1안식일이 지나매 막달라 마리아와 야고보의 어머니 마리아와 또 살로메가 가서 예수께 바르기 위
하여 향품을 사다 두었다가 2안식 후 첫날 매우 일찍이 해 돋을 때에 그 무덤으로 가며 3서로 말하되
누가 우리를 위하여 무덤 문에서 돌을 굴려 주리요 하더니 4눈을 들어본즉 벌써 돌이 굴려져 있는데
그 돌이 심히 크더라 5무덤에 들어가서 흰 옷을 입은 한 청년이 우편에 앉은 것을 보고 놀라매 6청년
이 이르되 놀라지 말라 너희가 십자가에 못 박히신 나사렛 예수를 찾는구나 그가 살아나셨고 여기 계
시지 아니하니라 보라 그를 두었던 곳이니라 7가서 그의 제자들과 베드로에게 이르기를 예수께서 너
희보다 먼저 갈릴리로 가시나니 전에 너희에게 말씀하신 대로 너희가 거기서 뵈오리라 하라 하는지
라 8여자들이 몹시 놀라 떨며 나와 무덤에서 도망하고 무서워하여 아무에게 아무 말도 하지 못하더라

---

죽음은 사람들이 되도록 피하고 싶어하는 주제다. 우리는 잔치 자리에서 죽음을 말하지 않는다. 설령 그 이야기가 나오더라도 누군가가 이내 주제를 바꾸거나 농담으로 얼버무린다. 내 친구 맥스 루케이도(Max Lucado)는 이렇게 썼다.

> 대화를 나누기에 우울한 주제를 적어보라. 그러면 세무 감사와 오래 걸리는 치과 치료 사이 어딘가에 수의가 있을 것이다.
> 수의를 좋아하는 사람은 아무도 없다. 아무도 수의에 대해 상의하지 않는다. 저녁 식사 자리에서 "관에 들어갈 때 뭘 입을 생각이에요?"라는 질문으로 대화의 흥을 돋군 적이 있는가? 수의 전문 매장을 본 적이 있는가?(만약 있다면 '입고 싶어 죽겠는 옷'이라는 광고 문구가 좋을 것 같다).[17]

죽음에 대한 생각은 우리를 불편하게 한다. 그래서 죽음에 대해 말하기를 꺼리거나, 좀 더 편하게 느껴지도록 농담을 한다. 그런데 만약 예수님이 이 땅에 오시지 않았다면 상황이 얼마나 더 나빴을지 상상해보라. 예수님이 죽으셨기에 우리는 죽음을 두려워하지 않아도 된다. 그분이 살아계시기에 우리에게는 돌이킬 수 없는 죽음의 궁극성을 초월하는 희망이 있다. 1세기 그리스도인들이 죽음의 공포에 시달리거나, 동료 신자의 죽음을 슬퍼하거나, 삶에 절망했을 때 사도 바울은 이것을 상기시켰다.

> 내가 받은 것을 먼저 너희에게 전하였노니 이는 성경대로 그리스도께서 우리 죄를 위하여 죽으시고 장사 지낸 바 되셨다가 성경대로 사흘 만에 다시 살아나사 게바에게 보이시고 후에 열두 제자에게와 그 후에 오백여 형제에게 일시에 보이셨나니 그 중에 지금까지 대다수는 살아 있고 어떤 사람은 잠들었으며 그 후에 야고보에게 보이셨으며 그 후에 모든 사도에게와 맨 나중에 만삭되지 못하여 난 자 같은 내게도 보이셨느니라(고전 15:3-8).

> 형제들아 자는 자들에 관하여는 너희가 알지 못함을 우리가 원하지 아니하노니 이는 소망 없는 다른 이와 같이 슬퍼하지 않게 하려 함이라 우리가 예수께서 죽으셨다가

> 다시 살아나심을 믿을진대 이와 같이 예수 안에서 자는 자들도 하나님이 그와 함께 데리고 오시리라(살전 4:13-14).

죽음은 절대 편하고 유쾌한 주제가 될 수 없을 것이다. 그리고 언제까지나 지구상에서 우리가 겪는 가장 큰 슬픔일 것이다. 그러나 우리는 죽음의 돌이킬 수 없는 최종성을 두려워하거나, 희망 없는 무덤 앞에서 절망하지 않아도 된다. 예수님이 이 모든 것을 바꾸셨다. 예수님이 우리를 위해 죽으시면서 사망의 독침을 제거하셨다. 그리고 그분이 부활하셔서 우리는 지금 무덤 이편의 풍성한 삶과 무덤 저편의 영원한 삶을 소유하게 되었다.

예수님을 따르던 자들은 메시아가 죽으시던 날에는 이 사실을 몰랐다. 그들 대부분은 예수님의 가르침과는 정반대로 예수님이 권력을 얻고, 성전을 장악하며, 유대에서 로마인들을 추방하고, 영원한 평화를 확보하며, 경제를 부흥시키고, 온 땅을 아우를 만큼 이스라엘 국경을 확장해 전 세계로 뻗어나가는 히브리인의 르네상스를 꿈꿨다. 그것은 어디까지나 선지자들의 비전이었다. 그러나 인류 역사상 태양이 가장 어두웠던 날, 제자들은 그들의 죽은 왕을 애도했다 그들은 모든 것을 버리고 그분을 따랐지만 아무것도 남지 않았다. 그분은 부활을 예언하셨지만, 마지막 숨을 거두셨을 때 모든 희망도 사라졌다. 그들은 "소망 없는 다른 이와 같이"(살전 4:13) 슬퍼했다.

우리는 이 이야기의 결말을 알고 있지만, 예수님을 따르던 자들은 알지 못했다. 예수님이 마지막 호흡을 멈추셨을 때 몇몇 추종자는 그들에게 남아 있던 유일한 희망을 매장하는 힘든 임무를 수행했다.

## 15:42-43

예수님은 금요일 오후 3시쯤 숨을 거두셨다. 유대인의 안식일은 금요일 6시경 해가 지면서 시작되었다. 이후에는 아무도 일하지 않을 것이다. '안식일'(*Sabbath*)이라는 말의 어원은 히브리어로 '멈추다'(*stop*)다. 유대인들은 안식일에 모든 일을 중단하고, 가족이 함께 모여 식사하면서 긴 휴식을 즐기며, 하나님의 돌보심과 보호하심을 축하해야 한다. 목요일 일몰에서 금요일 일몰까지의 시간은 '예비일'로, 이때 온 가족은 안식일에 요리할 필요가 없도록 평소보다 두 배로 음식을 준비하고, 동물들을 먹일 사료의 양도 두 배로 늘린다. 땔감도 두 배로 쌓아놓는다.

유대인들에게는 안식일에 사람이 죽었을 경우 지켜야 할 율법도 있었다. 신명기 21장 22-23절을 보면 사형당한 사람의 시신은 그 당일에 매장해야 했다. 게다가 시신을 매달아 놓는 것은 가증한 일이었다. 야만적이고 불결하며 무지한 이방인들이나 그런 짓을 하는 것으로 여겼다. 예수님의 추종자들은 해가 지기 전에 예수님의 시신을 가져와 장례를 치를 시간이 넉넉지 않다는 것을 깨달았다.

우리는 마가를 통해 모든 산헤드린이 예수님을 싫어하고 죽기를 바란 것은 아님을 알 수 있다. 아리마대 요셉은 "선하고 의로운…사람"이었고, "그들의 결의와 행사에 찬성하지 않았"다(눅 23:50-51). 마태는 그가 예수님의 제자였다고 하고(마 27:57), 요한은 "유대인이 두려워 그것을 숨"겼다고 말한다(요 19:38). 마가의 내러티브에서 그는 돌연히 정체를 드러낸다. 예수님이 돌아가시기 전에는 너무 두려워 그분을 지지하지 못했지만, 이제는 거부와 보복을 각오하고 전면에 나섰다. 아마도 주님의 죽음에 담긴 무언가가 요셉을 변화시켰을 것이다.

이 저명한 산헤드린 위원은 빌라도에게 가서 예수님의 시신을 처리하게 해달라고 청했다. 빌라도는 동조했을 것이다. 그는 예수님이 아무 죄가 없다고 생각했다. 더구나 이번 안식일은 유월절 축제 기간이었기 때문에 그는 유대인의 관습을 어기지 않도록 특별히 신경썼다.

## —15:44-45—

빌라도는 예수님의 죽음을 원하지 않았지만, 그분을 산 채로 십자가에서 내려줄 생각도 없었다. 죽음을 확인하기 위해 그는 그날 세 명의 죄수를 처형하는 임무를 담당했던 백부장을 불렀다. 빌라도는 죽음을 확인했다는 보고를 받은 후 예수님의 시신을 그분의 추종자들에게 넘겨주라고 지시했다.

이것은 마가가 기록해야 할 중요한 사실이었다. 로마인들은 예수님의 죽음에 대해 거짓말을 해서 얻을 것이 없었다. 사실, 예수님의 처형은 빌라도의 입지에 영향을 미쳤다. 백부장이 사형 집행을 제대로 못했거나, 예수님의 죽음을 제대로 확인하지 않고 빌라도에게 잘못 보고했다면 목숨을 잃을 수도 있었다. 우리는 요한복음 19장 34절에서 한 병사가 예수님의 죽음을 확인하기 위해 그분을 창으로 찔렀다는 것을 안다.

왜 이 사실이 마가에게 중요했을까? 첫째, 종교 당국자들이 나중에 예수님의 부활을 두고 그것을 대체하는 설명을 제시할 것이다. 그들은 누군가가 예수님의 시신을 훔쳐 갔다거나, 로마인들이 죄수를 제대로 처형하지 못했다고 주장할 수도 있었다. 심지어 오늘날에도 냉소주의자들은 말한다. "실제로 예수는 십자가에서 죽지 않고 혼수상태에 빠졌다. 십자가에서 내려졌을 때 사람들은 그가 죽었다고 생각했지만 무덤에서 소생했다." 채찍질과 십자가 처형으로 혼수상태에 빠졌던 예수님이 깨어나 있는 힘을 다해 2톤짜리 돌을 옮기고, 무덤을 지키고 있던 병사들 몰래 빠져나가, 나중에 그분이 죽음에서 부활하셨다고 주장할 그리스도인들의 거대한 지하 조직 속으로 사라졌다는 것이다.

대단하다!

사형 집행관은 예수님의 죽음을 보증했고, 빌라도는 그분의 시신을 요셉에게 내주었다.

## —15:46-47—

아리마대 요셉과 몇몇 조력자(참고. 요 19:39-42)는 병사들이 주님의 시신을 십자가에서 내리는 모습을 지켜보았다. 법의학자들에 따르면 시신의 연조직은 눈꺼풀부터 시작해 바로 사후 경직이 시작된다. 고인이 죽기 전 마지막 몇 시간 동안 격렬한 신체 활동을 했다면 사후 경직은 더 가속된다. 예수님은 3시간가량 십자가에서 극심한 고통에 몸부림치셨기 때문에 추종자들은 브이(V) 자 형으로 뻗어 있는 그분의 팔을 구부리고 주물러야 했을 것이다.

내가 이렇게 상세히 설명하는 이유는 주님이 분명히 죽으셨다는 것을 밝히기 위해서다.

시간이 촉박했기 때문에 요셉과 다른 사람들은 유대인의 매장 관습에 따라 주님의 시신을 씻기고, 기름과 향기 나는 송진을 바른 다음 세마포로 감쌌다. 그런 후 요셉이 자기 가족을 위해 구입한 지 얼마 안 되는 동굴 무덤으로 서둘러 시신을 옮겼다. 그곳은 석회암 구릉 지대에 새로 판, 아직 사용하지 않은 무덤이었다(참고. 마 27:60, 눅 23:53, 요 19:41). 그들은 주님을 무덤 안에 안치하고 나중에 돌아와 장례 절차를 마무리할 요량으로 커다란 원통 모양의 돌을 굴려 무덤 입구를 막고 떠났다.

마가는 주님을 따르던 여인들이 이 모든 과정을 지켜보았다고 언급한다. 마태는 무덤이 돌로 막힌 후에 "거기 막달라 마리아와 다른 마리아가 무덤을 향하여 앉았더라"(마 27:61)고 기술한다. 마가는 그들이 무덤을 바라보고 있었다고 기록하면서, *theōreō*(2334)라는 동사를 사용한다. 헬라어에는 눈으로 관찰하는 것을 표현하는 용어가 적어도 세 가지 있는데, 이것이 그 중 하나다. *theōreō*는 '지속적인 관심을 가지고 무언가를 관찰하다'[18] 또는 '납득하기 위해 조사하다'는 뜻이다.

길고, 고단하며, 충격적인 하루를 보낸 여인들은 예수님의 무덤 앞에 앉아 그것을 응시하며 이 모든 일이 어떻게 된 영문인지 이해하려고 애썼다.

## —16:1-3—

복음서의 기록을 종합해보면 여자 몇 명이 안식일 후 장례 절차를 마무리하기 위해 무덤으로 왔다. 그들은 아마 시간 약속을 해놓고 각각 따로 도착했을 것이다. 요한의 내러티브는

Ariely/Wikimecia

**입구에 원통 모양의 바위가 있는 예루살렘 인근의 동굴 무덤.** 예수님이 안치되셨던 무덤도 이와 비슷했을 것이다.

막달라 마리아를 따라가는데, 공관복음서—마태, 마가, 누가복음—는 다른 여인들의 발자취를 따른다. 마가는 십자가 처형 때 언급했던 여인들의 이름을 똑같이 언급하는데(15:40), 아마도 그들이 이 서신을 읽는 로마의 독자들에게 가장 친숙했기 때문인 듯하다.

해가 저물어가고 있었기 때문에 요셉과 조력자들은 서둘러야 했었다. 그래서 여인들이 장례 절차를 마무리하려고 돌아왔다. 그들은 시신이 부패하는 냄새를 중화하기 위해 약 34킬로그램에 달하는 향품을 바를 참이었다. 당연히 그들은 어떻게 무덤에 들어가야 할지 걱정했다. 동굴 무덤은 도굴꾼들과 야생 동물들이 침입하지 못하도록 무게가 1톤이 넘는 거대한 바퀴 모양의 돌로 입구를 막았다. 돌 바퀴는 땅에 새겨진 홈을 따라 굴렀다. 무덤을 열려면 남자 몇 명이 지렛대를 사용해 바퀴를 경사진 쪽으로 굴린 다음 쐐기로 고정해야 했다.

## —16:4-7—

여인들이 무덤에 도착했을 때 돌이 굴려져 있었다. 여인들은 얼떨떨하고 당황스러웠을 것이다. 다른 누군가가 장례 절차를 마무리하러 왔었다고 생각했을 수도 있다. 그런데 무덤에 들어가 보니 시신이 없었다. 무덤이 텅 비어 있었다. 요한복음에는 막달라 마리아가 사도 베드로와 요한을 찾으러 바로 그 자리를 떠났다고 나온다(요 20:2). 다른 여인들은 뒤에 남았다.

무덤 안에 예수님의 시신은 없고 대신 여인들은 흰 옷을 입은 "한 청년"을 보았다(막 16:5). 마가는 이 일에 대해 자세히 설명하지 않고 독자에게 해석을 맡긴다. 그러나 우리는 그가 초자연적 존재, 곧 하늘에서 온 사자라고 결론을 내려도 무방할 듯하다. 마가는 헬라어 *ekthambeō*(1568)의 강조형을 사용해 여인들의 반응을 묘사한다. 이 단어는 '무언가로 인해 크게 놀라거나 당황해 상대적으로 감정이 격해지다' 또는 '몹시 흥분하다'는 뜻이다.[19] 어리둥절했다. 어안이 벙벙했다. 깜짝 놀랐다. 혼란스러웠다. 겁났다. 분명 이 모든 감정이 여인들을 휩쓸고 지나갔을 것이다.

천사는 그들을 안심시키고 그들이 본 것이 무슨 의미인지 설명했다. 아무도 예수님의 시신을 가져가지 않았다. 그분은 살아나셨다. 그분은 살아계신다!

그는 특별히, 공개적으로 그리스도를 부인했지만 초대 교회의 중추가 될 베드로를 언급하면서 사도들을 찾으라고 지시했다. 실제로, 전승에 따르면 베드로는 훗날 네로에게 순교당할 때 예수님의 십자가 사건과 관련해 비겁했던 그의 모습과는 완연히 다른 면모를 보여주었다.

여인들은 제자들을 불러 모아 갈릴리에서 예수님을 만나라고 일러주라는 지시를 받았다(14:28). 예수님이 전에 말씀하신 대로였다. 계획은 진행되고 있었다. 죽음은 주님의 계획을 방해하지 못했다. 주님의 구속사는 중단되지 않았다. 구속 계획, 이스라엘의 회복, 하나님의 왕국, 메시아의 통치…모든 것이 계속 이루어질 것이다!

## —16:8—

그러나 예수님을 따르던 이 여인들은 지시를 바로 이행하지 않았다. 그녀들은 예수님이 살아계실 때 충성을 다했다. 그분이 육신적으로 필요한 것들을 돌보아드렸고, 그분의 가르침을 그대로 흡수했다. 그분이 십자가에 달리셨을 때 제자들은 도망갔지만, 그녀들은 그분 곁을 지켰다. 여인들은 마지막 순간까지 그분을 보살폈고, 그분의 시신을 무덤에 안치하는 일도 했다. 여인들은 예수님을 따르기로 결심했을 때 그들의 생명과 명성을 걸었다. 그런데 이상하게도 승리를 쟁취한 후 그녀들이 흔들렸다.

여인들은 겁에 질린 채 무덤에서 도망쳤다. 감정이 와해될 정도로 겁에 질리고 너무 놀라 정신을 잃은 그녀들은 입을 다물었다. 마가는 매우 인상적인 말로 그의 내러티브를 끝맺는다. "아무에게 아무 말도 하지 못하더라." 그러나 1세기에 이 결말을 읽은 사람이라면 여인들이 결국 말을 했음을 알았을 것이다. 그녀들은 짓눌렀던 두려움을 이겨냈다. 마태복음은 나머지 이야기를 들려준다. "그 여자들이 무서움과 큰 기쁨으로 빨리 무덤을 떠나 제자들에게 알리려고 달음질할새"(마 28:8). 얼마 지나지 않아 큰 기쁨이 두려움을 압도하면서 여인들은 그들의 주님이자 구세주이신 예수 그리스도의 영광스러운 부활을 다른 사람들에게 말하지 않을 수 없었다.

그것은 감추기에는 너무나 멋진 비밀이었다.

## 적용: 마가복음 15:42-16:8

### 가서 말하라

마가는 얼핏 이상해 보이는 말로 이 본문을 마친다. 여인들은 "몹시 놀라 떨"었고, 그 때문에 적어도 얼마 동안 목소리가 막혔다(16:8). 나는 그들이 무덤에서 돌아가면서 제대로 나오지 않는 목소리로 어떤 대화를 나누었을지 궁금하다.

"아무한테도 이 일에 대해 말하면 안 돼. 우리가 미쳤다고 생각할 거야!"

"아무도 우리 말을 믿지 않을 거야!"

"우리가 지금 헛것을 보고 들은 건 아니겠지?"

"그들은 우리를 나무라면서 우리가 변명하고 있다고 말할 거야!"

물론 마태복음은 여인들이 보고 들은 것을 결국 제자들에게 보고했다고 말한다(마 28:8). 누가는 여인들이 그 기쁜 소식을 열한 제자에게 말했을 때 "그들의 말이 허탄한 듯이 들려 믿지 아니하나"(눅 24:11)라고 더 자세히 덧붙인다. 그러니 여인들이 무서워한 데는 그럴만한 이유가 있었다. 여인들은 제자들이 얼마나 완고한지 알았고, 메시지가 얼마나 이상하게 들릴지 알았다. 그러니 그녀들이 예수님의 기적적인 부활을 믿을 마음이 없는 자들에게 복음을 전하는 최초의 특사가 되기를 꺼렸을지라도 이해할 만하다.

부활을 최초로 목격한 증인이 겁에 질려 옴짝달싹하지 못했다는 사실은 미쳐 날뛰는 네로 황제가 고안한 무시무시한 죽음의 공포에 시달리던 그리스도인들의 마음에 깊은 울림을 남겼을 것이다. 그들은 그리스도와의 관계를 부인하고, 심지어 구세주며 왕이신 그분을 포기하고 싶은 유혹에 시달렸다. 그러나 그들은 나머지 이야기도 알고 있었다. 그들은 전승으로, 어쩌면 베드로에게 직접 들어 여인들이 두려움을 극복하고 지시받은 대로 제자들을 불러모았다는 것을 알았다. 여인들은 그리스도와 그분 나라와 복음을 위해 담대히 나설 수 있는 용기를 되찾았다.

우리는 어떤가? 여인들이 마음속 의심과 두려움을 극복하고 좀처럼 믿으려 하지 않는 제자들에게 부활에 대해 말할 수 있었다면, 우리도 회의적인 친구들과 친척들에게 이야기할 수 있지 않을까? 1세기 로마의 그리스도인들이 박해에 대한 두려움을 이겨낼 수 있었다면 우리도 망설여지고 어색하며 두렵더라도 다른 사람들—심지어 생판 모르는 사람들에게도-에게 다가가 부활의 좋은 소식을 전할 수 있지 않을까?

나는 아버지 침대 옆에서 무릎을 꿇고 앉아 미리 써놓은 기도를 읽는 어린 소녀의 이야기를 좋아한다. 소녀는 이렇게 기도한다. "이제 잠자리에 듭니다. 주님, 제 영혼을 지켜주세요. 제가 죽기 전에 깨어난다면…." 소녀의 눈이 커지면서 당황한다. "아, 아빠, 잘못 말했어!"

그러자 아빠가 소녀를 팔로 감싸 안으며 말한다. "아냐, 네 말이 맞단다. 우리는 모두 죽기 전에 깨어나야 해."

우리는 이 사실을 절대 잊으면 안 된다. 죽음은 우리에게 불행한 소식이지만, 예수님은 그것을 기쁜 소식으로 되돌려주셨다. 그리스도의 빛이 없다면 모든 사람은 잃어버린 자들이고, 자기들의 죄로 인해 죽은 자들이다. 모든 사람은 이 기쁜 소식을 반드시 들어야 한다. 예수님은 그분의 대속하신 죽음과 기적적인 부활만이 그들에게 용서와 새 삶을 가능하게 해주는 유일한 희망임을 믿는 단순한 믿음으로 그분께 나아오는 모든 자를 구원하신다. 그들은 그리스도 없이는 깨어나지 못할 것이다. 그래서 우리는 두려움을 극복해야 한다.

두려워하지 마라. 가서 말하라.

## 후기 그리고 '마가복음'(16:9-20)

9[예수께서 안식 후 첫날 이른 아침에 살아나신 후 전에 일곱 귀신을 쫓아내어 주신 막달라 마리
아에게 먼저 보이시니 10마리아가 가서 예수와 함께 하던 사람들이 슬퍼하며 울고 있는 중에 이 일을
알리매 11그들은 예수께서 살아나셨다는 것과 마리아에게 보이셨다는 것을 듣고도 믿지 아니하니라
12그 후에 그들 중 두 사람이 걸어서 시골로 갈 때에 예수께서 다른 모양으로 그들에게 나타나시
니 13두 사람이 가서 남은 제자들에게 알리었으되 역시 믿지 아니하니라
14그 후에 열한 제자가 음식 먹을 때에 예수께서 그들에게 나타나사 그들의 믿음 없는 것과 마음
이 완악한 것을 꾸짖으시니 이는 자기가 살아난 것을 본 자들의 말을 믿지 아니함일러라 15또 이르시
되 너희는 온 천하에 다니며 만민에게 복음을 전파하라 16믿고 세례를 받는 사람은 구원을 얻을 것이
요 믿지 않는 사람은 정죄를 받으리라 17믿는 자들에게는 이런 표적이 따르리니 곧 그들이 내 이름으
로 귀신을 쫓아내며 새 방언을 말하며 18뱀을 집어올리며 무슨 독을 마실지라도 해를 받지 아니하며
병든 사람에게 손을 얹은즉 나으리라 하시더라
19주 예수께서 말씀을 마치신 후에 하늘로 올려지사 하나님 우편에 앉으시니라 20제자들이 나가
두루 전파할새 주께서 함께 역사하사 그 따르는 표적으로 말씀을 확실히 증언하시니라]

마가복음의 이 마지막 대목은 일부 고대 사본에만 포함되어 있다. 나는 마가복음 7장 16절과 11장 26절의 해설에서 이와 비슷한 경우를 간단하게 언급했다. 문제는, 만약 있다면, 이 구절들 중 어느 것이 마가복음의 원문이었는가 하는 점이다. 이 질문에 답을 찾으려고 학자들이 필사본과 본문을 원문 비평이라는 방법으로 연구한다.

나는 '원문 비평'이라는 말이 늘 불편했다. 이 말은 마치 이 분야의 전문가들이 성경 본문에서 의미가 없거나 신빙성이 떨어지는 것을 발견할 때까지 성경을 비판하는 데 일생을 바쳤다는 의미로 들린다. 분명 어떤 학자들은 그런 시도를 했다. 그러나 원문 비평의 진정한 취지는 수천 개의 고대 필사본 중 신약성경 저자들이 성령의 권능에 이끌려 충실하게 쓴 원말을 담고 있는 원고를 확인하는 것이며, 그 취지를 추구하는 훌륭한 사람들이 많다.

1세기 교회에서 바울, 누가, 야고보, 베드로, 요한 그리고 다른 저자들이 성경을 기록할 때 우리가 하나님을 믿고 순종하는 데 필요한 모든 정보를 빠트리지 않고 오류가 없도록 성령이 그들을 이끄셨다. 그렇게 파피루스에 잉크로 보존된 신성한 진리가 드러났다. 이 말씀은 하나님의 권위를 가진 것으로 인식되었기 때문에 필사자들이 다른 교회에 배포하기 위해 손으로 원문을 베껴 썼다. 그런 다음 이 사본들을 가지고 또 사본들을 만들었고, 나중에 더 많은 사본이 만들어졌다. 오래지 않아 교회는 수백 권의 사본을 돌려 볼 수 있었다. 그런 가운데 원본 파피루스는 점점 낡아졌다.

원본 두루마리는 사라진 지 오래고, 안타깝게도 필사 과정이 완전하지는 않았다. 여기저기 단어와 문구가 추가되거나 누락되었고, 일부 서신은 다른 사람의 서신으로 혼동되었다. 한 사본에서 발생한 이런 작은 실수는 이 사본을 필사한 모든 사본으로 이어지기 마련이었다. 때로는 한 필사자가 이전에 벌어진 실수를 바로잡으려다 본의 아니게 다른 오류를 만들어 또 다른 '이문'(異文)을 퍼트리곤 했다. 수세기가 지난 후에는 5천 개가 넘는 필사본 또는 필사본의 단편들이 있었고, 그것들은 모두 신약성경의 원말 중 일부를 포함하고 있었다.

이와 비슷한 예를 최근 미국 전역으로 퍼져나간 게시판에서 볼 수 있다. 몇 년 전 어떤 사람이 내가 쓴 "마음가짐"(Attitudes)이라는 제목의 글을 복사했다. 그들은 간단한 포스터를 만들려고 글을 프린트했다. 그 글을 좋아한 사람이 복사해 친구들에게 보냈고, 그들은 다시 자기네 게시판에 올렸다. 그 후 이 복사본의 복사본이 손으로 쓰이거나, 팩스로 전송되거나, 다시 복사되었다. 오래지 않아 수없이 복사하고 팩스를 보내는 바람에 내가 처음에 쓴 원고는 거의 알아보기 힘든 상태가 되었다. 글자들은 얼룩지고 흐려졌다. 그렇게 글자와 단어가 지워졌는데도 그 글을 읽는 데 어려움을 겪는 사람은 거의 없었다.

복사기는 물론 없었지만, 성경의 원문도 비슷한 과정을 거쳤고 세심하게 관리되었다. 필사자들은 성실하기로 유명했다. 그렇더라도 수백 부를 필사하다 보니 오류가 발생했다. 다행히 우리에게는 성경의 원말을 가려내기 위해 수천 부의 고대 사본을 비교하고 분석하는 일에 정진하는 원문 비평 전문가들이 있다. 오늘날 우리가 가지고 있는 성경은 정확성에 있어서 1세기에 교회가 가지고 있던 것과 별반 다르지 않은 매우 신뢰할 만한 사본이며, 이는 모두 성실하고 경건한 학자들 덕분이다.

마가복음과 원문 비평이 어떤 관련이 있을까? 이 걸작의 결말에 다가가면서 우리는 사본에 관한 여러 쟁점 중에서도 제일 중요한 것과 마주치게 된다. 가장 오래된, 가장 상태가 좋은 원고는 16장 8절에서 끝난다. 추가 자료가 포함된 사본은 세 가지 판이한 결말을 담고 있으며, 16장 8절 이전까지 나타나는 마가복음의 스타일이나 어휘를 찾아볼 수 없다. 16장 8절에서 9절로의 전환도 어색하고 억지스럽다. 16장 1-8절의 주요 등장인물이었던 여인들이 돌연히 사라지고 막달라 마리아만 남아 있다. 그리고 추가된 자료에는 아주 생경한 내용이 들어 있다. 성경의 다른 부분에는 뱀을 다루거나 치명적인 독을 마시고 해를 입지 않는 사람들에 대한 언급이 없다(참고. 16:18).

나는 영어 성경 신영어역(NET)에 쓰인 다음 글에서 도움을 받았다.

> 다른 결말의 진위성에 관한 문제들 때문에 일반적으로 16장 8절이 마가복음의 마지막 구절로 간주된다. 마가가 16장 8절로 복음서를 끝냈음을 뒷받침해주는 세 가지 가능한 설명이 있다. 1) 저자가 의도적으로 열린 결말 형식으로 8절에서 복음서를 끝냈다. 2) 이 복음서는 탈고되지 않았다. 3) 원고의 마지막 장이 복사되기 전에 분실되었다. 첫 번째 설명은 복음서를 갑작스레 끝냄으로써 독자들이 이야기에 빠져들게 만드는 문학적 효과를 노린 것이라는 해석에서…기인했을 것이다.[20]

그렇다면 우리는 이것을 어떻게 받아들여야 할까? 이 추가된 자료 때문에 마가복음의 신빙성이 떨어진다고 보아야 할까?

나는 마가복음이 구약성경과 신약성경의 나머지 부분과 마찬가지로 정확하고 무오한 진본 성경이라고 자신 있게 말할 수 있다. 손으로 필사하는 방식이 완벽하지는 않았지만, 그런데도 이 방식을 통해 2천 년 남짓한 세월 동안 하나님의 진리가 보존되었다. 대부분 오류는 사소한 것이어서 원문의 의미에는 거의 영향을 미치지 않았다. 아주 드물게 의미가 영향을 받기도 했지만, 사본이 워낙 많아 필사자의 실수를 금방 알아보고 고치기가 쉽다. 또 대부분 이문은 원문에 추가된 것이어서 원래 쓰인 말을 식별하기가 쉽다. 마가복음의 후기 부분은 갓 쓰고 자전거 타는 격으로 뚜렷이 구별된다.

---

주

1. W. Phillip Keller, *Rabboni: Which Is to Say, Master*(Grand Rapids: Kregel Publications, 1977), 222–223.
2. Bauer, *Greek-English Lexicon*, 303.
3. 같은 책, 685.
4. C. J. Wright, *Jesus the Revelation of God: His Mission and Message According to St. John*(London: Hodder & Stoughton, 1950), 164.
5. Charles R. Swindoll, *Jesus: The Greatest Life of All*에서 인용(Nashville: Thomas Nelson, 2008), 184–185.
6. Mishnah *Sanhedrin* 4:1E, 4:1H.
7. Philo of Alexandria, *The Works of Philo: Complete and Unabridged*, trans. Charles Duke Yonge (Peabody, MA: Hendrickson, 1993), 784.
8. Josephus, *Antiquities* 18.3.1.
9. 십자가 처형이 미치는 영향에 대한 자세한 설명은 Frederick T. Zugibe, *The Crucifixion of Jesus: A Forensic Inquiry, 2nd* ed.(New York: Evans, 2005)에서 찾을 수 있다.
10. Josephus, *Wars of the Jews* 5.238.
11. W. D. Edwards, W. J. Gabel, and F. E. Hosmer, "On the Physical Death of Jesus Christ", *Journal of the American Medical Association* 255, no. 11(March 21, 1986): 1457.
12. Zugibe, *Crucifixion of Jesus*, 22.
13. 요한복음은 병사들이 예수님을 잔혹하게 채찍질한 후 다시 빌라도에게 보냈고, 빌라도는 마지막으로 군중을 설득하려고 했다(요 19:14). 종교 지도자들이 빌라도를 집요하게 협박하자(요 19:12) 예수님을 바라바 대신 십자가에 처형하기로 했다.
14. 이것은 매우 드문 일이다. 못이 비쌌기 때문에 병사들은 보통 철물 종류를 재활용했다. 이 경우에는 나무에서 못을 뺄 수 없었기 때문에 그 가엾은 남자는 못과 십자가의 일부와 함께 매장되었다.
15. Jim Bishop, *The Day Christ Was Born* and *The Day Christ Died*(New York: Galahad, 1993), 491–

492.

16. Gerhard Kittel, Geoffrey W. Bromiley, and Gerhard Friedrich 편집, *Theological Dictionary of the New Testament*(Grand Rapids: Eerdmans, 1964), 5:288.
17. Max Lucado, *He Chose the Nails*(Nashville: Thomas Nelson, 2000), 119.(『예수가 선택한 십자가』 아드폰테스).
18. Bauer, *Greek-English Lexicon*, 454.
19. 같은 책, 303.
20. *The NET Bible First Edition Notes*(Peabody, MA: Biblical Studies Press, 2006, bible.org에서 관련 내용을 찾을 수 있다), Mark 16:9에 대한 주석.

찰스 스윈돌의 신약 인사이트 시리즈
# 마가복음

**1쇄 발행** 2018년 12월 17일

**지은이** 찰스 스윈돌
**옮긴이** 김희수
**펴낸이** 고종율

**펴낸곳** 주) 도서출판 디모데 〈파이디온 선교회 출판 사역 기관〉
**등록** 2005년 6월 16일 제 319 – 2005 – 24호
**주소** 서울특별시 서초구 서초대로 141–25(방배동, 세일빌딩 8층)
**전화** 마케팅실 070) 4018–4141
**팩스** 마케팅실 031) 902–7795
**홈페이지** www.timothybook.com

값 38,000원
ISBN 978–89–388–1643–6 04230
ISBN 978–89–388–1499–9 (세트)